# HERMENÉUTICA BÍBLICA

editorial clie

José M. Martínez

**EDITORIAL CLIE**
Ferrocarril, 8
08232 VILADECAVALLS (Barcelona) ESPAÑA
E-mail: libros@clie.es
Internet: http:// www.clie.es

**HERMENÉUTICA BÍBLICA**

ISBN: 978-84-8267-887-0

*Printed in USA*

Clasifíquese:
73 HERMENÉUTICA: Estudio general de la Hermenéutica
CTC: 01-02-0073-17

# CONTENIDO

rales. — Circunstancias especiales. — Ayudas
para el estudio del fondo histórico.

SEGUNDA PARTE
**HERMENÉUTICA ESPECIAL**

ANTIGUO TESTAMENTO

5

# ABREVIATURAS

**De libros de la Biblia**

Se han adoptado las fijadas en la versión Reina-Valera.

**De versiones de la Biblia más usadas en la obra**

BJ   = Biblia de Jerusalén
NBE  = Nueva Biblia Española
NEB  = New English Bible
RSV  = Revised Standard Version
RV   = Reina-Valera
SBEE = La Santa Biblia, Primera Edición Ecuménica (Plaza y Janés)
ZB   = Zürcher Bibel

**Obras más frecuentemente citadas**

DBH  = *Diccionario de la Biblia* (Herder)
DNTT = *Dictionary of New Testament Theology*
IDB   = *Interpreter's Dictionary of the Bible*
ISBE  = *International Standard Bible Encyclopaedia*
NBC  = *The New Bible Commentary*
NBD  = *The New Bible Dictionary*
PBI   = B. Ramm, *Protestant Biblical Interpretation*
TDNT = *Theological Dictionary of the New Testament* (Kittel)

# PRÓLOGO

En agosto del pasado año, con motivo de la conferencia bienal de la Asociación de Teólogos Evangélicos Europeos —dedicada precisamente al estudio del tema «La interpretación bíblica hoy»—, tuve una vez más el placer de encontrarme con John R. W. Stott. Cuando en el curso de una de nuestras amistosas conversaciones le manifesté que estaba escribiendo un libro sobre hermenéutica, exclamó con su característica sonrisa afable: «¡Qué valentía!» Aunque inesperado, no me sorprendió su lacónico comentario. Ya por aquel entonces me debatía en medio de las dificultades de la materia, tan amplia como espinosa. Y esas dificultades se pusieron de manifiesto en la mencionada conferencia, donde se destacó la gran confusión existente hoy tanto en el significado teológico como en la aplicación práctica del término «Hermenéutica».

Si mantuve mi decisión de seguir adelante hasta la conclusión del libro, no fue, pues, por inconsciencia o por osadía frívola. Ello se debió a una necesidad sentida en mi propio ministerio docente, dada la escasez de obras en español sobre interpretación bíblica. Y no lo hice con la pretensión de proveer un texto completo —menos aún definitivo—, sino con la esperanza de estimular a otros a hacer nuevas aportaciones —y más especializadas— al acervo literario en el campo de la hermenéutica y contribuir a que el pueblo evangélico de habla hispana comprenda lo indispensable del rigor exegético en el estudio de la Biblia y en la exposición de sus enseñanzas.

Esta necesidad se hace más patente si tomamos en consideración el renovado interés en la hermenéutica observado durante las últimas décadas, tanto en la teología como en la filosofía. Pero aun antes de este «avivamiento» hermenéutico la historia de la Iglesia ha mostrado que los aciertos y los errores teológicos han tenido siempre como causa fundamental la interpretación, correcta o equivocada, de la Escritura. El conocimiento de los principios que deben regir esta tarea —la interpretación— y el reconocimiento de los factores que pueden torcerla son, pues, imprescindibles, especialmente para quienes tienen la responsabilidad de guiar al pueblo cristiano en el estudio de la Palabra de Dios.

9

*El lector advertirá pronto la posición evangélica, teológicamente conservadora, del autor. Pero observará, asimismo, sus esfuerzos por tratar las diferentes cuestiones con la máxima objetividad, con mente abierta a las más diversas opiniones. Tal vez a alguien le llamará la atención, o incluso le predispondrá desfavorablemente, la relativa profusión de citas de autores situados en muy variadas posiciones teológicas, no todas netamente «evangélicas», o mi aceptación de algunas de sus aseveraciones. Pero no podemos olvidar que aun la persona más heterodoxa puede hacer afirmaciones que merezcan la aprobación y hasta la complacencia del cristiano más ortodoxo. Si una cosa puedo asegurar al lector es que en el trabajo de investigación no he escatimado el análisis cuidadoso, la reflexión y la selección, todo ello hecho con la máxima voluntad de honestidad intelectual y de lealtad al testimonio bíblico, con actitud de respeto hacia todos los autores consultados y con reverencia mayor hacia el texto de la Escritura, depósito sagrado de la revelación de Dios.*

*En lo que se refiere a los principios fundamentales de la hermenéutica general, me ha parecido útil seguir en lo esencial la línea marcada por especialistas como Bernard Ramm, M. S. Terry, L. Berkhof y A. B. Mickelsen, entre otros. En la estructura de las partes correspondientes a la hermenéutica especial, particularmente en la relativa al Antiguo Testamento, he adaptado en parte el orden seguido por Kurt Frör en su* Biblische Hermeneutik, *lo que no equivale a una identificación por mi parte con todos sus puntos de vista. He estimado oportuno, asimismo, incluir algunos de los elementos aportados por la denominada «Nueva Hermenéutica». Sin entrar detalladamente en las cuestiones que ésta plantea, se proporciona información suficientemente extensa para que el lector tenga una idea lo más clara posible —cosa no fácil— de los últimos enfoques de la interpretación.*

*Por su particular importancia, se da amplio espacio a la exposición de los métodos de interpretación bíblica. Me he abstenido, sin embargo, y deliberadamente, de ampliar la obra con incursiones en el campo de la lingüística moderna, propias de especialistas y, por otro lado, no imprescindibles. Por esa razón queda excluido también el «análisis estructural» aplicado a la metodología hermenéutica, pese a lo sugestivo de las perspectivas que puede abrir.*

*Este tratado se ha escrito con el propósito de ayudar a los estudiantes de hermenéutica en centros de formación bíblico-teológica. Pero se ha tenido en mente, asimismo, a cuantos desean perfeccionar su modo de estudiar la Biblia con objeto de entender correctamente sus textos y sacar de ellos el máximo provecho. Por tal motivo, he procurado limitar el uso de tecnicismos y así, sin rebajar la altura propia de la materia, hacer la obra asequible al mayor número posible de lectores.*

*El contenido está dividido en dos partes, correspondientes a la hermenéutica general y a la especial, esta última, a su vez, subdividida en las relativas al Antiguo Testamento y al Nuevo. Como se verá, éstas ocupan una considerable extensión. Ello se debe al convencimiento de que no es posible una interpretación adecuada sin un conocimiento mínimo de las características fundamentales de la literatura bíblica en sus diferentes clases o géneros y del contenido esencial de sus libros. En el estudio relativo a la interpretación del Antiguo y del Nuevo Testamento, se encontrarán datos que más bien corresponden a obras sobre introducción bíblica; pero se han incorporado y expuesto sucintamente por estar especialmente relacionadas con el texto mismo o con su fondo —tanto histórico como teológico—, elementos indispensables para determinar el significado de cualquier pasaje de la Escritura. La ampliación del estudio de estas cuestiones o de otras afines debe efectuarse mediante la consulta de obras de introducción a la Biblia (AT y NT) o en comentarios exegéticos.*

*Desde la primera página ha sido mi intención no tomar partido en las cuestiones exegético-teológicas en las que creyentes igualmente amantes de la Palabra de Dios y deseosos de interpretarla rectamente sostienen puntos de vista dispares. Sólo entre líneas —y pocas veces— podrá el lector entrever el pensamiento del autor. Esto puede parecer decepcionante para quienes esperan opiniones concretas sobre determinados temas, tales como el cumplimiento de algunas profecías del AT, el bautismo, los dones del Espíritu Santo, la posición de la mujer en la Iglesia, el milenio, etc.; pero estimo que descender a este terreno sería impropio en una obra cuya finalidad no es defender posiciones, sino proveer los elementos de orientación necesarios para que cada uno adopte las que considere más acordes con la Escritura.*

*Una observación sobre los textos bíblicos que se citan a lo largo del libro: básicamente son tomados de la versión Reina-Valera (1960 ó 1977), pero también se usan otras versiones —o traducciones de versiones— sin especificar cuáles. En cualquier caso, en los textos del AT se ha sustituido siempre el nombre de Jehová por el más correcto de Yahvéh.*

*En cuanto a la transliteración de términos hebreos y griegos, frente a la diversidad de criterios existentes, he optado por la que más se ajusta a las equivalencias fonéticas en lengua castellana, salvo en los casos de formas muy generalizadas.*

*Dado el carácter primordialmente didáctico de este tratado, se añaden a los capítulos del mismo sendos cuestionarios o ejercicios prácticos. El carácter de los mismos es meramente orientativo y el profesor podrá modificarlos, ampliarlos o elaborar los suyos propios según su mejor criterio. Asimismo, a causa de la extensión de algunos capítulos, éstos pueden ser divididos en cuantas lecciones convenga para su adecuado estudio.*

De modo especial quisiera subrayar la entidad del último capítulo: «Interpretación y actualización.» Sólo en la medida en que la comprensión del significado original del texto bíblico resulte significativo y sea aplicable en el contexto actual de la Iglesia y del mundo será la interpretación vehículo de la Palabra viva de Dios. Sólo mediante la actualización de la Escritura —lo que en modo alguno equivale a alteración de su contenido— es posible una constante renovación de la Iglesia y una proclamación inteligible del Evangelio al hombre de hoy.

Concluyo estas líneas introductorias transcribiendo el párrafo final de la «Declaración» formulada por la Asociación de Teólogos Evangélicos Europeos en la Conferencia a que me he referido: «Esto —la "encarnación" de la Palabra de Dios en situaciones culturales nuevas— hace la tarea hermenéutica apasionante y difícil a la vez. Sin embargo, la conferencia se ha mantenido unida en su creencia de que la Escritura, testimonio de profetas y apóstoles relativo a la revelación salvadora de Dios en Jesucristo, tiene en sí una claridad y una perspicuidad que permiten a todo lector, incluido el teólogo (!), descubrir la voluntad de Dios para su fe y su vida. Tal convicción en modo alguno excluye la necesidad de principios hermenéuticos sanos. De hecho, nos incita más al estudio hermenéutico serio y a la reflexión, a fin de que el pueblo de Dios sea protegido del puro individualismo y del subjetivismo de modo que sea guiado a una comprensión común de la voluntad de Dios en nuestros días y en nuestra propia situación cultural.»

Es mi anhelo y oración que, con la ayuda de esta obra, muchos inicien la bendita tarea de ahondar en el significado de las Sagradas Escrituras a fin de poder recibir y comunicar con mayor efectividad el maravilloso conocimiento de la revelación de Dios.

José M. Martínez
Diciembre 1983

# I

# HERMENÉUTICA GENERAL

# I

# CONSIDERACIONES FUNDAMENTALES

La importancia de la Biblia está fuera de toda discusión. Sus libros no son sólo un tesoro de información sobre el judaísmo y el cristianismo; su contenido constituye la sustancia misma de la fe cristiana y la fuente de conocimiento que ha guiado a la Iglesia en cuanto concierne a su teología, su culto, su testimonio y sus responsabilidades de servicio.

La solidez del pensamiento cristiano y la vida misma de la Iglesia dependen del lugar otorgado en ellos a la Biblia y del modo de examinar sus textos. Puede afirmarse que las formulaciones doctrinales, la piedad y la acción del pueblo de Dios cabalgan siempre a caballo de la hermenéutica, y ello hasta el punto de que, como señala Gerhard Ebeling, la historia de la Iglesia es «la historia de la interpretación de la Sagrada Escritura».[1]

Este juicio ha sido compartido casi unánimemente tanto por eruditos conservadores como por teólogos de otras tendencias. Aun en la pluralidad del Consejo Mundial de las Iglesias se reconocía incialmente el encumbrado lugar que la Biblia había de tener en el movimiento ecuménico. Uno de sus portavoces, Edmund Schlink, escribía: «A menos que la norma de la Palabra de Dios —la cual ha de permanecer por encima de nuestras búsquedas y de nuestras interrogaciones— sea tomada en serio, nuestra búsqueda de la Iglesia en otras confesiones y nuestras preguntas acerca de nosotros mismos acabarán en la disolución de la iglesia y en desobediencia al Señor de la Iglesia.»[2] No menos claras y contun-

---

1. James M. Robinson en «Hermeneutic since Barth», *New Frontiers in Theology*, vol. II, p. 65.
2. *The New Delhi Report*, N. York, Assoc. Press, 1962, p. 79.

dentes son las palabras de William Visser't Hooft: «Nuestros estudios empiezan con la Biblia, es decir, oyendo la Palabra de Dios; nos llevan a la evangelización, es decir, a la proclamación de la Palabra de Dios; van más allá a la acción cristiana, es decir, a la puesta en práctica de la Palabra de Dios.»[3] Y a pesar de los problemas suscitados en torno a la cuestión hermenéutica tanto en Montreal (1966) como en Bristol (1967) y Lovaina (1971), no puede decirse que las iglesias miembros del C.M.I. no siguen reconociendo —al menos teóricamente— la autoridad de la Biblia. Que todas sean o no consecuentes con tal reconocimiento, eso ya es otra cuestión.

Pero no es suficiente una aceptación formal de la autoridad de la Escritura si este concepto aparece desvaído o si el contenido bíblico llega a nosotros desfigurado por interpretaciones torcidas. De ahí la importancia de una hermenéutica correcta que nos permita recuperar su mensaje en toda su grandeza y vitalidad primigenias. En palabras de H. J. Kraus, «todas las perspectivas de éxito de la teología y de la Iglesia se hallan en la Biblia, si se consigue que los textos del Antiguo y del Nuevo Testamento vuelvan a hablar en su unidad y fuerza de expresión originales».[4]

## Concepto de hermenéutica

La hermenéutica es la ciencia de la interpretación. El término, etimológicamente, se deriva del verbo griego *hermēneuō*, que significa explicar, traducir, interpretar. Por su raíz *(herme)*, ha sido relacionado con Hermes, el mitológico heraldo de los dioses, a quien se atribuía la invención de los medios más elementales de comunicación, en particular el lenguaje y la escritura.

Tanto el concepto griego como el de épocas posteriores se refieren a la determinación del significado de las palabras mediante las cuales se ha expresado un pensamiento. Esto, de por sí, nos muestra la dificultad de la tarea hermenéutica, pues a menudo hay pensamientos que apenas hallan expresión adecuada mediante palabras. Tal es el caso, por ejemplo, en la esfera religiosa. Por otro lado, las complejidades del lenguaje frecuentemente conducen a conclusiones diferentes y aun contrapuestas en lo que respecta al significado de un texto. El camino a recorrer entre el lector y el pensamiento del autor suele ser largo e intrincado. Ello muestra la conveniencia de usar todos los medios a nuestro alcance para llegar a la meta propuesta. La provisión de esos medios es el propósito básico de la hermenéutica.

3. Cit. por P. G. Schrotenboer, «The Bible in the World Council of Churches», *Evangelical Review of Theol.*, II, 2, p. 167.
4. Cit. por Gerhard Maier, *Wie legen wir die Schrift aus*, p. 8.

Término sinónimo de hermenéutica es «exégesis» (del griego *exegeomai* = explicar, exponer, interpretar). En el mundo grecoromano se aplicaba a experiencias religiosas, particularmente a la interpretación de oráculos o sueños. Actualmente se usa para expresar la práctica de la interpretación del texto, mientras que la hermenéutica determina los principios y reglas que deben regir la exégesis.

Aplicada al campo de la teología cristiana, la hermenéutica tiene por objeto fijar los principios y normas que han de aplicarse en la interpretación de los libros de la Biblia.

En las últimas décadas, la hermenéutica bíblica ha sido objeto de atención renovada y ha adquirido nuevos perfiles bajo la influencia del pensamiento filosófico del siglo XX, así como de las escuelas más modernas de lingüística. En los círculos en que prevalecen los postulados de la llamada «Nueva Hermenéutica», de la que nos ocuparemos oportunamente, el valor de determinadas normas de interpretación es minimizado. El proceso de comprensión de un texto no se agota en la aplicación de unas reglas hermenéuticas. Estas —afirman los representantes del nuevo movimiento— no pueden por sí solas darnos una idea clara del contenido del texto. La interpretación correcta sólo es posible a partir de la situación del intérprete, el cual accede al texto con sus propias presuposiciones —la «inteligencia previa» o pre-comprensión *(Vorverständniss)* de Bultmann— para iniciar un diálogo en el que el intérprete, desde su particular situación, interroga al texto y éste interroga al intérprete. En este «círculo hermenéutico», el intérprete no sólo adquiere una nueva comprensión que modifica y perfecciona sus conceptos mediante la «fusión de horizontes», el suyo y el del texto, sino que se siente personalmente interpelado por el contenido de éste. Así, mientras la hermenéutica tradicional se ocupa tan sólo del texto en sus palabras, en su contexto, su estilo literario y su fondo histórico, en la actualidad se tiende a dar tanta importancia como al texto al intérprete considerado en su contexto personal y en una determinada tradición histórica.

Hay, sin duda, valiosos elementos positivos en este nuevo enfoque dado a la hermenéutica; pero, como veremos más adelante, los resultados de su aplicación suelen conducir no a una interpretación del texto, sino a una adaptación del mismo a las concepciones filosóficas del intérprete, a menudo con total independencia del pensamiento del escritor sagrado.

Las mejores ilustraciones del concepto de hermenéutica, así como de su práctica, las hallamos en la Biblia misma. En los días del Antiguo Testamento, sobresale la labor de Esdras, el fiel sacerdote judío que públicamente leía al pueblo «en el libro de la ley de Dios, aclarando e interpretando el sentido para que comprendieran la lectura» (Neh. 8:8).

17

En el Nuevo Testamento, la práctica exegética aparece no sólo como elemento didáctico, sino como esencia de la proclamación evangélica centrada en Cristo. Es de notar el interés con que una y otra vez los escritores tratan de aclarar los términos o expresiones que pudieran resultar de difícil comprensión para sus lectores. El verbo *hermēneuō* aparece en el texto griego de cada uno de los versículos aclaratorios que se mencionan a continuación: Mt. 1:23 (al nombre de Emmanuel se añade su significado: «Dios con nosotros»), Mr. 5:41 (a la frase aramea *Talitha, koumi* sigue su traducción: «Muchacha, levántate»), Mr. 15:22 (Gólgota es equivalente a calavera), Jn. 1:38 (rabí significa maestro). Aún podrían añadirse otros ejemplos (Mc. 15:34; Hch. 4:36; 13:8). Pero mucho más notable es la labor exegética de Jesús mismo, tanto en lo que concernía a la ley mosaica —a cuya interpretación aporta una dimensión mucho más profunda que la de los rabinos judíos— como en torno a los textos mesiánicos del Antiguo Testamento, que hallaban en Él su cabal cumplimiento. Lucas sintetiza admirablemente el magisterio hermenéutico de Jesús cuando refiere el diálogo con los discípulos de Emaús: «Comenzando por Moisés y siguiendo por todos los profetas, les iba interpretando *(diērmēneuen)*. Y Él, a su vez, fue el intérprete del Padre, el que lo explicó *(exēgēsato)* (Jn. 1:18).

Este último texto es de importancia capital. En el fondo, la hermenéutica bíblica no trata meramente de la interpretación de los textos sagrados. Su finalidad última debe ser guiarnos a una comprensión adecuada del Dios que se ha revelado en Cristo, la palabra encarnada. Por eso su objetivo no puede limitarse a la intelección de unos escritos. La hermenéutica ha de ser el instrumento que allane el camino para el encuentro del hombre con Dios. Los apóstoles y sus colaboradores, siguiendo la línea de su Maestro, realizaron una amplia labor interpretativa del Antiguo Testamento. Aparte de numerosas citas veterotestamentarias, hay porciones fundamentales del Nuevo Testamento que constituyen una interpretación del Antiguo (ejemplo de ellos es la carta a los Hebreos). Pero siempre la interpretación y la exposición se llevan a cabo con una gran preocupación evangelística y pastoral. Su afán primordial no es tanto «hacer exégesis» de la Escritura como llevar al lector a una asimilación personal, práctica, con todas sus implicaciones, de los grandes hechos y verdades de la revelación de Dios culminada en Jesucristo, si bien exégesis y asimilación son inseparables.

### Necesidad de la hermenéutica

En la base de nuestra relación con el mundo y, especialmente, con nuestros semejantes, hay siempre una acción más o menos

18

consciente de interpretación. El uso que hacemos de las
para expresar nuestra observación de lo que nos rodea, i.
sentimientos o nuestras experiencias ya es un modo de inter    ar
esas realidades. Y la actividad mental por parte de quien nos escucha —o lee—, encaminada a determinar el significado de lo que
decimos, es también un proceso interpretativo.

A menudo lo que se expresa mediante el lenguaje es tan simple, frecuente o conocido que la interpretación se lleva a cabo sin
dificultad y sin que apenas nos percatemos de la misma. Esto es
así especialmente cuando la persona que habla y la que oye viven
en situaciones análogas, cuando su mundo cultural, social y lingüístico es el mismo. Una disertación sobre anatomía será bien
seguida y comprendida por un médico, y una conferencia sobre
cuestiones ontológicas será captada sin dificultad por un filósofo.
Pero en la medida en que se agrandan las distancias entre quien
habla y quien escucha se hace más patente la necesidad de aclarar conceptos y términos, de explicar, de ilustrar, en una palabra:
de interpretar. Pensemos, por ejemplo, en las dificultades de un
campesino para entender un discurso sobre el arte barroco, o de
un minero que no tenga ni nociones de música para sacar provecho de una explicación relativa a la estructura de una sinfonía.
Dificultades semejantes surgen cuando se lee un libro cuyo autor
pertenece a un país, a una cultura, a un tipo de sociedad y a un
momento histórico lejanos, o cuando las formas del lenguaje literario no coinciden con el lenguaje cotidiano.

El trabajo hermenéutico es indispensable en el estudio de
muchos textos. Los especialistas en literatura antigua han escrito
volúmenes que podían llenar una gran biblioteca con glosas, comentarios y notas aclaratorias de las obras legadas al mundo por
los clásicos griegos y romanos. También es copiosa la producción
exegética relativa a los libros sagrados de los chinos, los egipcios
o los persas. Y en todos los casos la labor de los eruditos ha tropezado con grandes dificultades para descifrar, traducir o interpretar los textos que tenían ante sí.

Son muchos los obstáculos que se presentan cuando se quiere
interpretar atinadamente lo que fue escrito hace miles de años en
el seno de un pueblo con ideas, costumbres y lenguas muy diferentes de las nuestras. En algunos aspectos importantes, el mundo y los tiempos antiguos diferían notablemente de nuestro mundo y de nuestro tiempo. Y, como señala Anton Vögtle, «la conclusión salta a la vista. Cuanto más hayamos perdido la comunidad
de horizontes, de representación, de lenguaje con ese lejano y
complejo mundo, en el que se imbrican y mezclan las concepciones más distintas, tanto mayor se vuelve la *tensión hermenéutica*
entre los dos polos, entre los textos que han de ser interpretados

por una parte, y yo mismo, el intérprete que pregunta y entiende por otra parte».[5]

En el caso de la Biblia, las dificultades se multiplican a causa de su complejidad. No es la obra de un hombre en un momento histórico determinado, sino un conjunto de libros escritos a lo largo de más de un milenio cuajado de grandes cambios culturales, políticos, sociales y religiosos. Si a esto se añade la diversidad de sus autores, estilos y géneros literarios, se comprenderá lo imperioso de un trabajo esmerado cuando se trata de interpretar las Escrituras hebreo-cristianas.

A veces la hermenéutica bíblica es mirada con recelo y hasta con menosprecio. Tergiversando el principio de la perspicuidad de la Escritura propugnado por los reformadores del siglo XVI, particularmente por Lutero, se cree que lo esencial de la Biblia es suficientemente claro y no precisa de minuciosos estudios exegéticos. Pero tal creencia es insostenible. Cierto es que algunos pasajes de la Escritura son muy claros. Lo son especialmente aquellos que se refieren al plan de Dios para la salvación del hombre y para su orientación moral. Pero aun en estos casos los textos sólo son comprendidos en la plenitud de su significado cuando se analizan concienzudamente. No hay en toda la Biblia un versículo más fácil de entender que Juan 3:16. Resulta comprensible aun para la mente más simple. Sin embargo, lo incomparable de su riqueza espiritual sólo se aprecia cumplidamente cuando se ahonda en los conceptos bíblicos expresados por los términos «amor», «Hijo unigénito», «creer», «perdición» y «vida eterna».

Si aun los textos claros deben ser objeto de cuidadoso análisis exegético, ¿qué diremos de los oscuros, de los que presentan expresiones ambiguas, equívocas o en aparente contradicción con otros pasajes de la Escritura? ¿Qué significado atribuiremos al lenguaje figurado, a los tipos y alegorías, a los salmos imprecatorios, a los enigmas proféticos, a las descripciones apocalípticas?

Hay quienes opinan que la dirección del Espíritu Santo es suficiente para una recta interpretación, por lo que no sólo se pone en tela de juicio la utilidad de la hermenéutica, sino que se cuestiona su legitimidad por estimar que constituye un intento de sustituir con la acción del hombre lo que debe ser obra de Dios. Pero esta opinión, pese a su aparente profundidad espiritual, carece igualmente de base sólida.

Es verdad que, como enseñó Lutero, posee la Escritura una claridad subjetiva producida por el Espíritu Santo y que, en frases de Karl Barth, «la palabra de la Escritura dada por el Espíritu sólo por la obra del Espíritu de Dios puede ser reconocida como palabra de Dios» y que «no podemos entender la Palabra de

5. *La interpretación de la Biblia*, Herder 1970, p. 31.

Dios... sino como acto de Dios»,[6] todo lo cual está en consonancia con lo que enseña Pablo en 1 Co. 2:6-16 y 2 Co. 3:14-18. Pero debemos preguntarnos si el Espíritu Santo actúa normalmente con completa independencia de los procesos ordinarios del entendimiento humano, en una operación de *deus ex machina*, casi mágica, o si lleva a cabo su acción incorporando a ella las facultades mentales del hombre. Pablo, que tan profundamente dependía del Espíritu de Dios, no renunció jamás al uso de su enorme capacidad teológica. Por el contrario, ésta aparece en su ministerio, sobre todo en sus cartas, como uno de los medios más valiosos usados por el Espíritu Santo para realizar su obra iluminadora en la Iglesia.

Por otra parte, la historia de la Iglesia y la experiencia diaria atestiguan que una pretendida dependencia del Espíritu divorciada del estudio serio y diligente en la interpretación de la Escritura es frecuentemente causa de extravagancias religiosas o de herejías. La obra del Espíritu Santo es indispensable para la comprensión de la Palabra de Dios; pero no es, por lo general, una obra que nos ahorre la saludable tarea de la hermenéutica. Es guía, no atajo, para llevarnos al conocimiento de la verdad de Dios. Por tal razón, contar con el Espíritu seriamente no excluye la necesidad del estudio encaminado a desentrañar lo más exhaustiva y fielmente posible el significado de los textos sagrados.

Y si alguien insistiera en sus objeciones contra la hermenéutica apoyándose en pasajes como los de 1 Jn. 2:20, 27 («Vosotros tenéis la unción del Santo y conocéis todas las cosas... La unción que recibisteis de él permanece en vosotros y no tenéis necesidad de que nadie os enseñe») evidenciaría su ignorancia u olvido de otros pasajes en los que se pone de manifiesto que la clara comprensión de una enseñanza bíblica no siempre se obtiene de manera directa e inmediata, sino que a menudo hace necesaria la mediación del intérprete. Recordemos el ejemplo ya mencionado de la ley leída al pueblo y explicada por Esdras. Algunas de las parábolas referidas por Jesús no fueron suficientemente claras para los discípulos y el Señor mismo tuvo que interpretárselas. El eunuco etíope leía una porción del profeta Isaías, pero sólo comprendió su sentido después de la explicación de Felipe. El apóstol Pedro, refiriéndose a algunos escritos de Pablo, afirma que son «difíciles de entender» y que los indoctos e inconstantes «los tuercen, al igual que las demás Escrituras, para su propia perdición». (2 P. 3:15, 16).

Los diversos ministerios cristianos son dones del Señor a su Iglesia (Ef. 4:11, 12) para su edificación, y uno de los principales deberes de todo ministro es manejar rectamente *(orthotomeō)* la

---

6. Cit. por A. C. Thiselton, *The Two Horizons*, p. 88.

palabra de la verdad (2 Ti. 2:15), así como uno de sus mayores pecados es adulterar (*kapēleuō* = desnaturalizar con fines indignos) esa palabra (2 Co. 2:17). De la fiel interpretación de la Escritura, la Iglesia ha derivado sus mayores beneficios. Por el contrario, la exégesis torcida de determinados textos ha dado lugar a los más variados errores, algunos de ellos nefastos.

## La interpretación como riesgo

Evidentemente, lo expuesto sobre la necesidad de la hermenéutica nos sitúa ante un problema. Por un lado, es obvio que no podemos prescindir de ella. Por otro, existen posibilidades de que la interpretación sea incorrecta e incluso dañina, que en lugar de aclarar engendre confusión. La tarea interpretativa se nos presenta como arma de dos filos.

La sima existente entre judíos y cristianos fue abierta por el distinto modo de interpretar el Antiguo Testamento. Las diferencias confesionales dentro del propio cristianismo son básicamente diferencias de interpretación. Lo que separa a protestantes de católicos es, en síntesis, una disparidad exegética en torno al texto de Mt. 16:18 («Tú eres Pedro y sobre esta piedra edificaré mi iglesia; y a ti te daré las llaves del reino de los cielos»). En el seno del protestantismo, las diferentes «denominaciones» —elementos históricos aparte— apoyan las características que las distinguen en lo que cada una estima ser enseñanza de la Escritura.

¿Existe una respuesta válida a la cuestión del riesgo de la interpretación?

La Iglesia Católica ha resuelto tradicionalmente el problema mediante la autoridad de su magisterio, por el cual se decide la interpretación verdadera, infalible, de la Escritura. En los últimos decenios, especialmente a partir de II Concilio Vaticano, esta postura ha sido matizada. Una mayor libertad para la investigación bíblica permite a los escrituristas católicos salirse de los rígidos moldes dogmáticos de su Iglesia y llegar a interpretaciones idénticas o similares en no pocos puntos a las de exegetas protestantes. Pero oficialmente la posición del catolicismo no ha variado. Sólo el magisterio de la Iglesia tiene la palabra final en la determinación del significado de cualquier texto bíblico.

Contra esta pretensión alzaron ya su voz los reformadores del siglo XVI. En la interpretación de la Escritura, la autoridad final —aseveraban— no es la Iglesia, sino la propia Escritura. *Scriptura sacra sui ipsius interpres* (la Escritura sagrada es intérprete de sí misma). Se daba así a entender que ningún pasaje bíblico ha de estar sometido a la servidumbre de la tradición o ser interpretado aisladamente de modo que contradiga lo enseñado por el conjunto de la Escritura.

Con este principio, fundamental en la hermenéutica bíblica, se establecía la base del libre examen, del derecho de todos los fieles a leer e interpretar la Biblia por sí mismos. Por supuesto, nunca pensaron los reformadores —como muchos de sus detractores han afirmado— que el libre examen fuese sinónimo de examen arbitrario que justificara el epigrama satírico evocado por algunos:

*Hic liber est in quo quaerit sua dogmata quisque;*
*invenit et pariter dogmata quisque sua.*
(Este es el libro en que cada uno busca su opinión;
y en él cada cual halla también lo que busca.)

La libertad se refiere a la ausencia de imposiciones eclesiásticas, no a la facultad absurda de interpretar la Escritura como al lector le plazca o convenga. El libre examen, cuando se ejerce con seriedad, implica un juicio responsable sujeto a los principios de una hermenéutica sana.

Observar estos principios es el único modo legítimo de determinar el significado de cualquier pasaje de la Biblia. Y cuanto más oscuro o ambiguo sea un texto tanto más deberá extremarse el rigor hermenéutico con que se trate. No hay otro camino.

## Interpretación en la comunidad de la fe

La responsabilidad individual de la interpretación de la Escritura no significa repudio de las conclusiones exegéticas y de las formulaciones doctrinales elaboradas en la Iglesia cristiana en el transcurso del tiempo. Algunas de ellas han sido mantenidas casi unánimemente como expresión de las verdades bíblicas fundamentales y como salvaguardia contra la herejía. Otras han surgido como corrección de errores que se habían introducido en la Iglesia o como resultado de situaciones nuevas que han abierto nuevas perspectivas hermenéuticas. A veces las diversas tradiciones han chocado entre sí; pero aun en estos casos el enfrentamiento ha sido saludable, pues ha motivado una profundización en la Escritura, en cuyos textos se han hallado significados más precisos y más correctos.

Reconocer que la Biblia ha de estar siempre por encima de toda interpretación humana no nos obliga a despreciar la ayuda que para su comprensión podemos encontrar en los escritos de los padres de la Iglesia, de los reformadores y de los incontables teólogos y expositores que, en contextos históricos diferentes y desde muy variados ángulos, han hecho de la Biblia objeto de estudio serio. El análisis de sus obras, así como de las circunstancias especiales en que las escribieron, tendrá un valor incalculable para contrastar las diversas interpretaciones. Ello nos permitirá ver lo que hemos de retener, lo que debemos desechar y lo que conviene modificar.

De hecho, con excepción de los fundadores de sectas, pocos expositores cristianos han intentado ser totalmente originales haciendo caso omiso del acervo exegético formado a lo largo de los siglos. Nos parece objetiva la aseveración de Paul Althaus: «No puede haber ningún contacto tan directo con la Escritura que pueda prescindir y pasar de largo ante esta historia de la apropiación del Evangelio por la Iglesia.»[7]

Por otro lado, no podemos perder de vista que la Palabra de Dios ha sido dada al pueblo de Dios. A ella debe este pueblo su origen, su supervivencia y su misión. Así fue con Israel. Y así es con la Iglesia. En la comunidad de la fe el pueblo redimido ha escuchado la Palabra, se ha nutrido de ella, se ha dejado guiar, juzgar, corregir, a la par que se ha sentido estimulada. Estas experiencias no pueden ser desestimadas en el momento de interpretar la Escritura. Nunca deberán ser elevadas a un plano superior al que les corresponde, pues toda experiencia, por lo general, va acompañada de defectos o incluso quizá, de error; pero tampoco ha de cerrarse el oído a lo que en diferentes momentos históricos, por medio de la Palabra escrita, el Espíritu ha dicho a las iglesias. Las obras de los autores cristianos, en gran medida, no son otra cosa que la expresión de esas vivencias espirituales de la comunidad creyente.

El Consejo Internacional ampliado de la Unión Bíblica, en sus conclusiones sobre «Interpretación de la Biblia hoy», hizo en 1979 la siguiente declaración: «La interpretación responsable de las Escrituras no se da en aislamiento, sino dentro de la comunidad redimida de los que se han sometido a la autoridad de la Palabra de Dios.»[8] Es una observación acertada que todo exegeta debiera tomar en consideración.

### Dimensiones de la interpretación bíblica

Como ya hemos hecho notar, no es finalidad única de la hermenéutica bíblica orientarnos para captar el significado original de un texto. Esto puede ser suficiente cuando interpretamos otras producciones literarias. Pero si aceptamos la Biblia como vehículo de verdades trascendentales, la misión del exegeta no se lleva a cabo plenamente en tanto no se llega a la comprensión de esas verdades. Tomemos como ejemplo la narración del éxodo israeli-

7. Cit. por Leo Scheffczyk, *La interpretación de la Biblia*, Herder, p. 120.
8. *Share the Word*, a report of the Scripture Union enlarged International Council Meeting 1979, p. 65.

ta. Un estudio del relato histórico en su contexto geográfico, cultural, de costumbres, etc., puede suministrarnos la información suficiente para obtener un cuadro objetivo y claro de los acontecimientos. Pero detrás de los hechos, y por encima de ellos, hemos de ver —de acuerdo con las indicaciones del propio texto bíblico— la soberanía de Dios, el valor del pacto con Israel, el desarrollo de la historia de la salvación. Así pasamos de la mera intelección del texto histórico a la comprensión de su significado en profundidad.

Conviene, no obstante, tener presente que no podemos llegar a la comprensión profunda y al mismo tiempo correcta de un texto sin un análisis cuidadoso que nos permita llegar a descubrir lo que el escritor pensaba y quiso comunicar. Hacer caso omiso de este objetivo primario puede convertir la hermenéutica en mera especulación. Cuando esto sucede, el resultado suele ser una distorsión del texto, pues lo que de él saca el intérprete está muy lejos del pensamiento del escritor o incluso en abierta contradicción con el mismo. En tal caso, la interpretación ha degenerado en adulteración.

Dicho esto, hemos de subrayar el carácter especial de la Escritura. Sus páginas son portadoras de un mensaje dirigido a los hombres con alcance universal. Y el mensaje bíblico no es la exposición de una verdad abstracta, aislada de la situación en que vive el hombre, sino todo lo contrario. Es eminentemente concreto y práctico. Atañe a todo lo humano, tanto en el orden trascendental como en el temporal, en el individual como en el social. Sean los textos históricos, sean los jurídicos o los proféticos, los sapienciales, los poéticos, los didácticos, los hortatorios o los apocalípticos, todos tienen una aplicación al estado o circunstancia específicos de las personas a quienes se destinan.

Este hecho tiene sus implicaciones para los lectores de la Biblia de épocas posteriores a aquellas en que sus libros fueron escritos. Lo que en su día fue declarado por profetas o apóstoles con fines prácticos muy serios no puede ser hoy reducido a un simple conglomerado literario que se somete fríamente a análisis en el gabinete de un erudito. La interpretación de la Escritura ha de ser mucho más que un mero ejercicio intelectual; debe hacer posible la asimilación de la fuerza vital de su mensaje. Por eso no basta preguntarse: ¿Qué quiso decir el escritor bíblico a los lectores de su día? Es necesaria una segunda pregunta: ¿Qué nos dice ese mismo texto a nosotros hoy? ¿Cómo incide en nuestra situación aquí y ahora? Dicho de otro modo, a la interpretación debe seguir la aplicación. De la una a la otra, como sugería Karl Barth, sólo hay un paso.

Si nos atenemos al testimonio de la propia Escritura —a ello volveremos en el capítulo siguiente—, en ella palpita un espíritu, el Espíritu de Dios que la inspiró, y sólo hay interpretación auténtica —como veremos más adelante desde otra perspectiva— cuando se establece un nexo de comunión entre el Espíritu de Dios y el espíritu del intérprete y cuando a la palabra del Dios que habla sigue la respuesta de quien la escucha.

Esto nos lleva a la *contextualización*, es decir, a la determinación de relaciones existentes entre el texto de la Escritura y el contexto existencial (*Sitz im Leben* o situación vital) referido tanto al escritor como al intérprete, cualquiera que sea el lugar, la época y las circunstancias históricas en que éste viva. Es necesaria una comunicación entre el autor bíblico (y su mundo) y el intérprete (y su mundo), la cual se lleva a cabo mediante el «diálogo» ya mencionado al referirnos a la «Nueva Hermenéutica». En este diálogo, el intérprete inicia su tarea con su comprensión previa del texto, la cual es confirmada o modificada por la luz que el texto arroja sobre ella.

Este «círculo hermenéutico»[9] es indispensable para la elaboración de una teología seria, con todas sus implicaciones éticas y sociales, y debe observarse con todo el dinamismo que lo distingue. Ello conducirá a descubrir o enfatizar en un momento dado aspectos del mensaje bíblico que antes habían permanecido ocultos u olvidados.

A lo expuesto debe añadirse una observación sobre los textos a los que puede atribuirse más de un significado válido. No nos referimos a las innumerables interpretaciones alegóricas que podrían hacerse de muchos pasajes, sino a la pluralidad de sentidos de algunos de ellos. Además del que hubo en la propia mente del autor, existe otro sentido distinto, más hondo, que estaba en la mente de Dios y que, sin contradecir el primero, lo trasciende, como se pone de manifiesto al examinar textos antiguos a la luz posterior de una revelación progresiva. Es lo que se ha denominado *sensus plenior* de la Escritura. Por ejemplo, el texto de Isaías 7:14, relativo a Emanuel, se refería evidentemente a un acontecimiento próximo a la profecía, pero el alcance pleno de su significado lo vemos en la perspectiva mesiánica que nos ofrece el Nuevo Testamento (Mt. 1:23).

Esta característica de algunos pasajes bíblicos puede ser un acicate saludable para profundizar en el análisis hermenéutico de cualquier texto. Pero al mismo tiempo un abuso del *sensus plenior* engendra errores. Abusivamente lo aplica la teología católico-romana cuando trata de justificar dogmas basados en la tradición

---

9. La expresión «círculo hermenéutico» es usada a veces con un sentido diferente. Se aplica a la relación entre un texto y el contexto amplio del libro en que se encuentra. «El todo y las partes se interrogan, por así decirlo, mutuamente y de este modo crece el conocimiento de ambos.» (I. H. Marshall, *NT Interpretation*, p. 15.)

con la alegación de que ésta constituye el desarrollo de doctrinas que se hallaban en estado latente en la Escritura.

El mismo error cometen cuantos extraen de textos bíblicos segundos significados que no concuerdan con las enseñanzas globales de la Biblia, sino que surgen de corrientes de pensamiento más o menos vigorosas en un momento histórico determinado o de sus propios intereses dogmáticos. En la práctica, muchas veces este segundo significado invalida el primero, el correspondiente a la interpretación histórico-gramatical, que es el verdadero. Esto es lo que sucede, por ejemplo, con la interpretación bíblica practicada por las sectas.

Una tendencia semejante se observa en la moderna hermenéutica. Como principio filosófico y hermenéutico, Hans-Georg Gadamer expone: «Toda época ha de entender un texto transmitido a su propio modo... El significado real de un texto, cuando éste habla al intérprete, no depende de las contingencias del autor o de aquellos para quienes se escribió originalmente... Un autor no necesita conocer el significado real de lo que ha escrito, por lo que el intérprete puede, y debe, a menudo comprender más que él. Y esto es de fundamental importancia. No sólo ocasionalmente, sino siempre, el significado de un texto va más allá de su autor.»[10] Tan atrevidas afirmaciones están muy lejos de poder ser demostradas y contradicen abiertamente el convencimiento casi unánime de que, en palabras de Gerhard Ebeling, «la exégesis literal histórica... es el fundamento de la exposición de la Escritura efectuada por la Iglesia».[11] Y lo es porque, aparte de ella, cualquier interpretación es una desnaturalización de la hermenéutica.

Así, pues, todo avance por la vía hacia un *sensus plenior*, todo significado de un texto diferente de su sentido original, debe ser controlado y autorizado por la propia Escritura. De otro modo, lo más probable es que se produzca el extravío.

## Los requisitos del intérprete

Los libros de la Biblia tienen mucho en común con otros textos literarios, pero también poseen características propias que los distinguen como especiales. Especial es, sobre todo, el hecho —que examinaremos más ampliamente en el capítulo siguiente— de que sus autores aparecen como instrumentos de la revelación de Dios. A través de ellos y de sus escritos, Dios habla a los hombres. Por tal motivo, la interpretación de tales escritos exige de

10. Ref. de A. C. Thiselton, *op. cit.* p., 20.
11. Ref. de A. C. Thiselton, *op. cit.*, p. 21.

quien la practica unos requisitos peculiares indispensables. Así, por un lado, consideraremos los requisitos que podríamos llamar generales, y por otro, los especiales, los propios de un estudio que pone al intérprete a la escucha de Dios.

## 1. Requisitos generales

a) *Objetividad.* Es obvio que en la labor del exegeta influyen multitud de factores. Consciente o inconscientemente, el intérprete actúa bajo la acción de condicionantes filosóficos, históricos, psicológicos e incluso religiosos, los cuales, inevitablemente, colorean la interpretación. Esto sucede no sólo en la interpretación de un texto, sino también en la de hechos históricos o de formas de pensamiento. Como indica Bernard Ramm, «la disposición subjetiva de un erudito pesa abrumadoramente sobre él en su exégesis. Los comunistas no sienten ninguna simpatía por el existencialismo, pues lo interpretan como el estertor de un capitalismo decadente. La preocupación de Marx por lo económico le hizo refundir la filosofía de Hegel convirtiéndola en una perversión de Hegel. Los positivistas lógicos de la vieja escuela mostraban sólo desdén hacia la metafísica, la poesía y la religión. No existe el intelectual completamente libre de prejuicios y liberado de toda disposición emocional o culturalmente arraigada que pueda influir esencialmente en sus interpretaciones».[12]

A partir de Bultmann, la cuestión de una exégesis libre de presuposiciones ha adquirido gran relieve. No sólo se afirma que tal tipo de exégesis es imposible, sino que las presuposiciones mismas son vistas como una necesidad primordial, lo que da lugar a peligrosos equívocos. Ciertamente no se espera que el exegeta acceda al texto en actitud de absoluta neutralidad o despreocupación. Hasta cierto punto, las presuposiciones, la «pre-comprensión» o comprensión previa preconizada por Bultmann, pueden ser convenientes para enjuiciar de modo fructífero determinados fenómenos. La historia, por ejemplo, únicamente puede ser comprendida cuando se presuponen unas perspectivas específicas. Pero es un grave error asegurar que el intérprete moderno sólo puede entender la Biblia sobre la base de sus propias ideas previas. Como lo sería renunciar a un examen crítico de los factores subjetivos que pueden influir en la tarea hermenéutica con efectos distorsionadores sobre el auténtico significado del texto.

Cuando las presuposiciones, filosóficas o teológicas, adquieren rango de árbitros, cuando su peso es decisivo, entonces la interpretación objetiva es imposible. El racionalista interpretará todo lo sobrenatural negando la literalidad de la narración y atribu-

---

12. *Hermeneutics*, Baker Book House, p. 21.

yéndole el carácter de leyenda o de mito. El existencialista prescindirá de la historicidad de determinados relatos y acomodará su interpretación a lo que en el texto busca: una mera aplicación adecuada a su situación personal aquí y ahora. El dogmático —católico, protestante u ortodoxo griego— interpretará la Escritura de modo que siempre quede a salvo su sistema doctrinal. Aun los creyentes más deseosos de ser fieles a la Palabra de Dios pueden caer —y con harta frecuencia caen— en este error, víctimas de las ideas teológicas prevalecientes en su iglesia. Esto sucede sin que el propio intérprete se percate de ello. Apropiándonos una metáfora de R. E. Palmer, estamos inmersos en el medio de la tradición, que es transparente para nosotros, y por lo tanto invisible, como el agua para el pez.[13]

El exegeta, sean cuales sean sus puntos de vista iniciales, ha de acercarse con actitud muy abierta al texto, permitiendo que éste los modifique parcial o totalmente, en la medida en que no se ajusten al verdadero contenido de la Escritura examinada. Si cumple honradamente su cometido, lo que haga será *ex-egesis*, no *eis-egesis*; es decir, extraerá del texto lo que éste contiene en vez de introducir en él sus propias opiniones. Como bien reconoce el profesor católico Leo Scheffczyk, «toda interpretación... es un proceso espiritual de mediación en el que el interpretante siempre se vincula al texto y en el fondo se le subordina, desempeñando una función de servicio. La interpretación de un texto es una mayéutica, una obstetricia espiritual en que el intérprete de por sí no ejerce ninguna función creadora, en el sentido de inventar algo nuevo, sino que solamente debe ser eficaz a modo de instrumento para hacer salir a luz lo que ya existe en el texto. De este modo, mirando siempre al fenómeno puro e ideal de la interpretación, el intérprete nunca se erige en señor de su texto, sino que está subordinado al contenido y a las exigencias del mismo. Siguiendo el ejemplo que con frecuencia se aduce a este propósito, el intérprete desempeña el mismo papel que el juez, que interpreta una materia legal dada y la aplica y, si lo hace con esmero, nunca tendrá la conciencia de que se alza sobre la ley».[14]

b) *Espíritu científico*. Se han adoptado a menudo dos modos dispares de acercarse a la Biblia: el que podríamos llamar devocional o pietista y el racionalista. El primero nos lleva al texto en busca de lecciones espirituales que puedan aplicarse directa e inmediatamente y está presidido no por el afán de conocer el pensamiento del escritor bíblico, sino por el deseo de derivar aplicaciones edificantes. Es el que distingue a algunos comentarios y a

13. *Hermeneutics*, p. 177.
14. *La interpretación de la Biblia*, Herder, 1970, p. 131.

29

no pocos predicadores. El racionalista, con toda su diversidad de tendencias, analiza la Escritura sometiéndola a la presión de rígidos prejuicios filosóficos. De este modo muchos textos son gravemente tergiversados. Tanto en un caso como en el otro, se da poca importancia al significado original del pasaje que se examina. No se investiga lo que el autor quiso expresar. En ambos falta el rigor científico. El exegeta debe estar mentalizado y capacitado para aplicar a su estudio de la Biblia los mismos criterios que rigen la interpretación de cualquier composición literaria. El hecho de que tanto en la Biblia como en su interpretación haya elementos especiales no exime al intérprete de prestar la debida atención a la crítica textual, al análisis lingüístico, a la consideración del fondo histórico y a todo cuanto pueda contribuir a aclarar el significado del texto (arqueología, filosofía, obras literarias más o menos contemporáneas, etc.).

Pero no basta la posesión de conocimientos relativos a la labor exegética. El intérprete ha de saber utilizarlos científicamente, poniendo a contribución un recto juicio, agudeza de discernimiento, independencia intelectual y disciplina mental que le permitan analizar, comparar, sopesar las razones en pro y en contra de un resultado y avanzar cautelosamente hacia una interpretación aceptable. Bernard Lonergan, refiriéndose a la importancia de estas cualidades, llega a la siguiente conclusión: «Cuanto menor sea la experiencia, cuanto menos cultivada la inteligencia, cuanto menos formado el juicio, tanto mayor será la probabilidad de que el intérprete atribuya al autor una opinión que el autor jamás tuvo.» [15]

c) *Humildad.* Esta cualidad es inherente al espíritu científico. Cuanto más se amplía el círculo de lo sabido, mayor aparece el de aquello que aún queda por descubrir. Y aun lo que se da por cierto ha de mantenerse en la mente con reservas, admitiendo la posibilidad de que nuevos descubrimientos o investigaciones más exhaustivas obliguen a rectificaciones. En el campo científico nunca se puede pronunciar la última palabra.

Esto es aplicable a la interpretación, por lo que todo exegeta debe renunciar aun a la más leve pretensión de infalibilidad. En la práctica, no es sólo la Iglesia Católica la que propugna la inerrancia de su magisterio. También en las iglesias evangélicas hay quienes se aferran a sus ideas sobre el significado del texto bíblico con tal seguridad que ni por un momento admiten la posibilidad de que otras interpretaciones sean más correctas. A veces ese aferramiento va acompañado de una fuerte dosis de emotividad y no

15.  Ref. de A. C. Thiselton, *op. cit.*, p. 110.

poca intolerancia, características poco recomendables en quien practica la exégesis bíblica.

Quien se encastilla en una tradición exegética, sin someter a constante revisión sus interpretaciones, pone al descubierto una gran ignorancia, tanto en lo que concierne a las dimensiones de la Escritura como en lo relativo a las limitaciones del exegeta. La plena comprensión de la totalidad de la Biblia y la seguridad absoluta de lo atinado de nuestras interpretaciones siempre estará más allá de nuestras posibilidades.

Por supuesto, la prudencia en las conclusiones no significa que el proceso hermenéutico, al llegar a su fase final, no haya de permitir sentimientos de certidumbre. Después de un estudio serio, imparcial, lo más objetivo posible, la interpretación resultante debe mantenerse con el firme convencimiento de que es correcta, a menos que dificultades insuperadas del texto aconsejen posturas de reserva y provisionalidad. En cualquier caso, ha de evitarse el dogmatismo, admitiendo siempre la posibilidad de que un ulterior estudio con nuevos elementos de investigación imponga la modificación de interpretaciones anteriores.

## 2. Requisitos especiales

Obviamente, quien sólo vea en la Biblia un conglomerado de relatos históricos, textos legales, normas cúlticas, preceptos morales, composiciones poéticas y fantasías apocalípticas, es decir, un conjunto de libros comparables a otros semejantes de la literatura universal, pensará que puede proceder a su interpretación sin otros requisitos que los ya apuntados. Pero aun el lector neutral, si es objetivo, admite que en muchos aspectos la Biblia es una obra única y que es razonable la duda en cuanto a la suficiencia de requisitos ordinarios para su interpretación.

Si nos situamos en el plano al que la propia Escritura nos lleva, es decir, el plano de la fe, encontramos en ella la Palabra de Dios, siempre dinámica, rebosante de actualidad. Por eso sus páginas son mucho más que letra impresa. A través de ellas llega a nosotros la voz de Dios. De ahí que el intérprete de la Biblia necesite unos requisitos adicionales de carácter especial.

a) *Capacidad espiritual.* La mente, los sentimientos y la voluntad del exegeta han de estar abiertos a la acción espiritual de la Escritura. Ha de establecerse una sintonía con el mensaje que la Biblia proclama. En palabras de Gerhard Maier, «la exposición de la Escritura exige del expositor una congenialidad espiritual *(Geisterverwandschaft)* con los textos».[16] La carencia de sensi-

16. *Wie legen wir die Schrift aus?*, p. 34.

bilidad religiosa incapacita para captar en profundidad el significado de los pasajes bíblicos.

Si alguien objetara que tales afirmaciones otorgan a la subjetividad del intérprete un lugar contrario a la objetividad científica, que antes hemos propugnado, mostraría un concepto muy pobre de lo que es la verdadera interpretación. Aun tratándose de obras que no sean la Biblia, la falta de compenetración entre autor e intérprete merma la calidad de la obra de éste. ¿Qué valor tendría, por ejemplo, el juicio crítico de quien, carente de la sensibilidad religiosa de Juan Sebastián Bach, opinara sobre sus composiciones? ¿Sería posible una apreciación adecuada de los cuadros de Van Gogh sin establecer un nexo psicológico con su vida interior? En toda labor exegética se debe ahondar en el espíritu que hay detrás del texto. En el caso de la Biblia, se trata de descubrir lo que había en la mente y en el espíritu de sus autores. Esto logrado, se advierte en ellos la presencia del Espíritu de Dios. Tal es la razón por la que el intérprete ha de estar poseído del Espíritu Santo y ser guiado por Él.

Esta necesidad se acrecienta debido a que la caída en el pecado ha tenido en la mente humana efectos negativos que hacen prácticamente imposible la comprensión de la verdad divina. Como escribiera Pablo, «el hombre natural no percibe las cosas que son del Espíritu de Dios, porque para él son locura, y no las puede entender, porque se han de examinar espiritualmente» (1 Co. 2:14). Por eso es necesario haber tenido la experiencia que en el Nuevo Testamento se denomina nacimiento del Espíritu (Jn. 3:5, 6), la cual proporciona unas posibilidades de percepción espiritual antes inexistentes. Sólo el creyente puede ahondar en el verdadero significado de la Escritura porque el mismo Espíritu que la inspiró realiza en él una obra de iluminación que le permite llegar, a través del texto, al pensamiento de Dios. Así lo reconoce Pablo cuando, hablando de las maravillas de la revelación, afirma: «Dios nos las reveló a nosotros por el Espíritu, porque el Espíritu todo lo escudriña, aun lo profundo de Dios» (1 Co. 2:10). El pensamiento de Pablo sobre este punto fue enfatizado por Calvino y ha sido mantenido como principio básico de la hermenéutica evangélica hasta nuestros días. Tan importante es este requisito que, sin él, como afirma Henry Blocher, toda «pre-comprensión», a causa de los efectos del pecado en la mente, es «pre-incomprensión».[17]

La facultad de discernimiento espiritual del creyente ha de ser alimentada por una actitud de reverente dependencia de la dirección divina. Todo trabajo de exégesis debe ir de la mano con la

17. «L'Ermeneutica secondo Paul Ricoeur», Ermeneutica Biblica, Instituto Bíblico Evangélico, Roma, 1978, n.º 1, p. 140.

oración. En el campo de la hermenéutica tiene perfecta aplicación el aforismo *bene orasse est bene studuisse* (orar bien es estudiar bien). El exegeta, más que cualquier simple lector de la Biblia, habría de hacer suya la súplica del salmista: «Señor, abre mis ojos y miraré las maravillas de tu Ley» (Sal. 119:18). Conviene recordar, sin embargo, lo que ya hemos destacado antes, que la acción iluminadora del Espíritu Santo no ahorra al intérprete cristiano el esfuerzo hermenéutico. Tampoco lo preserva de la posibilidad de caer en errores. El don de la infalibilidad no se cuenta entre los dones con que Dios ha querido enriquecer a su pueblo. Así, pues, la realidad del Espíritu Santo debe ser un estímulo no para elaborar sistemas dogmáticos cerrados, sino para ahondar incansablemente en el significado de los textos bíblicos, modificando nuestras interpretaciones anteriores siempre que una mejor comprensión nos lleve a ello.

b) *Actitud de compromiso.* El verdadero intérprete de la Biblia no se limita al estudio frío de sus páginas como si efectuase un trabajo de laboratorio. Por grande que sea su erudición, ésta no es suficiente para hacer revivir el espíritu y el propósito originales de la revelación.

Tampoco basta una actitud pietista, pero desencarnada, hacia la Palabra de Dios. Si, como ya hemos hecho notar, la Biblia es el vehículo que Dios usa para llegar al hombre y hablarle, el lector —mucho menos el intérprete— no puede desentenderse de lo que Dios le dice. El mensaje bíblico ha de hallar en él una resonancia interior y ha de influir decisivamente en su vida. La comprensión de la Palabra de Dios lleva inevitablemente al compromiso con Dios, a la decisión de aceptar lo que Él ofrece y darle lo que exige, a hacer de su verdad nuestra verdad, de su voluntad nuestra voluntad y de su causa nuestra causa. Así lo entendieron los reformadores del siglo XVI. Para Lutero, la exposición de la carta a los Romanos y de otros libros de la Biblia, no fue un mero trabajo propio de su labor docente. Constituyó una fuerza colosal que, a la par que transformó radicalmente su vida, cambió el curso de la historia de la Iglesia y del mundo. Únicamente una acción comprometida, de identificación práctica con el texto que se interpreta, puede extraer de éste la plenitud de su significado.

Lo que algunos pensadores han opinado sobre la investigación histórica tiene aplicación, con mayor razón, a la investigación bíblica. La historia no puede ser estudiada con efectividad de modo absolutamente imparcial. El discutido Paul Tillich tenía razón cuando sostenía que el ideal de limitarse a informar sobre los hechos sin ningún elemento de interpretación subjetiva es un «concepto cuestionable». Si no existe unión entre el historiador y el material que interpreta no puede haber una verdadera comprensión de la historia. La tarea del historiador consiste en «revivir» lo que está muerto. «Sólo el compromiso profundo con la acción histórica puede sentar las bases para la interpretación de la historia. La actividad histórica es la clave para la comprensión de la historia.» [18] De modo análogo, podríamos decir que la «actividad» bíblica es la clave para la comprensión de la Biblia. En la medida en que el estudio de sus textos va a compañado de una acción consecuente en la teología, en el culto y en la conducta —incluida su proyección social— es factible una interpretación en profundidad que irá enriqueciéndose a medida que se vaya asumiendo su contenido.

Algunos teólogos evangélicos de nuestros días son conscientes de esta realidad y han empezado a dar mayor énfasis a las implicaciones prácticas de la hermenéutica. Con un enfoque «contextual», las realidades espirituales, culturales y socio-políticas de hombres y pueblos son tomadas seriamente en consideración a fin de interpretar la Escritura de modo comprensible y relevante. Pero la realización de este propósito pasa por la «encarnación» del mensaje bíblico, encarnación en la que deben asumirse los problemas, las inquietudes y las necesidades de aquellos a quienes se pretende comunicar la Palabra de Dios.

De esto se desprende otro requisito especial del exegeta bíblico.

c) *Espíritu de mediador.* En último término, la misión del intérprete es servir de puente entre el autor del texto y el lector. Entre el pensamiento de ambos media a menudo una gran sima que se debe salvar. Para ello no basta llegar a captar lo que el autor bíblico quiso expresar. La plenitud de significado sólo la descubrimos cuando acercamos el mundo del autor a nuestro mundo y viceversa.

A modo de ilustración, podemos pensar en los mensajes proféticos de Amós. Nuestra comprensión de sus denuncias de la injusticia y de la inhumanidad de sus contemporáneos no se agotará si nos limitamos a una mera exposición histórica de su ministerio y al análisis lingüístico de sus discursos. En cambio, una toma de conciencia de los problemas sociales del mundo en que nosotros vivimos, dados los paralelos existentes entre la situación del profeta y la nuestra, no sólo hará más relevante el libro de Amós para el hombre de hoy, sino que nos proporcionará una visión más profunda y mucho más viva de lo que el profeta quiso decir.

El contexto histórico del intérprete ha sido con frecuencia factor determinante de auténticos descubrimientos en la práctica de

18. Refs. de Carl E. Braaten en su prefacio a *Pensamiento cristiano y cultura en Occidente*, por Paul Tillich, La Aurora 1976, pp. 10, 11.

la exégesis. Fue la angustia de Lutero, abrumado por la doctrina católica de las obras meritorias y la opresión espiritual de Roma impuesta a la cristiandad, lo que llevó al reformador alemán a comprender el alcance grandioso del texto «el justo por la fe vivirá». Al descubrimiento de la justificación por la fe, seguirían otros que inducirían a Lutero, a la luz de una Biblia interpretada en un contexto personal nuevo, a una nueva formulación teológica. La *sola fides* tendría su apoyo en la *sola gratia*, el *solus Christus* y la *sola Scriptura*. Así se recuperaba la esencia del Evangelio para la Iglesia del siglo XVI, después de más de un milenio de desviaciones doctrinales. Fue el anquilosamiento de un protestantismo encorsetado por formulaciones dogmáticas y empobrecido por la institucionalización y sacramentalización de las iglesias, con sus millones de miembros nominales, lo que facilitó el descubrimiento de la enseñanza bíblica sobre la Iglesia de creyentes. Y es la situación actual del mundo, con sus graves problemas políticos, sociales, éticos, etc. lo que está espoleando a hermeneutas y teólogos para ahondar en la Escritura y discernir lo que Dios dice a su pueblo acerca de su responsabilidad como sal de la tierra y luz del mundo.

Es este contexto histórico del momento presente el que está influyendo y abriendo nuevas perspectivas para la reconsideración de textos bíblicos olvidados o mal interpretados. Hoy, en plena evolución hermenéutica, se recobra el concepto bíblico del hombre total. No se piensa sólo en salvar su alma y en su inmortalidad (conceptos heredados de Platón más que de la Escritura). Se piensa también en el cuerpo y en la vida más acá de la muerte. Se recobra, asimismo, la dimensión social de la fe cristiana, el sentido pleno del Reino de Dios, el valor de la creación presente pese al deterioro producido por la falta de cordura y el pecado del hombre.

Todo esto no significa que se esté sacando arbitrariamente de la Biblia lo que ésta no contiene. Lo que sucede es que se están redescubriendo facetas del Evangelio que habían quedado ocultas por tradiciones culturales y situaciones históricas diversas. Tales redescubrimientos debieran proseguir siempre que fuera necesario, siempre que antiguas o nuevas formulaciones teológicas, por incorrectas o incompletas, dejen de comunicar la Palabra de Dios en respuesta a las preguntas y los clamores del mundo.

Como sugieren los especialistas de nuestros días, la hermenéutica debe abrir un diálogo entre el pasado del autor bíblico y el presente del lector. Y como mediador en el diálogo está el intérprete, quien ha de recorrer una y otra vez el círculo hermenéutico, acercándose por un lado al texto y por otro a su propio contexto histórico, interrogando a ambos hasta llegar a discernir el verbo de Dios, significativo para los hombres de cualquier lugar o época.

En esta labor es llamado a perseverar el exegeta, abierto constantemente al mensaje, siempre viejo y siempre nuevo, de la Biblia, con el que nunca estaremos suficientemente familiarizados.

Sirvan de conclusión a este capítulo de consideraciones preliminares las palabras de Martin Buber: «Ocurre con la Biblia lo mismo que con un hombre a cuya presencia estamos tan acostumbrados que vivimos junto a él como como si fuese una figura geométrica, de propiedades y proporciones de fórmula corriente. Semejantes relaciones reducen a la nada la sustancia de la vida y, con mayor razón, la sustancia de este libro, en el cual, durante milenios, cada generación encontró la significación particular que la ilustraba sobre su propia situación y la guiaba en las tareas del momento presente. Una tras otra, las generaciones leyeron en él un nuevo mensaje, desconocido hasta entonces, y que se dirigía a ellas, precisamente a ellas. A la luz de este mensaje, se revelaban los secretos de la Escritura.

«En nuestra época, se ha oscurecido esta relación viva con la palabra viva. Todavía creemos que interpretamos sus signos: en realidad, pasamos por su lado. Los hemos recubierto de convenciones literarias, históricas, teológicas. Cierto que nuestros conocimientos filológicos y arqueológicos han progresado mucho en el terreno de la Biblia. Nuestra inteligencia teórica de la Escritura tiene, en la actualidad, una precisión metódica sin precedentes; es capaz de abarcar las informaciones con una fuerza sistemática inigualada. Pero la idea directa que nos forjamos de la realidad bíblica, como de una realidad determinante de la vida del hombre, permanece muy retrasada. Hemos perdido el camino de los orígenes y de la eternidad, donde cada cual puede encontrar lo que le está personalmente destinado. Hemos dejado de oír la voz.» [19]

Responsabilidad del intérprete es coadyuvar a que la voz sea oída de nuevo.

19. Prólogo a *La Santa Biblia*, 1.ª Ed. ecuménica, Plaza y Janés, I, P. 21.

# CUESTIONARIO

1. ¿Qué relación existe entre la teología y la hermenéutica?

2. ¿Qué diferencia puede señalarse entre la hermenéutica tradicional y la «Nueva Hermenéutica»?

3. ¿Por qué es necesaria la hermenéutica?

4. El ministerio del Espíritu Santo en la vida del creyente y en la Iglesia ¿no hace superflua la investigación exegética? ¿Por qué?

5. ¿Hasta qué punto es posible tener la certeza de que se ha llegado a la interpretación correcta de un texto?

6. Explique el significado del «libre examen» e indique cómo puede armonizarse con la labor hermenéutica.

7. ¿Qué significa y por qué es necesaria la «interpretación en la comunidad de la fe»?

8. ¿Qué se entiende por «contextualización» de la Biblia?

9. ¿Por qué son necesarios los requisitos especiales del intérprete de la Escritura?

# II

# NATURALEZA
# Y CARACTERÍSTICAS
# DE LA BIBLIA

Todo hermeneuta, antes de iniciar su labor, ha de tener una idea clara de las características del texto que ha de interpretar, pues si bien es cierto que hay unos principios básicos aplicables a la exégesis de toda clase de escritos, no es menos cierto que la naturaleza y contenido de cada uno de éstos impone un tratamiento especial. Al ocuparnos de la interpretación de la Biblia, hemos de preguntarnos: ¿Qué lugar ocupan sus libros en la literatura universal? ¿Son producciones comparables a los libros sagrados de otras religiones? ¿Constituyen simplemente el testimonio de la experiencia religiosa de un pueblo, engalanado por la agudeza de sus legisladores, poetas, moralistas y profetas? ¿o forman, como sostiene la sinagoga judía respecto al Antiguo Testamento y la Iglesia cristiana respecto a la totalidad de la Escritura, un libro diferente y superior a todos los libros, el Libro, cuya autoría, en último término, debe atribuirse a Dios? ¿Puede establecerse una paridad entre Biblia y Palabra de Dios? Obviamente, la respuesta a estas preguntas desempeña un papel decisivo en la interpretación de las Escrituras judeo-cristianas. Pero ¿cómo obtener una respuesta válida?

## El testimonio de la propia Escritura

No puede negarse seriamente que la Biblia, en su conjunto y en gran número de sus textos, presupone su origen divino, la peculiaridad de que, esencialmente, recoge el mensaje de Dios dirigido a los hombres de modos diversos y en diferentes épocas. Como reconoce C. H. Dodd, «la Biblia se diferencia de las demás literaturas religiosas en que se lo juega todo en la pretensión de que Dios se reveló realmente en unos acontecimientos concretos, documentados, públicos. A menos que tomemos esta pretensión en serio, la Biblia apenas si tiene sentido, por grande que sea el estímulo espiritual que nos procuren sus pasajes selectos».[1] Lógicamente, no podemos aducir este hecho como demostración de que hay un elemento divino en la Escritura, pero es un dato importante que nadie debe despreciar. El testimonio que una persona da de sí misma no es decisivo. Puede no ser verdadero; pero puede serlo y, de acuerdo con un elemental principio de procedimiento legal, tal testimonio no puede ser desechado a priori. A menos que pueda probarse fehacientemente su falsedad, la información que aporta siempre es de valor irrenunciable. Este principio es de aplicación a la Escritura. G. W. Bromiley lo expresa con gran luminosidad: «Cuando afirmamos la autoridad sin par de la Biblia, ¿es legítimo apelar al propio testimonio de la Biblia en apoyo de tal afirmación? ¿No es esto una forma abusiva de dar por cierto lo que está bajo discusión, hacer de la Biblia misma el árbitro primero y final de su propia causa? ¿No somos culpables de presuponer aquello que somos requeridos a probar? La respuesta a esta pregunta es, por supuesto, que no acudimos a la Biblia en busca de pruebas, sino de información.»[2] Y esta información, examinada sin prejuicios, hace difícil rechazar la plausibilidad de una intervención divina en la formación de la Escritura y relegar sus libros a la categoría de literatura histórico-religiosa de origen meramente humano. Lo que A. B. Davidson escribió acerca del Antiguo Testamento podemos hacerlo extensivo a la totalidad de la Biblia: «No vamos a él con la idea general de que es la palabra de Dios dirigida a nosotros. No vamos a él con esa idea, pero nos alzamos con la idea después de haber tenido contacto con él.»[3]

Abundan los textos de la Escritura en los que se atestigua una revelación especial de Dios, quien de muy variadas maneras habla a sus siervos para comunicarles su mensaje. Una de las frases más repetidas en el Antiguo Testamento es: «Y dijo Dios», o la equivalente: «Vino palabra de Yahvéh.»

Esta «palabra» de Dios es creadora y normativa desde el principio mismo de la hitoria de Israel. (He aquí sólo algunas citas del Pentateuco: Éx. 4:28; 19:6, 7; 20:1-17; 24:3; Nm. 3:16, 39, 51; 11:24; 13:3; Dt. 2:2, 17; 5:5-22; 29:1-30:20.) Israel adquiere plena

1. La Biblia y el hombre de hoy, Ed. Cristiandad, 1973, p. 169.
2. NBC. Rev. 1973, p. 3.
3. The Theology of the O.T.., T. & T. Clark, Edinburgh, 1904, p. 4.

conciencia de su entidad histórica bajo la influencia de los grandes actos de Dios y de la interpretación verbal que de esos actos da Dios mismo por medio de Moisés. Negar esta realidad nos obligaría a explicar el fenómeno del origen histórico de Israel sobre la base de leyendas fantásticas, inverosímiles, poco acordes con la objetividad del marco geográfico-histórico y de costumbres que hallamos en los relatos bíblicos y con la seriedad del hagiógrafo. Por otro lado, mal cuadraría una base plagada de falsedades con la estructura político-religiosa de un pueblo que, desde el primer momento, es instado a condenar enérgicamente el engaño de todo falso profeta (Dt. 13).

Además, la palabra de Dios se entrelaza con la historia del pueblo israelita no sólo en sus inicios, sino a lo largo de los siglos, hasta que Malaquías cierra el registro de la revelación veterotestamentaria. Todos los grandes acontecimientos en los anales de Israel están de algún modo relacionados con mensajes divinos. Dios habla a los jueces, a los reyes, a los profetas. Así, a lo largo de los siglos, se va acumulando un riquísimo caudal de enseñanza, normas, promesas y admoniciones que guían al pueblo escogido hasta los umbrales de la era mesiánica. Esto hace que la historia de Israel sólo tenga sentido a la luz de la relación única entre el pueblo y Yahvéh sobre la base de la revelación y del pacto que Él mismo ha establecido.

Pero no es únicamente la riqueza de contenido del Antiguo Testamento lo que sorprende. Llama la atención su coherencia y armonía. No se nos presenta como una simple acumulación de hechos, ideas y experiencias religiosas, sino como un proceso regido por una finalidad, como un conjunto en el que las partes encajan entre sí y que responde a esa finalidad. La historia de Israel, tal como aparece en la Escritura, es un todo orgánico, no una agrupación de historias. No es fácil explicar esta característica del Antiguo Testamento, y de la Biblia en general, si no admitimos la realidad de la acción de Dios, tanto en la revelación como en la preservación y ordenamiento de ésta en la Escritura.

Al pasar al Nuevo Testamento, se observa igualmente el lugar preponderante de la palabra de Dios. Los evangelistas, testigos de cuanto Jesús hizo y dijo (1 Jn. 1:1-3), ven en Él la culminación de la revelación de Dios. Era la palabra de Dios encarnada, el gran intérprete de Dios (Jn. 1:14, 18). Ponen en sus labios palabras que muestran la autoridad y el origen divino de sus enseñanzas (Mt. 5:21-48; 7:28, 29; Jn. 7:16; 13:2, 26; 8:28; 12:49; 14:10, 24 y pasajes paralelos de Marcos y Lucas).

La comunicación divina no se extingue con el ministerio público de Jesús. Se completaría, según palabras de Jesús mismo, con el testimonio y el magisterio de los apóstoles bajo la guía del Espíritu Santo (Jn. 14:26; 16:13). Así lo entendieron los propios apóstoles, persuadidos de que sus palabras eran ciertamente «la palabra de Dios» (1 Ts. 2:13; véase también Hch. 4:31; 6:2, 7; 8:14, 25; 11:1; 12:24; 17:13; 18:11; 19:10; Col. 1:25, 26; 1 Ts. 4:15; 2 Ti. 2:9; Ap. 1:2, 9).

La convicción generalizada en profetas y apóstoles —campeones de probidad— de que eran instrumentos para comunicar el mensaje recibido de Dios, ¿puede atribuirse a una ilusión si no a supercheria? Si nos libramos de prejuicios filosóficos, ¿no es más honesto dar crédito al testimonio de aquellos hombres? Si Dios existe, ¿no era de esperar su revelación? La Escritura se atribuye la función de ser testimonio y registro de esa revelación.

## Credibilidad de la revelación

Desde un punto de vista lógico, cabía esperar que Dios se comunicara con los hombres de modo tal que éstos pudieran tener un conocimiento adecuado de Él, de su naturaleza, de sus propósitos y de sus obras. Tal conocimiento no podía ser alcanzado por la llamada revelación general o natural. Es verdad que «los cielos cuentan la gloria de Dios» (Sal. 19:1). Las obras de la creación nos hablan de la sabiduría y el poder de Dios. Incluso nos muestran evidencias de su bondad; pero nada nos dicen de su justicia, de su misericordia o de los principios morales que rigen su relación con el universo, en especial con el hombre, hecho a imagen de Dios. Tampoco arroja luz la revelación general sobre el actual estado de la humanidad en su grandeza y en su miseria, sobre el sentido de la vida humana o sobre el significado de la historia. Aunque el pecado no hubiera oscurecido la mente humana —hecho que limita su capacidad de discernimiento—, la luz de la naturaleza habría sido insuficiente para tener un conocimiento adecuado de Dios y de su voluntad.

Si creemos en la bondad de Dios, es presumible que Dios no dejara al hombre en la oscuridad de su ignorancia con todos los riesgos que ésta conlleva. Para librarnos de ella, la razón humana es del todo ineficaz. Los más grandes pensadores de todos los tiempos no han hecho otra cosa que construir un laberinto entrecruzado por mil y una contradicciones en las que la mente se pierde víctima de la incertidumbre. Las conclusiones derivadas de reflexiones sobre la naturaleza o sobre la historia son poco fiables; tanto pueden conducirnos a formas más o menos arbitrarias de religiosidad como al agnosticismo o al ateísmo.

En lo que se refiere al orden moral, ningún examen empírico del universo o de la propia naturaleza humana puede guiarnos con certeza en lo que concierne a normas éticas. Lo recto y lo justo vendrá determinado por múltiples factores culturales y sociales, pero siempre será algo relativo, coyuntural, variable. Lo que en un lugar y época determinados se consideraba normal, en lugares distintos y en tiempos posteriores ha sido visto como abominación. Los sacrificios humanos, el infanticidio, la esclavitud, la prostitución sagrada, etc. no escandalizaban en la antigüedad. Hoy nos parecen monstruosidades. Pero todavía en nuestros días, cuando la ética, la psicología y la sociología tratan de sugerir normas de comportamiento, las divergencias subsisten. Y a menudo, en muchos aspectos se observa un retroceso a aberraciones análogas a las de antaño: legalización del aborto, de la eutanasia, de la homosexualidad, etc.

Sólo una intervención de Dios mismo puede guiarnos a su conocimiento y al de las grandes verdades que conciernen decisivamente a nuestra existencia. Como afirma Bernard Ramm: «El conocimiento *acerca de* Dios debe ser un conocimiento que *proceda de* Dios, y su búsqueda debe dejarse gobernar por la naturaleza de Dios y de su autorrevelación.»[4] Muy sugerente es la ilustración que el mismo autor usa a continuación cuando compara la revelación especial a una autobiografía de Dios, la cual, obviamente, ha de ser infinitamente superior a cualquier biografía de Dios que pudiera proponerse.

Únicamente Dios podía dar al hombre el conocimiento que éste necesitaba. Pero ¿se lo ha dado? La necesidad de una revelación no es una prueba de que tal revelación haya tenido lugar. ¿Se ha comunicado Dios con los hombres de modo que puedan comprenderle y vivir en comunión con Él? El autor de la carta a los Hebreos nos da una respuesta categórica: «Dios ha hablado» (He. 1:1-3). Pero afirmación tan rotunda ¿tiene suficiente base de credibilidad?

La respuesta es positiva, aunque no simple. La base de credibilidad no radica tanto en argumentos lógicos como en hechos que se extienden a lo largo de la historia, en una trama compleja de acontecimientos humanos entrelazados con los hilos de la urdimbre divina. Como subraya Geerhardus Vos, «el proceso de la revelación no es sólo concomitante con la historia, sino que se encarna en la historia».[5]

Debe tenerse presente, sin embargo, y contrariamente a lo que algunos sostienen, que la revelación no consiste sólo en eventos históricos, actos de Dios. Incluye manifestaciones verbales de Dios que interpretan los actos. Sin esta parte de la revelación, llamada «proposicional», los hechos históricos quedarían sumidos en la ambigüedad. Pongamos como ejemplo el éxodo, acontecimiento cumbre en la historia de Israel. Despojado de la interpre-

---

4. *La revelación especial y la Palabra de Dios*, La Aurora, p. 14.
5. *Biblical Theology*, Eerdmans, 1938, p. 15.

tación oral dada por Dios mismo a Moisés (Éx. 3), fácilmente perdería la riqueza de su hondo significado. La historia registra otros casos de movimientos migratorios y episodios de emancipación colectiva sin ninguna significación especial. La salida de Israel de Egipto pudo haber sido uno más. Pero la revelación bíblica no se limita a consignar el hecho escueto; añade lo declarado por Dios respecto a sus propósitos para con aquel pueblo y las especiales relaciones que a él le unirían con miras a convertirlo en un testigo del Dios verdadero y de su justicia.

Lo mismo podríamos decir del evento supremo de la Historia: la muerte de Jesús. Sin una explicación divina, este hecho podría interpretarse de los modos más diversos y con toda seguridad ninguna interpretación expresaría el glorioso significado de lo acaecido en el Gólgota. Sólo la palabra de Dios, a través del Hijo, podía desentrañar el misterio de la cruz: «Esto es mi sangre del nuevo pacto que va a ser derramada por muchos para remisión de pecados» (Mt. 26:28).

Los grandes actos de Dios son interpretados por Dios mismo, no por hombres. Así la interpretación divina completa la revelación a fin de que ésta cumpla su finalidad y libre a los hombres de equívocos, ambigüedades y errores. Como hace notar Oscar Cullmann, «la revelación consiste de ambos: del acontecimiento como tal y de su interpretación... Esta inclusión del mensaje salvador de los acontecimientos salvadores es del todo esencial en el Nuevo Testamento».[6] Podríamos añadir que es esencial en toda la Biblia.

La credibilidad de la revelación bíblica es avalada por su unidad esencial en la diversidad de sus formas y en su carácter progresivo. Sus variados elementos teológicos, éticos, rituales o ceremoniales constituyen un todo armónico, con unas constantes que se mantienen tanto en cuanto se refiere a los atributos y las obras de Dios como en lo relativo a la condición moral del hombre, a su relación con Dios, al culto, a la conducta, etc. En el centro está Dios mismo. Paulatinamente, de este centro va emergiendo con claridad creciente la figura del Mesías redentor, en quien culminará todo el proceso de la revelación.

En el período anterior a Cristo, la revelación es en gran parte preparatoria. Es anuncio, promesa. En Cristo, la revelación es el mensaje del cumplimiento, con el que se abren las perspectivas finales de la humanidad. En Él se cumplen multitud de predicciones del Antiguo Testamento; se hacen realidad sus símbolos y sus esperanzas. Todas las líneas del Antiguo Testamento convergen en Aquel que es el profeta por excelencia, el máximo sumo sacerdote y el gran rey cuyo imperio perdurará eternamente. Su persona,

6. *Salvation in History*, SCM, 1967, p. 98.

sus palabras y su obra constituyen el cenit de la revelación. Las teofanías o cualquier otra forma anterior de comunicación divina habían sido, en palabras de René Pache, «un relámpago en la noche, en comparación con la encarnación del que es la luz del mundo. Los profetas recogían y transmitían los fragmentos de los misterios que el Señor tuvo a bien comunicarles. Pero el Padre no tiene secretos para con el Hijo. Éste es en sí mismo "el misterio de Dios... en quien están escondidos todos los tesoros de la sabiduría y del conocimiento" (Col. 2:2, 3)».[7]

A todo lo expuesto, podemos añadir la majestuosidad de la revelación bíblica en su conjunto, la profundidad de sus conceptos, la perennidad de sus principios, así como la incomparable influencia que ha ejercido —y sigue ejerciendo— en el mundo. Atribuir estas cualidades al genio religioso de unos hombres, enormemente separados entre sí en el tiempo y diversamente influenciados por el diferente entorno de cada uno de ellos, es apretarse sobre los ojos la venda de los prejuicios en un empeño obstinado de negar toda posibilidad de revelación.

### Revelación y Escritura

Cuanto hemos señalado sobre la revelación tiene su base en el contenido de la Biblia. Sin ésta nada sabríamos de aquélla. Existe, pues, una correlación entre ambas. No es accidental esa correlación, sino que responde a un propósito y a una necesidad. No se produce porque algunos de los hombres a quienes Dios hizo objeto de su revelación se sintieran movidos por sus propias reflexiones a registrar en textos escritos el contenido de lo revelado. Según el testimonio bíblico, es Dios mismo quien, directa o indirectamente, ordena la «inscripturación» (Éx. 17:14; 24:4; 34:27; Dt. 17:18, 19; 27:3; Is. 8:1; Jer. 30:2; 36:2-4; Dn. 12:4; Hab. 2:2; Ap. 1:11, 19). No es preciso un gran esfuerzo mental para comprender que tanto los profetas del Antiguo Testamento como los apóstoles vieron en la escritura el único medio de preservar fielmente la revelación y lo utilizaron. La gran reverencia con que el pueblo judío miró siempre sus Escrituras y la autoridad divina que les atribuían se debían, sin duda, al convencimiento de que eran depósito de la revelación de Yahvéh. Lo mismo puede decirse en cuanto al significado que para la Iglesia cristiana tenían tanto los libros del Antiguo Testamento como los del Nuevo. Los textos del primero son considerados como santos (Ro. 1:2) o sagrados (2 Ti. 3:15); como palabra de Dios (Jn. 10:35, Ro. 3:2). A los del Nuevo Testamento, desde el primer momento, se les atribuye

7. *L'inspiration et l'autorité de la Bible*, p. 22.

45

un rango tan elevado que los equipara a «las demás Escrituras» (2 P. 3:16). Lo sabio de preservar la revelación mediante la escritura no admite dudas. Por más que antiguamente —especialmente en Israel— la transmisión oral de las tradiciones alcanzara elevadas cotas de fiabilidad, era inevitable que el contenido de la comunicación original sufriera desfiguraciones en el transcurso del tiempo. La revelación no habría escapado a los efectos de este fenómeno natural. Su deformación habría sido probablemente más rápida y grave a causa de las fuertes influencias del paganismo que siempre se ejercieron sobre Israel. Sólo la escritura podía fijar la revelación de modo permanente. Y así lo entendió también la Iglesia cristiana.

Por supuesto, no se pretende que la Escritura haya recogido todo lo que Dios había revelado. Parte de los escritos proféticos no llegaron a ser incorporados al canon veterotestamentario (2 Crón. 9:29). Jesús hizo «otras muchas cosas» que no aparecen en los evangelios (Jn. 21:25) y los apóstoles escribieron cartas que no aparecen en el Nuevo Testamento (1 Co. 5:9; Col. 4:6). Pero el material recogido en los libros de la Escritura es suficiente para que se cumpliera el propósito de la revelación. Nada esencial ha sido omitido. El contenido de la Biblia es determinado para la finalidad de la misma: guiar a los hombres al conocimiento de Dios y a la fe. A partir de ese conocimiento y de esa fe, la Escritura capacita al creyente para vivir en conformidad con la voluntad de Dios.

Una comprensión clara del objeto de la Escritura nos librará de los problemas que a menudo se han planteado alegando deficiencias de la Biblia desde el punto de vista científico o histórico. La revelación, y por ende la Escritura, no nos ha sido dada para llegar a aprender lo que podemos llegar a conocer por otros medios, sino con el único propósito de que alcancemos a saber lo que sin ella nos permanecería velado: la verdadera naturaleza de Dios y su obra de salvación a favor del hombre. Este hecho adquiere importancia capital cuando hemos de interpretar la Biblia, pues no pocas dificultades se desvanecen cuando se tiene en cuenta lo que es y lo que no es finalidad de la revelación.

### Inspiración de la Biblia

Es éste uno de los puntos más controvertidos de la teología cristiana. Aun dando por cierto que la revelación dio origen a la Escritura, queda por determinar hasta qué punto y con qué grado de fidedignidad lo escrito expresa lo revelado. ¿Cabe atribuir a la acción de escribir los libros de la Biblia una intervención divina, paralela y complementaria a la de la revelación, que garantice la fiabilidad de los textos? ¿Puede decirse que la Escritura fue inspirada por Dios de modo tal que nos transmite sin error lo que Dios tuvo a bien comunicarnos?

Existe en la teología contemporánea una tendencia a reconocer una revelación sobrenatural sin admitir una sobrenatural inspiración de la Biblia. Se acepta que Dios se manifestó y «habló» desde los días de los profetas hasta Jesucristo, pero no que la Escritura en sí sea revelación. Sólo puede concederse que la Biblia contiene el testimonio humano de la revelación. Lo revelado llevaba el sello de la autoridad de Dios; pero el testimonio escrito de profetas y apóstoles estaba expuesto a todos los defectos propios del lenguaje humano, incluidos la desfiguración y el error.

Esta concepción de la Escritura tiene su base en la filosofía existencialista y en la teología dialéctica. Para la neo-ortodoxia, representada principalmente por Karl Barth y Emil Brunner, el texto bíblico no puede ser considerado revelación, por cuanto está expuesto al control del hombre. Equipararlo a la revelación sería aprisionar al Espíritu de Dios —usando frase de Brunner— «entre las cubiertas de la palabra escrita».[8] La Biblia es digna del máximo respeto y debe ser objeto de lectura reverente, ya que Dios ha tenido a bien hablarnos a través de ella. La Biblia no es palabra de Dios, pero se convierte en palabra de Dios cuando, mediante su lectura, Dios nos hace oír su voz. Esto sucede independientemente de los errores que, según los teólogos neo-ortodoxos, contiene la Biblia.

Otras escuelas teológicas mantienen posturas semejantes. En el fondo, a pesar de sus alegatos en defensa de su distanciamiento del liberalismo racionalista, siguen imbuidos de su espíritu y comparten una actitud crítica respecto a la autoridad de la Escritura. La razón, el rigor científico y el pragmatismo existencial deben imponerse a cualquier dogma relativo a la letra de los textos bíblicos. Liberado el protestantismo del papa de Roma, no debe caer en la sujeción a un «papa de papel».

Pero esta postura ni expresa la opinión tradicional de la Iglesia cristiana, continuadora del pensamiento judío, ni hace justicia al propio contenido de la Escritura o a los principios de una sana lógica. Como veremos más adelante, las declaraciones de los profetas, las de Jesús y posteriormente las de sus apóstoles no dejan lugar a dudas en cuanto al concepto que la Escritura les merecía. Sin formular de modo muy elaborado una doctrina de la inspiración, aceptan de modo implícito lo que explícitamente afirmó Pablo: «Toda Escritura es inspirada divinamente» (2 Ti. 3:16). Es la

8. Cit. Por R. A. Finlayson, *Revelation and the Bible*, Baker Book House, 1958, p. 225.

única conclusión plausible, a menos que descartemos por comple to el propósito de la revelación. Si Dios tuvo a bien revelarse a lo hombres y si la Escritura era el medio más adecuado para que e contenido de tal revelación se preservara y difundiera, era de es perar que Dios asistiera a los hagiógrafos a fin de que lo que es cribían expresara realmente lo que Dios había hecho, dicho o en señado. ¿De qué utilidad sería un testimonio de la revelación de teriorado por errores, tergiversaciones, exageraciones y desfigura ciones diversas? Aun admitiendo la buena fe de los escritores sa grados, resultaría difícil una transmisión de la revelación sin cae en alguna forma de corrupción, propia de los defectos y limitacio nes de todo ser humano. Sólo la acción inspiradora de Dios podía evitar tal corrupción. Como afirma Bernard Ramm, «la inspira ción, es, por así decirlo, el antídoto contra la debilidad del hom bre y sus intenciones pecaminosas. Es la garantía de que la pala bra de la revelación especial continúa con la misma autenti cidad».[9]

### Concepto de la inspiración

En opinión de muchos, aun de los más racionalistas, la Biblia constituye una obra magna y a sus autores puede atribuírseles el don de la inspiración, pero sin reconocer en ésta nada de sobre-natural. La inspiración bajo la cual escribieron los autores del Antiguo y del Nuevo Testamento es análoga a la que mueve al poeta, al pintor o al escultor a realizar sus obras maestras. Es la inspi-ración de los genios. La Biblia, según esta opinión, es la monu-mental producción del genio religioso de Israel.

Pero el concepto cristiano de la inspiración de la Escritura es diferente y superior. Tal concepto podía resultar mucho más claro en los días apostólicos que en nuestro tiempo. El antiguo mundo helénico estaba familiarizado con los oráculos paganos. Éstos eran tenidos por inspirados en el sentido de que procedían de per-sonas sobrenaturalmente poseídas —según se creía— por un po-der divino, que hablaban bajo el impulso de un aflato misterioso. Lo que de fraudulento o demoníaco pudiera haber en aquellos oráculos no modifica el concepto de inspiración existente en la mente popular cuando Pablo declaró: que «toda Escritura es ins-pirada divinamente». Sus lectores, tanto judíos como griegos, en-tenderían perfectamente lo que quería decir: que la Escritura era la obra de hombres especialmente asistidos por el Espíritu de Dios para comunicar el mensaje de Dios.

A partir del concepto expuesto, podemos definir la inspiración

9. *La revelación especial y la Palabra de Dios*, p. 185.

de la Biblia como la acción sobrenatural de Dios en los hagiógrafos que tuvo por objeto guiarlos en sus pensamientos y en sus escritos de modo tal que éstos expresaran, verazmente y concordes con la revelación, los pensamientos, los actos y la voluntad de Dios. Por esta razón, puede decirse que la Biblia es Palabra de Dios y, por consiguiente, suprema norma de fe y conducta.

El texto de 2 Ti. 3:16, al que ya nos hemos referido, es fundamental para compender el significado de la inspiración. El término griego usado por Pablo, *theopneustos*, indica literalmente que fueron producidas por el «soplo de Dios». Con ello se da a entender no sólo que los escritores fueron controlados o guiados, sino que, de alguna manera, Dios infundía a sus escritos una cualidad especial, de la que se derivaba la autoridad y la finalidad de la Escritura («útil para enseñar, para convencer, para corregir», etc.).

Que el texto mencionado se traduzca como algunos lo han traducido («toda Escritura divinamente inspirada es útil...») no modifica esencialmente el sentido de lo que Pablo quiso expresar, y esto no era otra cosa que la convicción generalizada entre los judíos de su tiempo de que el Antiguo Testamento, en su totalidad, había sido escrito bajo la acción inspiradora de Dios. De modo gráfico y con gran acierto lo expresa G. W. H. Lampe cuando escribe: «La palabra *(theopneustos)* indica que Dios, de alguna manera, ha puesto en estos escritos el hálito de su propio Espíritu creativo, al modo como lo hizo cuando sopló aliento de vida en el hombre que había formado del polvo de la tierra (Gn. 2:2).» [10]

No menos significativo es el texto de 2 Pedro 1:20, 21, en el que categóricamente se señala la función profética del Antiguo Testamento en relación de subordinación a la acción del Espíritu Santo. De modo tan correcto como expresivo traduce la Nueva Biblia Inglesa *(New English Bible)* el versículo 21: «Porque no fue por antojo humano que los hombres de antaño profetizaron; hombres eran, pero, impelidos por el Espíritu Santo, hablaron las palabras de Dios.» «Impelidos» o «movidos» son términos usados para traducir el original *ferómenoi*, es decir «llevados», como lo es un barco de vela impulsado por el viento.

La acción divina sobre los hagiógrafos no debe entenderse en todos los casos como un fenómeno de manifestaciones psíquicas extraordinarias, tales como la visión, el trance, el sueño, audición de voces sobrenaturales, estados de éxtasis en los que el hombre es mentalmente transportado más allá de sí mismo. Podía consistir simplemente en la influencia sobre el pensamiento o en la guía divina que dirigiera la investigación y la reflexión del escritor (comp. Lc. 1:1-3).

Tampoco debe interpretarse la inspiración en sentido mecáni-

---

10. *The Interpreter's Dict. of the Bible*, Abingdon, II, p. 713.

co, como si Dios hubiese dictado palabra por palabra cada uno de los libros de la Biblia. En este caso no habría sido necesario que Dios se valiera de hombres especialmente dotados para escibir y, como irónicamente sugería Abraham Kuyper, «cualquier alumno de enseñanza primaria que supiera escribir al dictado podría haber escrito la carta a los Romanos tan bien como el apóstol Pablo».[11] La inspiración no anula ni la personalidad, ni la formación, ni el estilo de los escritos sagrados, sino que usa tales elementos como ropaje del contenido de la revelación. Los hagiógrafos pueden ser considerados como órganos humanos que Dios usa para producir la Escritura. Cada órgano conserva su particular naturaleza, lo que da como resultado una mayor variedad, belleza y eficacia al conjunto escriturístico. Este hecho ha sido ilustrado desde tiempos de los Padres de la Iglesia mediante metáforas de instrumentos musicales que suenan por el soplo del Espíritu Santo. Lo que se ha querido significar es que el origen de la Escritura es a la vez divino y humano. «La Iglesia —escribe Bernard Ramm— está obligada a confesar que la *grafé* es a un tiempo palabra de Dios y palabra de hombre, y debe evitar todo intento de explicar el misterio de esta unión.» [12]

Es de suma importancia mantener equilibradamente el doble carácter de la Escritura. La exaltación desmedida de cualquiera de sus aspectos conduce a error. Pretender salvar la plena inspiración de la Biblia y lo que de divino hay en su origen anulando prácticamente su componente humano sería introducir en la bibliología una nueva forma de docetismo. La enseñanza doceta pugnaba por salvaguardar la plena divinidad de Cristo negando lo real de su humanidad. Tan equivocada como esta doctrina es la que sólo ve en la Biblia palabra de Dios y no palabra de hombres. Pero igualmente errónea —y de consecuencias más graves— es la conclusión a que llega la crítica radical de que los textos bíblicos son producción meramente humana a la que no hay por qué atribuir elemento alguno de inspiración sobrenatural.

Según algunos teólogos, Dios puede comunicarnos algo de su verdad a través de la Biblia, pero ello no cambia el hecho de que, a causa de sus inexactitudes y falsedades, la Biblia no sea racionalmente fiable. Estos teólogos, como atinadamente observa T. Engelder, «rehúsan creer que Dios ha hecho el milagro de darnos por inspiración una Biblia infalible; pero... están prestos a creer que Él realiza diariamente el milagro mucho mayor de hacer a los hombres capaces de descubrir la palabra infalible de Dios en la palabra falible de los hombres».[13]

11. *The Work of the Holy Spirit*, Eerdmans, 1946, p. 150.
12. *La revelación especial y la Palabra de Dios*, p. 188.
13. *Scripture cannot be broken*, p. 129, ref. de René Pache, op. cit., p. 58.

En los sectores evangélicos conservadores se tiende al desequilibrio por el lado del énfasis en el elemento divino de la Escritura, por lo que debemos ponderar objetivamente la dimensión humana de ésta. De lo contrario resultaría difícil refutar la acusación de «bibliolatría» que se hace contra los que sostienen tal énfasis. Una posición intermedia es la de quienes admiten la existencia de una revelación especial, pero ven en la humanidad de la Escritura una causa de pérdida parcial y alteración de aquélla, dado que las características humanas condicionan lo escrito de tal manera que no es posible discernir en su texto la verdad de Dios. B. Warfield ilustró y refutó este punto de vista con excepcional lucidez: «Como la luz que pasa a través de los cristales coloreados de una catedral —se nos dice— es luz del cielo, pero resulta teñida por la coloración del cristal, así cualquier palabra de Dios que pasa por la mente y el alma de un hombre queda descolorida por la personalidad mediante la cual es dada, y en la medida en que esto sucede deja de ser la pura palabra de Dios. Pero ¿qué si esa personalidad ha sido formada por Dios mismo con el propósito concreto de impartir a la palabra comunicada a través de ella el colorido que le da? ¿Qué si los colores de los ventanales han sido ideados por el arquitecto con el fin específico de dar a la luz que penetra en la catedral precisamente la tonalidad y la calidad que recibe de ellos? Cuando pensamos en Dios el Señor dando por su Espíritu unas Escrituras autoritativas a su pueblo, hemos de recordar que Él es el Dios de la providencia y de la gracia, como lo es de la revelación y de la inspiración, y que Él tiene todos los hilos de la preparación tan plenamente bajo su dirección como la operación específica que técnicamente denominamos, en el sentido estricto, con el nombre de "inspiración".»[14]

Frecuentemente se usa la analogía entre Cristo, en su doble naturaleza divina y humana, y la Biblia. En la encarnación de Cristo, la Palabra se hizo carne; en la Biblia, la Palabra se hizo escritura. Pero uno de los principales aspectos de la encarnación del Verbo de Dios es precisamente el de la humillación con sus limitaciones. El Hijo realizaría su obra de revelación y redención en un plano de servidumbre. Sin embargo, conviene proceder con cautela al establecer el paralelo entre encarnación e «inscripturación», a fin de no racionalizar excesivamente el misterio de la Escritura. Las reservas al respecto de teólogos como B. Warfield, J. Packer y G. C. Berkouwer no son injustificadas.

Reconocida la concurrencia de ambos factores en la Escritura, el divino y el humano, hemos de admitir este último en su naturaleza real, no idealizada. Los hagiógrafos no se expresaron en lenguaje divino o angélico, sino en lenguaje de hombres, en el len-

14. ISBE, III, p. 1480.

guaje propio de cada lugar, época, costumbres y demás circunstancias en que sus libros fueron escritos, con todas las limitaciones y debilidades inherentes a toda forma de lenguaje. No obstante, estas debilidades y limitaciones no menguan la riqueza de la revelación que la Escritura entraña ni la cualidad de su inspiración divina. Que la Escritura llegue a nosotros como sierva no quiere decir que sea una sierva maniatada por la ambigüedad y la incertidumbre. Por el contrario, a pesar de su humana condición, no deja de ser el instrumento escogido para hacer llegar a nosotros con toda autoridad la palabra de Dios. La sierva es humilde, sí; pero cumple cabalmente el servicio que le ha sido asignado por su Señor.

La humanidad de la Biblia plantea problemas de interpretación, pero no de credibilidad. A lo largo de sus páginas, se suceden las más duras denuncias contra los falsos profetas. Toda invención o toda tergiversación del mensaje divino es condenada enérgicamente (Dt. 13:1-5; 18:20; Jer. 14:15; 28:5-17; Zac. 10:2, 3; 13:3; Mt. 7:22, 23; Gá. 1:6-9; 2 P. 2:1-3; Ap. 22:18, 19). Podemos, pues, tener la seguridad de que los escritores sagrados fueron fieles transmisores del mensaje divino. Las dificultades exegéticas con que a menudo tropezamos en los textos bíblicos no afectan ni a la integridad moral de los escritores ni a la fidedignidad de sus escritos.

### Cristo y la Escritura

Para el cristiano, la opinión de Cristo sobre cualquier cuestión es, lógicamente, decisiva. Y es evidente que la autoridad de la Escritura, derivada de su inspiración divina, fue reiteradamente reconocida por Jesús.

Con respecto al Antiguo Testamento, Jesús pone su sello de aprobación sobre todas sus partes al reconocer su normatividad, con vigencia en su propia vida y en sus enseñanzas. Con el «Escrito está» rechaza las tentaciones del diablo. Con la misma frase u otras análogas, refuta las objeciones de sus adversarios y ratifica los principios éticos que han de regir la vida humana. Asimismo hace aflorar el abundante testimonio que de Él mismo dan los libros del Antiguo Testamento. Tanto su ministerio de predicación como sus obras milagrosas los realizaba en cumplimiento de lo que estaba escrito.

Si en algún momento parece que Jesús no sigue lo preceptuado en el Antiguo Testamento (comp. Mt. 5:21:44), antes ha dejado bien sentado que el propósito de su venida al mundo no es abrogar la ley o los profetas. No ha venido para anular, sino para cumplir (Mt. 5:17-19). Las aparentes modificaciones de las enseñanzas veterotestamentarias eran más bien una elevación de las mismas a un plano superior. Jesús superaba la letra de la ley para penetrar en la interioridad viva de los pensamientos, los sentimientos y las intenciones del hombre. En algún caso (la cuestión del divorcio, por ejemplo), la discrepancia de Jesús con lo prescrito en el Antiguo Testamento no hace sino poner de relieve la firmeza de los fundamentos morales revelados desde el principio, así como las vicisitudes de la revelación en el seno de una sociedad caracterizada por la dureza de corazón. Las normas mosaicas que regulaban el divorcio (lo mismo podría decirse de las relativas a la esclavitud) no significaban que Dios lo aprobaba. Reflejan simplemente la intervención divina para mitigar en lo posible los males causados por el pecado humano. Pero el advenimiento de Jesús abre plenamente las perspectivas del Reino de Dios; y en este Reino ya no caben concesiones de desorden moral. Sus principios éticos son absolutos. Esto es lo que Jesús quería decir, y de este modo, lejos de vulnerar la autoridad del Antiguo Testamento, la confirmaba a la par que depuraba su interpretación. Esa confirmación se apoyaba en el reconocimiento del elemento divino de la Escritura. Si para Él «la ley y los profetas» han de permanecer esencialmente inalterables «hasta que pasen el cielo y la tierra» (Mt. 5:18) es porque equipara la Escritura con la Palabra de Dios que «permanece para siempre» (Is. 40:8).

Lo incuestionable de esta postura de Jesús es reconocido aun por críticos poco conservadores. Según indicación de Kenneth Kantzer, el profesor H. J. Cadbury, de la universidad de Harvard, declaró en cierta ocasión que estaba mucho más seguro de que Jesús compartía la idea judía de una Biblia infalible que de la creencia de Jesús en su propia mesianidad; Adolf Harnack, el más destacado historiador de la iglesia en tiempos modernos, insiste en que Cristo, con sus apóstoles, con los judíos y con toda la Iglesia primitiva, expresa su completa adhesión a la autoridad infalible de la Biblia; y Bultmann reconoce que Jesús aceptó enteramente el punto de vista de su tiempo respecto a la plena inspiración y autoridad de la Escritura.[15] Más recientemente Peter Stuhlmacher ha escrito: «La enseñanza de la inspiración de la Escritura no es aportada a la Biblia por la Iglesia en tiempos posteriores, sino que se halla en la Biblia misma y en su correspondiente visión.»[16]

No faltan quienes objetan que Jesús, en sus declaraciones relativas a la Escritura, como en otras cuestiones, se adaptaba a las ideas de su tiempo, aunque éstas no se ajustaran a la realidad ni

15. Ref. de John W. Montgomery en *The Suicide of Christian Theology*, Bethany Fellowship, 1975, p. 372.
16. *Vom Verstehen des Neuen Testaments*, eine Hermeneutik, Vanderhoeck & Ruprecht, Göttingen, 1979, p. 47.

a lo que Él pensaba íntimamente. Pero esta hipótesis, como asevera Leon Morris, «no puede mantenerse tras un examen serio. No explica por qué Jesús apeló a la Biblia cuando fue personalmente tentado. No explica por qué citó la Escritura cuando moría en la cruz. En aquellos momentos, su empleo de las palabras familiares de la Biblia sólo podía deberse a que significaban mucho para Él, y no para causar una impresión favorable en los presentes. Se da el caso, además, de que Jesús no se distinguió nunca por adaptarse a creencias con las cuales no estaba de acuerdo. Sus ataques contra los fariseos lo demuestran. Asimismo, Jesús repudiaba las ideas mesiánicas nacionalistas tan populares en su tiempo. La realidad es que sería difícil hallar un solo caso claro en que Jesús se hubiera acomodado a las ideas normalmente aceptadas en cualquier esfera».[17]

Hemos de añadir que Jesús no sólo corrobora la autoridad del Antiguo Testamento. Implícitamente sitúa en el mismo plano el testimonio apostólico, esencia de los libros del Nuevo Testamento. Era consciente de que su magisterio habría de ser completado por la acción del Espíritu Santo a través de los apóstoles (Jn. 15:12-15; 14:25, 26). Ellos serían, además de sus testigos, los intérpretes de su palabra. Por eso fueron considerados desde el principio «fundamento» de la Iglesia (Ef. 2:20). Sus palabras, inspiradas por el Espíritu Santo, eran consideradas como palabra de Dios (1 Co. 2:13; 1 Ts. 2:13). Y si esto podía decirse de sus mensajes orales, no hay motivo por el que no se hubiera de reconocer el mismo hecho en sus escritos. Las razones que existieron para plasmar por escrito la revelación anterior a Cristo subsistían para fijar, también mediante escritura inspirada, el testimonio y las enseñanzas de los apóstoles y sus colaboradores. Sólo así la tradición original permanecería libre de corrupción en el correr de los siglos.

Es interesante notar que dos de los más grandes apóstoles, con toda naturalidad, colocan escritos del Nuevo Testamento en pie de igualdad con los del Antiguo. Pablo cita como texto de la Escritura palabras de Jesús registradas por Lucas (Lc. 10:7) junto a un texto de Deuteronomio (1 Ti. 5:18), mientras que Pedro —como vimos— equipara «todas» las epístolas de Pablo con «las demás Escrituras» (2 P. 3:16).

Al comparar el Nuevo Testamento con el Antiguo, se observa cómo ambos se complementan admirablemente en torno a su centro: Cristo. Y en ambos se percibe, a través del lenguaje humano, el hálito del Espíritu de Dios.

17. *Creo en la revelación*, Caribe, 1979, p. 73.

## Infalibilidad e «inerrancia»

Ambos conceptos, aplicados a la Escritura, son ampliamente aceptados con las debidas matizaciones. Ambos se desprenden lógicamente de la inspiración de la Escritura. Sin embargo, los términos son teológicos más que bíblicos. Por este motivo, hemos de ser cautos en toda formulación dogmática respecto a estas características de la Biblia.

La etimología de «infalibilidad» nos ayuda a precisar su significado. Falibilidad se deriva del latín *fallere*, que quiere decir engañar, inducir a error, o bien ser infiel, no cumplir, traicionar. En este sentido, puede decirse que la Biblia es infalible, que no induce a error y que no traiciona el propósito con el cual Dios la inspiró. Si así no fuese, la Escritura, como instrumento de comunicación de la revelación de Dios, carecería de valor.

La inerrancia —neologismo teológico— indica la ausencia de error en los libros de la Biblia.

Pero ¿qué amplitud debe darse a estos conceptos? La tendencia más generalizada en credos y declaraciones de fe ha sido la de aceptar la infalibilidad de la Escritura en todo lo concerniente a cuestiones de fe y conducta, mientras que la inerrancia se ha aplicado especialmente a los hechos históricos en su relación con la obra redentora.

Más allá de estas posiciones, ha habido quienes han defendido la inerrancia llevándola a extremos innecesarios, afirmando con vehemencia que en la Biblia no existe ninguna clase de error, ni siquiera los derivados de equivocaciones de los copistas, y soslayando cualquier problema que el texto pudiera plantear o sugiriendo soluciones poco convincentes.

En sentido opuesto, tampoco han faltado quienes sólo han reconocido fidedignidad a la Escritura en lo tocante a materias doctrinales y éticas, a la par que han negado la inerrancia en lo tocante a relatos históricos. Huelga decir que ambas posturas adolecen de inconvenientes. La primera, de una falta de objetividad; la segunda, de un exceso de subjetividad.

Al hablar de infalibilidad e inerrancia, no podemos perder de vista que la finalidad de la Escritura no es proveernos de una enciclopedia a la cual recurrir en busca de información sobre cualquier tema. Ninguno de sus libros fue escrito para ser usado como texto para aprender cosmología, biología, antropología o incluso historia en un sentido científico. Lo que Agustín de Hipona dijo acerca del Espíritu Santo podría aplicarse a la Escritura: no nos ha sido dada para instruirnos acerca del sol y de la luna; el Señor quería cristianos, no matemáticos ni científicos. La revelación, y por consiguiente la Escritura, tiene por objeto dar al hombre el conocimiento que necesita de Dios, de sí mismo y de su salvación, entendida ésta en sus dimensiones individual y social, temporal y eterna.

La gran preocupación del Espíritu Santo —valga la expresión— al inspirar a los escritores sagrados no era controlar su forma de escribir a fin de no escandalizar a los científicos e historiadores de épocas posteriores, sino guiarlos en su testimonio de los grandes hechos salvíficos y en la fiel expresión de lo que se les había revelado. En cuanto al modo de escribir, sería absurdo pensar que lo hubieran hecho en lenguaje diferente del propio de su tiempo. Como subraya Ramm, «al juzgar la inerrancia de la Escritura, hemos de hacerlo de acuerdo con las costumbres, reglas y pautas de las épocas en que los varios libros fueron escritos y no según una noción un tanto abstracta o artificial de la inerrancia».[18]

Cuando aplicamos este principio, muchos problemas que pudieran comprometer la inerrancia desaparecen. Se desvanecen, por ejemplo, las supuestas divergencias entre la Biblia y la Ciencia. El escritor describe los fenómenos del universo según las apariencias sensoriales, sin pretender jamás impartir una enseñanza científica, y siguiendo —como se hace aún hoy popularmente— los modos de expresión comunes en su tiempo. Decir que el sol «sale» o «se pone» no es darle la razón a Ptolomeo y quitársela a Copérnico. Son frases del lenguaje común que los propios científicos usan fuera de su ámbito profesional.

Atribuir funciones psicológicas a determinados órganos o partes del cuerpo (riñones, corazón, huesos, entrañas, etc.) es frecuente en el Antiguo Testamento. Desde el punto de vista científico, esto sería un dislate. Pero los hagiógrafos se limitaban a usar las formas de expresión usuales en sus días para referirse al asiento de las emociones y de la conciencia.

Esta peculiaridad del lenguaje fenoménico —popular, no científico— debe ser tenida muy en cuenta por el exegeta. Es un servicio muy pobre el que se presta a la doctrina de la inspiración de la Escritura cuando en algunos textos del Antiguo Testamento, aislados de su contexto, se ven sensacionales declaraciones coincidentes con descubrimientos o logros posteriores de la Ciencia. Citando una vez más a Ramm, «el intérprete esmerado no tratará de hallar el automóvil en Nahum 1, el avión en Isaías 60, la teoría atómica en Hebreos 11:3 o la energía atómica en 2 Pedro 3. Todos esos esfuerzos por extraer de la Escritura teorías científicas modernas hacen más daño que bien».[19]

Asimismo conviene tomar en consideración que el concepto antiguo de narración histórica no correspondía al de nuestro

18. *PBI*, p. 203.
19. *Op. cit.* p. 212.

tiempo ni implicaba el mismo rigor científico. Ello nos ayuda a entender la presencia en el texto bíblico de algunas posibles «inexactitudes» de poca monta que en modo alguno comprometen la veracidad esencial del relato y menos aún el valor de su enseñanza. No podemos olvidar que los hagiógrafos, cuando escribían historia, no lo hacían como simples cronistas, sino con una finalidad eminentemente didáctica. Sus escritos son, más que un tratado de historia, una teología de la historia. Es de destacar, sin embargo, que la libertad con que los escritores de la Biblia —especialmente del Antiguo Testamento— trataban los hechos históricos se mantenía dentro de los límites de la veracidad básica, como lo han demostrado repetidamente los descubrimientos arqueológicos.

Tampoco los textos que pudiéramos considerar documentales, como las genealogías, revisten la exactitud que cabría esperar de un documento notarial o de una certificación del registro civil en nuestros días. La lista genealógica de Mateo 1 contiene «errores» si como tales interpretamos la omisión de algunos nombres. Pero la estructura de la mencionada genealogía, dividida en tres grupos de catorce generaciones cada uno (Mt. 1:17), evidencia un propósito que no era precisamente el de reproducir meticulosamente una línea genealógica completa.

Un ejemplo más, entre otros que podríamos citar. Marcos empieza su evangelio (Mr. 1:2) con una doble cita. La primera es tomada del libro de Malaquías; la segunda, de Isaías. Pero Marcos atribuye ambas a Isaías. Aquí el «error» parece clarísimo; pero se desvanece si tenemos presente la práctica normal entre los judíos de citar textos de varios profetas bajo el nombre del principal de ellos.

Por supuesto, no todos los problemas relativos a la inerrancia de la Escritura son tan fáciles de resolver. Algunos siguen esperando soluciones realmente satisfactorias. Pero las dificultades que subsisten en torno a determinados textos no afectan a la fidedignidad de que se ha hecho acreedora la Escritura en su conjunto. No son suficientes, ni en número ni en naturaleza, para devaluar la veracidad de la Biblia hasta el punto de reducirla a una colección de escritos humanos plagados de errores, mitos, leyendas y contradicciones.

## Lo permanente y lo temporal de la Escritura

Una cuestión importante al interpretar la Biblia es la determinación de aquello que tiene un carácter invariable y general y lo que sólo fue transitorio o particular. Atribuir a todos los textos indiscriminadamente una vigencia perenne nos llevaría a grandes errores, a veces graves por sus derivaciones ético-sociales e incluso espirituales.

Puede servirnos de ilustración lo prescrito en el Antiguo Testamento sobre la esclavitud. En su día, la legislación mosaica podía considerarse de las más avanzadas, pues no sólo suavizaba aquella lacra social, sino que tendía a eliminarla. Pero pretender una prolongación indefinida de aquella normativa sería una aberración, ya que las disposiciones legales del Pentateuco respondían a la necesidad de una situación en una época concreta de la historia, no a la voluntad de Dios. Modificada aquella situación, podían variarse las leyes y suprimir la esclavitud, de acuerdo con los principios morales de la revelación, los cuales ensalzan la dignidad de todo ser humano como portador de la imagen de Dios. Tristemente, la falta de discernimiento entre lo temporal y lo permanente llevó a algunos cristianos a defender la esclavitud hasta el siglo XIX apoyándose en la Biblia.

Algo análogo acontece aún hoy en lo concerniente a la discriminación racial. No faltan quienes opinan que los negros están condenados a un estado de inferioridad y servidumbre perpetuas, basándose en una interpretación tan forzada como inhumana de la maldición recaída sobre Cam, hijo de Noé (Gn. 9:22-25).

En todo cuanto se refiere a materia legislativa, debe tenerse en cuenta que las normas dadas a Israel en el Pentateuco estaban enmarcadas en un tipo concreto de sociedad civil, condicionada en parte por los usos y costumbres de los pueblos vecinos. Sólo así aquilataremos adecuadamente la elevación moral y los acendrados principios de justicia que informaron las leyes civiles israelitas —muy superiores a los códigos de otros pueblos de aquella época— relativas a la propiedad, los préstamos, las relaciones sexuales y el matrimonio, el trabajo, la opresión, el hurto, la administración de justicia, la violencia, el infanticidio (asociado a prácticas idolátricas), la esclavitud, la higiene, etc. Pero sería absurdo pensar que todas aquellas leyes han de seguir vigentes hoy en la sociedad de nuestro mundo occidental. John Bright se pregunta: «¿Cómo podríamos obedecerlas? En casos de supuesto adulterio, ¿exigiríamos a una mujer que demostrase su inocencia ingiriendo una pócima malsana, como se preceptúa en Nm. 5:11-31? ¿Habríamos de establecer ciudades de refugio para que los homicidas involuntarios pudieran hallar asilo en ellas, como se ordena en Nm. 35, Dt. 19:1-13, etc.? Hacer la pregunta ya es contestarla. ¡Evidentemente no! Esas leyes corresponden a una sociedad antigua completamente distinta de la nuestra; aceptarlas y tratar de aplicarlas en nuestra sociedad compleja sería totalmente ridículo.»[20]

20. *The Authority of the Old Testament*, SCM, 1967, p. 55.

Aun el lector superficial de la Biblia advierte que prácticamente todo el ritual prescrito en el Pentateuco y ratificado en otros libros del Antiguo Testamento había de ser abolido. Sus elementos (tabernáculo, sacerdocio y sacrificios) tenían un carácter simbólico. Prefiguraban la persona y la obra de Cristo. Lógicamente, al llegar la realidad prefigurada por aquellos símbolos, no había razón para su permanencia, como enfáticamente asevera el autor de la carta a los Hebreos (véase especialmente He. 8:3-7, 13; 10:1-9). Pero los símbolos son testimonio expresivo de las verdades perennes de la santidad de Dios, la pecaminosidad del hombre, la expiación del pecado por el sacrificio para la reconciliación y la comunión con Dios y la rectitud de vida para mantener esa comunión.

En el Nuevo Testamento también hallamos textos a los que no puede atribuirse un carácter general. Hagamos uso de un ejemplo. La orden dada por Jesús al joven rico (Mr. 10:17-22), extendida a todos los seguidores de Cristo y literalmente cumplida, acarrearía a la iglesia grandes dificultades y resolvería muy pocos problemas, aunque, por supuesto, la esencia de aquel mandato de Jesús, es decir, la necesidad de renunciar a cuanto pueda impedirnos seguirle, sí tiene un alcance general y permanente.

Otro ejemplo nos lo ofrece el decreto apostólico de Hechos 15. En él se impone, junto a la prohibición de la fornicación —de carácter perenne— la abstención de comer sangre o animales no degollados y carne sacrificada a los ídolos, lo que escandalizaba a los judíos. Se comprende que esto se incluyera en unas normas cuyo objeto era salvar a la Iglesia cristiana de la escisión en los días apostólicos. Pero sería caer en un literalismo desmesurado aplicar lo decidido en el concilio de Jerusalén para seguir manteniendo la prohibición de comer sangre cuando el problema que originó tal medida había dejado de existir. Sin embargo, detrás de lo temporal, en el decreto de aquel primer concilio cristiano descubrimos el principio del amor, que implica comprensión, tolerancia, abnegación, y que debe regir la vida de la Iglesia en todos los tiempos.

Cómo distinguir lo permanente de lo temporal es cuestión que sólo puede decidirse aplicando las normas hermenéuticas. Pero en líneas generales ya podemos adelantar que ha de considerarse permanente cuanto tiene apoyo en la Biblia por encima de circunstancias cambiantes, y temporal aquello que más que a los principios básicos de la Escritura responde y corresponde a situaciones concretas, particulares y pasajeras, dadas en un lugar y en un tiempo determinados.

En el deslinde de estos dos elementos —lo perenne y lo transitorio— es, por supuesto, necesario extremar la precaución para no ceder a la influencia del relativismo y al enfoque existencialista con que a menudo se pretende hoy interpretar los textos bíblicos. Lo que en la Biblia aparece con toda claridad como verdad o como norma perdurable no debe nunca ser anulado, desdibujado o debilitado bajo la presión de prejuicios contemporáneos. Las voces de los tiempos jamás deben desfigurar la Palabra eterna de Dios.

## Lo esencial y lo secundario

Como hemos visto, tenemos razones para creer que «toda Escritura es inspirada divinamente» y que, por consiguiente, toda Escritura es «útil». Pero esto no significa que todos sus textos sean igualmente importantes. El pacto de Abraham con Abimelec, por ejemplo, no puede compararse en trascendencia con el pacto de Dios con Abraham. El rescate de Lot no tiene la misma magnitud que la liberación de los israelitas de la esclavitud de Egipto. Las leyes ceremoniales del Pentateuco no alcanzan la altura incomparable del decálogo, como el salmo 150 no puede parangonarse con el 23, el 51 o el 103. No tiene la misma riqueza de significado la lista de los valientes de David que la de los doce apóstoles, ni puede equipararse en significación la muerte de Jacob con la muerte y resurrección de Jesús. Lo que Pablo enseña sobre las ofrendas en sus cartas a los corintios es bello y provechoso, pero no reviste la importancia del monumental capítulo 15 de la primera de esas cartas. Los saludos del capítulo 16 de la epístola a los Romanos llenan una página rebosante de delicadeza cristiana, pero carecen de la riqueza doctrinal y práctica de los capítulos precedentes. La *parusía* de Cristo, la resurrección, el juicio, los cielos nuevos y la tierra nueva son de más entidad que los detalles escatológicos. Por eso podemos hablar de lo esencial y lo secundario, de lo central y lo periférico en la Escritura.

No sólo podemos, sino que debemos tomar en consideración los diferentes grados de importancia de los textos bíblicos, destacando lo esencial como básico para una visión global adecuada de la Escritura y para su correcta interpretación. A ningún pasaje se le puede atribuir un significado contrario al contenido fundamental de la Biblia. Puede haber un margen de libertad —lo que no quiere decir arbitrariedad— en la interpretación de textos relativos a puntos periféricos de la revelación. Pero el núcleo esencial de la Escritura, por su claridad, por su solidez, por ser el fundamento de nuestra fe, debe ser expuesto y mantenido con el relieve y la integridad que le corresponden.

Ese núcleo de la Escritura es el que aparece a lo largo de toda la historia de la salvación. En él hallamos unas constantes que surgen ya en los primeros capítulos del Génesis y se prolongan hasta el Apocalipsis: la soberanía del Dios creador en la grandiosidad de sus atributos, el hombre creado a imagen de Dios, la ruina acarreada al hombre y su entorno a causa de la caída en el pecado, la providencia amorosa de Dios a pesar de la rebeldía humana, la acción reveladora y redentora de Dios que tiene su cima en Jesucristo —con quien irrumpe el Reino de Dios en el mundo—, la expiación del pecado mediante el sacrificio de la cruz, el progreso de la historia hacia la victoria final de Cristo sobre todas las fuerzas demoníacas que dominan a la humanidad, la consumación del Reino y de una nueva creación.

Hemos de insistir en que la superior entidad de estos puntos de la revelación no merman el valor que tienen los restantes. Menos podemos pensar que sólo lo esencial es inspirado y que carece de inspiración lo secundario. Esto fácilmente nos conduciría a la teoría del «canon dentro del canon», tan distante del concepto que Cristo y los apóstoles tenían de la totalidad de la Escritura. No podemos acercarnos a la Biblia en busca de un núcleo de verdad divina como quien busca grano entre la paja con la idea de que el grano debe ser retenido mientras que la paja puede ser excluida e incluso quemada. Como vimos, la Escritura es un organismo vivo, ninguna parte del cual puede ser mutilada. Y así como en el cuerpo hay unos órganos más importantes que otros y unas partes más indispensables que otras, pero todos desempeñan una función útil, del mismo modo todas las porciones de la Escritura responden al propósito divino que determinó su inspiración. A través de todas y cada una de ellas llega a nosotros la Palabra de Dios, ante la cual sólo cabe una actitud de reverencia y sumisión.

## Puntos claros y puntos oscuros

Paralelamente a lo dicho sobre lo esencial y lo secundario en la Escritura, podemos referirnos al hecho innegable de que no todas las partes de la Biblia presentan idéntica diafanidad. Tanto los eventos más sobresalientes en la historia de la salvación como las verdades básicas relativas a Dios y a su obra redentora aparecen en la revelación con claridad, aunque no con simplicidad y a pesar de que exijan —como vimos en el capítulo anterior— una exégesis esmerada de los textos.

En el estudio de la Escritura llegamos a ver con transparencia los atributos de Dios que presiden las obras de Dios, así como los principios morales y religiosos que deben regir la conducta humana. Resulta claro el significado de la muerte de Cristo y la salvación del pecador por la gracia de Dios en virtud de la obra expiatoria consumada en el Calvario y mediante la fe. Claro es asimismo lo que concierne a la naturaleza y misión de la Iglesia, asistida por el Espíritu Santo, o lo relativo a la segunda venida de Cristo en majestad gloriosa. Podríamos citar otros puntos importantes igualmente caracterizados por la perspicuidad con que aparecen ante nosotros. El material bíblico sobre el que descansan es tan abundante e iluminador que, a pesar de las dificultades naturales para comprender algunos de ellos, resultan realmente diáfanos. Cualquier oscuridad procederá no del testimonio de la Escritura, sino de prejuicios filosóficos.

Pero no puede decirse lo mismo de todo el contenido de la Biblia. El principio de Dt. 29:29 («Las cosas secretas pertenecen a Yahvéh nuestro Dios, mas las reveladas son para nosotros») no zanja de modo simplista todos los problemas epistemológicos. No sitúa automáticamente todas las cuestiones relativas a conocimiento en dos zonas: la secreta, reservada exclusivamente a Dios, y la de la revelación, en la que todo se nos muestra con claridad radiante. En esta segunda zona hay puntos menos iluminados que otros; están envueltos en la penumbra y en ella permanecerán. Mencionamos unos pocos ejemplos en forma de preguntas: ¿Cómo se produjo la caída de Satanás y sus huestes? ¿En qué consistió el «descenso de Cristo a los infiernos»? ¿Existe una distinción esencial entre alma y espíritu? ¿Cómo armonizar las limitaciones de la encarnación de Cristo con la conservación de sus atributos divinos? ¿Es posible ordenar la escatología en sus detalles de modo que podamos llegar a determinar minuciosamente todos los hechos relacionados con la parusía del Señor?

Obsérvese que ninguno de los puntos más o menos oscuros de la revelación bíblica es fundamental. Y aunque el estudiante de la Biblia hará bien en esforzarse por tener la mayor luz posible sobre todos los textos difíciles, obrará mejor si a lo largo de su investigación y aun al final de ella mantiene una sana reserva en cuanto a sus conclusiones, una reserva emparejada con el respeto a las opiniones diferentes de otros cristianos igualmente amantes de la Palabra de Dios.

Un reconocimiento sincero de la realidad respecto a los problemas planteados en las regiones sombrías de la revelación libraría a la Iglesia cristiana de controversias tan acaloradas como estériles, en las que suele primar el prejuicio teológico por encima de una exégesis objetiva e imparcial. La teología tiene un lugar en la interpretación bíblica, pero —como veremos más adelante— un abuso en la sistematización teológica puede bloquear fatalmente el camino hermenéutico. El exegeta no tiene por qué divorciarse del teólogo, pero tampoco debe hacerse su esclavo. Donde halle claridad, dará gracias a Dios por la luz. Pero cuando llegue a lugares oscuros, se guardará de encender su propia linterna a fin de iluminar lo que Dios, en su soberanía sabia, decidió dejar en la nebulosidad.

Aun el más erudito en cuestiones bíblicas reconocerá que la Escritura no nos ha sido dada para tratarla como si fuese un gigantesco crucigrama en el que aun los detalles más insignificantes encajarán perfectamente en una solución a la medida de nuestra curiosidad. Es cierto, del todo cierto, que el conjunto de la Escritura muestra en la interrelación de todas sus partes una coherencia, una unidad y una fuerza comunicativa del mensaje de Dios realmente maravillosas. Pero no es menos cierto que respecto a determinadas cuestiones secundarias presenta algunos cabos sin atar. A este hecho no siempre se conforma el teólogo, tan dado a ligarlo todo sólidamente en su afán sistematizador. El intérprete de la Biblia ha de recordar a menudo, y con humildad, que sólo «en parte conocemos y en parte profetizamos» (1 Co. 13:9).

La vastedad del tema de la Escritura nos impide entrar en otras consideraciones acerca del mismo; pero lo expuesto puede ayudarnos a entender la especial naturaleza de la Biblia, requisito preliminar e indispensable para su interpretación.

# CUESTIONARIO

1. ¿Qué valor tiene el testimonio de la propia Escritura acerca de su origen divino?

2. ¿Por qué ha sido necesaria una revelación especial de Dios?

3. ¿Cómo debemos entender el concepto de «inspiración» aplicado a la Biblia?

4. ¿Cuáles son los errores más frecuentes relativos a la inspiración?

5. ¿En qué sentido debe interpretarse la «humanidad» de la Escritura y qué extremos deben evitarse?

6. Cítense dos ejemplos —que no aparezcan en el capítulo estudiado— de pasajes bíblicos con carácter permanente y otros dos de textos cuyo contenido sea de carácter temporal.

# III
# MÉTODOS
# DE INTERPRETACIÓN BÍBLICA

En toda labor de investigación, los resultados dependen en gran parte de los sistemas o métodos de trabajo que se emplean. La tarea hermenéutica no es una excepción, pues el modo de inquirir el significado de los textos determina considerablemente las conclusiones del trabajo exegético. Ello explica la disparidad de interpretaciones dadas a unos mismos pasajes de la Escritura, con las consiguientes implicaciones teológicas y prácticas.

Ni en la interpretación de la Biblia ni en la de ningún texto literario debe darse, en principio, por buena la teoría del significado múltiple, es decir, la idea de que a un mismo texto se le pueden atribuir sentidos diferentes que permitan, o incluso exijan, interpretaciones diferentes. Esto puede suceder en algunos casos, pocos, como vimos en el capítulo I al referirnos al *sensus plenior*; pero normalmente un texto tiene un solo significado verdadero. Descubrirlo es la misión del exegeta. Y como el éxito en tal empresa está condicionaado por el método interpretativo que se sigue, es de todo punto necesario escoger el más adecuado.

Por tal razón, dedicamos algunos capítulos a los métodos más usados en la hermenéutica bíblica. De antemano, recomendamos al lector prestar especial atención a la enorme influencia ejercida por los presupuestos filosóficos de los intérpretes en su modo de practicar la exégesis. Ello confirmará el imperativo de que toda interpretación bíblica sea precedida de un honrado análisis crítico de los conceptos previos alojados en la mente del exegeta.

## MÉTODO LITERALISTA

Asumiendo una distinción hecha por Bernard Ramm,[1] debiéramos hablar más bien del método hiperliteralista o «letrista», es decir, del que somete la interpretación al significado atribuido —a menudo caprichosamente— a la letra del texto. El literalismo descansa sobre el postulado de que un texto ha de entenderse siempre en su sentido literal, a menos que ello sea razonablemente inadmisible, como sucede en el caso de las metáforas, las fábulas, los símbolos y otras figuras de lenguaje. Juiciosamente aplicado, se incluye en el método histórico-gramatical, del que nos ocuparemos más adelante. Pero el hiperliteralismo, haciendo caso omiso de los fundamentos racionales del lenguaje, autoriza las más absurdas licencias para que el intérprete derive a su antojo conclusiones «exegéticas» de una frase, una palabra o una sola letra. Por este camino, la fantasía puede llevarle hasta extremos tan originales como ridículos.

Este fue el caso de los literalistas hebreos. A pesar de que los judíos palestinenses habían establecido sanos principios de interpretación del Antiguo Testamento, muchos de sus rabinos estuvieron muy lejos de ponerlos en práctica. Sentían un profundo respeto hacia la Escritura, que consideraban sagrada hasta en sus letras; pero otorgaron una importancia excesiva a su ley oral (Mishna), lo que frecuentemente les impedía una interpretación correcta del texto escrito. Recuérdese el reproche de Jesús a sus contemporáneos que, con su tradición, invalidaban la Palabra de Dios.

Su creencia en la inspiración mecánica de la Escritura, que les hacía ver en los hagiógrafos meros autómatas pasivos, les llevó a descuidar el fondo histórico de cada texto, factor importantísimo en toda buena exégesis. Su preferencia por la Ley, con relativa indiferencia hacia los Profetas y los llamados Escritos del Antiguo Testamento, marcó su interpretación con el cuño del legalismo, lo que no correspondía plenamente ni hacía justicia al conjunto de la revelación veterotestamentaria. Y su afición al «letrismo» les privó de discernimiento para distinguir lo esencial de lo incidental, lo que a menudo los condujo a resultados grotescos.

He aquí algunos ejemplos ilustrativos del tipo de exégesis practicado entre los rabinos de la escuela palestinense:

1. *PBI*, p. 47.

Comentando el primer versículo del Salmo 130, tan cargado de dramatismo espiritual y tan rico al examinarlo a la luz de la totalidad del salmo, el intérprete judío, siempre inclinado al legalismo, sólo ve una forma externa de orar. «De los profundos» significa que la oración debe practicarse en la posición más baja posible.

La primera palabra de Gn. 1:1 (*Bere'shith*, en el principio) se combina con Jer. 26:1 («en el principio del reinado de Joacim») para llegar a la conclusión de que Gn. 1:1 se refiere al trato dispensado por Dios a Israel en los días de Joacim.

Cuando en Proverbios 22:9 se afirma que «el ojo misericordioso será bendito», el uso del singular («ojo») en vez del plural debe interpretarse en el sentido de que dos ojos podrían mirar en distintas direcciones, mientras que un solo ojo forzosamente dirigirá su mirada en una sola dirección, la del bien, lo que le hace merecedor de la bendición divina.[2]

Los deplorables abusos de aquellos exegetas y lo extravagante de muchas de sus interpretaciones debieran prevenir a quien respeta la Palabra de Dios contra cualquier tipo de veleidad en el momento de determinar el significado de un texto bíblico. En mayor o menor grado y con formas diferentes, el estilo rabínico ha perdurado hasta nuestros días. Todavía hoy, en predicaciones y en escritos de tipo devocional, se siguen tomando palabras o frases de la Escritura para sacar de ellas lecciones espirituales que pueden resultar edificantes y no contradicen las enseñanzas bíblicas, pero no se ajustan al verdadero significado del texto. Tal práctica siempre entraña el riesgo de caer en lo erróneo y en lo extravagante. Como hace notar B. Ramm, «hay una lección principal que debemos aprender de la exégesis rabínica: los males del *letrismo*. En la exaltación de las letras de la Escritura el verdadero significado de la Escritura se perdió... Toda exégesis que se sumerge en trivialidades y *letrismo* está condenada al extravío».[3]

Quizá conviene hacer otra observación sobre el método literalista, depurado de hiperliteralismo. Suele ser usado por sus adeptos como expresión de una mayor fidelidad a la Palabra de Dios, lo que en muchos casos es discutible. No puede probarse, por ejemplo, que quienes sostienen que los seis días de la creación fueron días de veinticuatro horas son más ortodoxos que quienes ven en tales días períodos más o menos largos de tiempo, tal vez de miles o millones de años.

Tampoco es prueba de superioridad hermenéutica identificar lo literal con lo histórico, y lo figurado con lo mítico o lo no his-

---

2. Estos y otros ejemplos pueden encontrarse en la obra de H. E. Dana, *Escudriñando las Escrituras*, p. 30 ss.
3. *Op. cit.* p. 48.

tórico. Una realidad histórica puede ser expresada en lenguaje figurado. Si tomamos como ejemplo el capítulo 3 de Génesis, admitir el carácter simbólico de algunas de sus partes, en opinión de muchos comentaristas serios y conservadores, no significa necesariamente que los hechos narrados no sean históricos.

Debemos admitir que no siempre es fácil decidir cuándo un pasaje de la Escritura ha de ser entendido en sentido literal y cuándo figuradamente. En no pocos casos, lo más aconsejable puede ser una interpretación con reservas, expresada en términos de probabilidad, no dogmáticos, y delicadamente respetuosa hacia interpretaciones diferentes.

## MÉTODO ALEGÓRICO

La alegoría es una ficción mediante la cual una cosa representa o simboliza otra distinta. Puede considerarse, pues, como una metáfora ampliada. Su uso se ha generalizado tanto en la literatura religiosa como en la secular cuando se ha querido expresar verdades metafísicas.

También en la Biblia encontramos alegorías, como veremos al tratar las diversas formas de lenguaje figurado. Pero no es la alegoría en sí lo que ahora vamos a examinar, sino la aplicación del principio alegórico a la interpretación de la Escritura, en virtud del cual toda clase de textos, incluidos los históricos y los que claramente tienen un significado literal, han de interpretarse sacando de ellos un significado distinto, oculto a simple vista, pretendidamente más rico y profundo.

Este método se distingue, al igual que otros que estudiaremos, por una ausencia casi total de preocupación respecto a lo que el autor sagrado deseó comunicar y por la libertad con que se abren las puertas al subjetivismo del intérprete. Lo que importa, en el fondo, no es lo que el hagiógrafo quiso expresar, sino lo que el intérprete quiere decir. Como consecuencia, el producto de la exégesis puede variar adaptándola, según convenga, a las formas cambiantes del pensamiento de cada época. Con razón K. Grobel se ha referido a la alegorización como a un «arte camaleónico».[4]

Los antecedentes de la interpretación alegórica los encontramos en el helenismo. Durante siglos, la piedad de los griegos se había nutrido de los poemas de Homero y Hesíodo; pero el desarrollo de la ciencia, incipiente, y de la filosofía llegó a hacer sumamente difícil la aceptación literal de los antiguos relatos legen-

4. *The Interpreter's Dict. of the Bible*, II, p, 719.

darios. Dos concepciones del mundo muy diferentes entraban en conflicto: la mítica tradicional y la científico-filosófica. Las mentes filosóficamente estructuradas no podían aceptar los elementos fantásticos y ridículos que abundaban en los «escritos sagrados» griegos, por lo que no faltaron ataques satíricos contra las tradiciones religiosas. Pero el pueblo no estaba dispuesto a renunciar a sus creencias seculares. Finalmente, lo que parecía irreconciliable llegó a armonizarse. La tensión entre mitología y filosofía se resolvió mediante la alegorización de los poemas clásicos, iniciada con ingeniosas explicaciones etimológicas de los nombres dados a las diversas divinidades. Los relatos de los grandes poetas del pasado no debían entenderse en sentido literal. Su verdadero significado (hyponoia) subyacía oculto bajo la superficie de los hechos narrados y era desentrañado por la intuición de los filósofos. Así, a pesar de la oposición de Platón y Aristóteles a los abusos de la alegorización, ésta se impuso en el mundo del pensamiento helénico. Mediante ella, como indica A. B. Mickelsen, «podía mantenerse la continuidad del pasado sin comprometerse demasiado con los elementos indeseables de su literatura. Los dioses homéricos y la totalidad del panteón griego podían ser alegorizados total o parcialmente. Si se deseaba conservar ciertos "valores" de los dioses, cabía el recurso de alegorizar los relatos de sus inmoralidades».[5]

Un fenómeno análogo se observa entre los judíos más expuestos a la influencia griega, especialmente los de Alejandría, quienes vieron en la experiencia hermenéutica de los griegos el modo de resolver algunos de sus propios problemas, surgidos en la confrontación de la tradición religiosa hebrea con la cultura helénica. Llegar a una síntesis de ambas sólo resultaba factible aplicando el método alegórico a la interpretación del Antiguo Testamento. Únicamente de este modo podían limarse las aristas que más herían la sensibilidad metafísica griega, sobre todo los antropomorfismos de las Escrituras judías. Las narraciones bíblicas, a semejanza de los mitos griegos, eran simple ropaje literario de enseñanzas morales o religiosas.

El primer representante del judaísmo helenístico que usó el método alegórico en un intento de fundir las cosmologías judía y griega fue Aristóbulo (siglo II a. de C.), quien aseguraba que la filosofía helena se había inspirado en el Antiguo Testamento, especialmente en la ley de Moisés y que, por medio de la interpretación alegórica, podían hallarse las enseñanzas básicas de la

---

5. *Interpreting the Bible*, p. 28.

filosofía tanto en los escritos de Moisés como en los de los profetas.

Pero el más distinguido entre los alegoristas judíos fue el alejandrino Filón (20 a. de C.-54 d. de C.). Fiel a su herencia hebrea, tenía en gran estima el Antiguo Testamento, que consideraba superior a la producción filosófica griega; pero ello no excluía un gran respeto y simpatía hacia los pensadores griegos, cuyos sistemas filosóficos trató de reconciliar con el judaísmo siguiendo, al igual que su antecesor Aristóbulo, el método alegórico de interpretación. De él se valió en sus esfuerzos por defender la fe judía contra las críticas paganas y demostrar a sus correligionarios que Moisés había sido poseedor de todo el saber de Grecia.

Este empeño ecléctico de Filón aparece una y otra vez en sus numerosas obras. En su tratado *Sobre la creación del mundo*, por ejemplo, la forma en que presenta a Dios creando el universo sigue notablemente la línea de Platón en su *Timeo*.

En ningún momento compartió Filón la parcialidad de quienes, atraídos por el alegorismo, desechaban la interpretación literal de los textos sagrados como superflua. Prueba de ello es su obra *Preguntas y respuestas sobre Génesis y Éxodo*, comentario de tipo midrásico en el que se hace una exposición del texto bíblico versículo por versículo. Prácticamente para cada versículo da dos interpretaciones: la literal, mucho más aceptable para los judíos ortodoxos —poco o nada influenciados por el helenismo—, y la alegórica o mística. Es evidente, sin embargo, su preferencia por esta última. Como hace notar Bernard Ramm, Filón «no pensaba que el sentido literal fuese inútil, pero éste representaba un nivel de inmadurez en la comprensión. El significado literal era el cuerpo de la Escritura, mientras que el alegórico era su alma. Por consiguiente, el literal era para los inmaduros y el alegórico para los juiciosos».[6]

Como muestra de comentario bíblico de Filón, transcribimos el siguiente, relativo a los ríos del Edén (Gén. 2:10-14):

«Con estas palabras Moisés se propone bosquejar las virtudes particulares. Éstas también son cuatro: prudencia, templanza, valor y justicia. Ahora bien, el río principal, del cual salen los cuatro, es la virtud genérica, a la que ya hemos dado el nombre de bondad... La virtud genérica tiene su origen en el Edén, que es la sabiduría de Dios, y se regocija, exulta y triunfa deleitándose y sintiéndose honrada exclusivamente en su Padre, Dios. Y las cuatro virtudes particulares son ramas de la virtud genérica, que, a semejanza de un río,

6. *PBI*, p. 27.

riega todas las buenas acciones de cada uno con un abundante caudal de beneficios.»[7]

La alegorización, como método hermenéutico, pronto se abrió también amplio camino en la Iglesia cristiana de los primeros siglos. Y fue también en Alejandría, por motivos análogos a los que influyeron en los alegoristas judíos, donde se formó una escuela de interpretación alegórica. En ella destacaron principalmente Clemente y su discípulo Orígenes. Aunque ambos sentían una profunda reverencia por la Palabra de Dios y no negaban un valor elemental al sentido literal de las Escrituras, estaban convencidos de que sólo la interpretación alegórica de la Biblia puede proporcionar el significado profundo y verdadero de sus textos. En el fondo, su sistema hermenéutico respondía a necesidades apologéticas, semejantes a las que tuvo Filón, determinadas por el afán de conciliar la fe basada en las Escrituras con la filosofía griega. No debe olvidarse que tanto judíos como cristianos sufrían los duros ataques de adversarios como Celso, Porfirio y otros, que hacían de las Escrituras objeto de sus burlas por considerarlas triviales, absurdas e incluso inmorales. La crudeza de algunos pasajes del Antiguo Testamento y la totalidad de la problemática que la revelación bíblica significaba ante la metafísica de la época no sólo desaparecían mediante la alegorización, sino que incluso alumbraban conceptos altamente valorados por la filosofía griega.

Una idea de la preocupación sentida por los alegoristas cristianos de Alejandría nos la da el comentario de Clemente sobre Éx. 15:1 («Yahvéh se ha magnificado grandemente echando en el mar el caballo y al jinete»):

> «El afecto brutal y de múltiples miembros, la lascivia con su jinete montado que da rienda suelta a los placeres, son echados al mar, es decir, son arrojados a los desórdenes del mundo. Así también Platón, en su libro sobre el alma (Timeo) dice que el auriga y el caballo que huyeron (la parte irracional, que se divide en dos: la ira y la concupiscencia) caen al suelo; de este modo el mito indica que fue por el desenfrenamiento de los corceles que Faetón fue precipitado.»[8]

Clemente admitía como posible el significado histórico de un texto cuando se trata de hechos reales de la historia; del doctrinal cuando se refiere a cuestiones morales o teológicas, y el profético, que incluye no sólo el elemento claramente predictivo sino también

7. *The Allegories of the Sacred Laws*, I, 19, cit. por M. S. Terry en *Biblical Hermeneutics*, p. 163.
8. Ref. de M. S. Terry, *op. cit.*, p. 164.

el tipológico. Pero los significados más importantes para él eran el filosófico, por el que se descubrían enseñanzas en los objetos naturales y en los personajes históricos, y el místico, mediante el que se desentrañaban verdades espirituales más profundas simbolizadas en personas y en acontecimientos.

Orígenes, quizás inspirado en Filón y ampliando el símil que éste había establecido al comparar el sentido literal de la Escritura con el cuerpo y el alegórico con el alma, habló de tres sentidos: el corporal *(somatikos)*, que correspondía al significado literal, a lo externo de los hechos; el anímico *(psyjikos)*, de carácter moral, que tenía que ver con todas las relaciones del hombre con sus semejantes, y el espiritual *(pneumatikos)*, referido a las relaciones entre Dios y el hombre. Pero lo literal, según Orígenes, es símbolo de los misterios divinos. Los hechos históricos son reales; pero deben ser reinterpretados teológicamente. No niega, por ejemplo, la historicidad del episodio de Rebeca dando de beber al siervo de Abraham y sus camellos (Gn. 24), pero enfatiza su espiritualización: debemos acudir al pozo de las Escrituras para encontrar a Cristo. En el relato de la entrada triunfal de Jesús en Jerusalén, el asna representa la letra del Antiguo Testamento; el pollino, manso y sumiso, simboliza el Nuevo Testamento, y los dos apóstoles que fueron en busca de los animales son figuras del sentido moral y el espiritual. F. W. Farrar da otros ejemplos análogos en su «Historia de la Interpretación» y hace el siguiente comentario: «(Tales ejemplos) nos cansan y nos irritan con un sentido de irrealidad incongruente. Cambian delicadas narraciones humanas en enigmas fatigosos y mal montados.»[9]

El método alegórico llegó a predominar de modo sorprendente a lo largo de la historia de la Iglesia hasta la Reforma del siglo XVI. Si Orígenes fue anatematizado siglos después de su muerte, lo fue por sus conclusiones teológicas, no por sus métodos de exégesis. Es verdad que se alzaron voces como la de Jerónimo atacando la alegorización por sus debilidades. Pero el propio Jerónimo no llegó a librarse por completo de la influencia que la escuela alejandrina había ejercido sobre él, ni correspondió a la realidad su pretensión de «haber navegado a salvo entre el Escila de la alegoría y el Caribdis del literalismo».

Agustín, conocedor de las objeciones maniqueas contra el Antiguo Testamento, con sus antropomorfismos, y contra el cristianismo, encontró en ellas serias dificultades para abrazar la fe cristiana. Pero Ambrosio de Milán, basándose en la afirmación de Pablo de que «la letra mata, mientras que el espíritu vivifica», fue un defensor entusiasta de la interpretación alegórica. Y Agustín, pese a lo preclaro de su mente y a los sabios principios hermenéu-

9. Ref. de A. B. Mickelsen en *Interpreting the Bible*, nota p. 32.

ticos que él mismo estableció, no supo sustraerse a la práctica generalizada de la alegorización. Llegó a afirmaciones tan peregrinas y gratuitas, tan alejadas del sentido original del texto, como las de la mayoría de los Padres de la Iglesia. Después de Agustín, durante más de un milenio, la alegorización se erigiría en reina y señora de la hermenéutica bíblica.

Las consecuencias fueron fatales. Durante los primeros siglos del cristianismo, la solidez de las doctrinas apostólicas se mantuvo eficazmente y ello impidió que una pésima interpretación de las Escrituras diera carta de naturaleza en la Iglesia a las herejías que surgían. Pero a medida que la Iglesia fue alejándose de sus orígenes, la tradición cristiana fue cargándose de elementos ajenos al Evangelio que debilitaban la consistencia teológica inicial. Entonces, toda interpretación de la Escritura, por fantástica o descabellada que fuese, podía tener aceptación. La condición para ser aceptada no estribaba en la conformidad con el pensamiento del autor bíblico, sino simplemente en que no chocase con el magisterio de la Iglesia, cada vez más autoritario.

Bernard Ramm cita a Fullerton, quien de modo incisivo declara: «En vez de adoptar un principio científico de exégesis, se introduce la autoridad de la Iglesia disfrazada de tradición como norma de interpretación. La corriente de pensamiento que hemos venido considerando se asocia con las grandes consolidaciones dogmáticas de los siglos II y III que condujeron directamente al absolutismo eclesiástico.»[10] Y con no menor agudeza añade Ramm a renglón seguido: «La maldición del método alegórico es que oscurece el verdadero significado de la Palabra de Dios.»

Estas aseveraciones monitorias en cuanto a los peligros de la alegorización recobran actualidad en nuestros días, cuando, por caminos y con enfoques distintos —como tendremos ocasión de ver—, se vuelve a dar primacía a la libertad del intérprete para que su exégesis esté en consonancia con el pensamiento del hombre de hoy. Es un tanto sospechosa la afirmación hecha por C. H. Dodd cuando escribe que «existe una base para el empleo del método alegórico en la interpretación de la Escritura» y que «en la exégesis bíblica de la Iglesia primitiva tuvo un valor real», pues «liberó de la tiranía de formas de pensamiento ya anticuadas y de la necesidad de aceptar materialmente, como parte de la revelación divina, una serie de residuos pueriles, y a veces repugnantes, de épocas primitivas. Abrió el camino... a una actitud auténticamente imaginativa ante la Biblia». Pero el propio Dodd ha de reconocer que «el empleo exagerado de la alegoría tiene un efecto empobrecedor y ruinoso. Es facilísimo rehuir el impacto de un pa-

10. *Op. cit.*, p. 30.

pasaje difícil dándole un sentido no natural. Todo admite cualquier significado y nada tiene contornos definidos».[11]

Una vez más hemos de recalcar que la verdadera exégesis consiste en que el intérprete saque del texto el pensamiento del autor, no que meta en él su propio pensamiento con la ayuda de una fantasía incontrolada.

## INTERPRETACIÓN DOGMÁTICA

Aunque teóricamente todos los sistemas teológicos del cristianismo han sido elaborados a partir de la Biblia, la verdad es que tales sistemas pronto han adquirido en muchos casos una autoridad propia que ha impuesto sus conclusiones con toda rigidez a la labor exegética. La teología no siempre ha sido sometida a constante examen, en sujeción al texto, iluminado por un mayor conocimiento hermenéutico. Por el contrario, la interpretación ha sufrido los efectos de un fuerte ceñimiento con las fajas de tradiciones teológicas.

La interpretación dogmática se ha practicado —y se practica aún— en mayor o menor grado en todas las confesiones cristianas, pero ha caracterizado de modo especial al catolicismo romano. En el caso de los escrituristas católicos, a pesar de la libertad creciente de que disfrutan, su exégesis siempre está hipotecada por el dogma. Como sinceramente reconoce Leo Scheffczyk, profesor católico en la universidad de Munich, «si se pregunta a la dogmática católica por el sentido y el método de la verdadera interpretación de la Escritura, esta pregunta aparece en seguida incluida en un vasto sistema de relaciones, que tiene que ser descubierto en las respuestas. Por eso la pregunta no sería contestada por la dogmática católica de una forma suficiente, si procediera *exclusivamente* de la Escritura y sólo tuviese en cuenta los requisitos que provienen de la Biblia; porque para la dogmática católica la Escritura no es el único principio del conocimiento, sino que también lo es el dogma».[12]

Según la teología ortodoxa del catolicismo, ninguna interpretación puede estar en contradicción con el dogma o con el magisterio eclesiástico, lo que niega el principio protestante de que ningún dogma puede estar en contradicción con las claras enseñanzas de la Escritura y que ésta debe ocupar siempre un lugar de supremacía, por encima de toda tradición y de toda formulación teológica. Sólo la Escritura es plena y exclusivamente normativa *(norma normans, non normata)*.

11. *La Biblia y el hombre de hoy*, Ed. Cristiandad, pp. 32, 33.
12. *La Interpretación de la Biblia*, Herder 1970, p. 113.

74

Sin embargo, como ya hemos indicado, también en las confesiones cristianas no católicas ha sido a veces mediatizada la exégesis por exigencias dogmáticas. No habían transcurrido muchos años desde que la Reforma arraigara en Europa cuando Matthias Flacius escribió en su *Llave a las Escrituras* (1567): «Todo cuanto se dice respecto a la Escritura o sobre la base de la Escritura debe estar de acuerdo con lo que el catecismo declara y con lo que se enseña en los artículos de fe.»[13] Esta postura era la negación de uno de los propósitos fundamentales de los reformadores: liberar al pueblo cristiano de la tiranía de la tradición católico-romana y volverlo a la posición de una sumisión directa a la Palabra de Dios, al contenido de la Escritura.

Lo peor es que el error de Flacius se extendió ampliamente en el seno del protestantismo durante el llamado periodo confesionalista. L. Berkhof describe bien la situación: «En el periodo que siguió a la Reforma se hizo evidente que los protestantes no habían quitado enteramente la vieja levadura. En teoría mantenían el sólido principio de *Scriptura Scripturae interpres*, pero mientras por un lado rehusaron someter su exégesis al dominio de la tradición y a la doctrina de la Iglesia formulada por papas y concilios, cayeron en el peligro de dejarse llevar por los principios confesionales de cada denominación. Fue preeminentemente la edad de las denominaciones. *Hubo un tiempo en que cada ciudad importante tenía su credo favorito* (Farrar)... Cada cual trató de defender su propia opinión apelando a la Escritura. La exégesis vino a ser servidora de lo dogmático y degeneró en una simple búsqueda de textos favorables.»[14]

No es de extrañar que se produjeran reacciones contra este resurgimiento del espíritu católico-romano. Algunas tuvieron un carácter marcadamente racionalista (socinianos). Otras dieron origen al pietismo, sano y benéfico en su principio, pero que evolucionó hacia actitudes subjetivas respecto a la Biblia en las que prevalecían las ansias de edificación por encima del estudio gramático-histórico de la Escritura.

La interpretación dogmática, no como método abiertamente reconocido, pero sí generalizado en la práctica, ha tenido sus periodos de auge siempre que se han elaborado sistemas teológicos minuciosos cuya trabazón ha dependido más de la coherencia filosófica que de la investigación hermenéutica, concienzuda y perseverante, del conjunto de la Escritura. Tales sistemas tienen su origen en hechos o doctrinas que se consideran fundamentales y que aparecen claramente en la Biblia. Pero el camino que se ha

---

13. Citado por W. C. Kaiser, *Toward an Exegetical Theology*, Baker Book House, 1981, pp. 35, 36.
14. *Principios de Interpretación Bíblica*, CLIE, p. 33.

seguido después ha sido el de una reflexión teológica que, por ser deductiva más que inductiva, no siempre se ha mantenido en sintonía con la verdad revelada. Según la tendencia de cada confesión, o de cada escuela teológica, se ha hecho uso de determinados textos con omisión más o menos intencionada de otros e incluso se han interpretado de manera artificiosa con tal de evitar la contradicción con los postulados del sistema.

Es conveniente, a partir de una sana teología bíblica, llegar a una teología sistemática. Sólo así puede tenerse una perspectiva adecuada de la revelación. Pero una teología sistemática llevada más allá de sus justos límites, en vez de facilitar la comprensión de la Escritura, puede más bien nublar algunos de sus textos y despojarlos de su verdadero significado. Sirva como ejemplo la interpretación que algunos comentaristas reformados han dado a Juan 3:16, según la cual «el mundo» al que Dios ha amado queda reducido al «mundo de los escogidos». Salta a la vista que en este caso la exégesis ha estado totalmente dominada por la perspectiva predestinacionista de un calvinismo extremado.

Otra muestra de los abusos del método en cuestión es la utilización de pasajes bíblicos en apoyo de una doctrina dándoles un significado que en realidad no tienen. A menudo —otro ejemplo— se ha dado a Isaías 1:6 un sentido moral, lo que ha permitido usarlo como texto demostrativo de la «depravación total» del hombre. Pero sólo implícitamente y por deducción podría extraerse esta doctrina del texto mencionado. Lo que el profeta hace resaltar es la condición lastimosa a que ha llegado el pueblo escogido bajo los juicios divinos acarreados por la maldad y la deslealtad. Aun el versículo 4 del mismo capítulo, que menciona de modo explícito la depravación de Judá y podría usarse como paradigma, en sentido rigurosamente exegético no puede decirse que sostiene la doctrina de la depravación total. Esta doctrina es bíblica, pero son otros los textos que la avalan.

En errores parecidos han caído exegetas sometidos a otros sistemas teológicos. Y así se ha incurrido en el mismo desacierto del catolicismo y de las sectas que imponen sus particulares esquemas doctrinales a la exégesis.

Una teología evangélica nunca debería ser una forma nueva de escolasticismo. Habría de buscar el máximo de coherencia en el examen y ordenación de los elementos de la revelación bíblica, pero admitiendo que siempre quedarán cabos sueltos, que subsistirán las antinomias, que no todo lo que hallamos en la Biblia se compagina fácilmente y a entera satisfacción de quien la estudia.

Mientras vivimos en espera del día en que conoceremos como somos conocidos, todo ordenamiento teológico ha de ser constantemente revisado a la luz de la Palabra, a cuyo servicio tiene que estar siempre. No es la Escritura la que debe interpretarse con una formulación teológica determinada. Es la teología la que debe someterse en todo momento a los resultados de una escrupulosa exégesis de la Escritura. Y sólo sobre una exégesis de amplia base bíblica puede levantarse el edificio de la dogmática. Como el teólogo católico ya citado, Leo Scheffczyk, admite, «los puntos de apoyo para los dogmas sólo pueden actuar como tales si se muestran en relación con el contexto y con toda la Escritura... La Escritura, pues, nunca puede ser utilizada en apoyo de una verdad de un modo puntual, sino sólo en toda su extensión, o mejor dicho, corporativa y pluridimensionalmente. Así se exige a la dogmática que con respecto a una verdad de fe que está en tela de juicio, siempre escuche a toda la Escritura y se la ponga ante la conciencia.»[15]

Las consideraciones precedentes sobre la interpretación dogmática nada tienen que ver con la aplicación del llamado «principio de analogía de la fe», según el cual la interpretación de cualquier texto debe estar en armonía con el conjunto de las enseñanzas doctrinales bíblicas más claras. A este principio volveremos oportunamente. Pero una cosa es la subordinación de todo trabajo exegético al tenor general de la Escritura y otra la servidumbre bajo el dominio de la dogmática.

15. *Op. cit.*, p. 137.

# CUESTIONARIO

1. ¿Es normal que un texto de la Escritura tenga más de un significado? ¿Por qué?

2. ¿Qué diferencia debe establecerse entre literalismo y «letrismo» y hasta qué punto son aceptables?

3. ¿Cuáles fueron las causas por las que el sistema alegórico se introdujo tanto en el judaísmo como en el cristianismo?

4. ¿Existe actualmente algún modo de interpretar la Biblia que tenga puntos de semejanza con el método alegórico? Si lo hay, ¿cuáles son esos puntos?

5. ¿Qué alcance ha tenido la interpretación «dogmática» tanto en el catolicismo como en el protestantismo?

6. ¿Cuál debe ser la relación entre teología y Escritura?

# IV

# LA INTERPRETACIÓN LIBERAL

Surge este método dentro del liberalismo teológico que tuvo sus inicios a mediados del siglo XVIII, se desarrolló en diversas fases y mantuvo su primacía en amplios sectores protestantes hasta bien entrado el siglo XX.

No se distingue el liberalismo por la homogeneidad de conceptos de sus defensores —a menudo muy dispares entre sí—, sino por la coincidencia en unos principios que se consideraban fundamentales en el desarrollo de la teología. Tales principios pueden resumirse en la siguiente enumeración:

*a)* Libertad de pensamiento y de acción, lo que equivalía a la eliminación de toda traba impuesta por los prejuicios y convencionalismos tradicionales.

*b)* Como consecuencia del principio anterior, una actitud de gran reserva o de franca hostilidad hacia cualquier forma de coerción o autoridad externa.

*c)* Autonomía y supremacía de la razón, aunque no se concretaba ni la naturaleza de ésta ni su alcance, y a pesar de que en algún momento se dio prioridad al sentimiento.

*d)* Exaltación del hombre como centro del pensamiento y de la experiencia religiosa.

*e)* Adaptación de la teología ora a la filosofía ora a las ciencias naturales e históricas.

*f)* Apertura constante al cambio en los conceptos teológicos en la medida en que el progreso cultural lo hiciese aconsejable.

Las consecuencias subsiguientes a la aplicación de estos principios en la hermenéutica bíblica las veremos más adelante. Pero antes de considerarlas, y a fin de poder tener una mejor comprensión de las mismas, conviene hacer un esbozo de la génesis y desarrollo del liberalismo teológico.

Aunque podrían fijarse antecedentes del liberalismo en épocas antiguas, las raíces de este movimiento —al menos en su manifestación moderna— las hallamos en el Renacimiento, terreno abonado en el que pronto germinaría el racionalismo. Como señalamos en otro lugar, «el Renacimiento sacó a luz las glorias de la civilización greco-romana para luego poner en tela de juicio los principios y normas —algunos de ellos insostenibles— que habían recogido la sociedad y la religión durante la Edad Media. En la esfera religiosa, la Reforma trasladó a la Palabra de Dios la autoridad que se habían arrogado el Papa y la Iglesia. Pero, paulatinamente, el mismo impulso dio lugar a preguntas que afectaban toda la estructura de la sociedad, de la filosofía y de la religión. Tanto Bacon, en Inglaterra, como Descartes, en Francia, iniciaron el método inductivo, afanándose por llegar a conclusiones razonables sobre la base de la experimentación, en contraste con la filosofía anterior que, arrancando fundamentalmente de Platón y de Aristóteles, tomaba como punto de partida algún concepto maestro, procurando luego adaptar los hechos al concepto. Se había iniciado la era de la razón».[1]

Descartes, con su célebre *cogito, ergo sum* (pienso, luego existo), dejaba sentada una base sobre la cual se efectuaría el giro del pensamiento religioso hacia el antropocentrismo teológico. La realidad ontológica del hombre se convertía en el fundamento de toda deducción relativa a otras realidades, incluida la de Dios. Por consiguiente, los métodos del conocimiento religioso ya no estarían presididos por la revelación, sino por la razón.

En el *período racionalista* del liberalismo teológico (desde mediados del siglo XVII hasta mediados del siglo XVIII), además de Descartes, sobresalen Spinoza, Leibnitz, Lessing y los platonistas de Cambridge; pero la figura más destacada es John Locke, considerado como el constructor del racionalismo.

Contrariamente a lo que algunos pudieran suponer, y en contraste con algunos teólogos de épocas posteriores, Locke se esforzó por mantener una relación de equilibrio entre la autoridad de la Biblia y la razón. Según Bernard E. Meland, «Locke retuvo un sentido vivo del "juicio de la Sagrada Escritura" sobre la razón humana, aunque insistía en la necesidad de atender a las demandas de la integridad propia en el uso de la razón. Al leer la Escritura —escribió— la integridad del entendimiento de uno mismo está tan comprometida como la audición de la Palabra. Y la razonabilidad de la Palabra de Dios —insistió— debe ser comprendida de modo tal que la razonabilidad del propio entendimiento

1. E. Trenchard y J. M. Martínez, *Escogidos en Cristo*, pp. 264, 265.

del hombre pueda ser puesta en correlación con ella».[2] Desgraciadamente, este respeto de Locke hacia la Escritura y su autoridad pronto desaparecería del pensamiento de los teólogos liberales.

Al periodo racionalista sigue el *romántico*, que se extiende hasta finales del siglo XIX. Tal periodo ha sido definido como un retorno apasionado a los instintos naturales, a la vida, a la libertad, a la predilección individual, a la espontaneidad de la imaginación creadora. Se caracteriza, en términos generales, por el relieve que adquiere el individuo en su realidad concreta, en su experiencia personal o en su responsabilidad ética. La perspectiva de las realidades infinitas debe contemplarse desde el plano de la persona individual. Resultado de este énfasis en la individualidad y en el valor de la experiencia fue el relativismo histórico que de modo poderoso influiría después en la hermenéutica bíblica.

El movimiento romántico pronto invadió el campo de la teología. En él descuella FRIEDRICH SCHLEIERMACHER, cuyo pensamiento dejó profunda huella. De Kant hereda el énfasis en la primacía de lo subjetivo, pero se opone a la idea kantiana del imperativo categórico, por considerarla atentatoria contra la nobleza del hombre; asevera que éste no se halla sometido a ninguna coerción moral, sino que ha de vivir su vida sin el freno o el control de una autoridad superior a su propia alma. Reconoce que el hombre no existe por sí mismo, lo que produce en él un sentimiento de dependencia absoluta. En último término, depende de Dios. Este sentimiento es no sólo el origen de toda religión, sino el único plano en el cual las concepciones religiosas pueden tener validez. Sin embargo, ese sentimiento de dependencia no engendra una actitud abierta a la iniciativa de un Dios trascendente y personal, a una revelación. El sentimiento no es una respuesta a la Palabra de Dios, nace y se desarrolla en el interior del hombre. En contraste con el racionalismo, Schleiermacher usa el método de la introspección. No parecen preocuparle ni los dogmas ni las prescripciones morales. Para él, la naturaleza de la religión no es ni científica ni moral. No se asienta sobre la razón; tampoco sobre la conciencia o la voluntad. Su esencia es sentimiento. Todas las doctrinas debieran ser expresión de lo que acontece en el alma del creyente, «descripciones de estados humanos». Únicamente de los estados del alma se puede partir en busca de la verdad y llegar a ser «conscientes de Dios». En Jesucristo esta «conciencia» alcanzó su punto culminante de modo superlativo y prototípico. El cristiano participa de esta experiencia por la mediación de Cristo, en «unión mística» con Él.

No han faltado quienes han visto en los postulados de Schleiermacher una afirmación de la libertad cristiana del pensa-

---

2. *Encycl. Britannica*, 13, p. 1021.

miento, tan celosamente defendida por los reformadores; pero, como atinadamente afirma H. R. Mackintosh, «todo lo contrario es la verdad. Los reformadores toman como punto de partida en todo lo concerniente a doctrina, no el alma con sus altibajos, sino la Palabra de Dios dada objetivamente mediante la revelación. La fe que ellos enseñaron en todos sus escritos es dependencia de la Palabra. Sólo puede hablarse de mantenerse en pie donde existe un suelo sobre el que apoyar los pies, y sólo puede hablarse de fe donde hay una Palabra de Dios sobre la cual la fe descansa».[3]

En su obra sobre hermenéutica Schleiermacher mantiene posturas típicamente liberales. Niega la doctrina de la inspiración de la Biblia, así como la validez permanente del Antiguo Testamento; y aunque acepta la integridad sustancial de la Escritura, destaca excesivamente la distinción entre partes esenciales y partes no esenciales. La Biblia debe ser interpretada como cualquier otro libro siguiendo los principios de la ciencia crítica. Y la interpretación sólo alcanza un grado de madurez cuando se trasciende el plano del mero significado de las palabras para llegar a su significación, es decir, a su valor de aplicación para el lector de cualquier época o lugar. El método gramático-histórico es insuficiente para llegar a la profundidad de un texto, la cual únicamente se alcanza mediante la interpretación «técnica» o «psicológica». En oposición a J. A. Ernesti, que atinadamente había sostenido la existencia de un solo significado en las palabras, Schleiermacher afirmaba que toda palabra tiene una esfera general de significado que no se limita a la propia palabra, sino que es determinada por el valor general del lenguaje y por la herencia común al autor y a su lector.[4] De este modo se abría el camino a interpretaciones de un texto que no necesariamente coinciden con el pensamiento de quien lo escribió.

Contemporáneo de Schleiermacher fue FRIEDRICH HEGEL. Ambos coincidían en su concepción humanista del mundo y de la vida humana; pero mientras Schleiermacher expresaba sus ideas en términos de sentimiento, Hegel lo hacía en términos de puro pensamiento, con menosprecio total de los principios intelectuales de su colega. Para Hegel, el sentimiento constituía el elemento más rudimentario y menos valioso de la conciencia. Por encima de él sitúa en primer lugar la imaginación, seguida del entendimiento y la razón. La religión tiene en la imaginación su base principal, pues su contenido se expresa pictóricamente. Puede definirse la religión como la respuesta definitiva del hombre al universo.

El concepto hegeliano de Dios es tan oscuro como el de Schle-

3. *Types of Modern Theology*, The Fontana Library, p. 71.
4. Véase *Toward an Exegetical Theology*, por Walter C. Kaiser, Jr., pp. 28 y 29.

iermacher, pero tiene mucho de monismo panteísta. Establece un principio de unidad o identidad entre todas las cosas, por opuestas que parezcan entre sí. El hombre, por ejemplo, es espíritu finito; pero como tal es, en último término, idéntico al Espíritu infinito. La identificación, sin embargo, no existe desde el primer momento. Exige un proceso de desarrollo en el que participa el Infinito y Absoluto al igual que el hombre. Dios sólo es Dios en la medida en que se conoce a sí mismo en la conciencia que de sí mismo tiene en el hombre. Dicho de otro modo, es el conocimiento que el hombre tiene de Dios, el cual avanza hacia el concepto que el hombre tiene de sí mismo en Dios. «Así —como observa Mackintosh— resultaría que el Absoluto sólo es real en el pensamiento de quienes creen en él. Y la historia aparece ahora como el medio por el que Dios se realiza a sí mismo a través del proceso de la experiencia humana.»[5] En ese proceso todo tiende a la unidad en las fases sucesivas de tesis, antítesis y síntesis, en las que todo (pensamiento y ser) se mueve adelante y hacia arriba en espiral, anulando en su avance todas las contradicciones que salen a su paso.

Por supuesto, los conceptos religiosos de Hegel distan mucho de las doctrinas bíblicas, y sus intentos de reconciliar la fe cristiana con la metafísica constituyeron un fracaso total. ¿Qué quedaba después de intentar trasponer las creencias tradicionales a un plano puramente filosófico? Por el camino de la acomodación, la encarnación de Cristo como el Dios-hombre no era un hecho real, sino un modo de expresar la verdad de que la divinidad y la humanidad son una sola esencia, que la vida de los hombres es la vida de Dios en forma temporal. La historia de la humanidad es la historia de Dios en su devenir, la propia evolución del Absoluto en la esfera del tiempo y del espacio. Sólo en este sentido puede interpretarse la afirmación bíblica «el Verbo se hizo carne y habitó entre nosotros». De modo análogo, la muerte, la resurrección y la ascensión de Jesús no son sino narraciones parabólicas mediante las cuales se enseña que el hombre finito está sometido a la negación y a la decadencia; pero al mismo tiempo, por su unidad con el Infinito, se eleva a una participación sublime en el positivo proceso panteísta del cosmos.

Es verdad que poco después de la muerte de Hegel su filosofía sufrió duros embates con el auge de las ciencias exactas; pero tuvo un resurgimiento posterior notable y su influencia ha llegado hasta nuestros días.

Otra figura destacada en la teología del siglo XIX es FRIEDRICH STRAUSS. La cuestión en torno a la cual gira principalmente su pensamiento es el significado histórico de la persona de Jesucristo.

5. *Op. cit.*, p. 104.

Ello explica que su obra más importante fuera precisamente su *Vida de Jesús*. Strauss trata de combinar la filosofía hegeliana con el contenido de los evangelios, para lo cual recurre a la teoría del «mito». El origen del cristianismo no se halla tanto en una persona como en una idea o grupo de ideas. Imbuidos de ellas y movidos por un espíritu de adoración, los creyentes de la Iglesia primitiva rodean a Jesús de una aureola incomparable y envuelven su persona y su obra en el ropaje de mitos fantásticos. Para Strauss, Jesús no puede ser el Verbo encarnado tal como lo presenta el Nuevo Testamento. No es sino un hombre entre otros, mediante el cual cobra impulso el proceso de desarrollo de la humanidad hacia la perfección absoluta. El verdadero Dios-hombre no es una persona, sino la humanidad como un todo; las cualidades atribuidas a Cristo son en realidad los atributos de la raza humana.

Mención especial merece ALBRECHT RITSCHL, padre de la llamada «teología de los valores morales». Tan notable fue la impresión producida en sus contemporáneos que Harnack se refirió a él como el último de los Padres de la Iglesia. Aunque durante sus primeros años de estudiante en Tubinga sintió la influencia de Baur y aceptó la hipótesis de éste de que la Iglesia cristiana estuvo escindida desde el principio en dos grupos (los seguidores de Pedro y los de Pablo), más tarde evolucionó hacia una posición más coherente con la unidad de pensamiento que preside los diversos escritos del Nuevo Testamento.

Su propósito primordial fue reinterpretar la Reforma del siglo XVI mediante el retorno a las enseñanzas novotestamentarias para contrarrestar las deformaciones teológicas del catolicismo romano, del pietismo y del romanticismo, lo que constituye un afán loable. No menos positiva fue su pugnacidad por arrancar el racionalismo especulativo del elevado asiento que había ocupado en la teología. El pensamiento cristiano no debe moverse en el terreno de las ideas generales, en el plano de la metafísica, sino en el de la revelación de Dios en Cristo.

Igualmente saludable fue su oposición al subjetivismo y al misticismo. Para Ritschl el sentimentalismo de Schleiermacher era inaceptable. La fe no ha de apoyarse en experiencias y sentimientos, sino en la persona histórica de Jesucristo y en la revelación de Dios que nos ha sido dada a través de Cristo y que hallamos en la Sagrada Escritura. En su método teológico, Ritschl no parte, como sus antecesores inmediatos, de la «conciencia cristiana», sino del Evangelio dado en Jesucristo.

Pero no todo, desde el punto de vista evangélico, fue tan positivo en la teología de Ritschl. Su énfasis en los valores éticos en el marco del Reino de Dios induce a ver en la religión tan sólo una manifestación de la actividad moral. El Reino de Dios es despojado de su trascendencia escatológica para convertirse en una realidad presente, meramente mundana, en el seno de la sociedad civil. Evidentemente esta interpretación no hace plena justicia al concepto novotestamentario del Reino. Ritschl parecía consciente de ello; pero no logró equilibrar su pensamiento a pesar de que repetidas veces recurre a la figura de la elipse con la que trata de ilustrar el cristianismo. Uno de los dos focos de esa elipse es el moral (el Reino de Dios); el otro, la redención por Cristo.

También el concepto de pecado en la teología ritschliana dista mucho de la doctrina bíblica. Excluye toda idea de pecado original y admite la posibilidad de vidas sin pecado, a pesar de las experiencias actuales.

En su cristología, trata de eludir los problemas tradicionales, tales como la doble naturaleza de Jesús, la relación del Hijo con el Padre en la Trinidad, el nacimiento virginal y la resurrección. Según su propia confesión, se abstiene.de opinar cuando tropieza con el misterio. Esta abstención no la aplica al significado de la muerte de Jesús. En consonancia con su rechazamiento de todo concepto penal de la justicia de Dios, Ritschl ve en la muerte de Cristo no un acto de propiciación sino de lealtad suprema a su vocación. El propósito de Jesús era elevar a los hombres al mismo grado de conciencia de filiación divina que Él había alcanzado, lo que les permitiría vivir vidas de amor en la comunidad por Él fundada.

A la escuela ritchsliana pertenecieron WILHELM HERRMANN y ADOLF VON HARNACK. La obra de este último, *Das Wesen des Christentums* (La Esencia del Cristianismo) ha sido considerada como la obra clásica del protestantismo liberal, bien que algunas de sus conclusiones crítico-históricas en el estudio del Nuevo Testamento fueron bastante más conservadoras que las de muchos críticos de nuestros días. En América, representantes del liberalismo de este periodo fueron, entre otros, Horace Bushnell y Walter Rauschenbusch, iniciador del movimiento «Evangelio Social».

El *modernismo*, última fase del liberalismo teológico, se extiende desde mediados del siglo XIX hasta la tercera década del XX y se caracteriza por la idea de progreso y por un acentuado interés histórico. Es la época de la revolución industrial. Darwin ha conmocionado el campo de la antropología con su teoría de la evolución, y la historia de la humanidad empieza a ser contemplada como historia natural en un proceso evolutivo. Este hecho tiene su proyección en el estudio de la historia de las religiones, de la moral y de las costumbres.

Por otro lado, el progreso de la ciencia y la tecnología dan pábulo a interpretaciones secularistas de la vida humana. El «aquí y ahora» adquiere primacía. En este contexto, los teólogos modernistas tratan de armonizar su pensamiento religioso con los nuevos movimientos culturales. La filosofía y las ciencias asumen una nueva importancia en la metodología teológica y progresivamente el estudio de la doctrina cristiana es desplazado por el estudio del fenómeno religioso desde los puntos de vista psicológico y sociológico. Con todo ello se ha originado un pseudo-evangelio que presenta, en palabras de H. R. Niebuhr, «un Dios sin cólera conduciendo hombres sin pecado hacia un reino sin juicio por la mediación de un Cristo sin cruz».[6]

Destacados representantes del liberalismo modernista son Thomas Huxley, Herbert Spencer, William James, Max Weber, Ernst Troeltsch y Harry Emerson Fosdick.

Sintetizando y adaptando libremente una amplia exposición de B. Ramm,[7] señalamos a continuación las posturas mantenidas —total o parcialmente— por las escuelas liberales.

Las repercusiones del liberalismo en la interpretación de la Biblia se caracterizan por su radicalidad. La autoridad tradicional de las Escrituras no sólo es puesta en tela de juicio; es rechazada de plano. Se recusan todas las formas de inspiración genuina de la Biblia, ya que cualquiera de ellas implica un elemento sobrenatural. Por la misma razón, son descartados los milagros y las predicciones proféticas. La revelación queda reducida a una simple capacidad del hombre para descubrir las verdades de tipo religioso. Lo fundamental para la fe cristiana no es el contenido doctrinal de la Escritura, sino la experiencia. La religión en general y la israelita en particular no tienen su origen en la revelación de Dios; se explican simplemente aplicando el concepto de evolución natural, en virtud de la cual los israelitas pasaron, a través de diferentes etapas, del politeísmo al monoteísmo. Los escritos de los hagiógrafos deben ser sometidos, siempre que convenga, al principio de «acomodación». Sus conceptos a menudo fueron expresados en términos descriptivos del pensamiento o de las creencias de su época, sin que tal pensamiento o tales creencias se ajustaran a la verdad objetiva, por lo que carecen de validez para la época moderna, completamente distinta.

La Biblia es interpretada con un criterio histórico muy particular. Las creencias teológicas son creadas por determinadas condiciones sociales, no por intervención especial de Dios. La religión bíblica contiene elementos sincretistas; en gran parte ha asimilado concepciones religiosas de otros pueblos purificadas por el monoteísmo de los profetas y, sobre todo, por los principios éticos de Jesús.

Bajo la influencia de Kant, la interpretación de la Biblia se

---

6. Cit. por W. Pannenberg, *Teología y Reino de Dios*, Ed. Sígueme, 1974, p. 99.
7. *PBI*, p. 64 ss.

realiza a través del prisma moral, lo que conlleva un rechazamiento de cualquier tipo de interpretación teológica.

A la luz de este resumen, resulta obvio que los teólogos liberales, en vez de someter sus criterios a la Escritura, hacen de ésta la sierva de su pensamiento, y además una sierva humillada. Sin ningún respeto por lo que los autores sagrados realmente quisieron decir, interpretan los textos bíblicos a su antojo, ajustándolos a sus propios principios filosóficos.

El comentario que Paulus escribió sobre el Nuevo Testamento puede servirnos de ilustración. En su exégesis de los evangelios, elimina todo lo sobrenatural y explica los milagros de sanidad obrados por Jesús como exhibiciones extraordinarias de una habilidad médica natural. El relato en el que se dice que Jesús anduvo sobre las aguas del lago de Tiberiades lo interpreta Paulus afirmando que Jesús andaba sobre la playa y que la barca estaba tan cerca de la orilla que cuando Pedro saltó al agua, Jesús, desde la orilla, pudo darle la mano. La impresión causada por este hecho en los discípulos fue tan profunda que les parecía como si Jesús hubiese caminado milagrosamente sobre el lago y acudido en su auxilio.[8]

Resulta difícil concebir ingenuidad tan ridícula, a menos que tengamos en cuenta la gran fuerza de los prejuicios en el momento de la interpretación. Pero éstos nunca justificarán los injustos abusos cometidos contra la Escritura al sacrificar arbitrariamente en aras del pensamiento de la época la fidedignidad de los testimonios bíblicos y el valor de los principios racionales básicos del lenguaje.

## MÉTODO HISTÓRICO-CRÍTICO

El movimiento de investigación histórico-crítica tiene sus raíces en la expansión del humanismo renacentista, aunque no adquiere fisonomía propia hasta la época de la Ilustración. En cierto modo, puede ser considerado producto del liberalismo teológico; pero como método hermenéutico pronto adquirió identidad propia y una vitalidad que lo ha hecho perdurar hasta nuestro tiempo. En muchos sectores de la ciencia bíblica se ve en él un instrumento indispensable; en algunos, el método por excelencia.

Su finalidad es descubrir el sentido de los textos bíblicos dentro del contexto de la historia de Israel, en el caso del Antiguo Testamento, o de la primera tradición cristiana en el del Nuevo Testamento. En cualquier caso, se trata de llegar a la interpretación aplicando científicamente la razón histórica mediante sus mejo-

8. Ref. de M. S. Terry, *op. cit.* p. 168.

res técnicas. Este objetivo es loable. Y el método, correctamente aplicado, es útil. Incluye la investigación de datos tales como autor, fecha en que el libro fue escrito, posibles fuentes de información usadas por el autor bíblico, fondo histórico, género literario, peculiaridades lingüísticas, información arqueológica o procedencia de otras fuentes literarias y cuanto de algún modo puede contribuir a iluminar el texto y determinar su significado. En la actualidad aun los exegetas más conservadores reconocen el valor de este método. Pero a lo largo de la historia ha sido usado a menudo con una subordinación total a presupuestos filosóficos, lo que lo ha privado de su carácter rigurosamente científico y no pocas veces ha conducido a falsas conclusiones que ponían en tela de juicio o negaban la veracidad histórica de numerosos pasajes bíblicos. Paradójicamente, en este mal uso del método histórico-crítico han caído más los teólogos liberales que los historiadores.

En el enjuiciamiento del método histórico-crítico han de tomarse en consideración no sólo los postulados teóricos, sino las ideas filosóficas que lo han impulsado y el modo de su aplicación. En la práctica ha prevalecido, por lo general, la acción crítica de un subjetivismo racionalista sobre la investigación objetiva de los hechos narrados en la Biblia. Como ha señalado Gerhard Maier, el más grave defecto del método histórico-crítico es que el énfasis principal no se hace en la indagación histórica, sino en la crítica. «Lo crítico era motor y acelerador del movimiento. Sobre ello descansaba el acento determinante.»[9] Ello pronto condujo a desarrollar la distinción hecha ya por J. S. Semler en el siglo XVIII, entre Escritura y Palabra de Dios, entre lo meramente humano de la Biblia y lo que realmente contiene de verdad divina.

Aceptada esta distinción, era preciso encontrar el «canon dentro del canon» (Ernst Käsemann);[10] es decir, la Escritura había de ser cribada para obtener lo auténtico y normativo separándolo de lo falso y de lo inútil. En este proceso sólo el intelecto del intérprete, con una total autonomía, decide lo que debe ser aceptado y lo que ha de rechazarse. Y lo hace generalmente con el mismo espíritu dogmático con que inicialmente se combatió la teología dogmática impuesta anteriormente a la interpretación bíblica. «Convertido en historicismo, el método asume los rasgos de una ideología.»[11]

Salta a la vista que tales conclusiones no sólo son contrarias al concepto evangélico de la Biblia y de su inspiración; son la negación del concepto mismo de revelación tal como lo hallamos en la propia Escritura.

9. *Das Ende der historisch-Kritischen Methode*, Brockhaus, 1975, p. 7.
10. Klaus Haacker, *Neutestamentliche Wissenschaft*, Brockhaus, 1981, p. 21.
11. Paul Wells, *La Méthode historico-critique et les problèmes qu'elle pose*, La Revue Réformée, n.º 129, mars, 1982, p. 13.

Hecha la observación precedente, un breve bosquejo —forzosamente incompleto —de la evolución del movimiento histórico-crítico nos ayudará a comprender mejor sus características, su alcance, sus errores y sus limitaciones.

En sus inicios, la crítica histórica se practicó con el convencimiento de que la verdad bíblica es divina, inmutable, lo que la sitúa por encima de todas las contingencias y situaciones históricas. Según Ulrich Wilkens «la historia crítica tenía por misión liberar la eterna verdad de Dios, que seguía postulándose como el verdadero contenido doctrinal de la Biblia, de todo oscurecimiento que hubiera podido sufrir por las circunstancias de los tiempos».[12]

Pero en el transcurso del tiempo la crítica histórica se radicaliza. La fuerza del racionalismo impone una interpretación de los elementos históricos de la Biblia en consonancia con el pensamiento en boga. Entre 1774 y 1779, G. E. Lassing publica los «Fragmentos de un Anónimo» *(Fragmente eines Ungenannten)*, en los que aparecen las ideas innovadoras de Hermann Samuel Reimarus, fallecido años antes. La interpretación que éste hace de los evangelios afecta a lo esencial de su contenido. Los discípulos —según Reimarus— presentan a Jesús como taumaturgo. Glorifican al Maestro después de su muerte siguiendo sus propias ideas, muy supersticiosas. Los episodios de la pascua y la pasión son escenas compuestas por los discípulos, muy distintas de la realidad.

Reimarus pronto tuvo serios oponentes y sus conclusiones críticas fueron refutadas. A pesar de todo, su modo de interpretar el Nuevo Testamento dejó abierto un camino que ya no se cerraría. Por él avanzarían no pocos especialistas de la investigación bíblica imbuidos del espíritu y de los postulados de la teología liberal.

Pero el progreso del radicalismo histórico-crítico se caracteriza, en su conjunto, por sus zigzagueos, sus desviaciones y sucesivas correcciones. No sólo hubo de enfrentarse con la tradición dogmática. En el siglo XIX tuvo que hacer frente también a fuertes corrientes idealistas, en especial al pensamiento de Baur y de Strauss.

FERDINAND CHRISTIAN BAUR, líder de la famosa «Escuela de Tubinga», a quien algunos consideran padre de la interpretación moderna de la Biblia, parece incorporar la filosofía hegeliana a su labor crítica, aunque hay división de opiniones al respecto.[13] Aplicando el principio dialéctico, niega la existencia de una teología unitaria en el Nuevo Testamento. Lo que en éste se ve con toda

---

12. *La Interpretación de la Biblia*, Herder, p. 82.
13. Véase art. de Colin Brown sobre Baur en *The International Dictionary of the Christian Church*, edit. por J. D. Douglas.

claridad es una *tesis* judaica, en la que Jesús, el Mesías de los judíos, aparece como simple Maestro humano, y la *antítesis* helénica de Pablo, que hace de Jesús el Cristo sobrenatural, el Dios-Hombre, Mesías del mundo entero. Del conflicto, que convulsionó a toda la Iglesia del primer siglo, surgió posteriormente, en el siglo segundo, la *síntesis*, la reconciliación en un cristianismo «católico» o de unión. Consecuente con este presupuesto, sólo admite como genuinas cuatro de las cartas de Pablo: Gálatas, Romanos y 1.ª y 2.ª Corintios. Las restantes y el libro de los Hechos, por su tono conciliatorio, han de atribuirse a autores de la época posapostólica. Análoga postura adopta ante los evangelios. Mateo es la expresión del pensamiento judaico; Lucas lo es de la oposición paulina, en tanto que Marcos es el sintetizador que unifica.

Que las hipótesis críticas de Baur son fruto de prejuicios y de una viva imaginación más que de una rigurosa investigación histórica pudo comprobarse con claridad posteriormente. Por ello su obra es vista como un fracaso, bien que los teólogos liberales la adjetivan con cierta simpatía cuando hablan de ella como de un «fracaso fructífero».

Uno de los lugares más destacados en el movimiento histórico-crítico lo ocupa JULIUS WELLHAUSEN (1844-1918). Apoyándose en ideas de críticos anteriores (Eichhorn, A. Geddes. H. Ewald, E. Reuss, W. de Wette y K. H. Graf), alcanzó gran renombre por su teoría documental relativa al Pentateuco (o «Hexateuco»). Con él y su escuela se llegaba a una de las cotas más altas en la crítica histórica. No sólo se descartaba la paternidad mosaica del Pentateuco y los conceptos tradicionales sobre composición y autoría de otros libros de la Biblia —sobre todo del Antiguo Testamento—, sino que se cuestionaba la totalidad de la estructura de la historia israelita y de su religión. Wellhausen y sus colaboradores basaron su crítica en la concepción hegeliana de la historia expresada en términos de evolución. La religión hebrea no era resultado de una revelación divina; había surgido de otras formas primitivas, al igual que otras religiones. Ni los patriarcas ni Moisés fueron monoteístas. Moisés introdujo el culto a Yahvéh como el primero entre otros dioses. El yahvehísmo llegó a imponerse gracias a la influencia de los grandes profetas, a la reforma deuteronómica y a los efectos purificadores del exilio. Aun muchos de los admiradores de esta escuela han debido admitir que el esquema evolucionista de Wellhausen es demasiado simple y que sus análisis han de ser sometidos a revisión, máxime si se toman en consideración los grandes descubrimientos arqueológicos más recientes y los métodos actuales de las ciencias históricas.

Como prolongación y profundización del estudio histórico-crítico de la Biblia en el siglo XX, están adquiriendo relieve creciente nuevas conformaciones críticas, tales como la crítica o historia de las formas *(Formgeschichte)*, la historia de las tradiciones y la crítica de redacción. Esta especialización en el estudio crítico de la Escritura puede contribuir —y de hecho está contribuyendo— a enriquecer el conocimiento de los diversos elementos que subyacen en el fondo de los textos bíblicos, lo cual siempre es de gran utilidad al interpretarlos. Pero, al igual que en periodos anteriores, las conclusiones de los expertos suelen estar determinadas más por sus presuposiciones —a veces por un afán de originalidad— que por una objetividad imparcial. Sirva de ejemplo la obra de GERHARD VON RAD, uno de los especialistas más distinguidos de nuestro tiempo. Hay en ella aspectos brillantes. Como observa Luis Alonso Schöckel en su presentación de la versión castellana de *Theologie des Alten Testaments* (Teología del Antiguo Testamento), «el trabajo de G. von Rad no es sólo investigación, sino que tiene mucho de auténtica meditación: la fe contemplativa del autor es el clima en que madura su inteligencia del Antiguo Testamento».[14] De ahí lo complejo de su obra, erudita y tendenciosa a la vez. Dentro del campo histórico-crítico, muestra un criterio sano cuando honradamente se esfuerza por llegar al núcleo histórico de las narraciones a través del examen de diversas tradiciones sagradas. Pero sus conclusiones significan —usando sus propias palabras— «la destrucción del cuadro narrativo» bíblico.

G. von Rad duda del orden de los hechos históricos narrados en el Hexateuco, aunque no niega totalmente su historicidad. Según él, el decurso de los hechos principales responde no a la realidad histórica, sino «a un esquema canónico de tipo cultual».[15] El pueblo israelita no nace en Egipto. «La investigación histórica ha demostrado que "Israel" es el nombre de la confederación sagrada de tribus, que se constituyó por primera vez después del ingreso en Palestina. Por el momento no se puede demostrar históricamente la existencia de un "pueblo de Israel" antes de esta época».[16] Moisés no es tanto el personaje histórico realmente poseedor de las cualidades y realizador de la obra que en el Pentateuco se le atribuyen, como la figura introducida posteriormente en complejos de tradición que en un principio la desconocían. De modo gratuito señala con sorpresa «el gran interés de estas tradiciones por la función sagrada, el oficio de Moisés, que supera con creces el interés por su persona».[17]

Sirvan estos botones de muestra para hacer patente la devaluación del Antiguo Testamento como testimonio histórico llevada a cabo por von Rad. Pero las posiciones de éste han sido enérgicamente combatidas por eruditos como W. Eichrodt, R. de Vaux

14. *Teol. del A. T.*, Sígueme, 1975, p. 10.
15. *Op. cit.*, p. 28.
16. *Op. cit.*, p. 28.
17. *Op. cit.*, p. 38.

y J. Bright, quienes han enfatizado la importancia de la historicidad sustancial de los relatos del Antiguo Testamento como esencial para mantener la coherencia entre la historia de Israel y la fe
de Israel. En opinión de Eichrodt, la teología de von Rad se deriva
de la convicción de que la interpretación existencial de la evidencia bíblica es la correcta y su modo de resolver cualquier conflicto
entre la versión de un hecho histórico dada por el Antiguo Testamento y la investigación crítica es denigrante. «Esta denigración
ha de ser resistida vigorosamente cuando resulta que en el Antiguo Testamento no nos enfrentamos con una transformación an-
tihistórica del curso de la historia en un cuento de hadas o en un
poema, sino con una interpretación de acontecimientos reales inspirada por el contacto con la misteriosa creatividad del Dios que
controla la historia y con la continua experiencia de su acción salvadora.» [18]

Examinando el método histórico-crítico en su conjunto, debe
reconocerse su legitimidad. Los resultados de su aplicación no
han de ser inevitablemente antagónicos al testimonio de la Escritura. Los problemas que a menudo plantea no son definitivamente insolubles. Pueden quedar resueltos, como ha sucedido tantas
veces, mediante la luz aportada por nuevos datos. Entretanto, no
hay razón suficiente para rechazar de plano todo intento de armonización —como sugería Calvino— entre la tradición bíblica y los
resultados de la investigación histórica. Por otro lado, nada en
buena lógica nos obliga a dudar sistemáticamente de la veracidad
histórica de la Escritura, como algunos críticos han hecho. Una
actitud prudente, pero positiva, parece del todo congruente y permite al exegeta beneficiarse de los logros del método histórico-
crítico, sin tener que sacrificar una postura conservadora respecto
a la Biblia y su inspiración.

Como bien hace notar I. H. Marshall, «una cosa es ciertamente
interrogar al texto de modo minucioso a fin de descubrir todo lo
que realmente dice o implica; algo completamente distinto es negarse a creer toda afirmación en él hecha hasta que puede demos-
trarse su veracidad. Es aquí donde aparece una clara diferencia
entre los puntos de vista llamados conservador y radical. La posición adoptada por el historiador escéptico es enteramente irrea-
lista como se pondría pronto de manifiesto si tratase de aplicarla
a todas las declaraciones ordinarias que le hacen otras personas
en el curso de la vida diaria. Si tenemos una narración, que da a
entender que es histórica, de un escritor cuya obra es reconocida

18. W. Eichrodt, «The Problem of Old Testament Theology», en *Theology of
the New Testament*, I, SCM Press, 1961, pp. 512-520. Cit. por Gordon Wenha, en
«History and The Old Testament», *History, Criticism and Faith*, I.V. Press, 1976,
p. 26.

como fidedigna, es más razonable aceptarla como veraz en tanto no sea aportada una evidencia satisfactoria en contra».[19]

Por otro lado, el método histórico-crítico es de por sí insuficiente para alcanzar la plenitud de significado de un texto bíblico. Puede ayudarnos a entender mejor los elementos externos de la Escritura, pero no nos conduce hasta el interior de su mensaje. A lo sumo nos deja a sus puertas. Su utilidad sólo es real cuando se aceptan sus limitaciones; cuando sus resultados son vistos como un hito en el camino hermenéutico, no como la meta. En la meta el intérprete ha de encontrarse no con un montón de materiales acarreados por las vagonetas de las ciencias históricas y con unas conclusiones, más o menos coherentes, que poco o nada tienen que ver con la experiencia religiosa; ha de encontrarse con Dios. De lo contrario, sería válido el agudo juicio de Walter Wink: «El método histórico-crítico ha reducido la Biblia a letra muerta. Nuestra obediencia a la técnica ha dejado a la Biblia estéril y a nosotros vacíos.»[20]

Esto ha sido reconocido por escrituristas y teólogos de las más variadas tendencias, aun por algunos que difícilmente podrían incluirse entre los conservadores. Ya a fines del siglo pasado Martin Kähler denunció —aunque apuntando en una dirección afín a la que algunas décadas más tarde seguiría Bultmann —la ilusión de los historiadores críticos que piensan poder alcanzar mediante procedimientos críticos al Cristo auténtico, vivo, de quien la Biblia da testimonio.[21]

A medida que ha ido transcurriendo el siglo XX, nuevas voces se han alzado para exponer las deficiencias del método histórico-crítico y la necesidad de criterios que abran el camino a una comprensión más profunda del contenido bíblico. Este es el intento del método teológico-existencial que estudiaremos a continuación. Hasta qué punto tal intento ha tenido éxito es cuestión sobre la que existen las más encontradas opiniones. Pero sea cual sea el juicio que pueda merecernos, e independientemente de que aceptemos o no sus conclusiones, no deja de ser saludable su propósito de liberar la Palabra de Dios de la servidumbre a que parecía sometida por la autoridad atribuida a la crítica histórica. Empezaba a sentirse verdadero hastío de unos estudios que, valiéndose de un impresionante montaje científico, sólo parecían tener como objetivo la disección de la Biblia. Ésta, en manos de los críticos, quedaba reducida a simple reliquia histórica, sin mensaje, sin espíritu, sin vida. La reacción era inevitable.

19. *N. T. Interpretation*, The Paternoster Press, p. 134.
20. Citado por A. C. Thiselton, *The Two Horizons*, p. 21.
21. M. Kähler, *Der sogenannte historische Jesus und der geschichtliche biblische Christus*, p. 16.

# CUESTIONARIO

1. *¿Cuáles fueron los principios básicos del liberalismo y cómo influyeron en la interpretación bíblica?*

2. *¿Qué diferencias o contrastes se observan al comparar el pensamiento de Schleiermacher con la posición «evangélica» o bíblica?*

3. *¿En qué puntos básicos discrepa la filosofía de Hegel de las enseñanzas de la Escritura?*

4. *¿Cómo puede refutarse el concepto de pecado de Ritschl?*

5. *¿Cómo resumiría los aspectos positivos y los negativos del método histórico-crítico?*

6. *¿Qué ideas básicas subyacen en la teoría documental de Wellhausen? ¿Y qué juicio le merecen?*

# V
# MÉTODO
# TEOLÓGICO-EXISTENCIAL

A pesar de las discrepancias entre sus principales representantes y de la disparidad en los énfasis de cada uno de ellos, incluimos en esta sección, como un todo, aunque debidamente diferenciados, los sistemas de pensamiento teológico que coincidían en un punto común: la necesidad de situar nuevamente la Escritura fuera y por encima del predominio del método histórico-crítico, devolviendo a la teología el lugar que le corresponde. Esta es la razón por la que al nuevo movimiento se le ha dado el nombre de «Neoortodoxia», aunque a juicio de muchos no pasa de ser una forma de «neoliberalismo».

Analizaremos el método teológico-existencial a través de sus figuras más prominentes y sus escuelas respectivas.

## Karl Barth

Es reconocido sin discusión como el tólogo más sólido del siglo XX. Su famoso comentario a la carta de Pablo a los Romanos y su Dogmática monumental son suficientes para justificar su gran prestigio. Para muchos de sus contemporáneos fue portavoz de un mensaje renovador; los salvó de la influencia enervante del liberalismo de los dos siglos anteriores y les permitió vivir una experiencia de fe auténtica. La exaltación de la soberanía de Dios y la incapacidad del hombre para llegar a conocerle —parte de su compleja dialéctica— mostraba la necesidad de la revelación divina. «Sólamente el mismo Dios puede hablar de Dios». Pero Dios ha hablado. Su Palabra llega a nosotros con una fuerza que supera a todas las especulaciones humanas; y nos llega a través de la Escritura.

Sus conceptos de revelación y de inspiración de la Biblia difieren notablemente de los de un teólogo conservador. Admite la existencia de errores de diversa índole en la Escritura, por lo que no acepta la inerrancia de ésta en el sentido «evangélico». La Biblia en sí no es revelación, sino testimonio de la revelación. No es la Palabra de Dios, aunque detrás de sus palabras está la Palabra. Sin embargo, sobre todo en la práctica, el respeto de Barth hacia la Escritura fue superior a lo que algunos creen.

En lo que concierne a la interpretación de la Biblia, como hace notar Kurt Frör, «Karl Barth no ha creado ninguna teoría hermenéutica conclusa. Lo que sobre hermenéutica general y bíblica tiene que decir es una parte constitutiva de su doctrina sobre la Palabra de Dios y de la Escritura como testimonio de la revelación».[1]

Su enseñanza relativa a la Escritura está en gran parte basada en la analogía de la persona de Cristo como evento *(Christus-Geschehen).* Como en Cristo acontece la comunicación que Dios en su gracia hace de sí mismo, así la Escritura se convierte en acontecimiento por el que la Palabra de Dios se hace presente mediante la palabra humana de los profetas y de los apóstoles. Como en la persona de Cristo, tan significativa es en la Biblia la distinción entre lo divino y lo humano como su unidad. No podemos soslayar la humanidad de la Escritura, como no podemos pasar por alto la humanidad de Jesús. Esto justifica el uso del método histórico-crítico en el estudio de la Biblia. Pero lo que realmente importa es oír la voz de Dios a través del texto en actitud de fe. Esto es lo que Karla Barth describe como «exégesis teológica».

De este modo, Barth no rechaza el método histórico-crítico, pero lo relativiza. Reacciona decididamente contra la pretensión de que la crítica histórica sea el único camino para llegar al sentido original de los textos bíblicos. Como confirma en el prólogo de su comentario a la epístola a los Romanos, la finalidad de la interpretación de la Escritura es «ver a través de los elementos históricos el espíritu de la Biblia, el cual es el Espíritu eterno».[2]

La gran preocupación de Barth en lo que se refiere a la tarea hermenéutica frente a los esclavos de la crítica histórica es atinadamente expuesta por René Marlé: «Lo que le afecta es ver cómo algunos hombres se hacen incapaces de oír y de transmitir la plenitud inagotable de la Palabra divina de revelación, reducen sus riquezas, en nombre de pretendidas exigencias de inteligibilidad

1. *Biblische Hermeneutik*, Chr. Kaiser Verlag, 1967, p. 31.
2. *Der Römerbrief*, Vorwort zur erste Auflage, V.

en nombre de una hermenéutica que, en lugar de dejarse enseñar por su objeto y de encontrar en él sus verdaderas capacidades de compresión, así como su soberana libertad, encoge desde el principio su poder de recepción y, pensando actuar en una necesaria autonomía, se somete de hecho a ídolos tiránicos y voraces.»[3]

En el enjuiciamiento de Karl Barth, aun disintiendo de algunas de sus conclusiones, debe hacerse honor a su «realismo bíblico», a su esfuerzo innegable por reincorporar con la debida dignidad el elemento teológico en la interpretación de la Biblia.

En este enfoque teológico de la exégesis bíblica destacó el principio cristológico: Jesucristo en la Palabra de Dios al hombre. La aplicación de este principio en la «neoortodoxia» supedita el valor de cualquier texto bíblico a su calidad testimonial respecto a Cristo. Lo que no está en armonía con Jesucristo no es válido. Esta actitud podía ser un resurgimiento del criterio de Lutero, quien determinaba la significación de los libros de la Biblia por la relación de su contenido con Cristo, médula de la Escritura, que da sentido a cada uno de los textos bíblicos, y con los grandes principios que de la cristología se derivan: *Sola gratia, sola fides*. Tal criterio era la piedra de toque para aquilatar el valor de un texto o de un libro de la Biblia. De ahí la crítica negativa de Lutero acerca de la carta de Santiago.

Es evidente lo mucho que de sano tiene el principio cristológico, pues da coherencia al conjunto de las Escrituras; pero su aplicación no siempre es correcta. No lo es cuando devalúa determinadas partes de la Escritura o les niega el carácter de inspiradas y útiles que, según su propio testimonio —como vimos—, poseen.

El principio de totalidad es asimismo propugnado por los neoortodoxos. Ninguna doctrina debe ser aceptada como realmente bíblica por el hecho de que pueda apoyarse en uno o varios textos sueltos de la Biblia. Una doctrina sólo merece reconocimiento cuando encaja en la perspectiva global de la Escritura. Este principio concuerda con el de la interpretación según el tenor general de las Escrituras, del que trataremos en su debido lugar, y es aconsejable en tanto no se use demasiado restrictivamente. Pero cuando se entrelaza con el principio cristológico, tal como lo entienden los teólogos neoortodoxos, gran parte de la Biblia puede ser sometida a una interpretación que en poco o nada se distingue de la inspirada en la teología liberal. Sirvan de ilustración las afirmaciones de E. Brunner, quien únicamente ve una posibilidad de formular adecuadamente la doctrina de la creación y del hombre partiendo no de los primeros capítulos del Génesis, sino del prólogo del evangelio de Juan. De este modo, «las dificultades causadas por la idea de la creación en seis días, la idea del

---

3. *El problema teológico de la hermenéutica*, Ed. Razón y Fe, p. 32.

estado primitivo y de un "Adán en el paraíso" se desvanecen en el aire».[4]

Sin duda, Barth y sus colaboradores han abierto a la hermenéutica perspectivas nuevas y prometedoras; pero las conclusiones exegéticas a que han llegado en la aplicación de sus principios no responden a lo que habría cabido esperar de una auténtica renovación bíblico-teológica.

Paralelamente a la exaltación del principio teológico en el movimiento neoortodoxo, emerge con creciente relieve el principio existencial, del que podría considerarse precursor a Sören Kierkegaard por su énfasis en la adecuada disposición espiritual para la lectura de la Biblia. Ésta —según él— debería ser leída como una carta de amor.

W. Eichrodt, en su crítica de las teorías evolucionistas de Fosdick sobre las ideas religiosas del Antiguo Testamento, aboga por un enfoque existencialista del estudio bíblico. Y el erudito Oepke sugiere que el método histórico-crítico usado por los teólogos liberales estérilmente debe ser sustituido por un método suprahistórico: el existencial, con una apropiación personal de la bendición que de la lectura de la Biblia se deriva para el alma.[5]

Una explicitación de este concepto aplicado a la hermenéutica nos la ofrece R. M. Grant: «La más profunda interpretación de la Escritura es la que concierne a las situaciones "existenciales": la vida y la muerte, el amor y el odio, el pecado y la gracia, el bien y el mal, Dios y el mundo.»[6] Pero el método existencial como tal ha adquirido su mayor relieve con las obras de otro gran teólogo del siglo XX. De él nos ocupamos a continuación.


### Rudolf Bultmann

Perteneciente a la misma generación que Karl Barth y formado bajo análogas influencias, Bultmann coincide con él en la necesidad de apear la crítica histórica «objetiva» del lugar supremo a que en el campo de la exégesis se había encumbrado, ya que no se puede explicar un texto sino cuando se tiene una relación interna con el contenido real *(Sache)* del mismo.

También para Bultmann el verdadero objeto del Nuevo Testamento, al que dedica su atención preferente, es la comunicación de la Palabra de Dios. Pero disiente del afamado teólogo suizo al no compartir el menosprecio que éste sentía hacia la investigación histórica llevado de su «biblicismo» acrítico.

---

4. *The Christian Doctrine of Creation and Redemption, Dogmatics II*, p. 52.
5. Véase B. Ramm, *PBI*, p. 77.
6. *The Bible in the Church*, p. 162.

Probablemente la causa de las mayores diferencias entre ambos se debe a que Barth parte de una gran preocupación teológica, mientras que el punto de partida de Bultmann es la hermenéutica. Le preocupa, sobre todo, «oír» el texto adecuadamente a fin de «traducirlo» con la máxima fidelidad y de modo que resulte comprensible para el hombre moderno. Esta inquietud no podía ser más laudable, pero los métodos que usó para realizar su aspiración le condujeron a formular un sistema teológico-exegético que ha provocado fuertes y fundadas objeciones.

En la obra de Bultmann se advierte la influencia de los más diversos elementos: las enseñanzas liberales de sus profesores Adolf von Harnack y Wilhelm Herrmann, la filosofía neokantiana, el luteranismo del siglo XIX, la escuela de la historia de las religiones, la teología dialéctica y muy especialmente la filosofía de Heidegger, por lo que su obra resulta compleja y no siempre de fácil comprensión. Ante la imposibilidad de analizar, ni siquiera esquemáticamente, el pensamiento de Bultmann, nos limitamos a entresacar los puntos que de modo más directo tienen que ver con su concepción de la hermenéutica.

*Su adhesión al principio crítico.* Los conceptos del Nuevo Testamento, así como su forma de expresión, han de ser determinados científicamente mediante el estudio del fondo lingüístico, histórico, social, cultural y religioso que subyace en cada texto, lo que permite discernir los diferentes elementos que contribuyeron a moldear el pensamiento de los escritores bíblicos. Entre tales elementos se advierte la apropiación de conceptos filosóficos y religiosos de la época que nada tenían que ver con una revelación.

En su tarea crítica, Bultmann hizo especial uso de la «historia de las formas» *(Formgeschichte)*, la cual tiene por objeto clasificar los libros de la Biblia y sus partes según su género literario y analizar las unidades de su material de acuerdo con la «forma» que tomaron durante el periodo preliterario de la tradición oral.[7]

Los trabajos realizados por algunos eruditos en este tipo de crítica han resultado útiles para la clasificación y mejor comprensión de determinadas partes de la Escritura, especialmente de libros poéticos y proféticos. Pero otros especialistas —Bultmann en primer lugar— han sido hipercríticos en sus análisis de las «formas», negando credibilidad histórica a múltiples narraciones bíblicas, que son incluidas en las categorías de la leyenda o del mito.

Bultmann, partidario del tratamiento crítico de la Escritura, no vio en éste la finalidad última de la hermenéutica. Más importante que la crítica de las formas, era, a su modo de ver, la «crítica del contenido» *(Sachkritik)*. El contenido *(Sache)* de un docu-

---

7. Véase una descripción de la *Formgeschichte* en las páginas 367 y ss.

mento y lo que éste trata de comunicar es su esencia misma. Pero Bultmann contempla la *Sachkritik* desde una perspectiva sorprendente. Hace distinción entre lo que el Nuevo Testamento *dice* y lo que el Nuevo Testamento *enseña*. Y esto, lo que el Nuevo Testamento realmente enseña, es decidido por el juicio valorativo del intérprete en conformidad con principios filosóficos más que bíblico-teológicos. Y, por supuesto, otorgando importancia decisiva al principio por excelencia:

*El principio existencial.* Para Bultmann la referencia a la existencia es la condición indispensable de todo lenguaje religioso. En el trabajo de exégesis, la realidad existencial es «la relación vital del intérprete con la realidad *(Sache)* que se halla, directamente o indirectamente, expresada en el texto.[8]

Bultmann se esfuerza por compaginar historia y existencia humana con el fin de hacer resaltar la eterna revelación de Dios. La historia tiene una estructura existencial en la que se halla integrado el hombre. En su opinión, según Ulrich Wilckens, «todo ser humano es por esencia una actitud ante sí mismo que se pregunta, se decide, se proyecta o se pierde en el futuro y recae en su pasado: en esto es "histórico". Por eso los documentos históricos no pueden realmente entenderse hasta que la comprensión de la existencia que en ellos se expresa ha sido entendida y aceptada en la propia existencia del intérprete».[9] Lo esencial de la existencia consiste en la capacidad de decisión del hombre para la gracia en respuesta al *kerygma*, proclamado por la Iglesia primitiva y recogido en el Nuevo Testamento, por el que se hace perceptible el llamamiento siempre renovado de Dios. Sin embargo, ni la explicación del contenido del *kerygma* ni la razón de su autoridad resultan demasiado claras o convincentes de los escritos de Bultmann.

Tampoco resultan muy luminosas sus disquisiciones sobre la existencia del hombre, «cosa tan singular como Dios mismo», razón por la que es tan imposible hablar de ella como hablar de Él.[10]

Bajo la preocupación de una interpretación existencial del Nuevo Testamento, Bultmann hace resaltar la distinción y el contraste radical entre la historia objetiva del pasado *(Historie)* y la historia con significación para el presente *(Geschichte)*. Esta última es la realmente importante. Lo que debe captar nuestro interés como fundamento de la fe no es el hecho histórico en sí, ya perdido en el pasado, sino su significado, de valor permanente. Esto explica —dejando aparte la desmitologización— que Bultmann no sienta prácticamente ninguna inquietud ante el impacto

8. *Glauben und Verstehen*, II, p. 217.
9. «Importancia de la crítica histórica», *La Interpretación de la Biblia*, Herder, p. 100.
10. R, Marlé, *La Biblia y la interpretación del Nuevo Testamento*, p. 57.

del radicalismo histórico crítico sobre la imagen de Jesús presentada por los evangelios. El vano empeño de conocer a «Cristo según la carne» de poco sirve, según Bultmann, para conocer al Cristo verdadero de la fe.

La dimensión existencial se extiende aún más en la hermenéutica bultmanniana. No sólo la importancia en la historia objetiva se minimiza, sino que todos los principios religiosos o morales contenidos en el Nuevo Testamento pierden el rango normativo que en el mismo se les atribuye. Siguiendo la línea de la escuela de la historia de las religiones y aludiendo a sus representantes, escribe: «La importancia del Nuevo Testamento —vieron ellos— no radica en sus enseñanzas sobre religión y ética, sino en su *religión y piedad reales*. En comparación con esto todos los dogmas que contiene y toda la *imaginería mitológica (Vorstellungen) con su aparente objetividad son de importancia secundaria o completamente desatendible*. La esencia del Nuevo Testamento consiste en la vida religiosa que describe.» [11]

Estrechamente vinculado al principio existencial aparece en la obra de Bultmann el de la «desmitologización»; pero de él nos ocuparemos en el capítulo siguiente.

No sólo a los teólogos y exegetas conservadores les resultan inaceptables estas afirmaciones de Bultmann. Cualquier pensador imparcial encontrará serias dificultades para reconocer auténtica autoridad al mensaje del Nuevo Testamento si se prescinde de la objetividad de su fundamento histórico. Eruditos tan prominentes en nuestros días como Wolfgang Pannenberg han reaccionado contra el insostenible dualismo establecido por Bultmann entre el hecho y su valor, entre el evento y su interpretación. «Contra esto hemos de reafirmar hoy la unidad original de los hechos y su significado.» [12]

Y todavía resuenan con fuerza las palabras del obispo anglicano Stephen Neill pronunciadas en una de las conferencias Firth en la Universidad de Nottingham en noviembre de 1962: «Por supuesto, es un hecho que nadie se salva por creer en ciertos acontecimientos que ocurrieron hace mucho tiempo; pero hay mucho trecho entre esta creencia ingenua y la dulce afirmación de que sólo la idea es lo que importa, que el revestimiento histórico de la idea es en cierta medida fortuito, y que la validez de la idea permanecerá aun cuando se demostrara que jamás ha ocurrido ninguno de los acontecimientos históricos que se han considerado como el fundamento de la fe cristiana. Si la encarnación de Jesucristo es el gran acto de Dios en la historia, entonces sí que depende mucho

11. Cita de A. C. Thiselton en *The Two Horizons*, p. 218.
12. «The Revelation of God in Jesus of Nazareth», *New Frontiers in Theology, III, Theology as History*, Harper and Row, p. 126.

de la medida y veracidad de nuestra evidencia histórica de lo que aconteció.»[13]

El intérprete puede sacar provecho de los elementos positivos que nos brinda el movimiento teológico-existencial en la evolución de la hermenéutica; pero nunca debe imponer sus presupuestos filosóficos hasta el punto de desnaturalizar los textos que es llamado a interpretar.

## LA «DESMITOLOGIZACIÓN»

Aunque suele asociarse estrechamente con Bultmann, el estudio del mito como factor hermenéutico antecede a la obra del teólogo alemán. Por tal motivo, nos ocupamos del tema por separado en esta sección, bien que en ella Bultmann volverá a ocupar el lugar más prominente.

### Concepto del mito y su utilización

El primer problema que se plantea al tratar cuestiones relativas al mito es un problema de definición. ¿Qué es? ¿Cuál es su verdad? ¿Cuál es su función?

Entre los antiguos griegos el término *mythos* no mantuvo un significado invariable. Homero lo usó para expresar todo tipo de lenguaje y podía referirse tanto a un relato verdadero como a uno falso. No había ninguna distinción entre *mythos* y *logos*. Pero en Píndaro ya se observa una distinción clara; al *logos* corresponden hechos reales (o el pensamiento racional), mientras que el *mythos* equivale a narración de una ficción. Así el *mythos* llegó a ser en griego clásico el vocablo técnico para expresar la trama de una tragedia o de una comedia, producto de la fantasía de su autor.

En este sentido se interpretó el término en la Europa heredera de la cultura greco-romana y, hasta el siglo XIX, mítico era sinónimo de irreal. Pero en el siglo XIX, y aún más en el XX, crece el interés por el estudio del mito en los más variados campos (antropológico, psicológico, sociológico y religioso) y el énfasis se desplaza de la veracidad histórica a la funcionalidad. El mito es considerado como una conceptualización primitiva, precientífica, de la realidad; pero al mismo tiempo como el medio más apropiado para expresar verdades o valores universales, sentimientos alojados en lo más profundo de la conciencia humana o tipos de experiencia tan antiguos como el hombre mismo. Sin embargo, las discrepancias en cuanto a su naturaleza e interpretación por par-

13. *La interpretación del Nuevo Testamento*, Edicions 62, 1967, p. 43.

te de quienes se dedican a su estudio impiden el uso de un concepto único, lo que dificulta cualquier aplicación del mismo en los trabajos exegéticos. Pese a ello, y con la consiguiente diversidad de enfoques, la categoría del mito ha ocupado un lugar especial en la interpretación de la Biblia durante los dos últimos siglos.

Las ideas de C. G. Heyne (1729-1812), quien trató de demostrar que el mito representa un elemento necesario en el desarrollo del espíritu humano, pronto fueron aplicadas a la investigación bíblica. J. G. Eichhorn, alumno de Heyne, en su *Urgeschichte* (Historia primitiva), inicia la utilización sistemática de la categoría mítica en los estudios de la Escritura y llega a crearse una «Escuela del mito». A partir de los trabajos de esta escuela, G. L. Bauer escribe su *Proyecto de Hermenéutica,* complementado con otra obra posterior: *Mitología hebraica del Antiguo y Nuevo Testamento.*

Como ya vimos al referirnos al liberalismo teológico, también F. Strauss utilizó sistemáticamente el concepto de mito en la interpretación del nuevo Testamento. Y, en la primera mitad del siglo XIX, W. de Wette ve en las narraciones míticas un modo esencial de expresar la verdad religiosa. Por eso el mito no debe ser eliminado, sino analizado críticamente para descubrir el elemento positivo que contiene. Estas ideas se impusieron en la escuela de la historia de las religiones e influyeron decisivamente en Bultmann, quien asumió y desarrolló la tradición ya existente.


### Bultmann y la desmitificación

Los trabajos de Bultmann en torno al elemento mítico, que, a su juicio, constituye el ropaje del Nuevo Testamento, responden a su preocupación por un problema fundamental: la incompatibilidad del pensamiento neotestamentario, míticamente expresado, con el pensamiento moderno, «irrevocablemente modelado por la ciencia». «No se puede utilizar la luz eléctrica y un aparato de radio, en caso de enfermedad recurrir a los procedimientos médicos y clínicos modernos, y al mismo tiempo creer en el mundo de espíritus y de milagros del Nuevo Testamento.»[14] La «imagen del mundo» presentada por el Nuevo Testamento no corresponde a la imagen científica, por lo que debe ser desechada. No es posible seguir pensando en un universo dividido en tres «pisos» o planos: el cielo, la tierra y «el mundo de abajo», ni en la tierra como el escenario en el que actúan seres o fuerzas sobrenaturales: Dios y sus ángeles, Satanás y sus demonios.

Tampoco puede admitirse, sin previa desmitificación, la repre-

---

14. *Kerygma und Mythos,* I, p. 18.

sentación de los acontecimientos salvadores: encarnación del Hijo, ser divino preexistente, su muerte en expiación por los pecados del mundo, su resurrección, su ascensión y su parusía. Toda esta mitología es esencialmente una incorporación al Nuevo Testamento de la apocalíptica judía y del mito gnóstico de redención. Sus narraciones en modo alguno pueden ser interpretadas como testimonio de hechos verdaderos desde el punto de vista objetivamente histórico. Esto equivaldría a un sacrificio intelectual *(sacrificium intellectus)*.

Frente a las concepciones mitológicas del Nuevo Testamento, cabría una posibilidad, la de prescindir completamente de ellas y seleccionar aquellas que no sean motivo de tropiezo para el hombre moderno, especialmente la predicación ética de Jesús. Pero esta posibilidad no tienta a Bultmann. La solución del problema no estriba en la eliminación del mito, sino en una adecuada explicación. «Nos hemos de preguntar si la predicción escatológica y los enunciados mitológicos en su conjunto no contienen una significación más profunda encubierta por la mitología. Si es así, hemos de abandonar las concepciones mitológicas precisamente porque queremos conservar su más profunda significación. Este método de interpretación del Nuevo Testamento, que trata de redescubrir la significación más honda detrás de las concepciones mitológicas, yo lo llamo *desmitologización* —palabra realmente poco satisfactoria. No se propone eliminar los enunciados mitológicos, sino interpretarlos. Es un método hermenéutico.» [15]

Para Bultmann el mito es un modo de hablar «del otro mundo en términos de este mundo» y de los dioses en términos derivados de la vida humana. Por otro lado, el mito explica fenómenos insólitos o sorprendentes en forma de invasión de fuerzas sobrenaturales. En tercer lugar, «el propósito real del mito no es presentar un cuadro objetivo del mundo *(Weltbild)* tal como es, sino expresar la comprensión que el hombre tiene de sí mismo en el mundo en que vive. El mito no debe ser interpretado cosmológicamente, sino antropológicamente, o mejor aún, existencialmente».[16]

Aun los hechos centrales del Nuevo Testamento, la muerte y resurrección de Jesús, pierden su valor objetivo. Su único valor es el del mensaje que encierran y que, al ser proclamado, se convierte en evento salvador aquí y ahora mediante el encuentro existencial con el *kerygma*. «Creer en la cruz de Cristo no significa que hayamos de preocuparnos de un proceso mítico efectuado fuera de nosotros y de nuestro mundo, o de un acontecimiento objetivo usado por Dios en beneficio nuestro, sino más bien que hemos de hacer nuestra la cruz de Cristo, que hemos de ser crucificados con

15. *Jesucrist i mitologia*, Llibres del Nopal, Ed. Ariel, p. 21.
16. Citado por A. C. Thiselton, *Op. cit.* p. 256.

Él.» «La verdadera fe pascual es fe en la palabra de la predicación, que es iluminadora.» [17]

No menos subjetiva es la pretensión de Bultmann de avalar su acción desmitificadora mediante unos antecedentes que él cree encontrar en el Nuevo Testamento mismo. «La predicación escatológica de Jesús fue conservada y continuada por la primitiva comunidad cristiana en su forma mitológica. Pero pronto empezó el proceso de desmitologización, parcialmente con Pablo, y radicalmente con Juan.» [18] Aunque Pablo esperaba el fin del mundo en forma de drama cósmico que incluiría la parusía de Cristo, la resurrección de los muertos y el juicio final, el hecho escatológico fundamental —la resurrección de Cristo— ya había acontecido. El tránsito del mundo viejo al nuevo no era cuestión futura sino que se había realizado con la venida de Jesucristo. Y Juan —según Bultmann— es más radical en su desmitificación de la escatología. Varios textos de su evangelio (Jn. 3:18-19, 36; 11:25, 26 y 12:31) indican claramente que, en opinión de Juan, la resurrección de Jesús, Pentecostés y la parusía son un solo y mismo acontecimiento. La deducción de Bultmann es que si la desmitificación empezó en el Nuevo Testamento, nuestra labor desmitificadora de hoy será justificada.

## El mito y la Escritura

Es evidente que los criterios de Bultmann y sus predecesores relativos al lugar del mito en el Nuevo Testamento —y en la Biblia entera— discrepan abiertamente de los conceptos apostólicos. Pablo, en sus cartas pastorales hace mención de mitos (*mythois*, ésa es la palabra que usa en 1 Ti. 1:4; 4:7; 2 Ti. 4:4; y Tit. 1:14), refiriéndose a fantasías judaicas asociadas con genealogías y especulaciones hueras y tal vez con elementos de la mitología helénica. Pero tales mitos son incompatibles con la verdad del Evangelio.

Lucas, en el prólogo de su evangelio, recalca la objetividad histórica de su obra. Y en 2 P. 1:16 se acentúa el énfasis en la veracidad del testimonio personal dado por quienes habían visto la majestad del Señor Jesucristo, con un rechazo absoluto del uso de «fábulas ingeniosas» (*sesofismenois mythois*).

Aunque hasta el final del periodo clásico griego a menudo se entrelazaban historia y mito, debemos recordar la antítesis generalizada en tiempos del nuevo Testamento —a la que ya nos hemos referido— entre *mythos* y *logos*, entre ficción y verdad. Y en

17. Refs. de A. C.Thiselton, *Op. cit.*, p. 96.
18. *Jesucrist i mitologia*, p. 41.

el Nuevo Testamento la verdad *(aletheia)* halla su plena expresión no en unos conceptos abstractos, sino en un acontecimiento histórico: la encarnación del Hijo de Dios. Es en torno al Verbo hecho carne, a su carácter, sus hechos portentosos, su muerte, su resurrección y su ascensión hasta su segunda venida que gira toda la predicación apostólica y todo el contenido del Nuevo Testamento. Puede admitirse que los autores de los evangelios no escribieron con una finalidad meramente histórica o biográfica, sino didáctica. Puede incluso reconocerse en los escritos neotestamentarios la influencia de la fe de la Iglesia primitiva que exalta y adora a su Señor. Pero pensar, ignorando la sobriedad literaria de los evangelistas, que no sólo los perfiles de la personalidad de Jesús, sino también sus obras narradas en los evangelios son producto de una fe que vuela en alas de una fantasía enfervorizada ¿no es volar aún más alto en alas de prejuicios filosóficos?

En cuanto a la pretendida presencia de conceptos mitológicos en el Nuevo Testamento, especialmente en los escritos de Pablo y de Juan, nada puede probarse satisfactoriamente. Entra dentro de lo normal que los apóstoles hicieran uso de determinados conceptos, figuras y expresiones comunes en su época con objeto de hacer más comprensible su mensaje. Pero hablar de inserción de la apocalíptica judía y de la mitología griega en sus escritos es una hipótesis gratuita. Si en algún momento se observan ciertas analogías, ello no significa que el Nuevo Testamento se haya apropiado de una herencia cultural ajena y extraña a la propia esencia del Evangelio. Como recalca G. Stählin, «una cosa es firme y clara. Para los apóstoles, al igual que para los evangelistas, todo estaba basado en la historia. Predicaron la poderosa realidad de Cristo, no como seguidores de mitos compuestos artificiosamente, sino como *epoptai* (testigos oculares)».[19]

En cualquier caso, las analogías entre las formulaciones apocalípticas o mitológicas y determinados textos del Nuevo Testamento siempre están sometidas a la superioridad de éste, por cuanto testifica de una realidad a la que aquéllas habían apuntado en los planos de la imaginación, del anhelo o de la esperanza, nunca en el de la realidad. Salustio dijo del mito de Atis: «Esto nunca sucedió, pero siempre es.» Comentando esta cita, James D. C. Dunn escribe con agudeza: «En directa antítesis, los escritores del Nuevo Testamento proclaman: "Esto sí aconteció" (la vida, muerte y resurrección de Jesús) y sólo de este modo puede el deseo vehemente del mundo judío y helénico convertirse en realización histórica a favor del hombre ahora y en el futuro.»[20]

19. *TDNT*, IV, p. 792.
20. «Demythologizing - The Problem of Myth in the N. T.», *New Testament Interpretation*, ed. por I. H. Marshall, p. 294.

106

Lo dicho sobre el Nuevo Testamento puede aplicarse al Antiguo. Con las debidas matizaciones y teniendo en cuenta la naturaleza de cada uno de los géneros literarios, puede afirmarse que el contenido esencial de sus narraciones es histórico, bien que en determinados textos lo histórico no coincida necesariamente con lo literal.

Tal vez pueden detectarse algunas alusiones míticas en los libros poéticos (Job, por ejemplo) y en algunos de los profetas (Is. 14 y Ez. 29). Pero examinado el Antiguo Testamento en su conjunto, se observa la oposición de los hagiógrafos a todo tipo de mitología, generalmente saturada de politeísmo y a menudo de inmoralidad.

De todo lo expuesto se deduce que cualquier exégesis basada en el supuesto carácter mitológico de muchos textos de la Biblia ni hace justicia a la naturaleza de éstos ni conduce a una interpretación correcta. La desmitificación, sea cual sea la línea que siga, siempre equivale a una desfiguración o a un proceso de sustracción en el que se eliminan bloques enteros de datos o enseñanzas que en la Escritura aparecen en lugares prominentes. El resultado final es, como han hecho notar algunos críticos de Bultmann, un mensaje notablemente recortado, víctima de la más deplorable depauperación.

# CUESTIONARIO

1. ¿Cómo explicaría el método teológico-existencial?

2. ¿Cómo se originó?

3. Resuma y haga una crítica del pensamiento de Karl Barth relativo a la Escritura.

4. ¿Qué juicio le merece la teología de Bultmann? Mencione tanto los elementos positivos de la misma como los negativos.

5. Exponga los diferentes conceptos de «mito» y el sentido en que se ha aplicado a la hermenéutica bíblica.

6. A la luz de la Escritura, ¿qué conclusiones pueden sacarse respecto a la «desmitologización»?

# VI

# LA NUEVA HERMENÉUTICA

Más que un método, es una nueva concepción de la interpretación bíblica. Aparece como continuación de la obra de Bultmann y está basada no tanto en la exégesis, practicada por cualquiera de los métodos anteriormente expuestos, como en los principios filosóficos de la lingüística moderna aplicados a la interpretación en general. En el movimiento actual es considerada como uno de los elementos más decisivos en la teología posbultmanniana.

Sus representantes más destacados son Gerhard Ebeling, sucesor de Brunner en la facultad de teología de Zurich, y Ernst Fuchs, profesor en la universidad de Marburgo. Ambos parten de los postulados fundamentales de Rudolf Bultmann y respetan los principios hermenéuticos de éste —en los que creen ver la culminación del pensamiento de la Reforma, particularmente de Lutero— y comparten con él la preocupación por una exposición de la Biblia que resulte comprensible y aceptable para el hombre de nuestro tiempo. Estiman que deben tomarse seriamente en consideración los cambios de toda índole que se han producido en el periodo histórico que media entre el siglo I y el siglo XX de nuestra era. «Repetir hoy textualmente las palabras del Nuevo Testamento podría dar lugar a conceptos o ideas ajenos a lo que con tales palabras se quiso decir originalmente... Podría significar "una nueva forma de hablar, una reliquia muerta de un lenguaje del pasado" (G. Ebeling), pues nunca anteriormente había existido una sima tan grande entre la tradición lingüística de la Biblia y el lenguaje que se habla hoy.» [1]

1. A. C. Thiselton, en *The NT Interpretation*, Ed. I. H. Marshall, p. 309.

Pero tanto Ebeling como Fuchs difieren de Bultmann en algunos puntos. Consideran, por ejemplo, que éste ha ido demasiado lejos al separar la investigación histórico-crítica de la fe cristiana, si bien reconocen los límites de tal investigación e incluso sus peligros. Por este motivo, tampoco comparten el menosprecio de Bultmann hacia los elementos históricos relativos a Jesús y, juntamente con otras figuras de la Nueva Hermenéutica, se han erigido en promotores de la llamada «nueva investigación del Jesús histórico».

Asimismo, Ebeling y Fuchs consideran que la obra de Bultmann es incompleta y tratan de dilatar las perspectivas hermenéuticas con objeto de que la Palabra de Dios se haga real y prácticamente comprensible al hombre de hoy.

Con evidente influencia de Heidegger, y recogiendo la distinción hecha por Dilthey entre «explicación» *(Erklärung)* y «comprensión» *(Verstehen)*, con su análisis de ésta como «seguro punto de partida para el desarrollo de reglas hermenéuticas», tratan de penetrar en las realidades que hay detrás del lenguaje con objeto de extraer lo esencial de su contenido, su vital mensaje de aplicación actual. Según la Nueva Hermenéutica, el lenguaje debe ser estudiado como teoría existencial. En sí mismo ya es interpretación. Cuando una persona habla ya está interpretando su mundo, está expresando su modo de comprenderlo. Por eso, la hermenéutica, en su sentido más riguroso, no es interpretación *del* lenguaje, sino *a través* del lenguaje; no persigue como fin último determinar el significado de las palabras, sino descubrir aquello que las antecede y ha dado lugar a su uso. De este modo, como observa B. Ramm, «la hermenéutica ya no es fundamentalmente la enunciación de unos principios por los que debe llegarse a entender unos textos antiguos, sino que es una investigación profunda de la función hermenéutica del habla como tal».[2]

Tanto Ebeling como Fuchs ven en la hermenéutica, más que una colección de reglas interpretativas, una teoría de la comprensión. La cuestión básica gira en torno a la pregunta: «¿Cómo podemos entender?» De ahí que la hermenéutica, según ellos, no pueda divorciarse de la filosofía; por el contrario, viene a ocupar el lugar de la epistemología, si bien estiman que la teoría ha de traducirse en auténtica práctica de la comprensión. Ésta, a su vez, debe tener una manifestación viva en el oyente de la palabra. «La preocupación no es simplemente apoyar y corroborar una comprensión *existente* del texto del Nuevo Testamento, sino guiar al oyente o al intérprete hacia adelante *más allá* de sus horizontes existentes, de modo que el texto le interpele y juzgue *de nuevo*.»[3]

2. *Hermeneutics*, p. 134.
3. A. C. Thiselton, «The New Hermeneutic», *N.T. Interpretation*, p. 311.

Tal visión coincide con la que Ebeling y Fuchs tienen del lenguaje, elemento primordial en su sistema. En su opinión, el lenguaje es mucho más que un simple medio de informar. Ebeling escribe: «No penetramos en la naturaleza de las palabras preguntando qué contienen, sino qué efectos producen, qué ponen en movimiento.»[4] La palabra de Dios lleva a efecto «un acontecimiento en el que Dios mismo se comunica... Cuando se refieren a Dios, palabra y hecho son una sola cosa». Las palabras de Jesús, por ejemplo, tal como las hallamos en los evangelios no son meramente informativas. Su lenguaje constituye un llamamiento o una promesa. No es sólo palabras; es acción.

Sin embargo, cuando en la literatura de la Nueva Hermenéutica encontramos repetidamente el término «palabra», hemos de tener en cuenta la diversidad de significados que puede tener, pues mientras unas veces se refiere a la verdad existencial que busca expresión mediante el lenguaje, otras expresa el habla en sí, o la profundidad existencial del texto bíblico, o la palabra de Dios que «tiene lugar» en la predicación. Esta complejidad semántica constituye uno de los problemas que hacen difícil la comprensión de la mencionada literatura.

Pese a los puntos básicos de coincidencia entre Ebeling y Fuchs, resumimos a continuación, por separado, lo más sobresaliente del pensamiento de cada uno relativo a la hermenéutica.


## G. Ebeling

Su erudición se hace patente tanto en el campo de la teología como en el de la filosofía o la historia. Participa en la reacción de la teología dialéctica contra la teología liberal y asume la exaltación de la Palabra de Dios, a la que el hombre debe responder con una decisión de fe. Familiarizado, y en cierta medida identificado, con el pensamiento teológico-filosófico contemporáneo y de sus inmediatos antecesores, Ebeling halla el punto inicial de sus reflexiones en la obra de Lutero. Así lo reconoce él mismo en su ensayo «Palabra de Dios y Hermenéutica».[5]

Para él es evidente que el principio *sola Scriptura* no fue únicamente negación de la autoridad interpretativa de la tradición católico-romana, sino que constituía de por sí una tesis hermenéutica, ya que la Escritura se interpreta a sí misma, *sui ipsius interpres*, en virtud de su claridad intrínseca. Sin embargo, el propio Lutero admitió una distinción entre la claridad sin restricciones del contenido esencial de la Escritura y la oscuridad de algunos

---

4. *The Nature of Faith*, p. 187, Ref. de A. C. Thiselton, *Op. cit.*, p. 312.
5. *New Frontiers in Theology*, vol. II, *The New Hermeneutic*, p. 78 y ss.

de sus pasajes. Esta distinción, al ser después más ampliamente analizada, crea un problema de relación entre Palabra de Dios y Escritura, del que se deriva una tensión entre la exégesis y la tradición dogmática e incluso una actitud que pone en tela de juicio el concepto mismo de Palabra de Dios. En este clima de tensión se han movido después de la Reforma la teología y la hermenéutica con los problemas consiguientes.

A raíz del movimiento dialéctico, representado especialmente por Barth y Bultmann, el problema se plantea en forma de enfrentamiento. «Por un lado, la pasión por la Palabra de Dios tiende a tener en poco la cuestión hermenéutica; por otro lado, el interés en el problema hermenéutico parece comprometer lo que se dice de la Palabra de Dios.»[6] Pero, pese a que los enfoques son distintos, se tiende a la armonización. Barth encauza su impulso hermenéutico inicial hacia su *Dogmática*, la cual presenta en sí una respuesta implícita al problema hermenéutico, si bien la hermenéutica misma no llega a ser objeto prioritario de su labor teológica. Bultmann, por su parte, persiste en su preocupación por el tema hermenéutico, pero con el solo fin de vindicar metodológicamente una teología de la Palabra de Dios.

Aunque, a juicio de Ebeling, la discusión sobre Palabra de Dios y hermenéutica parece haber decrecido, el problema no ha tenido todavía respuestas alternativas finales. Por su parte, trata Ebeling de aclarar el concepto de Palabra de Dios, en la que, independientemente de cualquier definición teológica que pudiera darse, ve «algo que acontece, es decir, un movimiento que lleva del texto de la Escritura al sermón (interpretándose el "sermón", por supuesto, en el sentido amplio de proclamación)».[7]

La palabra, funcionando hermenéuticamente a través de la predicación, remueve obstáculos que se oponen a la fe y genera fe, lo que es idéntico a la intención del texto bíblico. El énfasis en esta concepción le lleva a criticar la doctrina ortodoxa que identifica la Escritura con la Palabra de Dios independientemente de su proclamación. La Palabra de Dios debe interpretarse en términos de «acontecimiento». Fue acontecimiento originalmente y debe seguir siéndolo cada vez que se predica. Esto es otra manera de expresar la idea de que la Palabra de Dios ha de llegar al hombre de modo tal que se produzca un verdadero «encuentro» entre el Dios que habla y el hombre que escucha. Pero ¿pueden prestar algún servicio al acontecimiento de la Palabra los métodos científicos de la interpretación? Esta cuestión hace sentir a Ebeling la necesidad de aclarar tambien el concepto de hermenéutica.

Remontándose a Schleiermacher y a su concepción de la her-

6. *Op. cit.*, p. 83.
7. *Op. cit.*, p. 85.

menéutica como la teoría de las condiciones bajo las cuales es posible la comprensión, y a través de Dilthey y Heidegger, ve la idea de una teoría de la comprensión convirtiéndose en la esencia de la filosofía y la hermenéutica ocupando el lugar de la teoría epistemológica clásica, de modo que la ontología fundamental aparece como hermenéutica. De este modo, el problema hermenéutico viene a constituirse en punto de encuentro entre la teología y la filosofía en una situación de comunidad y a la vez de contraste.

Establecida la comprensión como razón de ser de la hermenéutica, Ebeling subraya el hecho de que la palabra no es realmente el objeto sino el medio de la comprensión. «La palabra misma tiene una función hermenéutica»[8] e insiste en la importancia del «acontecimiento de la palabra», al que ya nos hemos referido, y a cuyo servicio debe estar la hermenéutica con objeto de eliminar los obstáculos que se le opongan. Para ello la hermenéutica hará uso de sus recursos gramaticales, filológicos, históricos y de cuanto pueda contribuir a la comprensión.

Si las palabras ya tienen una función hermenéutica, la hermenéutica ha de contribuir a hacer las palabras inteligibles, por lo que ésta, «como teoría de la comprensión, debe ser la teoría de las palabras»,[9] pero en su finalidad última se dirige a la realidad que se hace comprensible por medio de la palabra.[10]

Esta hermenéutica ha de tener un punto de apoyo en realidades conocidas. «Las palabras generan comprensión solamente cuando apelan a la experiencia y conducen a la experiencia»,[11] lo que implica que la relación del oyente con la declaración verbal debe estar emparejada en una correspondiente relación respecto a la realidad, incluída la relación con nuestros semejantes. De ahí que no pueda establecerse una distinción absoluta entre la Palabra de Dios y la palabra en general hablada entre los hombres, como si fuesen dos clases separadas de palabras, la primera de las cuales debiera transformarse traduciéndola o adaptándola a la segunda. «Cuando la Biblia habla de la palabra de Dios se refiere sin reservas a la palabra como palabra, palabra que en lo que concierne a su carácter es completamente normal; dicho sin titubeos: es la palabra natural, oral, que tiene lugar entre hombre y hombre.»[12]

Existe, sin embargo, una diferencia entre la palabra de Dios y la palabra del hombre. Se trata de una diferencia de sujeto. Depende de que quien la pronuncia sea Dios, que es veraz *(verax)*, o que lo sea el hombre, que es mentiroso *(mendax)*. Y esa diferencia

8.  *Op. cit.*, p. 93.
9.  *Op. cit.*, p. 95.
10. *Op. cit.*, p. 96.
11. *Op. cit.*, p. 96.
12. *Op. cit.*, p. 102.

determinará el contraste en los resultados de la palabra; en un caso, destructivos y mortíferos; en otro, restauradores y vivificantes. «Este hecho hace urgente la búsqueda de la palabra verdadera, saludable, reparadora y, por consiguiente, inequívoca y transparente, la palabra que, por estar de acuerdo con el destino del hombre, corresponde a Dios, es decir, la búsqueda de la palabra por medio de la cual un hombre puede hablar a otro de Dios de modo que Dios se llegue al hombre y el hombre a Dios. Esa salvación debe esperarse solamente de las palabras y, por lo tanto, es al mismo tiempo una cosa totalmente divina y completamente humana —esto no son paradojas ni extravagancias.»[13]

Para Ebeling, la palabra de Dios es comunicación actual, auténtica, entre Dios y el hombre, lo que explica la importancia que otorga a la predicación. La proclamación que «tuvo lugar en el pasado ha de convertirse en proclamación que tiene lugar ahora». La transición del texto bíblico al sermón es pasar de la Escritura a la palabra hablada, de modo que el texto llegue a ser de nuevo palabra de Dios. Pero en esta transición no se descarta el proceso hermenéutico, tan importante para llegar y conducir a la comprensión así como a la aplicación práctica —adecuada a cada caso— de la palabra de Dios. Esto es lo que algunos han denominado interpretación existencial. Ebeling la ha llamado «interpretación del texto en relación con el acontecimiento de la palabra».[14]

La palabra no es un vehículo de «ideas» sino un medio de comunicación personal por el que Dios llega al hombre para arrancarlo de la mentira, la ilusión y las tinieblas, de la ley, de la vana suficiencia, del pasado y de la muerte e introducirlo en la esfera infinita de las promesas, de la vida. Esta experiencia es contemplada por Ebeling con perspectivas muy amplias, incorporando en su gran complejo hermenéutico-teológico uno de los legados de Dietrich Bonhoeffer, el principio de una «interpretación no religiosa de los conceptos bíblicos» adecuada a un mundo «mayor de edad».

Por la acción liberadora de la palabra de Dios, el hombre puede llegar a ser capaz de verdadera palabra. Lo es en la medida en que oye y acepta la invitación a entregarse a Dios. Esta palabra del hombre en respuesta a la palabra de Dios es la «palabra de fe», la cual no expresa un mero asentimiento a una serie de «artículos de fe», sino una participación viva, plena, de la luz de Dios que ilumina nuestra existencia.

Para precisar el «lugar» en que la palabra de Dios viene a nosotros y dónde se produce la respuesta de la palabra de fe, Ebeling resume su principio hermenéutico con una frase un tanto in-

13. *Op. cit.*, p. 104.
14. *Op. cit.*, p. 109.

trigante: «el principio hermenéutico es el *hombre como conciencia*».[15] Por supuesto no se refiere a la conciencia en el sentido psicológico, ni tampoco exactamente a la conciencia en sentido moral, sino más bien a la esfera en que se origina nuestra responsabilidad, «el lugar donde se decide quién es en verdad el hombre».[16] El lugar donde se encuentran concretamente Dios, el mundo y el hombre, el lugar donde el futuro llega efectivamente, el lugar donde resuena la palabra de salvación, el lugar de la experiencia de Dios.[17]

## Ernst Fuchs

Alumno del profesor Adolf Schlatter en Tubinga, sintió el impacto que éste produjo en él no sólo mediante su enseñanza, sino también por la influencia de su vida. Pero mayor aún fue —según su propia confesión— la impresión que le causó Rudolf Bultmann.

Son muchos los puntos de coincidencia entre ambos. Esencialmente concuerdan en la necesidad de una interpretación existencial del Nuevo Testamento para lograr una comprensión correcta de sus conceptualizaciones míticas, las cuales han de permitirnos «sentir algo de cómo el hombre se comprende o debería comprenderse a sí mismo». La interpretación de tales conceptualizaciones «se convierte en la interpretación de nuestra propia existencia, lo que ahora ha venido a constituir la tarea hermenéutica».[18] De este modo Fuchs, al igual que Bultmann, hace girar toda interpretación en torno a un eje antropológico. «Cada persona debería aceptar como verdadero precisamente aquello que reconoce como válido para sí misma, pues sabe que su propia vida es determinada por ello.»[19] Y con Bultmann comparte la necesidad de la desmitologización, así como el desprecio hacia el elemento apocalíptico.

A diferencia de su colega, Fuchs hace pasar de nuevo a un primer plano la cuestión del «Jesús histórico». Aunque no sigue la línea de teólogos liberales anteriores, mantiene una posición entre ambigua y crítica. Se abstiene de aseverar que «el Señor resucitado no es, después de todo, ni un fantasma ni una figura mítica, sino exactamente el Jesús histórico... pues bien podría ser que todo lo que se atribuyó a Jesús después de su crucifixión no se adapte al Jesús histórico, sino que se ajuste mucho mejor a los hombres que querían creer en él. Aun la fe puede embellecer. ¿Por

15. *Op. cit.*, p. 110.
16. *Wort und Glaube*, p. 404.
17. *W. und G.*, p. 446.
18. *Frontiers in Theol.*, II, *The New Hermeneutic*, p. 117.
19. *Op. cit.*, p. 117.

qué no pudo haber embellecido al Jesús histórico?».[20] Reconoce Fuchs el empeño de los evangelistas en narrar las palabras y los hechos de Jesús, pero como a su juicio no eran historiadores en el sentido moderno, «mucho de lo que dicen no resiste la crítica histórica».[21]

Partiendo de la posición hermenéutica de Bultmann, Fuchs avanza en una dirección distinta. La meta de Bultmann es la interpretación del texto, aunque el punto de arranque sea la «comprensión previa» con que el intérprete se acerca al texto. Fuchs va más allá. Afirma que el texto no es sólo objeto, sino sujeto. No se trata únicamente de que nosotros lo interpretemos; él, a su vez, nos interpreta a nosotros. La comprensión de sí mismo, del intérprete, no es meramente una pre-comprensión en el proceso hermenéutico, sino que es también meta del proceso mismo, lo que para Fuchs viene a ser el principio hermenéutico por excelencia. Según este principio, no es tanto el texto el que está ante nosotros, sino que somos nosotros los que estamos ante el texto, el cual se despliega a sí mismo y nos habla. De este modo, la interpretación viene a ser una especie de «lenguaje» del propio texto que, hablando, se dirige a nosotros en nuestra propia esfera existencial. «Deberíamos intentar dejarnos interpelar por el texto e ir con él a donde quiera llevarnos. Pero esto es la vida diaria. En la interacción del texto con la vida diaria experimentamos la verdad del Nuevo Testamento.»[22]

Las ideas de Fuchs sobre el «lenguaje» desempeñan un papel importante en su hermenéutica. El lenguaje no es simplemente el acto del habla, la expresión oral. Es primordialmente cuanto «muestra» o permite ver algo. En este punto se observan notables coincidencias con las formulaciones de Ebeling, algunas de las cuales ya hemos resumido en nuestras consideraciones generales sobre la Nueva Hermenéutica al referirnos al concepto de «acontecimiento de la palabra» (Wortgeschehen). Fuchs usa otra expresión: «acontecimiento del lenguaje» (Sprachereignis) para significar lo mismo. Su énfasis principal lo pone en el hecho de que «el acontecimiento del lenguaje que tiene lugar en el Nuevo Testamento constituye no una comunicación de conceptos sino un llamamiento o una garantía. Jesús no transmite simplemente ideas, sino que hace una promesa, establece una demanda o efectúa un don. Obviamente, transmitir pensamientos acerca de promesas, demandas o dones es muy diferente de hacerlos realmente».[23]

Como Ebeling, Fuchs destaca la predicación como elemento culminante en el proceso hermenéutico. «La norma de nuestra

20. Op. cit., p. 114.
21. Op. cit., p. 115.
22. Op. cit., pp. 141, 142.
23. A. C. Thiselton, The Two Horizons, pp. 336, 337.

interpretación es la predicación. El texto es interpretado cuando Dios es proclamado.» [24]

La relación entre proclamación, comprensión y lenguaje preocupa a Fuchs. De ahí la especial importancia otorgada a lo que él denomina *Einverständnis*, término que ha sido traducido por «comprensión común», «mutuo entendimiento» o «empatía». Lo ilustra con el tipo de comprensión que se da en una familia bien unida. En el hogar, una simple palabra puede evocar todo un mundo de experiencia, debido a que el lenguaje de la familia se basa en una malla de vivencias compartidas. «En casa no hablamos para que nos entiendan, sino porque nos entienden.» [25]

Fuchs destaca este fenómeno al referirse a las parábolas, mediante las cuales Jesús entra en el «mundo» de sus oyentes a fin de que su lenguaje produzca un verdadero impacto en ellos. Distingue en cada parábola dos partes o mitades: una la compuesta por el cuadro *(Bildhälfte)* de la narración, correspondiente a la experiencia de los oyentes; la otra corresponde a la sustancia *(Sachhälfte)* de la parábola. A través de la primera, la segunda penetra en la mente y en la conciencia del que escucha. Tomando como ejemplo la parábola de los obreros de la viña (Mt. 20:1-16), se observa que su contenido es muy diferente de una mera exposición del tema de la gracia. Se produce el «acontecimiento de la palabra». Hay un encuentro de Jesús con el oyente. Y Jesús se compromete a sí mismo a favor de quienes «ante la voz "culpable" hallaron, sin embargo, su esperanza en un acto de la bondad de Dios».[26]

Es mucho más lo que Fuchs expone sobre la naturaleza y función del lenguaje. Por nuestra parte, nos limitamos a destacar sus observaciones sobre la traducción, por la cual el lenguaje del texto transfiere su significado al lenguaje de hoy. «La verdad es siempre inmediata. De aquí que la traducción sólo tiene éxito cuando hay tra-ducción *(Über-setzen)* de la verdad a nosotros.» [27] Por tal razón, traducir no es meramente hallar una palabra de nuestro lenguaje que corresponda a la palabra del texto original; es dar con la forma de expresar la verdad contenida en el texto de modo que ésta nos toque en el punto sensible, aunque a veces el texto tenga que ser repetido en un lenguaje del todo diferente. Así lo ha entendido Manfred Mezger, íntimo amigo de Fuchs.[28]

Que tal concepto puede dar lugar a serias distorsiones del significado original del texto es innegable. Lo que el intérprete considera una versión actualizada puede ser una idea completamente nueva, ajena al pensamiento del autor. Un ejemplo lo encontra-

24. *Front. in Theol.*, II, *The New H.*, p. 141.
25. Ref. de A. C. Thiselton, *Op. cit.*, p. 344.
26. A. C. Thiselton, *Op. cit.*, p. 345.
27. *Hermeneutik*, p. 109.
28. *Front. in Theol.*, II, *The New H.*, pp. 59, 60.

mos en el propio Fuchs, cuya comprensión del lenguaje se resume en su interpretación del prólogo del evangelio de Juan, basada en su propia «traducción». Empieza Fuchs con la famosa versión de Fausto: «En el principio era la acción», que se corrige después sobre la base de Jn. 13:34 (el «nuevo mandamiento» del amor) mediante otra traducción: «En el principio era el amor»,[29] de acuerdo con la prominencia que el amor tiene en la experiencia de la fe.[30] Independientemente de lo original y sugestivo de esta interpretación, ¿se expresa realmente lo que el evangelista quiso comunicar?

### Observaciones críticas

Hay, sin duda, elementos positivos en las concepciones de la Nueva Hermenéutica. Especialmente loable es la preocupación de sus representantes por rescatar la exégesis bíblica de métodos científicos (especialmente del historicismo y del psicologismo del periodo liberal), que pueden suministrar información sobre el texto, pero que no transmiten de modo vivo la palabra de Dios. Es saludable considerar el texto no sólo como mero objeto de estudio por parte del intérprete, sino también —y sobre todo— como sujeto que habla al intérprete y corrige su comprensión. El «diálogo hermenéutico» puede ser fructífero en el plano de encuentro existencial con el texto.

Sin embargo, la Nueva Hermenéutica adolece de serios defectos. Como hemos visto en el ejemplo de exégesis practicada por Fuchs sobre Juan 1:1, su principal interés se centra en una comprensión del texto profunda y creadora, no en una comprensión fiel al pensamiento del autor.

Los nuevos hermeneutas reconocen cierto valor a los métodos tradicionales de interpretación, especialmente al histórico-crítico, pero ven en ellos tan sólo el comienzo de la labor hermenéutica. Lo que sigue a ese comienzo está determinado por factores filosóficos y perspectivas existenciales más que por la aplicación de unas reglas interpretativas que permitan llegar a conocer objetivamente lo que el texto realmente dice.

Su modo de entender el lenguaje a veces se aproxima a lo que algunos denominan «magia» de la palabra, perdiendo de vista que el lenguaje tiene una sólida base convencional y rebajando el valor evidente de aseveraciones normales.

Esencialmente, la Nueva Hermenéutica se mantiene en la tradición liberal, tanto en su metodología crítica como en su limita-

---

29. *Op. cit.*, p. 60.
30. *Op. cit.*, pp. 121, 141, 142.

ción del contenido válido de la Escritura a un núcleo sustancial, con indiferencia o desprecio hacia el resto. Esta reducción afecta especialmente al Antiguo Testamento.

En su acceso al Nuevo Testamento, objeto preferente de su atención, es, como hace notar A. C. Thiselton, «parcial e indebidamente selectiva». Tiende a ser más aplicable al lenguaje metafórico y poético que a la exposición directa y razonada».[31] Esta tendencia da la impresión de que el intérprete escoge los textos más sugerentes y más en consonancia con su particular sistema filosófico-teológico, en vez de ponerse en contacto con la totalidad de los textos.

Por otro lado, debido a su énfasis en los elementos existenciales y kerigmáticos, prescinde de gran parte de las cuestiones doctrinales planteadas en la Biblia, con lo que reduce considerablemente el área de la teología.

Ese mismo énfasis en el enfoque existencial de la hermenéutica abre las puertas —con todos sus inconvenientes y peligros— al subjetivismo del intérprete. La pregunta clave en la Nueva Hermenéutica no se formula diciendo: «¿Qué es verdad?», sino: «¿Qué es verdad *para mí*?» En palabras de Fuchs, «deberíamos aceptar como verdadero solamente lo que reconocemos como válido para nuestra persona».[32] Pero esto pone en entredicho la validez del principio de que el texto debe mantener su primacía sobre el intérprete.

Finalmente, el concepto de la Palabra de Dios en la Nueva Hermenéutica es, según B. Ramm, «tan opaco o vacío (porque es comunicación existencial y no la transmisión de mera "información") que pierde su significación real».[33]

Es digno de encomio el afán de aproximar el horizonte del escritor bíblico al del lector moderno hasta llegar a la fusión de ambos horizontes. Y nadie discute la transcendencia de la pregunta formulada por Fuchs acerca de cómo un texto bíblico, escrito en el mundo antiguo, puede conservar su vitalidad y ser capaz de tocar los puntos sensibles del mundo de hoy. Pero en la acción derivada de ese afán y en la respuesta a esa pregunta, lo que no debe suceder jamás es que se borre o desfigure el contenido auténtico de aquello que los profetas y los apóstoles escribieron.

31. *Op. cit.*, p. 353.
32. *Front. in Theol.*, II, *The New H.*, p. 117.
33. *Hermeneutics*, p. 139.

# CUESTIONARIO

1. *Resuma los conceptos básicos de la «Nueva Hermenéutica».*

2. *¿Qué papel desempeña el lenguaje en la hermenéutica de Ebeling y Fuchs?*

3. *¿Cuál es el concepto que Ebeling tiene de la Palabra de Dios?*

4. *¿Qué opina Fuchs sobre el «Jesús histórico»?*

5. *¿Qué juicio crítico le merece la Nueva Hermenéutica?*

# VII

# EL MÉTODO GRAMÁTICO-HISTÓRICO

Hemos reservado para este método el último lugar no por ser en la historia de la hermenéutica el más próximo a nosotros, sino porque la primacía que sobre todos los demás le corresponde le hace acreedor a una atención y un espacio superiores. Es el primero de los métodos para la práctica de una exégesis objetiva.

Como su mismo título indica, tiene por objeto hallar el significado de un texto sobre la base de lo que sus palabras expresan en su sentido llano y simple a la luz del contexto histórico en que fueron escritas. La interpretación se efectúa de acuerdo con las reglas semánticas y gramaticales comunes a la exégesis de cualquier texto literario, en el marco de la situación del autor y de los lectores de su tiempo.

Es tarea del intérprete determinar con la mayor precisión posible lo que el hagiógrafo quiso realmente decir. Salvo casos excepcionales (algunas profecías, por ejemplo; véase 1 P. 1:10-12), los escritores bíblicos sabían bien lo que habían de comunicar, y su lenguaje, en toda su variedad de géneros y estilos, significaba lo que decía. Atribuir a un pasaje significados acordes con la «comprensión previa» o los prejuicios del intérprete, pero ajenos a la intención del autor, no es interpretar, sino violar el texto.

Violación se comete también cuando de algún otro modo se pretende establecer una diferencia entre lo que los hagiógrafos pensaban y lo que escribieron, con lo que se trata de introducir en los textos, como propias de sus autores, ideas extrañas. El católico Edward Schillebeeckx, refiriéndose a «la distinción un tanto misteriosa entre "lo dicho" y "lo pensado" que hacen algunos», atinadamente escribe: «Mediante ella, se le atribuye a un autor la notable propiedad de no decir nunca lo que auténticamente piensa, y no pensar nunca lo que realmente dice. Esto tiene para el intérprete la cómoda consecuencia de poder introducir en el texto sus propias intenciones, lo cual resulta tanto más justificado cuando efectivamente el texto no ha dicho lo que quería decir, sea lo que fuere.»[1] Alude seguidamente a ciertos teólogos que dominan el arte de deducir más o menos lo contrario de lo que, por ejemplo, dijo en realidad un padre de la Iglesia, y da la razón a P. van Buren, quien se pregunta: «¿por qué desmitologizamos al Dios de la Biblia y no a los dioses del Olimpo? Los dioses griegos pueden muy bien seguir siendo lo que son en sus propias circunstancias griegas; ¡sólo, según parece, es al Dios de Israel y a Jesús el Cristo a quien hemos de desmitologizar! ¿Acaso para los teólogos renovadores no hay nada sagrado?»[2] La conclusión de Schillebeeckx, que hacemos nuestra, es: «Lo único que quiero decir con esto —en cierto modo jocosamente— es que normalmente —excepción hecha de algún género literario particular, por ejemplo retruécanos o sátiras— un autor dice de hecho lo que piensa, y piensa lo que dice. En "lo dicho", dentro de un determinado juego lingüístico, el sentido de lo dicho se encuentra "abierto" ante el destinatario.»[3]

El método gramático-histórico, que ya tuvo sus antecedentes en la escuela de interpretación de Antioquía en el siglo IV (Teodoro de Mopsuestia y Juan Crisóstomo), fue revitalizado por los reformadores del siglo XVI. Tanto Lutero como Calvino insistieron en que la función del intérprete es exponer el texto en su sentido literal, a menos que la naturaleza de su contenido obligue a una interpretación figurada.

Lutero escribía: «Hay poderosas razones para mis sentimientos, especialmente el que no debiera ser ultrajada la forma de las palabras de Dios ni por hombre ni por ángel alguno; por el contrario, siempre que sea posible, ha de preservarse su significado más simple; y a no ser que de modo evidente el contexto muestre lo contrario, deben ser entendidas en su sentido propio, escrito.» En otro lugar afirmaba: «Sólo el sentido simple, propio, original, el sentido en que está escrito, hace buenos teólogos. El Espíritu Santo es el escritor y el orador más sencillo que hay en el cielo y en la tierra. Por lo tanto, sus palabras no pueden tener más que un sentido simple y singular, el sentido literal de lo escrito o hablado.»[4]

No menos enfáticas son las afirmaciones de Calvino: «El verdadero significado de la Escritura es el significado obvio y natural. Mantengámoslo decididamente... es una audacia rayana en el

1. *Interpretación de la fe*, Ed. Sígueme, p. 83.
2. *Op. cit.*, pp. 83, 84.
3. *Op. cit.*, p. 84.
4. Citas de J. Bright, *The Authority of the O. T.*, p. 43.

sacrilegio usar las Escrituras a nuestro antojo y jugar con ellas como si fuesen una pelota de tenis, tal como muchos antes han hecho... La primera labor de un intérprete es permitir al autor que diga lo que dice, en vez de atribuirle lo que nosotros pensamos que habría de decir.»[5]

Verdad es que la finalidad principal tanto de Lutero como de Calvino fue combatir los errores y excesos del método alegórico y que no llegaron a elaborar formalmente un sistema de interpretación gramático-histórico; pero consolidaron las bases sobre las cuales el método podría desarrollarse al enfatizar la supremacía del sentido manifiesto, literal, de la Escritura, así como el deber del intérprete de descubrir y exponer objetivamente lo que el autor expresó.

El estudio gramático-histórico de un texto incluye su análisis lingüístico (palabras, gramática, contexto, pasajes paralelos, lenguaje figurado, etc.) y el examen de su fondo histórico. Consideraremos cada uno de ellos por separado. Pero antes hemos de referirnos a dos cuestiones preliminares: las lenguas de la Biblia y la autenticidad del texto.

## LAS LENGUAS DE LA BIBLIA

Una interpretación a fondo de la Escritura exige el sólido conocimiento de las lenguas en que sus libros fueron escritos, pues ninguna traducción puede expresar toda la plenitud de matices de los textos originales. Los grandes exegetas bíblicos han de ser verdaderos lingüistas que dominen el hebreo, el arameo y el griego. Hay un nivel inferior en el campo de la interpretación en el que no se precisa ser especialista en filología semítica o clásica. Pero aun en planos más modestos es importante conocer algunas peculiaridades de los idiomas de la Biblia que han de ser tenidas en cuenta en el momento de traducir o interpretar. Nos referiremos someramente a las más importantes, sin llegar ni siquiera a un epítome de las gramáticas hebrea o griega.

### El hebreo

En esta lengua está escrito todo el Antiguo Testamento, con excepción de algunas porciones escritas en arameo (Esd. 4:8-6:18; 7:12-26; Jer. 10:11 y Dn. 2:4b-7:28).

Pertenece el hebreo al grupo de lenguas semitas, más concre-

5. J. Bright, *Op. cit.*, pp. 43, 44.

tamente a la rama cananea, lo que explica su estrecha relación con las lenguas ugarítica, fenicia, moabita y edomita.

Se distingue por su plasticidad. El pensamiento hebreo no era abstracto, como el de los griegos, sino concreto. Lo inmaterial a menudo se expresa por medio de lo material; el sentimiento, mediante la acción, y la acción, mediante el instrumento. De ahí el uso frecuente de antropomorfismos. Estas expresiones y muchas otras análogas no son meras metáforas, propias del lenguaje poético en cualquier literatura. Para los israelitas tenían un significado más literal que para nosotros, ya que ellos no hacían una distinción absoluta entre la naturaleza animada y la inanimada. El mundo natural constituye un todo del que el hombre forma parte (véase Sal. 104:23 a la luz del contexto). En el pensamiento hebreo, el hombre se «naturaliza» y la naturaleza se «personifica». Quizá ello explica que en hebreo no exista el artículo neutro. Por otro lado, la diferencia entre prosa y poesía no es tan marcada como en otras lenguas, pero la prosa contiene muchas de las cualidades poéticas. Esto debe ser tomado en consideración al interpretar textos del Antiguo Testamento; sobre todo en el momento de decidir sobre la literalidad de un pasaje.

Las primeras particularidades que llaman la atención y que distinguen al hebreo de las lenguas indoeuropeas es que los textos escritos se leen de derecha a izquierda y del final hacia el principio y que todas sus letras son consonantes. Esta última característica llegó a originar problemas en el transcurso del tiempo. En el periodo intertestamentario el hebreo fue sustituido por el arameo como lengua del pueblo. Pese a ello, la pronunciación de los textos sagrados era cuidadosamente preservada y transmitida de generación en generación en las sinagogas y escuelas rabínicas. Llegó, sin embargo, el momento en que, a causa de serias discrepancias originadas en sectas del judaísmo (la de los karaítas principalmente), se hizo apremiante la necesidad de fijar de modo definitivo la pronunciación tradicional.

Para conseguir tal propósito, los masoretas judíos introdujeron en sus textos signos que se colocaban encima, dentro o debajo de las consonantes para indicar las vocales. No se sabe a ciencia cierta en qué momento histórico se inició esta labor; pero es evidente que se desarrolló a partir del siglo VI d. de C. —siguiendo el ejemplo de los gramáticos sirios— y se completó en el siglo VIII.

Hubo tres sistemas de vocalización: el babilónico, con signos supralineales; el palestinense, con signos predominantemente infralineales, y el tiberiense. El generalmente usado en los textos impresos del Antiguo Testamento es el último, adoptado y minuciosamente elaborado por los masoretas de la escuela de Tiberias. Era tan exacto que no sólo indicaba las vocales, sino también su prolongación, su tono, su intensidad gutural, etc., lo que daba al sistema un valor superior al de las vocales normales de muchas otras lenguas. Su rostro prevaleció en las escuelas y en las sinagogas, si bien no puede asegurarse que correspondiera exactamente a la pronunciación del antiguo hebreo.

Otra peculiaridad de esta lengua es que, a pesar de que ya en sus primeras inscripciones las palabras aparecen separadas por un punto, tal separación es más bien irregular en los manuscritos del Antiguo Testamento de fechas tempranas. Esa es la razón por la que algunas versiones difieren a menudo en sus apreciaciones relativas a esa cuestión.

Asimismo carecía el hebreo de puntuación, lo que lógicamente también era motivo de numerosas dudas. Para obviar esta dificultad, así como la debida a la irregularidad en la separación de las palabras, los masoretas establecieron igualmente signos adecuados para la lectura correcta del texto.

El vocabulario del hebreo bíblico se distingue por su limitación, que contrasta con la riqueza de términos de las lenguas europeas. Es particularmente notable la escasez de adverbios, adjetivos y nombres abstractos, deficiencias que se suplen mediante frases preposicionales y verbos auxiliares, por la aposición de genitivos descriptivos y por medio de otros recursos gramaticales.

La gramática hebrea no se ajusta a la estructura de las lenguas greco-latinas. Es la propia del tipo semítico. Las palabras pertenecen a tres clases de categorías: nombres, que indican realidades concretas o abstractas; verbos, que expresan acción, y partículas, que señalan los diversos tipos de relación entre nombres y verbos.

Los nombres, que incluyen los adjetivos y los pronombres, sólo tienen masculino y femenino. Todos los objetos, incluidos los inanimados, aparecen como dotados de vida. Los montes, los ríos y los mares, por ser representativos de majestad y fuerza, son masculinos, y en no pocos textos, personificados. Los nombres de ciudades, tierras o localidades, considerados como madres de sus habitantes, son femeninos.

El plural hebreo a menudo expresa, más que una idea de pluralidad de individuos, la de plenitud, superabundancia o majestad. La primera palabra del Salmo 1 es un nombre en plural. Literalmente habría de traducirse «las bienaventuranzas del hombre», con lo que se quiere exaltar la suprema dicha del hombre que «no anda en consejo de malos, etc.». La palabra «vida» en el Antiguo Testamento está frecuentemente en plural, como en Gn. 2:7. «Sopló en su nariz soplo de *vidas*.» De igual modo, en el versículo 9 hallamos «árbol de *vidas*».

Esta forma de plural tiene una modalidad especial en lo que se ha denominado plural de excelencia, especialmente aplicado al nombre de Dios *(Elohim)*.

El verbo se caracteriza por su raíz triliteral en todos los casos. En su conjugación se distinguen no sólo número y persona, como en español, sino también género. No puede hablarse propiamente de tiempos, sino más bien de estados del sujeto y de lo completo e incompleto de la acción. La idea de pasado, presente o futuro no es inherente a las formas de conjugación. En todo caso, tal idea debe deducirse del contexto. Eso explica la diversidad observada en las versiones del Antiguo Testamento, sobre todo en la traducción de los textos poéticos. Así, mientras en la versión de Reina Valera se ha traducido «Jehová es mi pastor, nada me faltará» (Sal. 23:1), en otras se ha optado por el presente: «Nada me falta.» Observación análoga puede hacerse en cuanto al primer versículo del Sal. 1, en el que el verbo ha tomado en las diversas traducciones las formas de «anduvo» o «anda». Esta última forma, en presente, parece más coherente con el versículo que sigue.

Este modo de usar los tiempos del verbo posiblemente es exponente de toda una concepción filosófica del tiempo. «Cualquiera que fuese su posición o punto de vista —observa M. S. Terry—, el orador o escritor parece haber contemplado todas las cosas como si tuviese una relación subjetiva con el objeto de su observación. El tiempo para él era una serie de momentos (abrir y cerrar de ojos) de carácter continuo. El pasado se introducía siempre en el futuro y el futuro se perdía en el pasado.»[6] Este modo de comprender y expresar los hechos es sumamente valioso para captar la perspectiva gloriosa de las obras de Dios a lo largo de la historia. «La forma de pretérito perfecto —añade Terry— se usa también al hablar de cosas que han de realizarse de modo cierto en el futuro. En tales casos, el acontecimiento futuro se concibe como algo ya consumado; se ha convertido en una conclusión anticipada y un propósito de Dios asegurado. Así, por ejemplo, en el texto hebreo de Gn. 17:20 se lee: «En cuanto a Ismael, también te he oído y he aquí que le he bendecido y le he hecho fructificar y le he multiplicado mucho en gran manera.» Todo esto había de realizarse en el futuro, pero aquí es presentado como algo ya concluido. Estaba determinado en el propósito divino, y desde un punto de vista ideal el futuro era visto como algo que ya había acontecido.»[7]

Las partículas o partes invariables de la oración gramatical, por su riqueza de matices, tienen gran importancia en el hebreo y deben tomarse en consideración.

La sintaxis es comparativamente simple. El orden normal en las frases es el siguiente: predicado, sujeto, complemento y palabras especificativas. Puede, sin embargo variar la colocación de sujeto y predicado, poniéndose en primer lugar el que deba tener mayor énfasis. Las frases son generalmente simples y breves, y

6. *Biblical Hermeneutics*, p. 83.
7. *Op. cit.*, p. 84.

aun las frases compuestas resultan claras. No existen periodos largos estructurados mediante una construcción complicada. Un buen ejemplo es el capítulo 1 de Génesis. Dejando a un lado las dificultades que en otros aspectos pueda entrañar este texto, su estructura gramatical no puede ser más simple. Teniendo en cuenta los rasgos distintivos del hebreo, es evidente que esta lengua constituía el medio más adecuado para comunicar de modo sencillo los grandes hechos de Dios y su mensaje registrados en el Antiguo Testamento.

## El griego

Como es bien sabido, el griego del Nuevo Testamento no es el de la literatura clásica, sino el *koiné* o dialecto común, hablado desde los tiempos de Alejandro Magno (siglo IV a. de C.) hasta los de Justiniano (siglo VI d. de C.) aproximadamente. Era la lengua del pueblo y se usaba en todo el mundo mediterráneo. Aunque seguían hablándose las lenguas vernáculas en las diferentes regiones, el koiné era el único medio de comunicación entre todas ellas; venía a ser como un puente entre las diferentes islas lingüísticas.

Desprovisto de las sutilezas y convencionalismos literarios del griego clásico, el koiné era una lengua viva, vigorosa, con el sabor de la vida cotidiana. Se distingue por un estilo claro, natural, realista, a menudo vehemente, que facilita la identificación del oyente o lector con lo que se dice. Por tal motivo suele usarse el presente histórico en las narraciones, el superlativo con preferencia al comparativo y el lenguaje directo más que el indirecto. Los elementos enfáticos abundan. Así puede observarse que a menudo se usan pronombres como sujetos de verbos que no los necesitan. Hace uso de pocas conjunciones. La más frecuente es *kai* (y); pero ésta abunda, lo que hace que las cláusulas coordinadas excedan con mucho a las subordinadas. En este aspecto se asemeja al hebreo. Todo ello hace del koiné un idioma de fácil comprensión. Por eso tiene aplicación también a esta lengua lo que dijimos respecto al hebreo. De modo providencial se convertía en vehículo sumamente apropiado para hacer llegar al mundo con claridad el mensaje del Evangelio.

En el koiné del Nuevo Testamento conviene, sin embargo, tener en cuenta el substrato hebraico-arameo-cristiano que contiene.

Hay en el texto novotestamentario palabras hebreas o arameas que se han transcrito literalmente al griego. Por ejemplo, *abba*, padre (Mr. 14:36; Ro.8:15); *hosanna*, salva ahora (Jn. 12:13); *síkera*, bebida alcohólica (Lc. 1:15); *Satán* (2 Co. 12:7), etc.

En otros casos, términos griegos expresan conceptos hebreos, lo que debe tenerse muy presente en el momento de traducir o interpretar ciertos pasajes. Puede servirnos de orientación el vocablo *rema*. Los escritores griegos lo habían usado para significar «palabra» o expresión oral. Pero en la Septuaginta se emplea para traducir el término hebreo *dabar*, que tenía un doble significado: palabra y asunto o acontecimiento: este último es el que predomina. En este sentido se usa en Lc. 2:15: «Veamos esto que *(to-rema-touto)* ha sucedido.»

Algunas formas de expresión también son derivadas del hebreo: «buscar la vida» de alguien (Mt. 2:20; Ro. 11:3); «aceptar la persona», en el sentido de mostrar parcialidad (Lc. 20:21; Gá. 2:6) o «poner en el corazón» (Lc. 1:66; 21:14; Hch. 5:4). Asimismo siguen la pauta hebrea algunas formas de construcción gramatical.

Especial mención merece también el hecho de que no pocas palabras griegas reciben en el Nuevo Testamento un nuevo significado. Así *parakaleō*, que originalmente significaba «llamar» o «convocar», en el Nuevo Testamento expresa también las ideas de suplicar, consolar, alentar, fortalecer. La palabra *eirēnē*, como expresión de estado opuesto al de guerra, es elevada por la vía del concepto hebreo (bienestar en su sentido más amplio) hasta las alturas del bienestar supremo alcanzado en la nueva relación que el hombre puede tener con Dios por la obra mediadora de Cristo y mediante la fe. Como hizo notar F. Bleek, «habría sido imposible dar expresión a todos los conceptos e ideas cristianas del Nuevo Testamento si los escritores se hubiesen limitado estrictamente a usar las palabras y frases comunes entre los griegos con los significados que normalmente tenían. Estas ideas cristianas eran totalmente desconocidas para los griegos, por lo que no habían formado frases adecuadas que pudieran darles expresión».[8]

Este hecho hace necesario que el intérprete del Nuevo Testamento esté en condiciones de conocer no sólo el significado original o corriente del léxico griego, sino también los nuevos matices adquiridos por muchas palabras como herencia del pensamiento hebreo y por imperativo de los nuevos conceptos surgidos con el cristianismo.

Lo expuesto sobre la importancia del dominio de las lenguas originales tiene especial aplicación a los especialistas en exégesis. Evidentemente son muchos los estudiantes, pastores y predicadores ocupados en la exposición de la Escritura que nunca llegan a alcanzar tal conocimiento. Pero no por eso deben renunciar al trabajo necesario para aproximarse tanto como les sea posible al texto original y a las peculiaridades lingüísticas que inciden en la determinación de su significado. En la actualidad existen diccionar-

8. Ref. de Terry, *Op. cit.*, p. 124.

rios, concordancias[9] y comentarios exegéticos que, usados con discernimiento, pueden ayudar a conseguir resultados muy satisfactorios.

## AUTENTICIDAD DEL TEXTO

Una de las primeras tareas del exegeta es la de examinar el pasaje bíblico que ha de interpretar a la luz de la crítica textual, la cual tiene por objeto acercarnos al máximo al texto primigenio. En la actualidad no existe ni uno solo de los autógrafos bíblicos. Ello es comprensible, dada la fragilidad de los materiales —generalmente papiro— que antiguamente se usaban para la escritura. Hoy tan sólo disponemos de copias manuscritas más o menos antiguas.

Misión de los expertos en crítica textual es recopilar y comparar los diversos manuscritos, así como las versiones y citas antiguas, siguiendo principios y normas por las que se detectan las corrupciones del texto y se determina con certeza o con un elevado grado de probabilidad cuál fue el texto original.

Ésta tarea es una gran necesidad. Como afirmaba B. F. Westcott, «una Biblia corrompida es signo de una Iglesia corrompida; una Biblia mutilada o imperfecta, signo de una Iglesia que todavía no ha alcanzado una percepción completa de la verdad. Es posible que hubiéramos deseado... esto de otra manera. Podíamos haber pensado que una Biblia cuyas partes, en su totalidad, mostrasen una evidencia visible e incuestionada de su origen divino, separada desde el principio del conjunto y destino de las literaturas restantes mediante un acto solemne, habría respondido perfectamente a nuestra concepción de lo que el registro escrito de la revelación debiera ser. Pero no es ese el modo de obrar de Dios entre nosotros. Tanto en la Iglesia como en la Biblia, Él actúa a través de hombres. A medida que seguimos el proceso de su formación, cada paso parece ser verdaderamente humano; y cuando contemplamos el conjunto reconocemos gozosos que todas sus partes son también divinas.»[10]

Si la labor de los críticos es necesaria, también es ardua. Exige diligencia y meticulosidad ilimitadas en la aplicación de las técnicas _ ás modernas. Pero sus resultados son un beneficio inestimable para la Iglesia cristiana. En nuestros días podemos leer versiones recientes de gran calidad, basadas en textos que, sin

9. Para el texto griego del Nuevo Testamento existe la _Concordancia Greco-española_, de H. M. Petter, editada por CLIE. En cuanto a diccionarios es recomendable el _Greek-English Lexicon of the New Testament_, versión corregida y aumentada de la _Grimm's Wilke's Clavis Novi Testamenti_ por J. H. Thayer.

10. _IDB_, vol. IV, pp. 608, 609.

ningún género de dudas, coinciden sustancialmente con lo escrito por los autores del Antiguo Testamento y del Nuevo Testamento.

Respecto al proceso de corrupción de los primeros textos, una serie de hechos y circunstancias nos hace comprender lo prácticamente inevitable de las alteraciones que se fueron introduciendo en las copias sucesivas de los libros de la Biblia en el transcurso de siglos. Algunas de esas alteraciones fueron totalmente involuntarias, debidas a la gran semejanza de determinadas letras, especialmente en el hebreo, o incluso de palabras. El cambio —muy fácil— de una sola letra por otra parecida podía dar como resultado una palabra distinta, y una palabra diferente de la original generalmente expresa una idea también diferente. La transposición, repetición u omisión de letras o palabras, la similitud de algunas frases, las abreviaturas mal interpretadas y la incorporación al texto de notas marginales fueron asimismo causa de corrupción involuntaria.

Otras veces las modificaciones podían tener una cierta intencionalidad: el deseo de aclarar, ampliar o incluso corregir piadosamente lo que el autor había escrito, si el copista estimaba que el texto no era suficientemente conspicuo, completo u «ortodoxo». En esos casos, la alteración podía consistir en la supresión de frases difíciles, en la sustitución de una palabra o frase oscura por otra más clara o en la adición de una nueva frase. Algunas de estas formas de corrupción respondían, sin duda, a un afán dogmático, como sucedió con el texto de 1 Jn. 5:17 («porque tres son los que dan testimonio en el cielo: el Padre, el Verbo y el Espíritu Santo; y estos tres son uno»), que no apareció en ningún manuscrito de los primeros siglos.

La corrección de las corrupciones se lleva a cabo siguiendo procedimientos técnicos de gran rigor científico. En toda investigación crítica se toman en consideración tanto los factores externos como los internos. Son externos la fecha, el carácter y el valor del manuscrito. De carácter interno, el estilo y el contenido.

Resumiendo lo que más ampliamente señala Terry, podemos decir que la crítica textual debe efectuarse de acuerdo con los siguientes principios:

1.  Una variante que es apoyada por el testimonio combinado de los más antiguos manuscritos, de las más tempranas versiones y de citas patrísticas es, por lo general y sin duda alguna, la variante genuina del autógrafo original.

2.  La autoridad y valor de una variante no depende del número de manuscritos en que se encuentra, sino de la época, del carácter y del lugar de los mismos.

3.  La variante que concuerda con el estilo peculiar de un es-

critor, con el contexto y con la naturaleza del tema es preferible a la que carece de estos puntos internos de apoyo.

4. La variante más breve debe ser preferida a la más extensa.

5. La más difícil y oscura es más fiable que la que resulta más llana y sencilla. Esta regla se aplica especialmente a los pasajes en que fácilmente el copista pudo verse tentado a suavizar o simplificar el lenguaje o bien a aclarar una dificultad aparente.[11]

La tarea de descubrir las alteraciones del texto bíblico en el avance hacia la consecución del original es delicada; pero es mucho lo que de positivo se ha conseguido en el transcurso del tiempo, especialmente durante los tres últimos siglos.

Por lo que respecta al Antiguo Testamento, es de enorme valor el trabajo de los masoretas o críticos judíos en el periodo comprendido entre los siglos V y X d. de C. Ellos, basándose en manuscritos antiguos y en las notas críticas acumulados en siglos anteriores, legaron a la posteridad el llamado texto masorético, punto de partida para toda investigación crítico-textual del Antiguo Testamento. Esta investigación se completa con un estudio comparativo de textos tales como los manuscritos descubiertos en Genizah (Egipto), los de las cuevas de Qumrán, próximas al mar Muerto, el Pentateuco Samaritano, los Targums, la Hexapla de Orígenes, etc., y de versiones antiguas como la Septuaginta y la Siríaca o Peshitta.

La suma de esfuerzos y descubrimientos en el campo de la crítica textual del Antiguo Testamento ha permitido llegar a resultados sumamente satisfactorios. En nuestros días el texto de la llamada *Biblia Hebraica Stuttgartensia* es probablemente el mejor elaborado.

La crítica textual del Nuevo Testamento se basa hoy en el estudio de unos cinco mil manuscritos del texto griego, de más de diez mil versiones antiguas y de miles de citas de Padres de la Iglesia. Es de destacar que ninguna obra de literatura de la misma época alcanza, ni con mucho, un volumen tan asombroso de material para su evaluación crítica. El texto del Nuevo Testamento de que podemos disponer en nuestros días es infinitamente más genuino que el de cualquier escrito de Virgilio o de Ovidio.

Los manuscritos griegos del Nuevo Testamento se clasifican en dos grandes grupos: el de los unciales, escritos con mayúsculas y sin separación de palabras, y el de los minúsculos o cursivos, en tipo de escritura que empezó a usarse a partir del siglo IX de la

11. Para un estudio más detenido de esta cuestión, véase M. S. Terry, *op. cit.*, pp. 132 y ss.

era cristiana. Al primero corresponden los más antiguos y valiosos: el Sinaítico (siglo IV), el Vaticano (siglo IV) y el Alejandrino (siglo V).

El valor de todos estos manuscritos es complementado por el de las versiones antiguas del Nuevo Testamento, algunas de ellas probablemente del siglo II, y por el de innumerables citas de los Padres. El conjunto de esos documentos, debidamente analizados, ha permitido determinar el texto auténtico de la casi totalidad del Nuevo Testamento. Según declaración de Fenton J. A. Hort, uno de los más eminentes especialistas en crítica textual, menos de una milésima parte del Nuevo Testamento está alterado.[12] Y esa milésima escasa no afecta a ninguno de los grandes hechos y verdades del Evangelio. Hoy podemos tener la certidumbre de que los textos logrados coinciden sustancialmente y de modo incomparable con lo escrito por los autores sagrados.

Es digna de encomio la magnífica labor realizada por los expertos desde el Renacimiento. Logro notable significó la impresión (en 1515) y demorada publicación (1522) de la Biblia Políglota Complutense, del cardenal Jimeno de Cisneros, con el texto griego del Nuevo Testamento y el latín de la Vulgata en sendas columnas paralelas. Los editores, cuidadosamente escogidos entre eruditos de toda Europa por el propio Cisneros, llevaron a cabo una esmerada labor crítico-selectiva. Para ello usaron, según su propio testimonio, «no copias ordinarias... sino antiguas y correctas; de tal antigüedad que sería totalmente impropio no reconocer su autoridad».[13] Sin duda, el texto griego de la Políglota Complutense superó a otros que se publicaron posteriormente.

Imprimido después que la Complutense de Cisneros, el Nuevo Testamento de Erasmo apareció (1516) antes que aquélla. También contiene en dos columnas el texto griego y el de la Vulgata revisado. Pero la precipitación con que hubo de realizarse el trabajo hizo que el conjunto de la obra fuese inferior a la Complutense.

Otra edición importante en el siglo XVI fue la de Robert Stephanus, impresor erudito de París, cuyo texto (originalmente una refundición de la Políglota y de Erasmo y posteriormente casi una reproducción de Erasmo con diversas variantes marginales) fue reconocido como el *textus receptus* en la Gran Bretaña. En la edición de 1551 de Stephanus, apareció por primera vez la división del texto en versículos.

En el siglo XVII, la familia Elzivir publica varias ediciones del Nuevo Testamento sobre la base del texto de Stephanus, y la se-

12. B. Ramm. PBI, p. 209.
13. *IDB*, vol. IV, p. 599.

gunda de estas ediciones (1633) se convierte en el *textus receptus* para el continente europeo.

Posteriormente, Bengel, Wettstein, Griesbach y Matthaei hacen nuevas aportaciones editoriales. Pero son los investigadores del siglo XIX, entre los que descuellan Lachmann, Tregelles, Tischendorf, Westcott y Hort, von Soden, Alford y Wordsworth, quienes, rompiendo las ataduras del textus receptus, dan un impulso definitivo a la crítica textual.

Sobre la base de esa ingente labor crítica, se han efectuado algunas de las versiones más recientes de la Biblia en diferentes lenguas. Pueden mencionarse como ejemplos la Biblia de Jerusalén, la Nueva Biblia Española, ambas católicas, la «Revised Standard Version» y la «New English Bible», en inglés, y la «Zürcher Bibel» (Biblia de Zurich), en alemán. De este tipo de versiones puede sacar gran provecho quienquiera que se ocupe en trabajos exegéticos. Y, por supuesto, son indispensables para quien no domina el hebreo y el griego.

Es imprescindible que quien interpreta la Biblia, sea cual sea su grado de especialización, tenga a su alcance un texto depurado de la Escritura y trabaje sobre el mismo. Cuanto mayor sea el respeto por la auténtica Palabra de Dios, tanto mayor será el empeño en beneficiarse de los logros de la crítica textual.

# CUESTIONARIO

1. *¿Cuáles son los fundamentos del método gramático-histórico?*

2. *¿Qué características especiales distinguen a la lengua hebrea?*

3. *¿Qué peculiaridades del «koiné» deben tenerse presentes en la interpretación del Nuevo Testamento?*

4. *Razone la necesidad de la crítica textual.*

5. *Explique el porqué de los principios fundamentales que rigen la práctica de dicha crítica.*

# VIII
# ANÁLISIS LINGÜÍSTICO DEL TEXTO

Una vez tenemos ante nosotros el texto bíblico en la forma más depurada posible, hemos de penetrar en él con objeto de descubrir su significado. ¿Cómo? En primer lugar, mediante el estudio de sus elementos lingüísticos.

La ciencia del lenguaje ha avanzado notablemente en los últimos tiempos y sus teorías son presentadas como esenciales no sólo en toda labor de interpretación literaria, sino incluso en el desarrollo de la filosofía moderna. Particular relieve ha adquirido el análisis estructural, cuyas perspectivas pueden ser valiosas al exegeta bíblico. Sin embargo, la aplicación del estructuralismo a la exégesis apenas está en sus comienzos y se ve dificultada tanto por las discrepancias existentes entre los especialistas como por el hermetismo que caracteriza su terminología. Por otro lado, los presupuestos filosóficos que inspiran el estructuralismo y algunos de sus principios básicos, como el que determina el paso del estudio de los fenómenos lingüísticos conscientes a su infraestructura inconsciente, inevitablemente conducen a separar el supuesto contenido del texto del pensamiento de su autor. Consecuentemente, los conceptos bíblicos de revelación e inspiración se esfuman totalmente, lo cual para nosotros es inadmisible.

Por nuestra parte nos limitaremos a áreas más elementales, pero insustituibles. El orden que seguimos es más bien convencional. En la práctica, cada una de las partes del análisis se combina con las restantes desde el primer momento. Lo contrario, además de dificultar el trabajo, probablemente producirá resultados erróneos.

# ESTUDIO DE LAS PALABRAS

Ya aquí hemos de recalcar lo que acabamos de decir. Sería una equivocación empezar el análisis de un texto estudiando por separado cada uno de sus vocablos. El valor y el significado de una palabra no dependen de la palabra en sí, sino de su relación con las restantes palabras del contexto. Por tal motivo, es aconsejable iniciar el análisis lingüístico con una lectura del contexto en un sentido amplio. En algunos casos el contexto puede ser la totalidad del libro en que se encuentra el pasaje.

A menos que se tenga una idea clara del origen y desarrollo del pensamiento que preside el texto, es fácil perderse entre los detalles semánticos de las palabras sueltas. Sólo cuando el intérprete ha captado lo sustancial de la línea de pensamiento que atraviesa las palabras, frases, párrafos o secciones está en condiciones de analizar éstos. Paul Ricoeur tiene razón cuando asevera que «un texto no es, en efecto, una simple secuencia de frases, y el sentido del texto no es la suma del sentido de cada una de sus partes. Un texto es un todo relacionado de forma específica con sus partes; hay que elaborar la jerarquía de sus elementos: elementos principales y elementos subordinados; elemento esencial y elemento no-esencial».[1]

En cuanto a la amplitud de la sección contextual, el discernimiento del intérprete será decisivo. Pero a este punto volveremos más adelante.

Una vez se conoce, aunque sólo sea de modo preliminar, el contexto con el meollo del pensamiento que expresa, se deben *seleccionar las palabras* del texto que se consideran más significativas. Según W. C. Kaiser, una palabra es significativa cuando responde a algunos de los siguientes criterios: *a)* desempeña un papel clave en el pasaje que se interpreta; *b)* ha aparecido frecuentemente en contextos anteriores; *c)* es importante en el curso de la historia de la salvación anterior al texto.[2]

Cada una de las palabras seleccionadas debe ser examinada con objeto de determinar su significado. Éste, inicialmente, debe buscarse en un buen diccionario del hebreo o griego bíblicos y ampliar este trabajo cotejando la diversidad de usos de cada término en diferentes contextos mediante una concordancia.

En algunos casos puede ser útil ahondar en las raíces etimológicas del término o contemplar la evolución diacrónica de su sentido a lo largo de sucesivos periodos históricos. A este respecto son sumamente útiles obras como el Diccionario Teológico del Nuevo Testamento, de Kittel (sólo en alemán e inglés) o el más re-

---

1. *Exégesis y Hermenéutica*, Ed. Cristiandad, p. 46.
2. *Toward an exegetical theology*, p. 143.

ciente *Dictionary of New Testament Theology*, de Collin Brown.
Pero son muchas las palabras en todas las lenguas cuyo significado difiere ostensiblemente del que tuvieron originalmente. «Mártir», por ejemplo, significa etimológicamente «testigo»; pero hoy, en español, mártir es la persona que padece muerte por amor de Jesucristo y en defensa de su fe; por extensión, la persona que muere o padece mucho en defensa de otros o de sus convicciones o afectos.

El hebreo del Antiguo Testamento y el griego del Nuevo no son ajenos a esta evolución semántica, lo que debe tenerse en cuenta. Ello nos obliga a tomar en consideración el denominado *usus loquendi*, es decir, el significado que normalmente tenía una palabra en el lenguaje común en una época dada. B. Ramm alude al concepto de *oikos* (casa) u *oikia* (familia) en días apostólicos, algo distinto del de nuestros días. Ese concepto tiene importancia en el momento de decidir sobre el significado del «bautismo de familias» en el Nuevo Testamento. Uno de los argumentos a favor del bautismo infantil es que normalmente una familia incluye niños de corta edad, por lo que el bautismo de toda la familia implicaría el de los niños. En opinión de Ramm, esta deducción puede ser inapropiada, ya que en algunos casos *oikos* u *oikia* incluía animales, y no es de suponer que también éstos participaran del bautismo.[3]

En la determinación del sentido de las palabras en un momento histórico determinado pueden ser de gran provecho los mencionados diccionarios de Kittel y Brown. Conviene, no obstante, no olvidar que cada autor tiene su propio estilo, por no decir su lenguaje peculiar, y que a veces usa palabras con un sentido especial. Si tomamos el término «carne» (heb. *basar*; gr. *sarx*), según el *usus loquendi*, denotaba: *a)* carne animal usada como alimento para el hombre; *b)* la carne del cuerpo humano, como distinta de la sangre o de los huesos; *c)* el cuerpo humano en su totalidad; *d)* el conjunto de la humanidad cuando se habla de «toda carne»; *e)* el elemento transitorio, perecedero, del ser humano. Pero cuando examinamos el uso que Pablo hace de *sarx*, observamos que en la mayoría de los casos usa el término con una nueva connotación. La «carne» adquiere un sentido eminentemente moral; es la naturaleza del hombre caído, divorciado de Dios, el asiento del pecado, la raíz y el origen de todas las obras malas (Gá. 5:19, 20) del ser humano. Para Pablo, la carne no es una parte del hombre, sino el hombre mismo antes de su regeneración en Cristo. Podríamos decir, pues, que además del *usus loquendi* general, es necesario considerar —si lo hay— el *usus loquendi* particular de cada autor.

Por otro lado, debe tenerse en cuenta la *variedad de significa-*

---

3. P.B.I., p. 133.

*dos* (polisemia) que una palabra puede tener en una misma época e incluso en los escritos de un mismo autor. El término «mundo» *(kosmos)* en Jn. 3:16 no expresa la misma idea que en 1 Jn. 2:15. En el primer pasaje se refiere a la humanidad perdida; en el segundo, a la esfera físico-moral corrompida por el pecado en que la humanidad vive.

En un mismo texto una palabra puede tener sentidos diversos, como sucede con «ley» *(nomos)* en el capítulo 7 de Romanos. La «ley» de Dios (v. 22) equivale a las prescripciones morales de su Palabra; la «ley en mis miembros» (v. 23) se refiere a los impulsos dominantes de la naturaleza pecaminosa, que tienen asiento y manifestación en los miembros corporales, mientras que la «ley del pecado» (v. 23) expresa la tiranía de la naturaleza misma, madre de los impulsos.

El sentido que debe darse a un vocablo cuando éste tiene varias acepciones se determina aplicando los siguientes principios:

1. El significado dado por el propio autor a sus palabras es indiscutible. Hallamos un ejemplo en Hebreos 5:14, donde el escritor sagrado define *teleion* («perfectos») como «los que por el uso tienen los sentidos ejercitados con el discernimiento entre el bien y el mal», es decir, «los que han alcanzado madurez», como bien se traduce en la versión Reina Valera.

2. El sentido de muchos términos es determinado a menudo por otras palabras, expresiones o frases que se unen a las primeras como complementos o elementos apositivos. Así, cuando Pablo se refiere al estado de muerte en que se habían encontrado los efesios, aclara la naturaleza de tal estado añadiendo a «muertos» «en vuestros delitos y pecados» (Ef. 2:1).

Este principio es de aplicación no sólo a palabras, sino también a frases enteras. Cuando en Jn. 7:38 se dice de quien cree en Cristo que «de su interior correrán ríos de agua viva», inmediatamente después se señala el sentido figurado de la frase: «Esto dijo del Espíritu que habían de recibir los que creyeran en Él» (v. 39). De este modo un texto que podía haber resultado enigmático se nos presenta con absoluta claridad.

3. En algunos casos, el sentido de las palabras se descubre por vía de contraste o de oposición. Cuando en 2 Co. 5:2 escribe Pablo acerca de «nuestra habitación celestial», ¿hemos de entender, como han hecho algunos —pensando en los pasajes paralelos de Jn. 14:2, Lc. 16:9; He. 11:10 y Ap. 21:10—, que se refiere al cielo mismo? No es aconsejable recurrir a paralelos que pudieran desfigurar el sentido de una palabra o de una frase cuando el contexto inmediato nos ofrece luz adecuada para la interpretación.

En el pasaje que estamos considerando la luz surge del contraste al compararlo con el versículo anterior, en el que la «morada terrestre, este tabernáculo» se refiere sin lugar a dudas al cuerpo físico del creyente. Una vez «deshecho» este tabernáculo, el redimido queda «desnudo» (v. 3), despojado de la tela de su tienda. La «habitación celestial», por antítesis lógica, no puede ser otra cosa que el nuevo cuerpo de la resurrección que los creyentes en Cristo recibiremos un día. Tal interpretación, nacida de un ajustado contraste, tiene un paralelo adecuado: 1 Co. 15:47-54.

4. Determinados pasajes, especialmente los poéticos, son ricos en paralelismo. Una misma idea es expresada doblemente mediante frases análogas o antitéticas, lo que facilita la comprensión de ambas. Véase, por ejemplo Sal. 51:1-12. Volveremos a ocuparnos del paralelismo en el capítulo sobre la poesía bíblica.

5. Los sinónimos deben ser cuidadosamente examinados. A menudo, como sucede en cualquier lengua, algunos pueden intercambiarse sin que se altere el significado; pero hay que recordar la aseveración de los lingüistas de que apenas se pueden encontrar palabras que tengan exactamente el mismo sentido. Cada una tiene su matiz especial. Y el intérprete hará bien en prestar atención a esa diversidad de matices.

Es bien conocido el diálogo de Jesús con Pedro junto al lago de Tiberíades (Jn. 21:15-17). En la conversación se usan dos sinónimos que en la versión Reina Valera 1960 se traducen indistintamente por «amar». En la pregunta de Jesús hallamos el verbo *agapaō*; en la respuesta de Simón Pedro, *fileō*. Algunos exegetas opinan que los dos verbos expresan la misma idea y menosprecian cualquier significación especial en la diferencia de términos. Pero la verdad es que *agapaō* denota un amor racional y elevado, mientras que *fileō* expresa un amor más instintivo, más sentimental y apasionado, pero generalmente de menor profundidad y consistencia. Es más o menos el equivalente de «sentir afecto» o «querer». Por eso en algunas versiones se traduce la respuesta de Pedro *(filō se)* por «te quiero», en vez de «te amo». Creemos que tal distinción es atinada, pues la diferencia entre los dos sinónimos refleja, por un lado, el ideal que Jesús pone ante Pedro; por otro, resalta el realismo del apóstol, consciente de sus limitaciones en su vinculación con el Señor.

Hagamos uso de un segundo ejemplo tomando el término «pecado», que en hebreo tiene doce sinónimos. El más importante *(jattat,* equivalente al griego *hamartanō)* quiere decir errar el blanco, y se usa en el sentido de error o fracaso; pero los restantes llevan aparejadas otras ideas complementarias: la de torcer, con referencia a la perversión moral; la de vacío o vanidad; la de romper, destrozar, aplastar, derrumbar, que tan bien ilustra la acción destructiva del pecado; la de engaño, la de trabajo afanoso, dolor y miseria; la de traspasar unos límites o engañar; la de rebelión; la de culpa. En su conjunto todos estos sinónimos nos dan una idea amplia y profunda, teológicamente riquísima, de la naturaleza del pecado. Pero en el momento de hacer exégesis de un texto, a veces convendrá enfatizar el matiz concreto del término usado en él, siempre que ello no conduzca a interpretaciones arbitrarias o divergentes de la que impone el contexto.

En el estudio de palabras sinónimas son de inestimable utilidad los diccionarios especiales[4] o las concordancias que los contengan.

6.  Cuando el significado de una palabra no puede ser precisado por ninguno de los principios anteriores, debe deducirse considerando cada una de sus acepciones y escogiendo la que mejor cuadre con el contexto, la que dé mayor coherencia al conjunto de la sección en que el pasaje se encuentra. Sírvanos de ejemplo la palabra *pistis*. Según el diccionario griego-inglés del Nuevo Testamento, de Thayer, *pistis* significa: *a)* Convicción de la verdad de algo, creencia; en el Nuevo Testamento se refiere a la creencia en Dios y generalmente incluye la idea de confianza. *b)* Fidelidad, carácter de alguien en quien se puede confiar. Cuando hallamos ese término en Rom. 1:17, Ho-de dikaios ek pisteōs zēsetai («El justo por la fe vivirá»), ¿cómo debemos interpretar *pisteōs* (genitivo de *pistis*), tomando la primera acepción o la segunda? ¿Se refiere a la creencia, es decir a la fe —que implica confianza— del justo o a su fidelidad? Optar por este segundo sentido nos llevaría a una flagrante contradicción con la línea de pensamiento que aparece nítidamente y con gran fuerza a lo largo de toda la epístola. Nada hay en el hombre que le haga acreedor del favor divino. Sólo la gracia de Dios, sobre la base de la obra de Cristo en la cruz, puede salvarnos. Y esta salvación se obtiene mediante la fe en Jesucristo, no por una fidelidad meritoria. En cambio, la misma palabra, en otro pasaje de la misma carta a los Romanos (3:3), únicamente admite la segunda acepción. *Tēn pistin tou theou* no puede referirse a la fe de Dios sino a la fidelidad de Dios.

7.  El significado de una palabra debe determinarse teniendo en cuenta el marco cultural y de costumbres imperantes en la época del texto. Existe una conexión estrecha entre ese marco y el *usus loquendi*, especialmente en el lenguaje escrito.

Ningún escritor prescinde normalmente de las ideas, opiniones, tradiciones y creencias del mundo en que vive. Aun los conceptos nuevos aparecen envueltos en el ropaje literario propio de cada pueblo y de cada época. Por supuesto, no podemos admitir

---

4.  En inglés son recomendables *Synonims of the Old Testament*, de Girdlestone y *Synonims of the NT*, de Trench.

—como algunos han afirmado— que los libros de la Biblia sean meros productos culturales de diferentes periodos históricos o que gran parte de su contenido sea resultado de la apropiación por parte de sus autores de conceptos y de mitos ampliamente divulgados. No obstante, podemos aceptar que, con el debido discernimiento, los hagiógrafos usaron en algún caso elementos de la tradición cultural de su tiempo. Pensemos, por ejemplo, en Leviatán (Sal. 74:13 y ss.), el monstruo marino cananeo, o en Rahab, el dragón mitológico (Job 26:12, 13). Una parte importante de determinadas cartas de los apóstoles revelan marcadas referencias a la cultura y a la sociología tanto judías como helénicas. En cualquier caso, detrás de las formas de expresión, hemos de distinguir el verdadero contenido histórico o ideológico. Así, cuando en el Nuevo Testamento leemos acerca de la sangre de Cristo, hemos de recordar el contexto religioso-cultural del Antiguo Testamento. De otro modo, como sugiere W. C. Kaiser,[5] fácilmente pensaremos, con mentalidad occidental del siglo XX, en una transfusión de sangre que imparte vida, cuando el sentido bíblico es más bien lo opuesto: vida que se derrama, que se entrega a la muerte, bien que con efectos vivificantes. Y cuando se habla de redención, no podemos olvidar el contexto sociológico evocado por el verbo *exagorazō*: la acción de comprar un esclavo mediante el pago de un precio.

Los ejemplos que preceden son suficientes para demostrar que el análisis cultural de las palabras no sólo contribuye a aclarar el sentido de éstas, sino que muchas veces lo enriquece a la par que lo hace más vivo y penetrante.

Afortunadamente, en la mayoría de casos el verdadero sentido de los vocablos en los originales hebreo o griego ha sido expresado en las traducciones de las versiones más modernas. Una buena traducción es un comienzo de interpretación.

Sin embargo, todavía es necesario precaverse en cuanto a la traducción de ciertas palabras que, o bien conservan en la versión vocablos tradicionales cuyo sentido ya no expresa la idea del original, o bien, en un desmesurado intento de «traducción dinámica», se alejan igualmente de esa idea.

En la palabra *metanoeō* hallamos un ejemplo de la primera posibilidad. Prescindiendo de las versiones católicas que la traducen por «hacer penitencia», el término más usado para traducirla es «arrepentirse». Mas ¿qué sugiere este verbo a la mayoría de lectores? El pesar o remordimiento que se siente por una mala acción. Pero *metanoeō*, aunque incluye esta idea, expresa mucho más. Indica, sobre todo, «cambio de mente de quienes han empezado a aborrecer sus errores y malas obras y han decidido comenzar un mejor modo de vivir, de forma que incluye tanto un reco-

5. *Toward an Exegetical Theology*, p. 116.

nocimiento del pecado y el consiguiente dolor como una enmienda, señales y efecto de la cual son las buenas obras (Mt. 3:8)» (Thayer).

En las traducciones del término *dikaioō* (justificar) o *dikaiosyne* (justicia), de uso tan frecuente en los escritos de Pablo, hallamos ilustrados los dos inconvenientes: el de mantener en la versión una palabra tradicional que sugiere conceptos ajenos al pensamiento del autor y el de emplear vocablos o expresiones más populares que tampoco recogen plenamente la idea original. Para muchas personas hoy, «justificar» es dar por bueno lo que una persona ha hecho, o bien «probar la inocencia de uno» (quinta acepción según el Diccionario Ideológico de la Lengua Española, por J. Casares). Evidentemente éste no es —no puede ser— el sentido de *dikaioō* en los textos paulinos, en los que toda la argumentación va dirigida a probar no la bondad o la inocencia, sino la culpabilidad de todos los seres humanos.

Algunas de las versiones más recientes, con la mejor intención, traducen «dinámicamente» ese verbo por «poner en la debida relación con Dios» (vers. popular del N.T. *Dios llega al hombre*; Ro. 3:20, 21, 22, 24, 26, etc.), «otorgar amnistía», «rehabilitar» (*Nueva Biblia Española*; Ro. 3:22 y ss.) «restablecer en la amistad divina» (*La Biblia Interconfesional*, Nuevo Testamento, de las Sociedades Bíblicas Unidas, en los mismos textos). Pero en ningún caso es feliz el trasvase de la idea original, que es la de «declarar justo» —en sentido jurídico— al pecador en virtud de los méritos de Cristo y sobre la base de su obra expiatoria en la cruz.

Los principios orientativos que anteceden pueden despejar en la mayoría de los casos el camino para determinar el significado de una palabra. Pero hay en la Biblia algunos vocablos especialmente difíciles, por cuanto aparecen raramente o una sola vez *(hapax legomena)*. Incluso puede darse el caso de que algunos de esos términos apenas se encuentren en otras obras literarias. Su significado entonces, obviamente, sólo puede determinarse —o simplemente conjeturarse— por el contexto y por la comparación con palabras análogas de otras lenguas.

Sirva de ilustración Gn. 2:6 («Subía de la tierra un *vapor* que regaba toda la faz de la tierra»). La palabra «vapor» es, en la versión de Reina Valera la traducción del hebreo *'ed*, vocablo que sólo se encuentra una vez más en todo el Antiguo Testamento (Job. 36:27). Aunque esa traducción es considerada como posible, últimamente se ha preferido traducir *'ed* por «corriente de agua» procedente de un manantial, a la luz de inscripciones sumerias y acadias en las que el mismo término significa «río». Así algunas de las versiones modernas más acreditadas traducen Gn. 2:6 de los siguientes modos: «un manantial brotaba de la tierra y regaba toda la superficie del suelo» (BJ), «ni había hombre que cultivase la tierra y sacase un manantial de la tierra para regar la superficie del campo» (NBE), «una gran corriente de agua *(flood)* solía brotar de la tierra y regar toda la superficie del suelo» (NEB), «una avenida de aguas brotaba de la tierra y empapaba el suelo» (ZB). Aun en el texto de Job 36:27, donde la traducción «vapor» parece más lógica, la NBE da la siguiente versión: «Él va soltando las gotas de agua que bajan como lluvia de sus fuentes»; y la ZB: «Él saca las gotas de agua, las filtra de su raudal *(Flut)* como lluvia.»

Otro ejemplo de *hapax legomena* es el término *epiousios* (Mt. 6:11 y el pasaje paralelo de Lc. 11:3) en la súplica del Padrenuestro relativa a «nuestro pan». Por eso la frase *ton arton hēmōn ton epiousion* ha sido diversamente traducida: «el pan nuestro de cada día», «el pan que necesitamos», «el pan del mañana».

En algunas de las versiones de la Biblia más recientes aparecen en notas al pie de página las posibles variantes de traducción de estas singulares palabras, lo que es de gran ayuda en la interpretación de las mismas.

## ESTUDIO GRAMATICAL

Una vez más hemos de insistir en que las palabras de un texto no son unidades con existencia propia e independiente. Son miembros de conjuntos orgánicos: la frase, la oración gramatical, el párrafo. Toda palabra está estrechamente vinculada a las que la acompañan y el valor o significado de aquélla es determinado en gran parte por éstas.

Por tal razón, es importante —aunque no siempre decisivo, como veremos— el estudio de palabras y frases desde el punto de vista gramatical. Se espera que quien realiza un trabajo de exégesis, aunque no sea un especialista ni domine las lenguas originales de la Biblia, tenga por lo menos un conocimiento aceptable tanto de la morfología como de la sintaxis.

No vamos a entrar aquí en detalles sobre las peculiaridades de las gramáticas hebrea o griega. Será conveniente, no obstante, que mencionemos algunos puntos elementales, básicos en toda labor de interpretación.

En español, la construcción sintáctica de la oración admite gran variedad en el orden de sus palabras. El escritor goza de gran libertad para determinar ese orden según el énfasis que quiera dar a cada uno de los elementos, si bien normalmente se coloca en primer lugar el sujeto con sus complementos y a continuación el predicado con los suyos. Algo semejante ocurre en la lengua hebrea, aunque a la inversa. Su orden sintáctico usual es: complemento circunstancial, predicado y sujeto; pero puede variarse de todas las formas posibles si se quiere cambiar la fuerza expresiva de una palabra. En algunos casos, el énfasis se logra colocando un nombre al principio y sustituyéndolo después por medio de un adjetivo posesivo. Ejemplo: «Dios, perfecto es su camino» (Sal. 18:3), en vez de: «El camino de Dios es perfecto.»

En el griego del Nuevo Testamento el orden sintáctico es análogo al español: sujeto, predicado y complementos. Cualquier modificación indica, por lo general, el realce que debe darse a una palabra o bien un enriquecimiento del estilo. Numerosos ejemplos lo ilustran. Las bienaventuranzas (Mt. 5:3-11) empiezan no con el sujeto, sino con el predicado. No se dice: «los pobres de espíritu, los que lloran, los mansos, etc. (sujetos) son bienaventurados» (predicado), sino que se invierte el orden. La misma inversión encontramos en Hch. 19:28. «¡Grande (es) Diana (Artemis) de los Efesios!», o en 2 Ti. 2:11. «Fiel (es) la palabra.»

Las preposiciones, especialmente en el Nuevo Testamento, deben ser objeto de especial atención, pues a menudo suscitan ambigüedades por su polivalencia. Lógicamente sólo los expertos pueden opinar con autoridad en cuanto a las opciones preferentes ante la variedad de matices o significados que las partículas de la oración pueden entrañar; pero quienquiera que se ocupe en la exégesis ha de tener presente este factor y buscar la orientación necesaria en los mejores diccionarios, gramáticas y comentarios.

Otra cuestión a tener en cuenta es la relativa a la conexión de las frases, oraciones o periodos entre sí. Generalmente viene determinada por las conjunciones. Pero no siempre es así. A veces en los textos bíblicos hay paréntesis, digresiones más o menos largas y cortes bruscos (anacolutha) que interrumpen o rompen el hilo del pensamiento central. Para no perder éste, es necesario discernir y delimitar claramente esos incisos y determinar su aportación a la idea capital del pasaje. En Mt. 10:32, la conjunción «pues» (oun) podría hacernos pensar que lo que sigue («el que me confiese delante de los hombres yo también le confesaré delante de mi Padre...») se deriva de lo que antecede: «Así que no temáis; más valéis vosotros que muchos pajarillos.» (v. 31) Pero esta conexión sería forzada, carente de lógica. Lo coherente es relacionar Mt. 10:32, 33 con Mt. 10:5-15, es decir, el confesar a Jesús con la misión evangelizadora encomendada a los discípulos. Los versículos 16-31 son desarrollo de un aspecto de la obra misionera: el enfrentamiento con la persecución, experiencia en la que se pondrá de manifiesto el poder protector de Dios.

En todo caso, el sentido de palabras y frases ha de estar en consonancia con la línea de pensamiento del autor, con el propósito evidente del pasaje. En exégesis, la gramática es una gran ayuda que merece respeto, pero no tiene la palabra final. De otro modo, nos encontraríamos a veces con grandes contradicciones. Tomemos como ejemplo Lc. 7:47. «Sus muchos pecados le son perdonados, porque *(hoti)* amó mucho.» la conjunción *hoti* es causal y correctamente puede traducirse por la española «porque» (así lo hace la Versión Reina Valera 1960) o «por cuanto», «ya que», etc. Pero hacer de ella factor decisivo en la interpretación desfiguraría por completo el sentido clarísimo del relato, en el que sobresale el amor de la mujer como consecuencia y no como causa del perdón de sus pecados. Esto se corrobora diáfanamente en la segunda parte del mismo v. 47: «mas aquel a quien se perdona poco, poco ama». Por eso, con una interpretación atinada, algunas versiones han traducido: «su mucho amor demuestra que sus muchos pecados son perdonados» *(Dios llega al hombre)* o, con mayor elegancia literaria, «quedan perdonados sus pecados, que son muchos; por eso muestra mucho amor» (RV 77).

No siempre el significado global de un pasaje será tan fácil de hallar como en el caso que acabamos de exponer; pero no deben regatearse esfuerzos para descubrirlo. Y una vez estamos seguros de cuál es ese significado, él debe regir la semántica y el estudio de la sintaxis en la exégesis de toda porción bíblica.


## MODISMOS

Complementando nuestras notas sobre el estudio gramatical de un texto hemos de hacer referencia a los modismos, es decir, a los modos de hablar o escribir que se suelen apartar en algo de las reglas de la gramática y que expresan ideas diferentes de lo que literalmente indicarían sus palabras. Todas las lenguas los tienen. En español, por ejemplo, cuando decimos que alguien «ha perdido la cabeza», a nadie se le ocurre pensar que a tal persona se le ha desprendido la parte superior de su cuerpo y que ésta ha ido a parar a algún lugar desconocido. Es una manera de decir que se le ha ofuscado la razón. «Comerse con los ojos» a una persona no es una forma insólita de antropofagia, sino mostrar en la mirada vehemente deseo, amor, admiración, etc.

El hebreo y el griego también tienen sus modismos; y, de no discernirlos y descubrir su sentido correcto, corremos el riesgo de interpretaciones erróneas, a veces disparatadas. Este riesgo es mayor cuando los hebraísmos pasan al griego, como sucede con frecuencia, en traducción literal o cuando, también literalmente, tanto los modismos del Antiguo Testamento como los del Nuevo pasan a las diferentes versiones sin una traducción o aclaración adecuadas.

Robert Young, en su Concordancia Analítica, detalla como ayudas para la interpretación bíblica setenta tipos de modismos. Thomas E. Fountain, de modo mucho más simplificado, y limitándose a los hebraísmos, los reduce a cinco grupos: 1) Uso de lo absoluto por lo relativo. 2) Uso de lo relativo por lo absoluto. 3) Modismos de filiación. 4) Modismos de tiempo. 5) Antropomorfismos.[6] Por nuestra parte nos limitamos a ofrecer algunos de los ejemplos más claros.

*Uso de lo absoluto por lo relativo.* Lc. 14:26. Aquí «aborrecer» a los seres queridos no debe interpretarse en sentido literal; se trata de una forma de expresar el amor superior que se debe a Jesucristo por encima de todo otro amor. La misma idea de preferencia encontramos en Mal. 1:2, 3, citado en Ro. 9:13. «A Jacob amé, mas a Esaú aborrecí.»

*Modismos de filiación.* Se usan cuando se dice que una persona es «hija de» algo o de alguien y resulta evidente que la expresión no puede tomarse en sentido literal. En algunos casos puede indicar la idea de descendiente. Esto era lo que los judíos querían significar cuando exclamaban con orgullo: «¡Hijos de Abraham somos!» (comp. Mt. 3:9 y Lc. 3:8). En otros textos, «ser hijo de» equivale a «participar de las características de». Cuando Jesús dice a los judíos incrédulos que eran hijos del diablo (Jn. 8:44), está dando a entender —y así se expresa claramente en el resto del versículo— que se distinguen por los mismos rasgos de su «padre»: la mentira y el odio homicida. De modo análogo, si bien en sentido del todo opuesto, se es «hijo de Dios» cuando se muestran la justicia y la misericordia de Dios (Mt. 5:45). Los «hijos de este mundo (o siglo)» (Lc. 16:8; 20:34) son quienes comparten los criterios, métodos sagaces —a menudo poco rectos— y formas de conducta de la sociedad secular. Los «hijos de desobediencia» (Ef. 2:2), aquellos cuyo distintivo principal es la rebeldía contra Dios, del mismo modo que un destino de ruina lo es del «hijo de perdición» (Jn. 17:2; 2 Ts. 2:3).

Todos estos hebraísmos son confirmados en los documentos del Qumram, en los que se hace mención de hijos de la verdad e hijos de perdición, hijos de Belial e hijos de la benevolencia de Dios, hijos del cielo, de la gracia, del mundo, etc.

*Modismos de tiempo.* Uno de los más interesantes es el que hallamos en Mt. 12:40: («Así estará el Hijo del Hombre en el corazón de la tierra tres días y tres noches.») El texto plantea una dificultad, ya que Jesús estuvo en la tumba dos noches y no tres. Pero los judíos veían el día y la noche como un periodo completo y una parte del mismo era equivalente a la totalidad. Lightfoot cita del Talmud de Jerusalén los dichos de dos rabinos: «Un día y una noche hacen una *onah* y una parte de la *onah* es como toda

6. *Claves de Interpretación Bíblica*, p. 78 y ss.

ella.»[7] La comprensión de este modismo resuelve el problema relativo al tiempo que Jesús permaneció en el sepulcro.

*Antropomorfismos.* Dejando aparte las expresiones en las que se atribuyen a Dios órganos o miembros físicos («los ojos del Señor», «la boca de Yahvéh», «el brazo del Poderoso», etc.), en las que fácilmente se adivina su carácter metafísico, merecen especial mención aquellas en que Dios es presentado como un ser con reacciones típicamente humanas.

En Gn. 6:6, 7 leemos que Dios «se arrepintió» de haber creado al hombre. Lógicamente no podemos interpretar esa afirmación como si se tratara de un ser humano que se viera dolorosamente sorprendido por una gran decepción. Arrepentirse, en este caso, significaría que, a la luz de lo acaecido, si se pudiera volver atrás, haría las cosas de diferente modo. A Dios nada le sorprende, pues es omnisciente y el futuro aparece ante Él tan real como el presente. Dios tampoco cambia en su esencia o en sus propósitos. Lo que el hebraísmo «arrepentirse» denota en su caso es que se ha producido una variación en su relación con el hombre rebelde a causa del pecado, o que —en palabras de Lange— «en consistencia con su inmutabilidad, asume un cambio de posición respecto a un hombre cambiado».[8]

Los ejemplos expuestos pueden ser suficientes para guiar al estudiante a descubrir los modismos cuando aparezcan en un pasaje del Antiguo o del Nuevo Testamento y a buscar la información necesaria para desentrañar su significado.

Sin menoscabo de cuanto llevamos dicho sobre el estudio gramatical, hemos de recordar lo que más arriba anticipamos: que los datos aportados por tal estudio no siempre son decisivos para la determinación del verdadero significado de una palabra o de una frase. Hay contenidos semánticos que escapan a la mecánica de todo análisis morfológico o sintáctico. Podemos usar una frase con un verbo en indicativo, de carácter descriptivo, y, no obstante, su verdadero sentido puede ser otro diferente. A. C. Thiselton usa un ejemplo práctico: «Si yo exclamo: "¡Esto es veneno!", puedo estar haciendo una declaración descriptiva. Pero puedo también estar expresando un imperativo urgente: "¡Rápido! Ve en busca de un médico"; o haciendo una advertencia: "¡Cuidado! No bebas esto." El significado de las palabras depende de su situación no-lingüística más que de la gramática.»[9]

Quizá Ferdinand de Saussure exageraba cuando se refería al carácter arbitrario de las formas gramaticales. Pero su observa-

7. Cit. por J. A. Broadus en su *Comentario sobre Mateo*, in loc.
8. *Pulpit Commentary*, in loc.
9. *NT Interpretation*, p. 77.

ción tenía un fondo correctivo útil que permite a la semántica desprenderse de las limitaciones impuestas por prejuicios lingüísticos anteriores. Hoy es opinión generalizada que la forma aparente de una proposición, lógica gramaticalmente, no es necesariamente la verdadera. Recordemos como ilustración el momento en que Judas saluda a Jesús antes de estampar sobre su mejilla el beso de la traición (Mt. 26:49). Sólo pronuncia dos palabras: «*Jaire, Rabbí.*» Si nos atuviéramos estrictamente a la gramática, teniendo en cuenta que *jaire* es el imperativo de *jairō* (alegrarse), habríamos de traducir: «alégrate, Maestro», lo que lógicamente no expresaría el pensamiento de Judas, ni tampoco el del evangelista. El *jaire* del apóstol traidor es una mera fórmula de salutación más o menos equivalente a «hola».

Las limitaciones de la gramática varían según los géneros literarios. En algunos de ellos, especialmente en la poesía, las declaraciones descriptivas o las proposiciones tomadas en su valor puramente gramatical tienen un valor relativo —o incluso nulo— si no se trascienden los límites de la literalidad.

En conclusión: estudio gramatical del texto, sí; pero sin otorgarle funciones de árbitro supremo. La lingüística es más que la gramática. Y la hermenéutica más que la lingüística.

# CUESTIONARIO

1. *¿Es suficiente la definición que un diccionario nos da de una palabra para determinar su significado en un determinado texto? Razone la respuesta e ilústrela con algún ejemplo.*

2. *¿Hasta qué punto es útil la etimología en el estudio semántico?*

3. *Sobre la base de lo estudiado, indique el significado de las palabras que se señalan a continuación con referencia al texto en que se encuentran:*

   Ley (Sal. 119:18; Rom. 3:20, 21; 1 Ti. 1:9).
   Gracia (Pr. 1:9; Jn. 1:16; 2 Co. 8:6, 7; 8:9).
   Paz (Jer. 6:14; Sal. 119:165; Ro. 5:1).
   Redención (Sal. 49:8; Lc. 21:28; Ef. 1:7).
   Casa (Mt. 7:24; Os. 1:4; 2 Co. 5:1).

4. *Ponga cuatro ejemplos de antropomorfismo (con indicación de los textos correspondientes) y explique su significado.*

# IX

# CONTEXTO Y PASAJES PARALELOS

## EL CONTEXTO

Hemos de reiterar aquí lo dicho al tratar del estudio de las palabras y de sus relaciones gramaticales. El examen del contexto no sigue a tal estudio; más bien lo precede y lo acompaña en una relación de mutua influencia. El contexto ilumina el significado de los términos y éste hace más concreto el contenido de aquél. Así, en una constante comparación, ambos son enriquecidos y precisados. Si hemos iniciado el análisis lingüístico con el de las palabras ha sido por seguir un orden más o menos convencional. Pero ese orden podía haberse invertido; de hecho, algunos autores hacen preceder el análisis contextual al verbal.

Sea cual sea el orden que se siga, lo importante es dar el lugar que le corresponde al examen del marco en que se halla el pasaje que ha de interpretarse. El concepto mismo de contexto nos muestra la conveniencia de su estudio. Etimológicamente, el término se deriva del latín *cum* (preposición de ablativo que denota unión, asociación o compañía) y *textum* (tejido; por extensión, contextura, trama). Aplicado a documentos escritos, expresa la conexión de pensamiento que existe entre sus diferentes partes para hacer de ella un todo coherente.

### Extensión del contexto

¿Hasta dónde hemos de remontarnos en la parte del escrito que antecede al pasaje objeto de interpretación o hasta qué punto hemos de llegar en la que le sigue?

En respuesta a esta pregunta, se habla de un contexto remoto

151

y de un contexto inmediato. El primero, en un sentido amplísimo, está constituido por la totalidad de la Escritura. Pero de ese contexto debe pasarse sucesivamente a otros cada vez más reducidos: Antiguo o Nuevo Testamento. En el Antiguo Testamento, serán contextos más limitados el Pentateuco, los libros históricos, los poéticos, los sapienciales o los proféticos, y dentro de cada grupo, cada uno de los libros que lo forman. De un modo análogo, el contexto del Nuevo Testamento se reduce mediante la clasificación en evangelios, Hechos de los Apóstoles, epístolas y Apocalipsis. Dentro del primero y del tercer grupo, se considerará cada libro por separado, destacando sus rasgos distintivos. Después se delimitará la sección del libro en la que se encuentra el texto y se determinará el contenido esencial de la misma. Y así se proseguirá la reducción hasta llegar al contexto más próximo al pasaje cuya exégesis se quiere efectuar.

En el tránsito de contextos más amplios a otros más reducidos, conviene descubrir y tomar en consideración el propósito del autor. Volveremos a este punto para tratarlo más extensamente cuando nos ocupemos del fondo histórico; pero ya ahora anticipamos algunas observaciones, dado que el mencionado propósito ilumina con mayor o menor intensidad textos y contextos.

Llegar a conocer la finalidad con que un libro de la Biblia fue escrito no es difícil si el propio escritor la especifica. Tal es el caso del evangelio de Juan (Jn. 20:30-31) o de algunas cartas apostólicas (2 P. 1:13-15; 1 Jn. 1:3 y Jud. 3). Cuando el propósito no se halla expuesto de modo expreso en el libro, generalmente se descubre sin demasiado esfuerzo a través de su contenido. En la carta a los Gálatas se advierte en seguida que su finalidad es corregir los graves errores doctrinales de los judaizantes que socavaban los cimientos de la fe evangélica en las iglesias de Galacia. La carta a los Hebreos muestra desde el principio el propósito de exaltar a Cristo sobre todo lo creado y sobre todas las sagradas instituciones de Israel a fin de librar a los judíos convertidos al Evangelio de actitudes nostálgicas respecto a las formas de su antigua fe, pues dichas actitudes podían llevarles a la apostasía.

Pero a veces la finalidad del autor no aparece con demasiada claridad y sólo puede averiguarse mediante un análisis laborioso en el que se dé la debida atención a la estructura del libro, a la selección y ordenación de su material, a las frases clave que a veces aparecen repetidas para señalar el comienzo o el fin de una sección, etc.

Tomemos como ilustración el libro de Amós. En su primera sección (caps. 1 y 2), hallamos una y otra vez la siguiente expresión: «por tres pecados de... y por el cuarto...», con lo que se indica la inexorabilidad y la universalidad de los juicios de Dios. En la segunda (cap. 3), sigue una serie de preguntas en las que se destaca la relación causa-efecto, con lo que se justifica lo inevitable del mensaje profético. Se continúa en el capítulo 4 con la descripción de una sucesión de desastres, al final de cada uno de los cuales se encuentra la misma denuncia divina: «Mas no os volvisteis a mí» (vs. 6, 8, 9, 10 y 11). Todo ello culmina con el llamamiento de Dios a la conversión (v. 12). En el resto del libro se renueva la invitación divina que se resume en la repetida frase: «Buscadme (o "buscad el bien") y viviréis» (vs. 4, 6, 14); se pronuncian una serie de ayes (5:16, 18; 6:1), seguidos de varias visiones de destrucción (7:1-9:10), para concluir con un cuadro de restauración y abundancia (9:11-15). Si comparamos todas estas secciones entre sí, veremos su sólida trabazón, su armonía y el propósito del autor: lograr que el pueblo vuelva de nuevo a su Dios, un Dios justo, insobornable, un Dios cuyos molinos muelen despacio, pero menudo, que no hace acepción de personas y, sobre todo, que no quiere la muerte del impío, sino que el impío se vuelva a Él y viva.

Cuando, guiados por el contexto amplio, llegamos al contexto inmediato, hemos de percatarnos del pensamiento central que lo preside, el cual, generalmente, es un punto concreto de la línea de pensamiento existente a lo largo de una sección del libro o del libro entero.

## Tipos de contexto

La conexión entre el texto y su contexto inmediato puede ser: 1) *lógica*, cuando las ideas del texto aparecen engarzadas en la línea de pensamiento de toda la sección; 2) *histórica*, cuando existe una relación con determinados hechos o acontecimientos (v.g., la conversación de Jesús con el ciego de nacimiento (Jn. 9:35-38) y el contexto de su curación y de su testimonio (9:1-34); 3) *teológica*, si el contenido del texto forma parte de un argumento doctrinal, como sucede en numerosos pasajes de Gálatas o Romanos.

Esta división tiene un carácter más bien convencional, pues con frecuencia la conexión puede ser doble o triple; es decir, participa tanto del carácter lógico como del teológico o del histórico.

En Romanos 3:20 tenemos un ejemplo de conexión doble: lógica y teológica. Podemos tomar como contexto inmediato Ro. 3:9-19. Hemos llegado a él a través de la primera parte de la sección que empieza en 1:17. La justicia de Dios revelada en el Evangelio, que acaba «justificando» al pecador, empieza denunciando el pecado y sometiendo a todos los hombres sin excepción —gentiles y judíos— a juicio condenatorio. Aquí se inicia el «contexto inmediato», constituido esencialmente por una serie de citas del Antiguo Testamento y por una reafirmación de la culpabilidad de todo el mundo, incluido el pueblo escogido y favorecido por la revelación de Dios. Parte esencial de esta revelación era la ley dada a través de Moisés, por la cual se adquiere el «conocimiento del pecado», pero que nadie cumple cabalmente por más que se multipliquen las «obras» en un intento de obedecer sus preceptos. La consecuencia es lógica y el significado de nuestro texto («por las obras de la ley ningún ser humano será justificado»), bien claro: nadie alcanzará la aprobación de Dios sobre la base de su comportamiento moral o religioso.

Un ejemplo de conexión triple —lógica, histórica y teológica— lo hallaríamos en Gá. 5:4b: («De la gracia habéis caído.») Este pasaje, tomado aisladamente, podría sugerirnos la experiencia horrible de la pérdida de la salvación. Pero su contexto (5:11), en el que se mezclan la lógica de un sólida argumentación, la exposición teológica y los hechos históricos que estaban viviendo los gálatas en su relación con los judaizantes, nos obliga a otra interpretación: el sistema de salvación por obras es incompatible con el de salvación por la gracia de Dios mediante la fe en Cristo. Quienes se obstinaban en adherirse al primer sistema no podían al mismo tiempo sostenerse en el segundo; automáticamente «caían» de él.

### Irregularidades contextuales

En el examen del contexto deben tenerse en cuenta los paréntesis, las digresiones y los cambios bruscos de un tema a otro. En cualquiera de estos casos, el hilo del pensamiento del autor parece romperse para introducir una línea nueva de reflexión. El intérprete habrá de tener el debido discernimiento para advertir que el verdadero contexto no lo constituyen los versículos que anteceden —o siguen— inmediatamente al texto objeto de exégesis, sino en una porción anterior o posterior a los mismos.

La segunda carta a los Corintios abunda en este tipo de irregularidades. Tomemos como ejemplo 2 Co. 3:18. Observamos que el contexto inmediato anterior (vs. 15-17) es un paréntesis. El contexto real se encuentra en el versículo 14, y en todo el pasaje relativo a la gloria del ministerio apostólico (3:1 y ss).

Como ilustración de ruptura en el desarrollo de un tema podemos citar 2 Co. 6:14-7:1. El asunto introducido en esta porción es completamente ajeno a los pasajes que la preceden y siguen. Si prescindimos de ella, se restablece la coherencia y la unidad de pensamiento entre 6:13 y 7:2. Por consiguiente, si hubiéramos de interpretar 7:2, no nos entretendríamos buscando luz y ayuda en un contexto inmediato (6:14-7:1) que en realidad no lo es; nos remontaríamos al pasaje anterior del capítulo 6 (vs. 1-13).

Una última observación sobre el contexto. La actual división de nuestras versiones de la Biblia en capítulos y versículos es arbitraria. No existía división de ninguna clase en los antiguos manuscritos. La Vulgata Latina fue la primera versión dividida en capítulos, obra del cardenal Hugo en el siglo XIII, aunque tal división es atribuida también al arzobispo de Canterbury, Langton, en el año 1227. Posteriormente el Antiguo Testamento hebreo fue fraccionado de modo análogo por Mardoqueo Nathan en 1495; y el Nuevo Testamento, en 1551, por Robert Stephens, quién colocó la numeración de los versículos en el margen del texto.

El modo en que se han fijado capítulos y versículos dista mucho de ser perfecto. A menudo las divisiones son deplorables, pues fraccionan indebidamente porciones que habrían de aparecer como un todo, con lo que se oscurece su significado. Podríamos citar innumerables ejemplos de división desdichada. Baste la mención de dos ejemplos. El texto de Isaías sobre el Siervo doliente no empieza en 53:1, sino en 52:13. Los primeros cinco versículos de Jeremías 3 deberían formar parte del capítulo anterior; mucho más lógico habría sido dar comienzo al capítulo 3 con el versículo 6, donde se inicia la comunicación de un nuevo mensaje de parte de Dios.

No menos desafortunados son a veces los lugares en que se colocan los epígrafes que encabezan párrafos o secciones en muchas versiones modernas. El defecto es semejante al señalado respecto a la división en capítulos y versículos, dejando aparte lo correcto o incorrecto de sus enunciados y el abuso que a veces se hace en la inserción de esos títulos.

La versión española de Reina Valera 1960 es bastante aceptable en lo que concierne a esta cuestión. Pese a ello, no siempre es recomendable. En 1 Co. 2, por ejemplo, ¿hay necesidad de introducir dos epígrafes («Proclamando a Cristo crucificado», vs. 1-5, y «La revelación por el Espíritu de Dios», vs. 6-16)? ¿No se induce de este modo a quebrar la unidad de todo el capítulo, cuyo pensamiento central es «la sabiduría de Dios» dada a conocer por su Espíritu? «Cristo crucificado» es una de las expresiones más maravillosas de la Biblia; pero en el texto que consideramos ¿ocupa un lugar tan relevante que justifique un epígrafe sobre un pasaje en el que la idea clave es otra?

Sirva lo consignado para precaver a quien interpreta un pasaje de la Escritura contra los pobres servicios que pueden prestarle ayudas arbitrarias en la determinación del contexto. Es el propio intérprete quien debe realizar ese trabajo con su capacidad analítica y su discernimiento.

## PASAJES PARALELOS

No siempre el contexto aporta luz para la mejor comprensión de un texto. Puede suceder que éste se encuentre aislado, sin conexión con lo que le antecede o le sigue. Es lo que vemos en la mayor parte de los textos de Proverbios, pues con la excepción de algunas secciones cuyo contenido gira en torno a temas concretos (las malas compañías, 1:10-19; la vida de piedad, 3:1-12; la sabiduría, 3:13-4:27; 8:1-9:18; las exhortaciones contra la impureza, 5:1-23; 6:20-7:27; la amonestación al rey, 31:2-9; y el elogio de la mujer vituosa, 31:10-31), el resto del libro está compuesto de máximas y sentencias discontinuas. Algo análogo acontece con determinadas porciones de Eclesiastés y del Cantar de los Cantares. En el resto de las Escrituras, aunque con menos frecuencia, también hallamos pasajes inconexos. En tales casos, es inútil trabajar en el contexto. La ayuda hemos de buscarla en los pasajes paralelos, es decir aquellos que en otros lugares de la Biblia se refieren al mismo hecho histórico, a la misma doctrina o a una enseñanza, exhortación o tema semejante. En estos pasajes paralelos generalmente hallamos ayuda no sólo para entender mejor el texto que tratamos de interpretar, sino también para obtener una perspectiva más amplia tanto de su significado como de sus aplicaciones.

Sírvanos de ilustración el texto de Lucas 14:26, que ya comentamos al ocuparnos del uso de modismos. Entonces vimos el significado del verbo «aborrecer» a la luz del *usus loquendi*. Pero el pasaje de Mt. 10:37 deja perfectamente clara la cuestión: «el que ama padre o madre más que a mí no es digno de mí». Así, pues, «aborrecer» en el texto de Lucas equivale a amar menos, con la consecuencia lógica de que si la familia es hostil a Cristo (véase el contexto de Mt. 10:34-39), el discípulo de Jesús ha de optar por la lealtad a su Maestro, aun si en casos extremos ello significa la ruptura de la comunión familiar.

Los paralelos pueden ser verbales y conceptuales. Son verbales cuando en ellos se encuentra la misma palabra o frase que en el texto con un sentido idóneo o semejante. De no ser así, el paralelo es aparente, no real, y en vez de sernos de orientación, más bien puede confundirnos. Si estudiamos, por ejemplo, el texto de Ef. 2:8: («Por gracia sois salvos, por medio de la fe»), en el análisis semántico de la palabra «fe» sería un mal paralelo Jud. 3, donde leemos de la fe que ha sido transmitida a los santos de una vez por todas. Obviamente, el significado de la «fe» es diferente en ambos pasajes. En el primero, se refiere a la confianza del creyente en Cristo que le une a Él de modo vital para la salvación; en el segundo, indica el cuerpo de verdades reveladas y contenidas en el Evangelio. En cambio, un ejemplo aceptable de paralelo verbal, con conexión de semejanza, podríamos establecerlo entre el mencionado texto de Jud. 3 y Ef. 4:5, 13.

Una penetración paciente y minuciosa en este tipo de paralelos suele ser remuneradora, pues ensancha los horizontes de un texto y lo completa. Cuando leemos en Ef. 3:6 acerca del «misterio» revelado por el Espíritu, «que los gentiles son coherederos... y copartícipes de la promesa en Cristo Jesús», podemos preguntarnos: ¿Para quién es la promesa? ¿Cuál es el contenido de ésta? Un estudio cuidadoso de los paralelos nos lleva a Abraham, a quien primeramente fue hecha la promesa, y a su «simiente» (Ro. 4:13; Gál. 3:29). Los judíos eran descendientes de Abraham, por consiguiente, para ellos era la promesa (Ro. 9:4). Los gentiles, excluidos de la «ciudadanía de Israel», eran «ajenos a los pactos de la promesa» (Ef. 2:12). Pero el Evangelio revela que son «descendientes» de Abraham todos los que creen como él (Ro. 4:16). Esta realidad es magistralmente aclarada y demostrada cuando se descubre que la «simiente» por excelencia de Abraham es Cristo (Gál. 3:16). Así que en Cristo —y sólo en Él— judíos y gentiles constituyen los auténticos descendientes del patriarca, herederos de la promesa (Gál. 3:29). En cuanto a la sustancia de ésta, los paralelos nos hablan de «herencia» (Gál. 3:18), de «justicia» y de «vida» (Gál. 3:21; Ro. 4:17), de «Espíritu» (Gál. 3:14; Ef. 1:13), de ser hechos «hijos» (Ro. 9:8; Gál. 4:22 y ss.). En resumen, la promesa incluye todas las bendiciones que Dios nos otorga en Cristo.

Los paralelos conceptuales existen donde hay correlación de hechos o de ideas, a pesar de que éstos se expresen con diferentes palabras. Este tipo de paralelismo lo podemos ver en He. 2 y Fil. 2:2; en ambos, el tema es la humillación de Cristo. O en Ro. 3:24-26 y He. 9:11-10:14, cuyo contenido esencial es la redención por la muerte expiatoria de Cristo.

Fuente exhaustiva de paralelos verbales es una buena concordancia bíblica, preferentemente basada en las lenguas originales.[1] Su utilización puede mostrarnos con mayor claridad el significado de un término o la diversidad de matices del mismo. No pocas veces nos ayudará a corregir ideas un tanto erróneas transmitidas por traducciones imperfectas. Tomemos como ejemplo el texto de Jer. 17:9. La versión Reina Valera lo traduce: «engañoso es el corazón más que todas las cosas, y perverso». Pero esta última palabra, en hebreo (anush), tiene el significado de incurable, insalvable, desahuciado, como se confirma en los restantes textos en

---

1. En castellano existe la ya mencionada concordancia greco-española, de H. M. Petter, editada por CLIE. En inglés es de óptima calidad *The Englishman's Greek Concordance of the New Testament*. En cuanto al Antiguo Testamento, sobresale la *Konkordanz zum Hebräischen Alten Testament*, de Gerhard Lisowsky, con prolegómenos en alemán, latín e inglés y con versión a estos tres idiomas de cada una de las palabras hebreas.

que aparece (Is. 17:11; Jer. 15:18; 17:16; «el día irremediable no he anhelado», BJ, y Job 34:6; «mi llaga es incurable», BJ). Así los paralelos nos confirman que el sentido del vocablo *anush* no es lo perverso del corazón, sino lo irreversible —humanamente— de su condición.

Para quienes se vean impedidos de usar concordancias pueden serles de utilidad las referencias de paralelos que con mayor o menor profusión se insertan en algunas ediciones de la Biblia en una columna central o al pie de cada página. Por regla general, esas referencias están bien seleccionadas; pero quien las use —como el que use una concordancia— debe estar prevenido contra la posibilidad del inconveniente ya mencionado: que el paralelo sea sólo aparente, por la coincidencia verbal, y no haya en él equivalencia de conceptos, lo que anula su validez. En la versión RV 77, como paralelo de Ef. 3:13 («os pido que no desmayéis a causa de mis tribulaciones»), se da Lc. 18:1 («también les refería Jesús una parábola sobre la necesidad de orar siempre y no desmayar»). ¿Existe realmente entre ambos textos una correspondencia de ideas? Por más que se insistiera en la relación entre uno y otro tipo de desmayo, lo cierto es que el sentido varía considerablemente al comparar los dos pasajes. Sin embargo, el estudiante perspicaz de la Biblia hallará por lo general más ayuda en las ediciones con abundancia de paralelos que en aquellas en que estas referencias se reducen a un mínimo.

En el estudio de paralelos es aconsejable seguir un orden:

1. Buscarlos primeramente en el mismo libro, si los hay, o en los escritos del mismo autor. Si, por ejemplo, nos ocupamos de un texto de Pablo sobre la fe, recurriremos a los paralelos que pueden hallarse en sus cartas antes de pasar a otros en la epístola a los Hebreos o en la de Santiago, donde el enfoque conceptual puede ser diferente.

2. Dar prioridad a los que aparezcan en libros o secciones que tratan de iguales temas o de cuestiones afines. Así tendrán preferencia los paralelos de los evangelios cuando se trate de un texto de cualquiera de ellos; los de Romanos cuando se estudien textos de Gálatas; los de Efesios si se interpreta un pasaje de Colosenses, y los de 2 Pedro o algunos capítulos de las cartas pastorales en el caso de una porción de la epístola de Judas.

3. De modo parecido se establecerá un grado de prelación en cuanto a los paralelos que se hallen en libros o pasajes de un mismo género literario. Para un texto narrativo, normalmente serán preferibles paralelos de otras narraciones; para una porción poética, los que se hallen en los Salmos; para una de carácter profético o escatológico, los correspondientes en libros de este tipo;

para porciones doctrinales, los de las grandes exposiciones de ese carácter contenidas tanto en el Antiguo como en el Nuevo Testamento.

Sin embargo, el orden apuntado no ha de ser absoluto, y menos aún exclusivo. El texto que se halla en una narración puede tener hermosos paralelos en la literatura de carácter poético y viceversa. Recuérdese la conexión luminosa entre algunos salmos y los hechos históricos que los inspiraron. Y la relación entre lo doctrinal, lo profético, lo escatológico y lo hortatorio puede ser tan estrecha que cualquier delimitación resulte mero artificio. Por ello, podrán encontrarse paralelos correctos en textos de los más diversos géneros. Con todo, el orden señalado no debe subestimarse, pues responde a una realidad lógica.

La comparación de paralelos es especialmente útil en el caso de hechos que se narran en dos o más libros de la Biblia o en diferentes pasajes del mismo libro. En el Antiguo Testamento los hallamos en el Pentateuco; no pocos relatos de Éxodo y Números reaparecen en Deuteronomio. Los libros de Crónicas refieren acontecimientos registrados en los de Samuel y Reyes. En el Nuevo Testamento abunda el paralelismo de este tipo en los evangelios, especialmente en los sinópticos. La conversión de Saulo aparece tres veces en los Hechos de los Apóstoles (caps. 9:1-19; 22:6-11; 26:12-18) y los datos biográficos sobre Pablo contenidos en el mismo libro son complementados por las notas autobiográficas que aparecen en algunas de sus cartas. En el caso de las narraciones de los evangelios, una «armonía» de los mismos resulta valiosa, pues de modo claro presenta en sendas columnas los textos de Mateo, Marcos, Lucas y Juan.

Aunque generalmente el cotejo de paralelos contribuye a iluminar un texto o a resolver los problemas que la interpretación de éste puede plantear, a veces en la comparación surgen problemas nuevos, ya que se observan discrepancias que, al menos de momento, más bien son causa de perplejidad. Estas dificultades no son en muchos casos difíciles de resolver si se tiene en cuenta la naturaleza de los textos bíblicos, en especial de las narraciones. Ninguno de los autores pretende ser exhaustivo. Aun tratándose de testigos oculares, cada uno escoge unos detalles y omite otros. El cuadro que presenta suele ser parcial. A menudo lo que uno omite es incluido en el testimonio de otro. Y cada uno destaca lo que más le ha llamado la atención o lo que considera más adecuado al propósito narrativo, sin excesiva preocupación por la rigurosidad en la mención de todos los personajes que intervienen en un acontecimiento, en la consignación de todas sus palabras o en la escrupulosa anotación de todos los pormenores. Los diversos relatos sobre la resurrección de Jesús son una ilustración de lo que decimos.

En la mayoría de los casos es factible «armonizar» las discrepancias ahondando en la investigación hasta el punto de poder formular conjeturas perfectamente plausibles. Cuando no se hallen soluciones satisfactorias, se observará que el problema en ningún caso afecta lo más mínimo a lo esencial de los pasajes comparados. Superadas las diferencias o aparentes discordancias, los paralelos seguirán enriqueciendo el estudio del texto.

# CUESTIONARIO

1. *Interprétense los textos que se citarán a continuación, señalando previamente el contexto (inmediato o no) correspondiente y explicando la relación entre texto y contexto.*

   *Job; 40:4; Is. 1:18; Am. 3:8; Hab. 1:2; Mt. 18:25; Ro. 7:4; Ef. 2:19; He. 12:4; 1 Jn. 2:20.*

2. *A la luz de pasajes paralelos (que deben indicarse), interpretar los textos siguientes:*

   *Dt. 4:6; Sal. 51:17; Jer. 4:4; Am. 5:4; Mt. 26:28; Ro. 3:25; Fil. 3:10; 2 Tes. 3:3.*

   *Nota: En la selección de paralelos debe seguirse el orden de prioridad estudiado.*

# X

# LENGUAJE FIGURADO

Aunque algunos autores incluyen el estudio de las figuras de lenguaje en la hermenéutica especial, creemos que tal estudio no debe separarse demasiado del lugar que le corresponde como parte del análisis lingüístico. De otro modo, podría darse la impresión de que el método gramático-histórico sólo es aplicable a textos que admiten una interpretación rigurosamente literal. Pero ya vimos que aun en textos cuyo contenido global demanda una interpretación de este tipo aparecen palabras o frases en sentido figurado.

Se dice que una palabra tiene sentido figurado cuando expresa una idea diferente de la de su acepción literal. En este caso se produce un cambio de significado. De ahí que a las figuras de lenguaje se les dé también el nombre de «tropos», transliteración del término griego, que significa vuelta o cambio. Este fenómeno lingüístico es universal, ya que no existe ninguna lengua en la que haya una palabra para cada concepto, material o abstracto. Una persona de mediana cultura tiene a su disposición un caudal de veinte mil a treinta mil palabras. Pero suman cientos de miles los objetos, hechos, ideas, sentimientos y experiencias que en un momento dado ha de poder identificar o expresar mediante el lenguaje.

Aparte de su necesidad, los tropos son un medio insustituible para dar mayor viveza y elegancia de estilo —a veces incluso mayor claridad— al discurso o al texto escrito. Tratemos de sustituir el lenguaje figurado de las grandes afirmaciones de Jesús sobre sí mismo por frases equivalentes sin figuras y notemos la diferencia en la impresión que el cambio nos produce. En vez de «Yo soy la luz del mundo», «Yo soy el mediador de la verdad y la justicia que han de salvar el mundo»; o en vez de «Yo soy el pan de vida», «Yo soy lo que vosotros imprescindiblemente necesitáis para tener vida». Aun el menos dotado de sensibilidad literaria advertirá la superioridad de las frases figuradas en ambos casos.

Por otro lado, el hombre ha tenido tendencia desde tiempos remotos a establecer comparaciones y analogías, por lo que infinidad de figuras de lenguaje han surgido de modo espontáneo, natural, sin que su comprensión haya planteado la menor dificultad. Cuando, por ejemplo, se afirma que tal o cual persona es una lumbrera, que tal o cual político es un camaleón, todos entendemos bien lo que se quiere decir. Por eso en muchos casos el lenguaje figurado sólo exige para su interpretación estar familiarizado con el *usus loquendi* de cada expresión, es decir, con lo que el tropo significaba en el mundo del autor. Esta información puede obtenerse, por lo general, en diccionarios o buenos comentarios.

El estudio de las figuras de lenguaje apasionó ya a los antiguos griegos, entusiastas de la retórica, quienes dieron nombre a más de doscientas de tales figuras. Los romanos prosiguieron dando atención a su estudio; pero en la Edad Media el interés por los tropos prácticamente se extinguió. Hoy el número de éstos objeto de estudio es más bien limitado. Nos ocuparemos pronto de los más importantes; pero antes será útil echar una ojeada al fondo de la tropología bíblica.

La inmensa mayoría de las figuras del lenguaje que hallamos en la Escritura están tomadas del entorno del autor. Los profetas del Antiguo Testamento recurren una y otra vez a los elementos pictóricos de su mundo, tanto los referidos a la naturaleza como los relativos a las mil y una actividades humanas. Todo se convertía en fuente de ilustración; todo enriquecía y vigorizaba el lenguaje como convenía en la comunicación de un mensaje que frecuentemente entrañaba decisiones de vida o muerte. En el Nuevo Testamento también abundan los tropos derivados del contexto existencial. Jesús mismo fue verdadero maestro en el uso de este material. Dejando a un lado sus parábolas, a las que oportunamente dedicaremos un capítulo entero, podemos recordar sus múltiples alusiones a seres del mundo animal (zorras, camellos, ovejas, gorriones, peces, escorpiones, etc.), del reino vegetal (lirios, cañas, higueras, etc.), del mundo inanimado (señales meteorológicas, relámpagos, piedras, polvo), de las actividades laborales (siembra, siega, trilla, pastoreo, construcción, administración), de las relaciones familiares (entre padres e hijos, entre esposos, entre amigos, etc.), de los objetos más usuales (lámpara, vestido, comida, sal, agua, etc.), de la esfera política (reyes, gobernadores, reinos en conflicto). La enumeración podríamos prolongarla aun bastante más. Y la impresión que nos produce ese casi constante uso que Jesús hace de las imágenes del mundo exterior es que, con toda naturalidad, su mensaje es comunicado no mediante proposiciones abstractas, sino mediante un lenguaje enraizado en la vida cotidiana de sus oyentes. Pero precisamente a causa del hondo contenido vital del habla de Jesús es indispensable captar no sólo la belleza retórica de sus figuras, sino las sublimes verdades que en ellas se atesoran y que posiblemente nos pasarían desapercibidas de haber sido expuestas de manera menos pictórica. Algo parecido podemos decir respecto al lenguaje figurado de toda la Biblia.

Consideremos ahora los tropos más usuales clasificados en dos grupos: figuras simples o breves y figuras compuestas o extensas.

## FIGURAS SIMPLES

### De comparación

1. *El símil.* Consiste en una comparación formal (normalmente va precedida de la conjunción «como» u otra equivalente) entre dos objetos o acciones. Un bello ejemplo lo encontramos en Sal. 42:1: («Como el ciervo brama por las corrientes de las aguas, así clama por ti, oh Dios, el alma mía.») No menos impresionante es el de Jer. 23:29 («¿No es mi palabra como fuego, dice Yahvéh, y como martillo que quebranta las piedras?»); o el que patéticamente usa Jesús en su lamento sobre Jerusalén: «¡Cuántas veces quise juntar a tus hijos, como la gallina junta sus polluelos debajo de sus alas, y no quisiste!» (Mt. 23:37).

Éste es uno de los tropos que más abudan tanto en el Antiguo Testamento como en el Nuevo, y su interpretación no suele ofrecer dificultades. Conviene, sin embargo, evitar dos errores: el de no ahondar en su contenido, a causa de su claridad, con lo que se pierde parte de su riqueza, y el de hacer decir al símil más de lo que realmente quiso expresar el autor al usarlo. Este segundo error podría conducirnos a los mismos vericuetos hermenéuticos del método alegórico. Supongamos, a modo de ejemplo, que tomamos el símil de Is. 44:22: («Yo deshice como una nube tus rebeliones») y empezamos a pensar en las características físicas de la nube así como en las causas —sol, viento, diferencia de presión atmosférica, etc.— que las deshacen, tratando de hallar las correspondientes aplicaciones en el orden espiritual. Pronto nos hallaríamos no ante un símil, sino ante una docena de símiles en los que el escritor jamás pensó. El símil apunta a un solo objeto que se compara con otro (también único), al que sirve de aclaración o ilustración.

2. *La metáfora.* Es una comparación implícita que no se expresa formalmente como en el símil. No aparece, pues, en ella la conjunción «como». Por ser más breve, suele ser también más vi-

gorosa, más aguda. Observemos, por ejemplo, la diferencia entre el símil de Os. 13:8: («Allí los devoraré como una leona») y la metáfora de Gn. 49:9 («cachorro de león, Judá»).

Las metáforas abundan en el Antiguo Testamento, sobre todo las de tipo antropomórfico. Ejemplos: «No se ha acortado la mano de Yahvéh para salvar» (Is. 59:1); «los ojos de Yahvéh están sobre los justos y atentos sus oídos al clamor de ellos» (Sal. 34:15); «¿Te airaste, oh Yahvéh...? ¿Fue tu ira contra el mar cuando montaste en tus caballos y en tus carros de victoria?» (Hab. 3:8).

En el Nuevo Testamento, se destacan especialmente las metáforas que Jesús usa para describir rasgos esenciales de su persona y de su obra: «Yo soy el pan de vida» (Jn. 6:35). «Yo soy la luz del mundo» (Jn. 8:12). «Yo soy la puerta» (Jn. 10:7). «Yo soy el buen pastor» (Jn. 10:11), etc. Se hallan algunas más referidas a la experiencia espiritual de sus discípulos («El que cree en mí... ríos de agua viva correrán de su interior»; Jn. 7:38) o a su misión («vosotros sois la sal de la tierra... la luz del mundo»; Mt. 5:13-14).

Por supuesto, únicamente mencionamos algunas de las muchas metáforas que hay no sólo en los evangelios sino en la totalidad del Nuevo Testamento. Particular fuerza tienen las que encontramos en algunas epístolas condenando a los falsos maestros de modo sobrecogedor: «Estos son inmundicias y manchas... mientras comen con vosotros... éstos son fuentes sin agua y brumas empujadas por la tormenta» (2 P. 2:3, 17), «... nubes sin agua llevadas de acá para allá; árboles otoñales, sin fruto, dos veces muertos y desarraigados; fieras olas del mar, que espuman sus propias vergüenzas; estrellas errantes, para las cuales está reservada eternamente la oscuridad de las tinieblas» (Jud. 12, 13).

No siempre el significado de la metáfora aparece con claridad. En tal caso se debe recurrir a los diferentes medios que ya hemos estudiado: examen del contexto, de pasajes paralelos, etc. Especialmente iluminadora puede resultar la consideración de los usos y costumbres de la época del escritor. En Dt. 32:40 se presenta a Dios haciendo una singular declaración: «Yo alzaré a los cielos mi mano y diré: Vivo yo para siempre.» En la acción antropomórfica de «alzar la mano» hay una clara alusión a la práctica de levantar la mano hacia lo alto en el momento de hacer un juramento.

### Figuras de dicción

1. *El pleonasmo.* Es una expresión en la que se emplea la redundancia, los vocablos innecesarios, con objeto de dar mayor vigor al lenguaje. Ejemplo: «Y el jefe de los coperos no se acordó de José, sino que le olvidó» (Gn. 40:23).

2. *La hipérbole*, exageración evidente que tiene por objeto aumentar el efecto de lo que se dice. Es bien conocida la de Jn. 21:25: («Hay también muchas otras cosas que Jesús hizo, las cuales si se escribieran una por una, pienso que ni aun en el mundo cabrían los libros que se habrían de escribir.») Otros ejemplos serían: Sal. 6:6: («Todas las noches inundo de llanto mi lecho»), Jer. 9:1: («¡Oh, si mi cabeza se hiciese aguas, y mis ojos fuentes de lágrimas, para que llorase día y noche...!») o la invectiva de Jesús contra quienes juzgaban hipócritamente en su día: «¿Y por qué miras la paja que está en el ojo de tu hermano y no echas de ver la viga que está en tu propio ojo?» (Mt. 7:3).

### Figuras de relación

1. *La sinécdoque*. Consiste en la designación de un todo con el nombre de una de sus partes o viceversa. Se habla, por ejemplo, de «cabezas» de ganado para referirse a reses enteras, o a «almas» para expresar la idea de personas, incluído su cuerpo. Este segundo ejemplo lo hallamos en Hch. 27:37: («Y éramos todas las personas —en el original griego, *psyjoi*, almas— en la nave doscientas sesenta y seis.»)

Es frecuente el uso del singular para indicar toda una especie. Así, cuando en Is. 1:3 se dice que «el buey conoce a su dueño, y el asno el pesebre de su señor», se denota una característica común a todos los animales de estas dos especies. El mismo sentido tienen la cigüeña, la tórtola, la grulla y la golondrina en Jer. 8:7, o el arco y la lanza en Sal. 46:9.

Aun el uso del plural puede tener un carácter general. Si en Is. 2:4 y Miq. 4:3 se anuncia que naciones y pueblos, «volverán sus espadas en rejas de arado y sus lanzas en hoces» se está pensando en un desarme total, en una conversión de todas las armas de guerra en instrumentos de productividad y progreso pacíficos. A nadie se le ocurriría pensar que las flechas y las dagas —ya no digamos las armas mucho más mortíferas de nuestros días— quedan excluídas de esa transformación y que, por tanto, pueden seguir siendo usadas con fines bélicos.

2. *La metonimia*. Se usa este tropo cuando se desgina una cosa con el nombre de otra que le sirve de signo o que indica una relación de causa a efecto. Un ejemplo muy expresivo de metonimia nos lo ofrecen las palabras de Abraham en la parábola del rico y Lázaro: «A Moisés y a los profetas tienen» (Lc. 16:29). Aquí obviamente se hace referencia a sus escritos.

Otro ejemplo: en Ro. 3:30, dice Pablo literalmente: «Dios justificará por la fe a la circuncisión, y por la fe a la incircuncisión», lo que equivale a declarar que Dios, por la fe, justificará tanto a judíos como a gentiles.

## Figuras de contraste

1. *La ironía.* Mediante ella se da a entender lo contrario de lo que se declara. Agudamente irónico es el lenguaje de Elías en su confrontación con los sacerdotes de Baal (1 R. 18:27). No lo es menos el de Job en su diálogo con Zofar: «¡Qué gente tan importante sois, con vosotros morirá la sabiduría!» (NBE). O el de Pablo en 1 Corintios: «Ya estáis saciados, ya estáis ricos, sin nosotros reináis» (1 Co. 4:8).

2. *La paradoja.* Es el empleo de expresiones que envuelven una contradicción aparente. La hallamos en textos como Mt. 10:39: («El que halla su vida la perderá, y el que pierde su vida por causa de mí la hallará») y 2 Co. 4:18: («No mirando nosotros las cosas que se ven, sino las que no se ven»), entre otros.

3. *La atenuación o litote.* Esta figura consiste en no expresar directamente lo que se piensa, sino negando lo contrario de aquello que se quiere afirmar. En forma de litote expresa Jesús su promesa del Espíritu Santo: «Seréis bautizados con el Espíritu Santo dentro de no muchos días» (Hch. 1:5), equivalente a «dentro de pocos días». El mismo tropo usa Pablo al referirse a los judíos que «no agradan a Dios» (1 Ts. 2:15). Es una forma atenuada de decir que «desagradan» u «ofenden» gravemente a Dios, como se desprende del contexto.

Otra modalidad del litote es el empequeñecimiento de una persona o cosa con objeto de ensalzar otra. «Soy polvo y ceniza», exclama Abraham (Gn. 18:27) cuando, en su intercesión por Sodoma y Gomorra, trata de exaltar la grandeza y justicia de Dios.

4. *El eufemismo.* Es un modo de sugerir con disimulo y decoro ideas cuya expresión franca y literal resultaría demasiado dura o malsonante.

En las prescripciones sobre moralidad sexual en Levítico (cap. 18) hallamos varias expresiones eufemísticas. «Llegarse a» (v. 6) significa acercarse con el propósito de llegar a la cópula carnal; y «descubrir la desnudez» denota el mismo acto, si bien a veces implica también la idea de contraer matrimonio. Así con un lenguaje delicado se desarrolla un tema escabroso.

Probablemente es eufemístico también lo que en Hch. 1:25 leemos sobre Judas. «Irse a su propio lugar» era irse a la más horrible condenación (comp. Mt. 26:24). No deja de ser edificante la delicadeza de los apóstoles hacia su ex-compañero.

## Figuras de índole personal

1. *La personificación.* Consiste en atribuir características o acciones propias de personas a seres que no lo son.

Esta figura es frecuente en el Antiguo Testamento, particularmente en los textos de carácter poético; y no faltan aquellos en que la personificación es múltiple, como sucede en el Salmo 114. En esta composición el mar ve y huye, el Jordán retrocede, los montes y los collados saltan y la tierra tiembla. Lo mismo observamos en Hab. 3:10.

2. *El apóstrofe.* Es la interrupción del discurso para dirigirse a una persona o cosa personificada.

En el salmo 114, que hemos mencionado como ejemplo de personificación, hallamos también apóstrofes: «¿Qué te pasó, oh mar, que huiste? ¿Y a ti, oh Jordán, que volviste atrás? Oh, montes, ¿por qué saltasteis...?» (vv. 5, 6). El cántico de Débora (Jue. 5) contiene apóstrofes en los versículos 3-4 y 31. Las exclamaciones de duelo de David dirigidas a su hijo Absalón muerto (2 S. 18:33) son conmovedoras. Y pocos textos pueden, en el uso del apóstrofe, compararse con el de Is. 14:8-20 con motivo de la muerte del rey de Babilonia.

## FIGURAS COMPUESTAS

El lenguaje figurado no se limita a palabras o frases simples, como en los tropos que acabamos de considerar. A menudo toma formas más extensas, relativamente claras en algunos casos y oscuras en otros. Tener una idea correcta de sus características es esencial para su interpretación. Por ello nos ocuparemos brevemente de las más importantes.

Correspondería el primer lugar a la parábola; pero, como ya hemos dicho, la estudiaremos con mayor amplitud más adelante. A ella le siguen en importancia la alegoría, la fábula y el enigma.

1. *La alegoría*

Es una sucesión de metáforas, generalmente combinadas en forma de narración, de cuyo significado literal se prescinde. Su característica principal es la pluralidad de puntos de aplicación, a diferencia de la metáfora simple en la que el punto de comparación y aplicación es solamente uno. Si tomamos como ejemplo la alegoría del buen pastor (Jn. 10:7-18), observamos que las palabras clave, que son otras tantas metáforas, son varias. Además de «pastor», encontramos «ovejas», «rebaño», «ladrones y bandidos», «asalariado», cada una de las cuales expresa figuradamente una realidad de diferente tipo. El pastor es Cristo; las ovejas, sus discípulos; los ladrones y los asalariados, los falsos guías religiosos del pueblo.

Antes de proseguir hemos de hacer notar y recalcar la diferencia entre alegoría y alegorización. La alegoría es un medio legítimo usado por algunos autores bíblicos para enseñar. La alegorización es, como vimos, un método de interpretación mediante el cual el intérprete da arbitrariamente a un texto un significado que se aparta completamente del pensamiento y propósito del autor.

Es interesante observar que tanto en el Antiguo como en el Nuevo Testamento el uso de la alegoría es más bien limitado. En el Nuevo, si excluímos el Apocalipsis, solamente Pablo emplea este tipo de lenguaje figurado. Sin embargo, los casos en que la alegoría aparece, su uso se distingue por la fuerza del mensaje que transmite.

Alegorías importantes las hallamos en la viña de Egipto (Sal. 80), las aguas del pozo (Pr. 5:15-18), los días malos de la ancianidad (Ecl. 12:3-7) y la ruina de los edificadores frívolos (Ez. 13:10-15). Algunos exegetas incluyen también la totalidad del Cantar de los Cantares, aunque tal inclusión es discutible. En el Nuevo Testamento encontramos las alegorías de la puerta y el pastor (Jn. 10:1-16), la vid y los pámpanos (Jn. 15:1-16), la peregrinación por el desierto (1 Co. 10:1-12), Agar y Sara (Gál. 4:21-31), las responsabilidades de la edificación (1 Co. 3:10-15), la nueva pascua (1 Co. 5:5-8) y la armadura del cristiano (Ef. 6:11-17).

La de Gál. 4:21-31 tiene particular importancia, por cuanto es la única que de modo expreso se presenta en el texto como alegoría *(hatina estin allēgoroumena)* y como un modo de interpretar un relato histórico. ¿Justifica este caso que nosotros interpretemos alegóricamente otros textos de la Escritura? Precisamente lo excepcional del texto de Pablo en cuestión, así como de las circunstancias que lo motivaron, no da pie para que otros después se tomaran toda clase de libertades alegorizando aun los pasajes más simples cuyo significado verdadero no es otro que el literal. La alegorización a la que Pablo recurre en su carta a los Gálatas es parte de un argumento *ad hominem*, es decir, fundado en las opiniones de las personas a quienes se dirigía, y por tanto, difícilmente repetible.

La interpretación de las alegorías no es siempre sencilla. Prueba de ello es la disparidad de opiniones respecto al significado de algunas de sus metáforas. Si tomamos como ejemplo el capítulo 12 de Eclesiastés, la unanimidad es casi absoluta en cuanto al sentido de «los guardas de la casa» —los brazos y las manos—, «los hombres fuertes» —las piernas—, «las que muelen» —los dientes—, «los que miran por las ventanas» —los ojos— (v. 3) y «las puertas de afuera» —los oídos, aunque algunos han visto en ellas una figura de la boca— (v. 4). Pero ¿cómo interpretar el versíulo 6? ¿Debemos dar un significado especial a cada uno de los objetos mencionados (cordón de plata, cuenco de oro, cántaro, fuente, rueda, pozo) o sólo a algunos de ellos? ¿O hemos de tomar ese conjunto de figuras como un todo descriptivo de la ruina física final? Si optamos por la primera posibilidad, es decir, atribuir un significado concreto a cada objeto, ¿cuál debe ser ese significado? Pronto se advierte que no son fáciles las respuestas. Por ello, lo más prudente es contentarse con interpretaciones probables, como sucede con otros pasajes de la Biblia.

Medios de orientación para determinar el significado de una alegoría son:

1. La determinación precisa de los oyentes o lectores originales y sus circunstancias.

2. La consideración del contexto histórico general.

3. El propósito del autor al usarla.

4. Los puntos de identificación que a veces se hallan en el propio texto. Por ej., «Yo soy la vid verdadera, y mi Padre es el labrador» (Jn. 15:1).

5. La distinción entre las metáforas esenciales, que exigen interpretación y aquellas que, dado su carácter secundario como elementos complementarios de la narración, no han de ser interpretados.

## 2. La fábula

Es una composición literaria en la que, por medio de una ficción, se da una enseñanza moral. En ella intervienen seres inanimados o seres vivos irracionales que actúan y hablan como si fuesen personas.

De uso frecuente en la literatura de muchos pueblos, apenas aparece en la Biblia. De hecho son sólo dos las fábulas contenidas en la Biblia, ambas en el Antiguo Testamento: a) la de Jotán (Jue. 9:1-21), en la que con gran vivacidad y patetismo se denuncia la torpeza inicua de Abimelec y de los siquemitas que le secundaron haciéndolo rey. Difícilmente se encontrará en la literatura universal una fábula que supere a ésta tanto en forma como en contenido. b) La de Joás (2. R. 14:9), en el sarcástico mensaje dirigido por el rey de Israel contra el arrogante Amasías, rey de Judá. En ambas, el contexto es suficientemente iluminador, por lo que la interpretación no presenta ninguna dificultad.

## 3. El enigma

Es un dicho de sentido artificiosamente encubierto. Su propósito es precisamente intrigar, despertar el deseo de averiguar lo que se encubre y se usa deliberadamente para probar la capacidad de comprensión de quien escucha. Esta finalidad aparece claramente en el relato bíblico sobre la visita de la reina de Seba a Jerusalén: «La reina de Seba oyó la fama de Salomón y fue a desafiarlo con enigmas» (NBE).

El libro de Proverbios fue escrito, como reza en su introducción, para entender «proverbios y refranes» (Pr. 1:6), literalmente «proverbios y enigmas» (heb. *meliah*).

En la Biblia encontramos varios enigmas, a veces en forma de adivinanzas. Algunos de ellos tienen su explicación en el texto. Por ejemplo, el propuesto por Sansón a los filisteos (Jue. 14:14; véase v. 18). Otros pueden interpretarse a la luz de su contexto inmediato, de pasajes paralelos y de la enseñanza global de las Escrituras. Tal es el caso de las palabras de Jesús a Nicodemo: «El que no nace de nuevo no puede ver el Reino de Dios» (Jn. 3:3); o de su declaración junto al pozo de Sicar: «Yo tengo para comer un alimento que vosotros no sabéis» (Jn. 4:32).

Algunos exigen reflexión, como la orden de Jesús a sus discípulos poco antes de su pasión: «Ahora el que tiene bolsa tómela... y el que no tenga, venda su manto y compre una espada» (Lc. 22:36). ¿Propugnaba Jesús una defensa armada en la hora de la crisis que se aproximaba? Evidentemente no, si tomamos en consideración las propias palabras de Jesús poco después (Mt. 26:52; Jn. 18:36). ¿Se refería a la espada del Espíritu de Ef. 6:17? Ese tipo de espiritualización aquí parece fuera de lugar. Sin duda, como sugiere Terry, se refería a la espada «como símbolo del heroísmo bélico, de la confesión osada e impávida, del propósito inflexible de mantener la verdad que pronto sería un deber y una necesidad por parte de los discípulos para defender su fe».[1]

Finalmente hay enigmas bíblicos que resultan hoy tanto o más oscuros que el día en que se formularon. En torno a ellos han surgido interpretaciones tan numerosas como dispares. Sirva como ejemplo Ap. 13:18 («Aquí se requiere sabiduría. El que tiene entendimiento, calcule el número de la bestia, pues es número de hombre. Y su número es seiscientos sesenta y seis»). Sobre este versículo volveremos al ocuparnos de la numerología. Baste de momento aplicar a su interpretación la misma actitud de cautela

1. *Biblical Hermeneutics*, p. 273.

que señalamos al referirnos a las partes difíciles de algunas alegorías y aceptar por fe la soberanía sabia de Dios que, tal vez para ejercitar nuestra humildad y nuestra diligencia en el estudio de su Palabra, ha dejado algunas porciones de la Escritura envueltas en la oscuridad de lo enigmático.

# CUESTIONARIO

1. *Cite tres ejemplos de textos bíblicos (no mencionados en el capítulo estudiado) de cada una de las siguientes figuras:*

   *Símil. Metáfora. Hipérbole.*
   *Sinécdoque. Metonimia. Paradoja.*

2. *La alegoría de Gál. 4:21-31 ¿no justifica el método de la alegorización? ¿Por qué?*

# XI

# TIPOS Y SÍMBOLOS

Es discutible la inclusión de la tipología y la simbología en este lugar de nuestra obra, como si se tratara de una parte del estudio del lenguaje figurado. Por sus características propias y por su entidad tendrían un lugar justificado —y quizá más lógico— en la hermenéutica especial. Pero, por otro lado, los puntos de analogía que los tipos y los símbolos tienen con las figuras de lenguaje permiten que les asignemos el espacio correspondiente inmediatamente después de éstas.

El punto de semejanza con los tropos que ya hemos estudiado es que tanto los tipos y los símbolos como las figuras de lenguaje expresan algo distinto de lo indicado en su sentido literal. La diferencia radica en que el lenguaje figurado de la Biblia es común a cualquier otra literatura, mientras que la tipología bíblica —y en parte la simbología— está determinado por el contenido mismo de la Escritura. Surge básicamente de indicaciones contenidas en la propia revelación.

Dado que entre tipos y símbolos también hay diferencias notables, los estudiaremos por separado.

## TIPOLOGÍA

El término griego *typos*, del que se deriva la palabra «tipo», aparece catorce veces en el Nuevo Testamento con diversas acepciones, las más importantes de las cuales son dos: a) modelo; b) producto que se obtiene según el modelo. Se usa especialmente en el sentido de patrón o ejemplo para la conducta moral del cristiano (Fil. 3:17; 1 Ts. 1:7; 2 Ts. 3:9, entre otros). Pero también hay textos en los que el *typos* se usa con el significado que estamos considerando. Pablo escribe respecto a Adán que «es figura —*typos*— del que había de venir» (Ro. 5:14); y de las experiencias de Israel en el desierto dice que «sucedieron como ejemplos —*typoi*— para nosotros» (1 Co. 10:6, 11).

Puede definirse la tipología como el establecimiento de conexiones históricas entre determinados hechos, personas o cosas (tipos) del Antiguo Testamento y hechos personas u objetos semejantes del Nuevo (antitipos). Pero esas conexiones no se efectúan arbitrariamente. No son, como en la interpretación alegórica, producto de la fantasía. Corresponden al desarrollo de la revelación progresiva y tienen su fundamento en Dios mismo, quien dispuso los elementos típicos del Antiguo Testamento de modo que entrañaran y prefiguraran las realidades que se manifestarían en la época novotestamentaria.

Así entendida, la tipología tiene un lugar en la hermenéutica, contrariamente a la posición de algunos críticos que ven en ella un método de interpretación tan forzado e inaceptable como el alegórico.

La tipología tiene una base lógica en la unidad esencial entre la teología del Antiguo Testamento y la del Nuevo. Ambas, como sugería Fairbairn, son comparables a dos ríos paralelos unidos entre sí por canales. Esos canales son los tipos. La similitud básica entre el Antiguo y el Nuevo Testamento y el uso que en el segundo se hace del primero explican la validez de la tipología.

Para tener una idea correcta de esta parte de la hermenéutica y para hacer un uso adecuado de la misma, es fundamental tener en cuenta sus características esenciales.

1) *Tanto el tipo como el antitipo son realidades históricas que se corresponden.* Si falta el carácter de realidad objetiva en el antitipo, ya no tenemos un caso de relación auténticamente tipológica; nos hallamos ante una mera ilustración o ante la alegorización de un pasaje del Antiguo Testamento. No podemos, por ejemplo, considerar la victoria de David sobre Goliat —un acontecimiento— como tipo del valor cristiano —una cualidad moral. En cambio, entre la colocación de la serpiente de metal en lo alto de un palo en el desierto y la crucifixión de Jesús sí existe una clara relación típica.

2) *Entre el tipo y el antitipo debe haber algún punto importante de analogía*, aunque en la comparación de ambos aparezcan también notables disimilitudes. Jonás es tipo de Cristo (Mt. 12:40); pero la relación tipológica entre uno y otro se establece únicamente entre la permanencia del profeta «en el vientre del pez tres días y tres noches», seguida de su liberación, y la sepultura de Jesús, seguida de su resurrección. El tipo es perfectamente válido a pesar de que en tantos otros aspectos el rebelde, racista e irascible

Jonás nada tuviera en común con Aquel que fue «manso y humilde de corazón» y «amigo de pecadores».

3) *El tipo siempre tiene un carácter predictivo y descriptivo.* Es «sombra de lo que ha de venir» (Col. 2:17; He. 10:1). Pero la sombra no es tan difusa que carezca por completo de perfiles. Pese a su naturaleza rudimentaria, imperfecta, describe figuradamente los rasgos del antitipo que le corresponden. Ello puede apreciarse bien en los numerosos ejemplos que encontramos en la carta a los Hebreos, tanto en lo relativo a personas como en lo concerniente a cosas o acciones típicas. Limitándonos a los sacrificios mosaicos, observamos que éstos no sólo preanuncian el sacrificio de Cristo, sino que señalan algunas de sus cualidades esenciales: su carácter purificador (He. 9:13-14), su eficacia para la remisión de pecados y consiguiente disfrute de la herencia divina (9:15), su valor acreditativo para una obra de mediación (9:24-26), etc.

4) *Los tipos, avalados por el Nuevo Testamento, se refieren a lo más sobresaliente de la persona y la obra de Cristo* o de su aplicación en la experiencia cristiana. Esto debiera prevenirnos contra la búsqueda incontrolada de detalles del Antiguo Testamento con el propósito de convertirlos en tipos correspondientes a antitipos insignificantes. Como hace notar B. Ramm, «en la tipología, debiéramos limitar nuestros esfuerzos a las grandes doctrinas, a las verdades centrales, a las lecciones espirituales claves y a los grandes principios morales. Una tipología demasiado fascinada por las minucias no se ajusta al espíritu de la tipología del Nuevo Testamento».[1]

5) *En todo tipo debe distinguirse lo verdaderamente típico de lo accesorio.* Si un objeto en su conjunto es un tipo, no debe deducirse que cada una de sus partes tiene también su propia entidad típica. Uno de los ejemplos más claros es el tabernáculo israelita. Globalmente, al igual que algunos de los objetos en él contenidos, es evidentemente típico; pero ver en cada uno de los materiales, en cada una de las medidas y en cada uno de los colores el tipo de alguna realidad superior sería traspasar los límites de una tipología sensata.

6) *El tipo es determinado por Dios mismo,* no por la fantasía humana. Responde al programa de la revelación establecida por Dios desde el principio con visión global de la historia de la salvación. El tabernáculo israelita resulta riquísimo desde el punto

---

1. *PBI*, p. 230.

de vista tipológico, porque en él todo estaba diseñado según el plan divino (Éx. 25:9; He. 8:5).

En el Nuevo Testamento tenemos suficientes claves para precisar lo que del Antiguo debe ser considerado tipo sin ningún género de dudas. El carácter tipológico de Melquisedec, por ejemplo, o el de la pascua israelita, es incuestionable (He. 7:1-3, 15-17; Lc. 22:14-20).

Algunos hermeneutas se formulan la pregunta: ¿Es lícito considerar como tipos personas, cosas o acontecimientos del Antiguo Testamento si no hallamos en el Nuevo textos que explícitamente nos den pie para hacerlo? La respuesta, por lo general, es afirmativa, si bien es recomendable una prudente sobriedad que nos libre de abusos erróneos.

Seguramente no sería excedernos ver en Isaac un tipo de Cristo; y en el sacrificio no consumado del hijo amado de Abraham (Gén. 22:1-8), un tipo del sacrificio consumado del Hijo amado de Dios. Pero posiblemente nos introduciríamos en el terreno de la alegorización si pasáramos al capítulo 24 del Génesis y afirmáramos que el mayordomo de Abraham es tipo del Espíritu Santo y que Rebeca lo es de la Iglesia. Debe distinguirse entre el tipo y la mera ilustración.

**Clases de tipos**

*Tipos personales.* Hay en el Antiguo Testamento un buen número de personas que tienen carácter típico. Mencionamos a continuación algunas de las más importantes:

Adán, cabeza y representante de la humanidad, prefigura a Cristo, pese a que en la comparación no falta el contraste, pues el primero fue cabeza de una raza caída, mientras que Cristo lo es de una humanidad redimida (Ro. 5:14, 19; 1 Co. 15:45).

El Abraham creyente es tipo de todos los seres humanos que serían justificados por la fe (Gn. 15:6; Ro. 4:3; Gál. 3:6).

Melquisedec —como ya hemos visto— lo es de Cristo en su función sacerdotal (He. 7:1-3, 15-17). Análoga tipología hay en el sumo sacerdote israelita (He. 9).

Moisés tipifica también a Cristo por su fidelidad en relación con la «casa de Dios» (He. 3:2-6), así como por su función profética (Dt. 18:15, 18; Hch. 3:22; 7:37).

Josué, como dador de reposo (He. 4:8, 9; Mt. 11:28, 29 y el contexto de Hebreos).

Salomón en sus funciones regias y en su filial relación con Dios (2 Sam. 7:12-14; He. 1:5).

*Tipos materiales.* Se destaca entre ellos el tabernáculo israelita con sus diversos objetos y utensilios dedicados al culto. La carta a los Hebreos nos explica el significado de muchos de ellos. Sobresalen el lugar santísimo, tipo de «el cielo mismo» (He. 10:12, 24) y la sangre de los sacrificios, tipo de la sangre expiatoria de Cristo vertida en la cruz (9:13-22).

En su conjunto, el tabernáculo es tipo del Hijo de Dios encarnado (Jn. 1:14 «el verbo se hizo carne y habitó —literalmente, estableció su tabernáculo o tienda— entre nosotros») en el cual Dios manifestaría su presencia y su gloria. Sentido análogo tiene el templo de Jerusalén. Por ser exponente de la permanencia de Dios con su pueblo, prefigura a Cristo, Emmanuel («Dios con nosotros»). Jesús mismo sancionó este tipo (Jn. 2:19, 21). En otros textos, el templo se usa también como tipo del creyente, especialmente de su cuerpo (1 Co. 6:19) y también de la Iglesia (1 Co. 3:16-17; 2 Co. 6:16; Ef. 2:21).

El maná, alimento de los israelitas en el desierto, es tipo de Cristo y su poder vivificador (Jn. 6:32-35).

*Tipos institucionales.* El sábado era figura del descanso eterno de los creyentes (He. 4:4-9). La pascua, de la cena del Señor; los tres evangelios sinópticos relacionan estrechamente la fiesta judía con la nueva conmemoración establecida por Jesús (Mt. 26:17-29; Mr. 17:12-25; y Lc. 22:7-32).

*Acontecimientos típicos.* Pueden incluirse en este grupo buen número de eventos relatados en el Antiguo Testamento. El éxodo de los israelitas tiene un claro antitipo en la liberación del pecado obrada por Cristo en cuantos creen en Él (Ro. 6:17-18; Gál. 5:1; 1 P. 1:17-19). La colocación de la serpiente de bronce sobre el asta en medio del campamento israelita es usada por Jesús como tipo de su propia crucifixión (Jn. 3:15), y en las diversas experiencias de Israel en el desierto ve Pablo tipos admonitorios aplicables a la vida cristiana (1 Co. 10:11). El diluvio, en ciertos aspectos, es tipo del bautismo (1 P. 3:20-21).

Todos los tipos mencionados tienen claro apoyo en el Nuevo Testamento para considerarlos como tales. Pero podríamos añadir otros que, aun careciendo de explícita sanción novotestamentaria, reúnen semejantes características. En personajes como José o David, en acontecimientos como el paso del mar Rojo o el regreso de la cautividad babilónica, o en objetos como la zarza que a ojos de Moisés ardía sin consumirse, podemos descubrir sin esfuerzo aspectos que con toda propiedad nos permitan usarlos como tipos implícitamente corroborados por el Nuevo Testamento.

Para la interpretación tipológica, conviene aplicar las siguientes reglas:

1. Buscar todos los textos del Nuevo Testamento que aluden directa o indirectamente al tipo objeto de estudio.

2. Determinar todos los puntos de correspondencia entre el tipo y el antitipo, delimitándolos adecuadamente a fin de no atribuir a aquél más de lo que realmente prefigura.

3. Especificar su contenido típico siempre a la luz de lo que el Nuevo Testamento enseña.

Por vía de ejemplo apliquemos estas normas al ya mencionado tipo de la pascua. Tomaremos como texto base del Antiguo Testamento Éx. 12, y como referencias del Nuevo, Mt. 26:2-19 (con los pasajes paralelos de Marcos y Lucas) y otros textos, y procederemos a su análisis en dos columnas comparativas:

| *Tipo* (Éx. 12) | Antitipo |
|---|---|
| Un cordero (v. 3). | Jesús, el Cordero de Dios que quita el pecado del mundo (Jn. 1:29). |
| sin defecto (v. 5). | Jesús «no conoció pecado» (2 Co. 5:21; 1 P. 2:22). |
| La sangre del cordero protege del juicio de Dios (12, 13). | La sangre de Cristo, base del nuevo pacto establecido por Dios para la salvación de los hombres, que de otro modo no podían escapar a la condenación (Lc. 22:20; Ro. 3:23-25). |
| La pascua convierte a Israel en un pueblo peregrino (v. 11). | La redención obrada por Cristo hace de los redimidos una comunidad de peregrinos (1 P. 1:17b-19; 2:11; He. 11:13, 39, 40; 12:1). |
| El pan de la pascua había de ser sin levadura (v. 8). | La liberación del creyente en Cristo implica su purificación moral, la ausencia de fermentos pecaminosos (1 Co. 5:6-8). |

Sobre el ejemplo que acabamos de presentar hemos de hacer dos observaciones. Primera: el tipo de la pascua, por su carácter compuesto, podría descomponerse en varios tipos simples (el cordero, la sangre, etc.); pero tal fraccionamiento —dejando aparte si sus elementos han de ser considerados como símbolos y no como tipos, según algunos opinan— lógicamente conllevaría una pérdida de la visión global de la persona y la obra redentora de Cristo con sus resultados, tal como se halla tipificada en el conjunto de la celebración pascual. En segundo lugar, hemos rehuido la inclinación a usar algunos elementos sugestivos de la pascua, tales como las instrucciones dadas para los casos de familias poco numerosas o el modo de asar y condimentar la carne (con hierbas amargas) por no haber una clara correspondencia en el Nuevo Testamento y a pesar de que de ellos pudieran sacarse algunas aplicaciones interesantes.

## SIMBOLOGÍA

El símbolo es un ser u objeto que representa un concepto abstracto, invisible, por alguna semejanza o correspondencia. Así, el perro es símbolo de fidelidad; la balanza, de justicia; el cetro, de autoridad; la bandera, de la patria; el ramo de olivo, de la paz; etc.

A los ejemplos que acabamos de mencionar, podríamos añadir otros que tienen un significado casi universal; son comunes a muchos pueblos y aparecen en sus respectivas literaturas a lo largo de los siglos. Pero hay símbolos que son neta y exclusivamente bíblicos y se refieren a aspectos determinados de las obras de Dios en su relación con los hombres. El simbolismo del arco-iris ha llegado a universalizarse, pero tiene su origen en la promesa de Dios a Noé de que nunca más sobrevendría otro diluvio. Y son innumerables los símbolos que pertenecen singularmente al pensamiento y a los escritos bíblicos.

Desde el punto de vista hermenéutico, el símbolo tiene mucho en común con el tipo, por lo que ambos pueden llegar a confundirse. A menudo hay diversidad de opiniones entre los exegetas en el momento de decidir si un objeto es lo uno o lo otro. En cierto sentido, todos los tipos podrían ser considerados como símbolos, pero no todos los símbolos son tipos. Unos y otros tienen en común que están constituidos por objetos literales que entrañan el significado de otras realidades con las que existe una relación de analogía. La diferencia radica en lo que ya señalamos anteriormente, en que el tipo tiene su confirmación —y frecuentemente su explicación— en el Nuevo Testamento, requisito que no distingue necesariamente al símbolo. Por ello, obviamente, cabe una mayor dosis de subjetivismo por parte del intérprete tanto en la determinación de los objetos simbólicos como en la de su significado.

Nos encontramos, de hecho, ante una de las partes más difíciles de la hermenéutica, pues el símbolo es elemento esencial en numerosas porciones de la Escritura, particularmente en los libros proféticos y sobre todo en los apocalíticos. A menos que se adopten sólidas normas fundamentales, de un mismo texto surgirán las más diversas interpretaciones, algunas de ellas realmente peregrinas o extravagantes. Bastaría como ilustración recordar la serie de personajes históricos o entes políticos a los que se ha aplicado Ap. 13:11-18.

Las dificultades de la simbología aumentan si tenemos presente que un objeto determinado no siempre tiene el mismo simbolismo. El fuego puede ser simbólico de purificación (1 P. 1:7), pero también de juicio (Is. 31:9; 66:24); el agua puede simbolizar lavamiento moral (Ef. 5:26), pero también la salvación (Jn. 4:14) o la vida abundante dada por el Espíritu Santo (Jn. 7:38, 39). En el aceite, por su uso original para la unción de sacerdotes y reyes, se ha visto siempre un símbolo del Espíritu de Dios, pero no faltan textos en los que se usa como símbolo de sanidad (Is. 1:6) o de alegría (Is. 61:3).

Ante esta pluralidad simbólica de muchos objetos, el intérprete ha de decidirse no por el significado que más abunde en el conjunto de la Escritura, sino por el que esté más en consonancia con el contexto.

Otros factores que han de tomarse en consideración al interpretar un símbolo son la situación vital del escritor, su perspectiva histórica, lo esencial de su mensaje y el significado claro del mismo símbolo usado en otros pasajes del libro, y, por supuesto, la analogía entre el símbolo y lo simbolizado debe ser simple; no deben buscarse múltiples puntos de semejanza o correspondencia entre ambos. T. E. Fountain ilustra este principio con dos ejemplos muy claros: «Cuando el agua simboliza la Palabra de Dios, es porque las dos cosas *lavan* y no porque son claras, refrescantes, baratas, saludables, etc. Cuando es justo entender el aceite como símbolo del Espíritu Santo, no es lícito buscar otros significados en el aceite, como apto para dar luz cuando arde, o que se extrae del fruto sólo cuando se exprime, o que sirve para suavizar las heridas. Tal procedimiento en la interpretación de los símbolos viola el verdadero carácter de esta figura.»[2]

### Clasificación de los símbolos

Generalmente se establecen tres clases de símbolos: objetos materiales, hechos milagrosos y elementos de visiones proféticas.

Puede servirnos de ejemplo de símbolo material el arca del testimonio colocada en el lugar santísimo del tabernáculo (Éx. 25). La forma cúbica del sacrosanto recinto ya nos habla de la perfección absoluta del lugar en que Dios habita con toda la gloria de su santidad (compárese la descripción de la Jerusalén celestial —Ap. 21:16). El arca contenía las tablas de la ley (Éx. 25:16, 21), una ley santa, inviolable, perenne. Por eso la madera del arca era de óptima calidad que aseguraba su duración. La ley era un teso-

1. *Claves de Interpretación Bíblica*, p. 93.

ro moral; no es, pues, de extrañar que el arca estuviese totalmente recubierta de oro. Pero la ley de aquellas tablas había sido transgredida infinidad de veces por el pueblo de Israel. El testimonio de las tablas era, pues, un testimonio acusatorio (Dt. 31:26). Sin embargo, sobre el arca estaba el *kapporeth* o propiciatorio —cubierta sobre la que se rociaba la sangre de la expiación—, símbolo de la obra propiciatoria de Cristo en la cruz.

En el Nuevo Testamento, el pan y el vino de la Cena del Señor tienen un símbolismo inconfundible, pese a la doctrina católica de la transustanciación. Representan el cuerpo y la sangre de Cristo, su entrega plena a la muerte que había de abrir a los hombres la puerta de la salvación.

Los seres u objetos milagrosos simbólicos no abundan en la Biblia; pero los pocos que hallamos en sus páginas son altamente sugestivos. El querubín con la espada flameante a la puerta del Edén (Gn. 3:24), símbolo de ruptura en la comunión del hombre con Dios; la zarza ardiente que vio Moisés en Horeb (Éx. 3:2), símbolo de la presencia soberana y de la santidad de Dios, aunque algunos han visto en ella una figura de la indestructibilidad del pueblo redimido; la columna de nube y fuego que día y noche iba delante de los israelitas (Éx. 13:21, 22), signo de la protección y dirección de Dios. Aunque no sean éstos los únicos milagros a los que pueda atribuirse un carácter simbólico, sí son de los más significativos.

Mucho más numerosos son los símbolos que encontramos en las visiones concedidas por Dios a los profetas y —con menos frecuencia— a los apóstoles. La amplitud y riqueza de estos símbolos, así como la dificultad que entrañan para su interpretación, justificarían que les dedicásemos un capítulo entero. Pero nos limitaremos a presentar sólo algunos ejemplos.

El ministerio de Isaías empezó, o adquirió una dimensión más profunda, a raíz de la majestuosa visión descrita en el capítulo 6 de su libro. En ella aparecen varios objetos de un simbolismo impresionante: a) el «trono alto y sublime», testimonio de la soberanía de un Dios que permanece como el verdadero Rey cuando los reyes humanos, como Uzías, mueren y desaparecen. b) El manto cuya orla llena el templo, símbolo del encubrimiento divino. Según el comentario de Keil y Delitzsch, «aunque Dios manifiesta allí su gloria, se ve también obligado a cubrirla, ya que los héroes creados son incapaces de soportarla. Pero lo que encubre su gloria no es menos glorioso que aquella parte de ella que nos es revelada. Esta era para Isaías la verdad incorporada en el largo manto y su orla». c) Las alas de los serafines, que bien pueden ser un triple signo de humildad reverente, santidad y diligencia en el servicio. Para algunos exegetas, los propios serafines son símbolo de todos los seres celestiales. *d*) Los umbrales de las puertas que se estremecen y el humo que llena el templo, por su paralelismo con Éx. 19:18 y Ap. 15:8 y por el contexto histórico, parecen simbolizar la presencia de Dios en la majestad de su justicia, de la que se derivan sus juicios sobre hombres y pueblos a lo largo de los tiempos. *e*) La brasa tomada por uno de los serafines del fuego del altar y aplicada sobre la boca del profeta, símbolo indiscutible de purificación (v. 7). La visión en su conjunto constituía el mensaje más alentador para un hombre abrumado por el sentimiento de sus propios pecados y de los de su pueblo.

Podrá observarse en el ejemplo precedente que el simbolismo de algunos de los objetos, especialmente el del primero y el del último, son incuestionables. Respecto al de los restantes, puede haber —y hay— diversidad de opiniones. Debe admitirse que cualquiera de ellas puede ser correcta siempre que entre el símbolo y lo simbolizado haya una analogía racional exenta del influjo de una fantasía incontrolada y concorde con las enseñanzas claras del conjunto de la Escritura.

Otros símbolos importantes los encontramos en las visiones de los restantes profetas: en las de Jeremías (la vara de almendro y la olla hirviente —Jer. 1:10-12—, cuyo significado es explicado por Dios mismo; las dos cestas de higos —cap. 24); en las de Amós (el canastillo de fruta madura —8:1-3—, símbolo de la inminencia del juicio de Dios sobre Israel); en las de Ezequiel (los huesos secos que se recubren de tendones, carne y piel para alojar un nuevo espíritu —37:1-14—, figura de un Israel restaurado) o en las de Zacarías (jinetes y cuernos —cap. 1—, un cordel de medir —2:1—, las vestiduras sucias de Josué, sus ropas de gala y su mitra —3:1-10—, el candelero de oro y los dos olivos —4:1-14—, el rollo volante —5:1-4—, el efa —5:4-11—, los carros que salen de entre montes de bronce —6:1-8—, las coronas recordatorias —6:9-15).

Algunos de estos símbolos tienen su explicación en el contexto. Pero no siempre las explicaciones son suficientemente comprensibles. En algún caso consisten en un nuevo símbolo que a su vez exige aclaración. Esto es lo que notamos en la visión de los cuatro carros (Zac. 6:1). Cuando el profeta pregunta: «Señor mío, ¿qué es esto?», la respuesta no deja de ser enigmática: «Estos son los cuatro vientos de los cielos que salen de presentarse delante del Señor de toda la tierra» (6:5). La clave del simbolismo hay que buscarla aquí, como en todos los casos en que sea posible, en algún dato significativo de la totalidad del pasaje antes de recurrir a textos paralelos o al contexto histórico. En el ejemplo que estamos considerando, el versículo 10 confirma el simbolismo —presente en otros textos bíblicos— del complejo «carros-caballos-vientos», para ver en él el conjunto de agentes o medios que Dios usa para la realización de sus propósitos en el mundo (comp. Sal. 101:4 y Jer. 49:36).

En el Nuevo Testamento, dejando aparte el Apocalipsis, las visiones escasean y aun las pocas que encontramos apenas si contienen elementos simbólicos. Una excepción es la visión de Pedro en Joppe (Hch. 10:9-16), en la que los «cuadrúpedos, reptiles y aves» de todas clases, incluídos animales considerados por los judíos como inmundos, representaban el conjunto de la humanidad, tanto judíos como gentiles.

El Apocalipsis, por el contrario, es una sucesión ininterrumpida de visiones cuajadas de los más variados símbolos. Buena parte de ellos tienen paralelos en el Antiguo Testamento, lo que en algunos textos facilita su comprensión. En determinados casos, a semejanza de lo que hemos visto en las visiones del Antiguo Testamento, se añade al símbolo su significado, como sucede en los siete candeleros (1:13), que «son las siete iglesias» (v. 20). Pero en muchos otros casos las figuras del libro resultan de difícil comprensión, por lo que se impone rigurosamente la cautela, la humildad y las reservas que para la interpretación de textos oscuros hemos venido preconizando a lo largo de esta obra.

## Acciones simbólicas

El estudio de objetos simbólicos debe completarse con el de acciones del mismo carácter. Muchas veces, por indicación divina, los profetas llevaron a cabo actos —a menudo insólitos— que tenían por objeto hacer más vívido y penetrante su mensaje. En algunos casos esas acciones estuvieron profunda y dramáticamente insertadas en la experiencia personal de quien las realizaba. Así el profeta dejaba de ser simplemente anunciador para convertirse en actor.

El libro en que hallamos mayor número de actuaciones simbólicas es el de Ezequiel. En 2:8 — 3:3, que tiene un paralelo en Ap. 10:2, 8-11, se nos narra cómo el profeta, de acuerdo con la indicación de Dios, se come el rollo que era puesto ante él. Esto formaba parte de su llamamiento; constituía el principio y el secreto de su ministerio. Era de todo punto necesario que su interior se llenara de las palabras del Señor antes de empezar a predicar a su pueblo. Si la acción de comer el rollo fue real o simplemente una parte de la visión (2:9 y ss.) no se puede decidir con certeza. Pero de cualquier modo se mantiene el carácter activo de Ezequiel, quien no debe limitarse a ver, sino que ha de actuar, y su actuación primordial era la de asimilar personalmente la palabra de Dios.

En el mismo libro de Ezequiel hallamos tres acciones simbólicas: el simulacro de asedio en torno a un ladrillo, figura del sitio

185

de Jerusalén (4:1-3); el acostarse primeramente sobre su lado izquierdo y después sobre el derecho (4:4-8), como testimonio de la maldad de Israel y de Judá, así como del juicio sobre Jerusalén; la dieta, restringida y repugnante, impuesta al profeta (4:9-17), señal de las privaciones y angustias que esperaban al pueblo por su maldad; el total rasuramiento de su cabeza y de su barba y el triple destino de sus cabellos (5:1-4), símbolo de las grandes tribulaciones, la dispersión y la mortandad de que serían víctimas los moradores de Jerusalén. Podríamos añadir las descritas en 12:3-8; 12:18; 24:3-12 —el simbolismo en este último caso se basa más en una parábola que en una acción real— y 24:16-18.

También en la vida de Jeremías hay acciones simbólicas. Sobresale su experiencia en el taller del alfarero (Jer. 18:1-6), ilustración conmovedora del desastre en que desembocaba la historia de Israel y de la acción restauradora de Dios. Otras acciones de tipo análogo son la compra y uso de una faja de lino (13:1-11), con lo que se denuncia el total deterioro moral de Judá; la adquisición, exposición ante el pueblo y rotura de una vasija de barro (19:1, 2, 10), todo ello señal del quebrantamiento que iba a sobrevenirle al país; la construcción, autoimposición y distribución de yugos (27:1-3), símbolo de la sumisión a Babilonia; la colocación de grandes piedras cubiertas de barro a la puerta del palacio de Faraón en Tafnes (43:8-13), profecía de la llegada y dominio de Nabucodonosor sobre Egipto.

En el libro de Isaías hay un solo caso. El profeta, siguiendo la palabra de Dios, anduvo desnudo y descalzo (20:2) «como señal y presagio sobre Egipto y Etiopía», cuyos cautivos serían deportados por el rey de Asiria en idénticas condiciones.

Pero indudablemente la acción más impresionante se encuentra en el libro de Oseas, el profeta del amor perdonador. El drama vivido en su experiencia por la prostitución de su esposa, a quien, a pesar de todo, ama y a la que finalmente rescata (caps. 1-3), tiene un gran fondo simbólico. Con incomparable patetismo se pone de relieve la similitud entre la experiencia del profeta y la relación de Dios con Israel (3:1). Estos primeros capítulos de Oseas plantean problemas, pero su mensaje es tan claro como inspirador.

### Simbología diversa

Es la relativa a números, nombres, colores, metales, piedras preciosas, etc. Es innegable que en algunos de estos elementos puede descubrirse un matiz simbólico, por lo que el intérprete no puede soslayar su consideración. Por otro lado, debe evitarse la generalización y ver en todos los números, nombres, colores y metales o piedras preciosas un simbolismo que en muchos casos es inexistente. Muy objetivamente Micklesen hace notar que «la función primaria de los números es indicar la medida del tiempo, del espacio, de cantidades, etc. Los colores son generalmente un medio de expresión estética. Los metales tienen cualidades utilitarias que determinan su uso. Las joyas son a menudo introducidas a causa de su belleza y esplendor... Hay casos en que el intérprete se pregunta si con el significado literal no coexiste un sentido simbólico. En determinados pasajes así sucede realmente... Pero insistir en que cualquiera de estos elementos es únicamente simbólico y significa consistentemente algo determinado es cuestión de cuidadoso estudio».[3]

Hecha esta salvedad, consideremos los principales elementos de la simbología bíblica.

### Números simbólicos

La significación que los israelitas dieron a determinados números está en consonancia con una práctica bastante generalizada en otros pueblos del antiguo oriente, especialmente en Babilonia y en otras regiones más o menos influenciadas por la cultura caldea. No sería de extrañar que tal práctica hubiese sido heredada por Israel a través de los patriarcas.

El carácter simbólico de algunos números de la Biblia ha sido reconocido por todos sus intérpretes, tanto judíos como cristianos. Sin entrar en un estudio demasiado prolijo, destacamos seguidamente, por orden de importancia, los números más significativos en la simbología de la Escritura.

El número *siete* se encuentra en una u otra forma en casi seiscientos pasajes bíblicos. Cuando tiene un claro carácter simbólico, suele coincidir con el significado de totalidad, integridad o perfección que le atribuían los babilonios. En algunos casos, sin embargo, puede denotar intensidad, como sucede en la séptuple maldición pronunciada contra quien matara a Caín (Gn. 4:15) o en la alabanza a Dios siete veces al día (Sal. 119:164).

La prominencia de este número se observa: *a)* en ordenanzas rituales como la santificación del séptimo día, la fiesta de los panes sin levadura (Éx. 34:18), la de los tabernáculos (Lv. 23:34), el año sabático (Éx. 21:2), la séptuple aspersión con sangre el día solemne de la expiación (Lv. 16:14, 19), etc. *b)* En hechos históricos tales como los siete años servidos por Jacob para obtener esposa (Gn. 29:20, 27 y ss.), las siete veces que Naamán hubo de zambullirse en el Jordán (2 R. 5:10), la séptuple ascensión del criado de Elías al Carmelo (1 R. 18:43, 44), etc. *c)* En pasajes didácticos, como el relativo a las siete abominaciones que hay en el

3. *Interpreting the Bible*, p. 272.

corazón de la persona que odia (Pr. 26:25) o el del Nuevo Testamento concerniente a las ofensas y el perdón (Lc. 17:4; comp. Mt. 18:21). *d*) En textos apocalípticos. Por ejemplo, en las visiones de Juan, las siete iglesias (Ap. 1:4), las siete estrellas (1:16), las siete lámparas de fuego (4:5), los siete sellos (5:1), los siete cuernos y los siete ojos del Cordero (5:6), las siete plagas finales (15:1), las siete copas (15:6), etc.

La significación del siete se extiende también a sus múltiplos: *Catorce* (Éx. 12:6; Nm. 29:13, 15). Llama especialmente la atención la visión de las generaciones desde Abraham hasta Cristo en tres grupos de catorce cada uno (Mt. 1:17), que no se ajusta con rigurosidad histórica a la realidad.

*Cuarenta y nueve* (7 × 7) aparece en dos importantes prescripciones rituales: en la regulación de la fiesta de las primicias (Lv. 23:15) y los cuarenta y nueve años de intervalo que habían de mediar entre un año de jubileo y otro (Lv. 25:8).

*Setenta.* Como expresión de una gran multitud lo encontramos en muchos textos del Antiguo Testamento. He aquí algunos de los más notables: los setenta descendientes de Jacob (Éx. 1:5; Dt. 10:22), los ancianos de Israel (Éx. 24:1, 9; Nm. 11:16, 24), los hijos de Acab (2 R. 10:1), los ancianos idólatras vistos por Ezequiel (Ez. 8:11), las palmeras de Elim (Éx. 15:27), las setenta semanas del libro de Daniel (9:24), los años de la vida humana (Sal. 90:10). En el Nuevo Testamento, los setenta discípulos enviados a predicar la buena nueva (Lc. 10:1, 17), aunque este número varía en algunos manuscritos.

El número *doce.* Es otro de los más significativos. Probablemente la predilección que por él sentían los israelitas se debía a que era el número de los hijos de Jacob que dieron origen a las doce tribus. En el Nuevo Testamento se destaca la elección de los doce apóstoles (Mt. 10:12; 1 Co. 15:5) y aparece en su forma simple o en la de alguno de sus múltiplos en no pocos pasajes del Apocalipsis: los doce mil sellados de cada tribu de Israel (7:4-8), las doce estrellas sobre la cabeza de la mujer vestida de sol (12:1), las doce puertas con doce ángeles de la nueva Jerusalén (21:12), los fundamentos de la ciudad con los nombres de los apóstoles (21:14) y sus dimensiones, que son múltiplos de doce (21:16, 17), las piedras preciosas de los cimientos (21:19, 20) y los doce frutos del árbol de la vida (22:2).

Examinados los textos en que este número aparece con claro valor simbólico, se deduce sin lugar a dudas que denota al pueblo de Dios en su totalidad, en su unidad y en la grandeza y gloria a que está destinado.

El número *tres.* Parece haber sido considerado originalmente como símbolo de un todo ordenado y completo. Pero este significado no es demasiado evidente en todos los casos. Quizá los textos más importantes son los que sugieren la unidad y plenitud de Dios, tanto en su persona como en sus obras. Véase la triple bendición aarónica en la que se halla tres veces el nombre de Yahvéh (Nm. 6:24-26), el «Santo, Santo, Santo» de los serafines en la visión de Isaías (Is. 6:3; comp. Ap. 4:8), la fórmula trinitaria del bautismo (Mt. 28:19) y la bendición apostólica (2 Co. 13:14).

El número *cuatro*. Es indicativo de amplitud ilimitada en el sentido espacial o temporal aplicado al universo visible. Así se mencionan los cuatro confines de la tierra (Is. 11:12; Ez. 7:2; Ap. 7:1; 20:8), correspondientes, sin duda, a los cuatro puntos cardinales, y los cuatro vientos de los cuatro puntos del cielo (Jer. 49:36; Ez. 37:9; Dn. 7:2; 8:8; Zac. 2:6; Mt. 24:31; Ap. 7:1).

*Gematría*

Ha sido frecuente en la historia cultural de varios pueblos atribuir a las letras un valor numérico. Hoy todavía es frecuente el uso de la numeración romana mediante las letras I, V, X, L, C, D y M. Y también las letras del alfabeto hebreo recibieron significación numérica, aunque en el Antiguo Testamento los números se expresaban mediante las palabras correspondientes y no con sus símbolos literales. El uso de las letras de una palabra para expresar por medio de la combinación de sus valores numéricos un nombre o una frase ingeniosa fue denominado «gematría». Su práctica ha gozado de grandes simpatías, especialmente entre los rabinos judíos, y sus adeptos han alcanzado con sus combinaciones las conclusiones más insólitas.

En toda la Biblia se da un solo caso de gematría: el número de la «bestia» (Ap. 13:18). Muchos comentaristas se han inclinado por ver en el 666 —un compuesto de 6— el símbolo del hombre (tal como se indica en el propio texto: «es número de hombre») elevado a la máxima expresión de su imperfección impía (recuérdese que el siete simboliza la perfección). Pero otros han recurrido a la gematría y han asegurado que el número corresponde a Nerón César, cuyas consonantes en hebreo (NRWN-KSR) suman numéricamente 666 (Nun = 50, Resh = 200, Waw = 6, Nun = 50, Kof = 100, Shameckh = 60, Resh = 200; total: 666). Otros intérpretes, sin embargo, siguiendo el mismo sistema, han llegado a diferentes conclusiones. Ireneo vio en el número a que nos estamos refiriendo un símbolo del imperio romano partiendo del término griego *lateinos* (30 + 1 + 300 + 5 + 10 + 50 + 70 + 200 = = 666). Trajano y Calígula han sido igualmente sugeridos en virtud de combinaciones gemátricas basadas en sus respectivos nombres. Es cierto que cualquiera de estos personajes encarnó en gran parte las características de la «bestia»; pero sería demasiado atrevimiento dogmatizar sobre este número agotando su significado con una persona o con una institución del pasado, sin admitir la posibilidad de una realidad futura como cumplimiento más cabal de lo simbolizado.

## Nombres simbólicos

De vez en cuando encontramos en la Biblia nombres propios, de personas o de lugares, que se usan simbólicamente. En determinados casos, el nombre expresa literalmente la realidad simbolizada. Recuérdese el nombre del hijo del profeta Isaías, *Searjasub* = un remanente volverá (Is. 7:3). Generalmente estos nombres eran impuestos por indicación divina, como sucedió con otro de los hijos de Isaías, *Maher-shalal-hash-baz* = el despojo se apresura (Is. 8:1-4) o con los hijos de Oseas: *Jezreel* (nombre del hermoso valle profanado por el sanguinario Jehú, cuya casa iba a sufrir el juicio de Dios —Os. 1:4), *Lo-ruhama* = no compadecida (Os. 1:6) y *Lo-ammi* = no pueblo mío (Os. 1:9), los cuales forman parte importante del entramado profético del mensaje de Oseas.

Pero hay otros nombres que, por sus características peculiares, adquirieron un recio simbolismo. Tales son los de hombres como David, quien representaba al pastor y príncipe mesiánico (Ez. 34:23-24; comp. Jer. 30:9 y Os. 3:5) y Elías, simbólico de Juan el Bautista (Mal. 4:5; Mt. 11:14); o los de lugares como Sodoma y Egipto, aplicados a la incrédula Jerusalén (Ap. 11:8), y Babilonia, cuyo simbolismo en el Apocalipsis ha sido interpretado de modos diversos; probablemente se refiere a Roma, pero cualquiera que sea la interpretación, Babilonia claramente refleja la grandeza y la miseria de una sociedad humana soberbia, hostil a Dios y al testimonio de su verdad.

## Colores simbólicos

Al parecer, antiguamente no se apreciaban los colores de modo tan diferenciado como hoy. Por eso, generalmente, en la Biblia sólo hallamos referencias a los más fácilmente indentificables, como el rojo, el amarillo, el blanco, el azul, el negro, etc.

El azul, por ser el color del cielo, sugería lo celestial, lo santo, lo divino. Ello explica que el manto del efod del sumo sacerdote fuese de este color (Éx. 28:31; 39:22) y que también lo fuesen otras partes de su indumentaria, así como «el paño todo azul» con que debían cubrirse los objetos más sagrados del tabernáculo en los desplazamientos de Israel a través del desierto (Nm. 4:6, 7, 11, 12).

El color púrpura o escarlata era simbólico de realeza o majestad (Jue. 8:26; Est. 8:15; Dan. 5:7).

El blanco siempre ha sido símbolo de pureza y gloria. Aparecía en el lino de las vestiduras del sumo sacerdote (Éx. 28:5, 6, 8, 15, 39). Caracteriza también las de Jesús en el momento de su transfiguración (Mt. 17:2; Mr. 9:3; Lc. 9:29) y las de la «esposa del Cordero» (Ap. 19:8).

El negro suele estar relacionado con la muerte y el luto (Jer. 14:2) y con el hambre (Ap. 6:5, 6).

El rojo hace pensar en la sangre, en la guerra (Nah. 2:3; Ap. 6:4).

## Metales y piedras preciosas

Que algunos de estos elementos tienen un carácter emblemático es innegable; pero ésta es quizá la parte más difícil de la simbología, dada la dificultad con que se tropieza a menudo para particularizar en el simbolismo de cada uno de los materiales. Frecuentemente aparecen combinados, por lo que en algunos textos lo más aconsejable, probablemente, será buscar el simbolismo del conjunto y no de cada una de las partes. Por ejemplo, las gemas que componen las puertas de la Jerusalén celestial (Ap. 21:14, 19, 20).

Tal vez, el metal de más claro simbolismo es el oro, el cual nos sugiere el esplendor de la gloria de Dios. De ahí su abundancia en el tabernáculo israelita (cubierta del arca, querubines, altar del incienso, mesa para el pan de la proposición y candelero).

La simbología, indudablemente, puede hacer una aportación importante en el estudio exegético de no pocos textos. Los datos bíblicos nos facilitan la orientación para su estudio. Pero es menester que nos movamos en este campo con la máxima circunspección, pues es terreno abonado para el desarrollo exuberante de fantasías poco recomendables.

# CUESTIONARIO

1. *Explíquese la diferencia entre símbolos y tipos bíblicos.*

2. *Exponga el simbolismo —si lo tiene— de la zarza ardiente (Éx. 3:2), del macho cabrío destinado a Azazel (Lv. 16:5 y ss.) y de las ciudades de refugio (Nm. 35:9-29). Y razone el carácter simbólico de estos objetos sobre la base de datos bíblicos, si los hay.*

3. *Cite tres ejemplos de tipos con sus correspondientes antitipos y explique, a la luz del Nuevo Testamento, la conexión entre unos y otros.*

# XII

# ESTUDIO DEL FONDO HISTÓRICO

El análisis lingüístico del texto ha de completarse con el de su contexto histórico. Según Davidson, «la interpretación gramatical y la historia, rectamente comprendidas, son sinónimas».[1] Por nuestra parte, nos cuesta un poco aceptar tal sinonimia; pero es evidente que ningún escrito —menos aún si se trata de un pasaje de la Biblia— puede ser interpretado objetivamente si se separa de las circunstancias históricas en que se originó.

Los diferentes libros de la Escritura distan mucho de ser tratados religiosos abstractos, impersonales y atemporales. Surgen en medio del acontecer humano y en ellos palpita con fuerza la realidad existencial de individuos y pueblos en las más diversas circunstancias. Por supuesto, este hecho no significa que la Biblia es un mero producto de la historia, como han supuesto algunos llevados de sus prejuicios liberales. No podemos perder de vista su naturaleza, su relación con la revelación de Dios. Pero hemos de recordar que tal revelación está inseparablemente entrelazada con la historia. Por ello, la comprensión de su contenido sólo es posible cuando tomamos en consideración su trama histórica.

Así lo entendieron los líderes de la Reforma. Aprovechando los factores positivos de la erudición humanista, llegaron a la conclusión de que la filología debe extenderse más allá del estudio de las palabras y de la gramática al de la cultura y la historia. Tanto para Lutero como para Calvino, el único método aceptable de interpretación de la Escritura era el gramático-histórico, en el que ambos elementos deben contar en todo su valor. Esta conclusión

1. Cit. por L. Berkhof, *op. cit.* p. 135.

se ha visto corroborada por la luz que los descubrimientos arqueológicos de los últimos cincuenta años ha arrojado sobre innumerables textos tanto del Antiguo como del Nuevo Testamento.

**Factores a considerar**

Para tener una idea más o menos completa del fondo histórico de un texto, es necesario recoger y comparar cuantos datos permitan al intérprete acercarse al máximo a la situación en que dicho texto se enmarca. Destacamos a continuación los más importantes.

1. *Datos geográficos*

La orografía, la hidrografía, la climatología, la flora y fauna, etc. del lugar correspondiente pueden ayudarnos a entender más claramente determinados pasajes.

Considerada Palestina en su conjunto desde el punto de vista geográfico, se comprende que Dios la escogiera como el lugar en que había de habitar su pueblo Israel, llamado a ser luz de las naciones. Situada estratégicamente, constituía una franja vital para la comunicación de Europa, Asia y Africa. Para bien o para mal, sobre ella convergían cultura, comercio y no pocas veces ejércitos, de Mesopotamia, Egipto, Asia Menor, Grecia y Roma. Por otro lado, su posición privilegiada fue uno de los factores que más facilitaron la expansión primero del judaísmo y después del cristianismo a través de todo el mundo antiguo.

Si del cuadro de conjunto pasamos a examinar detalles de la geografía de Palestina, el auxilio que recibimos para la exégesis es realmente inestimable. Bastarán unos pocos ejemplos para corroborar nuestra aseveración y mostrarnos así la importancia de que el intérprete esté familiarizado con las características físicas de Palestina así como de los restantes países del mundo bíblico.

Podría sorprender que las bendiciones y las maldiciones prescritas por Moisés hubiesen de ser leídas desde los montes Gerizim y Ebal respectivamente (Dt. 11:29, 30; 27:12, 13; Jos. 8:33). ¿Cómo podrían ser inteligiblemente oídas por el pueblo sin ninguno de los modernos sistemas de megafonía? La dificultad se desvanece si tenemos presente que el espacio comprendido entre ambos montes constituye un enorme anfiteatro natural con propiedades acústicas excepcionales.

La parábola del buen samaritano (Lc. 10:30-35) resulta más vívida si pensamos en lo abrupto del terreno rocoso entre Jerusalén y Jericó, muy adecuado para proveer de escondrijos a bandidos y maleantes de toda laya. La solitaria ruta, no sin razón, había recibido el nombre de «camino de sangre».

De modo análogo nos ayuda el conocimiento de la orografía del sur de Judá, con sus múltiples cuevas, a entender cómo David pudo mantenerse largo tiempo fuera del alcance de Saúl, su perseguidor.

Es aparentemente difícil de explicar la fertilidad de los alrededores de Jericó, dada la aridez de la región en general. La «ciudad de las palmeras» (Dt. 34:3; Jue. 1:16) gozaba de unas condiciones paradisíacas. La razón es que se beneficiaba del más grande manantial de Palestina.

Las características de las estaciones y sus fenómenos climatológicos también nos proporcionan luz sobre algunos pasajes. La alusión de Amós a las «casas de invierno» (Am. 3:15) debe considerarse teniendo presente la crudeza invernal en Palestina. Al frío intenso de determinadas regiones se une la estación lluviosa, lo que hace que muchos días resulten horriblemente desapacibles. Para librarse de tales rigores los poderosos construían viviendas especialmente protegidas. Lo extraordinario de las inclemencias atmosféricas en invierno explica también el detalle que encontramos en el discurso escatológico de Jesús: «Orad para que vuestra huida no sea en invierno» (Mt. 24:20).

Cuando en algunos textos se nos habla de lo temible del viento del este —o viento del desierto— (Jer. 4:11; Jon. 4:8; Lc. 12:55), se hace referencia al siroco, que sopla del sureste en periodos de tres a quince días durante los meses de abril a junio y de septiembre a noviembre, con efectos desastrosos tanto en animales como en la vegetación. Aun en otoño eleva de modo casi increíble las temperaturas y, por ser un viento sumamente seco, resulta abrasador. A veces sopla con fuerza tal que puede amenazar peligrosamente la navegación y destruir incluso «las naves de Tarsis» (Sal. 48:7).

La mención de Tarsis nos recuerda el intento de huida de Jonás. Tarsis era una ciudad lejana (probablemente la hispánica Tartesos) que se había convertido en afamado emporio comercial por sus exportaciones de plata (Jer. 10:9), hierro, estaño y plomo (Ez. 27:10). Que el profeta hiciese de este lugar el punto de su destino, considerado en su día como el más remoto a que llegaban las expediciones marítimas del Medio Oriente, puede ser indicativo de su concepto, erróneamente limitado, de Dios. En opinión de Jonás —común a sus contemporáneos paganos— la «presencia de Yahvéh» (1:3) se limitaba al país de Israel. En Palestina el juicio divino podía alcanzar al profeta desobediente; pero si éste lograba llegar a Tarsis, estaría a salvo, «lejos de la presencia de Yahvéh» (1:3). Por supuesto, esta idea era absurda (véase Sal. 139:9, 10), pero formaba parte del pobre sistema teológico de Jonás. Así, la situación de Tarsis nos explica la esperanza —por pueril que a nosotros nos parezca hoy— de aquel hombre.

En el Nuevo Testamento, el estudio de la geografía bíblica nos permitirá entender mejor algunas de las experiencias de Jesús, tales como las súbitas y peligrosas tempestades en el lago de Genezaret, el episodio de la región de los gadarenos (Mr. 5:1-13), etc. Y una ojeada al mapa del mundo greco-romano en el que localicemos ciudades como Antioquía, Filipos, Efeso, Corinto y Roma nos ayudará a captar con mayor objetividad la magnitud de la obra misionera de Pablo.

## 2. *Epoca o momento histórico*

Las circunstancias históricas (políticas, sociales, religiosas, etc.) relativas a un texto dado son igualmente importantes. Nos permiten aproximarnos más al mundo del autor, a los problemas, las inquietudes y las perspectivas que éste tenía ante sí y que en parte configuraban su mensaje.

Es significativo, por ejemplo, el dato que se da en la introducción a la visión de Isaías (Is. 6:1): «el año en que murió el rey Uzías». Fue éste un monarca piadoso y emprendedor a lo largo de sus cincuenta y dos años de reinado, a pesar de su envanecimiento final y de la frivolidad que le acarreó el juicio divino (2 Cr. 26). En sus días gozó Judá de poderío y prosperidad. Sin duda, su piedad influyó positivamente en el «resto» fiel del pueblo, aunque la masa de éste siguiera interiormente alejada de Dios. En esta situación, la muerte del rey abría un serio interrogante. ¿Qué curso seguirían los acontecimientos? Pronto se pondría de manifiesto que, como señala Delitzsch, con Uzías se extinguía definitivamente la gloria nacional de Israel. Es sobre este fondo sombrío que resalta la visión que Isaías tuvo de la gloria de Dios en su eterna soberanía manifestada tanto en el juicio como en la salvación.

Uno de los grandes textos de Amós, «Buscadme y viviréis» (5:4), va seguido de una exhortación que, lógicamente, ha de tener una importancia paralela: «No busquéis a Betel, ni entréis en Gilgal, ni paséis a Beerseba» (5:5). ¿Qué razón había para esta prohibición? ¿Simplemente un destino nefasto reservado a estas ciudades? En días de Amós, aquellas poblaciones, de gratos recuerdos vinculados a los patriarcas y a Samuel, se habían convertido en centros idolátricos a los que los israelitas acudían con entusiasmo en tanto que deslealmente abandonaban a Yahvéh. La opción entre el culto al Dios verdadero y la idolatría de aquellos santuarios era una cuestión de vida o muerte.

Las vehementes denuncias de Hageo contra sus contemporáneos las comprendemos mejor si tenemos una idea clara de la situación en que se hallaban los judíos que habían regresado de la cautividad babilónica. En la enorme tarea de reconstrucción que debían llevar a cabo pugnaban intereses distintos, bien que no necesariamente contrapuestos. Debían reconstruir sus viviendas, pero también el templo. Llevados de un desmesurado egoísmo y por el afán de máximo bienestar material, concentran su tiempo y sus energías en sus propias casas, algunas de ellas lujosísimas, con total descuido de la casa de Dios, que estaba en ruinas.

Cuando en el Nuevo Testamento leemos acerca de la sumisión a las autoridades civiles (Ro. 13:1-6; Tit. 3:1; 1 P. 2:13), en la exégesis no podemos perder de vista el elevado concepto que de la ley había en el mundo romano, a pesar de los caprichos injustos y de las crueldades de algunos emperadores.

Asimismo, cuando consideramos pasajes referentes al gobierno de la iglesia local, haremos bien en prestar atención a la organización de la vida pública en general y, más particularmente, de la sinagoga.

### 3. Circunstancias generales

Estas pueden ser muy diversas. Para facilitar su estudio, las dividiremos en políticas, sociales, culturales y religiosas.

*a) Circunstancias políticas.* Tanto en el Antiguo como en el Nuevo Testamento, revisten una importancia indiscutible. Contribuyeron en gran parte a determinar la vida religiosa de los pueblos, incluido Israel, y afectaron al testimonio de la Iglesia en los días apostólicos.

Es básico en el examen de un pasaje bíblico tomar en consideración la esfera política en que los protagonistas se movían. Por eso el intérprete ha de conocer las características de los diferentes pueblos que aparecen en la Escritura, desde los días patriarcales, pasando por las anfictionías en días de los jueces, la monarquía de Israel y la sucesión de los grandes imperios asirio, caldeo, medo-persa y griego, hasta el imperio romano en tiempos del Nuevo Testamento.

No pocos detalles de los evangelios pierden en significado si no estamos familiarizados con el contexto político derivado de los movimientos independentistas de los judíos en el periodo intertestamentario y de la posterior sumisión a Roma con un complejo sistema de gobierno.

En el Antiguo Testamento abundan los textos en los que aparece claramente la conexión entre determinadas actitudes de Israel —o de Judá— y la situación política nacional e internacional. Particularmente importantes por sus repercusiones religiosas eran los vaivenes —de la alianza a la resistencia— en las relaciones con los grandes poderes de Asiria y Egipto. Tener en cuenta este fondo es imprescindible para examinar pasajes como Is. 8:5-18; 10:24, 25; 30:1-7; 31:1-3; 36:1-6; Jer. 2:13-18.

Algunos de los problemas que se plantearon a los judíos que regresaron del exilio aparecen en los libros de Esdras y Nehemías y de los profetas postexílicos; pero sólo podemos comprenderlos adecuadamente a la luz de las tensiones políticas existentes entre la comunidad judía restaurada y los pueblos vecinos que le eran hostiles y que, por lo general, contaban con el favor de Persia, la gran potencia mundial de aquel entonces (véase Esd. 4:4-6 y Neh. 4 y 6).

En el Nuevo Testamento es de todo punto indispensable tener presente la situación política de los judíos en Palestina. Sujetos a Roma, eran gobernados por la dinastía idumea iniciada con Herodes «el Grande» y mantenida en medio de intrigas y crueldades. La libertad concedida por Roma a las diferentes provincias del imperio permitió al pueblo judío disfrutar de una cierta autonomía. Con limitaciones, podía proseguir su vida nacional con sus propias leyes, su órgano supremo de justicia (Sanedrín) y su culto. El siempre difícil equilibrio entre autonomía y sumisión se hacía aún más arduo a causa de las tensiones políticas producidas por los diversos grupos: saduceos, fariseos, zelotes y herodianos. Aun el lector superficial de los evangelios se percata inmediatamente del relieve que todos estos elementos históricos adquieren en innumerables pasajes. Como simples botones de muestra, podemos citar los siguientes: Mt. 17:24-27; 22:16-21; 27:2; Lc. 23:6, 7; Jn. 4:9.

*b) Factores sociales.* En todos los pueblos, la relación individuo-sociedad ha tenido una vital importancia. Desde la cuna hasta la sepultura, la existencia del hombre discurre por cauces sociales. En Israel, las obligaciones empezaban prácticamente tan pronto como un niño nacía. Al octavo día había de ser circuncidado. A partir de ese momento, se esperaba que en el seno de la familia recibiese una influencia piadosa, como correspondía a una persona perteneciente al pueblo con el que Dios había establecido su pacto. Obviamente no siempre existía esa influencia. Muchas familias, a lo largo de los siglos, se dejaron arrastrar por las corrientes de la apostasía, con nefastas consecuencias para todo el pueblo. En otros muchos casos, los problemas de la familia se debían a prácticas en uso, tales como la cohabitación de un hombre con alguna de sus siervas a fin de asegurarse descendencia cuando la esposa era estéril (recuérdese la experiencia de Abraham —Gn. 16—) o la poligamia —1 R. 11:1-6.

De especial importancia en el orden social y en relación con la familia era cuanto tenía que ver con los esponsales y el matrimonio. Aquéllos se celebraban generalmente con carácter íntimo, bien que con solemnes formalidades; unas veces en presencia de testigos y con la aportación de arras, normalmente en dinero; otras, por escrito. La ceremonia concluía con una bendición. A partir de este momento, el compromiso matrimonial adquiría pleno valor jurídico. Algún tiempo después —nunca más de un año—, tenía lugar la boda, de profundo significado espiritual. El acto debía estar inspirado en el pensamiento de la relación entre Dios y su pueblo. Había de ser, asimismo, un motivo de gran alegría, por lo que se celebraba una gran fiesta, que en algunos casos se prolongaba varios días. Los detalles de esta fiesta (el papel destacado de los «amigos» del novio, la procesión nupcial, caída ya la noche, a la luz de numerosas lámparas, etc.) hacen más vívidos y comprensibles textos como Jn. 3:29 o la parábola de las diez vírgenes.

Saliendo de la familia, el individuo se encuentra en esferas más amplias, con responsabilidades reguladas por las leyes civiles. Especial atención merece el mundo del trabajo con su diversidad de clases sociales. En los tiempos antiguos, incluso en la época del Nuevo Testamento, era frecuente la esclavitud, cuyos rigores fueron notablemente atenuados por la legislación mosaica. Entre los libres, existía una clara división entre ricos y pobres, éstos, por lo general, muy pobres y víctimas de toda clase de injusticias. Es mucho lo que tanto el Antiguo como el Nuevo Testamento dicen sobre ellos y en defensa de sus derechos (Éx. 23:3, 6, 11; Dt. 15:1-11; Sal. 69:33; 109:31; Pr. 14:31; Jer. 2:34; Am. 4:1; 5:11; Zac. 7:10; Mr. 10:21; Ro. 15:26; Gá. 2:10; Stg. 2:5, 6, entre muchos otros textos).

La administración de justicia desempeñaba en Israel, al igual que en toda sociedad, un papel decisivo. En los tiempos más antiguos solía practicarse a la puerta de la ciudad y estaba a cargo de hombres reconocidos y respetados por su honorabilidad (Jos. 20:4; Rt. 4:1-13; Job 5:4; 29:7). Los jueces debían desempeñar su oficio con rectitud e imparcialidad; pero en innumerables casos cayeron en la corrupción bajo la presión del soborno. Contra éstos van dirigidas graves denuncias de los profetas (Dt. 16:18-20; Mi. 3:11; 5:1; 7:3. Comp. Lc. 18:6 y Stg. 2:4).

Después del exilio, la sinagoga asumió importantes funciones en la vida social de los judíos, con responsabilidades judiciales que no sólo tenían alcance religioso, sino también civil. La excomunión era prácticamente una condena al ostracismo y a la desposesión de los derechos más elementales. Esta triste realidad ha de tenerse presente cuando, por ejemplo, se analiza la experiencia del ciego de nacimiento sanado por Jesús (Jn. 9:13-34). El temor de sus padres (v. 22) era más que justificado.

Inseparables de las circunstancias sociales hallamos los factores económicos. En una sociedad eminentemente agrícola, sin sistemas adecuados de regadío, las cosechas dependían de los factores climáticos, lo que hacía la riqueza sumamente aleatoria. Por otro lado, las frecuentes depredaciones aumentaban la inseguridad respecto a los frutos que se esperaba recoger. Todo esto, en una época en que no había seguros de ninguna clase, constituía un motivo de gran ansiedad, sobre todo en las clases menos acomodadas. Cuando Jesús prevenía a sus oyentes contra la congoja por la subsistencia (Mt. 6:25-34) estaba apuntando a una de las mayores preocupaciones de muchos de ellos.

c) *Factores culturales y de costumbres.* En este amplio campo encontramos igualmente datos útiles para la interpretación. Las corrientes de pensamiento, la literatura, el arte, la industria —mayormente artesana—, la arquitectura, los instrumentos, herramientas y armas en uso, los medios de transporte, la indumentaria, etc., todo puede aportarnos datos de interés exegético. Veamos como ilustración dos textos, uno del Antiguo Testamento y otro del Nuevo.

En Sal. 56:8 leemos: «Pon mis lágrimas en tu redoma.» ¿Qué significa esta súplica? La arqueología ha descubierto en muchos lugares redomas, es decir, pequeñas vasijas de cuerpo ancho y cuello estrecho que, con toda probabilidad, eran usadas —especialmente por las mujeres— para contener y guardar como tesoro recordatorio durante algún tiempo las lágrimas derramadas en momentos de tribulación. Cuando el salmista recurre a la metáfora del texto, está pidiendo de la manera más expresiva que Dios no se olvide de sus sufrimientos, que los valore, porque en tal caso, con toda seguridad retrocederían sus adversarios (v. 9).

En el relato de la curación del paralítico que fue bajado a presencia de Jesús a través del techo de la casa (Mr. 2:1-12; Lc. 5:17-26), difícilmente entenderemos lo acaecido si no tenemos idea de cómo solían estar construidas las viviendas de Palestina en el primer siglo. Las casas tenían generalmente dos pisos y un patio central, en torno al cual se distribuían las habitaciones. A lo largo de los lados del patio había una galería cubierta —desde la cual hablaría Jesús—, a cuyo tejado podía accederse por una escalera exterior. Sería por esta escalera que los cuatro hombres llegaron con el paralítico al tejado y desde él practicaron la abertura a través del techo —relativamente liviano— de la galería. De este modo, la muchedumbre que cerraba los demás accesos no sería obstáculo para que aquellos hombres de gran fe consiguieran lo que se habían propuesto.[2]

En cuanto a las corrientes de pensamiento o a los conceptos prevalecientes en un momento histórico determinado, conviene

2. Véase A. Edersheim, *The Life and Times of Jesus the Messiah*, I, pp. 502-504.

hacer una aclaración. El autor bíblico pudo haberse referido a ellos e incluso haber usado parcialmente su ropaje lingüístico (tal es probablemente el caso de algunos textos de la carta a los Colosenses, cuya terminología muestra cierta afinidad con las formas de expresión pregnósticas); pero no podemos aceptar la idea de algunos intérpretes modernos de que en gran parte los escritos bíblicos son producto de la cultura imperante en días de los hagiógrafos. Recordemos lo expuesto en el capítulo II sobre las características de la Biblia, en especial lo tocante a su inspiración divina.

*d)* *Factores religiosos.* El pueblo de israel en tiempos del Antiguo Testamento y la Iglesia cristiana en los del Nuevo nacieron y se desarrollaron bajo dos grandes influencias religiosas simultáneas: la Palabra de Dios por un lado y las falsas religiones por otro. Desde un punto de vista global, nunca se llegó a una total inmunización contra éstas. A ello se deben las tensiones que casi constantemente aparecen en la historia bíblica entre la verdad y el error, entre la rectitud moral y la injusticia, entre la verdadera piedad y la superstición, entre la espiritualidad monoteísta y la idolatría.

Ya en días de los patriarcas se observa la adherencia a prácticas paganas. Recuérdese el empeño de Raquel en llevarse consigo los *terafim* de su padre Labán (Gn. 31:19). Posteriormente reaparecen una y otra vez, con fuerza creciente, análogas tendencias en Israel. Prueba de ello son la facilidad con que el pueblo construyó un becerro de oro en el desierto, hecho que Moisés condenó enérgicamente como un acto idolátrico (Éx. 23), la contaminación moral y religiosa en Moab (Nm. 25:1-3), los brotes de paganismo en días de los Jueces (Jue. 17:1-5), la escandalosa apostasía y sincretismo de Salomón (1 R. 11:4, 5), los becerros sagrados consagrados por Jeroboam en Betel y Dan (1 R. 12:28, 29), la descarada introducción del culto a Baal y Aserá en el reino israelita del Norte en tiempos de Acab (1 R. 16:30-33) e incluso la inmolación de niños siguiendo las crueles prácticas de la adoración a Molok (2 R. 17:17; 21: 6; 2 Cr. 28:3).

Si nos percatamos de las graves implicaciones morales de la idolatría, amén de las religiosas, no nos sorprenderá que desde Moisés hasta los profetas preexílicos los mensajes de Dios al pueblo estuvieran cargados de solemnes admoniciones contra ella. Los textos de esos mensajes y muchos otros han de interpretarse tomando en consideración la naturaleza de aquel mal y sus derivaciones.

En el Nuevo Testamento, hallamos un fondo histórico religioso completamente distinto. La experiencia del exilio babilónico había purificado al pueblo judío de la idolatría y nuevas corrientes religiosas habían hecho su aparición. En su conjunto, los judíos se muestran después del exilio como una comunidad agrupada en torno al templo y la Ley de Moisés, pero con profundas divisiones político-religiosas. Dos fueron los grupos que mayor influjo ejercieron sobre el pueblo: el de los saduceos, de tendencia racionalista (sólo aceptaban el Pentateuco y no creían ni en ángeles ni en la resurrección), contemporizadores con la cultura helénica, y el de los fariseos, opuestos a los primeros a causa de su extraordinario celo en favor de la totalidad del Antiguo Testamento y de las tradiciones judías, con radical repudio de las influencias griegas. Como minoría, pero muy vigorosa, aparece el grupo de los esenios, que halló su más viva expresión en la comunidad de Qumrán.

Por el enfrentamiento ideológico de estas fuerzas religiosas, van surgiendo conceptos, actitudes y prácticas que unas veces significan una profundización de algo ya existente y otras una innovación. En la nueva situación posexílica, se produce una evolución teológica. Se da mayor relieve a la trascendencia de Dios. Se exalta su majestad hasta el punto de rehuir por completo el uso del sagrado nombre de YAHVEH. Por otro lado, se revaloriza la individualidad del hombre. Asimismo se avivan las esperanzas mesiánicas. No se atisban perspectivas humanas de cambio en la situación política, pese al radicalismo de los zelotes, por lo que se agudiza la conciencia escatológica y toma incremento la apocalíptica con la consiguiente expectación que les lleva a fijar su mirada en el advenimiento del eón futuro, del Ungido de Dios y de su Reino.

El comportamiento religioso está determinado no sólo por la *torah* (ley), sino por un número impresionante de prescripciones adicionales impuestas bajo la presión de los fariseos. 613 preceptos, (248 mandamientos y 365 prohibiciones) sometían al judío piadoso a una verdadera esclavitud moral, complicada por la compleja casuística de los rabinos.

Este modo de ordenar la vida del judío piadoso era ambivalente en sus efectos. En unos casos, el cumplimiento escrupuloso de los preceptos daba lugar al orgullo y a la autojustificación; en otros, al desaliento. Recordemos el contraste entre el fariseo y el publicano de que nos habla Lucas (18:9-14).

Si saliendo del marco palestino examinamos el contexto religioso de la diáspora judía, en constante contacto con el mundo helénico, nos encontramos con elementos importantes a los que forzosamente hemos de prestar atención. Entre ellos sobresalen los conceptos religiosos y morales de los movimientos filosóficos de estoicos, epicúreos, platónicos y neopitagóricos, los inicios del gnosticismo, la religiosidad helenística popular con sus divinidades salutíferas, sus templos y sacrificios idolátricos, sus magos y adivinos y los cultos secretos o mistéricos. Todo ello tuvo su incidencia en la confrontación del cristianismo con el mundo que la Iglesia había de evangelizar y es esencial en el análisis exegético descubrir la posible relación entre esa incidencia y el texto bíblico.

Tomemos como muestra el uso que Juan hace del término *logos* (palabra) en el prólogo de su evangelio. Por supuesto, no debemos identificar lo que él quería expresar con el concepto filosófico griego. Pero tampoco hemos de desentendernos completamente de éste. Aunque Juan siguiera más bien la concepción hebrea, en la que se resaltaba sobre todo la capacidad creadora de la palabra de Dios (Jn. 1:3), es más que posible que, al menos parcialmente, incorporase a su pensamiento elementos del pensamiento helénico. Así parece desprenderse del carácter revelador e interpretativo del *logos* joanino (1:18), muy en consonancia con el significado atribuido al vocablo por Aristóteles. «Hacer que algo aparezca de modo visible tal como es, y la posibilidad de ser orientados por ello, es lo que Aristóteles definió como palabra *(logos)*».[3] Juan enseña que a través de Cristo no sólo Dios se hace visible (Jn. 14:9), sino que es la luz del mundo que nos guía para que no andemos en tinieblas (Jn. 1:4; 8:12). El concepto del gran filósofo griego no fue rechazado en tiempos posteriores; más bien fue desarrollado hasta el punto de convertirse en un principio por el cual se interpretaban el universo, la naturaleza y el destino del hombre. El *logos* vino a significar una entidad cosmológica, el nexo de unión entre Dios y el hombre, una hipóstasis de la deidad, un *deutero theos* (un segundo dios) y, por consiguiente, una autoridad normativa.

Lógicamente, el evangelio de Juan había de despertar interés en aquellos de sus lectores que estuvieran más o menos imbuidos de las ideas filosóficas griegas. Y no parece descabellado pensar que el evangelista usara una terminología común a muchos pensadores contemporáneos suyos a la par que aprovechaba en lo posible el paralelismo entre algunos puntos del Evangelio y el pensamiento helénico para exponer el hecho de Jesús, revelador del Padre, Señor y Salvador del mundo.

Otro ejemplo nos lo ofrece la carta de Pablo a los Colosenses, en cuyo fondo se advierte la existencia de una herejía en la que se combinaban elementos judaicos y enseñanzas pregnósticas. El gnosticismo «enfatizaba el conocimiento *(gnosis)* mediante el cual se alcanzaban los secretos que conducían a la unión del alma con Dios, a la purificación y a la inmortalidad. Veía en la materia algo intrínsecamente malo, por lo que se hacía necesaria la existencia

---

3.  W. Bröcker, *Aristoteles, Philosophische Abhandlung*, 1, cit. por Kleinknecht, Kittel's *TNDT*, IV, p. 80.

de seres intermedios —e intermediarios— entre Dios y el mundo, con lo que se desvirtuaba el significado de la encarnación, la muerte y la resurrección de Cristo».[4] Si no prestamos atención a ese fondo, textos como Col. 2:3, 9, 18 y otros resultarán difíciles de entender en toda la extensión de su significado.

Algo semejante podemos decir de la primera carta de Juan, en la que también se combaten errores de tipo gnóstico. De ahí la insistencia del autor en reafirmar el hecho de la encarnación del Verbo de Dios (1 Jn. 1:1-3; 2:22; 4:14; 5:1, 5) y la identificación de Jesús con el Cristo.

Obviamente, a los datos suministrados por fuentes extrabíblicas hemos de añadir los que encontramos en la propia Escritura. Las instituciones y prácticas religiosas de Israel prescritas en el Pentateuco, al igual que las doctrinas enseñadas en el conjunto del Antiguo Testamento, son básicas en todo análisis del fondo histórico.

Cualquier texto relativo a sacrificios u otros elementos cúlticos en el santuario israelita, a sábados o fiestas especiales, a determinadas prácticas legales e incluso a algunos usos y costumbres legales, debe ser estudiado teniendo presente la información contenida en los libros del Éxodo, Levítico, Números y Deuteronomio. Cualquier referencia al pacto de Dios con su pueblo ha de examinarse teniendo en cuenta la alianza de Dios con Abraham y el pacto sinaítico. Cualquier expresión de fe o de temor, de alabanza o de confesión, seguramente podrá relacionarse con las grandes experiencias del pueblo de Dios en diferentes momentos de su historia, experiencias siempre iluminadoras. Sólo de este modo estaremos en condiciones de apreciar toda la densidad espiritual de textos como Jos. 24:14, 15; Jue. 5; 1 S. 2:1-10; 1 Cr. 16:7-36; Esd. 9:5-15; Neh. 9; la mayor parte de los salmos y numerosos pasajes de los profetas.

En el Nuevo Testamento, los evangelios iluminan el libro de los Hechos, y éste, a su vez, arroja luz sobre las epístolas, particularmente sobre las de Pablo. Y en todo el Nuevo Testamento resplandecen los fulgores veterotestamentarios (Lc. 1:46-55; 2:29-32; Ro. 4; 8:33-39, por citar solamente unos pocos pasajes a modo de ejemplos).

La conclusión es que cuanto más amplio sea el conocimiento que el exegeta tenga de la Biblia, tanto mayor será el auxilio que dicho conocimiento le prestará en el momento de interpretar cualquiera de sus textos.

4. J. M. Martínez, *Cristo el Incomparable*, 1966, p. 11.

## 4. Circunstancias especiales

*a) Relativas al autor.* No todos los libros de la Biblia pueden ser atribuidos con certeza a un escritor determinado. En no pocos casos la autoría es uno de los puntos más controvertidos en toda introducción bíblica. Pero cuando se sabe quién fue el autor de un texto bíblico, es mucho lo que su personalidad, sus creencias distintivas, sus experiencias y sus circunstancias particulares pueden aportar para la recta comprensión de lo que escribió.

Este hecho se ve corroborado por multitud de pasajes estrechamente emparentados con el contexto circunstancial del escritor.

El salmo 32 es generalmente atribuido a David. Su contenido en sí es inspirador; pero indudablemente su capacidad de impresión espiritual aumenta cuando lo relacionamos con la horrible caída del rey de Israel que le llevó al adulterio y al asesinato (2 S. 11). El dolor de David durante el tiempo de reflexión hasta su encuentro con el profeta Natán, su arrepentimiento y su restauración se reflejan vívidamente en los versículos 3-5 del salmo.

La lamentación de Jeremías en el capítulo 20 de su libro (vs. 7-18) la entenderemos mejor si nos ponemos en la situación del profeta. Hombre sensible, apasionado, «seducido» por Dios, se convierte en su mensajero en medio de un pueblo obstinadamente apóstata y cruel. A manos de las autoridades de Jerusalén, sufre lo indescriptible y se ve constantemente amenazado de muerte. Su heroísmo no cosecha ningún fruto. Todo parece en vano. A ojos de cualquiera, el ministerio de Jeremías sería el símbolo de la frustración. ¿Era de extrañar que aquel hombre cayera en la depresión y diera rienda suelta a la amargura de su espíritu?

El mensaje de Oseas, en el que resplandece el amor perdonador de Dios, deriva su fuerza precisamente del tremendo drama vivido en su matrimonio (Os. 1-3). El paralelismo entre su experiencia y la de Dios con Israel da tintes incomparables al triunfo de la gracia restauradora sobre la degradación y la infidelidad.

El estilo de Amós, vehemente y directo, a veces casi brutal, nos resultará más inteligible si tenemos presente su origen campesino (Am. 7:14). También nos explicaremos mejor sus metáforas, escogidas de la vida en un ambiente rural.

El libro de Habacuc sólo es comprensible cuando captamos la angustia interior del profeta, perplejo por la triste situación moral y religiosa de su pueblo y la aparente indiferencia de Dios. Su problema se agrava cuando llega a saber que la respuesta divina va a ser un severo castigo infligido por una nación —los caldeos— mucho más injusta que el pueblo escogido. Únicamente a la luz de esta gran tensión espiritual de Habacuc tiene sentido el conjunto de su libro.

También el Nuevo Testamento nos ofrece ejemplos de lo importantes que son las circunstancias especiales del autor en el estudio de sus escritos. Los más notables los hallamos en algunas de las cartas de Pablo: 1 y 2 Corintios, Filipenses, 1 Tesalonicenses y 2 Timoteo, todas ellas pródigas en iluminadores datos autobiográficos. Recordemos el comentario del apóstol sobre el ministerio cristiano, en el que se combina el humor irónico con el patetismo de experiencias amargas (1 Co. 4:1-15; comp. 2 Co. 6:1-13); sus observaciones sobre el matrimonio (1 Co. 7; nótense los vv. 7, 25 y 40) o sobre la abnegación (1 Co. 9); su alabanza a Dios con motivo de la consolación recibida en horas de tribulación (2 Co. 1:3-11); su testimonio de la fidelidad de Dios en Cristo, de la que su propia veracidad es un reflejo (2 Co. 1:12-23); su gratitud por las victorias de Cristo en las circunstancias más adversas (2 Co. 2:12-17); su defensa de la autoridad en el ministerio (2 Co. 10:1-11:15); su exposición del poder divino que se perfecciona en la debilidad humana (2 Co. 12:7-10); su reconocimiento de la providencia de Dios en la expansión del Evangelio (Fil. 1:12-18); su ensalzamiento del Cristo que fortalece a los suyos en las más variadas situaciones (Fil. 4:13); sus observaciones sobre la ejemplaridad en el ministerio (1 Ts. 2:1-13) o su confianza en el poder liberador del Señor (2 Ti. 4:18).

La particularidad del estudio de las circunstancias que concurrían en la vida del autor es que no sólo nos da luz sobre muchos textos, sino que los hace más vivos y penetrantes.

*b)* *Circunstancias relativas al destinatario.* ¿A quién va dirigido un libro determinado de la Biblia? Si no se conoce de modo concreto el destinatario, ¿a quién tenía el autor en mente de modo especial? Si el pasaje contiene un discurso, ¿quiénes fueron los oyentes y en qué circunstancias lo escucharon? La respuesta a estas preguntas también nos suministra datos hermenéuticos de valor.

Este factor interpretativo puede ser de difícil determinación en la mayor parte de los libros históricos, en especial de los veterotestamentarios. Pero aun en tales casos vale la pena ahondar en la situación de quienes cabe suponer serían los primeros lectores. Los libros de Crónicas, escritos en la época de Esdras y Nehemías o poco después, tuvieron como lectores originales a los judíos del periodo posexílico. La nueva comunidad, que había perdido su anterior rango de nación, había de ver claramente su enraizamiento en el reino preexílico —de ahí la inserción de largas genealogías— y su continuidad histórica como pueblo de Dios. Pero ahora se había producido un desplazamiento de intereses. Por eso los énfasis son diferentes en los dos libros de Crónicas; recaen más sobre lo religioso que sobre lo político; sobre el templo y el sacerdocio más que sobre los reyes y los profetas.

El evangelio de Mateo no tiene destinatario expresamente indicado; pero una lectura medianamente atenta nos permite descubrir que el evangelista tiene en mente a los judíos inconversos, ante los cuales muestra y demuestra, con abundantes citas del Antiguo Testamento, la mesianidad de Jesús. De modo análogo, que Lucas, al escribir su evangelio, pensaba no sólo en Teófilo (Lc. 1:3) sino en un círculo más amplio de lectores no judíos, se deduce sin demasiado esfuerzo del contenido de su obra. Aceptada tal conclusión, nos sirve ésta para entender mejor el carácter de universalidad de la buena nueva que aparece en el fondo de este evangelio.

Lógicamente, el valor del fondo histórico relativo a los destinatarios es mucho mayor cuando éstos son identificados de modo expreso en el libro mismo o indirectamente por las referencias históricas que el libro contiene. Es, en términos generales, el caso de los libros de los profetas en el Antiguo Testamento y el de las cartas apostólicas en el Nuevo. Los mensajes de Hageo y Malaquías ganan en significado cuando pensamos en la situación existencial de los judíos que habían regresado de la cautividad. La dureza de Pablo al escribir a los gálatas se comprende si valoramos adecuadamente la gravedad del giro doctrinal que se estaba efectuando en ellos. Las acusaciones no menos duras hechas a los corintios y las enseñanzas varias contenidas en las dos cartas que les fueron dirigidas por el apóstol resultan más fáciles de interpretar si nos situamos mentalmente en el seno de la congregación de Corinto con su lastre pagano, con sus bandos, sus desórdenes, sus inmoralidades, sus errores. Varios pasajes de la carta a los Filipenses reciben luz de los sentimientos de afecto que hacia Pablo había en aquellos creyentes. Algunas de las exhortaciones a Timoteo resultarían casi hirientes si no supiéramos nada del carácter más bien tímido del colaborador del apóstol o de las relaciones paternofiliales en el plano espiritual que existían entre ambos. Las solemnes admoniciones de la carta a los Hebreos son comprensibles cuando nos percatamos del grave peligro de apostasía que amenazaba a los destinatarios. Nuestro estudio de la primera carta de Pedro se enriquece si paramos mientes en las circunstancias de los primeros lectores, sometidos a sufrimientos diversos, especialmente a la prueba de verse asediados por una sociedad hostil que, cuando no los perseguía abiertamente, los vilipendiaba. La abundancia y la entidad de los ejemplos expuestos nos muestran lo indispensable de analizar la situación vital de los oyentes o lectores a quienes originalmente fueron dirigidos los mensajes de la Escritura, cualquiera que sea su forma literaria.

c) *Ocasión del escrito y propósito del autor.* En no pocos casos, este factor está muy vinculado al anterior. Las particulares circunstancias de los destinatarios constituían básicamente el motivo para escribir con miras a instruirlos, alentarlos o corregirlos, según el caso, lo que determinaba la finalidad del libro. Sin embargo, a efectos prácticos, conviene distinguir entre destinatario y propósito del escrito, del mismo modo que es aconsejable hacer diferencia entre motivo y propósito.

Tomando como ilustración 1 Corintios, el motivo no fue el carácter partidista y los demás rasgos de carnalidad manifestados en la iglesia, sino los delicados problemas que el comportamiento de sus miembros había creado en su seno. El propósito de Pablo al escribirles fue corregir los desórdenes mediante una instrucción sana avalada por su autoridad apostólica.

Sea cual sea el libro de la Biblia que consideremos, hemos de preguntarnos: ¿Por qué fue escrito? ¿Para qué? Estos dos interrogantes deben estar siempre en la mente del intérprete. Las contestaciones, si son correctas, le proporcionarán una base sólida para proseguir su análisis exegético.

Puede suceder en algunos casos (libros históricos principalmente) que el motivo sea poco conocido. En otros, por el contrario, puede aparecer claro en el libro mismo o en el contexto histórico (textos proféticos del Antiguo Testamento y cartas del Nuevo, como vimos al tratar del destinatario). Pero prácticamente en todos los libros de la Biblia aparece de manera más o menos evidente el propósioto del respectivo autor. Nos referimos a continuación a algunos de ellos, representativos de diferentes clases de libros.

Empezando con el Génesis, observamos que su estructura está determinada por la repetición de la frase «estas son las generaciones» *('elleh toledoth)* que encabeza cada una de las diez secciones del libro que siguen al prólogo, es decir, a partir de 2:4 (5:1; 6:9; 10:1; 11:10, 27; 25:12, 19; 36:1, 9; 37:2). Cualquiera que fuese el valor que tales «generaciones» podían tener en sí, lo más notable que entrañan es la idea de origen. Creemos que es feliz la traducción que de esa expresión hizo P. J. Wiseman: «Estos son los orígenes históricos de...» Y la disposición del material del libro pone de relieve explícita o implícitamente que en el origen de todo, así como en el desarrollo de la historia humana, está Dios. De modo claro aparece el propósito del Génesis: ensalzar a Dios como Creador y soberano, como el Dios que se revela, Dios de santidad y de gracia, Dios que rige los destinos de hombres y pueblos según propósitos que el hombre no puede frustrar.

También el libro de los Jueces nos muestra meridianamente su finalidad: ilustrar mediante los hechos del periodo histórico que describe, la verdad reiterada en Deuteronomio de que la prosperidad auténtica es inseparable de la obediencia a Dios. La repetición, una y otra vez, del ciclo pecado-juicio-arrepentimiento-restauración-pecado, etc., confirma con dramatismo la validez perenne de ese principio espiritual.

En Job, el propósito es vindicar la justicia, sabiduría y bondad de Dios en el ejercicio de su soberanía, por encima de errores teológicos y de reacciones humanas propias de quien sufre intensamente sin comprender el porqué y juzga a Dios equivocadamente.

En Eclesiastés se trata de ensalzar la sabiduría inspirada en la piedad como solución al problema de la frustración inherente a toda forma de existencia humana. El propósito se resume magistralmente en 12:13, 14.

Ezequiel ha de ejercer su ministerio en dos periodos distintos, antes y después de la caída de Jerusalén. Por eso la finalidad de sus mensajes varía radicalmente según correspondan a uno u otro de esos periodos. En el primero sobresalen los ataques demoledores contra la falsa esperanza de Jerusalén de que aún se podría evitar lo peor frente a la amenazante Babilonia. En el segundo varían tanto el contenido como el tono de los mensajes; sus notas predominantes son la consolación y la esperanza.

En el Nuevo Testamento, el evangelio de Juan, a semejanza del libro de Eclesiastés, también indica de modo expreso su objetivo: «Éstas [cosas] se han escrito para que creáis que Jesús es el Cristo, el Hijo de Dios, y para que creyendo tengáis vida en su nombre.» (20:31). El propósito se cumple a lo largo de este evangelio desde el principio mismo. Jesús, revelador de Dios y redentor de los hombres, ha de ser el objeto central de la fe. La vida eterna depende de que los hombres crean o no en Él. Los inicios de la fe (1:31-51; 2:11; 3:1-15; 4:7-15), sus problemas (1:45-49; 3:1-12; 4:11-25; 5:44-47; 6:41, 42; 7:1-5, 25-27; 11:21-27), sus conflictos (9:13-38) y sus resultados (1:12; 3:14-16, 36; 4:14; 5:24; 6:35-40; 7:37-39; 11:25; 14:12 —esta serie de textos no es exhaustiva) constituyen la trama de todo el evangelio joanino. Una visión clara de la misma nos será de gran ayuda en el estudio de cualquier texto aislado.

En algún libro el propósito puede ser múltiple. Lo es, por ejemplo, en la carta a los Filipenses. Pablo la escribe para acusar recibo de la ayuda económica que le habían enviado. Expresar su gratitud era el motivo básico de la epístola, pero no el único. Se proponía también tranquilizarles respecto a la preocupación que sentían por él a causa de su encarcelamiento. Quiere, además, el apóstol aprovechar la ocasión para recomendarles a Epafrodito, acerca del cual parece que había reservas o una cierta indiferencia en la iglesia filipense (2:25-30). Y es, asimismo, evidente el propósito de corregir, por un lado la falta de unanimidad y las rivalidades personales que amenazaban la prosperidad espiritual de la congregación, y por otro las desviaciones doctrinales que probablemente iban acentuándose por la influencia de judaizantes o de «maestros» que abogaban por un falso perfeccionismo. Este propósito múltiple de la carta explica mucho de su contenido.

Aun en un libro tan especial como el Apocalipsis, es importante no perder de vista su finalidad. Sea cual sea la línea de interpretación que se siga, debe tenerse en cuenta que el objeto de las visiones concedidas a Juan no era tanto suministrar el material necesario para escribir anticipadamente una historia del mundo hasta la segunda venida de Cristo como alentar a una Iglesia atribulada por la persecución en una sociedad en la que el César, a quien se tributaban honores divinos, era aclamado como Señor. Lo más valioso del contenido escatológico del Apocalipsis es el mensaje de ánimo que encierra para la Iglesia «aquí y ahora», en todo tiempo.

Lo señalado sobre el fondo histórico puede ser suficiente para que el estudiante se percate de la necesidad de analizarlo cuidadosamente.

## Ayudas para el estudio del fondo histórico

Suelen dividirse en internas y externas. A las primeras ya nos hemos referido al final del punto relativo a los factores religiosos. Pero podríamos ampliar lo expuesto haciéndolo extensivo a todos los demás factores. Hay en la Biblia mucha información sobre geografía, historia, situaciones políticas, estructuras sociales, elementos culturales, etc. que puede resultar de gran valor.

Sin embargo, la información bíblica no siempre es suficiente y debe ser completada con los datos que nos proporcionan otras fuentes.

Lugar especial ocupa la *Arqueología*, cuyos descubrimientos han arrojado luz inestimable sobre multitud de textos, a la par que han desvanecido no pocas objeciones hechas por eruditos liberales contra la historicidad de gran parte de la Escritura. Los hallazgos arqueológicos han ilustrado acontecimientos registrados en la Biblia, han ayudado a definir o interpretar palabras oscuras, han esclarecido conceptos que anteriormente eran de difícil comprensión y se han afinado las puntualizaciones cronológicas.

La literatura descubierta por los arqueólogos ha sido asimismo una ayuda preciosa para explicar algunas leyes, costumbres sociales, ideas y prácticas religiosas, cuyo significado en la Biblia es más bien oscuro. Mencionemos un ejemplo. La designación de un criado como heredero (el caso de Eliezer, Gn. 15:2-4) aparece en el texto bíblico sin ninguna explicación; pero gracias a las tablillas de Nuzi se ha conseguido mucha luz sobre tal práctica, común en matrimonios sin hijos. La pareja adoptaba un niño y hacía de él el heredero de sus bienes; a cambio, el hijo adoptado se responsabilizaba del sostenimiento de los padres y de darles en su día una sepultura digna.

De valor difícilmente superable es el caudal informativo suministrado por los pergaminos del Qumrán hallados en diversas cuevas próximas al Mar Muerto a partir de 1948. No sólo abunda en datos sobre las creencias y prácticas de la comunidad esenia, sino que ilumina el fondo político-religioso de la vida en Palestina desde el año 130 a. de C. aproximadamente hasta la destrucción del asentamiento del grupo en el 68 d. de C. El material descubierto es de obligado estudio para cuantos quieran ahondar en el contexto histórico del Nuevo Testamento. Por otro lado, ofrece valiosos comentarios sobre libros del Antiguo Testamento (de especial interés es el escrito sobre Habacuc), lo cual, lógicamente, tiene un atractivo especial para los especialistas en tareas exegéticas.

También la *Historia* es fuente indispensable para completar el fondo de los textos bíblicos. Para los del Antiguo Testamento correspondientes al periodo persa, puede ser útil la «Historia» de Herodoto sobre las guerras entre Persia y Grecia. Sin embargo, a pesar de que el propio autor presenta su obra como «los resultados de mis investigaciones», tales resultados a menudo no son del todo fiables.

Para el periodo del Nuevo Testamento es incomparable la aportación de Flavio Josefo, historiador judío del primer siglo, mediante sus dos obras, *Antigüedades de los Judíos* y *Las Guerras de los Judíos*. A pesar de las dudas que han existido respecto a la fidedignidad de sus libros, parece que, en términos generales, son dignos de crédito. Particular importancia tiene el libro XVIII de «Antigüedades», en el que se encuentra el famoso *Testimonium Flavianum* acerca de Jesús. Este testimonio ha sido confirmado por los eruditos como básicamente auténtico, aunque se admita alguna alteración de estilo o alguna interpolación atribuibles a una pluma cristiana. Otros pasajes se refieren a Juan el Bautista y a Jacobo el Justo.

En estrecha relación con la Arqueología y la Historia, contribuye la *literatura* extrabíblica a enriquecer nuestro conocimiento del fondo histórico.

Los llamados libros apócrifos —deuterocanónicos en la terminología católica—, escritos durante el periodo intertestamentario, a pesar de que no merecieron su inclusión en el canon judío del Antiguo Testamento, son de evidente valor para comprender la evolución política, cultural y religiosa de los judíos en la época inmediatamente anterior a Jesús. Ningún estudiante deseoso de conocer la situación en tiempos del Nuevo Testamento puede ignorarlos. Y algo parecido puede decirse de otras obras apócrifas, en especial las de tipo apocalíptico, cuya influencia fue notoria, como puede deducirse de alguna cita novotestamentaria (Jud. 14, 15).

Notable por su amplitud y por su contenido es el Talmud, una especie de enciclopedia de la tradición judía que suplementaba la Escritura del Antiguo Testamento y resumía más de siete siglos de desarrollo cultural. Sus orígenes coinciden más o menos con el cierre del canon del Antiguo Testamento, pero no alcanzó su forma final hasta el siglo V d. de C. Basado en el Antiguo Testamento, tenía por objeto interpretar, a la par que desarrollar, sus principios y normas, según exigían los cambios que habían ido produciéndose en la sociedad judía. Se extiende sobre cuestiones tan diversas como la religión, la moral, las instituciones sociales, la historia, el folklore y la ciencia. Difícilmente podría hallarse mayor riqueza documental para el estudio del contexto histórico del Nuevo Testamento.

Por último, podemos mencionar los escritos de los Padres Apostólicos, así llamados por su supuesta contemporaneidad con los apóstoles, de quienes algunos de ellos, muy probablemente, fueron discípulos. Existen testimonios al respecto muy positivos en los casos de Clemente de Roma, Ignacio de Antioquía y Policarpo de Esmirna.

Entre las obras de estos Padres, sobresalen las epístolas de Clemente, la de Bernabé, las siete cartas de Ignacio, la *Didajé,* el Pastor de Hermas y la epístola de Diogneto. Sus referencias al pensamiento y a las prácticas de la Iglesia primitiva son de elevado interés, dada su proximidad cronológica a las primeras comunidades cristianas. Conviene, no obstante, tener en cuenta que ya en fechas tan tempranas como las comprendidas en el primer siglo posterior a los apóstoles, empezaron a ponerse de manifiesto tendencias eclesiásticas que no se ajustaban a las enseñanzas y patrones del Nuevo Testamento y que pronto conducirían a un sistema episcopal en el gobierno de la Iglesia, así como a una paulatina institucionalización de la misma. Especial influencia en los inicios de este movimiento fue ejercida por Ignacio al magnificar la autoridad del obispo como representante de Dios.

Por supuesto, todas las fuentes externas de información respecto al fondo histórico de la Biblia deben ser consultadas con actitud crítica, pues en ningún caso son infalibles. Pero si las usamos con discernimiento su utilidad es incuestionable. Puede haber casos en que los datos aportados por la arqueología, la historia o la literatura parezcan estar en contradicción con la información que hallamos en la Biblia. Cuando esto ocurra, convendrá usar de cautela antes de llegar a una conclusión; pero, lógicamente, en principio, el cristiano aceptará prioritariamente el testimonio de la Escritura. Muchas veces ha sucedido que lo que fueron tenidos por «errores» de la Biblia, según algunos críticos, se han confirmado como verdades a la luz de posteriores descubrimientos.

Nos imaginamos que, después de cuanto llevamos apuntado sobre el análisis histórico de los textos, el estudiante se sentirá descorazonado. ¿Quién —especialista aparte— es capaz de extenderse por tan dilatados campos de conocimiento y recoger sus estimables frutos con miras a usarlos en la interpretación bíblica? Afortunadamente esto no es del todo indispensable. En la actualidad existen obras magníficas en las que se puede recoger el beneficio de las laboriosas investigaciones de los expertos. Atlas geográfico-históricos, obras relativas a la vida y costumbres en Palestina, diccionarios bíblicos, comentarios de la Biblia con introducciones a cada uno de sus libros, etc. facilitan la adquisición del material necesitado. Sin embargo, también en el manejo de estos instrumentos debemos actuar inteligentemente, pues aun fuentes serias muestran a veces los efectos de preferencias filosóficas o teológicas con acusados tintes de parcialidad.

En la sección bibliográfica encontrará el lector algunos títulos que pueden servirle de orientación.

# CUESTIONARIO

1. A la luz del fondo histórico (o geográfico), explíquese el significado de los siguientes textos:

   Job 41; Sal. 121; Sal. 125:1, 2; Is. 30:1-3; Is. 32:2; Os. 7:8; Mt. 12:6; Jn. 5:39; Hch. 14:11-13; 1 Co. 10:20; Fil. 2:17; Col. 2:20-22; Tit. 1:12; 1 Jn. 2:22.

2. Escoja cuatro textos de los evangelios relacionados con costumbres judías del primer siglo y explíquelos a la luz de las mismas.

3. Expóngase el fondo histórico de las cartas a los Tesalonicenses y menciónense tres pasajes de cada una estrechamente relacionados con dicho fondo.

# XIII

# INTERPRETACIÓN TEOLÓGICA

Cuando el proceso del análisis gramático-histórico de un texto se ha completado, ¿puede decirse que el intérprete ha llegado al fin de su labor y que está en condiciones de fijar sus conclusiones exegéticas? Esto puede suceder en algunos casos, pero no siempre. Recordemos que la Biblia es el medio por el cual la revelación de Dios llega a nosotros. Y esa revelación engloba un conjunto de hechos y verdades con un fondo de carácter doctrinal, didáctico (recuérdese 2 Ti. 3:16). Ese conjunto es además orgánico; constituye un todo coherente en el que cada una de las partes guarda una relación de armonía con las restantes. No hay discordancias o contradicciones reales entre ellas.

Se da el hecho de que algunos textos podrían ser interpretados según el método gramático-histórico de modo tal que el resultado de la exégesis pareciese el más plausible, pero que estuviera en conflicto con otros textos. Si, por ejemplo, tomamos determinados pasajes de Eclesiastés (3:19, 20; 9:4, 6, 10) no sería ilógico sostener que la Biblia niega la supervivencia espiritual del hombre después de la muerte. Si consideramos aisladamente textos como Mr. 13:32, 1 Co. 15:27, 28 o 2 Co. 13:13, podríamos deducir que Cristo, pese a su grandeza incomparable, no alcanza la naturaleza y el rango de la divinidad. Si estudiáramos Stg. 2:14-26 prescindiendo del *corpus* doctrinal del conjunto de la Escritura, seguramente no titubearíamos en afirmar categóricamente que el hombre es justificado ante Dios por la fe y por las obras. Pero todas estas conclusiones serían erróneas por cuanto difieren radicalmente de lo que enseñan globalmente muchos otros pasajes bíblicos.

Por otro lado, el análisis gramático-histórico es insuficiente para suministrarnos elementos esenciales de la revelación que sólo se descubren mediante la reflexión teológica en torno al conjunto del material doctrinal de la Escritura. Nunca, por ejemplo, la simple interpretación gramático-histórica de uno o de varios textos nos dará la doctrina de la Trinidad. Pero hay numerosos pasajes que, sin distorsiones de ningún género, debidamente conjuntados, nos llevan al concepto trinitario de Dios expresado en los credos cristianos. Algo semejante puede decirse de otros artículos que ocupan lugar prominente en las diversas confesiones de fe. La definición de Calcedonia sobre las dos naturalezas de Cristo y su unidad tampoco se encuentra literalmente en ninguna parte de la Biblia; pero, como afirma Karl Barth, esa doctrina expresa el «realismo del mensaje de la revelación bíblica».[1]

Conviene asimismo subrayar la importancia del elemento doctrinal en la interpretación si tenemos en cuenta que sólo mediante él alcanzamos toda la profundidad de muchos textos. En palabras de J. Bright, la exégesis teológica es «una exégesis que no se contenta meramente con extraer el significado verbal preciso del texto, sino que se extiende más allá para descubrir la teología que informa el texto. Es una exégesis que busca descubrir no meramente lo que la antigua ley exigía sino también la teología expresada en la ley; no solamente los abusos atacados por Amós, sino la teología que le indujo a condenarlos; no solamente las directrices dadas por Pablo a esta o aquella iglesia, sino la teología que le impelía a darlas. Todos los textos bíblicos expresan teología en el sentido de que todos están animados, aunque a veces indirectamente, por una preocupación teológica. Incumbe al intérprete tratar de descubrir cuál es esa preocupación. Hacer esto no constituye ninguna violación de los sanos principios exegéticos. Más bien es la consumación de la tarea exegética».[2]

La validez de la función teológica en la interpretación bíblica no ha sido unánimemente reconocida y no han faltado quienes prácticamente la han excluido de la hermenéutica. A veces este rechazamiento parece inspirado en motivos dialécticos más que en razones objetivas y da la impresión de que, equivocadamente, se identifica la interpretación teológica con un sistema teológico determinado. Pero la verdad es que aun sus detractores hacen uso de ella en sus trabajos exegéticos.

Es, pues, indispensable interpretar teniendo en cuenta la perspectiva teológica de la Escritura. Si importante es en la hermenéutica el fondo histórico, no lo es menos el fondo doctrinal. La interpretación teológica es un complemento de la gramático-

---

1. *Dogmatik*, I, 2, 15.
2. *The Authority of the OT*, p. 170.

histórica. Podemos decir con Ramm que «la hermenéutica doctrinal empieza allí donde la exegética acaba».[3]

El principio básico de la interpretación teológica es que el significado doctrinal atribuido al texto debe estar en consonancia no sólo con algunos otros textos escogidos a capricho, sino con la enseñanza que sobre el mismo punto de doctrina aparece a lo largo de toda la Biblia. Es el principio denominado «analogía de la fe» —al que ya hicimos referencia—, en virtud del cual todo pasaje, en especial si es oscuro, ha de examinarse a la luz de los demás, presididos por los más claros; y ello de la manera más exhaustiva posible, recurriendo a todos los datos que corporativamente puede ofrecernos la Escritura. Sólo un estudio de esta naturaleza nos permitirá alcanzar con seguridad las más elevadas cotas de la verdad doctrinal. Si, por ejemplo, interpretamos un texto que sugiera la divinidad de Cristo (Mt. 16:16, por ejemplo), prestaremos atención a otros textos que apuntan en la misma dirección (Mt. 11:27; Jn. 5:19-23; 10:30; Ro. 9:5; etc.); pero deberemos asimismo tomar en consideración el significado de todos los títulos cristológicos, entre los cuales sobresalen los de Mesías, Profeta, Siervo de Yahvéh, Hijo del Hombre, Señor, Salvador, Hijo de Dios. La perspectiva global ofrecida por todos estos datos resulta clara y determina, sin lugar a dudas, la formulación doctrinal: Jesucristo es «Dios manifestado en carne».

La analogía de la fe viene a ser como un corolario del principio enfatizado por los Reformadores: la Biblia se interpreta a sí misma. Pero la aplicación de este corolario no resultará fácil si el intérprete no tiene debidamente estructuradas en su mente las grandes doctrinas de la Escritura. De ahí la necesidad de una teología bíblica, así como de la teología sistemática.

La teología bíblica es la rama de la teología que trata del proceso de la revelación que Dios ha hecho de sí mismo y que hallamos en la Biblia. Estudia los datos de esa revelación que progresivamente van apareciendo en la Escritura y los analiza agrupándolos en periodos o por autores. Sus resultados nos permiten conocer los conceptos doctrinales existentes en un momento dado de la historia o en un determinado libro de la Biblia. Pero esta labor de análisis de la teología bíblica ha de completarse con la de síntesis de la teología sistemática, la cual tiene por objeto establecer una interrelación no sólo de los datos sino también de las diferentes doctrinas entre sí en un sistema coherente.

Ello es posible dada la unidad esencial y la armonía de la revelación en su desarrollo. En la Biblia observamos, paralelamente a una línea histórica bien marcada, una línea teológica que interpreta y da valor a la historia. Esta segunda línea, pese a la diver-

3. *PBI*, p. 165.

sidad de circunstancias cambiantes que la envuelven, mantiene su continuidad e invariabilidad. Con diferencia de matices, de énfasis, de profundidad, de lenguaje incluso, se mantienen desde el principio hasta el fin de la revelación las mismas concepciones de Dios, del hombre, del pecado, de la gracia, de la redención. Podemos, pues, hablar de una teología bíblica, fundamento de toda teología sistemática, y descartar la idea de una pluralidad de teologías sostenida por algunos. No tiene realmente sentido hablar de una teología sacerdotal o de una teología profética en el Antiguo Testamento, como no lo tiene afirmar la existencia de diferentes teologías (paulina, petrina, joanina, etc.) en el Nuevo Testamento, independientes y en algunos puntos contradictorias entre sí. Nadie negará la diversidad de enfoques y acentos que cada escritor bíblico da a los temas doctrinales que trata, pero esa diversidad no equivale a pluralidad de teologías. Señala más bien una unidad teológica polifacética, como era de esperar en el campo, amplio y complejo, de las doctrinas contenidas en la Biblia.

Lógicamente, la existencia de ese cuerpo teológico que nace y se nutre de la Escritura ha de contar y pesar en el momento de interpretar un texto cualquiera de ésta. Insistiendo en lo ya dicho, ninguna interpretación puede considerarse válida si contradice abiertamente las doctrinas enseñadas de modo diáfano por el conjunto de la Biblia.

Sin embargo, este principio está expuesto a graves corrupciones de las que nos debemos guardar. De este peligro nos ocupamos en el punto siguiente.

### Teología y dogmática

Debemos diferenciar la teología de la dogmática, a pesar de que no pocos autores usan ambos términos indistintamente. A nuestro modo de ver, no son sinónimas. La primera es dinámica, mientras que la segunda es esencialmente estática. Aquella se distingue por la reflexión, mientras que la dogmática se caracteriza por la formulación. La primera es más bien un trabajo; la segunda, un resultado de ese trabajo, cuyos rasgos principales son la fijación y la autoridad. La dogmática es un conjunto de dogmas; y el dogma, según se reconoce generalmente, es una doctrina fundamental contenida en la revelación divina y definida autoritariamente por la Iglesia como verdad que debe ser admitida por todos los cristianos.

Quizá resultará más comprensible lo que queremos señalar si analizamos con más detalle el concepto de dogma y su aplicación. El término se deriva del griego *doxa* (opinión, parecer, creencia), cuya raíz corresponde a la del verbo *dokeō* (creer, opinar, decidir, resolver). En la esfera política, un dogma era una ley, ordenanza o decreto aplicado al gobierno de la ciudad. En sentido análogo pasó la palabra al terreno filosófico para expresar los principios básicos de una escuela. Según Cicerón, el dogma es ley verdadera y recta, un decreto —usando sus propias palabras —*stabile, fixum, ratum, quod movere nulla ratio queat*, (estable, fijo, invariable, que ningún sistema puede hacer cambiar).

Siguiendo la misma línea conceptual, el dogma fue transferido al campo religioso. Josefo se refiere al contenido de los escritos del Antiguo Testamento como *Theou dogmata* (dogmas de Dios) y los Padres de la Iglesia aplican el término a las verdades fundamentales de la fe cristiana. El dogma, en el correr del tiempo, vendría a ser prácticamente una «ley» religiosa que había de ser reconocida por todos los fieles so pena de incurrir en anatema. La fecunda labor teológica en el seno de la Iglesia había ido precisando las doctrinas bíblicas y finalmente éstas cristalizaron en los dogmas aprobados en los primeros concilios. Lo que había empezado siendo sencillas expresiones credales —alguna de las cuales aparecen en el Nuevo Testamento— y se desarrolló con formas más concretas en los grandes credos hitóricos, acabó en formulaciones dogmáticas, rigurosas, de obligada aceptación. En un sentido estricto podría decirse que la Iglesia de los primeros siglos sólo estableció dos dogmas: el trinitario y el cristológico; pero de hecho todas las conclusiones doctrinales, especialmente las relativas a la refutación de errores, tenían en la práctica carácter dogmático. A lo largo de la Edad Media, ese carácter se mantiene en las declaraciones doctrinales de la Iglesia Católica hasta culminar en el Concilio de Trento, con sus múltiples definiciones dogmáticas y sus correspondientes anatemas. Los reformadores del siglo XVI adoptaron posturas menos tajantes; sus formulaciones doctrinales no pasan de ser meras confesiones de fe, si bien en el transcurso del tiempo las iglesias de la Reforma caerían en actitudes prácticamente tan rígidas y autoritarias como las de Roma.

Lo expuesto sobre el dogma invita al debate en torno a dos cuestiones fundamentales: *a)* ¿Puede justificarse una definición dogmática de las doctrinas bíblicas? *b)* ¿Qué alcance puede o debe tener el dogma?

La primera pregunta admite una respuesta positiva, cualesquiera que sean las matizaciones o reservas que la acompañen. La Iglesia cristiana, desde el principio, se vio obligada a ir perfilando con precisión cada vez mayor la enseñanza apostólica. Ya en el Nuevo Testamento se observa una gran preocupación por el mantenimiento de la «sana doctrina», particularmente en las epístolas pastorales y en las llamadas universales. Esa inquietud iría en aumento por la conjunción de tres factores: la necesidad de edificación de la propia Iglesia, la apologética y la refutación de las herejías.

Sin duda, la Iglesia fue pronto consciente de la estrecha vinculación del culto, la moral, la evangelización y todos los demás aspectos de la vida cristiana con la doctrina. Ello explica la importancia que en época muy temprana se concedió a la catequesis de los nuevos creyentes antes de su bautismo. Estos por lo menos debían saber lo más elemental acerca de Dios Padre, de Cristo, del Espíritu Santo, del perdón de los pecados sobre la base de la obra expiatoria consumada en la cruz, de la nueva vida en Cristo, de la Iglesia como comunión de los santos, de la vida futura, etc. Y no bastaba un conocimiento de los textos bíblicos sobre los que se basaba la enseñanza. Era necesario reformular los datos de la Escritura en términos intelectuales que pudieran satisfacer tanto la mente como el corazón.

Una segunda causa de la evolución dogmática fue la necesidad de la apologética en la confrontación de la Iglesia con su entorno cultural. Se hizo indispensable dar respuesta a serias objeciones formuladas por judíos y griegos. Los primeros discutían la mesianidad de Jesús y mantenían a ultranza la perenne validez de la ley. Los griegos, cuyos pensadores más eximios ya habían superado el politeísmo y las supersticiones de las masas populares, veían el Evangelio, con la encarnación, la cruz y la resurrección, como «locura» (1 Co. 1:18). Uno de sus mayores reparos radicaba en su modo de entender la cristología del Nuevo Testamento, de la que se deriva la doctrina de la Trinidad, pues veían en ella un abandono del monoteísmo. Celso escribía: «Si estas personas adorasen a un Dios único, sus argumentos podrían ser válidos... Pero adoran de forma extravagante a un hombre que ha aparecido recientemente. Y, sin embargo, piensan que no se apartan del monoteísmo al adorar al siervo de Dios.»[4]

Se imponía la refutación de ésta y otras objeciones. Y para ello fue indispensable una profundización en las doctrinas cristianas y una exposición clara, definidora y razonada de las mismas.

En tercer lugar, la formulación doctrinal se hizo necesaria en la Iglesia a causa de un gran problema interno: la herejía. Ya en días apostólicos surgen y se expanden rápidamente los errores de los judaizantes, ardorosamente combatidos por Pablo en varias de sus cartas, y de un gnosticismo incipiente, contra el que Juan rompe lanzas en su primera epístola. Así, casi de inmediato, la Iglesia se percata de la facilidad con que la doctrina podía corromperse, aun hasta el punto de que el Evangelio se convirtiera en «otro evangelio» (Gá. 1:6-9) y que las desviaciones teológicas causaran graves perjuicios a las comunidades cristianas. La integridad de la Iglesia dependía de la adhesión a las enseñanzas de los apóstoles. Pero tal adhesión exigía un conocimiento claro de

4.  Cit. por Maurice Wiles, *Del Evangelio al Dogma*, p. 30.

la doctrina verdadera que permitiera el repudio de la falsa. De algún modo había de definirse o formularse la verdad cristiana. Provisión para esa necesidad fueron los primeros credos y posteriormente los dogmas.

Vemos, pues, que tanto la sistematización como la formulación de las doctrinas cristianas fueron una exigencia de las situaciones que se crearon sucesivamente en el desarrollo histórico de la Iglesia. No puede negarse su legitimidad como salvaguardia de la fe en su expresión doctrinal, ni su utilidad para guiar a los fieles en medio de la confusión que podía causar en ellos el encuentro con ideologías no cristianas o heréticas. Pero, aceptado el valor de la dogmática, se hace necesario determinar el rango y los límites de su autoridad.

Lo que originalmente tuvo una función didáctica con el tiempo adquirió un carácter jurídico dentro de la Iglesia. Para permanecer en su comunión, la adhesión a sus dogmas era condición *sine qua non*. A menudo la defensa de los dogmas, sobre todo frente a los herejes, se llevó a cabo con un espíritu exacerbado que no titubeaba en recurrir a la mordacidad y al vituperio despiadado. Ello dio lugar a que las formulaciones dogmáticas fueran adquiriendo importancia creciente hasta llegar a convertirse en la expresión más autoritaria de la verdad cristiana. Llegó un momento en que la piedra de toque para probar la validez de una doctrina no era la Escritura, sino el dogma formalmente declarado por la Iglesia. Evidentemente, esto equivalía a una entronización del dogma, con la consiguiente devaluación de la autoridad bíblica. En la práctica, la interpretación de ésta quedaba subordinada a aquél.

A este funesto abuso se opusieron rotundamente los reformadores del siglo XVI devolviendo a la Escritura la autoridad suprema que nunca debió haber perdido. En el mejor de los casos, el dogma sería no *norma normans*, sino *norma normata*, es decir, no una regla doctrinal con autoridad normativa propia, sino una definición doctrinal cuyo valor y autoridad se derivan de su conformidad con la Escritura, única *norma normans*.

La reacción de la Reforma en este sentido no pudo ser más saludable. Sin embargo, el principio tan vehementemente defendido por sus figuras más representativas se vio deplorablemente enturbiado por actitudes que, como ya hemos señalado, en poco diferían de las del catolicismo romano. Pese a que teóricamente no había variado el principio protestante, durante el periodo que siguió a la Reforma, las diversas «confesiones de fe» elaboradas por las iglesias luterana, reformada y anglicana adquirieron en muchos momentos una autoridad que excedía peligrosamente a la que originalmente se les había atribuido. Este hecho, unido al bizantinismo imperante en muchas discusiones teológicas, hizo que se enconaran las controversias nada edificantes dentro de las propias iglesias surgidas a la Reforma y que la fe se redujera en muchos casos a un simple ejercicio mental con pérdida de los valores propios de su vida espiritual auténtica. Como hace notar Berkhof, «se hizo evidente que los protestantes no habían quitado enteramente la vieja levadura. En teoría mantenían el sólido principio de *Scriptura Scripturae interpres*, pero mientras por un lado rehusaron someter su exégesis al dominio de la tradición y a la doctrina de la Iglesia formulada por papas y concilios, cayeron en el peligro de dejarse llevar por los principios confesionales de cada denominación. Fue preeminentemente la edad de las denominaciones... Cada cual trató de defender su propia opinión apelando a la Escritura. La exégesis vino a ser la servidora de lo dogmático y degeneró en una simple búsqueda de textos favorables. Las Escrituras fueron estudiadas con el fin de hallar en ellas las verdades abrazadas por cada confesión».[5]

Movimientos posteriores dentro del protestantismo contribuyeron a corregir los males del dogmatismo en sus filas. Pero éstos, al parecer, no se extinguen por completo jamás. Una y otra vez reaparecen incluso en el seno de iglesias o confesiones evangélicas que hacen gala de fidelidad a la autoridad de la Palabra de Dios. Con frecuencia, las interpretaciones que a muchos textos bíblicos se dan y las posiciones doctrinales que se mantienen se deben más a tradiciones del correspondiente círculo eclesiástico que a un estudio serio, imparcial y perseverante de la Escritura en el que constantemente la dogmática es sometida a revisión.

A lo largo de generaciones —siglos a veces— se perpetúan errores nacidos de sistemas teológicos tan rígidos como tradicionales que han configurado la exégesis conforme a unos moldes doctrinales inflexibles. No puede haber despropósito mayor. Como agudamente señala Mickelsen, «es grande el contraste entre meter a la fuerza el pie en un zapato y hacer un zapato a la medida del pie».[6] Lo más triste es que frecuentemente esos errores han sido defendidos con actitudes furibundas, alimentadas las más de las veces por el orgullo teológico. Y del orgullo teológico al *odium theologicum*, tan tristemente famoso, sólo hay un paso.

Revisar nuestra teología es siempre un imperativo que debe cumplirse supeditando toda especulación y sus conclusiones a los resultados de una exégesis seria. B. Ramm ilustra esta necesidad cuando compara el hacer teológico a una obra de edificación. «Un sistema de teología ha de construirse exegéticamente ladrillo a ladrillo. La tarea del teólogo *sistemático* es empezar con estos ladrillos hallados en la exégesis y construir el templo de su sistema

5. *Principios de interpretación bíblica*, p. 31.
6. *Interpreting the Bible*, p. 354.

teológico. Pero sólo cuando está seguro de sus ladrillos —de cada uno particularmente— puede hacer las necesarias generalizaciones y proseguir la actividad sintética y creadora que es necesaria para la construcción del sistema teológico.»[7]

El otorgamiento de prioridad al examen gramático-histórico de un pasaje y de los textos relativos a la misma doctrina tiene otra ventaja: librar al intérprete de la tentación de usar determinadas porciones como apoyo para sus puntos de vista. Nada hay que impida el empleo legítimo de textos probatorios. Pero debe evitarse la ligereza. A menudo se amontonan en defensa de una posición doctrinal versículos de la Biblia que, analizados exegéticamente uno por uno, resultan endebles o totalmente inadecuados para la función demostrativa que se les atribuye. Citar, por ejemplo, Juan 19:26, 27 para defender la maternidad espiritual de María en relación con la Iglesia es un dislate; como lo sería usar Jn. 16:13 para sostener lo progresivo de la revelación a través de los tiempos, aun después de la conclusión del canon del Nuevo Testamento; o Is. 53:4 para propugnar la idea de que la sanidad de todas las enfermedades es uno de los beneficios incuestionables de la obra redentora de Cristo que todo creyente ha de disfrutar si tiene fe suficiente.

Dada la estrecha conexión entre lo que acabamos de exponer y la interpretación dogmática, remitimos al lector al capítulo III, en el que hallará elementos complementarios para el estudio de esta cuestión.

### Principios básicos para la interpretación teológica

Una labor tan importante y delicada como es la de determinar el sentido doctrinal de un texto no puede realizarse a la ligera. Debe extremarse en ella la aplicación de unos principios fundamentales que aseguren lo correcto de los resultados. Destacamos a continuación los que consideramos indispensables.

1. *El análisis lingüístico debe preceder a la interpretación teológica.* Lo contrario sería como colocar el carro delante del caballo. En muchos casos el sentido de un texto ha sido desfigurado porque desde el primer momento se ha examinado a través del prisma dogmático. «Cuando observamos la historia de la interpretación— escribe Thiselton— vemos que demasiado a menudo una idea teológica previa ha producido una comprensión acrítica y prematura del texto, en la que éste era forzado a decir solamente lo requerido por una tradición teológica dada.»[8]

7. *PBI*, p. 169.
8. *The Two Horizons*, p. 315

Cuando hemos de hacer la exégesis de un texto doctrinal, debemos recurrir primeramente, como en cualquier otro caso, al análisis lingüístico, al contexto, a los pasajes paralelos y al fondo histórico. Todo ello puede darnos luz suficiente para una interpretación fiel al pensamiento del autor sin que se planteen problemas de armonización con el *corpus* didáctico de la Escritura. Un ejemplo lo encontramos en Tito 3:4-7, pasaje riquísimo doctrinalmente. En él, algunos de los atributos de Dios, el plan de la salvación, su realización, y su finalidad aparecen en todo su fulgor, sin dificultades de comprensión a poco que ahondemos en su análisis.

Por supuesto, aun en pasajes como el citado es aconsejable mirar al resultado de la exégesis bajo la perspectiva global de la enseñanza doctrinal de la Biblia; pero tal resultado debe tener entidad propia y ser respetado, a menos que esté en contradicción con otros textos importantes y claros. Sólo en este caso la interpretación teológica podrá tener una parte decisiva.

2. *La interpretación teológica ha de efectuarse teniendo presente la estructura doctrinal de la Escritura.* Forma parte del pensamiento evangélico que tal estructura existe. La teología bíblica no nos presenta un conglomerado de concepciones religiosas, fruto de un progreso determinado por la evolución histórica. Lo que nos ofrece es el contenido de una revelación progresiva en la que sobresalen unos hechos y unas verdades que constituyen su armazón permanente. Esos hechos y esas verdades iluminan el verdadero sentido de las restantes partes de la revelación.

El problema es decidir cuáles son los elementos que componen el armazón, qué eventos y qué conceptos han de ser considerados como rectores en el ordenamiento teológico del material bíblico. Sobre este punto hay diversidad de opiniones. En algunas de ellas la dogmática ha pesado demasiado, con lo que la función de la teología bíblica se ha visto entorpecida. Cuando se inicia la búsqueda de las líneas clave de la revelación bajo la influencia de ideas previas de pacto, dispensaciones, reconciliación, liberación, Reino, etc., éstas suelen convertirse en determinantes de la investigación. La consecuencia más probable es el desenfoque de esos elementos bíblicos. Algunas de las ideas mencionadas tienen su lugar —y no poco importante— en la estructura doctrinal de la Biblia; pero es quizá demasiado aventurado hacer de una de ellas piedra angular. Un examen de la revelación bíblica exento de esquemas preconcebidos, difícilmente nos sugerirá un solo hecho o concepto (aparte de Cristo) como el elemento que dé cohesión y sentido a los restantes. A nuestro juicio, si la estructura doctrinal —e histórica— de la Biblia ha de reducirse a una unidad, ésta no puede ser otra que la historia de la salvación en función de las coordenadas de promesa y cumplimiento.

Puede objetarse que la historia de la salvación resulta demasiado compleja, lo que hasta cierto punto es verdad. Pero es coherente. Por tanto, lo procedente es analizarla y precisar sus componentes más relevantes que dan consistencia y sentido orgánico al conjunto.

Seguramente, cualesquiera que sean sus preferencias teológicas, el estudiante serio de la Biblia no dudará en reconocer como puntos clave de la revelación los siguientes:

*a*) La existencia de un Dios único, sabio, omnipotente y bondadoso, soberano en la creación, en la revelación y en la redención.

*b*) La creación del hombre a imagen de Dios.

*c*) La entrada del pecado —con sus trágicas consecuencias— en el mundo por la desobediencia humana, así como la incapacidad del hombre para librarse por sí mismo de su condición caída.

*d*) La manifestación de un propósito restaurador por parte de Dios con miras a reanudar una nueva relación (pacto) entre Él y los hombres, y esto con una proyección universal y eterna.

*e*) La realización de ese propósito por la propia iniciativa y gracia de Dios en una serie de etapas a lo largo del devenir histórico que, si en un momento dado parecen mostrar una reducción o contradicción del propósito divino (elección de un hombre —Abraham— y su familia; de un pueblo —Israel), todas forman parte de un largo periodo de preparación, al que seguirá el periodo del cumplimiento en Cristo, el Verbo encarnado.

*f*) En Cristo y por Cristo son hechas nuevas todas las cosas. Su muerte expiatoria y su resurrección son garantía de perdón, de reconciliación del hombre con Dios, de vida nueva, de entrada en el Reino de Dios. Este gran cumplimiento es buena nueva, el Evangelio, que ha de proclamarse al mundo entero.

En contraste con la aparente limitación de la acción redentora de Dios en tiempos del Antiguo Testamento, ahora se pone de manifiesto su expansión, sus posibilidades ilimitadas a favor de los hombres de todos los pueblos.

*g*) Dios llama al hombre a la salvación, a la que se accede por el camino único de la fe en Jesucristo. Esta fe se manifiesta en la obediencia a su Palabra.

*h*) Sobre el creyente individualmente y sobre el conjunto de la Iglesia gravitan responsabilidades de culto, de vida santa, de testimonio, de servicio que se pueden cumplir por la presencia y el poder del Espíritu Santo.

*i*) La meta de la historia de la salvación está configurada por la escatología bíblica en la que resplandecen la segunda venida de Cristo, la resurrección, la condenación judicial de todas las fuerzas del mal y la glorificación de la nueva humanidad redimida en «cielos nuevos y tierra nueva».

Es obvio que la síntesis que acabamos de presentar corresponde a la totalidad de la revelación y que no todos sus puntos aparecen en todos los periodos de la misma con igual claridad o profundidad. Algunos, en el Antiguo Testamento, son expresados de modo tenue, incompleto, a veces un tanto oscuro, mediante tipos, símbolos y figuras diversas. Pero ninguno, en ningún momento de la revelación, aparece en contradicción con el conjunto doctrinal de la Biblia. Y si por un lado el intérprete ha de reconocer las limitaciones de significado de determinados pasajes veterotestamentarios, por otro ha de llevar a cabo su trabajo exegético guiado por el esquema teológico fundamental de la Escritura.

3. *La interpretación teológica ha de asumir tanto la unidad esencial como el carácter progresivo de la revelación.* La comprensión de este principio es fundamental. Algunos teólogos han visto en la Biblia amplios bloques doctrinales sólo relativamente conexos —a veces contradictorios— entre sí, que van formándose a lo largo del desarrollo histórico de Israel en el Antiguo Testamento y de la Iglesia en el Nuevo. Pero esta visión de la Escritura no corresponde a la realidad objetiva. Como repetidamente hemos señalado en varios lugares de esta obra, una de las particularidades fundamentales de la Biblia es la unidad esencial de su contenido, perfectamente compatible con la diversidad de sus libros y con el carácter progresivo de la revelación, de la cual es depósito. Ya en el Génesis existen núcleos doctrinales primarios, rudimentarios a veces (3:15; 12:2, 3, por ejemplo), que van desarrollándose en libros posteriores para adquirir la plenitud de su dimensión y significado en el Nuevo Testamento. Esto hace que, como tantas veces se ha afirmado, el Nuevo Testamento esté implícito en el Antiguo y que el Antiguo lo esté explícitamente en el Nuevo. Y hasta tal punto Antiguo y Nuevo Testamento forman un todo que ni el Antiguo Testamento podría ser interpretado correctamente sin el Nuevo ni el Nuevo sin el Antiguo. Existe entre ellos la relación antes apuntada de promesa-cumplimiento, o bien la de sombra-sustancia o —tomando una metáfora del mundo natural— la de capullo-flor.

En esta apreciación coinciden los teólogos e intérpretes evangélicos. También existe coincidencia bastante generalizada en cuanto a la necesidad de interpretar el significado original de los textos del Antiguo Testamento de acuerdo con el grado de conocimiento de la revelación propio del correspondiente momento histórico. Y se considera un error atribuir a textos del Pentateuco, de los Salmos o de los Profetas significados que seguramente estaban muy lejos del escritor sagrado y que sólo son posibles a la luz del Nuevo Testamento. No podemos olvidar que la primera preocupación del intérprete debe ser la de descubrir lo que el hagiógrafo quiso decir y realmente dijo. Sólo los mensajes proféticos en los que se aludía a personas o hechos futuros, especialmente los mesiánicos, admiten una interpretación derivada del Nuevo Testamento (comp. 1 P. 1:10-12).

Las dificultades surgen cuando se pretende precisar los puntos en que la unidad de la revelación se manifiesta y aquellos en los que ciertas distinciones importantes se hacen necesarias. El problema se agudiza cuando las diferentes posturas carecen de las debidas matizaciones y se llega a posiciones absolutas en las que no se da cabida a todos los datos aportados por la teología bíblica. Ya sabemos con cuanta facilidad una verdad presentada a medias puede inducir a error.

Afirmar, por ejemplo, como lo hace Berkhof, que «ambos Testamentos (Antiguo y Nuevo) contienen la misma doctrina de la redención, predican al mismo Cristo e imponen a los hombres los mismos deberes morales y religiosos»[9] sólo es verdad en el fondo y de una manera relativa. Pero quizás es una simplificación excesiva de una gran verdad (la salvación por gracia en virtud de la obra redentora de Cristo mediante la fe) eternamente presente en la mente de Dios, pero no en la mente de los israelitas en días de Moisés o en cualquier época posterior antes de Cristo. Nosotros hoy conocemos toda la riqueza tipológica de los sacrificios prescritos en el Pentateuco. En cada una de las víctimas vemos una figura clara del «Cordero de Dios que quita el pecado del mundo». Pero ¿alcanzaba a tanto la visión del creyente en los días del Antiguo Testamento? En cambio, sí podríamos mencionar un importante elemento soteriológico común al Antiguo y Nuevo Testamento: la salvación por la fe en respuesta a la Palabra de Dios, fuera cual fuese el nivel de revelación que la Palabra hubiese alcanzado. Nos parece que Charles Hodge fue demasiado lejos al aseverar respecto a la salvación de los israelitas en la época anterior a Cristo que «no fue una fe o confianza en Dios, o simple piedad, solamente lo que se exigía, sino fe en el Redentor prometido o fe en la promesa de redención por medio del Mesías».[10] Tal vez conviene hacer notar que esta cita de Hodge se halla en un amplio contexto relativo al «Pacto de la gracia», pieza clave en el esquema teológico reformado. Y se pone de manifiesto que su teología sistemática se impone a la exégesis imparcial cuando, en apoyo de su aserto, cita Ro. 4:20-21 y Gá. 3:14 para llegar a una conclusión cuya objetividad histórica el propio lector podrá juz-

9. *Op. cit.*, p. 161.
10. *Systematic Theology*, II, Eerdmans 1958, p. 372.

gar. «No sólo de estas declaraciones explícitas de que la fe en el Redentor prometido era requerida desde el principio, sino del hecho admitido de que el Antiguo Testamento está lleno de la doctrina de la redención por medio del Mesías, se deduce que quienes recibían la religión del Antiguo Testamento recibían esa doctrina y ponían su fe en la promesa de Dios concerniente a su Hijo.» [11]

Volviendo a la afirmación de Berkhof, podemos admitir con él que ambos testamentos anuncian al mismo Cristo; pero haciendo la salvedad de que en tiempos del Antiguo Testamento sólo los espíritus más privilegiados captaron —y de modo muy incompleto— el sentido de ese anuncio (Jn. 8:56; 1 P. 1:11, 12). Asimismo ha de ser puntualizada la aseveración de que ambos Testamentos imponen los mismo deberes morales y religiosos, pues el Nuevo presenta tales deberes en un plano bastante más elevado que el Antiguo (Mt. 5:21-48; 19:1-12, por ejemplo). A nuestro entender las observaciones que Berkhof hace después de su afirmación sobre el carácter simbólico de las instituciones y ceremonias del antiguo Israel adolecen de un defecto: pese a ser correctas, les falta la perspectiva histórica correspondiente al Antiguo Testamento, por lo que en su enfoque predomina la perspectiva doctrinal del Nuevo.

Haciendo honor a la objetividad, diremos que Berkhof mismo corrige la impresión que su citada frase podría producir y, después de referirse al deber que el intérprete tiene de no minimizar el Antiguo Testamento, añade: «Por otro lado debe guardarse del error de encontrar demasiado en el Antiguo Testamento. Esto ocurre, por ejemplo, cuando se trata de leer detalles de la obra redentora revelada en el Nuevo Testamento en las páginas del Antiguo. Muchos intérpretes, por ejemplo, hallan en Gn. 3:15 la promesa de un Redentor personal. La gran cuestión para el exegeta es cuánto reveló Dios efectivamente en cualquier pasaje normal del Antiguo Testamento. Esto puede ser determinado solamente con un cuidadoso estudio del pasaje en cuestión, con su propio contexto y en relación con la situación exacta de la revelación progresiva de Dios a la cual dicho pasaje pertenece.» [12]

No sólo el modo de entender la unidad de la revelación da lugar a conclusiones que, en parte al menos, no concuerdan con la realidad histórica de la revelación progresiva. También el modo de destacar o enfatizar determinadas diferencias en el proceso de la revelación siguiendo un esquema previo, a cuya servidumbre es sometida la teología bíblica, da lugar a interpretaciones que no siempre se ajustan a lo claramente enseñado en la Escritura. Ésta es la acusación hecha contra el dispensacionalismo. Sin entrar

11. P. 372.
12. *Op. cit.*, pp. 165, 166.

por nuestra parte en juicios críticos acerca de este sistema, creemos que sus representantes, al igual que los teólogos de cualquier sistema, harían bien en seguir revisando —como algunos han hecho ya— algunos de sus puntos más controvertidos. Si al llamado «teólogo del pacto» se le podría invitar a reconsiderar su énfasis en el aspecto federal (de *foedus* = pacto) de su teología como clave de la estructura doctrinal de la Biblia, su simplicidad en el modo de preservar la unidad de la revelación o la unicidad del pueblo de Dios en el Antiguo y el Nuevo Testamento o su inclinación a espiritualizar sin titubeos todos los textos proféticos relativos a Israel, transfiriéndolos en su totalidad a la Iglesia, al dispensacionalista se le podría instar igualmente a reexaminar a la luz de la Escritura su énfasis diferencial en las diversas dispensaciones, así como los criterios determinantes del número de éstas, su visión con carácter permanente, «a través de las edades» (Chafer), de dos pueblos de Dios, uno terreno (Israel) y otro celestial (la Iglesia); su concepción del Reino, esencialmente referido al milenio, o su modo de aplicar el sermón del monte. Quizás esa doble revisión y un diálogo constructivo haría progresar la recta exégesis de muchos textos de la Biblia.

La comprensión de la unidad y del progreso de la revelación es fundamental en la interpretación de pasajes doctrinales. Debe basarse en la teología bíblica, la cual a su vez ha de ser el resultado de un método inductivo que parta de los datos suministrados por la Escritura y no de esquemas impuestos por alguna escuela de teología sistemática.

4. *La interpretación teológica ha de apoyarse preferentemente en textos de sentido literal.* Por supuesto, la prioridad de la interpretación literal no excluye, como vimos, la validez a todos los efectos de textos escritos en lenguaje figurado. Muchas de las grandes doctrinas de la Biblia están expresadas en forma poética en los Salmos o en determinados pasajes de los profetas y pictóricamente en las palabras de los Evangelios. En un importante pasaje doctrinal (Ro. 8:20-23), Pablo no regatea el uso de metáforas (sometimiento a vanidad, liberación de la servidumbre de corrupción, gemidos de la creación, dolores de parto, primicias del espíritu, redención del cuerpo), y a nadie se le ocurrirá pensar que este texto, por su lenguaje figurado, carece de autoridad teológica. Lo que queremos decir es que, como sugiere B. Ramm, lo figurado o simbólico debe depender de —y ser controlado por— los textos en los que se impone la interpretación literal. Lo contrario nos expone a analogías equivocadas. «Por ejemplo, el esfuerzo por espiritualizar el sacerdocio levítico y así hacerlo un medio para justificar el

sacerdocio clerical debe rechazarse por carecer de verificación en el Nuevo Testamento.»[13]

Ninguna doctrina importante debiera fundamentarse en textos de sentido figurado si no tienen el apoyo indiscutible de otros textos cuyo significado literal es claro. El mencionado texto de Ro. 8:20-23 es suficientemente respaldado por pasajes literales que el estudiante hallará sin excesiva dificultad (Gn. 3:17-19; 1 Co. 15:42, 50, por citar sólo algunos). En el terreno doctrinal, tanto o más que en cualquier otro, debiera ser atendida la exhortación de Calvino: «Sepamos que el verdadero significado de la Escritura es el natural y simple *(verum sensum Scripturae, qui germanus est et simplex)*... Desechemos como mortíferas corrupciones esas pretendidas exposiciones que nos apartan del sentido literal *(a literali sensu).*»[14]

5. *Las conclusiones doctrinales deben basarse preferentemente en el Nuevo Testamento.* Aun admitiendo la unidad de toda la Escritura y la perennidad de múltiples enseñanzas del Antiguo Testamento, es obvio que algunos elementos veterotestamentarios tenían un carácter temporal o incompleto. Su validez caducó cuando con Cristo se asentaron definitivamente principios o elementos doctrinales superiores.

La falta de discernimiento en cuanto a las implicaciones del tránsito del judaísmo al cristianismo originó problemas en las iglesias apostólicas, como atestiguan las cartas a los Gálatas y a los Hebreos. El significado de la ley, de la circuncisión, de los sacrificios, del concepto de pueblo escogido, todo quedaba afectado por el Evangelio de Jesucristo, que a todo daba enfoques nuevos o un sentido mucho más profundo.

Es mucho y valioso lo que en el Antiguo Testamento hallamos sobre cuestiones doctrinales tan importantes como la naturaleza de Dios y sus atributos, sobre el pecado y sus consecuencias, sobre la gracia de Dios, sobre el Mesías Redentor, el Espíritu Santo o la santificación. Pero es mucho más abundante, desarrollado y claro lo que acerca de esos puntos y muchos más hallamos en el Nuevo Testamento. Y es aquí, en el Nuevo Testamento, donde cualquier texto doctrinal del Antiguo Testamento debe hallar, como sugiere J. Bright,[15] su veredicto.

De todo ello deducimos que un texto es incorrectamente interpretado cuando el sentido doctrinal que se le atribuye no concuerda con la enseñanza global del Nuevo Testamento, aunque parezca tener alguna base en el Antiguo.

13. *PBI*, p. 167.
14. Ref. de A. C. Thiselton, *The Two Horizons*, p. 316.
15. *Op. cit.*, p. 211.

Conviene, además, no caer en el error ya señalado de dar a pasajes del Antiguo Testamento un significado superior al contenido de la revelación correspondiente a su época. No sería correcto, por ejemplo ver en Ecl. 12:7 una esperanza para el más allá de la muerte como la que sólo nos proporciona el Nuevo Testamento. Las perspectivas escatológicas en Israel poco dejaban entrever fuera del Sheol, esfera tenebrosa de una vida lánguida. Fue Cristo quien «sacó a luz la vida y la inmortalidad por medio del Evangelio» (2 Ti. 1:10). El intérprete ha de tener un sentido histórico en su uso comparativo de textos correspondientes a distintas épocas.

6. *La interpretación teológica no debe rebasar los límites de la revelación.* El teólogo tiende, por lo general, a lograr un sistema completo en el que todas las cuestiones se resuelvan y donde toda pregunta halle respuesta. Pero si esta tendencia no es debidamente controlada puede conducir a aserciones carentes de fundamento bíblico.

Hemos de recordar que la Escritura no arroja suficiente luz sobre algunos de nuestros interrogantes y que no faltan en ella pasajes envueltos en la oscuridad. Escasos e insuficientes son los datos relativos al origen del mal, a la caída de las huestes satánicas, a la relación entre las dos naturalezas de Jesucristo a lo largo de su ministerio, especialmente en el momento de su muerte, a la medida cuantitativa y cualitativa de sus sufrimientos en la cruz, a su «descenso a los infiernos», a la dimensión cósmica de la reconciliación, etc. Oscuros son textos como Mr. 13:32, donde Jesús expresa su ignorancia en cuanto al día y la hora en que habían de cumplirse sus propias predicciones; o 1 P. 3:19 y 4:16, usados por algunos para defender la posibilidad de una nueva oportunidad para el arrepentimiento y la salvación después de la muerte.

Por otro lado, hay puntos que fácilmente pueden ser distorsionados cuando se introduce en ellos más de lo que la Escritura dice. La historia de la teología abunda en ejemplos de posturas extremas, poco o nada bíblicas, respecto a la soberanía de Dios, la predestinación, el libre albedrío, la santificación, el bautismo del Espíritu Santo y los dones carismáticos, la proyección social del Evangelio o determinados temas escatológicos. La defensa de tales extremos apenas da otros resultados que no sean la controversia acalorada y la confusión. El intérprete, en virtud de su lealtad a la Palabra de Dios, debe huir de ellos y atenerse equilibradamente a aquello que tiene sólida base en la revelación, haciendo suyo el principio de que donde la Escritura no ha hablado lo más sensato es guardar silencio.

Reconocer lo limitado de la revelación nos ayudará, asimismo, a no usar la Biblia en apoyo de ideas que son más fruto de una cultura o de una circunstancia histórica que de una enseñanza normativa de la Palabra de Dios. Es cierto que en la Escritura hay principios cuya aplicación debe extenderse a todos los órdenes del comportamiento humano, con una proyección política, económica, social y cultural. Pero sería erróneo pretender que la Biblia ha de determinar una opción clara entre —pongamos por caso— monarquía o república, entre capitalismo y socialismo. Ateniéndonos a estos dos ejemplos, apelar a las disposiciones bíblicas sobre la monarquía israelita o a la experiencia comunitaria de la primitiva iglesia de Jerusalén, como si se tratara de datos normativos sería ir bastante más allá de lo que una sana exégesis permite.

El verdadero alcance y la perspectiva global de la revelación bíblica habrían de ser tenidos muy en cuenta en nuestros días, cuando parecen multiplicarse las «teologías» especiales (teología de la esperanza, de la liberación, etc.), cuyos énfasis y conclusiones no siempre corresponden a los del conjunto de la Escritura.

Al resaltar los límites de la revelación, hemos de volver a recalcar el carácter único de la Biblia. Ella no es *una* fuente, sino *la* fuente del conocimiento de la verdad revelada. En este punto la posición evangélica contrasta marcadamente con la católico-romana. Como es bien sabido, la Iglesia Católica admite junto a la autoridad de la Escritura la de la tradición, ambas complementadas por la del magisterio de la Iglesia, que es el que en definitiva determina dogmáticamente la doctrina. El principio que preside la teología católica, puesto más de manifiesto en los últimos tiempos, es el del *sensus plenior*, al que ya nos referimos en otro capítulo anterior. El progreso del dogma resuelve —o al menos así se cree— muchos de los problemas que el catolicismo tenía planteados. El dogma hunde sus raíces en la Escritura, pero evoluciona en la tradición, desarrolladora de la Escritura, y aunque su contenido esencial no se altera, su forma de ser expresado puede variar —y varía—, de modo que lo implícito llega a ser cada vez más explícito.

Esta dinámica puede parecer positiva; pero en la práctica equivale a la posibilidad de alcanzar posiciones teológicas que sólo teóricamente entroncan con la Escritura. De hecho puede ser ajena o incluso contraria a ella. En tal caso resultarán vanos todos los esfuerzos para evitar lo que muy objetivamente se ve forzado a reconocer el teólogo católico Leo Scheffczyk, «que el paso de una fórmula de la tradición al texto bíblico, que se supone le sirve de base, es una pura ficción y en consecuencia solamente conduce a una introducción de datos extraños en la Escritura. Entonces aquí a la Escritura no solamente se le hace violencia en la exégesis y se la trata según el lema de Goethe: "En la interpretación sed activos y despabilados; si no sacáis nada, entonces colocad algo debajo", sino que también se destruye el carácter normativo de la Biblia».[16]

Si hubiéramos de hacer una conclusión de este capítulo, diríamos que el buen intérprete ha de ser un buen teólogo y que su teología sistemática ha de mantenerse constantemente abierta y supeditada a la orientación de una teología elaborada sobre la base de rigurosos trabajos exegéticos. Quizás alguien dirá que esto nos conduce a un nuevo «círculo hermenéutico». Sin duda; pero no podemos librarnos de él. Ni conviene que lo hagamos. La teología nos ayudará a hacer exégesis y la exégesis corregirá nuestra teología.

16. *La interpretación de la Biblia*, Herder, p. 124.

# CUESTIONARIO

1. *Exponga razonadamente la necesidad de la interpretación teológica.*

2. *Explique la interrelación que debe existir entre teología bíblica, teología sistemática y exégesis.*

3. *Detállense los aspectos positivos y los negativos de las formulaciones dogmáticas a la luz de la historia de la Iglesia.*

4. *Indíquese el modo de preservar la interpretación teológica de los posibles errores que pueden ser introducidos en la exégesis por la presión de un esquema doctrinal excesivamente «dogmático».*

5. *Interprétense, destacando su significado teológico, los siguientes textos:*

   *Gn. 1:26; 15:6; Job 19:25; Sal. 2 (en particular el v. 12); Ecl. 9:7 y 9:10; Jer. 17:9, 10; Mal. 1:2, 3; Mt. 16:18, 19; Mc. 14:22-24; Jn. 6:44, 45; Ro. 6:14 (no debe perderse de vista Ro. 7:7 y ss.); 1 Co. 6:19; Gá. 4:6; Ef. 1:22, 23; Col. 1:15; y Jn. 3:9.*

*Observaciones:* Téngase en cuenta que en todos estos ejercicios se trata de hacer exégesis de cada texto, no de exponer una doctrina a la luz de toda la enseñanza bíblica.

Recuérdese que a los textos del AT no debemos atribuirles un significado superior al que originalmente tenían.

# II

# HERMENÉUTICA ESPECIAL

## ANTIGUO TESTAMENTO

# XIV

# INTERPRETACIÓN
# DEL ANTIGUO TESTAMENTO

Repetidamente a lo largo de esta obra nos hemos referido a la diversidad del material bíblico, que ha de ser tomado en consideración sin menoscabo de la unidad esencial de la Escritura. Esa diversidad se pone inmediatamente de manifiesto al comparar el Antiguo Testamento con el Nuevo. Su contenido, su perspectiva, los géneros literarios de muchos de sus libros, son fundamentalmente diferentes, y sus peculiaridades, tanto lingüísticas como teológicas, han de ser tenidas en cuenta si queremos llevar a cabo un trabajo serio de exégesis. Para salvar la unidad de la revelación no debemos aminorar la gran distinción entre el antes y el después de Cristo. En la línea constante de la historia de la salvación, que une y da coherencia a ambos testamentos, hemos de discernir con objetividad los contrastes, las antítesis, incluso los pasajes que *prima facie* hieren la sensibilidad cristiana, todo lo cual plantea problemas que sólo pueden resolverse mediante una adecuada comprensión hermenéutica del Antiguo Testamento. De lo contrario, cualquier solución será un atentado contra la autoridad de éste o una distorsión de su significado, como nos lo demuestran algunas de las posturas que frente a él se han adoptado.

Desde el primer siglo de la era cristiana, las dificultades creadas por la comparación del Antiguo Testamento con el Nuevo han tenido tres modos de ser superadas, inadmisibles para quien acepta la inspiración y autoridad de todas las Escrituras:

1. *Negación de toda validez al Antiguo Testamento.* Esta fue ya la actitud herética de Marción (siglo II d. de C.), quien, más o menos influenciado por el pensamiento gnóstico, cayó en una concepción dualista de la divinidad. Según él, uno era el Dios justiciero del Antiguo Testamento (Demiurgo o creador) y otro el Dios bondadoso revelado en Jesucristo. La salvación cristiana no podía relacionarse en modo alguno con el judaísmo o con el Antiguo Testamento, en el cual hallaba mucho de escandaloso y por cuyo motivo lo rechazó en su totalidad. En su afán de depurar el cristianismo de todo vestigio judaico, no sólo descartó el Antiguo Testamento, sino que redujo el canon de las Escrituras cristianas a las cartas de Pablo (excluídas las pastorales) y el evangelio de Lucas, previa su depuración con objeto de eliminar supuestas añadiduras judías.

La Iglesia cristiana repulsó enérgicamente la herejía marcionita; pero su dualismo y sus antítesis entre el Dios judío y el Dios cristiano, entre la ley y el Evangelio, entre el Antiguo Testamento y el Nuevo, han perdurado bajo formas variadas a lo largo de los siglos.

2. *Alegorización de su contenido.* Era un modo de salvar el Antiguo Testamento de los ataques de Marción y de las objeciones formuladas por adversarios no cristianos, como Celso y Porfirio, quienes lo ridiculizaban despiadadamente, tal como vimos en el capítulo III al exponer el método alegórico. Remitimos al lector a lo allí expuesto para que pueda evaluar lo erróneo y peligroso de la alegorización como solución a los problemas que surgen al tratar de interpretar determinados textos del Antiguo Testamento.

3. *Establecimiento de una dicotomía entre lo permanentemente válido y lo caducado o inadmisible.* Como ya hicimos notar en el capítulo II, hay en la Escritura elementos permanentes y elementos temporales que el intérprete ha de saber discernir; y sobre esta cuestión volveremos en breve. Pero la distinción debe ser hecha a la luz del Nuevo Testamento y no bajo la presión de presupuestos filosóficos. El uso que de este principio dicotómico ha hecho, por ejemplo, el protestantismo liberal no es precisamente una pauta recomendable. Reducir lo válido del Antiguo Testamento al decálogo, algunos de los Salmos y los mensajes más brillantes de los profetas, prescindiendo completamente del resto, no sólo es una mutilación abusiva; denota una falta de comprensión del contenido veterotestamentario, de su estructura y de su mensaje. Admitir el carácter circunstancial o provisional de determinados componentes del Antiguo Testamento no quiere decir que carezcan de valor y de funcionalidad. Tanto en su aspecto puntual, es decir, en su significado en un momento dado de la historia

de la salvación, como en su conexión con el conjunto de la revelación progresiva, han de ser debidamente apreciados. El sacerdocio y los sacrificios prescritos por la ley mosaica —por citar un solo ejemplo— llevaban la marca de la caducidad; pero los principios espirituales que subyacen bajo aquella institución y aquella práctica cultual forman parte no sólo de la teología del Antiguo Testamento sino del conjunto de la enseñanza bíblica.

La problemática del Antiguo Testamento no se resuelve ni rechazándolo de plano, ni sometiéndolo a las arbitrariedades de la alegorización, ni haciéndolo objeto de divisiones subjetivas en las que una gran parte es eliminada. La verdadera solución sólo puede hallarse cuando se respeta la entidad del Antiguo Testamento, cuando se toma en serio su propio testimonio, cuando se escucha la voz conjunta de su historia y de su teología.

### Estructura histórico-teológica del Antiguo Testamento

El Antiguo Testamento no es una mera colección de documentos en los que se ha registrado la evolución político-religiosa de Israel. Tampoco es simplemente el fruto de la reflexión teológica de sus más preclaras figuras. En el Antiguo Testamento se entrelazan inseparablemente historia y teología en un todo cuyas partes mantienen una conexión orgánica a lo largo de un desarrollo progresivo. En él encontramos, como se ve obligado a reconocer Gerhard von Rad, «una exposición coherente» de la historia primitiva de Israel, «una imagen que, no obstante sus grandes lagunas, nos impresiona por lo acabado del conjunto».[1]

Pero en el Antiguo Testamento no hallamos solamente una exposición de la historia de Israel, sino una exposición de su fe y ambas como partes de la revelación. No podemos devaluar el elemento histórico como ha hecho Bultmann. Y tampoco podemos prescindir de su carácter kerigmático, de su función de testimonio respecto al credo de Israel informado por la palabra de Dios. Hasta cierto punto, podemos hacer nuestra la afirmación de von Rad: «Aquí todo está configurado por la fe»,[2] siempre que entendamos la fe como respuesta a la palabra divina y no como algo que surge del espíritu humano, al modo de una creación artística, independientemente de Dios, y siempre que se respete el cuadro narrativo en vez de sacrificarlo en aras de una «historia de las tradiciones» al estilo de la propugnada por von Rad, quien duda que los relatos bíblicos puedan guiarnos a la verdad de los hechos históricos.[3]

---

1. *Teología del A. T.*, Ed. Sígueme, p. 25.
2. *Op. cit.*, p. 27.
3. *Op. cit.*, pp. 27, 28.

En el análisis del complejo histórico-teológico del Antiguo Testamento se ha buscado con afán un núcleo, una clave, un centro en torno al cual pudieran situarse coherentemente todos los hechos y enseñanzas que contiene. Pero hasta el presente no ha habido unanimidad en cuanto a lo que debe ser considerado como concepto central *(Zentralbegriff,* según Günther Klein). Lo cierto es que resulta difícil determinarlo inductivamente, es decir a partir del material mismo del Antiguo Testamento. Walter Eichrodt no titubeó en dar al «pacto» o alianza ese lugar clave y sobre él ha elaborado su teología del Antiguo Testamento. No pocos teólogos han compartido su opinión. Otros han preferido conceptos distintos —el de «promesa» o el de «bendición», por ejemplo. Y no faltan quienes niegan la existencia de un centro unificador. En medio de apreciaciones tan contradictorias, ¿es posible determinar satisfactoriamente ese centro al que nos venimos refiriendo?

Reiteramos aquí lo dicho en el capítulo anterior sobre la interpretación teológica. Es aventurado expresar el concepto clave de la teología bíblica mediante un tema concreto; pero podemos sugerir como elemento básico el que ya apuntamos: la historia de la salvación con sus constantes de pecado, juicio y redención.

A lo largo del proceso histórico, se mantienen esas constantes que conviene subrayar, pues, además de dar cohesión y continuidad a los elementos del Antiguo Testamento, hacen resaltar la singularidad de la teología veterotestamentaria en contraste con las ideas religiosas de otros pueblos contemporáneos. He aquí algunas de las más importantes:

1. *Monoteísmo radical.* Desde el primer capítulo del Génesis, aparece Dios como único. Apropiándonos frase de J. Bright, «ningún panteón le rodeaba».[4] En el Antiguo Testamento no se encuentran ni vestigios de concesión al dualismo o al politeísmo. Todo coincide en la exaltación de un solo Dios, creador del universo, invisible, trascendente e infinitamente superior a todos los seres creados. Por eso no puede ser identificado con —ni siquiera representado por— astros, animales o seres humanos. Ninguna imagen de Dios elaborada por mano o mente de hombres es legítima. A diferencia de la religión cananea —entre otras—, en la que lo esencial de la divinidad era su relación con la naturaleza, especialmente con la fertilidad, Dios ejerce su señorío sobre todos los ámbitos. Su acción no está limitada al ritmo cíclico de la naturaleza; se ajusta al consejo amplísimo de su voluntad que rige todos los acontecimientos con libertad absoluta y dirige el curso de la historia conforme a sus planes con un alcance no tribal o nacional, sino universal.

4. *The Authority of the OT*, p. 128.

2. *Religiosidad ética.* En el Antiguo Testamento, credo, culto y conducta aparecen como un todo indivisible. En ningún sistema religioso de la antigüedad o de tiempos posteriores se da ese trinomio, por lo menos no con tan notable relieve.

A lo largo de todo el Antiguo Testamento, Dios es presentado como justo y como el que gobierna con justicia. Hombres rectos tales como Abel, Enoc y Noé son aprobados por Dios, en tanto que los juicios divinos recaen sobre una sociedad corrompida en días de Noé o sobre Sodoma y Gomorra. Abraham, el hombre exaltado por Dios para grandes destinos, había de vivir conforme al precepto divino: «Anda delante de mí y sé perfecto» (Gn. 17:1). Las prácticas religiosas, divorciadas del temor de Yahvéh y de una vida íntegra constituyen una abominación (1 S. 15:22; Sal. 15; 24:3-6; Is. 1:10-20; 58:1-12). La verdadera religión halla su epítome más conciso e impresionante en las palabras de Miqueas: «Oh hombre, te ha sido declarado lo que es bueno y qué pide Yahvéh de ti: solamente hacer justicia, amar misericordia y caminar humildemente ante tu Dios» (Mi. 6:8).

La luminosidad de la moral del Antiguo Testamento no es empañada ni por las conductas inmorales en él registradas como exponentes de la pecaminosidad humana ni por las aparentes concesiones a prácticas injustas —la esclavitud, por ejemplo. La normativa veterotestamentaria ha de interpretarse a la luz del contexto social de la época. Así se ve que las enseñanzas o las disposiciones legales del Antiguo Testamento, sin perderse en idealismos románticos que las habría aislado por completo de la realidad existencial de aquel tiempo, siempre ocupan un lugar de vanguardia en la lucha contra cualquier tipo de crueldad, opresión, abuso de poder, etc. Aun hoy algunas páginas del Antiguo Testamento son textos áureos sobre los grandes temas de la justicia social.

3. *Concepción teleológica de la historia.* La sucesión de acontecimientos no es contemplada en el Antiguo Testamento como un desarrollo fortuito del devenir histórico, ni tampoco —según el pensamiento griego— como una repetición inexorable de ciclos de los que el mundo no puede escapar. La concepción de la historia que hallamos en el Antiguo Testamento está determinada por la libre soberanía de Dios. Todos los eventos están concatenados y sujetos a la voluntad de Yahvéh, orientados a la realización de sus designios. Todo avanza hacia una meta. La finalidad divina rige la historia, la cual fluye por los cauces que la providencia ha previsto o provisto. No es exageración la afirmación de Dorner de

que «Israel tiene la idea de la teleología como una especie de alma».[5]

Esta característica es en Israel una fuente perenne de esperanza. En muchos momentos históricos puede reconocerse el cumplimiento de una promesa de Dios. Pero generalmente ese cumplimiento es incompleto; y esto, que podría ser causa de decepción, en el fondo es más bien un estímulo para seguir mirando con confianza hacia adelante, hacia el cumplimiento pleno. También Israel vivió muchas veces la tensión entre el «ya» y el «todavía no».

Visto el Antiguo Testamento en su conjunto, observamos que el lugar más prominente no lo ocupa la historia, sino el sentido de la historia. Los diferentes periodos históricos —patriarcal, éxodo, conquista, monarquía, reino dividido, cautiverio, retorno del exilio— son como peldaños en una escalinata ascendente que conduce a la conclusión del plan de Dios. Lo que al término de cada periodo podía parecer el final no era sino el principio de otro periodo. Y si el paso de uno a otro a menudo se produjo en medio de una gran crisis, una vez efectuado el paso, se hacía palmario el sentido progresivo de la historia. El exponente más claro de esta gradación sería el advenimiento de Cristo «en la plenitud *(pleroma)* de los tiempos» (Gá. 4:4).

La fe expectante que el Antiguo Testamento infunde en su enfoque teleológico de la historia descansa sobre dos pilares: la elección y la alianza. Pese a sus deslealtades, Israel no deja de ser el pueblo escogido. El pacto de Yahvéh no será anulado. La infidelidad será castigada. El pueblo espiritualmente adúltero sufrirá las consecuencias de su desvarío. Pero no se alterará la fidelidad de Dios ni se frustrarán sus designios (Is. 54:4-10). El libro de Oseas es el mejor comentario sobre este tema. Ni siquiera la quiebra total de la monarquía davídica significaría una ruina irreparable, pues Dios traspasaría la función regia a un «hijo de David» cuyo reinado sería eterno (1 Cr. 17:11-14). Esta perspectiva se hace cada vez más concreta con los mensajes de los profetas. Sus vaticinios a corto plazo eran de juicio, pero apuntan a un día más allá en el que Yahvéh manifestará el triunfo de su gracia y cumplirá sus promesas de salvación.

Como sabemos, estas esperanzas no llegaron a verse plenamente realizadas antes de Cristo. Por ello algunos teólogos —Bultmann entre ellos— han infravalorado el Antiguo Testamento por considerar que es una historia de fracaso. Pero el Antiguo Testamento no puede ser interpretado aisladamente, como si fuese una obra acabada. Es tan sólo la primera parte de un todo que culmina en Jesucristo. Es la parte correspondiente a la promesa en el conjunto promesa-cumplimiento. Así lo entendieron los piadosos

5. Cit. por J. Orr, *The Problem of the OT*, p. 36.

israelitas de antaño que se gozaron saludando de lejos lo prometido, sin alcanzarlo, pero creyendo que Dios en su día lo haría realidad (He. 11:13). Su vida estaba integrada en el avance de la historia hacia su meta escatológica.

Aparte de los puntos mencionados, esenciales en la estructura del Antiguo Testamento y especiales por su originalidad, podemos mencionar otros que tenían cierto paralelismo con los de otras religiones, pero que adquieren un significado mucho más profundo. El santuario, el sacerdocio, los sacrificios, las abluciones, todo apuntaba a realidades de la máxima importancia: el deseo por parte de Dios de tener comunión con los hombres, la barrera del pecado que imposibilita tal comunión, la expiación del pecado y la purificación del pecador para hacer posible la eliminación de la barrera. Aunque para muchos israelitas el culto se convirtió en una serie de prácticas rituales mecánicas, los que vivían en el santo temor de Yahvéh hallaron en él una fuente de inspiración, conscientes como eran de que acercarse a Dios y vivir a la luz de su rostro era el supremo bien (Sal. 27:8, 9; 73:28). A pesar de que estaban lejos de captar la sustancia —la persona y la obra de Cristo— de la que los elementos cúlticos eran sombra, podían gozarse en el conocimiento de la gracia redentora de Dios que tenían por la parte de la revelación que les había sido concedida.

Lo que acabamos de exponer es básico para una comprensión global del Antiguo Testamento y debe tenerse presente al proceder a interpretar un texto determinado. De algunos de los puntos expuestos volveremos a ocuparnos con más detalle en los capítulos que siguen. Pero la visión de conjunto presentada es indispensable para cualquier tarea exegética. A partir de tal visión ha de proseguirse la interpretación con los restantes factores hermenéuticos.

## Pautas para la interpretación del Antiguo Testamento

Además de aplicar los principios generales de la interpretación gramático-histórica y teológica, es necesario prestar atención a algunas cuestiones de primordial interés. La luz que de ellas se desprende será siempre útil en la exégesis.

### 1. *Relación entre el Antiguo y el Nuevo Testamento*

De la estructura histórico-teológica del Antiguo Testamento se desprende que éste tiene como contexto y clave de interpretación el Nuevo Testamento.

Quizá debemos previamente hacer hincapié en lo que ya señalamos en el capítulo anterior: lo incorrecto de acercarnos a un texto del Antiguo Testamento dominados por los conceptos novo-testamentarios y viendo en él lo que seguramente no vieron ni el autor ni sus primeros lectores. Sólo en casos más bien excepcionales, como pusimos en relieve al referirnos al *sensus plenior*,[6] podemos admitir un significado más hondo —y una proyección remota— que el atribuido por el hagiógrafo a sus palabras. Pero, en términos generales, la interpretación del Antiguo Testamento, al igual que la del Nuevo, ha de iniciarse con el análisis gramático-histórico.

Sin embargo, dejando a salvo este principio, no pocas veces nos veremos obligados a recurrir al Nuevo Testamento si los pasajes del Antiguo han de mantener su coherencia respecto al conjunto de la revelación. No puede ser válida una interpretación que destruya la unidad de este conjunto y la continuidad de sus enseñanzas básicas, las cuales tienen como centro la acción salvífica de Dios a lo largo de la historia, según se observa al analizar el contenido de la teología bíblica. Podemos afirmar con K. Frör que «lo que da cohesión a ambos testamentos es, más que nada, el testimonio de la actuación de Dios en relación con los hombres en la historia del mundo. Es una realidad de la confesión de fe que el Dios que obra en la historia del Antiguo Testamento no es otro que el Dios trino que el Nuevo Testamento presenta como el Padre de Jesucristo. El elemento de continuidad que une la historia del Antiguo Testamento y la del Nuevo es la intervención, a la vez oculta y manifiesta, de este Dios trino en el llamamiento y la elección, en la salvación y en el juicio».[7]

Evidentemente, el grado de conocimiento, los énfasis, los matices, los modos de expresar la fe en respuesta a la revelación progresiva de Dios, varía grandemente si comparamos los dos testamentos. Se observan variaciones incluso al comparar periodos diversos del Antiguo Testamento entre sí. Pero ninguna alteración esencial se advierte en lo que concierne a Dios y sus atributos, a la naturaleza y condición del hombre, a la gracia de Dios hacia una humanidad caída, a la necesidad de que el pecado sea expiado, a la naturaleza y función de la fe, a la gloria del Mesías, a las perspectivas del Reino de Dios, a los principios morales que deben regir la conducta humana. Por eso, cuando un pasaje veterotestamentario nos habla de alguno de esos temas, reconociendo los límites de la revelación en su momento histórico, la luz del Nuevo Testamento será de valor inestimable para su recta comprensión.

Sólo esta concatenación entre ambos testamentos nos librará de errores semejantes a los de los antiguos expositores de la sina-

6. Véase pp. 26, 27.
7. *Biblische Hermeneutik*, p. 136.

goga judía, para los cuales prácticamente la totalidad del Antiguo Testamento quedó reducida a ley. La casuística moral y ceremonial determinaba toda conclusión exegética. Así el volumen enorme que para ellos llegó a adquirir la ley eclipsó la gloria de la promesa, y la opresión del yugo de la ley acabó con el gozo de la esperanza. No podía darse mayor tergiversación del mensaje central del Antiguo Testamento.

Una clara comprensión de la relación existente entre los dos testamentos evitará que incurramos en los yerros de quienes han recurrido a las religiones contemporáneas del Antiguo Testamento como contexto de éste. El estudio de tales religiones puede sernos útil en la investigación del fondo histórico, pero nunca nos proporcionará una orientación decisiva para la interpretación, dados los muchos elementos esenciales únicos del Antiguo Testamento, diferentes y a menudo radicalmente contrarios a las ideas religiosas de su tiempo. Como reconoce H. Wildberger, «la posición de la investigación actual nos impulsa a reconocer que el Antiguo Testamento, en su estructura fundamental, no puede ser comprendido a partir del enraizamiento en su entorno».[8]

Tampoco puede ser entendido bajo la perspectiva radical de quienes han visto en el Antiguo Testamento tan sólo un fenómeno de la historia de las religiones, completamente independiente del Nuevo Testamento y de la fe cristiana. Tal es, por ejemplo, la concepción hermenéutica de F. Baumgärtel, para quien el Antiguo Testamento es testimonio de «una religión ajena al Evangelio», una religión que «en su propia comprensión nada tiene que ver con el Evangelio»,[9] relevante para el cristiano tan sólo en la medida en que le afecta existencialmente.

El verdadero sentido del Antiguo Testamento únicamente aparece con claridad cuando se reconoce su verdadera naturaleza como parte de una revelación divina que culmina en el testimonio del Nuevo Testamento. Este reconocimiento no resuelve todos los problemas que surgen al comparar ambas partes, pero nos proporciona una clave indispensable, la cual será tanto más útil cuanto más se concrete con las restantes pautas que exponemos seguidamente.

## 2. Discernimiento de elementos continuos y discontinuos

Desde el primer momento se hace patente en el Nuevo Testamento esa dualidad. Es evidente la unidad de acción de Dios, la línea ininterrumpida sobre la que se desarrollan la revelación y la redención. Cristo es Aquel de quien habían escrito Moisés y los profetas.

8. Ref. de K. Frör, *op. cit.*, p. 139.
9. *Das hermeneutische Problem des Alten Testaments*, p. 205.

La postura de Jesús respecto a la ley y a la totalidad del Antiguo Testamento atestigua asimismo la continuidad. Él no vino a abrogar la ley, sino a cumplirla (Mt. 5:17). En las discusiones con sus opositores, recurre una y otra vez a lo escrito en el Antiguo Testamento atribuyendo a sus palabras autoridad decisiva (Mr. 2:25; 12:26; comp. Mr. 10:5-9; 17-19). Se confirma así la relación promesa-cumplimiento.

Pero no es menos evidente que con Cristo aparece un elemento de ruptura, o por lo menos de transformación profunda, respecto a algunos puntos del Antiguo Testamento. Son tajantes las declaraciones críticas de Jesús, no sólo en lo que se refiere a las tradiciones rabínicas prevalecientes en su tiempo, sino también en lo concerniente a la ley misma de Moisés. Es obvio el gran cambio que sus enseñanzas introducían en cuestiones como el divorcio (Mt. 19:3 y ss.), la purificación ceremonial (Mr. 7:14 y ss.), el ayuno (Mt. 6:16-18; 9:14, 15), la observancia del sábado (Mt. 12:1 y ss.) o las planteadas en las antítesis del sermón del monte (Mt. 5:21 y ss.).

De modo semejante, la comunidad apostólica mantiene la dialéctica en el uso del Antiguo Testamento. La continuidad se pone de manifiesto en las reiteradas referencias a las antiguas Escrituras, a las que seguía reconociéndose plena autoridad. La apologética cristiana frente a los judíos se basa en pasajes del Antiguo Testamento. Y se observa la preservación del concepto de pueblo de Dios, aunque ahora transferido primordialmente a la nueva comunidad de los seguidores de Jesús, el Israel espiritual (Rom. 2:29) en contraste con el «Israel según la carne» (comp. Fil. 3:3 y 1 P. 2:9).

En su sentido más hondo, las promesas del antiguo pacto se cumplen en Cristo y su Iglesia, sin perjuicio de que algunas puedan mantener su sentido o validez en cuanto al futuro de Israel. Pero se hace igualmente visible la discontinuidad en diversos elementos. Queda abolido el sacerdocio aarónico con la llegada del gran Sumo Sacerdote, Cristo, y con el sacerdocio universal de los creyentes (1 P. 2:9) y desaparecen los sacrificios levíticos, una vez se ha consumado el de Cristo, del que aquéllos eran símbolo.

También hay rompimiento en lo concerniente a la función de la ley. Cristo es el fin de la ley (Rom. 10:4), primariamente no en el sentido de extinción, sino en el de finalidad *(telos)*. Aplicada al hombre pecador, la ley nunca puede tener una finalidad justificadora, sino todo lo contrario: condena al hombre y lo pone bajo la maldición divina. Pues bien, ese fin condenatorio se cumplió en Cristo, quien en la cruz cargó con la maldición a la que se había hecho acreedor el hombre (Gá. 3:13). Pero, como consecuencia, la ley es abolida totalmente como vía de justificación. La salvación no se logrará mediante el imposible cumplimiento cabal de sus preceptos, sino por medio de la fe en Jesucristo (Ro. 3:19-28). En este punto, sin embargo, la ruptura sólo tiene efecto en relación con el régimen legalista que llegó a prevalecer entre los judíos, sometidos a las prescripciones mosaicas, pues no falta la referencia a la justificación por la fe en tiempos patriarcales (Ro. 4; Gá. 3:6 y ss.). Este es un caso típico en que continuidad y ruptura se combinan.

Después de los días apostólicos, la Iglesia cristiana siguió enfrentándose con la dificultad de diferenciar lo permanente de lo temporal en el Antiguo Testamento. Imposibilitada de aceptar el radicalismo de Marción, se esforzó por dejar bien sentados algunos principios orientativos. Quizá los más claros, de los que aún podemos beneficiarnos nosotros hoy, son los expuestos por Justino en su *Diálogo con Trifón*. Él distingue:

1. La ley moral, de validez eterna, recopilada y confirmada por Cristo.
2. Las profecías relativas a Cristo, cumplidas en Él.
3. La ley cúltico-ceremonial, carente de validez para el cristiano.

El acierto en la diferenciación entre los elementos legales del Antiguo Testamento que tienen valor perenne y los que sólo tenían una función pasajera es importante en la interpretación, especialmente cuando hay que precisar el carácter normativo de determinados textos. Tal acierto sólo puede lograrse a la luz del Nuevo Testamento, mediante el cual vemos como, a la par que perduran los elementos doctrinales básicos del Antiguo Testamento, pierden validez sus elementos accesorios.

Subsiste el núcleo teológico. Cae como inútil la cáscara de las formas institucionales. Muchos aspectos del pacto sinaítico carecen de aplicación para nosotros; pero su sustancia tiene continuidad en el nuevo pacto. La relación del cristiano ante la ley divina no es la misma que la del judío que veía en su cumplimiento el único camino de justificación delante de Dios; pero en el fondo no ha variado la naturaleza de la ley. La normativa mosaica, resumida en el decálogo, fue dada para ordenar moralmente la conducta de un pueblo liberado por el poder de Dios. Y ese carácter de la ley sigue vigente hoy.

También la función pedagógica de la ley, reveladora de la incapacidad del hombre para vivir conforme a las normas divinas, presenta una dualidad de efectos. Por un lado, después de habernos empujado a la desesperación, nos arroja en brazos de la gracia de Dios; pero por otro lado nos mantiene conscientes de lo que aún seguimos siendo por nosotros mismos; de que, a pesar de ser nuevas criaturas en Cristo, todavía pervive en nosotros la tendencia a la rebeldía contra Dios. La salvación en Cristo pone de relieve el triunfo de la gracia divina, pero en la vida del creyente no quedan excluídas por completo las experiencias de fracaso espiritual que tanto abundan en el Antiguo Testamento. En este sentido sí podemos estar de acuerdo con Baumgärtel y decir que «el Antiguo Testamento no está abolido para nosotros, porque siempre hay aún mucho de veterotestamentario en nosotros mismos».[10] Esa es la razón por la que tantas veces textos del Antiguo Testamento nos hablan muy directamente, casi como si no hubiera diferencia entre el antiguo Israel y la Iglesia. Los puntos de semejanza entre las experiencias de los santos del Antiguo Testamento y las de los creyentes del Nuevo hacen que, como indica J. Bright, «la palabra bíblica dirigida al *allí y entonces* de una época antigua nos hable a nosotros *aquí y ahora*».[11]

En otro lugar de su obra, Bright, coincidiendo en parte con Baumgärtel, alude al hecho de que aunque históricamente vivimos en el siglo XX después de Cristo, nuestro modo de vivir aún es el propio de la época anterior a Cristo. Pese a que pertenecemos al segundo Adán (Cristo), a menudo aparece en nosotros el primer Adán. Existe, pues, una continuidad del hombre precristiano. En ese contexto, Bright, refiriéndose a los santos del Antiguo Testamento escribe: «Si hay un elemento "típico" que le capacita para dirigirse al hombre moderno con inmediación, radica aquí precisamente... Es típico porque la naturaleza humana continúa esencialmente inalterada... Por mi parte —y lo confieso abiertamente— siento una afinidad con esos "santos" del Antiguo Testamento que no es fácil sentir con los del Nuevo, los cuales a menudo parecen estar muy por encima de mí. En sus esperanzas y aspiraciones, en su piedad y en sus interrogantes, en sus fracasos y decepciones, me reconozco a mí mismo en mi propia precristiandad.»[12] Frör hace extensivo este testimonio a toda la Iglesia cristiana cuando afirma que ésta, al oír la palabra del Antiguo Testamento se dice una y otra vez: «esto es carne de mi carne y hueso de mis huesos».[13]

Pero esa realidad justamente es la que da realce al cambio radical introducido en la situación por la buena nueva del Nuevo Testamento. Si, en síntesis, el Antiguo Testamento constituye un mensaje que pone de relieve la pecaminosidad del hombre, su juicio y su condenación, el Nuevo resalta la misericordia de Dios, su obra redentora por medio de Cristo y la salvación gloriosa que de esa obra se deriva.

Somos conscientes de que esta simplificación de una cuestión

10. Ref. de K. Frör, *op cit.*, p. 124.
11. *Op. cit.*, p. 173.
12. *Op. cit.*, p. 207.
13. *Op. cit.*, p. 160.

amplia y compleja puede dar lugar a algún malentendido. Con lo que hemos dicho, no queremos significar que en el mensaje del Antiguo Testamento no hallamos nada relativo al amor perdonador de Dios y al poder de su gracia y que todo en él es denuncia condenatoria, malogro y frustración, o que el Nuevo Testamento carece de notas solemnes de admonición y juicio. Hemos tratado simplemente de destacar de modo global los componentes más sobresalientes de los dos testamentos. Y precisamente al compararlos volvemos a encontrarnos con la existencia en ambos de los conceptos fundamentales de la teología bíblica, es decir, con las constantes de la revelación.

### 3. Diversidad y limitaciones de las normas del Antiguo Testamento

Llama la atención la variedad con que aparecen en el Antiguo Testamento ciertos principios morales y su regulación casuística. A veces la diversidad parece entrañar contradicción. Por ejemplo, de la creación del hombre a imagen de Dios se desprende la dignidad y la igualdad de derechos de todos los seres humanos; pero en Ex. 21 y Dt. 15 hallamos un ordenamiento legal de la esclavitud, mientras que Amós condena esta práctica (Am. 2:6; 8:6). En determinados textos se enfatiza el deber de tratar misericordiosamente a los pobres, a los menos privilegiados y a los extranjeros. (Ex. 22:21; 23:6-9; Dt. 24: 10-15); pero por otro lado se imponen leyes marginativas a algunos disminuidos físicamente, a los mestizos y a los oriundos de otros pueblos (Dt. 23:1, 2, 20). En el orden de la creación relativo a la relación hombre-mujer (Gn. 1 y 2) se establece el matrimonio monógamo e indisoluble; pero el testimonio de las narraciones veterotestamentarias parece sancionar la poligamia y la normativa mosaica regula el divorcio (Dt. 24).

El problema no debe soslayarse; pero tampoco ha de ser abultado. Nos hallaremos en el camino de la solución si tenemos presente que en la preceptiva del Antiguo Testamento se entrelazan los principios morales correspondientes a un ideal perfecto y las normas prácticas, condescendientes (excesivamente condescendientes a la luz del Nuevo Testamento), condicionadas por factores culturales y sociales de la época, así como por la tendencia innata en el ser humano a comportamientos contrarios a los fundamentos éticos establecidos por Dios. Las palabras de Jesús sobre la cuestión del divorcio son realmente iluminadoras. A la pregunta de los fariseos «¿Por qué mandó Moisés dar carta de divorcio?», responde: «Por la dureza de vuestro corazón, Moisés os permitió repudiar a vuestras mujeres; pero no fue así desde el principio» (Mt. 19:7, 8).

En el Nuevo Testamento, pese a que subsistirá la debilidad hu-

mana y que algunos males sociales, como la esclavitud, no son tajantemente condenados, las exigencias morales del Reino de Dios
se presentarán con claridad meridiana y sin concesiones de ninguna clase. Pero en el Antiguo Testamento las leyes son dadas a un
pueblo terreno, inmerso en las complejidades de la vida civil, del
estado político, de un mundo rebelde a Dios. Sobre este hecho
John Goldingay hace unas atinadas observaciones: «En el Antiguo
Testamento, las normas son aplicadas al hombre caído en un
mundo caído... La legislación, por su naturaleza misma, es un
compromiso entre lo que puede ser éticamente deseable y lo que
es realmente factible dadas las relatividades de la vida política y
social.» El mismo autor, sin embargo, previene contra dos peligros: el de utilizar el principio de la condescendencia como llave
hermenéutica del Antiguo Testamento y el de pensar que si Dios
mismo rebaja las normas de comportamiento no tenemos por qué
preocuparnos para alcanzar el plano ideal. Y concluye: «Cuando
buscamos la identificación de la normativa última de Dios, debemos examinar cualquier pasaje del Antiguo Testamento en el contexto del conjunto del canon.»[14]

El intérprete habrá de tener en cuenta estas consideraciones
en el momento de analizar tanto el contenido como el alcance de
la legislación mosaica. Sólo así podrá deslindar adecuadamente
lo que corresponde a la ética inalterable derivada del propio carácter de Dios y lo que respondía a una situación imperfecta y
transitoria. También en la vertiente moral de la revelación se
pone de manifiesto el carácter progresivo de ésta.

## 4. Fondo cristocéntrico del Antiguo Testamento

Es fundamental no perder de vista que es precisamente Cristo
quien da cohesión a la totalidad de la revelación bíblica. Resulta
asombrosa la abundante riqueza cristológica que en el Antiguo
Testamento descubren los escritores del Nuevo, orientados por
las exposiciones que el Maestro mismo les había hecho (Lc. 24:27,
44-45). Como asevera von Rad, «ningún método especial es necesario para ver el conjunto de los hechos salvíficos del movimiento
diversificado del Antiguo Testamento, compuesto de las promesas
de Dios y sus cumplimientos temporales, como apuntando a su
cumplimiento futuro en Jesucristo. Esto puede decirse categóricamente. La venida de Jesucristo como una realidad histórica no
deja al exegeta ninguna otra opción. Ha de interpretar el Antiguo
Testamento como señalando a Cristo».[15]

14. *Approaches to Old Testament Interpretation*, Inter-Varsity Press, 1981,
pp. 59-60.
15. *OT Theology*, II, p. 374, cit. por W. S. LaSor, *Hermenêutics*, Baker, p. 106.

Esta pauta, por supuesto, no debe llevarnos a pensar que en todo texto, explícita o implícitamente, hemos de encontrar alguna referencia a Cristo. Esto equivaldría a la distorsión del significado de muchos pasajes. Probablemente Lutero fue demasiado lejos en su radical interpretación cristológica del Antiguo Testamento, a lo largo del cual ve al Cristo preexistente obrando y hablando como en el Nuevo Testamento. Según K. Frör, hasta en los salmos imprecatorios ve Lutero a Cristo; lo ve en el ejercicio de su función judicial al final de los tiempos.[16] En su enfoque hermenéutico, no recurre Lutero formalmente a la alegorización. Tiene suficiente respeto al sentido literal de la Escritura; pero a éste une el sentido profético, lo que le permite ver al mismo Cristo por igual en ambos testamentos.

Hoy no parece del todo apropiado ese enfoque, pese a que teólogos como K. Barth y W. Vischer han reavivado el énfasis luterano en la cristología como clave para la interpretación del Antiguo Testamento. Sin embargo, sigue siendo verdad que éste da testimonio de Cristo (Jn. 5:39); y tomar en consideración este hecho será siempre de gran ayuda en la exégesis de muchos textos veterotestamentarios que no sólo resultarán más comprensibles, sino que aparecerán ante nosotros con un significado más pleno. Nos bastará pensar, por ejemplo, en el cúmulo de promesas mesiánicas, en la riqueza simbólica del culto israelita, en muchas frases de los salmos que hallan su más plena expresión en la propia experiencia de Jesús, en las amplias perspectivas del Reino de Dios abiertas por los profetas. Sin forzar el significado original de los textos, no nos costará descubrir en su base el testimonio que el Antiguo Testamento da del Mesías.

## 5. *Legitimidad y límites de la tipología*

Este punto guarda estrecha relación con el anterior. Gran parte del testimonio del Antiguo Testamento respecto a Cristo lo hallamos expresado mediante tipos tan numerosos como diversos.

En el capítulo XI nos ocupamos con relativa extensión de la tipología bíblica, por lo que ahora procuraremos evitar reiteraciones innecesarias. Pero debemos recordar el uso tipológico que los escritores del Nuevo Testamento hicieron de personajes, instituciones y acontecimientos históricos con una doble finalidad: didáctica y parenética. Lo escrito en el Antiguo Testamento era un venero de enseñanza acerca de Cristo y su obra y al mismo tiempo un mensaje de admonición (1 Co. 10:11).

El beneficio que de este modo de interpretación ha recibido la Iglesia cristiana es grande, por lo que el exegeta ha de estar aten-

16. *Op. cit.*, p. 119.

to a las posibilidades que la tipología le ofrece. Pero por otro lado, como ya hicimos notar, ha de extremar su prudencia para no convertir la tipología en alegorización. Pueden servirnos de ilustración los extremos a que ha llegado W. Vischer. El tesón con que defiende la interpretación cristológica del Antiguo Testamento le lleva a afirmar que éste señala a Cristo no sólo en su conjunto, sino en cada uno de sus detalles. La orden divina al principio de la creación, «Sea la luz» (Gn. 1:3), nos habla de «la gloria de Dios en la faz de Jesucristo» (2 Co. 4:6). Todo el capítulo I del Génesis nos habla de Cristo, pues Él es la Palabra que en el principio estaba con Dios (Jn. 1:1-5); la señal de Caín (Gn. 4:15) apunta a la cruz; Enoc es signo y testimonio de la resurrección; el lenguaje antropomórfico de Os. 11 y Jer. 31:18-20 prefigura la pasión del Hijo del hombre; la profecía de que Jafet moraría «en las tiendas de Sem» describe la experiencia de la Iglesia, que incluye a gentiles y judíos; en la espada de Ehud, clavada en el viente del rey de Moab (Jue. 3:12-30), Vischer ve «la palabra de Dios... más cortante que toda espada de dos filos» (Heb. 4:12), desenvainada contra los enemigos de Dios, y en el incidente encuentra una justificación del derecho de asesinar a los tiranos.[17]

Este tipo de interpretación ha provocado reacciones justificadas, pues impone a los textos significados que no tienen. Por grande que sea el interés del intérprete en comunicar de modo inmediato la significación práctica de un texto para sus lectores, hemos de recalcar una vez más lo ilegítimo de saltar por encima del sentido original para dar significados ocultos sin otra base que el subjetivismo del exegeta.

Una corrección saludable a los abusos de la tipología, que al mismo tiempo preserva el valor de ésta, nos la ofrece la concepción hermenéutica de von Rad. Él insiste en la necesidad de mantener el sentido llano, histórico, de los textos del Antiguo Testamento; pero al mismo tiempo ve en ellos un sentido «típico» o analógico que anticipa eventos fundamentales del Nuevo Testamento dentro de la *Heilsgeschichte* o historia de la salvación. Sin embargo, aun este enfoque tiene sus riesgos por la facilidad con que pueden imponerse apreciaciones subjetivas. El propio von Rad piensa que el manejo de textos individuales no está sujeto a reglas hermenéuticas, sino que tiene lugar en la libertad del espíritu.[18] Pero nada hay más variable ni más arriesgado en la práctica que el uso de esa libertad.

La única salvaguardia en la aplicación de la tipología es la primacía del método gramático-histórico y la subordinación a la teología bíblica.

17. Refs. de J. Bright, *op. cit.*, p. 87.
18. Ref. de J. Bright, *op. cit.*, p. 194.

Si de las pautas expuestas tuviéramos que deducir normas concretas para la interpretación del Antiguo Testamento, éstas las reduciríamos a dos:

1. Mediante la aplicación del método gramático-histórico, debe determinarse el mensaje que el autor quiso comunicar a sus contemporáneos.

2. Debe precisarse la relación del texto del Antiguo Testamento con el contexto del Nuevo para comprobar si tiene o no una proyección que rebase tipológica o proféticamente su significado original.

Asimismo, del examen del pasaje a la luz del Nuevo Testamento se desprenderá la conclusión relativa a su carácter normativo, si es de vigencia permanente o temporal, si sólo obligaba al antiguo pueblo de Israel o si conserva su fuerza compulsiva también para nosotros hoy.

No menos importante es el hecho de que aun en textos que sólo admiten un sentido —el original—, éste suele adquirir mayor profundidad y eficacia kerigmática cuando se analiza bajo la perspectiva del conjunto de la revelación. La exposición del salmo 32 o del 51, por ejemplo, sin forzar la exégesis, sin hacerles decir lo que enseñaría Pablo siglos más tarde, ¿no será más precisa y más rica si tenemos presentes los grandes textos del Nuevo Testamento relativos a la justificación del pecador?

## Uso del Antiguo Testamento en el Nuevo

Algunos han creído hallar en este punto otra pauta hermenéutica de valor perenne para la interpretación del Antiguo Testamento. Y no han faltado quienes han visto en el modo en que los autores del Nuevo Testamento interpretaron las Escrituras una base para desentenderse del significado original de los textos y atribuirles un sentido que responda a las necesidades de cada momento histórico. La cuestión es compleja, por lo cual estimamos que debe tratarse separadamente, sin incluirla —al menos inicialmente— entre los principios orientativos de una sana exégesis.

Llama la atención del lector del Nuevo Testamento la profusión de citas, simples o mixtas del Antiguo Testamento.[19] Aproximadamente una décima parte de aquél está compuesta por mate-

19. *Citas mixtas.* Sucede a veces que lo que en el Nuevo Testamento aparece como una sola cita en realidad corresponde a dos o más textos del Antiguo Testamento. 1 Co. 2:9 recoge parte de Is. 6:4 y —tomado de la Septuaginta— de Is. 65:16. En Mr 1:2, 3, como cita de Isaías, se dan textos de dos libros diferentes, de Malaquías (3:1) y de Isaías (40:3). Esta práctica de agrupar varias citas como

rial de éste. Casi trescientas referencias a textos del Antiguo Testamento aparecen en los escritos del Nuevo, sin contar los pasajes que en estos escritos reproducen el pensamiento de pasajes veterotestamentarios. No podemos olvidar que los apóstoles y sus colaboradores estaban inmersos en el pensamiento del Antiguo Testamento y habituados a su terminología.

Resulta, sin embargo, aún más notable observar las diferencias, a veces importantes, que se advierten entre la cita tal como aparece en el Nuevo Testamento y el correspondiente texto en el Antiguo, o el modo de interpretar y aplicar los textos citados por parte de los escritores novotestamentarios. A veces más bien parece que nos hallamos ante una violación de los mismos.

La explicación exige que nos situemos en el siglo I y que tomemos en consideración los diferentes factores, circunstancias y prácticas exegéticas de aquella época.

### Causas de las variantes verbales

1. *Diversidad de textos del Antiguo Testamento.* Los escritores del Nuevo Testamento tuvieron a su disposición tres textos diferentes del Antiguo: el masorético o protomasorético, la versión griega de los setenta o Septuaginta y los targumes arameos (orales o escritos) que recogían las traducciones parafrásicas corrientes en el primer siglo. Probablemente hicieron uso de las tres, aunque predomina el empleo de la Septuaginta, dado que el griego era la *lingua franca*, la más idónea para una comunicación amplia y, por tanto, la más usada en el mundo grecorromano. Es comprensible que los apóstoles, al citar textos del Antiguo Testamento, se valieran de la versión griega ya existente. Pero tal versión discrepa no pocas veces del texto hebreo masorético. Ejemplos de tal disparidad los hallamos en diversos pasajes del Nuevo Testamento. Veamos algunos de ellos: Mt. 1:23, donde se cita Is. 7:14. Aquí la Septuaginta usa la palabra *parthenos* (virgen) para traducir el término hebreo *'almah* (doncella). *Parthenos* correspondía al hebreo *bethulah* (virgen), pero probablemente en tiempo de los traductores tenía un significado más amplio que permitía legítimamente su uso para traducir *'almah* sin violentar el sentido del texto.

---

si correspondiesen al profeta o escritor principal era común entre los judíos en días apostólicos.

También parece que había colecciones de textos proféticos de diferentes escritores encabezados por el nombre del más destacado de ellos. Esto explicaría Mt. 27:9, 10, donde encontramos una cita de Zacarías (11:13), no de Jeremías, aunque no debe pasarse por alto su posible conexión con éste (véase Jer. 18:1).

Las diferencias no han de ser atribuidas necesariamente a capricho de los traductores, sino a la evolución del lenguaje y a que probablemente tuvieron ante sí textos anteriores al masorético, como parece desprenderse de algunos manuscritos hallados en las cuevas de Qumrán. En lo concerniente a la problemática textual remitimos al lector a las páginas 129 y ss.

2. *Libertad en el modo de citar.* Tanto en el mundo grecorromano como en el judaico había una gran libertad en el uso de referencias literarias. Pese al literalismo de algunos rabinos, no se daba tanta importancia a la letra de un texto como a su significado. Incluso en los evangelios, cuando se reproduce lo dicho por Jesús, no siempre es fácil llegar a determinar cuáles fueron las palabras exactas *(ipsissima verba)* pronunciadas por Jesús. Un ejemplo de ello nos lo ofrece Juan en su evangelio. En el aposento alto, dice el Señor a sus discípulos: «Vosotros estáis limpios, aunque no todos» (Jn. 13:10). Pero en la observación que a renglón seguido hace el evangelista, la frase de Jesús reaparece modificada: «No todos estáis limpios.»

Las variaciones verbales podían obedecer en algunos casos a motivos estilísticos. Pero las más de las veces se debían, sin duda, a que el sentido de fidelidad a lo escrito concernía más al contenido que a la forma. Tal vez nos ayudará a comprender este hecho la situación creada en nuestros días por la proliferación de versiones de la Biblia en las principales lenguas. Especialmente cuando se han llevado a cabo según los principios de la «traducción dinámica», los cambios en el modo de expresar el pensamiento original del autor son a veces considerables, sin que ello signifique ningún problema para la mayoría de lectores. Algo análogo acontecía en tiempos apostólicos cuando se trataba de reproducir tanto las palabras de Jesús como los textos del Antiguo Testamento.

El sentido de libertad aumentaba en el caso de los escritores novotestamentarios, quienes no sólo se permitían a veces paráfrasis —más que traducciones—, sino que atribuían a los textos que citaban un significado derivado del cumplimiento en Cristo de las promesas del Antiguo Testamento. De ahí la frecuencia con que aparece la frase que acompaña a muchas citas: «Para que se cumpliese» (Mt. 2:15; 4:14; 21:4; Jn. 12:38; 13:18; 15:25; 17:12, etc.).

Sin embargo, no puede decirse que aquella libertad equivalía a arbitrariedad. Cuando usan textos del Antiguo Testamento, tanto para probar el cumplimiento en Cristo de lo predicho por los profetas como para refutar objeciones judías o establecer una doctrina, los escritores del Nuevo Testamento muestran una gran coherencia con el conjunto de la revelación. En su modo de utilizar el Antiguo Testamento no hay lugar para fantasías caprichosas ni para fáciles alegorizaciones o tergiversaciones gratuitas. Siguiendo la línea de Jesús mismo, tenían demasiado respeto a la autoridad de la Escritura para permitirse veleidades personales. Pero el gran acontecimiento de Cristo invadía su pensamiento. Su interpretación del Antiguo Testamento está iluminada y regida por el hecho glorioso de que el tiempo escatológico de la salvación ya ha llegado. Para ellos, como sugiere K. Frör, «no es el texto del Antiguo Testamento lo que ha de ser expuesto, sino Cristo y su obra».[20] Esto no anula el significado original de los textos, sino que lo complementa.

Veamos como ilustración Mt. 2:15, donde hallamos la cita de Os. 11:1 «De Egipto llamé a mi hijo.» El evangelista aplica a Cristo un texto que originalmente se refería clarísimamente a Israel y a su liberación de Egipto. ¿Efectúa Mateo una adaptación abusiva de las palabras de Oseas? Aunque pueda parecerlo a primera vista, no es así. Sin duda, Mateo ve en el éxodo un acontecimiento de primera magnitud en la historia de la redención que culmina en Cristo, y descubre paralelos —incluso de tipo geográfico— entre la liberación de Israel y la obra de Jesucristo, «por quien se llevarían a efecto la redención y el éxodo espiritual del pueblo de Dios».[21]

Por otro lado, en su labor didáctica, tanto de palabra como por escrito, los apóstoles se vieron asistidos por la acción guiadora del Espíritu Santo, de acuerdo con lo que Jesús les había prometido (Jn. 14:26; 16:12-15). Cabe, pues, admitir que esa guía se extendió al modo de usar las Escrituras del Antiguo Testamento, de las que el mismo Espíritu había sido inspirador.

Esta asistencia extraordinaria del Espíritu Santo, privativa de los apóstoles y sus colaboradores, dio un carácter único a la libertad con que ellos manejaron las Escrituras. En modo alguno podemos nosotros hoy pretender una prerrogativa semejante. La utilización apostólica del Antiguo Testamento no significó en absoluto el establecimiento de un método hermenéutico que pudiera seguirse posteriormente. Las únicas vías válidas que en la actualidad se nos abren a nosotros para la interpretación son las que ya hemos estudiado al ocuparnos del método gramático-histórico. Pero estas vías serán más seguras y fructíferas si las usamos contemplando los horizontes abiertos por el Nuevo Testamento. Si es cierto que los apóstoles no establecieron un método de interpretación, no lo es menos que nos dejaron una perspectiva indispensable para la adecuada comprensión del Antiguo Testamento.

20. *Op. cit.*, p. 115.
21. Roger Nicole, «OT Quotations in the NT», *Hermeneutics*, p. 50.

**Formas literarias**

La gran variedad en el contenido del Antiguo Testamento (historia, biografía, materias jurídicas, prescripciones cúlticas, preceptos morales, cánticos y plegarias, profecía, etc.) hacía inevitable la diversidad en el ropaje literario que había de usarse para cada uno de sus elementos. La complejidad se acentúa debido a que los autores siguieron en líneas generales los patrones de su tiempo, con sus múltiples posibilidades de expresión, por lo que las formas a menudo cambian no sólo de un libro a otro, sino incluso dentro de una misma obra. No encontramos libros exclusivamente históricos, o doctrinales o legales. En la mayoría de ellos se entrelazan temas diversos. Y aun en el desarrollo de una parte determinada, como puede ser la narración, se mezclan las más variadas maneras de hablar con gran abundancia de formas o tipos literarios: patrones narrativos típicamente estructurados, tablas genealógicas, poemas, formulaciones legales, etc.

No vamos a entrar ahora en el campo, un tanto laberíntico, de las formas y géneros literarios tal como se entienden a partir de Hermann Gunkel, padre de la *Formgeschichte* (historia de las formas). Según él, es necesario descubrir y clasificar las «formas» que subyacen a los documentos escritos de cualquier literatura —secular o religiosa—, así como reconstruir el proceso por el que éstos llegaron a alcanzar su configuración presente.

Sin negar lo que de positivo puede haber en el análisis de los estratos de cada libro del Antiguo Testamento, incluidos los más simples, es decir, las llamadas «unidades menores», lo cierto es que la corriente predominante en este tipo de estudios deja muy mal parada la historicidad de importantes porciones del Antiguo Testamento. Como en la aplicación del método histórico-crítico, suele prevalecer el subjetivismo del especialista, influenciado por prejuicios más bien liberales.

Por nuestra parte, y por más que ello parezca una limitación simplista ajena al plano de los modernos estudios bíblicos, nos ceñiremos a una somera enumeración de los materiales literarios del Antiguo Testamento.

*Material narrativo-histórico.* Incluye en primer lugar la *narración*, en la que se comunican circunstancias, acciones, discursos y homilías así como conversaciones o locuciones varias. Puede referirse a individuos o a coletividades humanas (familias, tribus, pueblos, reinos, etc.) y se halla contenido principalmente en los llamados libros históricos (Génesis — Ester), si bien es considerable el material de este tipo que se encuentra en los libros de los profetas y en algunos de los salmos.

Componente histórico es también la *relación*. Comprende listas de personas (tablas de pueblos —Gn. 10—, genealogías —Gn. 36—, listas de oficiales o de guerreros —2 S. 8:16-18; 20:23-26; 23:8-39, etc.—, relación de los judíos que regresaron del cautiverio babilónico —Esd. 2:8; Neh. 11:12), listas de lugares (Jos. 15-19; Nm. 33) y listas de objetos (Éx. 35; Nm. 31).

*Material jurídico.* Aunque la parte más importante se halla en el Pentateuco, aparecen textos de carácter legal en los libros históricos y en los profetas. La normativa es extensa. Basada en el decálogo, desarrolla un derecho civil, con una prolongación de tipo casuístico en el que se preveían gran número de situaciones que deberían resolverse con justicia.

Las disposiciones cultuales regulaban la institución y funcionamiento del sacerdocio, la práctica de ofrendas y sacrificios, el mantenimiento de la pureza ceremonial y la celebración de las grandes festividades.

*Material profético.* Comprende todo el relativo a los mensajes y acciones de los profetas, quienes comunicaban la palabra que habían recibido de Dios con destino a individuos o pueblos determinados, mayormente Israel y Judá.

*Material de cánticos y oraciones.* Sobresale el libro de los Salmos; pero no falta ni en los libros históricos ni en los proféticos. Constituye un testimonio riquísimo de la piedad israelita, alimentada por la Palabra de Dios, pero al mismo tiempo impresiona por su carácter hondamente existencial.

Lugar destacado ocupan los cánticos de victoria (como Éx. 15 o Jue. 5), los cantos de amor y de bodas (Cantar de los Cantares), las canciones satíricas (Nm. 21:27-30; 2 R. 19:21-28), las elegías (2 S. 1:19-27; 3:33, 34), los himnos cantados en el templo (muchos de los salmos), que podían ser de acción de gracias, de adoración, de lamentación, de confesión o de testimonio, a menudo henchidos de esperanza.

Las oraciones participan más o menos de las mismas características. Aunque aparecen a veces en forma poética, como los cantos, también las encontramos en prosa. Algunas participan del doble carácter de plegaria y cántico.

*Composiciones sapienciales.* Recogen la esencia de una sabiduría práctica inspirada en el temor de Dios y aplicada a todos los órdenes de la vida. Componen libros enteros (Job, Proverbios y Eclesiastés), además de algunos salmos (37; 73; etc.).

Cuanto más familiarizado esté el intérprete con las peculiaridades literarias y teológicas de todos estos materiales, tanto más aumentará su capacidad de comprensión de los textos. Los capítulos que siguen tienen por objeto ayudar al estudiante en su avance hacia tal familiarización.

# CUESTIONARIO

1. ¿En qué puntos básicos coinciden el AT y el NT?

2. ¿En qué sentido y hasta qué punto tiene el AT autoridad para la Iglesia cristiana?

3. ¿En qué se diferencia la teología del AT de las enseñanzas de otras religiones antiguas?

4. ¿Cómo puede explicarse que el AT contenga leyes o normas que a la luz del NT —e incluso de la ética no cristiana de nuestros días— parecen impropias de la voluntad de Dios?

5. El uso que del AT hicieron los escritores del Nuevo ¿equivale a un método hermenéutico legítimo para nosotros hoy?

# XV

# TEXTOS NARRATIVOS

El material de carácter narrativo es muy abundante en el Antiguo Testamento. Incluye más de la mitad del Pentateuco, la totalidad de los llamados libros históricos y buena parte de los proféticos. Su contenido se distingue por la exposición de unos hechos. A diferencia de otros tipos de texto, en los que se expresan ideas, principios o normas, en los narrativos el pensamiento se centra en algo que ha acontecido. De alguna manera está ligado a eventos históricos.

La forma en que los hechos son referidos puede variar y, en efecto, varía. No tiene la misma configuración el relato de la creación en Génesis 1 y 2 que el de la caída de Jerusalén en 2 Reyes 25. Pero en todos los casos se mantiene la historicidad, es decir, la realidad objetiva de lo narrado. Esta característica reviste importancia decisiva en la interpretación y da consistencia a toda la contextura de la revelación bíblica. Cualquier desviación en este terreno puede desvirtuar el testimonio de la Escritura y conducir a conclusiones que socavan la fiabilidad de ésta a la par que descomponen su estructura teológica.

Algunos autores han puesto en tela de juicio o han negado abiertamente la historicidad de muchos relatos del Antiguo Testamento. Según ellos, la trama de los primeros capítulos del Génesis es esencialmente mitológica; cuanto se dice acerca de los patriarcas no es sino una colección de sagas y leyendas de escaso valor histórico, y muchos otros relatos de hechos posteriores tienen igualmente carácter legendario. Más que crónicas veraces, son producción literaria de un periodo tardío en el que el pensamiento israelita glorificó su pasado con objeto de consolidar su entidad político-religiosa. Sin embargo, estas opiniones no pasan de ser meras conjeturas basadas en postulados muy discutibles. De hecho, tanto las evidencias internas de las narraciones como el testimonio de los descubrimientos arqueológicos corroboran la fidedignidad histórica de los textos. Eminentes especialistas en estudios del Antiguo Testamento como Bright, Eichrodt y de Vaux han sostenido vigorosamente la historia sustancial de las narraciones veterotestamentarias, convencidos de que, si los acontecimientos de ellas relatados no ocurrieron realmente, la afirmación de que el Antiguo Testamento es Palabra de Dios carece de sentido.[1] Aun eruditos radicales como J. Skinner, a pesar de su distinción entre historia (acontecimiento real) y saga (simple relato o narración), refiriéndose al Génesis, admite que su autor se propuso presentar la historia en su sentido propio y usual.[2]

Sin llegar al extremo de quienes ven en las narraciones del Génesis meros relatos mitológicos, hay comentaristas que creen tener una clave hermenéutica en la distinción entre «hechos» y «acontecimientos». El hecho constituye el contenido sustancial de algo acaecido, es decir, la verdad, el mensaje, mientras que el acontecimiento es la forma de presentar el hecho, forma que puede variar y que no necesariamente ha de interpretarse en sentido rigurosamente histórico. Por ejemplo, se consideraría «hecho» la pecaminosidad del hombre, y «acontecimiento» lo relatado en Gn. 3 respecto al modo como Adán y Eva fueron tentados y cayeron. Este acontecimiento no sería histórico en un sentido estricto; sería simplemente un recurso literario, una forma más o menos imaginaria de expresar el hecho. Pero ¿es lícito imponer tal distinción? Klaas Runia recalca que escribir historia real, observada, seleccionada e interpretada desde un determinado punto de vista teológico significa que «los hechos son aquí plenamente mantenidos en su sentido literal. No hay lugar para ninguna separación de forma o contenido. Los hechos y su interpretación son vistos totalmente como una unidad inseparable».[3] Tal unidad no implica, sin embargo la necesidad de que el «acontecimiento» tenga que ser interpretado con el más crudo literalismo. La realidad histórica del relato bíblico puede ser presentada a veces envuelta en el ropaje del lenguaje simbólico. Tal puede ser el caso de algunos elementos en los primeros capítulos del Génesis. Entonces las

1. Gordon Venham, «History and the OT», *History, Criticism and Faith*, IVP, 1976, p. 28.
2. M. J. Arntzen, *Interpreting God's Word Today*, Ed. S. Kistemaker, Baker Book House, p. 25.
3. Cit. por G. van Groningen, «Genesis, its formation and interpretation», *Interpreting God's Word Today*, p. 38.

reglas relativas a la simbología o al lenguaje figurado en general deben ser tenidas en cuenta. Conviene recordar que el concepto de historiografía de los antiguos no era exactamente el que tienen los historiadores modernos, por lo que no sería justo esperar de documentos relativos a tiempos del Antiguo Testamento el mismo rigor histórico que se exigiría de una crónica actual de hechos acaecidos en un pasado próximo. La preocupación del escritor sagrado no es tanto la reseña en sí de unos hechos como su conexión con la historia de la salvación y el sentido que tales hechos tenían en el desarrollo del plan redentor de Dios. De ahí que en el Antiguo Testamento se omitan o se mencionen sólo tangencialmente acontecimientos que tienen gran relieve en la historia universal mientras que se dedican capítulos enteros a personajes y hechos aparentemente insignificantes, pero de capital importancia en la perspectiva espiritual de la historia. Y lo que se narra siempre tiene en el fondo un marcado carácter didáctico u hortatorio. Su énfasis no recae en el pasado, sino en el mensaje que los hechos del pasado entrañan para el presente. La narración bíblica no sólo habla de algo, sino a alguien; no sólo habla de un objeto, sino a un sujeto, como afirma —aunque con mayor radicalismo— K. Frör.[4] Todo, en un contexto global de gran coherencia, constituye una proclamación de la grandeza de Dios, tanto en su acción creadora del principio como en su obra salvífica, con miras a una re-creación de la humanidad después de la caída de ésta en el pecado y la perdición.

Una cuestión de cierta importancia en el estudio de las narraciones del Antiguo Testamento es la relativa a las *fuentes de información*. ¿Cómo y de dónde obtuvieron los hagiógrafos el conocimiento de los hechos que relatan? Es indudable que, dada la antigüedad de la escritura —anterior a los patriarcas—, los narradores bíblicos tuvieron acceso a material escrito existente en sus días y que hicieron uso de él. Así se desprende de algunas referencias expresas (1 R. 11:41; 1 Cr. 9:29; 12:15). El material escrito más antiguo sería complementado con nuevos documentos en los cuales no sólo se dejaba constancia de hechos más recientes, sino que probablemente también fijaba tradiciones antiguas que habían ido transmitiéndose oralmente. Pero, dada la naturaleza de la Escritura, cabe admitir el elemento de revelación divina cuando no había otra posibilidad de conocer los hechos. Tal sería el caso de los dos primeros capítulos del Génesis, relativos a la creación. Del mismo modo que los profetas recibieron de Dios luz respecto al futuro, los historiadores bíblicos pudieron recibirla respecto al más remoto pasado; y así como los primeros pudieron predecir lo que había de acontecer, el narrador pudo consignar

4. *Biblische Hermeneutik*, p. 173

por escrito lo que había acaecido no sólo en los albores de la humanidad, sino «en el principio» y a lo largo de todo el proceso creativo.

Cómo pudo efectuarse tal revelación no se nos indica en ninguna parte de la Escritura. Tampoco hay referencias al momento en que tal revelación pudo haber tenido lugar. No parece absurdo, sin embargo, pensar que la información divina sobre los orígenes fuese dada muy temprano y transmitida oralmente hasta que se fijó por escrito. Ello explicaría los puntos de similitud sobre los relatos de otras literaturas orientales —mesopotámicos especialmente— acerca de la creación, la caída y el diluvio. En la redacción del Génesis habría que admitir, obviamente, una guía divina especial que permitiera al autor lograr un relato verídico, exento de las distorsiones paganas observables en los escritos de otros pueblos.

Dada la gran diferencia de contenido que se advierte entre los diversos relatos de los capítulos iniciales del Génesis y el resto de las narraciones del Antiguo Testamento, dividiremos el material en dos secciones, destacando lo esencial de cada una con miras a la interpretación de sus textos. Al hacerlo, más que entrar en pormenores o hacer exégesis de determinados pasajes, procuraremos ofrecer perspectivas adecuadas que guíen la interpretación y garanticen conclusiones exegéticas aceptables.

## A) NARRACIONES PREHISTÓRICAS

Están contenidas en los capítulos 1-11 del Génesis. Su grandiosidad es difícilmente superable, pues de forma monumental, con sencillez, pero al mismo tiempo con majestuosidad, nos presentan los grandes hechos de los orígenes. En ellos, de modo más o menos desarrollado, aparecen todos los elementos básicos de la revelación: la existencia y los atributos de Dios, la creación del hombre, la entrada del pecado en el mundo con sus funestas consecuencias y el principio de la redención humana. En su mensaje se halla la clave para descifrar los grandes enigmas que han preocupado al hombre acerca del universo y de sí mismo.

Pero si es cierto que nadie puede negar la grandeza de esta parte introductoria de la Biblia, también es verdad que plantea espinosas dificultades hermenéuticas. Estas se complican tanto más cuanto más se pierde de vista la naturaleza y la finalidad de los textos. Pensar que el propósito del primer capítulo del Génesis es darnos una lección de cosmogonía, de geología o de biología evidenciaría una incomprensión total del carácter de este pasaje y probablemente nos conduciría a conclusiones contrarias a las bien probadas de la ciencia.

Es muy antiguo el conflicto entre determinadas interpretaciones del capítulo mencionado y las modernas afirmaciones científicas. No hay contradicción real entre el relato bíblico y los hechos en él registrados. La contradicción se produce en el plano interpretativo a causa de errores tanto en el lado de los exegetas como en el de los científicos. Las posiciones de unos y de otros deberían revisarse continuamente, pues ninguna de las dos partes es infalible. Se erró deplorablemente, por ejemplo, cuando, alegando razones bíblicas inexistentes, se obligó a Galileo a retractarse de su teoría heliocéntrica. Pero igualmente se ha incurrido en error cuando se ha desacreditado la Biblia invocando conclusiones científicas que parecían irrefutables, definitivas, pero que posteriormente han sido rectificadas o totalmente abandonadas. Tan improcedente es la hiperortodoxia religiosa en la exégesis de la Escritura como el dogmatismo en la elaboración de hipótesis científicas. Cuando se descartan los extremos y se efectúa la exégesis con análogo respeto hacia la Biblia y hacia los descubrimientos científicos, no es imposible hallar caminos válidos de armonización que confirman una verdad fundamental: el Dios que inspiró la Biblia es el mismo que creó el universo con todas las maravillas que la ciencia va descubriendo.

Pero es, sobre todo, la comprensión de la naturaleza y finalidad de los textos lo que más nos ayuda a avanzar por el camino de la interpretación sin roces serios con la información aportada por la ciencia. Por eso hemos de subrayar que las narraciones prehistóricas del Génesis no tienen por objeto ilustrarnos científicamente respecto al origen del universo o al principio y desarrollo inicial de la raza humana desde un punto de vista rigurosamente histórico. Su finalidad es eminentemente teológica. Constituye una refutación magistral de muchos errores en boga antiguamente (politeísmo, astrología, dualismo, formas diversas de culto a la fertilidad, etc.) y establece una sólida conexión entre creación y redención, entre el Dios todopoderoso y el Dios del pacto, entre la historia del mundo y la historia de la salvación.

De este modo se da respuesta a los interrogantes más profundos y angustiosos. No se nos facilitan detalles del proceso de la creación, del modo como Dios hizo las cosas, lo cual sólo podría satisfacer nuestra curiosidad intelectual. Lo que los capítulos introductorios del Génesis nos ofrecen es una cosmovisión del tiempo y del espacio adecuada a nuestras inquietudes espirituales. Hay preguntas de trascendencia suprema: ¿Qué o quién hay antes del principio del universo? ¿Quién lo sostiene y rige? ¿Qué o quién soy yo? ¿De dónde vengo y a dónde voy? ¿Qué explicación tiene el misterio del mal? ¿Hacia dónde avanza la humanidad? Para tales preguntas ninguna rama de la ciencia tiene respuesta.

Pero la narración bíblica sí la tiene. Y es el mensaje de esa respuesta lo que el intérprete debe descubrir.

Lo que acabamos de señalar no significa, sin embargo, que los puntos de contacto entre el texto bíblico y la ciencia sean puntos de fricción. Las diferencias entre un texto moderno de astronomía o de antropología y el relato bíblico de la creación radican en el propósito con que fueron escritos y en su forma. Pueden compararse a la diferencia entre un poema y una escultura referidos a un mismo tema o, como sugiere Derek Kidner, a la distinción entre el retrato de un artista y el diagrama de un anatomista.[5] Pero las diferencias no son discrepancias. De hecho, como bien observa R. K. Harrison, «hay consonancias sorprendentes con las teorías y los descubrimientos científicos, hecho sumamente asombroso si se tiene en cuenta que la finalidad de Gn. 1 nunca fue la de construir un documento científico en el sentido occidental hoy aceptado».[6]

Hechas estas consideraciones generales sobre los primeros capítulos del Génesis, procederemos a examinar sus partes más importantes. Un análisis minucioso sería de enorme interés, pero los límites de esta obra nos obligan a ceñirnos a los aspectos que mayor utilidad pueden tener para la exégesis.

## La creación (Gn. 1 y 2)

En el Antiguo Testamento no existe una doctrina de la creación con entidad propia. Casi siempre la acción creadora de Dios aparece relacionada con su obra redentora (comp. Sal. 74:12-17; 89:10-19; 65:8; Is. 51:9-11; 27:1-13). Este hecho puede observarse en el conjunto de los capítulos iniciales del Génesis. Sin embargo, esta narración destaca la reciedumbre doctrinal del cuadro que sobre la creación nos ofrece.

Desde el primer momento, con las primeras palabras, aparece claramente el sentido teológico del relato bíblico. «En el principio Dios creó los cielos y la tierra.» El universo no es eterno; tuvo un comienzo. Tampoco surge, como afirmaban algunas cosmogonías, de un conflicto entre dos grandes poderes míticos opuestos entre sí, sino de la voluntad de un Dios único, soberano. Ni es una emanación de la divinidad con la que mantiene una relación de consubstancialidad panteísta, de modo tal que Dios lo sea todo y todo forme parte de Dios. El relato bíblico de la creación afirma con gran rotundidad la trascendencia de Dios, quien es el «completamente Otro», del todo diferente de la creación e infinitamente superior a ella.

5. *Genesis*, Tyndale Press, p. 31.
6. *Intr. to the OT*, p. 553.

No aparecen fuerzas o seres inferiores intermedios entre el Creador y el universo. Todo es hecho por la fuerza de la voluntad divina expresada mediante la palabra. «Dijo Dios...», y lo que dijo se realizó. A la luz del Nuevo Testamento, aprendemos que todo tiene lugar mediante la acción del Verbo (Jn. 1:3; Col. 1:16; He. 1:2). Sin embargo, la acción directa de Dios en la creación no excluye necesariamente el uso por su parte de causas secundarias en el desarrollo de la misma. El texto sugiere que en tres momentos especiales hubo una acción claramente creativa, directa, como resultado de la cual surgió algo completamente nuevo: la creación original de cielos y tierra (v. 1), la de los animales (v. 21) y la del hombre (v. 27). En los tres casos se usa el verbo hebreo *bara*, que primordialmente significa la operación de un poder infinito por el que surge a la existencia algo maravilloso, antes inexistente. Pero aparte de estos tres casos, se usan otros verbos (hacer, producir), los cuales podrían sugerir la posibilidad de que en el proceso de la creación actuaran fuerzas secundarias y se usaran materiales ya existentes.

Es de destacar el lugar que en el relato bíblico ocupan los grandes astros. Estos, en la concepción que del universo tenían muchos pueblos antiguos, poseían rango divino y actuaban fatídicamente como fuerzas determinantes del destino humano. Pero en el Génesis el sol, la luna y las estrellas son despojados de todo signo divino y de sus misterios astrológicos. Como observa von Rad, «la voz "lumbreras" es voluntariamente prosaica y degradante. Cuidadosamente se ha evitado dar los nombres "sol" y "luna" a fin de evitar toda tentación: la palabra semita para decir "sol" era también un nombre divino».[7] Los astros son obras de Dios e instrumentos en sus manos para la realización de propósitos determinados: ser simples luminarias, fijar separadamente el día y la noche y señalar las estaciones (vv. 14-18).

De modo análogo, la sexualidad aparece con las características que objetivamente le corresponden. Es medio de comunión a nivel profundo entre un hombre y una mujer y de procreación. Pero la relación sexual carece por completo de las connotaciones religiosas que tenía, por ejemplo, entre los cananeos, quienes la asociaban con el culto tributado a sus divinidades, convencidos de que regulaban la fertilidad en todo el ámbito de la naturaleza.

Una comparación del texto del Génesis con las ideas religiosas predominantes en torno a Israel nos muestran claramente la incomparable singularidad del testimonio bíblico, así como su indubitable superioridad.

En cuanto a la forma en que la narración es presentada, hemos de tener presente la peculiaridad de los hechos descritos. No hubo

---

7. *El libro del Génesis*, Ed. Sígueme, 1982, p. 65.

testigo humano que los presenciara e ignoramos el modo como Dios pudo revelar lo acontecido. Y si lo importante era no la exposición «científica» de los hechos sino el mensaje que proclamaba la grandeza del Creador, no debe sorprender que los primeros capítulos del Génesis, más que un cuadro narrativo completo, nos ofrezcan unas pinceladas maestras mediante las cuales se destaca lo esencial de la obra creadora de Dios.

La descripción del proceso creativo es más bien pictórica. Desde el punto de vista literario, el capítulo 1 del Génesis se asemeja más a un cántico majestuoso que a un relato. Esto no anula la historicidad de su contenido; pero debe prevenirnos contra las posturas hermenéuticas excesivamente literalistas.

Los «días» de la creación no necesariamente han de interpretarse como periodos de 24 horas. En opinión de muchos comentaristas conservadores, pudieron ser espacios de tiempo de miles o cientos de miles de años, lo cual estaría en consonancia con los descubrimientos geológicos. Y el orden de lo acaecido en cada uno de los días no ha de ser imprescindiblemente cronológico. Algunos autores[8] han hecho notar la correspondencia existente entre el primer día y el cuarto, entre el segundo y el quinto, entre el tercero y el sexto:

| | |
|---|---|
| 1. Luz | 4. Astros |
| 2. Mar y atmósfera | 5. Animales marinos y aves |
| 3. Tierra fértil | 6. Criaturas terrestres |

Ello puede dar una perspectiva de los hechos diferente de la rigurosamente cronológica.

La creación del hombre se narra en dos relatos diferentes (Gn. 1:26-30 y 2:7-25) que se complementan admirablemente. En el primero aparece el ser humano como una parte más, aunque la más grande, entre las restantes de la creación. En el segundo, el hombre se convierte en el centro de la narración.

Cuestión especial relativa a la forma del texto bíblico es la suscitada por algunos autores respecto a las coincidencias observables al compararla con narraciones mesopotámicas de la creación, de la caída y del diluvio. Los primeros capítulos del Génesis ¿son una adaptación de tales narraciones, debidamente depuradas de sus elementos paganos y ajustadas a la teología yahvehísta? Algunos de sus elementos ¿no son claramente mitológicos? En respuesta a tales preguntas, podemos decir que más sobresalientes que los puntos de analogía son las diferencias y, como afirma Harrison, «a la luz de este principio se desprende que una comparación no ofrece paralelos reales entre los relatos del Génesis sobre la crea-

8. D. Kidner, *op. cit.*, p. 46.

ción y el *Enuma Elish»*, poema épico mesopotámico de la creación.[9] El propio Harrison hace referencia a G. E. Wright, quien de modo convincente demostró lo inadecuado del mito como forma descriptiva de la verdad bíblica, destacando la diferencia entre el material de la Escritura y las antiguas composiciones politeístas del Oriente Medio.[10]

Nada hay en la cosmogonía bíblica que hoy resulte ridículo, como sucede con otras cosmogonías. No hallamos en el Génesis ninguna descripción de la tierra comparable a la de las antiguas tribus indias que representaban nuestro planeta como un gigantesco platel sostenido por tres elefantes, los cuales, a su vez, se apoyaban sobre la concha de una enorme tortuga; ningún relato fantástico como el del clamor de Apsu ante Tiamat porque antes de la creación de los astros no puede descansar de día ni dormir de noche (Enuma Elish); ninguna concepción semejante a la común a las mitologías egipcia, fenicia, india e iraní, según la cual el mundo era resultado de la incubación de un huevo; ninguna afirmación parecida al mito hitita de Ullikummi (el cielo fue desgajado de la tierra por un tajo de una gran cuchilla); nada que pueda sugerir la concepción mítica del origen del mundo como fruto de la unión sexual de los dioses padres: el cielo y la tierra (mitologías egipcia, india y china). En el relato bíblico, todo se mantiene en un plano tan elevado de sobriedad, tan exento de fantasías absurdas, que aun hoy sigue inspirando respeto a sus lectores, cualquiera que sea su posición religiosa o científica.

No sería, sin embargo, motivo de asombro que, a pesar de la ausencia del mito en las narraciones bíblicas, aparecieran en sus textos expresiones propias del lenguaje mitológico. No podemos olvidar que determinados conceptos y términos formaban parte del bagaje cultural de los israelitas, y entre ellos había algunos evidentemente emparentados con la literatura mitológica. A tal efecto, podemos recordar las alusiones a Rahab, monstruo del caos en la mitología babilónica, en textos como Job 9:13; 26:12; Sal. 89:10 e Is. 51:9; o las referencias al Leviatán y al dragón (Job. 3:8; 41:1-14; Sal. 104:26; Is. 27:1; 51:9; Jer. 51:34).

Pero independientemente de cualquier posible coincidencia entre la terminología del texto bíblico y algunas de las expresiones comunes a la literatura de otros pueblos, parece obvio que en el texto hay componentes simbólicos a los que no sería prudente acercarse con una actitud extremadamente literalista. Esta observación ha de ser tenida en cuenta cuando se interpretan algunos detalles de Gn. 2 y 3, tales como el polvo o arcilla de la tierra con que Dios hizo al hombre, el soplo divino en la nariz de éste, el huerto del Edén, los árboles de la vida y de la ciencia del bien y

9. *Op. cit.*, p. 454.
10. *Op. cit.*, p. 457.

del mal o la costilla de Adán de la que fue formada la mujer. Si algunos de estos elementos reaparecen en otros lugares de la Biblia con un significado claramente simbólico (Ec. 3:20; 12:7; Is. 51:3; 1 Co. 15:47; Ap. 2:7; 22:2, 14), no parece lógico pensar que en los textos del Génesis sólo la interpretación rigurosamente literal es válida. En ellos lo esencial es el contenido real de los hechos narrados. Y ese contenido no se altera si se admite la posibilidad de un lenguaje pictórico, no científico, en el que cabe legítimamente el recurso del símbolo.

Lo que nunca debe suceder es que las conclusiones hermenéuticas en cuanto a la forma desfiguren o nieguen la realidad del contenido. Éste podría resumirse en las siguientes proposiciones:

1. Todo cuanto existe tuvo su origen en Dios. El universo no es eterno. Sólo el Creador lo es.

2. Dios es único y soberano. No hay otros seres o fuerzas divinizadas que puedan rivalizar con Él.

3. La creación de la tierra es la preparación de un escenario en el que Dios pondrá al hombre como corona de la creación.

4. El ser humano es resultado de un acto creador especial de Dios. Independientemente del método usado por el Todopoderoso para tal creación en el aspecto físico, el hombre sólo fue hombre cuando recibió el «hálito» de Dios, cuando quedó plasmada en él la imagen de su Creador, cuando —como alguien ha sugerido— dejó de ser «algo» para ser «alguien».

5. Existe básicamente una plena identidad física, psíquica y espiritual entre el hombre y la mujer.

La monogamia distingue al matrimonio según el plan divino.

6. Propósito inicial de Dios para con el hombre fue que éste actuase como virrey suyo en el mundo, administrando sus maravillosos dones con un señorío digno, benéfico, sobre los demás seres y en armonía con el conjunto de la creación.

7. La raza humana constituye un todo orgánico, una unidad por su origen de un tronco común, por la identidad de características físicas y psíquicas y por la relación de solidaridad moral entre todos sus miembros. Este hecho es de capital importancia para entender tanto los efectos universales de la caída de Adán como los de la obra redentora de Cristo (1 Cr. 1:1; Job 15:7; Os. 6:7; Lc. 3:38; He. 17:26; Ro. 5:14; 1 Co. 15:22-45; 1 Ti. 2:13-14).

## La caída (Gn. 3)

En este punto ha de aplicarse de modo concreto cuanto llevamos dicho con carácter general. Por un lado debe tomarse en consideración la forma del lenguaje, en la que no conviene descartar de plano la posibilidad de elementos simbólicos. Por otro lado ha de preservarse la historicidad del relato, salvando las ambigüedades de algunos teólogos que, prescindiendo de ella o negándola abiertamente, han visto en el texto bíblico una mera ilustración de la experiencia humana del pecado. No es, según ellos, el factor histórico lo que cuenta, sino el supratemporal, el existencial, la vivencia de la caída en la experiencia de cada individuo.

Este punto de vista, como se desprende de los textos arriba citados en apoyo de la unidad corporativa de la raza humana, no es coherente con una sana teología bíblica. Haciendo nuestra una afirmación de R. K. Harrison, «relegar la caída a la región sombría de una *Geschichte* (historia) o *Urgeschichte* (prehistoria) supratemporal es adoptar una posición no realista hacia uno de los rasgos más compulsivos y característicos del *homo sapiens* y eliminar todo fundamento sustancial para una doctrina del hombre que haga justicia a las narraciones del Antiguo Testamento».[11]

El relato bíblico de la caída, con las característica literarias que ya hemos mencionado, se centra en los aspectos básicos de esa funesta calamidad. No pretende contestar la pregunta relativa al origen del mal; y, por supuesto, nada hay en él que sugiera el dualismo, la existenicia de dos fuerzas eternas, el bien y el mal, siempre presentes en todo el ámbito del universo. El pecado no es inherente al hombre, salido de las manos de Dios como una obra perfecta. El hombre, originalmente, no lleva dentro de sí el bien y el mal, sino solamente el bien. Pero su capacidad de decisión propia de un ser libre conlleva la posibilidad de caer en el mal.

La caída se inicia con la incitación de la «serpiente» y se consuma cuando la mujer —secundada después por el hombre— cede a la codicia fatal de querer alcanzar rango divino.

El Creador había colmado a la primera pareja de dones inestimables. El ser humano era la más privilegiada de las criaturas. Pero tenía sus limitaciones. Le estaba vedado el árbol de la «ciencia del bien y del mal». Von Rad hace notar que, «según el uso del idioma hebreo, el narrador entiende con estas palabras un proceso que no se limita al ámbito meramente intelectual. El verbo *yada'* (saber) indica a la vez el conocimiento y el dominio de todas las cosas y de sus secretos, pues aquí no debemos entender el bien y el mal en su sentido moral, sino en el significado de "todo"».[12] La posesión de tal conocimiento y dominio era algo privativo de Dios. Y a alcanzarlo fue incitada Eva. La desobediencia de la mujer era una acusación contra la bondad y la veracidad de Dios; constituía un acto de rebeldía contra su autoridad.

Las consecuencias no podían ser más patéticas. Con la caída se

11. *Op. cit.*, p. 459.
12. *Teología del AT*, I, p. 206.

ponía en funcionamiento todo el mecanismo de la «muerte» del hombre anunciada previamente por Dios (Gn. 2:17). Automáticamente nace el sentimiento de culpa, de vergüenza, de temor, y el lógico intento de huir de Él (3:7, 8). El camino de acceso a la comunión con el Creador ha quedado bloqueado. Ahora se abre el camino de la frustración, del resentimiento, de las falsas excusas y de las inculpaciones injustas (3:12, 13). El juicio divino recae con perfecta justicia sobre cada uno de los protagonistas de la caída. La humanidad queda sometida al yugo de la existencia penosa, al final de la cual sobreviene la muerte física (3:14-19). El pecado acababa de irrumpir en el mundo con toda su horrible carga de sufrimiento y tragedia. En su irrupción lo invadiría todo y todo lo marcaría con sus zarpazos. La personalidad del hombre, su relación con Dios, el matrimonio, la convivencia social, la relación con la naturaleza, todo sufriría los efectos del desgarramiento, del conflicto, de la degradación.

Pero en medio de este cuadro tenebroso resplandece la primera promesa de Dios al hombre caído, el llamado protoevangelio (3:15). El conflicto humano con la «serpiente» se resolvería con el triunfo de la «simiente» de la mujer. En el cumplimiento del tiempo, Cristo, nacido de mujer (Gá. 4:4), vendría a deshacer las obras del diablo (1 Jn. 3:8) y así poder levantar al hombre caído a las alturas de una nueva humanidad.

Transcurrirán muchos siglos antes de que la promesa se cumpla. En el transcurso de la historia se escribirán páginas muy negras, testimonio de la creciente degeneración de los descendientes de Adán. Pero el propósito de Dios se mantendrá. La promesa no será invalidada. Los rigores de la justicia divina serán atemperados por la misericordia. Fue Dios mismo quien, al final del drama del Edén, «hizo al hombre y a su mujer túnicas de pieles y los vistió» (3:21).[13]

El hombre tendría que ser excluído del paraíso. En su nuevo estado moral y espiritual, la mayor desgracia para la humanidad habría sido tener acceso al «árbol de la vida» y así perpetuar su miserable condición. Era mejor que los querubines y la espada flamígera se lo impidieran (3:22-24). En el fondo, a pesar de la apariencia negativa, era una prueba más del amor de Dios. Inevitablemente la humanidad tendría que gemir con el resto de la creación —también afectada por el pecado— bajo la servidumbre de corrupción; pero los gemidos no excluirían de modo absoluto la esperanza. En los planes divinos el último capítulo de la historia humana es la liberación para participar en la gloriosa libertad de

13. Algunos comentaristas han visto en este texto una referencia al primer sacrificio de animales para la expiación simbólica del pecado y el ulterior revestimiento del pecador con la túnica de la justificación divina. Pero en opinión de otros tal referencia es una alegorización excesiva.

los hijos de Dios (Ro. 8:19-25). Cuando esos planes se cumplan, las ruinas causadas por el pecado habrán desaparecido para dar lugar a una nueva creación. Ésta es la perspectiva que empieza a perfilarse en Génesis 3. El exegeta deberá tenerla en cuenta en el momento de proceder a la interpretación de ese capítulo.

## La multiplicación del pecado (Gn. 4:1-11:9)

La ruptura que la caída había producido en la relación del hombre con Dios pronto tuvo como consecuencia el deterioro de la relación del hombre con su hermano. Se puso de manifiesto que el pecado nunca se detiene afectando únicamente la dimensión vertical del comportamiento humano. Se extiende también en su dimensión horizontal. El hombre enemistado con Dios está en el camino de la enemistad con los demás hombres. Adán, el rebelde, engendra a Caín, el fratricida. A la soberbia del primer pecado, siguen la desvirtuación del culto, la envidia, el resentimiento, la violencia, el primer asesinato. Apenas se ha extinguido el eco de la primera pregunta de Dios, «¿Dónde estás tú?» (3:9), cuando se oye un segundo interrogante, tanto o más estremecedor: «¿Dónde está tu hermano?» (4:9).

Con un estilo llano, sencillo, la narración pone ante nuestros ojos el principio de los grandes males sociales que ha conocido la historia: el egocentrismo, la irresponsabilidad respecto a los demás, el escaso o nulo aprecio de la vida del prójimo. Pero también nos muestra algunos de los sufrimientos impuestos por esos males: el miedo, la soledad, la tortura del sentimiento de culpa (4:12-14). Pese a todo, Dios no abandona completamente a Caín. Pone sobre él una marca protectora (4:15). Este hecho es el principio de una acción divina que tiene por objeto levantar diques providenciales para impedir el desbordamiento de la maldad en el mundo.

Tales diques, sin embargo, no impedirían la aparición de nuevas manifestaciones de pecado cada vez más alarmantes. Y Dios tendría que combinar su acción protectora con sus juicios. La siembra de Caín produciría una abundante cosecha en la vida de Lamec (4:18-24). A estas alturas de la narración bíblica, se observa un notable progreso cultural, pero también un incremento de la soberbia y de las actitudes violentas. La cultura nunca ha sido panacea para remediar los males de la sociedad. El hombre ha ido dominando más y más la naturaleza y sus fuerzas, pero no ha podido domeñar sus propias tendencias al mal. Frecuentemente el avance de la cultura ha coincidido con el retroceso moral.

Es interesante notar la aparición de Set en el relato bíblico (4:25, 26). Nos es presentado como el principio de una nueva línea, no sólo genealógica, sino espiritual. La estirpe cainita parecía irremisiblemente orientada hacia la impiedad y la injusticia. La de Set sería la de los hombres que «comenzaron a invocar el nombre de Yahvéh» (4:26), con figuras tan notables como la de Enoc (5:18-24). Esta línea seguiría manteniéndose en el correr de los siglos, no tanto a través de los descendientes naturales como de los sucesores espirituales (comp. Ro. 4:16; 9:8).

En el avance del pecado sobre la tierra, sobresale un hecho narrado de forma críptica (6:1, 2). El texto ha sido interpretado de diferentes modos. Los «hijos de Dios», en opinión de algunos, eran los descendientes de Set. A juicio de otros eran ángeles caídos, posiblemente encarnados. En apoyo de esta segunda interpretación se invoca el uso de la expresión «hijos de Dios» en otros pasajes del Antiguo Testamento para referirse a seres angélicos (Job. 1:6; 2:1; 38:7; Dn. 3:25); se alude al deseo de los demonios de alojarse en cuerpos humanos (posesión demoníaca) y se cita 2 P. 2:4 y Jud. 6:7. Ninguno de estos pasajes parece concluyente; pero tampoco existe base suficiente para rechazar de plano la interpretación mencionada, la cual, por otro lado, quizá explicaría mejor la naturaleza de los *Nefilim* o gigantes de 6:4, la aparición de lo que von Rad ha denominado una «superhumanidad» diabólica [14] con todo lo que de sugerente tiene respecto a la humanidad de épocas posteriores. Pese a lo oscuro del texto, una cosa aparece clara: la mixtificación de las dos estirpes (hijos de Dios e hijos de los hombres) marca un punto culminante en la multiplicación de la maldad sobre la tierra. Por otro lado, la presencia y la influencia de la línea setita prácticamente se ha extinguido; quizá como consecuencia de la mixtificación. Sólo queda un hombre justo. La reacción dolorida de Dios es inevitable (6:6, 7). Un nuevo juicio divino va a recaer sobre la humanidad. Pero una vez más será un juicio con misericordia. Al final, predominará la promesa, el pacto, la voluntad salvífica de Dios.

El diluvio sobreviene con sus efectos exterminadores. La catástrofe quedaría bien grabada en el recuerdo de los supervivientes. Así parece desprenderse de las tradiciones conservadas con profusión de detalles en pueblos tan diversos como los asiriocaldeos (poema épico de Gilgames), los chinos y los indios precolombinos. La historicidad del relato es confirmada en otros pasajes bíblicos (Is. 54:9; 1 P. 3:20; 2 P. 2:5; 3:3-7). Jesús mismo se refirió a él con la misma objetividad histórica con que aludía a la situación moral del mundo en el tiempo de su segunda venida (Mt. 24:36, 37). En cuanto a la universalidad del diluvio, no parece necesario interpretarla en el sentido de que sus aguas cubrieran toda la superficie sólida del planeta. Bastaba con que alcanzara la parte del

14. *Teología del AT*, II, p. 209.

mundo habitada por los protagonistas de la historia primitiva registrada en los capítulos anteriores.

Concluido el diluvio, se establece un nuevo hito en la historia de la salvación. No sólo se confirma Gn. 3:15, sino que Dios da un paso de acercamiento a la humanidad que tendría carácter definitivo, irrevocable. A pesar de la proclividad humana al mal, ninguna nueva maldición comparable a la del diluvio pesará sobre la tierra a causa del hombre, ninguna destrucción global (8:21). La benéfica providencia divina en el ámbito de la naturaleza no cesará (8:22). La capacidad de supremacía del hombre sobre los demás seres creados se mantendrá (9:1-3). Tan favorable disposición por parte de Dios se expresa en forma de pacto solemne, incondicional, en favor de toda la tierra y de cuantos seres la pueblan (9:8-11). El arco-iris sería la señal recordatoria de tal pacto (9:13-17).

En este marco, impresiona el relieve que sigue dándose al valor sagrado de la vida humana. Pese al horrible deterioro moral causado por el pecado, el hombre todavía conserva la imagen de Dios (9:5-6). Por ello todo homicidio, además de crimen grave, es un sacrilegio. Hay en este hecho una verdad de profundo significado que irá patentizándose a medida que progrese la revelación: el hombre, por grave que sea el estado de degeneración a que pueda llegar, siempre es un ser salvable. A hacer efectiva su salvación irá encaminada la acción de Dios a lo largo de la historia.

Los descendientes de los hijos de Noé se multiplican. Se forman pueblos y naciones que se extienden por las diversas partes del mundo. La mayoría de los nombres consignados en la lista de Gn. 10 (y 11:10-32), convertidos en unidades colectivas, han sido identificados mediante fuentes históricas extrabíblicas. Pero este capítulo no tiene por objeto iniciarnos en el estudio de la etnografía. Como el resto del material narrativo, tiene una finalidad teológica.

La historia de la salvación no va a tener ninguna figura notable después de Noé hasta Abraham. El autor del Génesis podía haber pasado directamente del uno al otro. Pero la vocación de Abraham y la posterior formación de Israel ni se producen en el vacío ni constituyen un fin en sí mismas. Están estrechamente vinculadas a los propósitos que Dios tenía para todos los pueblos. «En ti serán benditas todas las familias de la tierra» (Gn. 12:3) fue dicho a Abraham. Las naciones estaban en el plan redentor de Dios. Era lógico, pues, que su enumeración tuviese un lugar en el texto precedente a Gn. 12.

Pero el hecho de que Dios tuviese en mente a todas las naciones no implica que éstas, a medida que fueran formándose y creciendo, se elevaran a la altura de los designios divinos. La realidad fue todo lo contrario, como se ilustra dramáticamente en el relato de la torre de Babel. Aparece la narración insertada en la lista de descendientes de Sem (10:22 y ss.; 11:10 y ss.) y es como un botón de muestra de la arrogancia humana, la cual crecía a medida que los pueblos se desarrollaban. Babel es el símbolo por excelencia de la autoafirmación del hombre frente a Dios, y también de su locura espiritual. Los constructores pensaban probablemente en «Bab-ili» (puerta de Dios) pero Dios convirtió su obra en *balal* (confusión). La diversidad lingüística no tiene aquí su origen (véase Gn. 10:5). Pero las lenguas confundidas en Babel son resultado de un juicio divino local, la humillación correspondiente a quienes se ensalzaban impíamente.

A la luz de Gn. 11:9, podemos ahondar en el significado de la dispersión de hombres y pueblos. No es sólo el resultado de una expansión natural; es, sobre todo, consecuencia de la imposibilidad de que los hombres sin Dios convivan juntos en relación de fraternal armonía. El pecado, que alejó al hombre de Dios, le aleja también de sus semejantes. Desde la más remota antigüedad, la humanidad ha sido incapaz de librarse del fatídico dilema: o separación o confrontación. Un fruto más de la triste cosecha recogida por un mundo en rebeldía contra su Creador.

«El pecado entró en el mundo» (Ro. 5:12) y se extendió devastadoramente sobre todos los pueblos acarreando consigo secuelas de caos y frustración, de injusticia, de sangre y lágrimas, de pavor. La luz de la gracia redentora de Dios, que brilla desde el momento mismo que sigue a la caída, no atenúa —más bien la contrasta— la negrura de la pecaminosidad humana. Ese es uno de los puntos capitales del mensaje contenido en la prehistoria bíblica y una de las claves para la interpretación de sus narraciones.

## B) NARRACIONES HISTÓRICAS

### Periodo patriarcal (Gn. 12-50)

Tal como hicimos al estudiar el periodo anterior, hemos de subrayar la historicidad del material del Génesis relativo a los patriarcas. El término mismo, el hebreo *abot*, significa «antecesores», pero no unos antecesores simbólicos, sino seres humanos reales. La opinión de J. Wellhausen de que no es posible obtener conocimiento histórico de los datos bíblicos, ya que éstos son más bien producto de una reflexión teológica efectuada bastantes siglos más tarde, ha sido desvirtuada y casi abandonada como resultado de los descubrimientos arqueológicos llevados a cabo a lo largo del siglo XX. Hay numerosos puntos de contacto y analogía, que no se dieron en épocas anteriores, entre los relatos bíblicos y los textos extrabíblicos hallados en las excavaciones relativos al estilo de vida en Mesopotamia y Egipto o a prácticas de los amorreos y de los jurritas, contemporáneos de los patriarcas. Hoy puede asegurarse que el texto del Génesis refleja fielmente la época a que se refiere, es decir, el mundo semítico occidental durante los años 2000-1500 a. de C. Tan abrumador y convincente es el testimonio arqueológico que la mayoría de los comentaristas modernos más acreditados, tales como O. Proksch, H. Junker y R. de Vaux admiten la historicidad sustancial de los acontecimientos narrados en el primer libro de la Biblia.

Pero una vez confirmada la historicidad de los relatos patriarcales, lo más importante desde el punto de vista hermenéutico es captar el significado de su contenido. Para ello es necesario partir del hecho de que las narraciones no son biografías redactadas con objeto de satisfacer la curiosidad histórica de los lectores. Su propósito es referir unos hechos reveladores de los grandes propósitos de Dios. Estos propósitos van cumpliéndose en un escenario humano, muy humano, en el que la sabiduría, la justicia, el amor y la soberanía de Dios se entrelazan con la fe y los defectos de los patriarcas.

Los capítulos 10 y 11 nos dejan frente a las naciones en su diversidad, en su expansión creciente; y también en su creciente impiedad. ¿Hacia dónde avanzan esas naciones? ¿Cuál es el rumbo de la humanidad? ¿A qué meta conduce el curso de la historia? ¿Se desarrolla ésta bajo el signo del azar? ¿O estará sometida a un hado maléfico inescapable? La respuesta empieza en Gn. 12. El mundo y la historia seguirán bajo el control divino y en ellos se llevará a cabo, de modo gradual y progresivo, la acción salvífica de Dios.

La historia se inicia súbitamente en un aparente despego de Dios respecto al conjunto de los pueblos. Todo el interés se centra en una persona y en su descendencia: Abraham, Isaac, Jacob y sus hijos. Pero esta drástica reducción entrañaba un plan vastísimo. A la larga, como ya hemos hecho notar, en Abraham serían benditas «todas las familias de la tierra» (Gn. 12:3). Con Abraham se inicia la formación de un pueblo llamado a ser depositario de la revelación divina con miras a irradiar la luz de la salvación hasta los últimos confines del mundo.

A semejanza de lo acaecido en la creación del universo, la creación de este pueblo especial se efectúa por el poder de la palabra de Dios. En el momento oportuno, Dios llama a Abraham. En la palabra divina hay una triple promesa: la posesión de una nueva tierra, una descendencia incontable y una relación especial del patriarca y su estirpe con Dios, quien les guardaría y guiaría (Gn. 12:1-3, 7; 15:1-5; 17:1-8). Aquí vemos ya con un relieve considerable dos de los puntos más sobresalientes de la teología del Antiguo Testamento: la elección y la promesa, que llega a tener forma de pacto (17:1-14). En todo ello se destaca la soberana iniciativa de Dios. Y todo se mantendrá por voluntad de Dios. Abraham es simplemente el receptor del favor divino.

Pero la soberanía de Dios en el plan de la salvación nunca excluye la actitud correspondiente por parte del hombre. Esta actitud es la de la fe. He ahí otro de los elementos más prominentes en el mensaje de los relatos patriarcales. El escogido y llamado ha de responder con una confianza plena en el que llama y con una entrega sin reservas a dejarse guiar por Él. Creer significa apoyarse en Dios. Este fue el camino abierto a Abraham. Su vocación no significaba solamente una ruptura con los conceptos y prácticas de la idólatra humanidad posdiluviana. Era asimismo el inicio de un nuevo estilo de vida determinado por la obediencia de la fe. Día a día la existencia dependería de Dios y en Él hallaría su sentido. Sometiéndose a Dios, Abraham salió de Ur para ir a Canaán. La dinámica de la fe siempre ha tenido ese doble aspecto: la «salida de» y la «entrada en» por la doble vía de la confianza y la obediencia. En este plano de la fe el patriarca fue, además de un pionero, un ejemplo que el resto de la Escritura recoge cuidadosamente. La frecuente invocación del Dios de Abraham en el Antiguo Testamento a menudo es una expresión de confianza viva, heroica (comp., por ejemplo, 1 R. 18:36; Neh. 9:7). Y en el Nuevo Testamento Abraham nos es presentado como el «padre de todos los creyentes» (Ro. 4:11).

Característica de la fe es que debe actuar con una visión constantemente renovada de lo sobrenatural, en pugna con la tendencia innata del hombre a pensar, juzgar y decidir de acuerdo con su propia razón y experiencia naturales. A Abraham le ha prometido Dios una descendencia; pero el hijo no nace. La promesa tarda tanto en cumplirse que humanamente parece irrealizable. A Sara se le ocurre el recurso a la práctica legal común en sus días: asegurar la «simiente» de su marido por la vía natural de la cohabitación con Agar, la sierva. Pero éste no era el plan de Dios. El hijo nacería sobrenaturalmente, por la acción de recursos muy superiores a lo humanamente imaginable. El padre de los creyentes había de aprender que en el diccionario divino no existe la palabra «imposible»; ni siquiera el término «difícil» (Gn. 18:14), y que la intervención divina no es aleatoria, como lo era la supuesta acción de los baales, sino siempre fielmente ajustada a lo prometido.

Tan importante es que la fe se mantenga en ese plano elevado de lo sobrenatural, en el que todo es posible, que Dios somete a prueba a Abraham una y otra vez para mostrarle reiteradamente lo inagotable de sus posibilidades para cumplir las necesidades y resolver los problemas humanos. Parece que Abraham llegó a comprender la lección. En la hora de la prueba suprema, no vaci-

16. Pese a lo incomprensible de la orden de Dios, se dispuso a sacrificar a Isaac, el amado hijo de la promesa, convencido de que «Dios es poderoso para levantar aun de entre los muertos» (He. 11:19).

La figura de Abraham tiene su prolongación en Isaac, quien aparece en el relato bíblico, sin demasiadas características propias, como el hijo del primer patriarca y como padre de Jacob. Este, en cambio, adquiere notable relieve desde el momento mismo de su nacimiento. En él reaparece el énfasis de la elección divina, al margen de todo merecimiento natural, y en la promesa, que se mantendrá a pesar de las debilidades humanas. La conducta de Jacob es una maraña de ambiciones, de intrigas, de engaños y perfidias. Si algún personaje bíblico puede ser presentado como prototipo del hombre natural, caído, ése es Jacob. Sin embargo, Dios no rompe con él; no anula la promesa. Sus intervenciones se suceden hasta que el suplantador, tras las experiencias de Betel y Peniel, se convierte en Israel, recipiente ya indiscutible de la bendición (Gn. 32:28-29). A lo largo de toda la narración, se pondrá de manifiesto la maravillosa gracia de Dios hacia el hombre pecador y lo invulnerable de su fidelidad en contraposición con la fragilidad humana de sus escogidos.

Con José se hará patente otro aspecto importante de la acción de Dios: su providencia. En un contexto circunstancial en el que las notas más destacadas son la envidia, el odio, la ingratitud, la lascivia y la difamación, sobresale la integridad de este hijo de Jacob. Los sueños de José eran revelaciones. Pero la revelación pronto chocó con el curso de los hechos. Una vez más sobrevino la oscuridad de unos acontecimientos inexplicables. Pero en medio de la tenebrosidad que a menudo envuelve la actuación de Dios con los patriarcas, resplandecen la sabiduría y la bondad divinas. Aun los mayores males son «encaminados a bien» (Gn. 50:20). Esta alentadora verdad seguiría evidenciándose en el curso subsiguiente de la historia.

### Del éxodo a la entrada en Canaán

La salida de Israel de Egipto y sus experiencias hasta su establecimiento en la tierra prometida constituyen hechos capitales en la historia de la salvación. A ellos se volverán una y otra vez los pensamientos de los israelitas de todos los tiempos posteriores y ellos serán objeto de muy frecuentes referencias por parte de los escritores sagrados. El éxodo y los acontecimientos sucesivos se convierten en núcleo de la confesión de fe de Israel, pues eran exponente elocuentísimo de los actos poderosos de Dios en favor de sus escogidos. La promesa hecha a los patriarcas no podía ser invalidada. Y una vez más, ahora de modo dramático, se patentiza la soberanía de Dios en el cumplimiento de sus designios.

Instrumento admirable para la realización de tales designios fue Moisés, cuya persona y obra no pueden pasarse por alto si hemos de llegar a una comprensión adecuada de este periodo de la historia de Israel. Su figura no es idealizada desmesuradamente. Cuanto de él nos dice la Escritura se caracteriza por la sobriedad y el realismo. El hombre aparece con todos los rasgos de su humanidad, con sus virtudes, pero también con sus defectos y debilidades. Su liderazgo entre los israelitas tampoco es presentado con triunfalismo. Más bien sobresalen sus amarguras, sus decepciones, sus fracasos en relación con el pueblo que tantas veces se le opuso impelido por la incredulidad y el materialismo. Nada hay en el relato bíblico que induzca al culto a la personalidad. A pesar de todo ello, Moisés es un hombre excepcional. Favorecido como pocos por las revelaciones que Dios le concedió, sostenido y guiado siempre por Él, ocupa un lugar único en la historia bíblica. Mediador entre el Dios del pacto y la comunidad del pacto llegó a ser también el prototipo de los profetas (Dt. 18:18), como Abraham lo había sido de los creyentes. Tal magnitud llegaron a alcanzar su persona y su ministerio que la totalidad del Pentateuco se expresa con su nombre (Lc. 16:29; 24:27; Jn. 5:45). No es de extrañar que, juntamente con Elías, apareciera en presencia de Jesús sobre el monte de la transfiguración y que el tema de su conversación fuese el «éxodo del Señor» (Lc. 9:28-31).

En las narraciones que hallamos en el libro del Éxodo, tres hechos sobresalen con el máximo relieve: la liberación de la esclavitud en Egipto, el pacto sinaítico y la construcción del tabernáculo. Su importancia nos obliga a algunas observaciones.

*La redención de los israelitas.*   No sólo desde el punto de vista histórico, sino también por su significación religiosa este acontecimiento revestía una trascendencia singular. La situación de los descendientes de Jacob había llegado a límites insospechados de humillación y sufrimiento. Sobre ellos pesaba la amenaza de exterminio total y nada podían hacer para cambiar aquel estado de cosas. Impotentes humanamente, se hallaban por completo a merced de sus opresores. En estas circunstancias de máxima agustia, interviene Dios. «He visto —dice— la aflicción de mi pueblo que está en Egipto y he oído el clamor que le arrancan sus opresores» (Éx. 3:7). Y, por mediación de Moisés, obliga a Faraón a dejar libre a Israel para que salga y vaya a la tierra de su destino. La salida no se efectúa fácilmente. La obstinada oposición del Faraón a las pretensiones de Moisés desata las plagas con que Dios le castiga. Mediante ellas, no sólo se domeñaría la voluntad faraónica; significarían también un golpe irónico contra las creencias egipcias. Objetos sagrados como el Nilo, adorado por las gentes de aquella tierra; las ranas, relacionadas con el dios Apis y la diosa Heqt (símbolo de la fertilidad); las reses de ganado (Apis era representado por un buey); el sol (dios Re), aparecen sometidos a la acción judicial del Dios de Israel. De este modo, el pueblo escogido podría ser liberado no sólo de la esclavitud física, sino también de la ignorancia, de la superstición y del temor a las fuerzas naturales, pues, como pudieron comprobar, todo estaba bajo el control de la voluntad de Dios. Esta instrucción era de vital importancia en los inicios de Israel como nación.

No menos importante había de ser *la celebración de la pascua.* La inmolación del cordero y el rociamiento de los dinteles de las puertas israelitas con la sangre del animal sería un testimonio que iría rememorándose anualmente a lo largo de los siglos. Sin duda, cada vez que las familias de Israel cumplieran este rito, se haría patente el gran mensaje de la noche inolvidable: «El Dios que juzga y abate a los soberbios es vuestro Redentor.»

De la acción liberadora de Dios se derivaba una consecuencia de honda significación. El pueblo redimido se convertía en el pueblo adquirido por Yahvéh (Éx. 15:16), propiedad particular para la manifestación de su gloria (comp. Is. 43:1 y ss.). Ello, por un lado, aseguraba la protección divina en favor de la nación, como se demostró a lo largo de la historia; ni los ríos anegaron jamás por completo a Israel, ni las llamas lo consumieron (Is. 43:2). Pero, por otro lado, el derecho divino de propiedad sobre el pueblo obligaba a éste al reconocimiento del señorío de Yahvéh, al ordenamiento de la vida en todos sus aspectos de acuerdo con las leyes dadas por Él. Esta doble implicación de la redención es bellamente resumida en Éx. 19:5, 6: «Si dais oído a mi voz y guardáis mi pacto, vosotros seréis mi especial tesoro sobre todos los pueblos... y me seréis un reino de sacerdotes y gente santa.» Esto nos lleva al segundo de los hechos culminantes de este periodo.

*El pacto sinaítico.* La alianza establecida con los patriarcas seguía vigente para Dios (Éx. 2:24; 6:4). Ahora iba a ser ratificada de modo tal que los israelitas no viesen en ella un simple episodio histórico del pasado, sino una realidad presente que mantuviera viva en ellos la conciencia de que eran pueblo de Yahvéh (Éx. 6:6-8; Dt. 5:2, 3; comp. Dt. 29:9-15).

Este pacto, establecido en el Sinaí, es inseparable de la ley divina que Israel estaba obligado a guardar; pero no debe deducirse de este hecho que la alianza introducía un régimen legalista en la relación entre Yahvéh y el pueblo. Nada más lejos de la verdad. A la promulgación de la ley precede la liberación de aquellos a quienes es dada. El pueblo llamado a obedecer es un pueblo redimido. Su sumisión a las ordenanzas divinas no es una obligación onerosa sin contexto existencial; es una consecuencia lógica de su salvación. Israel no había sido librado de la esclavitud de Egipto para caer en la esclavitud de una ley opresora, sino para vivir en el plano de dignidad humana que correspondía a su nueva situación de pueblo libre, altamente favorecido por Dios. Esta situación no estaría determinada por la relación con unas normas, sino por la relación con Yahvéh. Si ésta era correcta, presidida por la fe y la gratitud, la ley sería cumplida sin esfuerzo, como algo normal y deseable. El pueblo sería santo, porque Dios es santo (Lv. 19:2) y a Dios adoraría gozosamente. En palabras de B. Ramm: «El hombre redimido es llamado a la moralidad; el hombre moral es llamado al culto.» [15]

Pese al énfasis en la obediencia del pueblo, no descansa sobre ésta la efectividad de la alianza mosaica. Como en el pacto abrahámico, y como en todos los pactos concertados por Dios con los hombres, la solidez de la alianza depende de la iniciativa incondicional, soberana, de Dios.

De hecho, el pacto mosaico fue concluido por Dios antes de que fueran dados los mandamientos. Es al Israel que ya ha «venido a ser pueblo de Yahvéh» a quien se dice: «Oirás, pues, la voz de Yahvéh tu Dios y cumplirás sus mandamientos y sus estatutos que yo te ordeno hoy» (Dt. 27:9-10). El hombre debe obedecer. Si deja de hacerlo, acarreará sobre sí las consecuencias de su rebeldía; experimentará el juicio divino; pero no frustrará el inmutable consejo de Dios ni cegará la fuente de su gracia. Así se ha evidenciado en la historia de Israel. Sin embargo, la misma historia, en consonancia con el conjunto de la Escritura, muestra que la soberanía divina no anula la responsabilidad humana. Ambos polos han de ser tomados en consideración cuando tratamos de interpretar la relación de Dios con su pueblo, es decir, el sentido y las características de los pactos. En este plano, las promesas y las exigencias de Dios son inseparables; la *Heilsgeschichte* (historia de la salvación) y la *Heilsgesetz* (ley de la salvación), lejos de ser incompatibles, constituyen dos aspectos de una misma realidad en la que ninguna dicotomía es válida.

En cuanto a la ley promulgada en el Sinaí, conviene destacar las peculiaridades del decálogo. Revela el derecho divino sobre todas las esferas del comportamiento humano. No sólo orienta las actividades cúlticas; también regula las relaciones familiares y las responsabilidades sociales. Y lo hace con majestuosa sobriedad. Nada de pormenores adecuados a las múltiples contingencias jurídicas. En diez frases lapidarias queda dicho todo. Predominan las de forma negativa, porque su finalidad no es tanto dar normas concretas de lo que Israel debe hacer como fijar los lími-

15. *His Way Out*, Glendale, 1974, p. 148.

tes de su conducta. Los detalles positivos se darían posteriormente; pero el decálogo sería el fundamento. Si los israelitas lo cumplían, quedaban asegurados el beneplático y la bendición de Dios. La totalidad de la ley cubría tres grandes áreas: la moral, la civil y la ceremonial. En la primera se regulaba la conducta de acuerdo con los principios inalterables de la justicia, el respeto a la dignidad humana, la equidad, la compasión y la generosidad. Cabe señalar que en este terreno las prescripciones mosaicas superaban notablemente a las leyes de otros pueblos contemporáneos, lo que se tradujo en una normativa civil también superior. Lógicamente, las leyes civiles tenían que ajustarse a las circunstancias de aquella época y no todas podrían usarse en todo lugar y en todos los tiempos; pero el espíritu que las inspiró, impregnado de los elevados conceptos morales de la revelación, sí tiene carácter perenne. El intérprete hará bien si en su estudio de la legislación contenida en el Pentateuco ahonda hasta descubrir ese espíritu.

La ley ceremonial tuvo como objeto regular el culto y mantener vivo en el pueblo el concepto de pureza indispensable para la comunión con Dios. Es verdad que la limpieza se refería a menudo a aspectos físicos y probablemente no pocos israelitas cayeron en el error de prestar atención únicamente a lo externo; pero, sin duda, los dotados de mediana sensibilidad espiritual se percataron de que la pureza ceremonial era inseparable de la moral. De los aspectos cúlticos de la ley nos ocuparemos en el punto siguiente.

*El tabernáculo.* Esta gran tienda, con su diverso contenido, era riquísima en significado. Estaba destinada a comunicar las verdades básicas relativas a la presencia de Yahvéh en medio del pueblo. Patentizaba el deseo de Dios de habitar entre los hijos de Israel. Sería esencialmente el «tabernáculo de reunión», el lugar de encuentro de Dios con el pueblo, el punto en el que Dios hablaría y donde manifestaría su gloria (Éx. 29:42-46; 33:7-11). La presencia de Yahvéh garantizaba su bendición. Si Dios estaba con Israel, nada tenía éste que temer; quedaba asegurada su protección, así como el cumplimiento del glorioso propósito con que había sido liberado.

Pero el mantenimiento de la presencia de un Dios santo en medio de un pueblo pecador planteaba —como ha planteado siempre— un problema que se debía resolver. La solución radicaba, aunque de modo simbólico, en las prescripciones cúlticas, particularmente en la institución del sacerdocio y en el sistema de sacrificios.

El israelita había de tener conciencia clara del pecado, el gran obstáculo para la comunión con Dios. Escrupulosamente debía guardarse de no transgredir las normas sagradas para no acarrear sobre sí la cólera divina. Había de entender que el pecado (yerro, transgresión, rebelión) no sólo afectaba a quien lo cometía, sino que comprometía a la comunidad y deshonraba a Yahvéh. Cuando pecaba, no podía ser ajeno a un sentimiento de culpa y a la necesidad de una reparación. A causa de la indignidad que conlleva el pecado, el pecador —individuo o comunidad— no podía acercarse directamente a Dios. Era necesaria la mediación del sacerdote sobre la base de la expiación mediante el sacrificio. No todos los sacrificios tenían una intencionalidad expiatoria. Algunos eran expresión de gratitud, de renovada entrega a Yahvéh, de alabanza gozosa, e incluían un banquete festivo. Pero todos guardaban relación entre sí y todos tenían por objeto preservar la comunión con su Dios y así seguir disfrutando los beneficios de su alianza.

La importancia que sacerdocio y sacrificios tienen a lo largo de todo el Antiguo Testamento hace aconsejable que el intérprete ahonde en el estudio de los mismos. En ellos encontrará, además de abundante material para elaborar una teología del Antiguo Testamento, numerosas claves para la exégesis de no pocos textos. Y, por supuesto, aun manteniendo la objetividad ante los datos veterotestamentarios, no podrá perder de vista la culminación de la revelación en Cristo, el cumplimiento en Él y en su obra de cuanto en el culto israelita era tipo o símbolo. Por algo Cristo fue el «tabernáculo» por excelencia en el que Dios, de modo incomparable, manifestó la gloria de su presencia (Jn. 1:14).

En su conjunto, la ley mosaica aparece como una gran bendición para Israel. Verdadero don salvífico, constituía la garantía de la elección divina. Su finalidad era altamente benéfica: asegurar el bienestar del pueblo en el sentido más amplio (Dt. 10:13). Por eso el israelita consciente de este regalo divino no veía en la ley un motivo de frustración o de queja, sino de alegría y alabanza (Sal. 19:8 y ss. y 119). Sabía discernir sus riquezas, así como las razones que exigían su cumplimiento (Dt. 4:6-8). Estaba en condiciones de entender que Dios demanda obediencia, pero que también quiere que los hombres comprendan la bondad de sus mandatos. Además sentía el poderoso incentivo de la gratitud (Dt. 6:10-12; 8:11-20).

*La conquista de Canaán.* Tras largos años de peregrinación, Israel se instala en Palestina. Se cumplía la promesa divina (Dt. 6:23). Y se ponían de manifiesto unas realidades que el pueblo habría de tener siempre presentes.

Entre esas realidades, sobresale la bondad de la tierra preparada por Dios. Era «tierra de arroyos, de aguas, de fuentes y de manantiales, que brotan en vegas y montes; tierra de trigo y cebada, de vides, higueras y granados; tierra de olivos, de aceite y de miel» (Dt. 8:7-8), totalmente adecuada para asegurar la prosperidad del pueblo. Sólo el pecado podía convertir la abundancia en miseria.

Asimismo se hace ostensible el poder de Yahvéh. No era la fuerza de Israel la que sumó victorias en la conquista de Canaán, sino la intervención divina (Dt. 6:10-11; 7:22-24; 8:17-18; Jos. 23:3, 5; 24:8, 13, 18). Por sí solos, los iraelitas no habrían hecho otra cosa que multiplicar desaciertos y fracasos, como se puso de manifiesto en la derrota sufrida en Ai (Jos. 7:3-5) y en la facilidad con que fueron engañados por los gabaonitas (Jos. 9). No había lugar para la jactancia del pueblo (Dt. 9:4-6), sino para la gratitud y la lealtad. Este hecho ilustra una de las constantes en la relación entre Dios y sus redimidos.

En el texto últimamente citado (Dt. 9:5), hallamos la clave para aclarar una de las cuestiones que más han preocupado a muchos lectores de la Biblia: el exterminio —generalmente parcial— de los pueblos que habitaban la tierra ocupada por Israel. A primera vista plantea un serio problema moral. Independientemente del modo violento como la conquista se llevó a cabo, ¿era justo que Dios instalara a su pueblo en Canaán a costa de la destrucción de otros pueblos? La respuesta es que el fin trágico de aquellas gentes fue resultado de un merecido juicio divino. «Por la impiedad de estas naciones Yahvéh tu Dios las arroja de delante de ti» (comp. Gn. 15:16). Que Israel actuase como brazo ejecutor de la sentencia divina podía ahondar en su conciencia el sentimiento de santo temor a Dios. Y que la coexistencia con gentes idólatras, moralmente depravadas, podía tener consecuencias funestas para Israel se demostró hasta la saciedad en el curso de los siglos que siguieron a la conquista. Lógicamente, para la mentalidad del siglo XX, iluminada —por más que muchos traten de ignorarlo— por los sublimes principios morales del Evangelio, resulta inconcebible una «guerra santa» sancionada por Dios. Pero una vez más hemos de situarnos en el momento histórico de los hechos, en las costumbres de la época y en la circunstancia de que la revelación divina aún no había desplegado los requerimientos éticos que un día serían proclamados por el mensaje de Cristo.

Otro factor a considerar es el carácter sagrado de la tierra conquistada. Canaán era la «heredad de Yahvéh» que Él entregaba a los israelitas para que se la repartiesen y la disfrutasen (Éx. 6:8; 15:17; Dt. 15:4; 32:49; etc.). El verdadero propietario era Dios; los israelitas tendrían la tierra en usufructo y de acuerdo con una normativa justa que aseguraba el derecho inalienable de toda familia a seguir disfrutando de la posesión de la heredad que por suerte le hubiese correspondido. La propiedad divina de la tierra impedía que ésta pudiera venderse a perpetuidad (Lv. 25:23), y cualquier enajenación a causa de circunstancias adversas quedaba anulada el año del jubileo, cuando todos los desposeídos recobraban la tierra perdida (Lv. 25:28), ley agraria que aún hoy causa admiración. En el pueblo de Dios no debía tener cabida ni la especulación ni la opresión del desafortunado. Ese pueblo no había de ser una suma de individuos, sino una comunidad bajo el señorío de Yahvéh, desarrollada según principios de justicia y solidaridad.

Finalmente, la entrada de Israel en Canaán marcaba el inicio del descanso (Jos. 1:13). Las promesas hechas a los padres quedaban plenamente cumplidas (Jos. 23-45). Ahora se abrían ante el pueblo todas las posibilidades de bienestar físico, moral y espiritual que Dios deseaba otorgarle. Pero también se perfilaban las calamidades que le sobrevendrían si se apartaba de la obediencia. Como Dios había cumplido sus promesas, así cumpliría sus amenazas (Jos. 23:11-16). Evidentemente Israel se hallaba al final de su formación como nación y al principio de su plenitud histórica. Los recuerdos del pasado y el avance hacia el futuro aportarían un mismo testimonio: el Dios del pacto, justo y misericordioso, es Señor. Él rige el curso de la historia.

## La monarquía israelita

Después de haberse instalado las doce tribus en Palestina, se inicia un periodo de transición, el de los «jueces». Desaparecida la generación de Josué, ocupa la tierra «otra generación que no conocía a Yahvéh ni la obra que Él había hecho por Israel» (Jue. 2:10). Y el pueblo sucumbe a las influencias paganas de su entorno. Baal y Astarot ocupan en el culto el lugar que sólo a Yahvéh correspondía. Con la idolatría, se introduce en Israel de forma cruda todo tipo de prácticas inmorales. Ello tiene efectos debilitantes y los israelitas han de cosechar humillaciones, derrotas y opresión bajo la supremacía alterna de los diversos pueblos que habían quedado compartiendo el suelo de Canaán. Cuando la situación alcanzaba límites de angustia, Israel clamaba a Dios y Dios levantaba a un hombre («juez»), carismáticamente dotado, por medio del cual guiaba al pueblo a la liberación. A la experiencia redentora seguía una nueva caída en los mismos pecados anteriores, lo que a su vez acarreaba nuevos sufrimientos, seguidos de arrepentimiento, invocación a Yahvéh, salvación. El ciclo se repite una y otra vez, sin que se vea el modo de alcanzar una solución definitiva. La situación religiosa, moral y política se hace cada vez más oscura. Esta época registra algunos de los episodios más nefandos de la historia bíblica. La autoridad de los jueces es limitada, pasajera, a veces empañada por las pasiones humanas más primarias y, en todo caso, insuficiente para acabar con la

anarquía que prevalecía en Israel (Jue. 17:6; 18:1; 19:1; 21:25).
¿Adónde iría a parar el pueblo escogido?

En amplios sectores de Israel parece prevalecer la idea de que
la única solución a su problema es el establecimiento de una monarquía al estilo de los demás pueblos (1 S. 8:5). La instauración
de la monarquía pudo entrar en los propósitos de Dios; pero la
forma en que se produjo evidenciaba una grave actitud de descon-
fianza respecto al régimen teocrático. Los israelitas aprovechan el
ocaso de Samuel y las sombrías perspectivas que los hijos de éste
ofrecían para pedir formalmente un rey; pero en el fondo se pal-
paba un afán incontenible de gobernarse a sí mismos de acuerdo
con los principios de una política mundana. Su aspiración llevaba
implícito un rechazo del gobierno de Dios. La interpretación divina del hecho es dada a Samuel de modo inequívoco: «No te han
desechado a ti, sino a mí para que no reine sobre ellos» (1 S. 8:7).
Pero el deseo de Israel se cumple. Como tantas otras veces en el
curso de la historia, Dios escribiría rectamente sobre los renglo-
nes torcidos de los hombres.

El primer rey de Israel, Saúl, es una figura impresionante, grá-
vida de contrastes que invitan a serias reflexiones. Inicialmente
humilde, cae presa de la impaciencia, la vanagloria y la injusticia.
Disfruta del carisma profético, pero incurre en la desobediencia.
Su destino es sellado con la tragedia. Es el escogido de Dios y el
rechazado por Dios.

Muerto Saúl, ocupa el primer lugar en el escenario histórico
David, el rey «conforme al corazón de Dios» (1 S. 13:14). Su reinado no sólo determina la consolidación de la monarquía; constituye uno de los hitos más importantes en la historia de la salvación. Los hagiógrafos no colocan sobre él un halo de gloria so-
brehumana. Todo lo contrario. Lo presentan en toda su humanidad, con sus rasgos nobles, hermosos, pero también con sus tor-
pezas y sus pecados escandalosos. La grandeza de su figura en la
historia bíblica no se debe tanto a sus proezas como al especial lugar que ocupa en la realización progresiva de los propósitos de
Dios.

Sin duda, lo más destacable es el denominado pacto davídico,
en virtud del cual quedaba garantizada la permanencia perpetua
de su trono (2 S. 7:12-16). Ese pacto será, a partir del momento de
su establecimiento, punto de obligada referencia no sólo en los
textos narrativos, sino también en no pocos pasajes proféticos y
de los salmos. El intérprete no podrá echarlo en olvido, pues sin
él perdería una de las claves indispensables para comprender el
curso de la historia posterior a David. La promesa parece totalmente incondicional. Pase lo que pase, sea cual sea el comportamiento de los descendientes de David, la promesa quedará en pie.
No habrá rechazamiento como en el caso de Saúl (2 S. 7:15). «Tu

trono será estable eternamente» (7:16). Pero ¿cómo se compagina esta palabra con las catástrofes de los años 721 (caída de Samaria) y 587 (caída de Jerusalén) a. de C., cuando el hilo histórico de la nación israelita parecía irremisible y definitivamente cortado? La única explicación se halla en la proyección mesiánica del pacto davídico. El trono sería ocupado un día por un «hijo de David» que al mismo tiempo sería «hijo de Dios» en un sentido único, sin parangón (Ro. 1:3-4).

Es precisamente esta trascendencia mesiánica del reinado de David lo que configura idealmente la función regia en Israel. Sus rasgos esenciales nunca caracterizaron de modo perfecto a los reyes de la nación; pero distinguieron admirablemente a Jesucristo. El hecho de que el rey ideal no apareciera en Israel era un factor que debía avivar la esperanza en el Ungido por excelencia. Sin embargo, el cuadro del rey «conforme al corazón de Dios», independientemente de sus connotaciones mesiánicas, era claramente normativo para todos los monarcas israelitas:

*a)* El rey ha de ser el siervo de Yahvéh (2 S. 3:18; 7:5, 8, 19, 20, 21, 25-29). No es un ser mitológico descendiente de la divinidad, como creían los egipcios. Es un simple hombre, con todas las limitaciones de su humanidad. Su autoridad proviene de Dios, ante quien es siempre responsable. Es guardián del derecho divino y él mismo, el monarca, es el primero que ha de someterse al orden moral y jurídico establecido en el pacto sinaítico (comp. Dt. 17:18-20; 1 R. 11:11). El mejor rey es el que con más honda convicción dice al pueblo: «¡Tu Dios reina!» De que el rey acate o no la soberanía divina depende el veredicto que sobre él pronunciará Dios.

Al pensar en Cristo, quien es mucho más que «descendiente» de la divinidad por ser igual a Dios, resulta maravilloso que su realeza estuviera unida a su condición de siervo (Fil. 2:7, 8) sometido en todo a la voluntad del Padre (Jn. 5:30; 6:38).

*b)* El rey ha de ser un pastor para su pueblo (Sal. 78:70-72). Este es uno de los títulos de Jesús. También David, que había sido pastor de ovejas, había de pastorear a su pueblo con ternura y solicitud. La misma función debían desempeñar sus sucesores en el trono. Estos, por desgracia, más que cuidar del rebaño que les había sido encomendado, generalmente se pastorearon a sí mismos, y sus sórdidas ambiciones, sumadas a su rebeldía contra Yahvéh, contribuyeron a acelerar la ruina de la nación (Is. 56:1; Jer. 12:10; 23:1-2). 23:1-2).

*c)* El Espíritu de Dios había de manifestarse en la experiencia del rey. Aunque sólo una vez se menciona explícitamente la inspiración del Espíritu recibida por David (2 S. 23:2), el factor carismático había aparecido ya en los jueces y se había puesto de relieve en Saúl, el primer rey (1 S. 10:6-12). Es verdad que, con los años, el peso institucional de la monarquía debilitaría la fuerza del carisma hasta su práctica anulación. De ahí la necesidad de los profetas. Pero, desde el punto de vista ideal, la investidura con el Espíritu de Yahvéh era una credencial regia. Así se revelaría, y de modo admirable, en el Mesías (Is. 11:1 y ss.).

Otro lado importante para la comprensión histórico-teológica de la monarquía es el templo y el culto en Jerusalén. Las tribus del Norte, a raíz de la escisión del reino, establecerían sus propios centros y formas de adoración. Pero la línea de su comportamiento religioso fue una desviación que, bajo influencias cananeas, llevaría a la postre a la apostasía. Estas experiencias eran una anomalía y un pecado. Si Israel había de alcanzar su gran destino, había de mantenerse espiritualmente fuerte y unido. Por eso el templo de Jerusalén ocupa un lugar central en los libros de Reyes y aún más en los de Crónicas. Además, su construcción (año 968 a. de C.) se halla en el centro del tiempo, ya que, «al decir de Vischer, el calendario judío cuenta 480 años desde la vocación de Abraham hasta el Éxodo y otros 480 años desde el Éxodo hasta la construcción del templo; y, luego, 480 años hasta la reconstrucción del templo después del destierro, y otros 480 años hasta el nacimiento de Cristo. Cuatro períodos de 12 generaciones de 40 años (el tiempo de la marcha en el desierto, el tiempo del reinado de Saúl, de David, etc.) constituyen la perfecta simetría de una teología de la historia bien equilibrada en su simbolismo matemático».[16]

Poco de la verdadera grandeza de sus privilegios y de su misión histórica entendieron los reyes del pueblo escogido. La pasión erótica de Salomón abre las puertas a la idolatría. La torpeza y la soberbia de Roboam provocan la escisión del reino. La astucia política de Jeroboam, divorciada de la fe propia de un buen israelita, levanta la piedra de tropiezo que haría caer a las tribus del norte en abismos cada vez más profundos para no volver a levantarse. El final del reino del norte sería la catástrofe bajo el poder destructor de Asiria.

Las cosas en el reino del sur no irían mucho mejor. Judá tendría algunos monarcas nobles y piadosos como Ezequías y Josías, entre otros; pero el debilitamiento de la fe yahvehísta y la adopción de prácticas idolátricas, las preocupaciones políticas enfocadas desde un punto de vista meramente humano y el auge de graves males sociales, todo ello en abierta oposición a los mensajes de los profetas, determinaría el fin decidido por Dios: la destrucción de Jerusalén y la deportación de la mayoría de los judíos a Babilonia.

16. *SBEE*, I, p. 324.

Las narraciones del Antiguo Testamento se cierran con los libros de Crónicas, Esdras y Nehemías. Son producto de la situación posexílica. El momento histórico en que son escritos está teñido de tonos tristes. Pero subsiste la conciencia de la fidelidad de Dios. Así, pese al sufrimiento y a la oscuridad, esos libros anudan el pasado —con sus glorias y sus desastres— con el presente, en la esperanza de un futuro en el que resplandecerían de nuevo tanto la soberanía como la gracia del Señor.

En el estudio de las narraciones bíblicas correspondientes a la monarquía el intérprete deberá prestar especial atención al mensaje que contienen. Si, como se ha dicho, la historia es *magistra vitae* (maestra de la vida), debe encontrarse la lección que la historia de los reyes de Israel y Judá entraña: el pueblo escogido se perdió, porque no aceptó la realeza de Yahvéh. En sus experiencias nacionales se puso de relieve lo ineludible de la ley de la siembra y la cosecha. Los polos obediencia-desobediencia llevan aparejados los de bendición-juicio, paralelamente a los misteriosos de elección-rechazamiento (1 S. 12:24-25).

Pero, por encima de todas las contingencias históricas, destaca la silueta gloriosa del Ungido cuyo advenimiento tendría lugar «en el cumplimiento del tiempo». El gran «Hijo de David» sería el Rey de reyes. En Él y por Él, ya no prevalecerían las miserias y los fracasos de los hombres, sino la gloria y el triunfo de Dios.

# CUESTIONARIO

1. *En los textos narrativos ¿es la historicidad sinónimo de literalidad? Razone la respuesta.*

2. *Exponga con la suficiente amplitud la finalidad de los textos narrativos del AT.*

3. *¿Cuáles son las grandes lecciones religiosas que se desprenden de Gn. 1-11?*

4. *Exprese y razone su interpretación de Gn. 1 en relación con la teoría de la evolución.*

5. *Exponga algunos de los errores comunes a antiguas religiones que implícitamente son refutados por el relato de Gn. 1.*

6. *¿Cuál de las interpretaciones de Gn. 6:1, 2 le parece más aceptable? ¿Por qué?*

7. *¿Qué relación existe entre el éxodo y la promulgación de la ley sinaítica?*

8. *¿Cómo debe interpretarse el pacto davídico (2 S. 7:12-16) a la luz de la historia posterior?*

# XVI
# TEXTOS PROFÉTICOS

Por su extensión y por lo significativo de su contenido, los textos proféticos exigen un estudio especial que nos permita interpretarlos con un mínimo de objetividad. El lenguaje de los mismos suele ser figurado, poético o simbólico, lo que origina las consiguientes dificultades; y éstas aumentan cuando el pasaje tiene un carácter predictivo. De ahí que, en la exégesis, no sólo debe extremarse el cuidado en la aplicación de las normas generales de la hermenéutica, sino que es imperativo tener en cuenta principios propios de este tipo de literatura bíblica. En primer lugar, se impone un conocimiento adecuado del profetismo en el Antiguo Testamento. Como afirma William S. LaSor: «Cualquier intento de discutir sobre la profecía sin una cabal comprensión del movimiento profético en Israel es abrir las puertas a toda clase de subjetividad.» [1]

## Naturaleza y lugar del profetismo israelita

La palabra más usual en el Antiguo Testamento para designar al profeta es *nabi* (plural, *nebi'im*). Aunque su etimología es incierta, la estrecha relación con el término acadio *nabu*, que significa «llamar» o «proclamar», ha conducido a la hipótesis generalizada de que el profeta es aquel que llama o que es llamado (el verbo acadio admite la voz pasiva) y que anuncia algo, lo que

1. *Hermeneutics*, **Baker**, p. 94.

coincide con el carácter y función del profeta llamado por Dios para ser un portavoz. Términos hebreos sinónimos —no idénticos— son *ro'eh* y *jozeh*, que se traducen por «vidente».

En el sentido más estricto, el vidente es una persona capacitada para revelar hechos secretos y vaticinar acontecimientos futuros (1 S. 9:6-20), mientras que el profeta es un mensajero que comunica la palabra de Dios en sus dimensiones religiosa y moral (Is. 30:10). Sin embargo, dado el hecho de que a menudo el mensaje divino era dado por medio de visiones, los términos «profeta» y «vidente» llegaron a ser prácticamente sinónimos (1 S. 9:9). Ha de tenerse en cuenta, sin embargo, que el vidente o profeta en Israel no es nunca un adivino al estilo del de otros pueblos. El adivino es más bien la antítesis del profeta, y sus prácticas de magia, encantamientos, sortilegios o hechicería son enérgicamente reprobadas (Dt. 18:9-12).

En cuanto al modo en que los profetas israelitas recibían las comunicaciones divinas, no es mucho lo que el Antiguo Testamento nos dice. En algunos casos el medio fue el sueño o la visión (Nm. 12:6; 1 S. 28:6, 15; Jer. 31:26; Zac. 1-6); en otros, sería una experiencia de percepción clarísima de la «palabra» de Yahvéh que «venía» al profeta por la acción de algún mecanismo psicológico que no se nos explica. Esta experiencia es atestiguada innumerables veces. Pero en todos los casos la profecía tenía su origen en el Espíritu de Dios (1 R. 22:24; Os. 9:7; J. 2:28-29; Mi. 3:8; Zac. 7:12; Neh. 9:30).

Aunque se incluye entre los profetas a figuras como Abraham (Gn. 20:7), Moisés (Dt. 34:10), Aarón (Éx. 7:1) y María (Éx. 15:20), no son éstas las personas más representativas del movimiento profético. Este aparece con rasgos distintivos y con carácter más o menos permanente en días de Samuel. A partir de entonces, se manifestó de formas diversas, con una complejidad que ha de tenerse en cuenta para enjuiciarlo debidamente. Con objeto de facilitar su estudio, consideraremos los tipos principales de profetismo.

### Profetismo extático

Existe un precedente en Nm. 11:24-30; pero los casos más relevantes los hallamos en 1 S. 10 y 19:20-24.

Presenta algunos puntos de paralelismo con fenómenos similares registrados en la historia religiosa de otros pueblos antiguos. El culto cananeo a Baal, por ejemplo, contaba con esta clase de profetas (1 R. 18:19-40). Característica de este fenómeno era su manifestación en grupos más que en individuos y su asociación a determinados preparativos ambientales como eran la música y la danza, las cuales predisponían para el estado de trance. Sin embargo, sería gratuita la afirmación de que el éxtasis y las comunicaciones orales de quienes lo experimentaban era un mero fenómeno psíquico, resultado más o menos mecánico de determinados ritos. En todas las formas de profetismo bíblico la causa no está en lo que el profeta hace, sino en la acción inspiradora del Espíritu *(ruaj)* de Dios y en la fuerza de su palabra *(dabar)*. No hay por qué no admitir que factores ambientales como la música podían favorecer la capacidad receptiva del profeta para captar el mensaje divino; pero la actuación profética era carismática, no ritual; se debía a un impulso sobrenatural, divino. Así lo reconocerían siglos más tarde Oseas (12:10) y Amós (2:11) refiriéndose probablemente al periodo más temprano del profetismo en Israel.

### Las comunidades proféticas

Otra forma colectiva del profetismo la encontramos en tiempos de la monarquía israelita, en las «escuelas» o grupos que se formaban en torno a destacadas figuras, como Elías o Eliseo (2 R. 2:3 y ss; 4:38; 6:1) y se mantenían viviendo comunitariamente. Son presentados, por lo general, en conexión con un santuario (Betel, Gilgal o Jericó — 1 R. 13:11; 2 R. 2:1, 4, 5).

No parecen distinguirse estos grupos por la práctica de un profetismo extático, sino más bien por la realización de milagros (2 R. 2:19-25; 4:1-7, 18-37) que confirmaban la autoridad moral del profeta en su ministerio de enseñanza o de orientación política (2 R. 13:14; comp. 2 R. 6:12 y 8:7-15). Su influencia fue notable, pese al predominio que el sincretismo había llegado a alcanzar en la corte de Israel. Objeto de persecución en algunos momentos, aquellos hombres mantuvieron vivo el testimonio de Yahvéh y el llamamiento al pueblo para que renunciara al baalismo y renovara su lealtad al Dios único y verdadero. Sin duda, el representante más distinguido de estas comunidades fue Elías, quien ocupa un lugar encumbrado entre todos los profetas israelitas. Él y el movimiento por él iniciado constituyen un nexo entre el profetismo extático en días de Samuel y el clásico, iniciado un siglo después con Oseas y Amós.

### Profetismo institucionalizado

Encontramos en el Antiguo Testamento dos modalidades de actividad profética que casi desde el principio de la monarquía gozaron de reconocimiento oficial: la de los profetas que podríamos denominar cortesanos y la de los cúlticos.

Los primeros eran personas muy próximos al rey, a quien aconsejaban comunicando el mensaje de Dios que en determinadas circunstancias le era dado. Entre ellos se contaban Gad, Hemán y Natán en días de David ( S. 24:11; 1 Cr. 21:9; 25:5; 29:29; 2 Cr. 29:25), Iddó en tiempos de Roboam (2 Cr. 9:29; 12:15) y probablemente Jehú, hijo de Hananí, durante el reinado de Josafat (2 Cr. 19:2). Que en el transcurso del tiempo se incrementó el número de profetas de este tipo parece deducirse de 2 Cr. 18:4-5, donde aparecen cuatrocientos al servicio del rey Acab.

Todo da a entender que esta modalidad profética degeneró hasta extremos vergonzosos y que muchos de sus adeptos ejercían su ministerio pensando más en el beneplácito del rey que en la fiel transmisión de la palabra de Dios. Este fue, sin duda, el caso de los profetas consultados por Acab, a los que acabamos de referirnos. Se ponía de manifiesto —como tantas veces se ha visto a lo largo de la historia— que aun los movimientos más santos suelen corromperse cuando se institucionalizan, tanto más cuanto más se vinculan al poder temporal. Este problema subsistiría, a menudo con gran virulencia, hasta los últimos tiempos preexílicos y daría origen a tensiones y conflictos entre los profetas leales a la corte, pero desleales a Dios, y los que se mantenían fieles a la vocación divina. Recuérdese la dolorosa experiencia de Jeremías al respecto (Jer. 37:17-19; comp. Am. 7:10-17).

Los llamados profetas cúlticos eran considerados como oficiales del santuario y ocupaban un lugar de honor junto a los sacerdotes y demás funcionarios religiosos. De modo expreso se menciona a Jahaziel, sobre el cual «vino el espíritu de Yahvéh en medio de la asamblea» para poner en sus labios un mensaje de aliento (2 Cr. 20:14). En esta ocasión la acción profética está estrechamente relacionada con un gran culto de oración (20:3, 4).

No todos los eruditos reconocen la existencia de profetas cúlticos con carácter permanente. Algunos los identifican con los de la corte. Pero no hay razones serias para negar tal tipo de profetismo. Un buen número de especialistas, encabezados por S. Mowinckel, lo admiten y fijan su origen en los días de Samuel, en cuyo ministerio se entrelazaban la profecía y las funciones del santuario (1 S. 3:20, 21; 9:12 y ss.). También en los días de Eliseo parece que había una cierta conexión entre el culto y el oráculo (2 R. 4:22-23), si bien en esta época la institucionalización de la actividad cúltico-profética, si la hubo, era puramente religiosa, sin la sanción oficial de la corte, la cual se reservaba a los profetas de Baal. No han faltado quienes han llegado a sugerir que incluso Jeremías, hijo de sacerdote, y Ezequiel, sacerdote él mismo, pertenecieron a la clase de profetas cúlticos; pero todos los datos que sobre ellos encontramos en el Antiguo Testamento nos muestran que su ministerio rebasó los límites institucionales para seguir los cauces del profetismo por excelencia, al que nos referimos a continuación.

## Profetismo clásico

No sería correcto establecer rígidas líneas divisorias entre los diferentes tipos de profetismo y aislarlos en compartimientos estancos. El fenómeno profético del Antiguo Testamento aparece más bien como un proceso. Es un movimiento dinámico, inspirado y regido siempre por el Espíritu de Dios. Los diversos modos de manifestarse guardan cierta relación entre sí; pero es obvio que se observa un progreso ascendente y que el profetismo veterotestamentario tiene su culmen en días de los profetas clásicos, que son los asociados con la literatura profética del Antiguo Testamento, es decir, los que hicieron oír su voz en el periodo más denso de la historia de Israel (siglos VIII a IV a. de C.), desde Amós a Malaquías.

Se distinguen estos profetas por una serie de rasgos comunes. Su ministerio no surge de su asociación a un grupo o de un cargo oficial. Es resultado directo de un poderoso llamamiento de Dios. Esta vocación, alimentada por la palabra divina, dará sentido incomparable de misión a la vida del *nabí*; pero la misión sólo podrá cumplirse en total sumisión al Dios que ha llamado. Ahí radica la grandiosidad de los profetas, para quienes toda idea de obra propia o de propia exaltación se esfuma ante la majestad del Dios que les habla. Un temor santo se apodera de ellos y mientras Dios así lo disponga ellos permanecerán a su escucha, prestos a decir o hacer lo que el Espíritu de Yahvéh les indique. Su ministerio a veces ocupaba prácticamente toda su vida; en algunos casos, sólo una parte breve de ella. Pero siempre constituyó lo más grande de su existencia. Con gran sensibilidad y acierto, G. Casalis ha escrito acerca de aquellos hombres: «No han tenido la preocupación de hacer carrera ni la ambición de realizar una obra, ni la voluntad de crearse un nombre y hacer perdurar su memoria. Aparecen de pronto, indeseados e imprevisibles, y desaparecen de la misma manera, iluminados por la luz que difunden, porque los atraviesa... Una vez cumplida su misión, dejan de estar en primera fila de la actualidad y es posible que vuelvan a sus corderos, a su familia, a su comercio. Su disponibilidad y su desinterés son ejemplares; entre todos los personajes de la Biblia, entre todos los personajes de la Historia universal, son ellos los que muestran de manera más luminosa que lo que da sentido a la vida del hombre es su estrecha relación con el Dios vivo, su entera dependencia de Él y su humilde arraigo en un presente que le es inseparable.»[2]

En general, el ministerio del profeta clásico es un ministerio individual, solitario. El fenómeno más sobresaliente no es el éxta-

2. *SBEE*, pp. 299, 301.

sis, ni la adivinación, ni la operación de milagros, como en tiempos anteriores, sino la recepción de la palabra de Yahvéh que había de ser comunicada a determinadas personas o a todo el pueblo. La vinculación con el culto y con las instituciones nacionales se va debilitando y no pocas veces el mensaje condenará agudamente la corrupción de la vida religiosa y de la política. Ocasionalmente en sus palabras hay predicción; pero básicamente el oráculo no es predicción, sino predicación. Es predicación viva, encarnada en la realidad de cada momento histórico, frente a la cual Dios tiene siempre algo importante que decir. Ahora la voz del profeta no se oye cuando alguien, movido por inquietudes particulares, consulta a Yahvéh. Dios no espera a ser consultado; habla a través del *nabi* siempre que la situación lo exige, escuche el pueblo o deje de escuchar. La palabra divina no es tanto respuesta a la preocupación por el futuro como llamamiento a la piedad y a la rectitud moral, pues lo importante no es el conocimiento de lo venidero, sino el conocimiento de Dios y de su voluntad. Esta voluntad aparece en su doble dimensión: vertical y horizontal. Israel debía repudiar toda veleidad sincretista, todo flirteo con el paganismo, y mantener su fidelidad sin reservas a Dios viviendo en comunión con Él, a la par que ordenaba su conducta político-social conforme a los principios de la justicia y el amor.

El *dabar* (palabra) de Yahvéh actúa en el profeta con una fuerza prácticamente irresistible, lo que a menudo le llevará a serios enfrentamientos con la sociedad de su tiempo, incluso con las autoridades políticas —sin exceptuar al propio rey— y religiosas. Habrá de condenar tanto los errores regios y los abusos de poder como lo abominable de una religión oficial en la que se había perdido la esencia de la piedad. Este conflicto podía convertir al profeta en objeto de implacable persecución. Tal fue el caso de Jeremías. Pero nada arredraba a aquellos intrépidos mensajeros de Dios. El poder de la palabra recibida vencía todos sus temores y acababa con cualquier posible resistencia por su parte. Jeremías, patéticamente, da testimonio de esa experiencia (Jer. 20:7-9), y Amós la expresa recurriendo a una metáfora impresionante: «Si el león ruge, ¿quién no temerá? Si habla el Señor Yahvéh, ¿quién no profetizará?» (Am. 3:8).

El carácter sagrado del *dabar* será una y otra vez reafirmado por los profetas auténticos frente a la frivolidad de los profetas «oficiales», quienes habían sucumbido a la presión corruptora de lo que Eichrodt denomina «formación de una conciencia funcionarial y de poder, que cree disponer de la revelación divina y ser señora de su palabra».[3] Los falsos profetas, con sus mensajes siempre a tono con la voz de los gobernantes, siempre optimistas,

---

3. *Teología del AT*, I, p. 303.

tranquilizadores, son objeto de las más vehementes denuncias por parte de los verdaderos *nebi'im* (Is. 56:10-11; Jer. 6:13, 14; 8:10; 23:9-40; Ez. 13; 22:28; Mi. 3:5, 11, 12; Sof. 3:4). Estos, por estar fuertemente ligados a Dios mediante su palabra, se vieron libres de toda atadura humana. Así pudieron proclamar insobornablemente los sublimes principios morales, la esencia de la religión pura y, sobre todo, las perspectivas a la vez aterradoras y estimulantes de la soberanía de Dios en el desarrollo de la historia.

## Contenido y estructura del profetismo clásico

El mensaje global de los profetas de este periodo debe examinarse a la luz de su marco histórico. Israel, que un día había conocido la experiencia portentosa del éxodo, fin de su esclavitud en Egipto, avanza ahora hacia el desastre, principio del cautiverio en Asiria (las tribus del Norte) y en Babilonia (el reino de Judá). La historia del pueblo escogido se desarrolla, pues, entre dos grandes crisis. Al privilegio de la elección y el pacto, correspondió Israel con la infidelidad. Y sobre la infidelidad había de recaer el juicio divino.

Ya la instauración de la monarquía había tenido lugar más como una deslealtad espiritual que como una conveniencia política. En el fondo, Israel estaba rechazando la soberanía de Dios (1 S. 8:4-8). La apertura a la influencia de las naciones circundantes tuvo consecuencias religiosas, además de políticas. Los conceptos y las formas de culto de los cananeos pronto despertaron simpatía entre los israelitas. Fue sólo cuestión de tiempo que reyes, gobernantes y pueblos se hundieran en la más completa apostasía, lo que propició la caída en toda clase de injusticias sociales.

La conducta nacional alcanzó caracteres de gravedad, pues no se trataba de deslices esporádicos, sino de un deliberado y constante vivir de espaldas a Dios, de una rebeldía profunda, enraizada en falsos conceptos de Yahvéh y del modo de relacionarse con Él. Ello constituía el colmo de la ingratitud (Is. 1:2 y ss.), de la perfidia (Os. 2) y de la provocación (2 R. 17:17). A menos que Israel se arrepintiese de sus pecados, la justa ira de Dios había de recaer sobre él. La obstinada impenitencia haría inevitable la catástrofe. De nada serviría la prudencia política de algunos reyes que buscaban alianzas ventajosas. Y más inútil sería la falsa religiosidad que se apoyaba en la elección divina o en la práctica de un culto que, por haber perdido su esencia espiritual, resultaba abominable a los ojos de Dios (Is. 1:10-20). La destrucción de Samaria primeramente y la de Jerusalén después, con las consiguientes deportaciones masivas de sus habitantes, pondría fin a la historia nacional de un pueblo que había sido llamado a ser luz entre los otros pueblos y que ahora se hallaba sumido en las tinieblas.

Sin embargo, tan ingente desastre no sería el capítulo final de la historia. En medio de la oscuridad, asoma una llama de esperanza. Dios anuncia tiempos nuevos de restauración y de gloria. Sobre este escenario se mueven los profetas. Ello explica la densidad de su mensaje, así como la vehemencia con que lo proclaman y la honda impresión que produce en su propia vida.

Los elementos de la predicación profética son de tal entidad que exigen un cuidadoso análisis y una exposición, por breve que sea, de su estructura.

1. *La autoridad y la fuerza de la palabra de Dios.* La frase «Así dice Yahvéh» o alguna otra equivalente es mucho más que una estereotipada fórmula introductoria al mensaje del profeta. No es pronunciada mecánicamente, a la ligera. Es indicación de que la declaración que va a seguir tiene su origen no en la mente del propio profeta, sino en Dios. La palabra que se va a pronunciar no es fruto de reflexión personal; es resultado de una revelación. No surge de dentro; viene de arriba. En ese sentido es muy sugerente la frase, frecuentemente repetida: «Y vino a mí palabra de Yahvéh.» De tal modo llena la palabra el ministerio de los *nebi'im* clásicos que estos han recibido el título de «profetas de la palabra», en contraste con los profetas del éxtasis o del milagro de periodos anteriores.

El profeta estaba en condiciones de discernir con claridad el *dabar* divino. Su propio ministerio había comenzado con una experiencia en la que la palabra de Yahvéh había irrumpido en su vida de modo poderosísimo. Recuérdese el llamamiento de Isaías, el de Jeremías o el de Ezequiel. A partir de aquella vivencia, la palabra de Dios sería como un fuego que dominaría la predicación (Jer. 20:8, 9), con la consiguiente conmoción psicológica en el ánimo del profeta. Este comprendía que la palabra divina no es una mera expresión verbal. Lleva aparejado un poder inmenso de ejecución. Es principio de la acción de Dios. Por eso cuando los profetas reciben la palabra del juicio divino que pende sobre el pueblo, se estremecen como si ya estuvieran viviendo todo el espanto de la hecatombe. Aquella palabra, con toda seguridad, no se la llevaría el viento. Ellos lo sabían muy bien. Su proclamación a menudo los haría impopulares; pero no podían callar. Sus labios estaban dominados por un potente imperativo divino.

2. *Denuncia del pecado.* Se hace de modo directo, incisivo, mostrando todas las agravantes de la rebelión espiritual del pueblo contra Dios. Esta rebelión equivalía a un rechazo de todo lo

que implicaban la elección y el pacto establecido por Yahvéh con Israel.

Es interesante observar que los grandes profetas parecen eludir deliberadamente la palabra «pacto», probablemente para evitar dos connotaciones erróneas que el término sugería en la mente popular: la de seguridad incondicional (por ser el pueblo de Dios estarían siempre a salvo) y la de un nacionalismo de vía estrecha, orgulloso, exclusivista. Pero la realidad de la alianza subsistía desde el punto de vista divino y la conducta de Israel equivalía a su repudio práctico. Esto constituía lo más grave de su comportamiento. La esencia de su pecado no era la mera transgresión de unas normas morales, sino la ofensa inferida a Dios en la relación con Él. Israel es el hijo ingrato que no reconoce a su padre (Is. 1:2; Os. 11), la viña delicadamente cuidada que produce agrazones (Is. 5:2), el rebaño (Sal. 80:1) que desoye la voz del pastor, el barro que se resiste a las manos del alfarero (Is. 29:16; Jer. 18:1-6), la esposa adúltera que se prostituye con múltiples amantes (Is. 50:1; Jer. 3:11-22; Ez. 16; 23; Os. 1-3).

Esta deslealtad de Israel es la causa de su precipitación por la pendiente de la injusticia, igualmente denunciada con severidad por los profetas. La codicia, el engaño, la opresión de los pobres, el soborno, el perjurio, la violencia, la sensualidad desenfrenada, se han extendido devastadoramente. La respuesta profética a todos estos pecados no podía ser más enérgica. Pero el dedo acusatorio de los *nebi'im* siempre apunta a la raíz espiritual de todos estos males, a la actitud de rebeldía contra Dios. La sociedad se ha corrompido porque el corazón del hombre, en su divorcio de Dios, ha sido presa de la corrupción. Cediendo a idearios seculares, ha pretendido, más o menos inconscientemente, su propia divinización; pero sólo ha conseguido su deshumanización.

Como agravante se expone la detestable religiosidad de Israel. Por un lado, el pueblo se mostraba abierto a la práctica del culto cananeo; por otro, mantenía las formas externas del culto a Yahvéh. El sincretismo no constituía a sus ojos un problema. Así vivieron los israelitas claudicando entre Baal y Yahvéh (1 R. 18:21). En Judá se mantuvo más tiempo la ortodoxia cúltica; pero la actitud espiritual del pueblo, con excepción de una minoría —el «resto» fiel—, era deplorable. Las prácticas religiosas eran totalmente superficiales, inspiradas en concepciones materialistas del culto ajenas a la verdadera piedad, completamente desligadas de todo compromiso ético. De ahí el enérgico repudio por parte de Dios del histrionismo que abundaba en Jerusalén. Sacrificios, ofrendas, incienso, la celebración de sábados, novilunios y fiestas solemnes, las oraciones, todo era aborrecible (Is. 1:10-15). Por supuesto, los profetas no atacan el culto en sí, ni presentan la disyuntiva «o moral o sacrificios; lo que fustigan es la corrupción cultual, la limitación a unas acciones formalistas, vacías de contenido espiritual (Is. 29:13), con las que esperaban ganarse el favor de Dios.

Israel es el destinatario principal de los cargos formulados por los profetas, pero no es el único. Todas las naciones son inculpadas, pues en todas se hallan graves delitos. Los dos primeros capítulos de Amós son un modelo de denuncia universal del pecado, no en términos de ética abstracta, sino con mención muy concreta de las maldades de cada pueblo, bien que todas tenían un fondo común: la inhumanidad. Al igual que Amós, Isaías (caps. 13-23), Jeremías (46-51) y Ezequiel (25-32) profetizarían contra las naciones paganas, incluidos los grandes imperios de Asiria, Egipto y Babilonia. Sus palabras serían comentario dramático de una verdad bíblica fundamental: «No hay quien haga lo bueno, no hay ni siquiera uno» (Sal. 14:1-3; 53:1-3).

3. *Proclamación del juicio divino.* Dios, en su justa soberanía, no puede permanecer indiferente ante las provocaciones de la soberbia humana. No podía, por consiguiente, tolerar de modo indefinido los pecados, graves, de los pueblos; mucho menos los de Israel. Su juicio era una necesidad moral. Este es otro de los puntos esenciales del mensaje profético.

El juicio tiene por objeto vindicar la justicia enderezando lo que la injusticia había torcido, condenando y abatiendo lo que los hombres habían ensalzado y ensalzando lo que los hombres habían conculcado.

Las intervenciones judiciales de Dios asumirán formas diversas. Unas veces serán resultado de la propia iniquidad humana: revoluciones, guerras, deportaciones, torturas, hambre, destrucción, muerte. Otras veces, consecuencia de calamidades naturales: sequía, plagas, etc. Pero todos estos infortunios estarían dirigidos por Dios hacia el cumplimiento de sus propósitos.

Sobre todas las calamidades predichas por los profetas, sobresale una de incomparable magnitud: el desastre que pondría fin a la vida nacional del pueblo escogido. Esta enorme desgracia tendría lugar en dos tiempos: primeramente la caída del reino del Norte bajo la expansión asiria en el siglo VIII a. de C.; posteriormente, la de Judá, invadida y asolada por los ejércitos caldeos siglo y medio después. Así Israel, políticamente, dejaba de existir. A la luz de la predicación de los profetas, se comprende que la razón de ser de Israel era actuar como «siervo» de Yahvéh en medio de los otros pueblos. Pero si el siervo se había rebelado irreversiblemente contra su Señor (Jer. 5:3, 12, 14), ¿qué sentido tenía su supervivencia nacional? El pueblo formado para gloria de Dios (Is. 43:7) se había corrompido hasta el punto de convertirse en la deshonra de Dios. Y como todas las palabras de Yahvéh instándole al arrepentimiento habían sido desatendidas, sólo quedaba un medio de cambiar la situación: el descalabro histórico, el enfrentamiento con la suprema humillación, con el anonadamiento total. Era imprescindible arrasar toda falsa esperanza, toda pretensión de mantener como pueblo de Dios un reino secularizado, hipócrita y plagado de injusticias. Como hace notar W. Eichrodt, «un pueblo que se escabulle de la voluntad de su Dios con tal terquedad que toda su forma de vida —estado, concepción social y organización cultual— se ha convertido en una conspiración contra Yahvéh (comp. Jer. 11:9), en un rechazo sistemático de su singular soberanía, ha perdido el derecho a la existencia; un mundo que se rebela con tal gigantesca obstinación contra el Dios soberano del universo no tiene más remedio que encontrarse con su juicio de destrucción».[4] Sólo sobre la base de este arrasamiento sería posible restaurar la relación con Dios por vía del arrepentimiento.

Las predicciones del desastre se revisten a menudo de una plasticidad impresionante (Is. 3:16-26; 5:5-7; 9:18-21; 30:12-14; Jer. 4:23 -26; Ez. 7:15-19; Jl. 2:1-11; Am. 4:1-3; entre otros) y algunas veces el profeta acompaña su mensaje con acciones simbólicas, lo que aumenta el dramatismo de su predicación (Jer. 13; 19; 27; Ez. 4-5; 12; Os. 1-3).

Sin embargo, la nota predominante es la de la justicia de Dios, que queda a salvo en medio de la severidad del juicio. Es horrible el porvenir de Israel que se avecina. Pero es más horrible su pecado contra Dios. No hay desproporción entre la causa y el efecto. La cólera divina no se asemeja en nada al arrebato apasionado del hombre iracundo. Es la reacción sabia, recta y, en el fondo, amorosa por parte de Dios ante la rebeldía de su pueblo con miras a su salvación.

Al igual que la denuncia del pecado, que adquiere en el mensaje profético dimensiones universales, el anuncio del juicio se extiende a las diferentes naciones contemporáneas de Israel, cuya maldad les acarrearía la adecuada retribución. Todas, a su debido tiempo, serían visitadas por el azote de Dios (Jer. 25:12 y ss).

4. *Anuncio de salvación.* El juicio no invalida la compasión de Dios. Su ira es temporal; su amor es eterno. Por eso, a los anuncios de la catástrofe se une la proclamación de la intervención restauradora de Dios. El final que se acerca no será un final definitivo. Le seguirá un nuevo principio con horizontes teñidos de tonos gloriosos.

En la base de esta actuación compasiva hallamos la infinita misericordia de Dios, su *jesed* incomparable, clave de la perpetua

4. *Op. cit.*, I, p. 344.

validez del pacto en el plano divino. Dios podía haber anulado la alianza con su pueblo, como se anula el matrimonio mediante divorcio cuando ha habido infidelidad por parte de uno de los cónyuges; pero Dios no opta por la anulación, sino por la renovación. Cumplido el propósito del juicio, resonarían vibrantes las notas de una proclamación jubilosa: «Consolaos, consolaos, pueblo mío... Hablad al corazón de Jerusalén; decidle a voces que su tiempo es ya cumplido, que su pecado es perdonado... Por un breve momento te abandoné; pero te recogeré con gran misericordia... Porque los montes se apartarán y los collados serán sacudidos, pero no se apartará de ti mi compasión ni el pacto de mi paz se quebrantará» (Is. 40:1-2; 54;7, 10). Todos los grandes profetas incluyen ese aspecto de la revelación divina en su predicación. Pero quizás el que resume con más conmovedora vehemencia la buena nueva del amor de Dios es Oseas: «¿Cómo podré abandonarte, oh Efraím? ¿Cómo podré entregarte, oh Israel? ¿Cómo podré yo hacerte como Admá o ponerte como a Zeboím? Mi corazón se revuelve dentro de mí; se inflama toda mi compasión» (11:8).

El perdón divino a favor del pueblo iría acompañado de una nueva obra de redención. Del vacío causado por el cataclismo surgiría un pueblo restaurado a su tierra y a nuevas posibilidades para la realización de su destino histórico (Jer. 16:15; 24:6; 30:3 y ss.; 31; Ez. 36 y 37; Os. 14:4 y ss.; Am. 9:11-15; etc.). De este modo se haría evidente que la ira de Dios derramada en sus juicios no era una reacción vengativa, sino una actuación mesurada, regida por un propósito bondadoso, purificador y constructivo (Is. 1:25-27; Os. 2:14-23; 5:15).

Todo el panorama salvífico está iluminado por la figura del Mesías, por quien sería consumada la obra redentora de Dios. El sería el Ungido por excelencia. No sólo estaría investido de la máxima autoridad profética, en cumplimiento de Dt. 18:15; asumiría también las funciones regia y judicial como «Hijo de David». Este doble aspecto de su ministerio es destacado por los profetas con especial relieve (Is. 11; 32:1; Jer. 23:5; 30:9; 33:15). Algunas predicciones apuntaban a un futuro inmediato (Is. 7:14-17); pero indudablemente entrañaban una promesa de mayor alcance. Is. 7 tiene su complemento y su explicación final en Is. 9:1-7, aplicable en su sentido pleno únicamente al Mesías. A Él correspondería de modo incomparable el nombre de Emmanuel, «con nosotros Dios». El «Hijo de David» sería el «Hijo del Hombre», que recibiría «dominio, gloria y reino para que todos los pueblos, naciones y lenguas le sirvieran; su dominio es dominio eterno, que nunca pasará, y su reino, un reino que no será destruido jamás» (Dn. 7:13-14). Aparte de Él, todos los reyes descendientes de David fueron símbolo de transitoriedad y fracaso. Sólo el «imperio» del

Mesías sería realmente glorioso, ilimitado en el espacio y en el tiempo.

Pero el Mesías no sería solamente rey y juez. Sería también siervo, el *ebed-Yahvéh*. Este título ha sido objeto de interpretaciones varias. La verdad es que su aplicación no recae siempre sobre la misma persona o entidad. A veces se refiere claramente a Israel. Pero resulta prácticamente imposible una exégesis objetiva de los pasajes relativos al «Siervo» (Is. 42 a 53) si no reconocemos en esta figura al Mesías que había de venir para llevar a cabo el plan redentor de Dios. La gloria de su servicio contrastaría con la decepcionante infidelidad del siervo fracasado: Israel. Y el culmen de tal servicio sería el sacrificio en expiación por el pecado, tan evangélicamente descrito en Is. 53. De hecho, el trono del Mesías tendría su base en la cruz. Los sufrimientos del Siervo harían posibles los triunfos del Rey. Así lo que aparentemente podía resultar confuso constituye el núcleo más precioso de la revelación profética.

Este anuncio de salvación es la parte más bella de lo escrito por los profetas; pero al mismo tiempo la que entraña mayores dificultades a la hora de su interpretación. Las predicciones son de una gran complejidad. Apuntan a una serie de hechos que a primera vista corresponden a un determinado momento histórico, pero que en realidad tienen lugar en diferentes fases históricas y con carácter distinto. De hecho, los acontecimientos redentores del futuro descritos por los profetas van desde el regreso de los judíos a su tierra después del cautiverio babilónico hasta la consumación de los designios de Dios al final de los tiempos. Algunos afectan concreta y exclusivamente a Israel; otros tienen perfecta aplicación y cumplimiento en la Iglesia cristiana (Jl. 2:28 y ss., comparado con Hch. 2:16-21, es uno de los ejemplos más conspicuos). Unos tienen carácter político o temporal; otros son de índole netamente espiritual (por ej., el nuevo pacto anunciado en Jer. 31 y ss.). Algunos son eminentemente mesiánicos. Unas veces las predicciones se refieren a Israel como pueblo en el sentido secular; otras, al «verdadero Israel», al llamado «resto» fiel, que mantiene su lealtad a Dios en medio de una apostasía generalizada. Y algunas profecías contienen predicciones que habían de tener un cumplimiento múltiple. Si a todo ello se añade la ambigüedad de algunos textos proféticos y el lenguaje figurado o simbólico de la mayoría de ellos, comprenderemos lo difícil que resulta a menudo su exégesis.

Sin embargo, dos puntos sobresalen claramente en el conjunto del cuadro descriptivo del futuro. Corroborando la lección implícita en sus mensajes de juicio, los profetas afirman categóricamente la soberanía de Dios y fijan una base firme para establecer una filosofía de la historia. La evolución de los pueblos, la formación y la desaparición de reinos e imperios, la entronización y la deposición de reyes, los avatares todos del devenir histórico no son el resultado de una sucesión mecanicista de ciclos inexorables, como creían los griegos, ni de un determinismo fatalista, ni de las arbitrariedades de un destino ciego. No, la historia se desarrolla bajo el señorío supremo de Dios (Dn. 2:21). Como Nabucodonosor hubo de reconocer, Dios es el Altísimo, «su dominio es sempiterno y su Reino por todas las generaciones» (Dn. 4:34), y todo avanza hacia la consumación de ese Reino. Cualesquiera que sean las contingencias temporales, no hay lugar para la desesperanza. El mundo no está en último término dominado por el azar o por fuerzas malignas. Por el contrario, todo está concatenado y guiado por Dios en dirección a una meta gloriosa.

Esta concepción del sentido de la historia, tan magistralmente expuesta en el libro de Daniel, es también la de los profetas clásicos. Jeremías ve a su pueblo como una vasija rota; pero esa vasija está en las manos de un Alfarero que la recompondrá y hará otra nueva. Todas las intrigas políticas, todos los cabildeos en la corte de Jerusalén, todos los intentos de resistencia frente a los caldeos serán inútiles. La destrucción y el cautiverio son inevitables. Pero Dios estaba por encima de los caldeos y, después de setenta años, libraría de nuevo a su pueblo (Jer. 25:8-14; 31; 33). Ezequiel contempla y proclama igualmente la soberanía divina manifiesta en las bendiciones de la restauración (Ez. 36). Habacuc, en medio de su perplejidad, acaba reconociendo el señorío de Dios en el desatamiento del azote caldeo contra Judá. Y la misma perspectiva, con idéntica interpretación de la historia, se observa en los libros de los restantes profetas. Es Dios quien convierte en nada a los poderosos (Is. 40:23). Aun los más grandes gobernantes no son otra cosa que instrumentos en su mano para la ejecución de sus designios. Asiria es el «báculo de su furor» (Is. 10:5 y ss.) y Ciro su «ungido... para sujetar naciones delante de Él y desatar lomos de reyes» (Is. 44:28; 45:1). Desde la antigüedad, sus planes han permanecido y se ha hecho lo que Él decidió, todo para llevar a efecto una gran obra de salvación (Is. 46:10-13).

El segundo punto es la amplitud de los propósitos salvíficos de Dios. El ministerio de Jonás constituye una buena prueba de ello. La misericordia divina no estaba reservada exclusivamente a Israel. Dios es Dios de toda la tierra. Y de la misma manera que el juicio había de recaer sobre todas las naciones a causa de su maldad, así la gracia redentora se manifestaría con carácter universal. Al fin y al cabo, la evolución histórica tendía al cumplimiento de la promesa hecha a Abraham: «En ti serán benditas todas las familias de la tierra» (Gn. 12:3). Había de llegar el día en que «el monte de la casa de Yahvéh» fuese asentado como cabeza de los montes y que confluyeran a él «todas las naciones» en una nueva era en que los hombres disfrutarían plenamente de las bendiciones de la salvación (Is. 2:2-4; Miq. 4:1-3). El siervo de Yahvéh no sólo sería el restaurador de Israel, sino «luz de las naciones» para que la salvación de Dios alcanzase hasta los confines de la tierra (Is. 49:6, 7).

Esta cosmovisión profética es una fuente de esperanza. Cuando todo pregona el hundimiento de un mundo arruinado por su rebeldía contra Dios, cuando todo induce al pesimismo y a la desesperación, resuena el anuncio de un mundo nuevo, de un nuevo orden en el que florecerán la justicia y la paz. No se llegará a esta nueva situación por evolución humana. Tal evolución, desde el punto de vista moral, es más bien regresiva. Se llegará por la intervención directa de Dios, quien introduce, desarrolla y finalmente establece de modo pleno su reinado, tan absoluto como benéfico, en el marco de una nueva creación (Is. 65:17 y ss.).

## Principios orientativos para la exégesis de textos proféticos

Todo lo expuesto nos ayuda a comprender la necesidad de que el exegeta se acerque a los escritos de los profetas con un profundo respeto, dada la seriedad de su mensaje; con humildad, debido a sus complejidades, y con objetividad, con el anhelo sincero de comunicar lo que Dios quiere realmente decir a su pueblo. Es de lamentar que no siempre haya distinguido esta triple actitud a quienes han estudiado las profecías. Su interpretación frecuentemente no ha sido resultado de un análisis serio, sino de una afición frívola a la escatología, emparejada a menudo con el dogmatismo o —lo que es peor— con el sensacionalismo. Como afirma C. H. Dodd, «se halla bastante extendido el error de que los libros proféticos son una especie de "Almanaque de Moore" glorificado, una previsión del futuro en criptograma. Algunas personas de ingenio dedican tiempo y esfuerzo —que podrían gastar en resolver crucigramas— a intentar descubrir la "clave de la profecía", lo mismo que otros se empeñan en predecir acontecimientos futuros basándose en las medidas de la gran Pirámide».[5] Algunas obras, presentadas como estudios proféticos, tienen más en común con el género novelístico que con la investigación exegética. Al parecer, la mayor preocupación de los autores se centra no en lo que los textos bíblicos dicen, a menudo con limitaciones y de forma un tanto oscura, sino en el deseo de los lectores de ver satisfecha su curiosidad acerca del futuro. De este modo se pierden los resultados morales y espirituales que originalmente la profecía estaba destinada a producir.

De ahí que deban extremarse todas las medidas necesarias

5. *La Biblia y el hombre de hoy*, p. 152.

para la interpretación atinada de los pasajes proféticos. Esas medidas, más que en reglas fijas, las hallamos en principios orientativos. Nos referimos seguidamente a los más importantes, con la salvedad de que ninguno de ellos, ni su totalidad, puede garantizarnos en todos los casos la certeza de que nuestra exégesis nos conduce a la interpretación correcta. En ningún campo de la hermenéutica hay mayor diversidad de opiniones que en éste. Expositores evangélicos de acreditada lealtad a la Palabra de Dios han sostenido interpretaciones encontradas, a menudo con excesivo apasionamiento. Ante las discrepancias, cada estudiante de la Biblia habrá de tomar su propia posición; pero ésta debería ser siempre resultado de un estudio serio, objetivo y paciente, presidido por los mencionados principios básicos de orientación.

1. *Tómese en consideración lo que el profeta quiso decir a sus contemporáneos.* Aun los mensajes predictivos tenían un propósito que afectaba a los destinatarios con carácter inmediato. Nunca las predicciones veterotestamentarias se hicieron de modo abstracto, sino estrechamente relacionadas con situaciones concretas en las que Dios irrumpía con su mensaje. En algunos casos pueden tener una proyección más dilatada y apuntar, como ya hicimos notar, a otro acontecimiento histórico situado en tiempos más remotos; pero siempre el profeta hablaba a sus contemporáneos de acuerdo con sus necesidades, en especial la necesidad de renovar su confianza en Dios y de obedecer su Palabra. «Los profetas no hablan nunca al exterior de la ventana, sino que quieren librar a sus desprevenidos oyentes del precipicio que ante ellos se abre. Y todo cuanto tiene que decir acerca del futuro está en función de su misión pastoral en aquel momento.»[6]

2. *Téngase presente la relación orgánica entre historia y revelación.* El principio anterior no anula éste. El propósito original de un mensaje profético tiene prioridad sobre otras consideraciones exegéticas; pero no siempre agota el sentido del texto. No podemos olvidar que cada evento, cada situación con sus particulares características y necesidades, forma parte de un proceso histórico mucho más amplio y que en el curso de ese proceso se entrelaza la revelación progresiva de Dios. No cabe extrañarnos, pues, que determinados anuncios proféticos, que primariamente se referían a acontecimientos muy próximos, entrañaran también una predicción de hechos que tendrían lugar siglos más tarde, en días de Cristo, en la era cristiana o al final de los tiempos. Recordemos una vez más el ejemplo de Is. 7:14, con su realización casi inmediata y con su carácter de profecía mesiánica.

6. K. Frör, *Biblische Hermeneutik*, p. 221.

El hecho de que algunas profecías tengan un cumplimiento múltiple debe inducirnos a examinar cada pasaje en su conexión con la totalidad de la Escritura, ya que sólo así podremos ver su alcance y determinar su interpretación.

Por otro lado, la relación orgánica y progresiva entre historia y revelación se hace patente en el desarrollo de no pocas predicciones que inicialmente tienen un contenido embrionario y después van adquiriendo mayor volumen y concreción. Tal es el caso de las profecías mesiánicas. El llamado protoevangelio de Gn. 3:15 va ampliándose y mostrando perfiles cada vez más precisos con las declaraciones de Dios a Noé (Gn. 9:26-27), a Abraham (Gn. 12:3; 17:2-8; 18:18), a Judá (Gn. 49:10) y a David (2 S. 7), para alcanzar sus más claros contornos en los mensajes de los grandes profetas.

3. *Cuando exista, debe distinguirse la «perspectiva profética».* Se designa de este modo a la inclusión en una misma profecía de acontecimientos diferentes que guardan entre sí alguna relación de semejanza o que forman parte de un todo en el desarrollo histórico del plan divino, pero que están separados por la distancia, a veces grande, del tiempo.

Podemos mencionar como ejemplo Is. 61:1, 2. Su mejor interpretación nos la proporciona el uso que Jesús mismo hizo de este texto (Lc. 4:18, 19). La lectura en la sinagoga de Nazaret finalizó con las palabras «a proclamar el año favorable del Señor». Parece evidente que Jesús hacía distinción entre el día de proclamación de la buena nueva y «el día de la venganza de nuestro Dios», el cual puede referirse tanto a la destrucción de Jerusalén, con todo lo que este evento significó para el pueblo, como a los juicios finales de Dios sobre este mundo.

Un ejemplo semejante de perspectiva profética lo hallamos en Jl. 2:28-32. En él la benéfica intervención divina manifestada en el derramamiento del Espíritu Santo «sobre toda carne» aparece unida a los portentos, indicadores de juicio, que han de preceder al «día grande y espantoso» de Yahvéh.

Un paralelo en el Nuevo Testamento lo hallaríamos en el discurso escatológico de Jesús (Mt. 24; Mr. 13; Lc. 21), en el que, sin delimitaciones claras, el Señor se refiere a las tres cuestiones planteadas por los discípulos: la destrucción del templo de Jerusalén, la parusía de Cristo y la consumación del presente eón.

Sucede, además, que en la perspectiva profética no sólo se entremezclan lo histórico y lo escatológico, sino que a menudo los acontecimientos más próximos a la profecía tienen importantes puntos de semejanza con los sucesos escatológicos. Existe una homología entre los unos y los otros. Y esto, que implica dificultades, incluye también ventajas, ya que los hechos históricos —bien conocidos por ser ya cosa del pasado— arrojan luz muy valiosa sobre cumplimientos futuros. Puede servirnos de ilustración la «abominación espantosa» anunciada en Dn. 11:31 (véase también Dn. 12:11). En primer lugar, el texto se refiere a lo acaecido en días del sacrílego Antioco Epifanes (año 167 a. de C.) cuando desató sus iras contra el pueblo judío y profanó el templo de Jerusalén erigiendo en su interior un altar griego. Pero al mismo tiempo puede ser descriptivo de lo acaecido el año 70 d. de C., cuando Jerusalén sufrió los horrores del asedio romano y finalmente una nueva profanación del templo seguida de su completa destrucción (comp. Mt. 24:15; Mr. 13:14; Lc. 21:20). Y asimismo puede tener una proyección relativa al anticristo escatológico (2 Ts. 2:3-4; Ap. 13:11-17).

Como frecuentemente se ha dicho, en la perspectiva profética sucede algo parecido a lo que se ve al contemplar los picos de una cordillera situados en línea casi recta respecto al observador; por distanciados que se encuentren entre sí, dan la impresión de que la distancia no existe. No obstante, el intérprete ha de poder discernir las diferentes partes —si las hay— de una profecía a fin de precisar el tiempo y el modo de su cumplimiento.

4. *El lenguaje ha de ser examinado con la máxima meticulosidad.* En él abundan las figuras y los símbolos; pero también hay pasajes que han de interpretarse en su sentido literal. El lugar del nacimiento del Mesías aparece claramente en Mi. 5:2, y se habría cometido un gran error si alguien, antes de Cristo, espiritualizando este pasaje o sometiéndolo a cualquier tipo de manipulación exegética, hubiese localizado el cumplimiento de esta profecía en una población que no hubiese sido Belén.

Siguiendo un principio básico de la hermenéutica general, los textos proféticos en principio tienen que ser interpretados literalmente. Así lo reconoce y subraya L. Berkhof, quien añade: «Las excepciones de esta regla deben ser garantizadas por la misma Escritura.»[7] Sin embargo, como ya hicimos notar, la comprensión literal de un pasaje no excluye el reconocimiento de lenguaje figurado en algunas partes del mismo.

Sean cuales sean las discrepancias en la práctica exegética, todos los intérpretes evangélicos están de acuerdo en cuanto a la validez de esta norma. Como hace notar B. Ramm refiriéndose a teólogos tan dispares como Berkhof y Chafer, no existe entre ambos ninguna diferencia en la teoría fundamental. «Ambos coinciden en que el método gramático-histórico es básico para la comprensión de la Biblia.» Y a renglón seguido añade: «Ni es problema la cuestión de si el lenguaje de los profetas es o no figurado. El

7. *Principios de Interpretación Bíblica*, p. 183.

literalista admite en la interpretación profética la presencia de elementos poéticos y figurados... La cuestión no radica en decidir entre un sistema de interpretación completamente literal y otro enteramente espiritual. Los escritores amilenaristas admiten que muchas profecías se han cumplido literalmente, y los literalistas admiten un elemento espiritual cuando encuentran una aplicación moral en un pasaje, cuando hallan un sentido típico o un significado más profundo (tal como Ez. 28, relativo a los reyes de Babilonia y Tiro). Nadie es un literalista estricto ni un completo espiritualista.»[8] Sobre este punto volveremos al exponer el principio noveno.

No deja de sorprender, sin embargo, que, existiendo tal coincidencia en la teoría de la interpretación profética, hayan surgido en la práctica posiciones tan divergentes como las llamadas «literalista» y «espiritualista». La disparidad adquiere especial relieve en torno a temas como la restauración de Israel y el milenio. El estudiante hará bien en revisar críticamente todas las interpretaciones guiado por el principio que todos los exegetas reconocen como prioritario: el método gramático-histórico debe presidir la investigación del significado de todos los textos bíblicos, incluidos los proféticos.

5. *En los textos de carácter apocalíptico debe prestarse especial atención a las peculiaridades de este género literario.* Sobresale el libro de Daniel, considerado como el apocalipsis del Antiguo Testamento. Junto a él puede alinearse el libro de Zacarías. En opinión de ciertos autores pueden incluirse también en la literatura veterotestamentaria de este tipo el libro de Joel y los capítulos descriptivos de las visiones de Ezequiel.

Como rasgos distintivos de la apocalíptica, sobresalen la visión como vehículo preferente de revelación, el uso abundante de símbolos —en especial de figuras de animales— y de números, reiteradas referencias al conflicto entre Dios y las fuerzas del mal, a menudo representadas por los reinos de este mundo o sus líderes, las alusiones al ministerio de ángeles, la perspectiva universal de sus predicciones y el énfasis en el juicio divino y en el triunfo del Reino de Dios al final de la historia. Este triunfo tiene un origen netamente trascendental. No surge como consecuencia de una evolución intrahistórica, sino como una intervención directa «desde arriba» (Dn. 2:23, 35, 44, 45; 7:13, 14, 22-27), y en él participan todos los santos del pueblo de Dios incluidos los que habían muerto, pues habrán resucitado (Dn. 12).

Asimismo es de destacar la repetición de la misma revelación en visiones o formas diferentes, como sucede en Daniel (caps. 2

8. *PBI*, pp. 243, 244.

y 7; parece observarse algo semejante en el Apocalipsis del Nuevo Testamento), y la estructura más o menos regular de su imaginería, con notables agupaciones cuádruples. Como ejemplos podemos mencionar los cuatro imperios a los que se refiere Daniel (caps. 2 y 7), la cuádruple rueda vista por Ezequiel (cap. 1), las cuatro plagas denunciadas por Joel (1:4) —si con criterio amplio incluimos su libro entre los apocalípticos—, los cuatro cuernos que dispersan a Judá, Israel y Jerusalén (Zac. 1:18-19), los cuatro carros del juicio con caballos de diferentes colores (Zac. 6:1-8). Una correspondencia significativa la hallamos en los cuatro jinetes del Apocalipsis (Ap. 6:1-8).

A diferencia de la apocalíptica judía que proliferó desde los macabeos hasta los días de Cristo, en la que predominan los tonos pesimistas y la pasividad ética, la apocalíptica del Antiguo Testamento encierra un mensaje en el que se acentúan el constante señorío de Dios y su victoria total, fuente perenne de esperanza y de vigor moral.[9]

6. *Es conveniente tener en cuenta el carácter recopilatorio de los libros proféticos.* Sería contraproducente esperar en todos los casos una concatenación ordenada de los mensajes de los profetas que nos ofreciera una secuencia lógica en el desarrollo de la temática de cada uno. En algunos de los libros se da esta característica —Habacuc, por ejemplo, y algunos otros profetas menores—; pero en los correspondientes a los profetas mayores, el material está agrupado por simple aposición y no es excepcional la falta de conexión entre sus diferentes secciones. Aun dentro de una misma sección, el texto puede referirse a temas o a hechos muy distanciados entre sí, con alternancia no siempre lógica del pasado, del presente y del futuro.

El exegeta deberá, por consiguiente, delimitar las secciones de cada libro y establecer la relación que puedan tener entre sí o con otros textos similares.

7. *Los temas especiales han de considerarse a la luz de todo el contexto profético.* Algunos de ellos adquieren especial relieve en un libro; por ejemplo el siervo de Yahvéh en Isaías. Pero otros aparecen con mayor o menor extensión en varios libros (el día de Yahvéh, el resto fiel, el reinado mesiánico, el derramamiento del Espíritu, etc.).

Tanto en un caso como en otro, debe procederse a un estudio comparativo de los textos referentes a cada uno de los temas, primeramente en el libro correspondiente al texto y después en los restantes libros. Tal estudio mostrará si el contenido textual es

9. Véanse más datos sobre la apocalíptica judía en el capítulo XXVII.

simple, con referencia a un solo acontecimiento —o persona— o si por el contrario es complejo y tiene facetas diversas que indican variados momentos y formas de cumplimiento. Tomando como ejemplo el «día de Yahvéh», observamos por un lado unidad conceptual. Siempre se refiere a una intervención judicial de Dios. Siempre es «día de ira», de devastación, terrible azote del Todopoderoso. Por otro lado se advierte gran diversidad en la aplicación de ese día. Unas veces tiene un sentido general; el día de Yahvéh es aquel en que la soberbia de los hombres es abatida (Is. 2:12, 17). Otras veces la aplicación se particulariza; el juicio divino recae sobre Babilonia (Is. 13:9), sobre Egipto (Jer. 46:10), sobre Jerusalén y toda Judá (Is. 22:5), sobre naciones varias (Jl. 3:1-3), en especial sobre fenicios y filisteos (Jl. 3:4-8). Alguno de los textos parece apuntar a un juicio universal y escatológico (Jl. 2:31 y posiblemente 3:9-15, bien que este último pasaje puede entrañar un cumplimiento histórico además de escatológico).

Aunque sea a modo de paréntesis, cabe destacar un hecho importante: que algunas manifestaciones particulares del día de Yahvéh, relativas a juicios divinos que ya son historia, se asocien a determinados fenómenos cósmicos tales como el oscurecimiento del sol y la luna (Is. 13:10; Jl. 3:15), debe hacernos pensar en la posibilidad de que el escritor haya usado lenguaje simbólico para expresar la tenebrosidad del gran día de la ira de Dios, sin perjuicio de que un futuro cumplimiento escatológico pueda tener un sentido más literal (comp. Mt. 24:29; 2 P. 3:10).

El ejemplo expuesto nos muestra lo indispensable de un esmerado análisis comparativo de los textos cuando se trata de explicar el significado de sus expresiones temáticas.

8. *Debe determinarse si una predicción es condicional o incondicional,* es decir, si su cumplimiento depende o no de condicionantes humanos.

Algunos de los anuncios proféticos tenían un carácter netamente incondicional. Dependían exclusivamente de la voluntad de Dios y se harían realidad independientemente de lo que los hombres hicieran o dejaran de hacer. Por ejemplo, los relativos al Mesías como Rey y Salvador. Pero el cumplimiento de otras predicciones dependía del comportamiento humano. Los vaticinios referentes al juicio divino sobre Israel habrían sido anulados si el pueblo se hubiese arrepentido de sus pecados y se hubiese vuelto sinceramente a su Dios.

Quizá la ilustración más clara de profecía condicionada la encontramos en el libro de Jonás. El profeta, de acuerdo con la indicación de Dios, proclama a los ninivitas la destrucción de su ciudad (Jon. 3:4). Pero el pronóstico fue suspendido. El arrepentimiento de los ninivitas evitó el desastre y trocó el juicio de Dios en perdón misericordioso.

Jeremías nos ha dejado el propio testimonio de Dios al respecto con palabras tan convincentes como enternecedoras (Jer. 3:12; 18:7-10; 26:12-13). Ese testimonio es corroborado de modo no menos impresionante por Ezequiel (18:30-32; 33:13-15).

La condicionalidad de algunas profecías nos proporciona la clave para explicar su falta de cumplimiento literal en determinados casos, aun en aquellos en que no se mencionan explícitamente las causas que motivaron el cambio en la realización del propósito divino. Véase, como ejemplo, Ez. 26:1 — 28:19. La destrucción total de Tiro no fue llevada a efecto por Nabucodonosor (26:7), quien hubo de conformarse con bastante menos (comp. 29:17, 18). Admitida esta característica de las profecías condicionadas, no hay necesidad de insistir en su cumplimiento trasladando éste —erróneamente— al tiempo del milenio o, espiritualizando el texto, a la historia de la Iglesia.[10]

En palabras de Girdlestone, «es probable que cientos de profecías que al leerlas parecen absolutas no se cumplieran de modo completo porque las palabras de admonición del profeta produjeron algún resultado, aunque fuera escaso y temporal, en los corazones de los oyentes. Dios no apaga el pábilo que humea».[11]

9. *Ha de precisarse si la predicción se cumplió ya o si aún ha de tener cumplimiento.* Muchos pasajes proféticos se refieren a hechos que tuvieron lugar algún tiempo después de haber sido anunciados; a veces de modo casi inmediato (1 R. 21:17 y ss., por ejemplo); en otros casos, al cabo de algunos años (el retorno de los judíos del cautiverio babilónico) o de siglos (el advenimiento del Mesías). No pocas predicciones esperan todavía un cumplimiento futuro. Y algunas, como vimos, son de tipo mixto o múltiple. Se cumplieron en determinados momentos históricos del pasado y tendrán un nuevo cumplimiento al final de los tiempos.

Es relativamente fácil señalar las profecías que ya tuvieron una realización histórica, sobre todo aquellas que se refieren a la primera venida de Cristo, ya que el Nuevo Testamento nos guía en la interpretación. Pero es tarea ardua decidir en cuanto al cumplimiento de las restantes.

Lo difícil de esta labor se pone de manifiesto, por ejemplo en la interpretación de numerosos pasajes relativos a la restauración del pueblo escogido y al reinado mesiánico. Mientras los «literalistas» las aplican al pueblo de Israel, los «espiritualistas» las transfieren a la Iglesia. Los primeros ven el reinado mesiánico

10. Véase H. L. Ellison, *Men spake from God*, Paternoster, 1968, pp. 17-19.
11. Cit. por B. Ramm, *PBI*, p. 250.

esencialmente en el milenio; para los segundos, el milenio comenzó con la era cristiana.

Ante lo escabroso de estas cuestiones, hemos de insistir en la necesidad de observar el principio antes apuntado: en cuanto sea posible, es menester proceder a la interpretación literal. Como razonablemente afirma A. B. Davidson, para el judío Sión significaba Sión, y Canaán, Canaán. «Considero como el primer principio de interpretación profética asumir que el sentido literal es *su* sentido, el de quien se mueve entre realidades, no símbolos; entre objetos concretos como personas, no entre abstracciones como *nuestra* Iglesia, mundo, etc.»[12] Y Ramm añade el siguiente comentario: «... Davidson trata con cierto desdén a los intérpretes que alegremente hacen de Sión o Jerusalén la Iglesia; del cananeo, el enemigo de la Iglesia, y de la tierra, las promesas a la Iglesia, etc., como si el profeta se moviese en un mundo de símbolos y abstracciones.»[13]

No obstante, como el mismo Davidson reconocía, el literalismo en la profecía nunca debe ser llevado a extremos que podrían conducir a interpretaciones absurdas. Hemos de distinguir entre la forma y el contenido del mensaje profético. La forma a menudo contiene elementos circunstanciales contemporáneos del profeta y no debe esperarse que en el cumplimiento se produzcan esos elementos literalmente. Cuando, por ejemplo, en Is. 2:4 y Mi. 4:3 se dice que en el reinado mesiánico los hombres «volverán sus espadas en rejas de arado y sus lanzas en hoces», no debe esperarse que en la realización escatológica hayan de subsistir necesariamente esas viejas armas. La forma del cumplimiento podría ser «cañones convertidos en máquinas, y tanques en tractores», y la sustancia de la profecía quedaría inalterada. Lo importante es que el exegeta, en su adaptación de las formas, no cambie sustancialmente el contenido.

Por otro lado, la abundancia de elementos simbólicos en la profecía del Antiguo Testamento debe precavernos contra los excesos de un literalismo a ultranza. En algunos casos, las sanas exigencias de la interpretación gramático-histórica nos llevará a aceptar el significado literal de un texto; pero al mismo tiempo será prudente no excluir la posibilidad de un sentido tipológico, cuya realización tiene lugar en el seno de la Iglesia cristiana. Sirva de ilustración el nuevo pacto que Dios promete a las casas de Israel y Judá (Jer. 31:31 y ss.) y que en el Nuevo Testamento se extiende al pueblo cristiano (Heb. 8:8 y ss.). Los nombres mismos de Sión y Jerusalén tienen en el Nuevo Testamento connotaciones cristianas (Gá. 4:26; He. 12:22).

12. Cit. por B. Ramm, *PBI*, pp. 253, 254.
13. *Op. cit.*, p. 254.

En cuanto a la determinación del momento y la forma del cumplimiento de una profecía, haremos bien en no olvidar que las cosas sólo se ven claras cuando lo profetizado se hace historia. Antes, dada la complejidad y las dificultades de la profecía, es muy fácil caer en el error o en la perplejidad. Esta fue la experiencia de los antiguos judíos ante los textos relativos al Mesías en los que se entremezclaban los rasgos gloriosos propios de un rey con los de la humillación distintiva de un siervo. Sólo las realidades de la consumación escatológica iluminarán definitivamente los puntos que ahora son vistos de modo diverso.

Entretanto, si las discrepancias nos mueven a un más diligente estudio de las profecías y a una más plena identificación con su espíritu, sin duda seremos enriquecidos. De lo contrario, correremos el riesgo de que el ruido de la polémica nos impida oír el mensaje vital, apremiante, que todavía hoy Dios, por medio de los profetas, nos quiere comunicar.

# CUESTIONARIO

1. *Describa la naturaleza y la finalidad del profetismo en Israel.*

2. *Señale los puntos de similitud y los de contraste entre el profetismo institucionalizado y el clásico.*

3. *Exponga los elementos básicos de la proclamación profética.*

4. *Interprete los siguientes textos destacando el mensaje que tenían para los primeros destinatarios y —si la tiene— su proyección mesiánica, escatológica o de algún otro tipo:*

   *Is. 2:1-4; 5:1-7; 52:13 — 53:12; Jer. 18:1-17; 31:27 y ss.; Ez. 28:11-19; Os. 3; Hag. 2:1-9; Mal. 3:17-4:6.*

# XVII

# TEXTOS POÉTICOS

La poesía ocupa un lugar de primer orden en el Antiguo Testamento. No solamente los libros de los Salmos, Proverbios, Job (con excepción del prólogo y del epílogo) y el Cantar de los Cantares son poéticos. Lo son también numerosos pasajes de los profetas. Entre ellos encontramos extensos fragmentos de Isaías y Jeremías, parte de Ezequiel, casi la totalidad de Oseas, Joel y Amós, y la totalidad de Abdías, Miqueas, Nahúm, Habacuc y Sofonías, así como el libro de las Lamentaciones. Aun en el Pentateuco y en los libros históricos encontramos porciones que son pura poesía, tales como los cánticos de Moisés, Débora y Ana o las elegías de David por Saúl y Jonatán.

Dada la extensión de los textos poéticos y el hecho de que su forma literaria tiene características propias de máxima importancia para la interpretación, nos ocuparemos de la poesía hebrea en general antes de entrar en ulteriores particularidades.

## Peculiaridades de la poesía hebrea

Tiene en común con la poesía de otros pueblos el uso frecuente del lenguaje figurado, con abundancia de símiles y metáforas derivados de todo cuanto el hombre puede captar mediante sus sentidos. Difícilmente puede ser superada la imaginación de los poetas del Antiguo Testamento, enriquecida por el influjo de la inspiración divina. Como afirma W. J. Martin, «cielos y tierra le rinden tributo. Hurta música a los luceros matutinos... Cabalga sobre el mar embravecido y sobre las nubes en alas de viento. Hace el oro regio más rico; la mirra, más fragante, y el incienso, más oloroso... Mientras haya aliento en los hombres, sus versos eternos formarán la letanía del corazón que ora. Las cuerdas que toca son las cuerdas del arpa de Dios».[1]

Donde la poesía hebrea presenta características que contrastan con la de otras literaturas es en su estructura. He aquí las más notables.

1. *Ausencia de rima.* En muchas lenguas, tanto antiguas como modernas, suele existir en la poesía un elemento esencial: el ritmo fonético o rima. Los versos guardan entre sí una relación de consonancia o de asonancia en sus sílabas finales, lo que les da un elemento de musicalidad. Pero en el hebreo, al igual que en el acadio, el egipcio y el chino, la rima no existe. El ritmo se manifiesta en las ideas y halla su expresión en la formulación de frases paralelas del modo que consideraremos en breve.

2. *Ausencia de métrica.* En la poesía de muchos pueblos, tan importante como la rima es la métrica, es decir, la estructura interna de sus versos (número de sílabas y lugar de los acentos), así como sus distintas combinaciones de acuerdo con determinadas reglas.

Puede decirse que la métrica en sentido estricto tampoco distingue a la poesía hebrea. Quizá puede concederse que existe una acentuación fonética más o menos coincidente con la de las ideas; pero el número y la disposición de las sílabas acentuadas no parecía preocupar a los poetas israelitas, más guiados por su libertad subjetiva al servicio de su pensamiento que por las normas rígidas de una técnica generalizada.

Lo que acabamos de señalar no significa que en ningún caso se prestara atención a las formas poéticas. Autores hubo que tuvieron particular afición al uso del acróstico, posiblemente con una finalidad mnemotécnica. El ejemplo más conocido es el Salmo 119, en el que se asigna una letra del alfabeto hebreo a cada una de las estrofas y cada verso de la estrofa empieza con dicha letra. Otros ejemplos de acrósticos más o menos completos los hallamos en los salmos 9 y 10; 25; 34; 37; 111; 112; 145; Pr. 31:10-31; Lm. 1-4 y Nah. 1:2-8 (este último, mutilado).

Algunos eruditos han pretendido que las estrofas se formaban en la poesía del Antiguo Testamento siguiendo siempre pautas concretas. Esta suposición no parece corresponder a la realidad. En la mayoría de casos, las estrofas constan de dos, tres o cuatro versos ligados por una unidad de pensamiento (por ejemplo,

1. *NBD*, p. 1.008.

320

Sal. 2:1-3, 4-6, 7-9, 10-12); pero no son pocas las excepciones. Tal vez lo más correcto es renunciar al intento de dividir en estrofas toda composición poética, ya que seguramente no pocas veces tal división estuvo muy lejos de la mente del autor.

3. *Paralelismo.* Este es el distintivo más sobresaliente de la poesía veterotestamentaria. En cierto modo es equivalente a la rima. Si en ésta hay una armonía fonética, en el paralelo poético hebreo hay una armonía o correspondencia de pensamiento. La unidad conceptual se expresa en dos partes, la primera de las cuales es paralela a la segunda.

Generalmente se acepta la clasificación de paralelos hecha por Locoth. Según él, el paralelismo puede ser:

*a) Sinónimo,* cuando la segunda línea contiene un pensamiento idéntico o semejante al del anterior con diferente ropaje verbal. Veamos como ejemplo Sal. 103:10:

A. «No ha hecho con nosotros conforme a nuestras iniquidades,
B. ni nos ha pagado conforme a nuestros pecados.»

*b) Antitético.* En este caso la segunda parte expresa un pensamiento relacionado con el de la primera por vía de contraste. Ejemplo, Pr. 20:3:

A. «Es un honor para el hombre evitar la contienda;
B. mas todo insensato se enreda en ella.»

*c) Sintético* o constructivo, en el que el mismo pensamiento sirve de base para el del verso siguiente. En él no hay ni sinonimia ni antítesis (contraposición de contrarios); simplemente se completa el pensamiento que se empezó a expresar. Ello se efectúa de modo sumamente simple mediante una enumeración (Sal. 1 :7-10), una comparación (Sal. 123:2), en un argumento *a fortiori* (Sal. 147:12-20), en una mayor precisión del objeto, tiempo, lugar, modo, etc. (Sal. 150). En ciertos casos se deja entrever una relación de causa a efecto (Sal. 20:7, 8).

Algunos especialistas no han reconocido esta forma sintética como paralelismo en el sentido estricto del término. Por otro lado se han añadido a la triple clasificación de Locoth tres formas complementarias:

*d) Emblemático.* En esta clase de paralelismo, la primera parte expresa el pensamiento en forma figurada, mientras que la segunda lo hace en forma literal, o viceversa.

A. «Como el ciervo brama por las corrientes de las aguas,
B. así clama por ti, oh Dios, el alma mía.» (Sal. 42:1)

A. «No así los malos,
B. que son como el tamo que arrebata el viento.» (Sal. 1:4)

e) *Escalonado*, cuando una palabra o frase contenida en el primer verso se repite en versos subsiguientes como base para la expresión de un nuevo matiz del pensamiento. Una traducción literal de Sal. 29:1, 2 nos servirá de ilustración:

«Dad a Yahvéh, / hijos de Dios, /
dad a Yahvéh   /                      / gloria y poder,
dad a Yahvéh   /                      / la gloria de su nombre;
inclinaos ante Yahvéh / en santo esplendor.»

f) *Introvertido.* Consta, por lo menos, de cuatro versos, de los cuales el primero corresponde al cuarto y el segundo al tercero. A veces la estructura está compuesta en pares de versos en relación de paralelismo sinónimo, lo que da un total de ocho versos que se corresponden del siguiente modo: el primero y segundo con el séptimo y octavo; el tercero y el cuarto con el quinto y el sexto. Veamos Sal. 30 8-10:

«A ti, oh Dios, clamé,
y al Señor supliqué.
¿Qué provecho sacas de mi muerte
cuando descienda a la sepultura?
¿Te alabará el polvo?
¿Anunciará tu verdad?
Escucha, oh Yahvéh, y ten misericordia de mí;
Yahvé, sé tú mi auxilio.»

Sin entrar en más detalles acerca del paralelismo, hemos de subrayar su importancia desde el punto de vista exegético. De gran valor son los paralelos sinónimos y los antitéticos, pues nos guían de modo seguro en la interpretación de sus frases.

No es, sin embargo, el paralelismo una clave suficiente para la exégesis de textos poéticos. En muchos casos será imprescindible hacer uso de todos los recursos hermenéuticos. Especialmente útil puede ser un conocimiento adecuado de las peculiaridades de los libros poéticos, por lo que seguidamente sintetizamos lo esencial de cada uno de ellos.

# SALMOS

Es el primero y el más importante de los libros incluidos en los «Escritos», el tercer grupo de los que componen el Antiguo Testamento. En Lc. 24:44 se menciona como representativo de dicho grupo. Está formado por una colección de composiciones poéticas cuya finalidad primordial es la alabanza a Dios. De ahí su título en hebreo, *sefer tehillim* (libro de laudes).

## Origen

Existe diversidad de opiniones en cuanto al carácter original de los salmos y su relación con el culto en el templo. Algunos eruditos, siguiendo la línea de Mowinckel, mantienen que casi todas las composiciones tuvieron su génesis en la obra de sacerdotes o de profetas estrechamente asociados con el templo y sus ritos. Esta afirmación se nos antoja excesivamente subjetiva. Parece más plausible que muchos de los salmos fueran sustancialmente obra de israelitas piadosos de diversas épocas, expresión individual de sus vivencias religiosas, sin miras directas a su utilización en el culto. Sin embargo, aun estos poemas pudieron ser asimilados por la comunidad de modo que la fe, los temores, las dudas, la esperanza cantados por un individuo se convertían en temas del canto de todo el pueblo. Al parecer, había una perfecta sintonía entre el alma individual y el alma colectiva. Probablemente Kurt Frör está en lo cierto cuando afirma que «aun si (los salmos) no fueron compuestos para su uso inmediato en el culto, sí fueron agrupados, preservados y transmitidos con esta finalidad».[2] En este proceso de transmisión hubo probablemente retoques de adaptación al uso comunitario e incluso algunas adiciones (por ejemplo, Sal. 51:18, 19).

La adscripción de títulos en muchos de los salmos, en los que se atribuye la autoría a un nombre determinado, formaba parte del texto hebreo, y aunque investigaciones lingüísticas e histórico-críticas no confirman plenamente la veracidad literal de esas adscripciones, «parece probable que al menos en algunos casos los títulos fuesen el resultado de una actividad editorial que bien pudo tener por objeto preservar alguna tradición histórica con respecto a composiciones específicas».[3] La verdad es que no hay razones serias para dudar que una buena parte de los salmos atribuidos a David, por ejemplo, no fueron originalmente obra del «dulce cantor de Israel» (2 S. 23:1). Algo parecido podría decirse

2. *Biblische Hermeneutik*, p. 235.
3. R. K. Harrison, *Intr. to the OT*, p. 377.

de aquellos en cuyo encabezamiento aparecen los nombres de los hijos de Coré, de Asaf, Emán o Etán.

Que, en términos generales, los salmos fueron compuestos para ser cantados parece fuera de toda duda. No sólo los que por su contenido evidencian su finalidad cúltica, sino algunos de los que intrínsecamente tienen un carácter de intimidad individual contienen en su título referencias musicales (Sal. 4-6; 8-9; 11-14; 18-22; 30-31; etc.).

Puede decirse, pues, que los salmos tienen su origen en espíritus sensibles, los cuales, a través de la poesía y la música, comunicaron a todo un pueblo la inspiración adecuada para celebrar la gloria de Dios y expresar todas las experiencias humanas en su perspectiva religiosa. Lógicamente, a partir de Cristo, el salterio de Israel se convertiría asimismo en el salterio de la Iglesia cristiana.

**Clasificación**

El libro consta de 150 salmos, distribuidos en cinco partes: I: 1-41; II: 42-72; III: 73-89; IV: 90-106; V: 107-150. Cada una de ellas concluye con una aclamación doxológica.

Los temas que se tratan en cada grupo son muy diversos y no parece que la división se hiciese precisamente por razones de contenido temático. Sin embargo, en cada grupo predomina una idea determinada. Siguiendo el esbozo del rabino André Zaoui[4] podemos hacer las siguientes observaciones:

El libro primero está consagrado casi enteramente a la descripción del conflicto entre el justo y sus impíos enemigos. El segundo es más apacible; en él domina el relato de los destierros del alma, tanto en sentido individual como en su aspecto comunitario. El tercero recoge una serie de reflexiones sobre el pasado presididas por la esperanza; el impío no prosperará indefinidamente; sobre el pueblo de Dios, a pesar de sus infidelidades, en último término resplandecerán la fidelidad y el poder salvador de Dios. En el libro cuarto, son varios los temas relevantes, pero casi todos giran en torno a los atributos y los actos de Dios: su eternidad, su omnipotencia, su bondad, su soberanía como rey supremo, su justicia, su gracia, su providencia, su control de la historia. El libro quinto, el más heterogéneo, reanuda los temas de la salvación del justo y de la condenación del impío; celebra el sacerdocio del Rey Mesías y la gloria de Dios en todas sus obras, lo que inspira la alabanza de los cánticos de «aleluya» (113-118); ensalza las excelencias de la ley divina (119); da especial relieve a los sentimientos de la fe israelita en los llamados cánticos graduales (120-134),

4. *SBEE*, II, p. 53 y ss.

a los que siguen varios salmos inspirados en la grandeza de Dios y oraciones vehementes, para concluir con una explosión de alabanza final.

Aparte de esta división, los salmos han sido clasificados según sus características literarias en himnos, súplicas, acciones de gracias y lamentaciones.

Los *himnos* formaban parte del culto en el templo y su contenido se basa en los grandes actos de Yahvéh en la creación y en la historia. Ejemplos de este tipo son los salmos 19, 29, 33, 65, 100, 111, 113, 114, 135, 136, 145-150. Al mismo género pertenecen también los salmos reales (47, 93, 96-99), caracterizados por una exclamación común a todos ellos: «¡Yahvéh reina!»

Los salmos de *súplica* brotan de corazones atribulados por el asedio de enemigos, por la enfermedad, por un peligro de muerte, por la convicción de pecado o por otras circunstancias adversas. Ejemplos: 6; 13; 22; 102.

En este grupo podemos ·incluir los salmos *penitenciales* (6; 32; 38; 102; 130; 143). Algunos autores añaden, pese al carácter atenuado o casi inexistente de súplica, los salmos exponentes *de confianza (4; 11; 16; 23; 27:1-6; 62; 131)*.

*Los cánticos de acción de gracias.* Expresan el sentimiento agradecido de quien ha experimentado el auxilio o la bendición de Dios. Las más de las veces la experiencia es resumida en términos de aplicación general con una invitación a que los circunstantes se unan al salmista en su loa a Dios (18; 30; 40; 66:13-20; 103).

Las *lamentaciones* surgen de necesidades que el individuo o el pueblo presentan ante Dios. Es difícil establecer una diferencia clara entre este género y el de súplicas, pues no pocos salmos podrían incluirse indistintamente en cualquiera de los dos grupos.

Por regla general, la lamentación consta de tres partes: la invocación a Yahvéh, la presentación de los motivos, con peticiones de intervención divina a favor del suplicante, y una renovación de la súplica o una expresión de confianza; esta última parte a veces se convierte en un canto de alabanza (6; 13; 22). Entre los salmos de lamentación podemos mencionar los siguientes: 3; 7; 13; 25; 44; 74; 79; 80.

## Fondo teológico de los salmos

Desde el primer momento se echa de ver que las composiciones del salterio en su conjunto son una respuesta del espíritu creyente a la Palabra de Dios. Por algo el primer salmo canta la dicha del hombre que tiene su delicia en la ley de Yahvéh. Otros salmos (19; 119) hacen de las excelencias de la revelación su tema central. Y en todos palpita la teología resultante de la Ley y los Profetas. Entrelazados con las más variadas experiencias humanas, encontramos los grandes temas doctrinales del Antiguo Testamento:

1. *Dios, el Creador.* Los cielos, la tierra, el mar, los hombres, los animales, todo es obra suya (8; 19:1-6; 33:6, 9; 100:3; 104). Sobre todo mantiene su dominio soberano (29; 90). A todo y a todos alcanza su providencia (104:10-30). En contraste con la multitud de divinidades de los otros pueblos, los salmistas engrandecen al Dios único, trascendente, infinitamente superior a todo lo creado y en contraposición con los ídolos (115).

2. *Dios, Señor de la historia.* Él interviene activamente en el escenario humano conforme a sus planes (2). Es el rey supremo sobre individuos y pueblos. Es, asimismo, el Dios de la revelación (103:7) y de la redención, de la elección y el pacto (66; 78; 81; 105; 135; 136), de la ley (19:7 y ss.; 78:1-8) y del juicio (78:21 y ss.; 94; 96: 10 y ss.). Y en todas sus intervenciones se muestra justo, clemente y fiel (85; 86; 103:6-18; 138). Las referencias dadas son sólo algunas de las muchas que podrían citarse correspondientes a salmos en los cuales se cantan las características de Dios apuntadas. Quizás el que las resume con más concisión y agudeza es el 136, compuesto en forma de letanía.

3. *Elección y alianza.* Ya hemos aludido a ellas desde el ángulo divino. En la conciencia religiosa de Israel ocupan un lugar destacado, por lo que lógicamente afloran en muchos de los salmos. A veces se celebra de modo explícito la dicha de «la nación cuyo Dios es Yahvéh el pueblo que Él escogió para sí» (33:12; 105:6, 43; 135:4); pero ese sentimiento se halla latente en muchos otros textos.

En las referencias al concepto de alianza, el pacto con Abraham y el pacto sinaítico son complementados mediante el pacto con David (78:70; 89:3, 4, 20, 35, 49; 132:11, 17). La infidelidad de la nación y los consiguientes juicios de Dios sobre ella pudieron ser causa de consternación en determinados momentos históricos (44; 89:38 y ss.); pero en el fondo ambas realidades, elección y alianza, constituyeron un cimiento sólido para la esperanza (80; 102:12 y ss.; 106) y un acicate para la fidelidad en el acatamiento a la ley divina (15; 78; 105:43, 45) y para la alabanza (118).

4. *El hombre.* Es resultado de la acción creadora de Dios (100:3). Está dotado de una grandeza poco menor que la de los ángeles (8:3 y ss.), lo que le hace «señor» entre las demás criaturas terrenas. Pese a ello, es pecador. La humanidad se distingue por el predominio de la impiedad y la injusticia (14; 53). La vida del

hombre es frágil y breve (90), pero ello no obsta para que sea objeto del interés misericordioso de Dios (103:13-18).

En Israel, el hombre es considerado primordialmente como miembro de la comunidad; pero en los salmos una y otra vez se acrecienta su individualidad en sus experiencias de fe y de conflicto, de temor y de esperanza, de perplejidad y de certidumbre, bien que —como vimos— esas experiencias tuvieran posteriormente una proyección colectiva.

5. *El culto.* También este tema ocupa un lugar señalado. No es de extrañar si recordamos la finalidad con que fueron seleccionados y agrupados los salmos. Llama la atención lo escaso de las referencias a los sacrificios de animales conforme al ceremonial levítico. Tal forma de adoración es debidamente reconocida (20:3; 51:19; 66:13-15); pero se admite su inutilidad si no va acompañada de piedad genuina (40:6; 51:16), a la par que se otorga lugar de distinción al culto espiritual. A los ojos de Dios, más agradables que los sacrificios son la obediencia (40:6-8), la meditación y el uso santo de la lengua (19:14), la alabanza (50:14, 23), el arrepentimiento (51:16, 17), la oración (141:2), la rectitud de conducta (4:5; 15; 24:3-6).

6. *La teodicea,* es decir, la doctrina relativa a la justicia de Dios en su gobierno moral del universo. Aparece frecuentemente, las más de las veces reflejando experiencias dramáticas. Los angustiosos «¿Por qué?» y «¿Hasta cuándo?» salen de lo profundo de espíritus que se enfrentan con el dolor inmerecido, con la opresión injusta de pobres y de hombres piadosos o con la prosperidad de los inicuos. Los interrogantes se formulan en situaciones que aparentemente no admiten respuestas satisfactorias. En más de un caso se llega a la crisis de fe. Pero en el fondo, y a la postre de modo inequívoco, resplandece el triunfo de la justicia y el amor de Dios (37; 73).

7. *La vida futura.* Al igual que en el resto del Antiguo Testamento, no aparece en los salmos con perspectivas demasiado luminosas. Ciertamente no se contempla la muerte como aniquilación del hombre. Predomina la idea de supervivencia, pero en el Seol, en un estado en que el alma, desencarnada, arrastra una existencia lánguida, sumida en oscuridad silenciosa y en la inacción, en el abandono y el olvido (6:5; 31:17; 88:3-6, 10-12).

Pero no todo es nebuloso. De vez en cuando vemos ráfagas de esperanza inspirada en una lógica piadosa. Para el israelita fiel no había mayor bien que la comunión espiritual con Yahvéh (4:6, 7; 16:2, 5, 6; 23; 73:25, 26, 28). Lo peor de la muerte era precisamente que, según la opinión prevaleciente en aquella época, arranca-

327

ba al creyente de esa esfera de comunión con Dios. Y esta suprema desgracia parecía inadmisible a las mentes más sensibles. De ahí los atisbos de una vida en la que, más allá de la muerte, liberada el alma del poder del Seol, se prolongan «plenitud de gozo y delicias» a la diestra de Yahvéh «para siempre» (16:10, 11; comp. 73:24-26).

Por otro lado, la perspectiva de un futuro venturoso para el justo después de la muerte física resolvía el problema de las desigualdades injustas en la vida de los humanos, la incongruencia moral que significaba la experiencia de muchos hombres piadosos, los cuales en esta vida sólo habían experimentado pobreza y opresión, en contraste con los inicuos que aquí en la tierra sólo habían conocido la prosperidad. Nos parece atinada la observación de von Rad cuando aludiendo a Sal. 49:16 («Pero mi Dios redimirá mi vida del poder del Seol, porque Él me tomará consigo»), señala que «afirmaciones como ésta sólo pueden referirse a la vida posterior a la muerte, pues la reflexión de todo el salmo gira en torno a la cuestión del don de la vida, que Yahvéh da al individuo, don visto como problema de teodicea, y llega a la conclusión de que los ricos soberbios permanecerán siempre en la muerte. Ella realiza la separación definitiva». Y más adelante: «Frente a la felicidad de los impíos, ¿cómo se realizan la ayuda y la bendición de Yahvéh en favor de sus fieles? La respuesta consoladora es que Yahvéh sostiene a su fiel, sigue siendo su Dios en todas las situaciones de la vida, y ni siquiera la muerte puede poner término a esta comunidad de vida que le ofreció.» [5]

8. *La perspectiva mesiánica.* Constituye otro elemento importante en el acerbo teológico del salterio. Aunque no puede decirse que sean numerosas las referencias al Ungido de Yahvéh por excelencia, las que hallamos son de gran valor y sin duda contribuyeron a mantener viva la llama de la esperanza mesiánica en Israel. Con singular realismo aparece el Mesías con los rasgos esenciales de su triple ministerio: como rey (2; 72; 110), como sacerdote (110:4) y como víctima sufriente (22; 49), todo ello con unas dimensiones tan gloriosas que difícilmente podrían aplicarse, como pretenden algunos, ni a las más notables figuras de Israel.

### Interpretación del salterio

Enumeramos a continuación algunas observaciones que se refieren de modo especial a este libro de la Biblia. Pero, por supues-

5. *Teol. del AT*, vol. I, p. 495.

to, al usarlas en la exégesis, no deben desligarse de los principios y normas de la hermenéutica general.

1. *Tómese en consideración el género del salmo*, si es un himno de alabanza, una súplica, un canto de acción de gracias o una lamentación. El género configura en gran parte no sólo el contenido y la estructura de la composición, sino también su finalidad; y ésta, como vimos, siempre es un dato hermenéutico de gran interés. El Salmo 103, por ejemplo, típico de los cantos de gratitud, no hace sino desgranar las grandes bendiciones que el autor ha recibido de Dios como resultado de lo que Dios es y hace. Cada una de las declaraciones del salmista ha de ser interpretada como parte de la exposición global, en la que sobresale, más que las bendiciones en sí, Dios mismo en la magnificencia de sus atributos: su gracia, su justicia, su compasión, su fidelidad eterna, su soberanía universal. Es a la luz de este conjunto que las bendiciones mencionadas en el salmo (perdón, sanidad, saciedad de bien, etc.) adquieren la plenitud de su significado.

2. *Téngase en cuenta la conexión histórica.* Muchas veces no es fácil determinar ni el autor, ni la fecha ni las circunstancias en que la composición fue escrita. Los títulos de algunos salmos —parte integrante del texto hebreo—, en los que aparece el nombre al cual se atribuyen, son obra de los editores, no de los autores. Sin embargo, no siempre y *a priori* deben ser desechados todos como carentes de fundamento. Es innegable que en buen número de casos el título, con indicación del autor y de sus circunstancias históricas, encaja bien con el texto. En tales casos, el contexto circunstancial es realmente iluminador. Véanse como ilustración los salmos 3, 7, 18, 30, 34, 51, 52, 54, 56, 57, 59, 60, 63, 142 (aun admitiendo la posibilidad de cuestionar la validez de algunos de los títulos).

3. *Préstese atención al estado psicológico del autor.* No basta conocer las circunstancias en que nació la composición. Es tanto o más importante ver los efectos que tales circunstancias produjeron en el salmista: abatimiento, depresión, temor, o reacción valerosa nacida de la fe; clamor amargo o súplica esperanzada; inseguridad o certidumbre. A veces las reacciones psíquicas se presentan diversas y contrapuestas. El salmo es una descripción del proceso que se opera en el tránsito de una fe en crisis a una fe radiante (42-43; 73, etc).

Calvino definió el libro de los salmos como una «anatomía de todas las partes del alma». Y tenía razón. Por eso la comprensión del estado anímico del salmista es esencial para la comprensión de su poesía.

4. *Analícense los conceptos teológicos.* En este análisis ha de compararse el pensamiento del autor con la teología de su tiempo basada en la parte de la revelación de que ya se disponía. ¿Se ajustan los conceptos del salmista a la verdad revelada o son desviaciones debidas a tribulación o perplejidad ante problemas existenciales? Las lamentaciones del salmo 44 delatan un sentimiento amargo que compromete a Dios al sugerir que «duerme», pues permite una situación de flagrante injusticia (vv. 20:25). Algo parecido encontramos en el salmo 77. Aquí se llega a conclusiones tan erróneas como la expresada en el versículo 10: «La diestra del Altísimo ha cambiado», lo cual evidentemente era falso, como el propio salmista reconocería implícitamente después (vv. 11 y ss.).

En textos relativos a la esperanza que animaba al autor, si queremos atenernos a una exégesis rigurosa, conviene no ir más allá de lo que el contexto teológico del Antiguo Testamento nos permite. Ya nos hemos referido al pensamiento israelita sobre la vida futura. Sólo en contados casos podemos atrevernos a afirmar que el espíritu del salmista vislumbraba gloria en el estado que sigue a la muerte. No es, pues, correcto, aunque resulte muy edificante, atribuir —influenciados por las enseñanzas del Nuevo Testamento— a determinados pasajes un significado que originalmente no tenían. La hermosa conclusión del salmo 23: «Y en la casa de Yahvéh moraré por largos días» ha sido a menudo interpretada como si rezase: «en el cielo moraré eternamente». Esto es una aplicación del texto, legítima e inspiradora si nos basamos en el evangelio, pero no una interpretación en el sentido estricto de la palabra. La esperanza en este versículo se limita al presente terrenal. Lo que el salmista anhela y espera es una larga vida en comunión íntima con Dios («en la casa de Yahvéh»), de la que el banquete (v. 5) es símbolo. Por supuesto, como ya hicimos ver, cabe la posibilidad de que el salmista en este caso tuviera el convencimiento de que la comunión con Dios no sería destruida por nada, ni siquiera por la muerte. Pero de ello no encontramos indicio claro en el texto.

5. *Distíngase entre lo que es confirmación de la palabra de Dios y lo que es respuesta a la misma.* En términos generales, la poesía de los salmos discurre a través de los cauces abiertos por la Ley y los Profetas. Se reiteran y confirman todas sus enseñanzas básicas. Himnos, acciones de gracias, súplicas, todo está en consonancia con los grandes temas de la revelación veterotestamentaria. Las voces de los salmistas son ecos de la palabra divina.

Conviene, no obstante, tener en cuenta que el concepto de inspiración que en sentido absoluto y pleno atribuimos al mensaje divino, tiene a veces un carácter relativo cuando se trata de la palabra humana que expresa sentimientos nacidos al escuchar la Palabra de Dios. No queremos significar que esa palabra humana queda fuera del marco de la Escritura inspirada; también ha sido incluida bajo la dirección del Espíritu Santo para nuestra enseñanza. Pero no siempre los sentimientos expresados por el salmista tienen rango de promesa o de instrucción divina. Si saliéndonos de los Salmos pasamos a Job, podemos afirmar que el libro como tal es inspirado; pero no podemos decir que todas las palabras de Job o de sus amigos fueron divinamente inspiradas. Algunas de ellas entrañan errores colosales. En los Salmos la distinción no es tan palmaria, pero existe en no pocos pasajes.

Tomemos como ejemplo el salmo 91. ¿Podemos interpretar sus afirmaciones como promesas divinas que tendrán siempre cabal cumplimiento? ¿Será siempre cierto que el Altísimo librará al creyente que se cobija a su abrigo del «lazo del cazador» y de la «peste destruidora»? ¿Sucederá indefectiblemente, en todos los casos, que la pestilencia y la mortandad harán caer a mil al lado del hombre piadoso y diez mil a su diestra, mientras que él sale maravillosamente ileso? Ésta ha sido la esperanza que ha animado a muchos en tiempos de guerra o de grandes calamidades naturales. Pero la experiencia ha mostrado hasta la saciedad que entre los miles de caídos se cuentan también creyentes fieles, temerosos de Dios. No, las valientes aseveraciones del salmo no son promesas divinas; son expresión de una fe vigorosa que se enfrenta confiadamente a las mayores adversidades con la mirada puesta en un Dios todopoderoso. El aliento que esa fe imparte ya es en sí una bendición inestimable. La posibilidad de que el desastre también alcance al creyente no anula la fuerza de tal bendición. Y para nosotros, que vivimos con la luz de Rom. 8:28-39, la interpretación objetiva no disminuye un ápice su capacidad inspiradora.

Ejemplos parecidos encontraríamos en los salmos que aseguran el castigo de los malos en este mundo, aunque sea después de largos años de prosperidad, así como el ensalzamiento final —también en el plano temporal— de todos los justos. Este criterio se ajustaba sólo en parte a la revelación. Mayormente correspondía a la opinión generalizada de que la ley de la siembra y la cosecha en el terreno moral no tiene excepciones, como creían los amigos de Job. Ello debe ser tenido en cuenta al interpretar pasajes referentes a esta cuestión (37:2, 9, 10, 14, 15, 32, 33; 73:18, 19; etc.).

Mención especial merecen las imprecaciones que aparecen en algunos salmos y que al lector moderno pueden parecer impropias de labios piadosos por la crudeza con que se pide la maldición divina sobre los enemigos (35:1-8; 59; 69:22-28; 109:6-20; 139:19-12; 143:12, entre otros). Estas porciones han sido piedra de tropiezo para más de un lector de la Biblia y una dificultad para algunos intérpretes.

Dada la importancia de esta cuestión, queremos resaltar algunas consideraciones que pueden resumirse en la siguiente norma:

6. *Los salmos imprecatorios deben ser interpretados según su naturaleza intrínseca y de acuerdo con el contexto teológico de la época.* No podemos asegurar que el contenido de las imprecaciones sea expresión de sentimientos inspirados por el Espíritu de Dios. Pueden serlo más bien de una reacción humana, muy humana. Reflejan el anhelo profundo, no confesado de muchos que en todos los tiempos, incluida la era cristiana, han sido severamente dañados por adversarios injustos. Pero esto no explica suficientemente la naturaleza de las execraciones. Es necesario sopesar otros factores.

En primer lugar, los creyentes del Antiguo Testamento no conocían los principios de la moral evangélica, cuya quintaesencia encontramos en el cuádruple mandamiento de Jesús: «Amad a vuestros enemigos, bendecid a los que os maldicen, haced bien a los que os aborrecen y orad por los que os ultrajan y os persiguen.» (Mt. 5:44). Los antiguos israelitas se regían por la ley de Talión, «ojo por ojo y diente por diente». Y aunque el odio al enemigo era atemperado por prescripciones legales (Éx. 23:3; Lv. 19:18), se consideraba normal y legítimo. Lo contrario parecía un comportamiento absurdo (2 S. 19:5, 6).

En segundo lugar, aun admitiendo como posible un sentimiento vindicativo por parte del salmista, no es menos posible —incluso es muy probable— que las imprecaciones implicaran un deseo auténtico de glorificar a Yahvéh. Las personas sobre las cuales se pide la maldición con todas sus calamidades subsiguientes eran enemigas de Dios, injustas, crueles. Deshonraban a Dios con su conducta abominable. La petición de los más duros castigos sobre ellas podía obedecer, pues, no tanto a un afán de venganza personal como a un intenso deseo de que el honor de Dios fuese vindicado. Las palabras de 139:21 pueden ayudarnos a comprender esta idea: «¿No odio, oh Yahvéh, a los que te aborrecen, y me enardezco contra tus enemigos?» Orar por la destrucción del injusto equivalía a pedir la condenación de la injusticia. Aquél era visto como la encarnación de ésta. Para un israelita era inimaginable el exterminio de la maldad sin el castigo ejemplar de los malos a ojos de los demás humanos. Su visión escatológica no era aún muy clara. Si la justicia de Dios había de resplandecer, había de ser «aquí y ahora», en el mismo escenario terrenal en que los malvados habían practicado sus iniquidades. Además, Dios mismo, por medio de Moisés, había amenazado con su maldición a quienes transgredieran los preceptos de la ley (Dt. 27:15-26).

Finalmente hemos de recordar que el estilo oriental es apasionado, y del mismo modo que se usa un lenguaje vehemente para describir la perversidad de los enemigos, así se emplean frases no menos encendidas en las imprecaciones. Algunos autores, basándose en paralelos de la literatura babilónica, opinan que estas expresiones son fórmulas más o menos estereotipadas, comunes en el lenguaje literario de tiempos del autor, rico en toda clase de figuras, incluida la hipérbole. Y si en ellas vemos tan sólo el ropaje con que se viste un pensamiento, lo importante no será subrayar el significado literal de cada palabra, sino descubrir lo que el pensamiento entraña. En el caso de los salmos imprecatorios ya lo hemos visto: el deseo de que Dios vindique su justicia castigando a los hombres malvados.

## CANTAR DE LOS CANTARES

Este es el primero de los cinco *megilloth* (plural de *megilla*, rollo o volumen), libros del Antiguo Testamento que se leían íntegramente en las cinco grandes fiestas judías. Además de este cántico, que era leído en la fiesta de la Pascua, se incluían en los *megilloth* el libro de Rut, usado en la fiesta de Pentecostés; el de Lamentaciones, en la conmemoración de la destrucción del templo; el de Eclesiastés, en la fiesta de los tabernáculos, y el de Ester, en la de *Purim*.

El título en las versiones españolas de la Biblia, al igual que el que se halla en versiones en otras lenguas, es una traducción literal de las primeras palabras del libro en hebreo *(shir hashirim)*, con las que quería expresarse de modo superlativo lo excelente de su contenido. Sin duda, no faltan motivos para justificar esa pretensión inicial, aunque por otro lado el libro entraña dificultades de diversa índole.

Desde tiempos muy antiguos, ha habido quienes han tropezado en la crudeza erótica de su lenguaje y han opinado que sólo la alegorización pudo abrirle las puertas para su incorporación al canon del Antiguo Testamento. Ya entre los judíos que debatían la cuestión de la canonicidad en el sínodo de Jamnia (año 90 d. de C.) se alzaron voces de oposición a que se incluyera en la colección de textos sagrados; pero finalmente fue aceptado no sólo con convencimiento, sino con entusiasmo por parte de algunos. Se ha hecho famosa la declaración del Rabí Akiba: «Porque ni el mundo entero es tan grande como el día en que el Cantar de los Cantares fue dado a Israel, pues todos los Escritos[6] son

---

6. Se refiere a la tercera de las tres partes en que se dividían los libros del AT.

santos, pero el Cantar de los Cantares es el santo de los santos.»

Está formado el libro por un conjunto de poesías líricas, en las que se cantan los sentimientos y las experiencias del amor con sus anhelos vehementes, sus esperanzas, su visión luminosa del mundo y de la vida, sus deleites; pero también con sus inquietudes, sus tormentos y temores; todo ello en unas dimensiones que trascienden la esfera de lo meramente físico para situar a la pareja en un plano sublime, donde cuerpo y espíritu quedan inmersos en una corriente de mutua estima, de total entrega recíproca. Tan sublime y fuerte es este amor que puede desafiar todos los obstáculos; las muchas aguas no podrán apagar su llama. Aun la muerte y el Seol tendrán que rendirse ante él (8:6, 7).

No hay seguridad en cuanto al autor. La relación con Salomón expresada en el primer versículo no es del todo clara, ya que la preposición hebrea *li* puede traducirse por «a» o «para» y también por «respecto a». La tradición talmúdica atribuía el libro a Ezequías. Sin embargo, tampoco hay argumentos concluyentes para negar que la composición tuviese su origen en Salomón, aunque posteriormente fuese objeto de retoques editoriales, lo cual explicaría la presencia de elementos arameos y de términos originalmente persas o griegos. Hay mucho en el texto que describe una situación correspondiente a los tiempos más esplendorosos de la monarquía hebrea, anteriores a la escisión del reino.

El análisis del libro resulta por demás difícil. Su estructura ha originado gran disparidad de opiniones en cuanto al número de sus unidades poéticas y a la extensión de cada una. En él hay diálogos, soliloquios, coros, no siempre claramente cohesionados. Pero resalta la unidad básica, el tema de la atracción amorosa entre un hombre y una mujer en un escenario en el que alterna la bucólica placidez del campo con el esplendor regio de Jerusalén y en el que se suceden los cantos jubilosos, los conflictos y el triunfo final del amor.

### Interpretación

La exégesis del Cantar de los Cantares depende de la interpretación global que se dé al libro, por lo que es indispensable determinar ésta en primer lugar. A ello nos ayudará una comparación de las líneas interpretativas más ampliamente aceptadas:

### 1. *Alegórica*

Es probablemente la que mayor número de adeptos ha tenido. Todavía hoy goza de gran estima. Según esta interpretación, el Cantar ha de entenderse en sentido figurado, pues no es otra cosa que la exaltación poética del amor entre Dios y su pueblo.

Esta fue la interpretación predominante entre los judíos a partir del siglo I y entre los cristianos desde los primeros siglos hasta tiempos modernos, con la diferencia de que aquéllos veían en la esposa a Israel, mientras que los cristianos encontraban en ella una figura de la Iglesia. Hipólito y Orígenes fueron los más exuberantes expositores del libro entre otros que siguieron la misma línea alegorista.

Una variante de esta forma de interpretación fue la que hacía de la esposa figura del alma individual, no de la Iglesia. Clásico defensor de este punto de vista fue Bernardo de Clairvaux, quien dedicó al Cantar de los Cantares ochenta y seis sermones, sin que con todos ellos lograra comentar más de los dos primeros capítulos. Su exégesis vino a constituir la fuente más abundante de la que bebieron algunos místicos; pero también, en opinión de algunos, condujo a no pocos intérpretes a un erotismo espiritual morboso.

Dentro de la Iglesia Católica apareció otro modo de interpretar el significado de la esposa. Ambrosio de Milán y algunos más veían en ella a María, madre de Jesús, mientras que para escritores antipapales como Cocceius el libro constituía una historia profética de la Iglesia que culminaba en la Reforma.

Otras interpretaciones alegóricas han atribuido al libro sentidos diferentes de los expuestos. Para Lutero, por ejemplo, la esposa era la personificación del Reino, y el Cantar celebra la lealtad de sus súbditos. Para otros es la encarnación de la sabiduría, lo que guardaría un cierto paralelismo con Prov. 8.

Al comparar las múltiples variantes de la interpretación alegórica salta a la vista lo que ya indicamos al ocuparnos de la alegorización como método hermenéutico: cualquier resultado es posible, pues el factor determinante de la exégesis es la imaginación. Un mismo texto puede sugerir las más variadas ideas. La determinación de su significado queda al albur del subjetivismo del intérprete. Sirva como ilustración la «exégesis» alegórica de 1:13. («Mi amado es para mí un manojito de mirra que reposa entre mis pechos.») Esta declaración sugirió a algunos (Rashi e Ibn Ezra) la presencia de Dios en el tabernáculo entre los dos querubines. Cirilo de Alejandría vio en este pasaje a Cristo volando entre el Antiguo y el Nuevo Testamento. A Bernardo le hizo pensar en la crucifixión de Jesús, la cual fortalece al creyente en medio del gozo y de la aflicción.

La interpretación alegórica, pese a que ha inspirado comentarios edificantes que han avivado la devoción de muchos creyentes, es considerado hoy por la mayoría de exegetas como arbitraria. De hecho nada hay en el libro mismo que dé pie a ella.

## 2. Típica

A diferencia de la alegórica, admite el sentido literal. El libro es considerado como expresión del amor apasionado entre Salomón y la sulamita; pero los protagonistas sólo adquieren la plenitud de su significado cuando se interpretan como tipos de Cristo y la Iglesia.

## 3. Literal o lírica

Esta forma de interpretación ha asumido diversas formas a lo largo de la historia. Entre los comentaristas cristianos de la antigüedad sobresalió Teodoro de Mopsuestia, quien vio en el Cantar una celebración del matrimonio de Salomón con la hija del faraón egipcio. Sus opiniones sobre el libro, a causa de su estricta literalidad, fueron condenadas en el Concilio de Constantinopla (553 d. de C.). El comentarista Ibn Ezra, judío español del siglo XII, aun cuando no se sustrajo a la práctica de la alegorización, se distinguió por la atención especial que prestaba al sentido simple de los textos y a su explicación gramatical. En el siglo XVI Sebastián Castellio hizo resurgir la línea de interpretación literal. Aunque la alegórica siguió predominando hasta el siglo XIX, a fines del XVIII Herder expuso su teoría de que el libro es una colección de cánticos eróticos independientes —unos veintiuno en número— ordenados por un editor con objeto de señalar «el proceso gradual del verdadero amor en sus variados matices y etapas hasta hallar su consumación en el matrimonio» (Cheyne).

## 4. Dramática

Se ha presentado bajo dos formas distintas. Una de ellas fue preconizada por Franz Delitzsch. En sus propias palabras, se resume del siguiente modo: «Una joven campesina de origen humilde, por su hermosura y por la pureza de su alma, llenó a Salomón con un amor hacia ella que le arrancó de la lujuria de la poligamia para llevarlo a la experiencia personal de la idea primigenia del matrimonio descrita en Gn. 2:23-24.»[7] Esta hipótesis, aunque ingeniosa, ha sido criticada teniendo en cuenta que el papel de pastor (1:7) no cuadra demasiado con el rey Salomón.

La segunda forma de interpretación dramática se debe a Ewald, en cuya opinión actúan tres personajes: la sulamita, su amado y Salomón, quien intenta seducir a la muchacha llevándosela consigo a su harén. Ante la resistencia de ella, Salomón le permite regresar junto al hombre a quien ama. Muchos de los mejo-

7. *OT Commentary*, Intr. to the Song of Songs.

es comentaristas, con algunas modificaciones, han hecho suya
sta interpretación que celebra la fidelidad de una humilde don-
ella hacia su pastor amado contrastada con la bajeza de un hom-
re grande que, inflamado por su lujuria, hace el papel de villano.
Esta última teoría también plantea problemas, particularmen-
e en la complejidad de los diálogos. A las palabras, atribuidas a
alomón, que ensalzan la hermosura de la sulamita, responde
sta como si le hubiese hablado el pastor de sus amores.
La interpretación dramática en cualquiera de sus formas, tro-
ieza con la dificultad de que el drama como género literario, tan
omún entre los griegos, apenas se conocía en la literatura semita,
specialmente entre los hebreos.

### 5. *Litúrgica*

Considera el Cantar como una derivación de los ritos litúrgicos
el culto a Tammuz. Aunque las referencias a esta divinidad su-
neria en la antigua literatura de Mesopotamia varían entre sí y
o permiten fijar con precisión la leyenda que envuelve su figura,
arece que en algunos lugares se celebraba el rescate de Tammuz
el mundo de los muertos por la acción de la diosa Ishtar. Logra-
a su vuelta a la vida, Tammuz e Ishtar se casan. Este acto pre-
isamente era el centro de las festividades que en honor a Tam-
nuz tenían lugar en Asiria y Babilonia.
Esta interpretación, pese a los esfuerzos realizados con objeto
e purificar la leyenda de elementos paganos y así poder armoni-
arla con la religión de Israel, carece de fundamento sólido. No
arece ni lógico ni probable que un rito fuertemente teñido de in-
noralidad hubiese sido asimilado como el tema esencial de un li-
ro que había de incluirse en el canon del Antiguo Testamento.

### 6. *Folklórica*

También se le ha dado el calificativo de erótica (E. J. Young).
)ebe su origen a Renan, quien observó un cierto paralelismo en-
re el Cantar de los Cantares y la poesía epitalámica de Siria. Pos-
eriormente J. G. Wetzstein, cónsul prusiano en Damasco, publicó
n 1873 un artículo sobre costumbres sirias en el que llamaba la
tención sobre los poemas cantados en honor de los esposos en el
ranscurso de la semana que duraba la celebración de su boda y
n la que el novio y la novia representaban el papel de rey y de
eina respectivamente. En estas composiciones ocupaban lugar
rominente los *wasfs* con los que se describía la belleza física de
mbos contrayentes. Según Wetzstein, el Cantar de los Cantares
o es sino una colección de cánticos nupciales destinados a una
elebración semejante en Israel.

Esta hipótesis fue completada por Budde y aceptada por varios expositores. Su punto débil es que no hay evidencias suficientes para afirmar que la costumbre siria descrita fuese común a los israelitas. También es de notar que la sulamita en ningún momento recibe el título de «reina», lo que sería difícil de explicar si el Cantar hubiese correspondido a los poemas sirios. Por otro lado, el libro quedaría reducido a una simple colección de cánticos, exenta no sólo de estructura dramática, sino también de fondo histórico y de unidad.

## 7. *Didáctico-moral*

Sostiene que el Cantar de los Cantares exalta la pureza y la hermosura del verdadero amor en la relación conyugal vivida conforme al santo propósito de Dios. No excluye, sin embargo, el hecho de que el libro sugiere al lector cristiano la esfera del incomparable amor de Cristo. E. J. Young expone esta interpretación de modo claro y objetivo: «El cántico es didáctico y moral en su propósito. Llega a nosotros en un mundo de pecado, donde la concupiscencia y la pasión prevalecen por doquier, donde tentaciones fieras nos asaltan y nos impelen a apartarnos de la pauta matrimonial dada por Dios Y nos recuerda de modo particularmente bello lo puro y noble del verdadero amor. Esto, no obstante, no agota el propósito del libro... En mi opinión no tenemos base para decir que el libro es un tipo de Cristo. Eso no parece defendible desde un punto de vista exegético. Pero el libro vuelve nuestros ojos a Cristo..., puede ser considerado como una parábola tácita. El ojo de la fe, al contemplar este cuadro de amor humano exaltado, discernirá aquel amor que está por encima de todos los afectos terrenales y humanos, el amor del Hijo de Dios hacia la humanidad perdida.»[8]

Quizás unas consideraciones finales ayudarán al estudiante a fijar su propia posición.

Aceptar el sentido literal del libro como el primario y esencial no debe ser motivo de dificultad para nadie que tenga presente por un lado la enseñanza bíblica sobre el matrimonio y por otro las peculiaridades de la poesía oriental. No hay nada en el sexo —el sexo en sí— ni en sus manifestaciones físicas que deba ser condenado *a priori* como inmoral. Adán y Eva, antes de su desobediencia, estaban desnudos en el paraíso, en perfecta comunión con Dios, sin el más leve sentimiento de vergüenza. Fue el pecado lo que distorsionó su visión y cambió por completo su reacción ante la exhibición anatómica. El sexo sin el pecado es una maravilla de la creación. Como lo es el amor integral; no el amor idea-

8. *Intr. to the OT*, p. 327.

lista que se mueve en regiones imaginarias de un mundo de espíritus, sino el amor que hace de un hombre y una mujer una unidad psicofísica y que convierte la relación entre ambos en una fuente santa de placer y plenitud.

Visto el Cantar de los Cantares a través de esta realidad, en ningún caso debiera escandalizar la plasticidad con que se describe la hermosura de los protagonistas principales. Y menos si se tiene en cuenta la mentalidad de los pueblos semitas. El comentario y el testimonio de J. R. Sampey al respecto son, sin duda, de gran interés: «El Cantar desvela todas las intimidades secretas de la vida conyugal sin llegar a la obscenidad. La imaginería es demasiado sensoria para nuestro gusto occidental; pero estudiantes sirios y palestinos, a quienes he tenido el privilegio de enseñar, me han dicho que el Cantar de los Cantares es considerado en sus países como honesto y que los cantos de bodas usados ahora entre ellos son aún más minuciosos en la descripción de los encantos físicos de los amantes.»[9] Por otro lado, en el Cantar de los Cantares, mayor relieve que las descripciones físicas tiene la exultación de los valores espirituales del amor: el anhelo intenso de la presencia del ser amado, la devoción, la mutua posesión y entrega, la comunicación, la perseverancia, la fidelidad a toda costa.

¿Quién se atrevería hoy a negar que el mensaje de este libro es uno de los más apropiados para todos los tiempos y en especial para nuestros días? Citando una vez más a E. J. Young, «en el mundo polígamo de la antigüedad y en el sofisticado mundo moderno, la infidelidad puede ser tenida por algo trivial y sin importancia. Pero cuando nosotros, los occidentales, despegándonos de la pecaminosidad de nuestro mundo diario, leemos cuidadosamente la imaginería oriental de esta porción de la Sagrada Escritura, somos bendecidos, y somos ayudados. Mientras haya impureza en el mundo, necesitamos —y lo necesitamos urgentemente— el Cantar de los Cantares».[10]

9. *ISBE*, Art. Song of Songs.
10. *Op. cit.*, p. 328.

# CUESTIONARIO

1. *Expónganse las peculiaridades de la poesía hebrea e indíquese de qué modo influyen en la interpretación.*

2. *Escoger tres pasajes como ejemplos de cada uno de los siguientes tipos de paralelismo: sinónimo, antitético y escalonado.*

3. *Excluyendo los ejemplos presentados en el libro, menciónense tres salmos correspondientes a cada una de las siguientes clases: himnos, penitenciales, de lamentación.*

4. *Selecciónense cuatro salmos y sométanse a los siguientes trabajos:*

   — *Clasificación (determinar el grupo a que pertenece).*
   — *Análisis (división en estrofas y epígrafes con que se puede encabezar cada una de ellas).*
   — *Exposición del fondo histórico (en la medida en que pueda ser conocido).*
   — *Interpretación.*

5. *Interprétense los textos siguientes:*

   *Sal. 16; Sal. 73; Sal. 97; Sal. 121; Cnt. 4:1-15.*

# XVIII
# LIBROS SAPIENCIALES

El género sapiencial aparece en el Antiguo Testamento entrelazado con la poesía y constituye lo esencial de tres libros: Job, Proverbios y Eclesiastés, bien que en otros hallamos pasajes del mismo carácter en forma de máximas, refranes, acertijos, parábolas, etc. (Jue. 9:8-15; 14:14; 1 S. 24:13; 2 S. 12:1-6, entre otros).

El movimiento de la «sabiduría» *(jokmah)* en su triple dimensión, intelectual, moral y religiosa, influyó poderosamente en el pueblo. Su principal finalidad era orientar la vida práctica en consonancia con la fe, aplicando a las mil y una situaciones de la existencia humana las enseñanzas de la ley de Dios de modo que se asegure una vida dichosa, digna de ser vivida.

En la sabiduría israelita, a diferencia de la de otros pueblos orientales, se combina el conocimiento adquirido por la experiencia con la revelación. Es una cualidad natural que se cultiva mediante la instrucción; pero también es un don de Dios (Job 11:6; Pr. 2:6 y ss.; Ec. 2:26), fruto de la acción inspiradora de su Espíritu (Job 32:8).

Se advierten paralelos entre la literatura sapiencial del Antiguo Testamento y textos de la misma clase en la literatura egipcia y en la caldea. Podemos mencionar como ejemplos «el "Job" babilónico», las máximas de Ptah-Hotep (siglo XXV a. de C.), las enseñanzas para Merikaré (siglo XXIII a. de C.) y las palabras de Ajikar (sabio asirio del siglo XII a. de C.). Los tres últimos presentan numerosos puntos de semejanza con el libro de Proverbios. Pero estas composiciones se limitan a recoger las opiniones, las normas morales y los dichos del pueblo respectivo, en todo lo cual se mezclan lo noble y lo pueril juntamente con claros elementos politeístas. La sabiduría de Israel ha sido depurada por la Palabra de Dios. Como hace notar Derek Kidner, «en Israel arde una luz más fuerte y firme. No hay aquí ninguna desconcertante pluralidad de dioses y demonios, ni influencia de la magia, ni licenciosa inmoralidad cúltica que, como en Babilonia y Canaán, sofoquen la voz de la conciencia».[1]

El aprecio de esta sabiduría se remonta a los tiempos más antiguos (Gn. 41:39; Dt. 34:9); pero el momento culminante del movimiento sapiencial está situado en los días de Salomón, a quien la Escritura presenta como su representante más significativo (1 R. 4:29-34).

Durante el periodo de la monarquía hebrea, los sabios llegaron a formar, al parecer, un grupo influyente cuyos consejos pesaban en las decisiones de la corte paralelamente al influjo de sacerdotes y profetas (2 S. 15:31-37; 16:20 — 17:23; 1 Cr. 27:32, 2 Cr. 25:16, 17). Es obvio que no siempre el asesoramiento de los sabios concordaba con la palabra de Dios, como se desprende de Jer. 18:18. Pero el hecho de que llegase a haber corrupción entre ellos, como la hubo entre los sacerdotes y los profetas, no anulaba el valor de la verdadera sabiduría. Al fin y al cabo, ésta tuvo su vertiente principal no en la corte, sino en la masa del pueblo, el cual pudo beneficiarse de las enseñanzas destiladas por los sabios y conservadas en los libros sapienciales del canon hebreo.

Si tales enseñanzas, con sus múltiples aplicaciones prácticas, hubieran de resumirse en una sola máxima, ésta sería la que encontramos en Pr. 1:7: «El principio de la sabiduría es el temor de Yahvéh» (véase también Job 28:28 y Pr. 9:10), temor que guía a un mayor discernimiento moral a la par que inspira amor a Dios y obediencia a sus leyes en un plano de piedad integral que no admite compartimientos estancos, alguno de los cuales pueda mantenerse en un plano terreno fuera del señorío de Dios. Como indicamos en otro lugar, «el gran valor de los libros sapienciales radica en el modo en que exponen los aspectos prácticos de la piedad aun en cuestiones que pudieran parecer triviales, pero que constituyen la trama constante de nuestra vida diaria. Una de sus grandes lecciones es que no puede haber dicotomía entre lo espiritual y lo material, entre lo religioso y lo secular. Los grandes principios de la ley moral revelada por Dios deben encarnarse en nuestra vida afectando a la totalidad de nuestra conducta, tanto en lo grande como en lo aparentemente insignificante».[2]

La perspectiva eminentemente temporal de los libros sapien-

1. *Proverbios*, Ed. Certeza, 1975, p. 25.
2. Prólogo de J. M. Martínez a *Los Libros de la Sabiduría*, por E. Trenchard, Literatura Bíblica, 1972.

ciales explica la ausencia de textos relativos a una vida posterior a la muerte o al advenimiento del Mesías y su Reino. Pese a ello, no faltan expresiones de confianza que, como vimos al referirnos a los Salmos, parecen apuntar a un sentido trascendente de la existencia y a una esperanza que ilumina las oscuridades de ultratumba (Job 14:13-15; 19:25-29; Ec. 12:7).

Una cuestión que llama la atención en el estudio de los libros sapienciales es la personificación de la sabiduría (Job 28:12-27; Pr. 1:20-33; 8:1-21; 9:1-6), la cual es comparada al predicador que se para «junto al camino, a las encrucijadas de las veredas» (Pr. 8:2) para hacer oír su voz bienhechora. Algunos exegetas han visto en los textos señalados la representación de una persona divina, distinta de Dios y autónoma en su actuación. Pero tal interpretación no tiene en cuenta el carácter poético de tales pasajes ni el hecho de que una personalización de la sabiduría, basada en las declaraciones textuales, exigiría igualmente la personalización de la «insensatez» que «se sienta en una silla a la puerta de su casa» para seducir a los hombres (Pr. 9:13-18). La sabiduría divina en el Antiguo Testamento no representa una persona, sino un atributo divino vestido con el ropaje literario de la personificación. Sin embargo, algunos de los rasgos con que aparece en los libros sapienciales —en especial su relación con Dios y su participación en la creación (Pr. 8:22-31)— hacen que al lector cristiano le resulte difícil no ver en ella una imagen de Cristo, «el cual nos ha sido hecho por Dios sabiduría» (1 Co. 1:30; comp. Jn. 1:1-3; Col. 1:15-17).

Tras estas breves observaciones sobre la literatura sapiencial, veamos sucintamente lo más notable de cada uno de sus libros con miras a su interpretación.


## PROVERBIOS

Deriva el libro su nombre de la primera palabra del texto hebreo y está formado por una compilación de máximas, epigramas, sátiras, comparaciones, alegorías, enigmas y demás formas de expresión propias del *mashal* (comparación, similitud).

Aunque el conjunto de la obra se atribuye a Salomón, es clara la alusión que en el propio libro se hace a otros autores y la distinción entre los que se consideraban escritos por el sabio rey (caps. 10-22) y los que procedían de otras plumas: de los «sabios» (24:23 y ss.), de los copistas de Ezequías (25:1-29:27), de Agur (30) y de Lemuel (31). El hecho de que figure el nombre de Salomón al principio puede ser debido a que él fue el autor principal y a que era considerado como el promotor de la literatura gnómica (del griego *gnome*, conocimiento, saber, y también máxima, sentencia) en Israel.

Ya en las primeras líneas aparece con particular relieve la fi
nalidad del libro: «para aprender sabiduría e instrucción, para
entender los dichos inteligentes» (1:2). En efecto, la totalidad de
la obra es un caudal riquísimo de la sabiduría que había de regir
el comportamiento de todo israelita. Su contenido constituiría la
base de la enseñanza en el seno de la familia en primer lugar
pero también en el ámbito de la sociedad en general.

La colección de proverbios está dividida en varias partes bien
diferenciadas:

1. Prólogo (1:1-7).
2. Discursos varios (1:8-9:18).
3. Primera compilación de proverbios de Salomón (10:1 —
22:16).
4. Primera colección de «dichos de los sabios» (22:17 —
24:34).
5. Proverbios adicionales de Salomón (25:1 — 29:27).
6. Palabras de Agur (30:1-33).
7. Palabras de Lemuel (31:1-9).
8. Loa de la mujer sabia (31:10-31).

Cada una de estas secciones presenta características especia
les. Algunas agrupan textos de relativa extensión sobre temas de
terminados. Por ejemplo, la voz de la sabiduría, la exhortación a
la obediencia y la piedad, la prostitución y el adulterio, todo ello
en la primera parte de discursos; o el «oráculo» de la madre de
Lemuel (31:1-8) y el retrato de la mujer virtuosa (31:10-31). Pero
en su mayor parte los proverbios son máximas breves, completas
en sí mismas, con escasa conexión respecto a las que les antece
den o siguen.

La estructura poética es diversa. Abundan los dísticos; pero
también son frecuentes las estrofas con dos o más dísticos (ej. 24:17
18, 24-26) o con formas más complejas (2:1-5; 30:2-4; 30:15-17
podrían citarse muchos más). Como en las restantes composicio
nes poéticas del Antiguo Testamento, predomina el paralelismo
en sus formas varias, especialmente el de sinonimia y el de antí
tesis.

A lo largo del libro se imparte instrucción sobre las más varia
das facetas de la conducta humana: la rectitud y la maldad, e
amor y el odio, la ira y el dominio propio, el egoísmo y la gene
rosidad, la laboriosidad y la negligencia, las riquezas y la pobreza
las relaciones del hombre con Dios y con sus semejantes, las re
laciones entre padres e hijos, las del matrimonio con sus benefi
cios y sus riesgos, las que deben existir entre reyes y súbditos, en
tre amos y siervos, entre amigos, etc. Quien posee las virtude
enaltecidas en los Proverbios es «sabio»; quien las menosprecia

344

carece de ellas es «necio». La humanidad entera aparece así dividida en esos dos grupos, el de los sabios y el de los insensatos. Sobre el primero resplandece la luz del favor de Dios. El segundo está destinado inexorablemente al dolor, a la ruina, a la muerte. El hombre no es dueño arbitrario de su destino. Vive en un universo en el que todo tiene una significación ética, regido por leyes morales que no pueden ser conculcadas. Quien las infringe ha de pagar las consecuencias de su insensatez.

Llama la atención la ausencia en Proverbios de muchos de los grandes temas del Antiguo Testamento. Nada se dice, por ejemplo, de la historia de Israel. El nombre mismo de Israel ni siquiera aparece en todo el libro. Las referencias a la ley no aluden estrictamente a la *torah* de Moisés; tiene un carácter más amplio y flexible, con ribetes de universalidad en cuanto a tiempo y espacio. No hay alusiones detalladas al culto. Ni admoniciones contra la idolatría. El concepto de pecado no enfatiza tanto su profundidad espiritual en relación con Dios como lo nefasto de sus consecuencias en el orden temporal. Tampoco hay referencias mesiánicas. Pero todas estas ausencias se explican si recordamos el carácter y la finalidad de los libros sapienciales, los cuales se ocupan preferentemente del orden de la creación más que del orden de la redención. Por otro lado, aunque es cierto que faltan en Proverbios referencias expresas a puntos esenciales de la fe israelita, no es menos cierto que su contenido viene a ser el mejor comentario práctico que sobre la ley mosaica, resumida en el decálogo, se ha escrito.

### Interpretación

En la exégesis de pasajes de Proverbios deben observarse las siguientes reglas especiales:

1. Determinar el tipo de lenguaje usado en el texto, si es literal o figurado. En este segundo caso, habrá de considerarse la clase de figura, si es un símil, una metáfora, una alegoría etc. y buscar el significado correspondiente. Particular atención debe darse a las expresiones en que la comparación no aparece de modo explícito o suficientemente claro. Terry cita como ejemplo 26:8: («Como quien ata la piedra en la honda, así hace el que da honra al necio»). Aquí se hace uso de un símil cuya primera parte resulta un tanto incomprensible; pero es precisamente en lo absurdo de la misma donde radica la similitud con la segunda parte.

2. Ver si el texto forma parte de un pasaje más amplio. En caso afirmativo, tendremos todas las ventajas que se derivan de estudiar el contexto. Esta ayuda, sin embargo, no está a nuestra

disposición en muchos de los proverbios, pues, como hemos visto, son tan completos en sí como breves e inconexos.

3. Atender antes que a los pasajes paralelos de otras partes del libro o del resto de la Biblia —lo cual puede hacerse posteriormente— al paralelismo existente en la mayor parte de los propios textos. Tanto si los paralelos son sinónimos como si son antitéticos, nos ayudarán a precisar el significado de sus frases.

4. Distinguir lo que es expresión de verdades absolutas y lo que sólo señala verdades relativas. No todos los proverbios tienen un alcance universal. Aquí es válida la observación que hicimos respecto a la interpretación de los Salmos: hemos de saber discernir lo que es confirmación de la Palabra de Dios y lo que es apreciación humana derivada de una experiencia, la cual puede ser muy amplia, pero no comunica un mensaje infalible. Como ya vimos, no siempre el sabio cosecha prosperidad temporal ni el insensato se ve abocado al sufrimiento y la ruina. No siempre que los caminos del hombre son agradables a Dios están en paz con él sus enemigos (16:7), ni siempre son los labios sinceros contentamiento de los reyes (16:13).

Esta norma es esencial para evitar generalizaciones erróneas.

## JOB

Ocupa este libro el tercer lugar de los llamados «Escritos» del canon hebreo y se destaca tanto por su temática como por su majestuosidad y su riqueza literaria.

Queda justificada su inclusión entre los libros sapienciales, pues trata una de las cuestiones que mayor relieve habían adquirido entre los «sabios»: el problema del sufrimiento. También sería aceptable su inserción entre los poéticos por su forma literaria. Sin embargo, tanto su contenido como su forma desbordan cualquier encasillamiento y convierten el libro en obra maestra de gran originalidad. Como reconoce R. H. Pfeiffer, «es tan original que no podemos encajarlo dentro de ninguna de las categorías clásicas de la crítica literaria».[3]

La estructura es simple, pues el libro está dividido en tres partes bien delimitadas: a) un prólogo en prosa (caps. 1 y 2); b) un diálogo o sucesión de discursos poéticos en los que participan Job, sus tres amigos, Eliú y Dios mismo (3:1-42:6); c) un epílogo también en prosa (42:7-17). La segunda parte, que es la más amplia y la más rica, puede dividirse del modo siguiente:

3. *Intr. to the OT*, 1948, p. 683.

1. Primer ciclo de discursos. Intervenciones de Job y de Elifaz, Bildad y Sofar (3-14).
2. Segundo ciclo de discursos (15-21).
3. Tercer ciclo de discursos (22-31), con la inclusión de un himno a la sabiduría (28).
4. Discursos de Eliú (32-37).
5. Respuesta de Dios (38-41).
6. Confesión de Job (42:1-6).

Las secciones en prosa son indispensables para comprender la totalidad de la obra. Pero es la sección poética la que, desde el principio hasta el fin, nos enfrenta con el tema capital que desarrolla. El desenvolvimiento no es un progreso en la acción, al estilo del drama griego, sino más bien un desarrollo de ideas que culminan con la revelación divina.

Es importante observar que, al margen de la cuestión del autor, el fondo del libro muestra un escenario patriarcal correspondiente a una época anterior a Israel. A lo largo de todo el poema se advierte una exquisita simplicidad. «Las relaciones entre el hombre y Dios aparecen sencillas, directas, desprovistas de todo aparato ritual, bien que no faltan los sacrificios, elemento básico aun en las formas más primitivas del culto a la divinidad.»[4]

Esencial para la recta comprensión del libro es la verdadera naturaleza del conflicto de Job. Su problema no es el de tener que afrontar grandes sufrimientos físicos y morales, la pérdida de sus bienes y de sus hijos, la enfermedad horrible, humillante, extenuadora, la incomprensión de su mujer, el abandono por parte de amigos y conocidos, la irritante intervención de sus «consoladores». El problema de Job es eminentemente teológico. Es el angustioso «por qué» de su situación, con un desafío violento al postulado generalizado, repetido hasta la saciedad por sus visitantes, de que los grandes sufrimientos son consecuencia de grandes pecados. Job sabe que ha llevado una vida recta y se rebela contra las falsas imputaciones de Elifaz, Bildad y Sofar. Pero ¿cuál era la causa de que Dios lo tratase como a su peor enemigo? A juzgar por los hechos, Dios estaba cometiendo o un gran error o una gran injusticia. Y Job se atreve a alzar su mirada retadora al cielo y su queja a oídos del Altísimo. A lo largo de sus intervenciones su espíritu recorre todos los estados de ánimo, desde lo más hondo de la desesperación hasta las cumbres más altas de la esperanza.

Cuando, después del fracaso de los amigos y de Eliú, interviene Dios, las preguntas de Job no son contestadas, pero la revelación divina, la manifestación de la sabiduría y el poder de Dios en un mundo en el que se mezcla la grandeza de la creación con el

4. J. M. Martínez, *Job, la fe en conflicto*, CLIE, 1975, p. 14.

misterio de muchas cosas incomprensibles, es suficiente para aquietar a Job. La presencia y la palabra de Dios habían resuelto su problema, aunque no hubiesen dado respuesta a sus interrogantes. Para él se iniciaba un nuevo comienzo pletórico de luz.

La finalidad del libro de Job debe tenerse presente en el momento de interpretar cualquiera de sus textos. Lo que sin duda se propuso el autor es mostrar «lo inadecuado de las especulaciones humanas para explicar el misterio del sufrimiento, así como lo absurdo de pretender juzgar a Dios».[5] En torno a este punto central adquiere un valor enorme el drama existencial de Job, espejo del de muchos otros seres humanos. Y de él, de ese punto central, brotan destellos que iluminan las muchas situaciones de angustia que a menudo sumen al hombre en la perplejidad respecto al sentido de su existencia.

**Observaciones hermenéuticas**

La exégesis de Job debe efectuarse teniendo presentes algunas observaciones especiales:

1. Analícese adecuadamente la riqueza del lenguaje figurado en el que abundan no sólo las metáforas y los símiles, sino también los contrastes, las ironías y las frases candentes. Es digna de ser tomada en consideración la originalidad de algunas de sus figuras. Por ejemplo, «la piel de mis dientes» (19:20), «las puertas de su rostro» (41:41) o «los párpados del alba» (41:18).

2. Estúdiense las declaraciones de cada uno de los personajes que intervienen en el diálogo a la luz de su propia teología, y determínese hasta qué punto expresan una verdad totalmente válida, son una verdad a medias o constituyen un error. Tanto Job como sus amigos hicieron afirmaciones maravillosas; pero de los labios de todos ellos salieron también grandes dislates. El intérprete ha de dar a cada frase el valor que le corresponde.

3. Evítese ver en determinados pasajes más de lo que realmente significan. Algunos versículos tientan casi irresistiblemente a revestirlos de un sentido novotestamentario que no corresponde al pensamiento original del texto. Tal sucede, por ejemplo, con los pasajes relativos al intermediario en la corte celestial: «En los cielos está aún mi testigo, y mi defensor en las alturas» (16:19); y «Yo sé que mi redentor vive» (19:25 y ss.). Aquí no hay ninguna alusión a Cristo, nuestro mediador, en el sentido en que nos lo presenta el Nuevo Testamento, sino a un ser celestial que necesa-

5. J. M. Martínez, *Op. cit.*, p. 22.

riamente había de existir, por razones de justicia, para hacer triunfar la defensa de Job.

4. Conviene, asimismo, atenerse a los límites de las respuestas que el libro da a las preguntas que surgen de su contenido. Por la profundidad de su temática, no es prudente extenderse en disquisiciones filosóficas ajenas a la revelación. Y no debe olvidarse que, como bien comenta Mickelsen, «Job mismo descubrió que lo que necesitaba no era tanto información como a Dios mismo».[6]

## ECLESIASTÉS

También forma parte de los Escritos. Su título en español es una transliteración del griego *ekklesiastes*, traducción aproximada del hebreo *qohelet*, que significa presidente o predicador de una asamblea, al que se atribuye la obra.

El autor se identifica como «hijo de David y rey de Israel en Jerusalén» (1:1, 12). Sin embargo, no parece sostenible considerar a Salomón como el escritor de este tratado. Aun los especialistas más conservadores están de acuerdo en atribuir el libro a un autor de fecha posterior, probablemente posexílica. La opinión de algunos eruditos de que debe aceptarse una pluralidad de autores no parece tener suficiente base. La diversidad de conceptos en el conjunto de la obra no altera su unidad y coherencia.

El contenido no permite una división fácil. Ello explica los muchos bosquejos diferentes que del libro se han hecho. Entre el prólogo (1:1-11) y el epílogo (12:9-14), el cuerpo de la obra está formado por una serie de reflexiones sobre la existencia presididas por una idea principal: la futilidad y los contrasentidos de la vida, ante la que el hombre ha de asumir una actitud sabia, positiva.

El autor entrelaza sus pensamientos con sus propias experiencias personales; y con un estilo ágil, combinando la prosa y la poesía, va desgranando los múltiples aspectos del humano vivir y su significado: la vanidad de la ciencia (1:12-18), de los placeres (2:1-11), de la sabiduría (2:12-26), del trabajo esforzado en un mundo en el que todo parece dominado por las circunstancias y el destino (3:1-15), el escándalo de la impiedad y la iniquidad asentadas en la sede de la justicia (3:15-16), la identificación del hombre con las bestias en su común suerte final: la muerte (3:17-22), las diversas anomalías que se observan en el orden social (4:1 — 5:8), la vanidad sarcástica de las riquezas (5:9 — 6:12), las cualidades de la sabiduría (7:1-12), los riesgos y las oportuni-

6. *Interpreting the Bible*, p. 336.

dades de la vida, amén de sus inconsecuencias, y la prudencia con que deben afrontarse (7:13 — 11:6), la juventud y la vejez (11:7 — 12:8). Pero todas las reflexiones se encaminan a la gran conclusión del libro: la vida humana sólo adquiere sentido y valor cuando se vive con horizontes de eternidad en el temor de Dios y en obediencia a sus mandamientos (12:13).

Contrariamente a lo que pudiera parecer a primera vista, Eclesiastés no es una obra fuertemente teñida de escepticismo. Es un conjunto de cuadros en los que la observación y la meditación se combinan con pinceladas de realismo incomparable, siempre dentro de la perspectiva de la revelación.

## Interpretación

La exégesis de Eclesiastés, más que normas particulares, exige una clara comprensión de su naturaleza y del enfoque con que se examinan las experiencias de la vida y de la muerte. Sin tal comprensión, se yerra fácilmente tanto en el enjuiciamiento del libro como en la interpretación de sus textos. Así se explica, por ejemplo, la torpeza de Ernesto Renan al afirmar que «Eclesiastés es como un pequeño escrito de Voltaire perdido entre los infolios de una biblioteca de teología»; o la ligereza de otros autores que sólo han visto en él una «filosofía cansada y profana», un «catecismo del pesimismo» o el «elogio de una felicidad superficial». En todos estos casos se pierde de vista el plano desde el cual debe contemplarse el conjunto de la obra.

Ese plano nos viene dado por la expresión «debajo del sol», que se usa repetidamente hasta un total de treinta veces. La problemática humana es analizada desde el punto de vista terreno, en su temporalidad, tal como aparece a ojos del observador que no tiene otras fuentes de conocimiento que su percepción sensorial y su capacidad de reflexión. Con esta visión, la existencia es, indiscutiblemente, «vanidad de vanidades, todo vanidad», todo frustración y amargura. Ante ello, parece lo más sabio adoptar una actitud en la que se mezclan en dosis pariguales estoicismo y epicureísmo: «En el día del bien, goza del bien; y en el día de la adversidad, reflexiona» (7:14).

Tomar en consideración este enfoque es indispensable para entender algunos de los textos que aparentemente contradicen otras enseñanzas bíblicas. Tomemos como ejemplo uno de los que se refieren a la muerte del hombre (3:19-22). En el orden físico, hombres y brutos aparecen en un mismo plano; «como mueren los unos, así mueen los otros... ni tiene más el hombre que la bestia. Todo va al mismo lugar; todo es hecho de polvo y todo vuelve al polvo» (19, 20). Y si el observador trata de remontarse por encima del plano físico en alas de la cogitación, no puede ir más allá de la simple conjetura: «¿Quién sabe si el espíritu de los hijos de los hombres sube arriba y si el espíritu del animal desciende abajo a la tierra?» (21). ¡Puro agnosticismo! Pero ésta no es la enseñanza del Predicador, sino del hombre «bajo el sol», de la mente que sólo juzga de acuerdo con lo que se ve. El Qohelet no era simplemente un observador y un filósofo. Era un hombre de fe, favorecido con el conocimiento emanado de la Palabra de Dios. Por eso su conclusión final es mucho más luminosa que la que se desprende del texto que acabamos de considerar. El polvo —es verdad— vuelve al polvo, pero el espíritu vuelve a Dios que lo dio (12:7).

Algo parecido se advierte en el modo de tratar otros temas, ante los cuales la mente humana se ve limitada y abocada a enigmas indescifrables. La palabra «vanidad» (hebel), que preside toda la temática del libro, significa también «vaho, niebla», lo que en el fondo equivale a sombra de misterio. Pero el hombre no está irremisiblemente condenado a la oscuridad de la incertidumbre y de la decepción. La niebla se desvanece bajo los rayos luminosos de Dios y su Palabra, de un Dios que busca el bienestar de sus criaturas en vidas alegres (9:7), regidas por un sentido de responsabilidad moral (11:9 — 12:1). El mensaje de Eclesiastés no destila pesimismo esterilizante, sino sabiduría práctica mediante la cual el hombre puede vivir una vida equilibrada y fructífera, tan pletórica de los bienes que recibe de Dios que, a pesar de todas sus limitaciones, contrasentidos y frustraciones, la «vanidad de vanidades» llegue a convertirse en «plenitud de plenitudes, todo plenitud».

Únicamente si nos percatamos de estas líneas maestras de la obra del Qohelet estaremos en condiciones de interpretar correctamente su pensamiento y sus palabras.

# CUESTIONARIO

1. *Exponga las características y la finalidad de la literatura sapiencial del AT.*

2. *Explique el hecho de que en Proverbios se observa la ausencia de muchos de los grandes temas veterotestamentarios.*

3. *Analice e interprete Pr. 8 y señale hasta qué punto la «sabiduría» en este capítulo puede identificarse con Cristo.*

4. *Resuma la enseñanza fundamental del libro de Job.*

5. *Interprete Job 14:7-17.*

6. *Exponga la idea clave que, a su juicio, nos permite interpretar correctamente el libro de Eclesiastés.*

7. *Interprete Ecl. 8:10-15 y 11:1-8.*

# III

# HERMENÉUTICA ESPECIAL

## NUEVO TESTAMENTO

# XIX

# INTERPRETACIÓN DEL NUEVO TESTAMENTO

## OBSERVACIONES GENERALES

Como su propio título indica, el Nuevo Testamento presupone obviamente la existencia de un «testamento» anterior, pero también el hecho de que entre el uno y el otro existen unas disimilitudes importantes —que ya hicimos notar—, las cuales justifican que aquél sea considerado como distinto y nuevo. Las diferencias, sin embargo, no significan que nos hallemos ante dos obras independientes entre sí. Como hemos advertido una y otra vez, las conexiones entre Antiguo y Nuevo Testamento son estrechas y profundas, lo que constituye un factor de primer orden en la interpretación de textos novotestamentarios. Cualquier intento de aislar cada uno de los dos testamentos o de enfrentarlos, como hiciera Marción, equivale a una desnaturalización de su contenido.

La Iglesia cristiana ha creído desde el principio que ambos se iluminan y complementan mutuamente. Y no le han faltado razones para ello. Todo el texto del Nuevo Testamento aparece hondamente enraizado en la Torah, en los Profetas y en los Escritos del Antiguo Testamento. Es significativo que el primer capítulo del Nuevo empieza con una genealogía, la cual no sólo nos muestra la ascendencia humana de Jesús, sino el entronque de la nueva era que Jesús inaugura con la era anterior, del Evangelio con la revelación de tiempos precristianos. El nacimiento, el ministerio, la muerte y la resurrección de Jesús son el cumplimiento de las Escrituras veterotestamentarias (1 Co. 15:1-4). La venida del Espíritu Santo el día de Pentecostés, que da nacimiento a la Iglesia, había sido anunciada por Joel (Hch. 2:16). Las grandes enseñanzas doctrinales del Nuevo Testamento constituyen un desarrollo y una elevación a planos más sublimes de las que más rudimentariamente encontramos en el Antiguo. Pablo, por ejemplo, hallaría en éste material abundante que le serviría de base e ilustración para su doctrina de la justificación por la fe (Ro. 3 y 4). Lo mismo puede decirse de las enseñanzas éticas (Mt. 5:21 y ss.). Y la escatología cristiana concuerda con la de los profetas anteriores a Cristo, bien que en ella se abren perspectivas más dilatadas y concretas.

## El Evangelio, esencia del Nuevo Testamento

El Nuevo Testamento es el testimonio del cumplimiento de todo aquello que en el Antiguo fue promesa. El gran Profeta que había de venir (Dt. 18:15, 18) ya ha llegado. El «Hijo de David», el Rey ideal, ya ha hecho su aparición. Con Él se rompe el silencio de Dios que había durado desde los últimos profetas posexílicos. Se oye de nuevo su palabra con el contenido maravilloso y los acentos triunfales del *euangelion*, la buena noticia. El tiempo de la espera ha llegado a su fin. Ha sonado la hora del nuevo eón. Es el tiempo por excelencia de la salvación (Hch. 4:12; 13:26; Ro. 1:16; etc.). No es todavía la hora de la consumación perfecta del plan salvífico de Dios. Todavía el pueblo redimido conocerá la tensión, el conflicto, el dolor. Todavía tendrá que vivir en esperanza (Ro. 8:23-25). Pero a partir de ahora la esperanza descansará sobre la base de hechos gloriosos que ya han tenido lugar: la muerte y la resurrección de Jesucristo, garantía de la victoria final de Dios, así como del poder que sostendrá al pueblo cristiano y de las grandes bendiciones que éste disfrutará ya aquí y ahora.

Al analizar el contenido del mensaje esencial del Nuevo Testamento, es decir, del Evangelio, observamos algunos hechos de especial importancia hermenéutica:

1. *Jesucristo es el centro de la proclamación evangélica.* Un centro que es mucho más que un punto. Es un círculo inmenso que prácticamente ocupa la totalidad de la buena nueva. Por ello resulta tan acertado el título del evangelio de Marcos: «Principio del Evangelio de Jesucristo.» Jesús no es sólo su anunciador. Es lo primordial de su contenido. Todo gira en torno a Él. Dios se revela en su unigénito Hijo, quien lo da a conocer (Jn. 1:18). La ley, tan trascendental para los judíos, es interpretada, enriquecida y

cumplida por Él. A través de Cristo se manifiestan las fuerzas del Reino de Dios (Mt. 12:28). Él es la nueva cabeza de la humanidad (Ro. 5:15 y ss.). Sólo por la fe en Jesucristo podemos poseer la vida eterna (Jn. 3:16; 5:24) y participar en la nueva creación de la que Él es autor (2 Co. 5:17). La autoridad de su palabra es insuperable y de la actitud de los hombres ante ella depende su destino (Jn. 12:48).

Este hecho es fundamental desde el punto de vista hermenéutico. Ningún texto del Nuevo Testamento puede ser interpretado adecuadamente si se pierde de vista la centralidad de Cristo en el Evangelio y las implicaciones de la misma. Ninguna doctrina, ningún precepto moral, ninguna experiencia religiosa —individual o colectiva— pueden separarse de Cristo. Las enseñanzas de las diversas religiones han sido justamente juzgadas por su valor intrínseco, independiente de sus fundadores, quienes eran únicamente transmisores de aquéllas. Pero en el cristianismo, Jesucristo es, inseparablemente, el mensajero y el mensaje. Como atinadamente afirmó Griffith Thomas al titular uno de sus libros, «el cristianismo es Cristo». Y la autenticidad de la fe cristiana no se determina por la ortodoxia de unas creencias, sino por la relación personal del creyente con su Salvador y Señor.

2. *Cristo es el gran antitipo de todos los tipos del Antiguo Testamento.* Como tuvimos ocasión de ver en el capítulo relativo a tipología, es enorme la cantidad de material del Antiguo Testamento que prefigura a Cristo y los diferentes aspectos de su obra. Lo más grande de cuanto Israel había tenido por sagrado apuntaba a Jesús (Jn. 5:39). Jesucristo es la nueva pascua de su pueblo (1 Co. 5:7), el verdadero maná (Jn. 6:30-35), la roca de la que mana el agua de vida (1 Co. 10:4), el tabernáculo por excelencia (Jn. 1:14), el incomparable sumo sacerdote (He. 4:14 y ss.), el cordero inmaculado que quita el pecado del mundo (Jn. 1:29). Podríamos multiplicar los ejemplos de tipos referidos a Cristo. Todos ellos, al compararlos con el gran Antitipo, son como insignificantes lucecillas que anuncian la aparición del «sol de justicia en cuyas alas traerá salvación» (Mal. 4:2). La abundancia de tales tipos, así como su gran variedad ilustrativa, nos ayudan a entender mejor la grandiosidad de Cristo y las múltiples facetas de su ministerio redentor.

3. *La salvación del hombre, finalidad de la obra de Cristo.* Sobre este tema volveremos más adelante para considerarlo bajo la perspectiva del Reino. Pero su importancia nos obliga a darle un lugar también aquí.

El propósito del Evangelio no es enriquecer la mente humana con nuevos conocimientos religiosos, sino ofrecer a los hombres la salvación (Lc. 19:10). La proclamación apostólica hace resaltar constantemente este hecho (Hch. 4:12; 13:26; Ro. 1:16; 13:11; 2 Co. 6:2; Ef. 1:13; 2 Ts. 2:13; 2 Ti. 2:10; He. 2:3; 5:9; 1 P. 1:9; etc.).

Es de destacar que el significado del nombre de Jesús (Salvador) ya aparece con notable relieve en el relato del nacimiento que hallamos en Mateo (1:21). Y las narraciones de los evangelistas coinciden al destacar el ministerio de Juan el bautista, preparación del de Jesús, como una potente llamada a disfrutar de la era de la salvación por la vía del arrepentimiento.

Desde el primer momento se hace evidente que la salvación cristiana es de naturaleza moral. No se trata de liberación de enemigos humanos o de circunstancias temporales adversas, idea prevaleciente —aunque no exclusiva— en el Antiguo Testamento. El hombre ha de ser salvado prioritariamente de la tiranía de su propio egocentrismo, de sus codicias, del desenfreno de sus pasiones, de sus actos injustos, de malignas fuerzas cósmicas y —lo que es más grave— de su rebeldía contra Dios. Sólo cuando el hombre es librado de tan nefasta servidumbre adquiere su verdadera libertad. Y sólo Cristo puede liberarle (Jn. 8:32, 36). Todo esfuerzo humano por alcanzar la salvación es vano. La salvación es don de Dios que se recibe mediante la fe (Ef. 2:8).

Esta salvación no se agota con la mera emancipación de la esclavitud moral en que vive todo hombre por naturaleza. Se extiende a una amplísima esfera en la que el redimido ha de hacer uso positivo de su libertad. La salvación proclamada en el Evangelio no es únicamente salvación *de*, sino salvación *para*. Tiene una finalidad: servir gozosamente a Dios en conformidad con los principios morales contenidos en su Palabra. Pablo expresa magistralmente ese fin: «Muertos al pecado, pero vivos para Dios en Cristo Jesús, Señor nuestro... libertados del pecado, vinisteis a ser siervos de la justicia» (Ro. 6:11, 18).

La salvación, según el Nuevo Testamento, es comparable a un éxodo glorioso. Dios «nos ha librado de la potestad de las tinieblas y nos ha trasladado al reino de su amado Hijo» (Col. 1:13). Esto equivale a un cambio radical en el interior de la mente *(metanoia)* y a un cambio en la conducta. El evangelio destruye todo fundamento falso de esperanza respecto a la salvación y exige frutos dignos de auténtico arrepentimiento.

El concepto novotestamentario de la salvación es, como acabamos de ver, primordialmente moral y espiritual; pero incluye el bienestar total de la persona. El paralítico no sólo recibió el perdón de sus pecados; también fue sanado físicamente. La obra restauradora de Dios tiene que ver no solamente con las almas, sino también con los cuerpos; no sólo con lo espiritual y eterno, sino además con lo temporal. Una proclamación del Evangelio que no tenga en cuenta al hombre en la totalidad de su naturaleza y de sus necesidades no es una exposición completa de la buena nueva. Es cierto que no parece ser voluntad de Dios efectuar una salvación psicofísica total —incluida la liberación de enfermedades y otras causas de sufrimiento— de modo inmediato en la experiencia de todos sus hijos o restaurar ya ahora nuestro mundo caótico al orden y la armonía del principio de la creación. En el tiempo presente no puede dejar de oírse el gemido de un universo sujeto a dolor y frustración (Ro. 8:19-22). La consumación de la obra salvífica de Dios tendrá lugar en el futuro; pero ya ahora el redimido es llamado a interesarse y obrar en favor de la creación, de cuanto es obra de Dios; sobre todo, en favor de su prójimo, viendo a éste en su particular situación existencial, como vio el buen samaritano al judío mal herido y despojado en el camino de Jericó.

Pero si es verdad que la espiritualidad y trascendencia del Evangelio no anulan los aspectos temporales de la salvación, no es menos cierto que éstos tampoco eclipsan la gloria escatológica de su mensaje. La salvación cristiana presente es salvación en tránsito; no ha alcanzado aún su término. Pero la meta está cada vez más cerca. *Maran-athá*, el Señor viene (1 Co. 16:22). Y cuando venga nuestra salvación será perfecta (1 Jn. 3:1-3).

4. *El nuevo pueblo de Dios.* Este es uno de los puntos que mayor atención exigen, dado que una apreciación incompleta o defectuosa del mismo puede dar origen a conclusiones equivocadas.

En el Antiguo Testamento, Israel es el pueblo de Yahvéh, su especial tesoro, su posesión (Éx. 19:5; Dt. 4:20; 7:6), su siervo (Sal. 135:14; Is. 48:20), su hijo (Éx. 4:22-23; Os. 11:1), su grey (Sal. 95:7). Con ese pueblo establece Dios una relación de alianza basada en amorosa elección, a la que Israel había de corresponder con la obediencia. A causa de la deslealtad israelita, la bendición divina es trocada en juicio. Consecuentemente, la nación como tal deja de ser pueblo en el sentido que el término entrañaba según Dios. A Israel se le da el nombre de *lo-ammi* (no pueblo mío). Dios mismo explica el porqué: «Porque vosotros no sois mi pueblo ni yo seré vuestro Dios» (Os. 1:9). La infidelidad humana no alterará la fidelidad divina y al final desaparecerá la partícula negativa de *lo-ammi* para convertirse nuevamente en *ammi*, «pueblo mío» (Os. 2:23). Pero entretanto ¿quién constituiría el verdadero pueblo de Dios? El «resto» fiel de israelitas que perseveraba en el temor de Yahvéh. Su cédula de pertenencia al pueblo escogido no era su partida de nacimiento, sino su fe. Guiado por los profetas, este remanente piadoso mantuvo viva la esperanza de la plena restauración de Israel (Ez. 11:16-20). Pero el plan de Dios iba mucho más allá. Traspasó los límites nacionalistas para incluir en su pueblo a hombres y mujeres de todos los países (Is. 45:20-24; 49:6; 55:4-7; Zac. 2:10-12).

La evolución del concepto «pueblo de Dios» en el Antiguo Testamento hace cada vez más evidente que el verdadero israelita no es el mero descendiente de Abraham, de Isaac y de Jacob, sino el que oye la palabra de Dios y la guarda. Esta conclusión nos deja ya en el plano conceptual del Nuevo Testamento, y en cierto modo podría justificar la duda de si en éste realmente hallamos o no un nuevo pueblo de Dios, pues, salvadas las diferencias de conocimiento, las características fundamentales de los creyentes, antes y después de Cristo, son prácticamente las mismas. No obstante, parece claro que el Evangelio, sobre la base de un nuevo pacto, transfiere a la Iglesia cristiana todas las características propias del pueblo de Dios, y de modo tal que la hace aparecer como una especial modalidad del mismo, pero con una singularidad que la distingue del conjunto de lo santos de todos los tiempos.

Según el Evangelio, el pueblo de Dios está compuesto por los creyentes en Jesucristo. Ningún título, mérito o circunstancia de tipo humano nos da el derecho de pertenecer a él. Únicamente son válidos el arrepentimiento y la fe en el Hijo de Dios, sin distinción de raza, nación o lengua. El *laos theou* ahora estará formado tanto por judíos como por gentiles, sin más barrera o exclusión que la causada por la incredulidad. El Evangelio es poder de Dios para salvación para todo aquel que cree (Rom. 1:16). De la misma manera que sin Cristo tanto los judíos como los gentiles están perdidos (Ro. 3:9), así en Cristo Dios justifica tanto a los unos como a los otros (Ro. 3:29-30) para hacer un solo pueblo, un solo cuerpo en el que todos los miembros tienen idéntico derecho de acceder al Padre por un mismo Espíritu (Ef. 2:11-18). En este nuevo pueblo, Cristo es el todo en todos (Col. 3:11).

Pero si el Evangelio nos presenta la Iglesia como el verdadero pueblo de Dios, ¿qué lugar ocupa Israel en el esquema novotestamentario? Esta cuestión ya se planteó en los inicios del cristianismo y ha originado tanta preocupación como controversia. Sin entrar a fondo en el tema, y menos aún en las discrepancias que han enfrentado a diferentes escuelas de interpretación, nos parece justo reconocer que, en términos generales, cuando el Nuevo Testamento se refiere de algún modo al pueblo de Dios, la referencia debe aplicarse a la Iglesia, única y universal. Es difícil encontrar base sólida para colocar paralelamente en el curso de la historia a partir de Cristo dos pueblos de Dios: la Iglesia e Israel. En la era o dispensación actual, un judío sólo puede ser considerado como perteneciente al *laos theou* si se ha convertido a Cristo.

Dicho esto, no debemos soslayar los datos que el Nuevo Testamento nos da sobre el futuro del Israel histórico, como si su identidad y su especial lugar en los propósitos de Dios se hubiesen desvanecido para siempre, lo que sería falso. Sin duda, los capítulos 9-11 de la carta a los Romanos aportan el más acertado de los enfoques del problema de Israel en la perspectiva histórica. Pero en todo caso conviene destacar la unicidad del pueblo de Dios en Cristo. Siguiendo la ilustración paulina, en el plan divino no hay dos olivos, sino uno solo, de cuya savia se nutren tanto las ramas de los judíos como las de los gentiles (Ro. 11:11-24).

Sin pretender que los puntos expuestos sean los únicos importantes, sí hemos de considerarlos esenciales para obtener una adecuada percepción global del Evangelio, factor indispensable para la exégesis de textos del Nuevo Testamento.

## Evangelio e historia

Si al ocuparnos de los textos narrativos del Antiguo Testamento hicimos hincapié en la historicidad de los mismos, con no menos énfasis debemos subrayar el carácter histórico de los relatos del Nuevo. Cualquier debilitamiento de este punto repercute inevitablemente en la interpretación, como vimos al estudiar los métodos histórico-crítico y existencial.

Desde Reimarus, la cuestión del «Jesús histórico» ha sido objeto de apasionados estudios que han dado lugar a las más contradictorias opiniones, la mayoría de ellas —como sugiere K. Frör— mezcla confusa de fuerte psicologización, de positivismo ingenuo, de fantasía romántica y de concepciones idealistas del mundo.[1] Los condicionamientos filosóficos de los dos últimos siglos han influido en no pocas escuelas teológicas en sentido negativo, agrandando la distancia entre el Jesús cognoscible por la vía de la crítica histórica y el Cristo proclamado por las comunidades cristianas del primer siglo. Pero tampoco han faltado eruditos que han sostenido la necesidad de liberación del escepticismo histórico en torno a la figura de Jesús. Últimamente, pese al empeño de Bultmann en prescindir del valor que pudiera tener la figura objetiva de Jesús —dadas las enormes dificultades críticas que, según él, se interponen en el camino a su conocimiento histórico— y el superior valor del Cristo del kerygma apostólico, el interés por el tema no ha disminuido. Por el contrario, en el periodo posbultmanniano, una de las preguntas capitales sigue siendo: ¿Qué relación existe entre el Jesús histórico y el Cristo predicado por la Iglesia Primitiva? Así E. Käsemann, G. Bornkamm y E. Fuchs, entre otros, han llamado la atención sobre la conexión que debe haber entre los hechos y el mensaje apostólico.

Aunque el movimiento por ellos representado esté aún lejos de

---

1. *Biblische Hermeneutik*, p. 267.

361

proveer una base histórica plausible, hay en su línea de pensamiento puntos de indudable interés. Es significativa, por ejemplo, la afirmación de Käsemann: «La historia de Jesús es constitutiva para la fe»,[2] y lo es por cuanto el hecho de la revelación tiene lugar una vez por todas en la historia terrena, en una persona concreta en el tiempo y en el espacio. La acción de Dios en esa historia precede a la fe. El kerygma pascual incluye el testimonio de que Dios, en el Jesús de la historia, ya ha actuado antes de que la fe existiera. El Señor glorificado no es otro que el Jesús encarnado, crucificado y resucitado. Fuchs no es menos concluyente cuando sostiene que «el llamado Cristo de la fe no es, en realidad, otro que el Jesús histórico».[3]

Es verdad que los narradores del Nuevo Testamento no son personas neutras frente al hecho de Jesucristo. Son testigos creyentes, discípulos henchidos de reverencia y amor hacia el Maestro. Su testimonio se entrelaza con la adoración. Su lenguaje es el de la fe, individual y comunitaria. No debe sorprender, pues, que en sus escritos los hechos aparezcan revestidos de sentimientos de devoción a su Señor. Pero de esto a asegurar que la esencia misma de las narraciones es producto de la fe de la primitiva Iglesia media un abismo.

Aun concediendo que los narradores del Nuevo Testamento, al igual que los del Antiguo, no eran historiadores en el sentido moderno, es del todo arbitrario negar fiabilidad histórica a su testimonio escrito. Sería incompatible con los principios más elementales de la honestidad presentar como hechos reales lo que sólo hubiera sido fruto de una imaginación exaltada. El lenguaje de los hagiógrafos novotestamentarios es decisivo al respecto. Lucas, en el prólogo de su Evangelio, atestigua su esmerada labor de investigación histórica (Lc. 1:1-3) y en las epístolas universales encontramos repetidas afirmaciones relativas a la objetividad de las narraciones evangélicas (1 P. 1:16-18; 1 Jn. 1:1-3). Como en el caso de cualquier historiador, la labor de los evangelistas es la exposición de unos hechos, no la creación de los mismos. Aun admitiendo que la finalidad de los evangelios y del libro de los Hechos no es fundamentalmente histórica, sino didáctica y apologética o evangelística, ello no significa en modo alguno que sus relatos carezcan de fidedignidad. La mayor parte del material narrativo del Nuevo Testamento fue redactado por testigos oculares de los hechos que se refieren; y el resto se basó en testimonios perfectamente verificables en su día (comp. 1 Co. 15:6).

La objeción hecha a la fiabilidad de las narraciones del Nuevo Testamento sobre la base de las «discrepancias» que se observan

---

2. *Exegetische Versuche und Besinnungen*, I, 1964, p. 203.
3. *Gesammelte Aufsätze*, II, p. 166.

en pasajes paralelos no tiene el peso que a primera vista podría parecer. Los evangelios muestran las características propias de todo testimonio humano. Cuando son varios los testigos, es normal que cada uno sea afectado de modo diferente por el mismo hecho y que varíen los detalles que más le llamaron la atención. Una ausencia total de diferencias sería sospechosa.

Por otro lado, los escritores, en especial los evangelistas, tenían un propósito concreto que guiaba la selección y ordenación de su material, por lo que cada uno destacó los hechos o los detalles que mejor servían a su finalidad, sin dar demasiada importancia al orden cronológico o a los pormenores de lo acaecido.

Si se tiene esto en cuenta, no surgirá ningún problema de consideración al observar, por ejemplo, que el orden de los acontecimientos en Mt. 8 no es el mismo que en Mr. 1 y 4. Ni constituirá una dificultad el modo como Mateo, en su narración abreviada relativa a la hija de Jairo, alude a ésta como muerta (Mt. 9:18); en realidad aún no había fallecido, como se indica en Mr. 5:23-35 y Lc. 8:42, 49, pero se hallaba a las puertas del fatal desenlace. Para Mateo lo esencial no era la meticulosidad en los elementos secundarios de lo acontecido, sino la exaltación del poder maravilloso de Jesús. Tampoco será inexplicable la aparente contradicción entre los relatos de Mateo y Marcos y el de Lucas sobre los dos ladrones crucificados al lado de Jesús. Mientras que los dos primeros afirman que ambos malhechores le injuriaban, Lucas declara que sólo uno le vilipendiaba, lo que dio lugar a una atinada reprensión por parte de otro. No hay por qué dudar que ambos relatos son ciertos. Lo más probable es que Mateo y Marcos nos refieren la actitud de los dos ladrones en los primeros momentos que siguieron a la crucifixión, mientras que Lucas nos narra lo ocurrido algunas horas después, cuando uno de los delincuentes, ante lo portentoso del impresionante drama que con Jesús como centro estaba teniendo lugar, reconoció tanto su propia indignidad como la grandeza de Aquel que no había hecho ningún mal. Podríamos añadir otros ejemplos y veríamos que prácticamente en todos los casos las discrepancias no son contradicciones reales, sino resultado de testimonios diversos con fines distintos, pero todos ajustados a la verdad esencial de los hechos.

Es evidente que en la raíz de todo antagonismo respecto a la historicidad del Nuevo Testamento se encuentra un presupuesto filosófico: la negación de lo sobrenatural y de todo cuanto choca con la concepción moderna del universo y sus leyes, del hombre y su existencia. Recordemos la gran preocupación de Bultmann por eliminar del kerygma evangélico cuantos elementos pudieran ser piedra de tropiezo intelectual al hombre de hoy. Y recordemos asimismo que de esa preocupación nació su sistema hermenéutico de la «desmitologización».

No fue, sin embargo, Bultmann, el único en subrayar la presencia de mitos en el Nuevo Testamento. Martin Dibelius, en su análisis de las «formas» de los evangelios, incluyó en los «mitos» los relatos del bautismo de Jesús así como los de su transfiguración y su resurrección. Otros autores han sostenido que algunos de los elementos más destacados del Nuevo Testamento no son sino una adopción de patrones míticos conocidos en el próximo oriente. Se hace alusión, por ejemplo, al mito gnóstico de la encarnación, que F. F. Bruce resume en los siguientes términos: «Una esencia celeste baja del alto mundo de las luces al mundo interior de oscuridad física y es apresada en una multitud de cuerpos terrenales. Con objeto de liberar esta pura esencia de su encarcelamiento, desciende un salvador del mundo de la luz para impartir el conocimiento verdadero: es revelador y redentor a un tiempo.»[4] Un mito análogo se encuentra en la literatura mandea, según el cual el redentor, después de haber vencido a fuerzas demoníacas, conduce las almas liberadas al mundo superior. Esta victoria se reproduce simbólicamente en el bautismo mandeo, que algunos han relacionado con el bautismo de Juan.

Pero la aparición de estos mitos es posterior a los tiempos apostólicos, como asegura Bruce y como demuestra Stephen Neill en un documentado estudio sobre esta cuestión.[5] Era, pues, imposible que los escritores del Nuevo Testamento se valieran de ellos. Más bien de los datos cronológicos debe deducirse que la literatura mítica de la encarnación redentora se inspiró en el material, anterior, del Nuevo Testamento. Y si se observa que el lenguaje novotestamentario presenta a veces rasgos que pueden sugerir afinidad con textos gnósticos, no debe perderse de vista que hay otro tipo de textos con los que, de modo más natural, pueden guardar cierta relación: los de la literatura judía relativos a la sabiduría divina personificada, correspondientes al periodo inmediatamente anterior a Cristo.

La historicidad esencial del Nuevo Testamento es de vital importancia en la interpretación de cualquiera de sus textos. Si, cediendo al escepticismo de ciertos eruditos, dudamos de la veracidad histórica de los evangelios, ¿qué puede librarnos de la duda respecto a la autoridad, el valor y el significado de pasajes no narrativos? Si el intérprete puede sentirse con libertad para juzgar la objetividad histórica de unos relatos, ¿por qué no obrar con la misma libertad para decidir el modo de interpretar las doctrinas del pecado o de la justificación por la fe expuestas por Pablo? ¿Por qué no discutir e interpretar los principios éticos del Nuevo

4. «Myth and History», en *History, Criticism and Faith*, IVP, p. 91.
5. *La interpretación del Nuevo Testamento*, Ed. 62, pp. 210 y ss.

Testamento partiendo de la idea de que los escritores quisieron decir algo diferente de lo que dijeron?

Las palabras de Pablo en 1 Co. 15:14 no podían ser más contundentes: «Si Cristo no resucitó —el hecho histórico más trascendental—, vana es entonces nuestra predicación; vana es también vuestra fe.» Contrariamente a lo que algunos aseveran hoy, para el apóstol no es la fe lo que origina la resurrección de Jesús, sino que es ésta la que da origen a la fe. Y todo lo que no sea reconocer como sustancialmente válido el testimonio histórico del Nuevo Testamento es someter su interpretación a las arbitrariedades más contradictorias. Es, en una palabra, un atentado contra la seriedad hermenéutica.

## Peculiaridades literarias del Nuevo Testamento

Con excepción de los pasajes de tipo apocalíptico, el Nuevo Testamento está escrito en lenguaje que debe ser interpretado en su sentido natural, siguiendo los principios y normas estudiados en la hermenéutica general. Las metáforas, símiles y parábolas han de interpretarse de acuerdo con las indicaciones relativas al lenguaje figurado. No parece, pues, necesario extenderse en más consideraciones. Sin embargo, hay hechos, circunstancias, factores de composición y redacción, elementos lingüísticos peculiares que el intérprete ha de incorporar a su bagaje de conocimientos con objeto de perfeccionar su labor. Su conjunto constituye un amplio campo. Por nuestra parte, nos referiremos sólo a algunas de las cuestiones más fundamentales.

## Tradición oral y textos escritos

Si una cosa parece clara en el Nuevo Testamento es que su contenido esencial está formado por el mensaje evangélico, recibido y transmitido por los apóstoles y sus colaboradores (He. 2:3). Su origen no está en la comunidad cristiana, sino en Jesús, quien instruyó a sus discípulos a lo largo de su ministerio público en todo lo concerniente al Reino de Dios. Desde el primer momento la Iglesia tiene un mensaje básico completo, tanto para la proclamación evangelística como para la enseñanza de los conversos. El discurso de Pedro el día de Pentecostés es una síntesis admirable de ese mensaje. Y los que en aquella ocasión creyeron, añadidos a la Iglesia, perseveraban «en la doctrina de los apóstoles» (Hch. 2:42).

Es importante observar el doble aspecto de «recepción» y «transmisión» en lo que respecta al Evangelio. Los apóstoles transmiten lo que antes han recibido del Señor. Pablo es enfático al escribir: «Cuando recibisteis (verbo *paralambanō*) la palabra de

Dios que oísteis de nosotros, la recibisteis no como palabra de hombres, sino, según es en verdad, la palabra de Dios que actúa en vosotros» (1 Ts. 2:13). La predicación es tradición en su sentido literal, *paradosis*, es decir, comunicación de algo que previamente ha sido comunicado al predicador apostólico. Así lo declara Pablo sucintamente: «Os transmití (verbo *paradidōmi*) lo que asimismo recibí *(paralambanō)*, que Cristo fue muerto por nuestros pecados conforme a las Escrituras, y que fue sepultado y resucitó al tercer día conforme a las Escrituras» (1 Co. 15:3, 4).

Esa tradición, que contenía los hechos más prominentes relativos a la vida, muerte y resurrección de Jesús, así como sus principales enseñanzas, se difundió oralmente por espacio de una generación. Este era el medio más adecuado, el más impresionante, en tanto vivieran los apóstoles, testigos de Jesús. Tanto en la predicación de éstos como en sus contactos personales, podían hablar con autoridad de cuanto habían visto, oído y palpado acerca del Verbo de vida (1 Jn. 1:1).

Al parecer, el material de la tradición apostólica fue estructurándose según las diversas necesidades de la Iglesia: proclamación, apologética, enseñanza, culto; y posiblemente desde muy temprano empezaron a circular unidades de tradición, más o menos formalmente agrupadas, con miras a suplir las mencionadas necesidades. El modo como tal estructuración tuvo lugar no puede aún precisarse. En algunos casos es probable que a la tradición original se añadieran glosas, interpretaciones o fórmulas cúlticas, pero siempre conservando la sustancia de la tradición original. Tal parece ser el caso, por ejemplo, de la versión de Pablo sobre la cena del Señor. Por un lado, se expone inequívocamente el origen de la celebración eucarística: «Yo recibí *(parélabon)* del Señor lo que también os he transmitido *(parédōka)*» (1 Co. 11:23). Por otro lado, al comparar 1 Co. 11:23-26 con los pasajes paralelos de los evangelios sinópticos, se observa mayor similitud con el de Lucas, el más elaborado de los tres, e incluso alguna ligera adición («haced esto todas las veces que la bebáis en memoria de mí», v. 25). Diferencias semejantes nos muestra la comparación del evangelio de Lucas con los de Marcos y Mateo.

En cualquier caso es de notar tanto la preservación del material original, núcleo esencial del texto, como la perfecta trabazón teológica entre ese material y las «adiciones». Además no debemos perder de vista que los apóstoles eran, conforme a la promesa de Jesús (Jn. 14:26), especialmente guiados por el Espíritu Santo. Ellos, cuando fue conveniente, supieron dejar constancia de que hacían distinción entre aquello que habían recibido del Señor y lo que era fruto de su propia reflexión. Pero aun ésta gozaba de la iluminación del Espíritu (1 Co. 7:10, 12, 40).

El paso de la tradición oral a los documentos escritos ha sido

—y sigue siendo— objeto de apasionados estudios. Los textos más antiguos del Nuevo Testamento son probablemente algunas de las cartas de Pablo (Gálatas y 1 y 2 Tesalonicenses). Los evangelios fueron posteriores. Pero es posible que antes de estos escritos ya hubiesen aparecido otros. De momento, la cuestión se mantiene en el terreno de las conjeturas.

Que el posible material escrito anterior a los evangelios sinópticos fuese usado como fuente —al menos parcial— de éstos es una opinión generalizada. Aunque es evidente la estrecha relación y los múltiples puntos de coincidencia entre Mateo y Marcos, no hay razones suficientemente sólidas para asegurar que el uno tomó al otro como base única para la composición de su obra. Se admite la prioridad de Marcos, cuyo contenido habría servido de fuente para Mateo y Lucas. No obstante, el minucioso estudio comparativo de los tres evangelios ha llevado a la conclusión de que fuente importante fue un supuesto documento conocido como «Q» (del alemán *Quelle*, fuente), usado especialmente por Mateo y Lucas en los pasajes sin paralelos en Marcos. Algunos especialistas han mencionado asimismo la posibilidad de que Mateo usara material de una colección de dichos de Jesús que se ha designado con la inicial «M», y que Lucas incorporara a su evangelio (especialmente a los caps. 9-18) material obtenido en Cesarea (documento «L»).

Por supuesto, el denominado «problema de los sinópticos» es de mayor envergadura; pero su estudio se sale del propósito de esta obra. Para ahondar en él, remitimos al lector a cualquier obra acreditada sobre los evangelios o a los artículos correspondientes en comentarios y diccionarios bíblicos. En cambio, también en relación con la génesis literaria del Nuevo Testamento, dedicaremos algo más de atención y espacio a un tema que a lo largo de este siglo ha adquirido importancia creciente:

## La «historia de las formas»

Los autores de habla inglesa la denominan «crítica de las formas» *(form-criticism)*; pero el término original *(Formgeschichte* en alemán) tiene una traducción más literal si nos referimos a ella como «historia de las formas». Con dicho término se expresa un método de operar con el contenido de una tradición que, durante un tiempo más o menos largo, ha discurrido por cauces orales. Este método tiene por fundamental el reconocimiento de que la memoria —vehículo de la tradición— se sirve básicamente de material en forma de pequeñas unidades. Determinar y delimitar tales unidades, irreducibles, es su finalidad primordial.

La historia de las formas se ha aplicado al estudio de tradiciones correspondientes a diversos pueblos; pero su uso ha adquirido particular relieve en la investigación de las tradiciones orales que precedieron a la escritura de los libros de la Biblia. Uno de los primeros y más destacados representantes de los críticos de las formas fue Hermann Gunkel, quien a finales del siglo XIX escribió su obra «Creación y caos en los tiempos primitivos y en los tiempos del fin», comparación crítica de las formas de Génesis 1 y Apocalipsis 12. Asimismo aplicó el método a los Salmos, clasificándolos según los tipos (Gattungen) de composición basados en el entorno existencial (Sitz im Leben) en que fueron escritos. La mayor parte de los relatos bíblicos los interpretaba como el desarrollo de tradiciones populares transmitidas en unidades separadas en forma de leyendas, el núcleo de cada una de las cuales consistía en un proverbio o en una frase sapiencial; en torno a este núcleo se desarrollaba la narración.

Este método de análisis se introdujo en el estudio de los evangelios con objeto de explicar lo que se consideraba una estructura fragmentaria de los mismos. Se asumía que los relatos evangélicos circulaban oralmente en la Iglesia primitiva como unidades sueltas y que eran mantenidas en la medida en que contribuían a apoyar o enriquecer la predicación, la enseñanza, la defensa de la fe o el culto. Y no parece —como hemos visto— que tal suposición sea infundada. Es presumible que, en parte al menos, el contenido de la tradición que se insertó en los evangelios fuera determinado por la situación (Sitz im Leben) en que vivía la Iglesia. Esta hipótesis es plausible en tanto se respete la historicidad de las narraciones y no se imponga —como han tratado de hacer algunos especialistas— la conclusión de que éstas son piadosa invención de la Iglesia apostólica más que testimonio verídico de unos hechos reales.

Anterior a la situación en la vida de la Iglesia es la situación en la vida de Jesús. Y es de observar que la una y la otra no siempre coinciden. Hay cuestiones relativas al ministerio de Jesús que los evangelistas presentan con especial relieve, las cuales apenas preocuparon a la Iglesia, y viceversa. Veamos algunos ejemplos:

Las controversias sobre la observancia del sábado ocupan un lugar prominente en los sinópticos, pero apenas si tienen eco en los Hechos y en las epístolas. Por el contrario, los debates en torno a la circuncisión, que tan acaloradamente enfrentaron a judaizantes y antijudaizantes en las iglesias de tiempos apostólicos, carecen por completo de antecedentes en las declaraciones polémicas de Jesús.

El título «Hijo del Hombre» aparece numerosas veces tanto en los sinópticos como en Juan, pero sólo una vez (Hch. 7:56) en el resto del Nuevo Testamento; no parece haber sido corriente en la Iglesia primitiva. En cambio, la designación «Hijo de David», más frecuente, al parecer, en la comunidad cristiana (Ro. 1:3; 2 Ti. 2:8; Ap. 5:5; 22:16), sólo tiene dos referencias en los evangelios: una en el relato sobre Bartimeo (Mc. 10:47 y paralelos); la otra en Mr. 12:35-37, donde Jesús mismo suscita la cuestión para hacer patente que Él, más que hijo, es Señor de David.

El modo de dirigirse a Dios como Padre es común a Jesús y a sus discípulos. Pero es indiscutible que la invocación fue acuñada con un significado personal e íntimo por el Señor, no por la Iglesia. Como bien distingue F. F. Bruce: «El uso de "nuestro Padre" (*'abinu*) o incluso "mi Padre" (*'abi*) referido a Dios era familiar entre los judíos tanto en el uso personal como en la sinagoga; pero Jesús se dirigió a Dios y aparentemente habló de Él usando la forma *abba*, que era la palabra afectuosa empleada en el círculo de la familia (denotaba una distinción respecto a los términos algo más formales usados en la sinagoga) y enseñó a sus discípulos a hacer lo mismo.» Bruce añade una cita de J. Jeremías: «*Abba*, dirigido a Dios, es *ipsissima vox*, expresión auténtica y original de Jesús.»[6]

El estudio comparativo de estas cuestiones y otras semejantes muestra una disimilitud importante entre la situación en el ministerio de Jesús y las circunstancias de la Iglesia a partir de Pentecostés que debe ser considerada con la debida seriedad. Ello nos ayudará a ser críticos de aquellos «críticos de las formas» que, dando por axiomático que las narraciones evangélicas son simple producto de la fervorosa imaginación con que la Iglesia primitiva contemplaba a su Señor, marginan o repudian el valor histórico de los relatos.

Con estas observaciones en mente, podemos proseguir en nuestro intento de exponer los elementos básicos de la «historia de las formas».

Al descubrimiento de las unidades de tradición, debe seguir su clasificación. Aquí una vez más surgen opiniones diversas e incluso diferencias de terminología. Generalmente se admite una primera clasificación en la que el material es dividido en narraciones y dichos, que recogen la tradición histórica y la tradición verbal respectivamente, sin que entre los dos grupos pueda establecerse una línea divisoria rígida, pues algunos dichos importantes aparecen enmarcados en una narración, mientras que algunas narraciones parecen destinadas a dar mayor realce a determinadas declaraciones de Jesús.

Martín Dibelius, una de las figuras más representativas de la *Formgeschichte* establece en su análisis literario de los evangelios cinco grupos o tipos de material que casi se han hecho clásicos:

El *paradigma* o historia con moraleja, que consiste en un breve episodio completo en sí mismo, a menudo de carácter polémico,

6. *Tradition Old and New*, p. 53.

cuyo punto culminante es una declaración de Jesús en la que se expresa una verdad importante. Como ejemplo de paradigma se cita la vocación de Leví y el subsiguiente banquete en su casa, relato que es coronado con las impresionantes palabras de Jesús: «Los sanos no tienen necesidad de médico, sino los enfermos. No he venido a llamar a justos, sino a pecadores.» (Mr. 2:13-17). Podría mencionarse también la curación del paralítico (Mr. 2:1-12) con la conclusión —escandalosa para muchos de los oyentes—: «El Hijo del Hombre tiene poder para perdonar los pecados.» (v. 10).

La «*novelle*». Es una narración más extensa, con profusión de pormenores y sin ninguna enseñanza expresa. Puede tomarse como ejemplo la curación del endemoniado gadareno (Mr. 5:1-20).

La *leyenda*. El relato, que puede ser realmente histórico, tiene por objeto destacar las loables cualidades morales o espirituales de la persona que protagoniza la narración. Dibelius ejemplifica este género con el episodio de Jesús en el templo a los doce años de edad.

El *material edificante*. Contiene la mayor parte de las enseñanzas dadas por Jesús a sus discípulos con objeto de orientar su vida de creyentes en una sociedad hostil. Este material es tan variado que se sugiere una ulterior división: discursos descriptivos, parábolas reales, el reto profético, mandatos breves e instrucciones más extensas de carácter igualmente preceptivo.

El *mito*. Se designan con este título las narraciones en que desaparecen las limitaciones del tiempo y del espacio para dar lugar a una irrupción de lo sobrenatural en la escena humana. Según Dibelius, esta forma mítica escasea en los evangelios. Un ejemplo claro sería el relato de la transfiguración.

Por supuesto, no todos los autores, se han ceñido a la clasificación de Dibelius y la han modificado o ampliado con mayor número de divisiones y subdivisiones. Pero básicamente los análisis de las «formas», en el fondo, han sido coincidentes.

Es innegable que la clasificación del material bíblico atendiendo a la pauta trazada por la *Formgeschichte* es útil tanto en el estudio de la tradición apostólica y del proceso de redacción de los textos como en la interpretación de éstos. Pero es aconsejable evitar todo encasillamiento forzado de los diferentes pasajes y todo dogmatismo en cuanto a la relación entre las unidades de tradición y la obra acabada de un libro de la Biblia, especialmente cuando se trata de los evangelios. Los evangelistas, como hemos señalado, no fueron simples compiladores, sino autores que, guiados por el Espíritu Santo, escribieron obras sólidas, coherentes, en las que el material seleccionado y su ordenamiento respondía a un propósito concreto. Ningún evangelio es una mera colección más o menos caprichosa de relatos y de discursos o dichos de Jesús. El material de cada uno de los cuatro evangelios está dispuesto de acuerdo con claros criterios teológicos y con una finalidad específica. Y cada uno, como afirma A. M. Farrer en su estudio sobre Marcos, «es una compleja obra intelectual genuina y profundamente consistente».[7]

Por otro lado, debemos insistir en la necesidad de precavernos contra la tendencia, bastante común entre los defensores de la historia de las formas, a considerar como hecho indiscutible que la tradición tuvo fundamentalmente su origen en la capacidad creadora de la Iglesia. Puede admitirse una cierta flexibilidad y libertad por parte de los evangelistas en el momento de narrar hechos o citar palabras de Jesús, como lo demuestran las diferencias que se advierten al comparar pasajes paralelos. Pero, apropiándonos palabras de S. Neill, «hay una gran diferencia entre el reconocimiento de este tipo de flexibilidad, de esta elaboración creadora de la comunidad de las tradiciones existentes, y la idea de que la comunidad simplemente inventó e insertó en la vida de Jesús cosas que Él nunca había hecho y palabras que jamás había dicho. Cuando es llevado a su extremo, este método sugiere que la comunidad anónima tuvo un poder creador mucho mayor que el de Jesús de Nazaret, la fe en el cual había hecho que naciera la comunidad».[8] No, el Evangelio no nació de la Iglesia; fue la Iglesia la que nació del Evangelio. La tradición no fue generada, sino preservada por la comunidad cristiana, como honradamente reconoció Dibelius. Y, sin duda, fue preservada con la seriedad y escrupulosidad propias del entorno palestino de los tiempos apostólicos. No debiera olvidarse la rigurosidad con que los rabinos judíos procuraban la exactitud verbal en la transmisión oral de la *halakha*, tradición que recogía las cuestiones éticas, a fin de asegurar que cada generación transmitiera fielmente lo que había recibido del pasado.

Ya hemos señalado que los evangelistas muestran cierta libertad en la presentación de algunos detalles de sus narraciones y que se observan ligeras diferencias cuando citan palabras de Jesús. Pero sus escritos son esencialmente el testimonio fidedigno de lo que Jesús hizo y dijo. Su gran preocupación no fue evitar la diversidad en pormenores sin importancia y así quitar toda piedra

7. *A Study in St. Mark*, 1951, pp. 22, 23.
8. Op. cit., p. 308.

de tropiezo a posibles futuros críticos, sino irradiar la gloria de la persona de Jesús, de sus hechos y de sus enseñanzas.

**Formas literarias especiales**

Reservamos para capítulos subsiguientes el estudio de los géneros literarios del Nuevo Testamento (evangelios, Hechos, epístolas y Apocalipsis) juntamente con los elementos del contenido de los libros correspondiente a cada género que mayor importancia tienen desde el punto de vista hermenéutico. Aquí nos limitaremos a hacer notar algunas formas literarias del Nuevo Testamento que son de interés para el intérprete.

*Expresiones peculiares de Jesús*

Las encontramos a menudo en los evangelios y parecen reflejar un respeto a los reparos que, por motivos de reverencia, tenían los judíos de aquella época en usar el nombre de Dios. El tetragrama de Yahvéh (YHWH) era sustituido por otros términos o por circunloquios. Así, por ejemplo, se usa el «Reino de los cielos» para significar el «Reino de Dios» (31 veces en Mateo), aunque también hallamos esta segunda expresión en algunos casos (Mt. 19:24; comp. v. 23). En Mr. 14:62, la frase «sentado a la diestra del Poder» se refiere obviamente a la diestra de Dios. En algunos casos el nombre de Dios se suprime, aunque se sobreentiende. Tal es el caso de la «sabiduría», justificada por sus hijos (Mt. 11:19; Lc. 7:35); se trata de la sabiduría de Dios (comp. Lc. 11:49). A veces hallamos frases de participio (griego), como «cualquier que me recibe a mí no me recibe a mí, sino al que me envió» —*ton aposteilanta me*— (Mr. 9:37). Frases semejantes aparecen en Mt. 10:28 y 23:21, 22.

Llama particularmente la atención la preferencia hacia el denominado *pasivo divino*, es decir, el uso de la voz pasiva en acciones realizadas por Dios en las que no se menciona expresamente al agente divino. Según J. Jeremías, casi cien veces aparece esta forma de expresión en las palabras de Jesús.[9] Ejemplos abundantes y claros los tenemos en las bienaventuranzas: «Bienaventurados los que lloran, porque ellos serán consolados» (Dios los consolará); «Bienaventurados los que tienen hambre y sed de justicia, porque ellos serán saciados» (Dios los saciará), etc. Igualmente expresivos son los ejemplos de Mt. 10:30 («Todos los cabellos de vuestra cabeza están contados») y Mr. 2:5 («Tus pecados te son perdonados»). Sin embargo, como recalca J. Jeremías, «se dan un buen número de casos-límite en donde no podemos decir con cer-

---

9. *Teología del NT*, I, p. 23.

teza si la forma pasiva pretende ser un circunloquio para describir la acción de Dios o si dicha voz se utiliza sin tal intención».[10] En determinados textos, el pasivo divino puede implicar una profunda cuestión teológica. Tal es el caso de Mr. 1:14 —«Después que Juan fue entregado, Jesús vino a Galilea»—. ¿Fue entregado por Dios? Probablemente Marcos está pensando en la experiencia paralela de Jesús, quien también sería «entregado en manos de hombres» (Mr. 9:31) para ser muerto, pero «entregado por determinado designio y previo conocimiento de Dios» (Hch. 2:23).

Otra forma peculiar de expresión en el lenguaje de Jesús es el *paralelismo antitético*. Según C. F. Burncy, «caracteriza a toda la enseñanza del Señor que hallamos en todas las fuentes de los evangelios».[11] Paralelos antitéticos aparecen en los sinópticos» más de cien veces en las formas más diversas. J. Jeremías, en su análisis de esta figura de dicción en los evangelios, distingue los diferentes modos en que se presenta. Unas veces mediante sustantivos, adjetivos y verbos utilizados para expresar conceptos opuestos; otras veces por medio de la negación (casi siempre del segundo miembro), del contraste entre pregunta y afirmación (Mr. 3:33-35; 8:12; 10:18; 11:17; Mt. 7:3-5; Lc. 12:51, etc.), de la inversión (Mr. 2:27; 8:35; 10:31; Mt. 6:24; 7:18; 23:12 y pasajes paralelos), de la polarización (Mr. 4:25; 10:31; Mt. 6:24; Lc. 14:8-10 y paralelos), de enunciados complementarios (Mr. 2:19b-22; Mt. 5:21 y ss., 27 y ss., 43 y ss.; 23:23) y frecuentemente combinando el contraste con la negación (Mr. 2:19b y ss.; 3:28 y ss.; 4:21-22; 7:15 y ss.; Mt. 6:19-20, 31-33; Lc. 7:44-46; 10:20, entre muchos más).[12] Examinados globalmente, los numerosos textos en forma de paralelismo antitético parecen subrayar la realidad que subyace en el fondo de todas las enseñanzas de Jesús: la confrontación de los hombres con el mensaje del Reino, con sus promesas, sus demandas y sus solemnes advertencias.

### El uso de parábolas, máximas y frases enigmáticas

A las primeras, dada su extensión y la entidad de su contenido, dedicaremos mayor espacio en capítulo aparte.

En cuanto a las máximas o aforismos que a veces hallamos en las palabras de Jesús, quizá conviene tener en cuenta los antecedentes veterotestamentarios. El *mashal* hebreo, término de significado amplio, tenía un uso muy generalizado. Podía ser la forma de expresar un pensamiento sapiencial, una regla moral, un principio de conducta, una norma de vida. Este tipo de expresiones

10. *Op. cit.*, p. 23.
11. *The poetry of our Lord*, Oxford 1925, p. 83.
12. *Op. cit.*, p. 29.

las hallamos también en las enseñanzas de Cristo: «le basta a cada día su propio afán» (Mt. 6:34); «quienquiera que se avergüence de mí... el Hijo del Hombre también se avergonzará de él» (Mr. 8:38); «a todo aquel a quien se le da mucho, mucho se le exigirá, y al que mucho se le haya confiado, más se le pedirá» (Lc. 12:48), etc.

A veces el *mashal* era un enigma. En este sentido también aparece en los discursos y demás intervenciones verbales de Jesús. He aquí algunos ejemplos notables: las palabras acerca de Juan el Bautista (Mt. 11:11 y paralelos; resulta paradójico y de difícil comprensión que Juan sea a la vez el mayor de los nacidos de mujer y menor que el menor en el Reino de los cielos); la afirmación siguiente de que «el Reino de los cielos sufre violencia y los violentos lo arrebatan»; la metáfora del remiendo en vestido viejo con paño nuevo o la del vino nuevo en odres viejos (Mr. 2:21-22); la declaración sobre los efectos de su venida (Mt. 10:34); la afirmación relativa a Elías (Mr. 9:11); la predicción acerca de su actividad «hoy y mañana» terminada «al tercer día» (Lc. 13:32), o la ininteligibilidad en que se envolvían algunas de las parábolas para «los que están fuera» (Mr. 4:11), práctica desacostumbrada entre los rabinos de la época.

Más de una vez Jesús mismo tuvo que aplicar a sus discípulos el significado de tales dichos. Pero, sin duda, Él se valió de esa forma de lenguaje para agudizar el interés de sus oyentes y moverlos a profundizar en lo que habían escuchado. Una vez comprendidas estas expresiones singulares, su misma «enigmaticidad» contribuiría a que se grabaran más hondamente en la memoria de los discípulos.

### El término «Amén»

Con una absoluta originalidad, Jesús usa frecuentemente la palabra «amén», que significa «ciertamente». Por supuesto, el vocablo no era nuevo en sus días. En tiempos del Antiguo Testamento se utilizaba para asumir una doxología, una imprecación, un juramento, una bendición o una maldición. Expresaba asentimiento a las palabras de otro (Nm. 5:22; Dt. 27:15 y ss.; Neh. 5:13; Jer. 11:5). Pero en Is. 65:16 aparece un nuevo matiz. El «Dios del amén» es el Dios de la fidelidad. Lo que Él dice se cumple, pues su palabra está revestida de autoridad suprema y de infinito poder. Y es precisamente ese matiz el que reaparece en el «amén» que precede a las declaraciones de Jesús. Por eso el *amēn legō hymin* se ha traducido atinadamente por «de cierto os digo». Jesús es portavoz de la verdad en su sentido más absoluto. Lo que declara tiene el respaldo de la autoridad divina que le es propia. Nunca hace suya la típica frase de los profetas del AT: «Así dice el Señor.» Sorprendentemente, pero con toda llaneza y naturalidad, repite una y otra vez: «Yo os digo», y generalmente anteponiendo el «amén» (en el evangelio de Juan en forma duplicada). No había forma más expresiva de enfatizar la identificación de su palabra con la del Padre (comp. Jn. 14:24; 17:14).

La adecuada valoración del «amén» de Jesús librará al intérprete de ver en ese término —o en la frase «de cierto os digo»— una mera forma lingüística de escaso contenido. Por el contrario, le introducirá de plano en el campo de la cristología para situarlo ante la grandeza de la persona de Cristo y de su autoridad sin parangón.

*Formas poéticas*

A simple vista puede parecer que son escasos los pasajes poéticos en el NT. Con excepción de los cánticos de María (Lc. 1:46-55), de Zacarías (Lc. 1:68-79) y de Simeón (Lc. 2:29-32), no es fácil descubrir textos que no sean prosa. Sin embargo, aunque la poesía se halla en el pensamiento más que en la fonética —como vimos al estudiar la poesía hebrea—, los hay, y el exegeta debe estar en condiciones de reconocerlos para interpretarlos adecuadamente.

Ralph P. Martin, en su trabajo sobre «Accesos a la exégesis del Nuevo Testamento» [13] hace un valioso análisis de las formas hímnicas y poéticas que puede guiarnos en el estudio de las mismas. Siguiendo parcialmente su esquema, destacamos:

1. *El paralelismo antitético.* Ya hemos tenido ocasión de observar la frecuencia de esta forma de paralelismo en el lenguaje de Jesús. Pero en otros textos se nos presenta más poéticamente. Tal es el caso de la aclaración angélica en Lc. 2:14:

> «*Gloria a Dios en las alturas*
> *y en la tierra paz;*
> *buena voluntad*
> *para con los hombres.*»

El contraste es entre el cielo y la tierra, entre lo que se tributa a Dios —gloria— y lo que se otorga al hombre —paz, buena voluntad *(eudokia)* por parte de Dios.

Un tipo especial de paralelismo antitético es el que E. Käseman ha denominado «frases de ley sagrada», todas ellas variaciones del principio de la *lex talionis.* Su forma básica la encontramos en 1 Co. 3:17:

13. *NT Interpretation,* p. 220 y ss.

> *«Si alguno destruye el templo de Dios,*
> *Dios le destruirá a él.»*

El tema básico, de fondo apocalíptico, es la destrucción del destructor. En él se inspiran textos como Mr. 8:38; Gá. 5:8; 2 Ts. 1:6, 7; Ap. 22:18.

2. *Paralelismo de miembros de un todo*, más conocido por los términos latinos *parallelismus membrorum*, en el que se yuxtaponen dos o más frases de sentido contrapuesto o complementario relativos al mismo sujeto. Pueden hallarse en las cartas de Pablo y Pedro, generalmente para expresar significativas enseñanzas de tipo doctrinal, tales como los dos aspectos o estados de la existencia de Cristo. Por ejemplo, Ro. 1:3-4:

> *«Nacido del linaje de David según la carne,*
> *declarado Hijo de Dios con poder, según el Espíritu de santidad*
> *por la resurrección de entre los muertos.»*

En un sentido más lato podemos hallar otros ejemplos en Ro. 4:25; 1 Co. 15:3b, 4; 1 Ti. 3:16; y 1 P. 1:20; 3:18.

3. *Himnos.* Se admite generalmente que determinados textos del NT son reproducción total o fragmentaria de himnos que se cantaban en las iglesias de tiempos apostólicos. Algunos tienen una clara inspiración en el salterio y en las doxologías del AT. Por ejemplo, los cánticos del Apocalipsis (4:8, 11; 11:17, 18; 14:7; 15:3, 4), entre los que destaca el primero, el «Santo, Santo, Santo». Otros surgen directamente de las riquezas espirituales del Evangelio y expresan con belleza y vigor insuperables algunos de los puntos teológicos más significativos. En las versiones más modernas aparecen muy acertadamente en forma versificada. Los más notables son: Ef. 5:14; Fil. 2:6-11 y 1 Ti. 3:16. Algunos autores incluyen también Col. 1:15-20.

El pasaje de Filipenses no está versificado en las versiones castellanas de Reina Valera, pero sí en la Biblia de Jerusalén, que ha dispuesto el texto dividiéndolo en seis estrofas. En las dos últimas hay sendos versos en cursiva que hacen más vívido el estilo poético, así como el contenido ideológico:

> «Para que al nombre de Jesús
> *toda rodilla se doble*
> en los cielos, en la tierra y en los abismos
> *y toda lengua confiese*
> que Cristo Jesús es SEÑOR
> para gloria de Dios Padre.»

Algunos especialistas han dividido la porción en tres estrofas, correspondientes a los tres estados de Cristo: preexistente, encarnado y entronizado. De todos modos, sea cual sea la forma de versificación, ésta nos ayuda a captar mejor tanto la riqueza literaria del pasaje como su profundidad teológica.

Pero aun las mejores traducciones pierden con frecuencia la fuerza fonética del original griego. Así sucede en 1 Tim. 3:16 donde *en sarkí* (en la carne) y *en pneumati* (en el espíritu) tienen una cierta asonancia. Lo mismo se observa en Ef. 5:14:

*Egeirai ho katheudōn*
*kai anasta ek tōn nekrōn*

Aunque algunos de estos pormenores literarios no sean indispensables para la interpretación del texto, no puede decirse que carezcan de importancia. El estudio de los pasajes poéticos del Nuevo Testamento nos ayuda a apreciar la identidad lírica de éstos, exponente de la fuerte impresión que la grandeza de su contenido había causado tanto en la comunidad cristiana como en el escritor sagrado. Son una ventana abierta a la vida de adoración de los primeros cristianos, elemento importante en la situación *(Sitz im Leben)* de la Iglesia. Y, como vimos, todo cuanto enriquezca nuestro conocimiento del fondo histórico de un pasaje es una ayuda hermenéutica.

Asimismo, el reconocimiento del carácter poético de determinados pasajes del NT nos ayudará a interpretarlos correctamente previniéndonos contra un excesivo literalismo. Cuando, por ejemplo, Pablo afirma que ante el Cristo glorificado se doblará «toda rodilla de los que están en los cielos, en la tierra y debajo de la tierra», está expresando poéticamente la sumisión universal al señorío de Jesucristo.

4. *Expresiones litúrgicas.* Aparecen en el Nuevo Testamento algunas palabras que ocuparon lugar prominente en el culto de la Iglesia primitiva. Aunque su uso se generalizó tanto en las comunidades palestinas como en las del mundo helénico, conservaron en todo lugar su forma original semítica, bien que en algún caso se añade la traducción (Ro. 8:15; Gá. 4:6).

Las más notables de estas palabras son: abba, amén, hosanna, aleluya y maranatha.

*Abba.* Jesús, muy singularmente —como ya hemos hecho notar—, había usado este término arameo, delicadamente íntimo y afectuoso, para dirigirse a su Padre celestial. Todo da a entender que esta invocación impresionó profundamente a los discípulos, quienes se la apropiaron y la difundieron de tal modo que vino a ser el testimonio más expresivo de la posesión del Espíritu Santo y de la filiación divina, es decir, de la autenticidad de la profesión de fe cristiana (Ro. 8:9, 14, 15).

*Amén.* También nos hemos referido anteriormente a este vocablo, a su significado en tiempos del Antiguo Testamento y en el lenguaje de Jesús. Por lo que respecta a su uso en la Iglesia cristiana, algunos textos del Nuevo Testamento atestiguan su paralelismo con el uso en la sinagoga, o sea como forma de asentimiento a lo que otro ha dicho (1 Co. 14:16), especialmente a las confesiones de fe y a las oraciones, o como conclusión de una doxología (Ro. 1:25; 9:5; 11:36; Ef. 3:21; etc.). En el «amén» comunitario se fundían y hallaban expresión las convicciones, los sentimientos y la esperanza del pueblo que adoraba a su Señor.

*Hosanna.* Transcripción del hebreo *hoshi'an na'*, significa literalmente «salva ahora». Originalmente fue una petición de auxilio divino para la victoria (Sal. 118:25); pero esta súplica, en el transcurso del tiempo, llegó a convertirse en una aclamación en honor de Yahvéh. Como el salmo 118 se cantaba en las grandes fiestas del pueblo judío, la exclamación «hosanna» se hizo de uso frecuente.

En el relato de la entrada triunfal (Mr. 11:1-10 y paralelos), lo hallamos en labios de la multitud que tendía sobre el suelo sus *hoshanoth* (ramos) al paso de Jesús. ¿Qué significaban aquellos «hosannas»? ¿Eran el grito entusiasta de un pueblo que aclamaba a Jesús como el «hijo de David», a modo de saludo cálido, sin reflexionar en lo que esto implicaba? ¿O, recobrando el sentido original de la palabra, constituía una súplica ardiente a Dios para que salvara a Israel mediante la consumación del reino esperado? Posiblemente en medio de aquella heterogénea multitud habríamos hallado lo uno y lo otro.

Al parecer, el «hosanna» se introdujo en la terminología cúltica cristiana como expresión de alabanza a Dios o a Cristo.

*Aleluya.* Sólo se encuentra en Ap. 19:1, 3, 4, 6, con el mismo significado que en el Antiguo Testamento: «Alabado sea Yah —Yahvéh—» (Alelu-ya).

Es curioso que esta exclamación litúrgica, tan frecuente en el Antiguo Testamento, apenas tiene eco en el Nuevo, y aun las escasas veces que aparece la encontramos no en el culto cristiano, sino en aclamaciones de seres celestiales. Pese a este detalle, parece que la Iglesia no tardó en apropiársela.

*Maranatha.* Esta expresión se halla únicamente en 1 Co. 16:22, pero es de gran interés por su contenido cristológico. Es una fórmula aramea que se ha descompuesto de modos diversos: *maran atha* (nuestro Señor ha venido o está presente) y *maraha tha* (Señor nuestro, ven). Aunque ambos son lingüísticamente aceptables, el segundo goza de predilección entre los biblistas modernos.

En opinión de algunos, se usaba en la celebración del partimiento del pan prácticamente desde el principio de la Iglesia. De ahí que el término pasara a las comunidades de habla griega inalterado, tal como se usaba en las más antiguas de Palestina. Probablemente indicaba la súplica de los fieles para que la presencia de Cristo se manifestase en la celebración eucarística. Pero no se excluye la dimensión escatológica, es decir, el anhelo y la oración del pueblo redimido que ansía la venida gloriosa de su Señor.

Todo lo anotado en este capítulo tiene un carácter meramente introductorio y su principal finalidad es prevenir a quien se inicia en la interpretación del Nuevo Testamento respecto a la conveniencia de completar su conocimiento de los principios generales de la hermenéutica con el de las peculiaridades de los escritos novotestamentarios. El estudio de tales peculiaridades constituye el objeto de los siguientes capítulos.

# CUESTIONARIO

1. El tema de la salvación es básico en el NT. ¿Cómo debemos entenderlo tanto en su naturaleza como en su alcance y en sus condiciones?

2. ¿Cuál es el concepto novotestamentario de «Pueblo de Dios»?

3. Resuma las más importantes posiciones respecto a la historicidad del NT.

4. ¿Qué relación puede establecerse entre la tradición oral apostólica y los escritos del NT?

5. ¿Qué juicio le merece la «historia de las formas»?
(El juicio debe ir precedido de una breve exposición del método de la Formgeschichte.)

6. ¿Qué alcance y qué valor tienen los elementos poéticos del NT?
(Incluya en la respuesta algunos ejemplos.)

# XX

# LOS EVANGELIOS

Constituyen un género literario singular, tan único como la persona que lo originó. Ninguno de ellos es, en sentido estricto, una biografía de Jesús, aunque los cuatro abundan en datos biográficos. Ninguno pretende narrar todos los hechos notables de la vida de Cristo, para lo cual se necesitarían obras de inmenso volumen (Jn. 21:25). En cualquiera de ellos se observan lagunas. Ninguno encadena los acontecimientos siguiendo un orden rigurosamente cronológico, como lo haría un historiador o un biógrafo. Palabras o frases tales como «entonces», «en aquel tiempo», «después de estas cosas», etc., no siempre deben tomarse en sentido literal. Son partículas de enlace o transición más que indicadoras del orden cronológico en que los hechos tuvieron lugar.

La razón de esta característica de los evangelios es que el propósito de sus autores no fue tanto la información histórica como la formación teológica. Lo importante para la edificación espiritual de la Iglesia y para la evangelización no era la posesión de unos simples relatos de la vida del Señor. Lo que se necesitaba era un medio adecuado por el que se mantuviese y difundiera el *euangelion*, con la enorme fuerza espiritual de la presencia, las palabras y los hechos de Jesús. El gran mensaje evangélico estaba inserto en la historia, pero era mucho más que historia. Era *kerygma*, proclamación, y *didajé*, enseñanza. Ello explica que los evangelistas no se sintieran dominados por el rigor historiográfico, sino por el contenido, espiritualmente riquísimo, de las obras y las palabras de Cristo, y por su significado, que trascendía lo meramente histórico. Esta peculiaridad debe ser tomada en consideración cuando se aplican a su estudio los métodos críticos que se usan para el análisis de otras obras. Tales métodos, si recordamos la singularidad de los evangelios, han de ser considerados, en frase de D. Guthrie, «como guías más que como criterios».[1]

El ordenamiento del material lo realiza cada escritor de acuerdo con un propósito fundamental y con un plan bien elaborado. El resultado en cada caso es un todo completo, armonioso, proporcionado en la extensión de cada una de sus partes.

Comparando los cuatro evangelios, saltan a la vista los paralelos y similitudes; pero también las diferencias en la selección de materiales, en el enfoque, en los énfasis. Así, girando en torno al mismo centro, cada uno nos da la visión propia del ángulo desde el cual contempla al Señor. Son comparables a cuatro cuadros de Cristo pintados por distintos artistas con perspectivas diversas. La Iglesia debe sentirse agradecida por esta cuádruple obra, infinitamente más valiosa que lo que habría sido un solo evangelio, por más que éste hubiese recogido todas las narraciones contenidas en los restantes.

A efectos hermenéuticos, dejando aparte cuanto concierne a autores, fechas de redacción, fuentes, etc., nos parece oportuno destacar algunos datos útiles para la interpretación, como son el propósito, la estructura y las características principales de cada uno de los evangelios con una exposición sucinta de los elementos más sobresalientes de su contenido.

## MATEO

### Propósito

Varían las opiniones en cuanto al objetivo principal de este evangelio. Es, sin embargo, evidente el carácter apologético que le distingue. Ello da a entender que una de sus finalidades primordiales era refutar las objeciones anticristianas de los judíos demostrando que Jesús era el Mesías y que en Él se cumplían las profecías cristológicas del Antiguo Testamento. Por algo el evangelio de Mateo es el que contiene mayor número de citas veterotestamentarias en apoyo de la mesianidad de Jesús y el que más incisivamente incorpora en su obra elementos antagónicos respecto a la religiosidad judía (restricciones sabáticas, enorgullecimiento a causa del templo, superficialidad e hipocresía en el cumplimiento de la ley, etc.). Recuérdese el capítulo 23 con los cáusticos «ayes» pronunciados por Jesús contra escribas y fariseos.

1. *NT Introduction*, p. 12.

También es muy probable que su composición estuviera presidida por una finalidad prioritariamente didáctica. La disposición del material y la forma de la redacción se prestan a que fuera usado como instrumento catequético en las comunidades cristianas del primer siglo. Que el autor sentía especial preocupación por la instrucción en la Iglesia parece desprenderse del relieve con que la enseñanza aparece en la gran comisión (28:20).

Algunos autores, K. Stendahl entre ellos,[2] creen que el evangelio de Mateo estaba destinado en primer lugar a los maestros y líderes de las congregaciones para que les sirviese de «manual de enseñanza y administración en la Iglesia». En apoyo de esta hipótesis, aduce el capítulo 18, que considera poco apropiado para una catequesis amplia y más bien responde a la necesidad de instrucción especial sobre determinadas cuestiones para los guías.

Y no han faltado quienes han visto en Mateo una respuesta a necesidades de tipo litúrgico (G. D. Kilpatrick). Esta suposición, pese a que algunos pasajes del evangelio resulten adecuados para suplir tal necesidad, no parece poseer suficiente base.

De lo que no hay duda es que en el evangelio de Mateo ha encontrado siempre la Iglesia una fuente riquísima de conocimiento de las enseñanzas de Jesús.

**Estructura**

Revela una mente sistemática que sabe ordenar y esquematizar el material con extraordinaria habilidad. Podemos aseverar con T. Zahn que «ningún libro de historia del Antiguo Testamento ni del Nuevo puede competir con él».[3]

El carácter esquemático de Mateo se observa palmariamente a lo largo de las cinco grandes secciones en que puede dividirse:

1.ª (caps. 3-7). Empieza con una parte narrativa para proseguir y concluir con el sermón del monte.

2.ª (8-10). A una serie de relatos sobre milagros de Jesús sigue el discurso de orientación misionera.

3.ª (11-13). Se refieren una serie de episodios reveladores de la oposición creciente a Jesús por parte de los judíos. La sección culmina con las enseñanzas sobre el Reino por medio de parábolas.

4.ª (14-18). Los relatos tienen dos puntos de capital significación: la confesión de Pedro —seguida del anuncio de Jesús acerca de su pasión, muerte y resurrección— y la transfiguración. La parte final está compuesta por las enseñanzas varias del capítu-

---

2. *The School of St. Mathew and its use of the OT.*
3. *DBH*, p. 1.196.

lo 18 que habían de regular la vida comunitaria de los discípulos. 5.ª (19-25). La narración inicia el preludio del drama final. Se agudiza el conflicto entre el Señor y sus adversarios. Se dan nuevas enseñanzas en forma de parábolas, y la sección llega a su conclusión con las invectivas de Jesús contra escribas y fariseos y con un rico caudal de instrucción escatológica.

Estos cinco bloques didácticos quedan enmarcados entre las narraciones relativas al nacimiento de Cristo y las de su muerte y resurrección. El conjunto suele dividirse en dos grandes partes: la que precede y la que sigue a 16:2. En la primera, Jesús ejerce primordialmente su ministerio con una total apertura al pueblo. En la segunda, sin renunciar por completo al contacto con las multitudes, concentra su actividad más particularmente en la instrucción de los apóstoles.

**Características**

1. *Concisión narrativa.* Contrasta con el evangelio de Marcos, en el que la narración se distingue por la profusión de pormenores. En Mateo se pone de manifiesto que lo más destacable no es el relato en sí, sino la enseñanza que contiene. Ello explica la inclusión de algunos detalles aparentemente sin importancia, incluso carentes de significado a menos que examinemos los pasajes paralelos que pueda haber en los restantes evangelios. Tomemos como ejemplo el texto de 8:16 («Y caída la tarde, le presentaron muchos endemoniados»). ¿Por qué al atardecer? En Mr. 1:21, 32 tenemos la respuesta: era sábado, por lo que hasta la puesta del sol ninguna actividad —incluida la curación de enfermos— era lícita.

2. *Énfasis en la mesianidad de Jesús.* Convenía tal énfasis si había de lograrse la finalidad apologética antes mencionada.
Jesús no es sólo el «hijo de David», como se hace constar ya al principio de la genealogía que encabeza el primer capítulo (1:1) y se recalca en otros varios pasajes (9:27; 15:22; 20:30, 31; 21:15). Es también el Hijo de Dios en el que tiene cumplimiento lo dicho por Oseas: «De Egipto llamé a mi hijo» (Os. 11:1; comp. Mt. 14:33; 16:16; 17:5; 27:43, 54). Es el Señor anunciado por Isaías (40:3), para cuyo advenimiento Juan el Bautista prepara el camino (Mt. 3:1-3). Es el bautizador en el Espíritu Santo y el agente del juicio de Dios (3:11, 12). Es la gran luz que va a resplandecer sobre un pueblo sumido en tinieblas (4:12-16); el gran profeta que no sólo emula sino que supera a Moisés (Mt. 5:22, 28, 32) y habla con una autoridad asombrosa (7:28, 29); el portador de perdón (9:2); el «siervo escogido de Dios» (Is. 42:1-3); el mesiánico «Hijo del hombre» (16:13, 27, 28, entre otros); el «Rey»

que viene a la «hija de Sión» (21:4), quien a su debido tiempo manifestará la gloria de su soberanía universal (24-25) y que ya después de su resurrección es investido de toda autoridad «en el cielo y sobre la tierra» (28:18).

En Mateo la mesianidad de Cristo se apoya en textos del Antiguo Testamento. Es lógico que así sea, dado que la incredulidad judía sólo podía ser combatida con la autoridad de la Escritura. Algunas de las citas veterotestamentarias usadas nos parecen hoy a nosotros un tanto ajenas a su contexto y a su significado original; pero no debemos olvidar que este modo de citar el AT era común entre los escritores apostólicos y que la fuerza argumentativa de la cita dependía de la coherencia entre ésta y la persona o el hecho a que se aplicaba. En el caso de los textos referidos en Mateo a Jesús no podía esperarse coherencia mayor.

3. *Prominencia de la doctrina del Reino.* Más de cuarenta veces se hace alusión al Reino de Dios, aunque preferentemente se usa la expresión «Reino de los cielos». Este es el tema central de las parábolas. Dada su importancia, volveremos a él cuando nos ocupemos con más detalle de las enseñanzas de Jesús.

4. *Trasfondo particularista y universalista.* Independientemente de que Mateo fuese o no escrito teniendo en mente de modo especial a los judíos, lo cierto es que no son pocos los pasajes en los que fácilmente podría apoyarse un cristianismo judaico. Como hace notar Guthrie, «ni una iota ni un tilde de la ley serán invalidados» (5:18 y ss.); los escribas y fariseos ocupan la cátedra de Moisés y sus instrucciones han de ser observadas (23:2 y ss.); Jesús sanciona el cumplimiento de los mandamientos (19:17 y ss.; 23:23); el tributo destinado al templo es pagado (17:24 y ss.); se espera que los discípulos ayunen, guarden el sábado y presenten sus ofrendas de acuerdo con la tradición judía (6:16 y ss.; 24:20; 5:23 y ss.); Jesús mismo declara que es enviado solamente a «las ovejas perdidas de la casa de Israel» (15:24); la genealogía de Jesús arranca de Abraham y está dispuesta en tres grupos de catorce según el estilo rabínico (1:1 y ss.); las costumbres y frases judías se incluyen sin elucidación (15:2; 23:5, 27). Además, la reiteración del título de Jesús como hijo de David y la entrada triunfal en Jerusalén centran la atención en la referencia judeocristiana a Jesús «como el realizador de sus esperanzas nacionales».[4]

Pero igualmente se destaca en Mateo la perspectiva universalista. La adoración de los magos (2:1 y ss.), el relieve dado a las palabras de Juan el Bautista sobre los verdaderos descendientes de Abraham (3:9), la respuesta final a la mujer cananea (15:28), la

---

4. *NT Introduction,* I, p. 20.

parábola de los labradores malvados (21:33-43) y la gran comisión (28:18-20) muestran muy a las claras que el Reino de Dios está abierto a todos los pueblos.

Ante esta paradoja, para cuya explicación no se ofrece ninguna clave, no parece del todo exagerada la afirmación de G. Casalis de que el evangelio de Mateo es «el más judío y el más antijudío de los evangelios».[5]

5. *Génesis de la eclesiología.* Éste es el único de los cuatro evangelios en el que se menciona explícitamente la *ekklesia*. Se recogen en él dos referencias de Jesús a la Iglesia; una se refiere a ésta en su aspecto universal (16:18); la otra, a la congregación local (18:17). En estas palabras de Jesús, pese a las discrepancias interpretativas que han suscitado (en particular las de 16:18), se hace patente el plan de formar en torno a Él una nueva comunidad y la manifestación local de la misma allí «donde dos o tres» se reúnen en su nombre (18:20). En este ámbito local, la iglesia tendría responsabilidades morales y disciplinarias (18:17, 18).

6. *Relieve de la escatología.* No sólo la sección apocalíptica (24) es más extensa que en los restantes sinópticos. Los elementos escatológicos determinan también la perspectiva de varias parábolas: la del trigo y la cizaña (13:36 y ss.), la de las diez vírgenes (25:13 y ss.) y la de los talentos (25:30 y ss.).

Este relieve dado a los acontecimientos relativos al día «en que el Hijo del Hombre ha de venir» (25:13) está en consonancia con el lugar destacado que la temática del Reino tiene en Mateo, pues el Reino alcanza la plenitud de su manifestación en la parusía de Cristo.


## MARCOS

Es el más breve de los evangelios y probablemente el más antiguo. Algunos críticos han visto en él una simple compilación de materiales en los que predomina la narración sin un plan demasiado ordenado. Pero esta apreciación es puramente subjetiva. Ya en la primera frase de la introducción («principio del evangelio de Jesucristo») se indica la naturaleza de lo que va a seguir. No es una composición esmeradamente compaginada desde el punto de vista histórico o literario. Es una exposición de la «buena nueva», cuyo centro es Jesucristo.

Es verdad que Marcos parece escribir con gran espontaneidad; pero es la suya una espontaneidad inspirada, subordinada a la

---

5. *SBEE*, III, p. 52.

particular visión que tiene de Jesús como el gran «Siervo», cuya vida es acción y cuya muerte constituye la base de la redención humana. Esa visión es la clave para la interpretación de Marcos. Con ella todo el contenido aparece como una unidad dramática en la que las partes se entrelazan mediante un hilo que llega a la cruz. Todo se resume en un texto áureo: «El Hijo del Hombre no vino para ser servido, sino para servir y dar su vida en rescate por muchos» (10:45).

**Estructura**

El evangelio de Marcos se divide en dos secciones:

1. El ministerio de Jesús en Galilea (1-9).
2. La semana de la pasión (11-16).

El capítulo 10 puede considerarse un nexo que une las dos secciones. Y el hecho de que la segunda ocupe más de un tercio del evangelio confirma lo que ya hemos señalado: la enorme trascendencia que para su autor tenía la pasión y muerte de Jesús, preanunciada repetidas veces a lo largo de su ministerio (2:20; 8:31; 9:9; 12:31).

**Propósito**

No aparece de modo claro en el texto y los especialistas no se muestran unánimes al respecto. Pero si se admite la opinión —bastante generalizada— de que Marcos escribió a comunidades cristianas no judías, es muy probable que su objetivo principal fuese explicar al mundo gentil por qué Jesús había sido rechazado por su propio pueblo. Ello posiblemente determinó, al menos parcialmente, la disposición del material de este evangelio, en el cual se destaca el contraste entre la popularidad de Jesús por un lado y la oposición de que fue objeto por otro. A. B. Bruce hacía notar que esa paradoja la encontramos ya en los dos primeros capítulos y se prolonga prácticamente hasta el fin del evangelio, hasta el momento en que culminan el favor del pueblo y la malevolencia de sus líderes.[6]

Las multitudes podían entusiasmarse ante los hechos prodigiosos y las palabras de Cristo; pero la mente judía primero y el pensamiento grecorromano después (1 Co. 1:22-23) no podían admitir la idea de un Mesías salvador como el proclamado en el Evangelio. La firme renuncia voluntaria a los patrones mundanos de grandeza era incomprensible. Y la idea de la cruz como princi-

---

6. *The Expositor's Greek Testament*, Eerdmans, I, pp. 28, 29.

pio básico del discipulado cristiano exigía un precio que muy pocos estarían dispuestos a pagar. Jesús debía ser rechazado. Sin embargo, la cruz era el secreto de la victoria. Y de la misma manera que su sombra se proyecta a lo largo de todo el evangelio de Marcos, así también resplandece la gloria del poder de Jesucristo, quien ya en el primer capítulo aparece como el «Hijo amado» de Dios (v. 11), como el vencedor de Satanás (1:13, 23-26), el anunciador de la buena nueva del Reino (1:14), el sanador de toda clase de enfermedades (1:29-34, 40-45). Seguir a Jesús compartiendo el sufrimiento significaría participar también de sus triunfos.

**Características más notables**

1. *Preponderancia de la acción.* A diferencia de lo que observamos en Mateo, los dichos de Jesús recogidos en Marcos son más bien escasos. Predomina ostensiblemente el elemento narrativo. Los hechos se suceden unos a otros apretadamente y con celeridad. Es interesante notar que el adverbio *euthys* (después, inmediatamente) aparece más de cuarenta veces. Esta sucesión casi ininterrumpida de secuencias de la vida activa de Jesús concuerda perfectamente con el cuadro del «siervo» que Marcos pone ante los ojos del lector.

2. *Atención a los detalles.* Algunos son exclusivos de este evangelio. Como ejemplos podemos mencionar el relato del paralítico bajado a presencia de Jesús a través del techo (2:3, 4), la referencia al cabezal sobre el cual Jesús dormía durante la tempestad (4:38), la distribución de la multitud «por grupos sobre la hierba verde» (6:39), el proceso de curación del sordomudo (7:33), la restauración gradual de la vista del ciego (8:23 y ss.), Pedro «sentado con los alguaciles calentándose al fuego» (14:54). Estos detalles no sólo hacen más vívida la narración; revelan también la agudeza de percepción de un testigo ocular. Éste pudo haber sido el propio autor o bien Pedro, de quien Marcos recibió probablemente abundante información.

3. *Insistencia en el «secreto mesiánico».* Llama la atención el modo como Jesús insiste en que se guarde silencio respecto a sus milagros de curación y exorcismo (1:14, 25, 34; 5:43; 7:36; 8:26). Los discípulos deben asimismo abstenerse de proclamar su mesianidad (8:30) o lo que habían visto en el monte de la transfiguración (9:9).

Este hecho ha adquirido un gran relieve entre los especialistas y ha sido objeto de singulares interpretaciones. Siguiendo la línea de W. Wrede, se trata de explicar el «secreto» alegando que los apóstoles y evangelistas tenían que hallar algún modo de resolver lo que consideraban una contradicción. Esta —según esos intérpretes— consiste en que la Iglesia cristiana poseía una tradición «no-mesiánica» acerca de Jesús, quien nunca pretendió ser el Mesías ni fue reconocido como a tal durante su ministerio público. Sin embargo, ante el acontecimiento de la resurrección, la Iglesia llegó al convencimiento de que Jesús era el «ungido». Con objeto de solucionar el problema, surgió la idea del «secreto mesiánico»: Jesús era el Mesías; pero este hecho no fue comprendido hasta después de la resurrección.

Tal interpretación pone una vez más de manifiesto el poco respeto que algunos han tenido hacia la integridad testimonial de los evangelistas. Mucho más simple y con mayores visos de verosimilitud es ver en la prohibición de Jesús un hecho real, y la causa en el peligro de que una divulgación amplia de sus hechos milagrosos encendiera en el pueblo un fuego de esperanzas políticas incompatibles con la verdadera naturaleza del Reino de Dios.

4. *La objetividad y franqueza del escritor.* Se hacen patentes con un lenguaje directo, exento de circunloquios eufemísticos, en la descripción de la torpeza e insensibilidad de los discípulos (4:13; 6:52; 8:17, 21; 9:10, 32), en la narración del intento de los familiares de Jesús de llevárselo pensando que estaba fuera de sí (3:21). También se advierte en el modo de reseñar las reacciones humanas de Jesús, tanto las más hermosas como las que parecen más duras, bien que en este caso la llaneza va unida a una delicadeza reverente (1:43; 3:5; 8:12, 33; 10:14, 16, 21).

Estos pormenores, que honran al evangelista por su honestidad, tienen valor hermenéutico, pues nos ayudan a calar más hondo en el interior de los personajes y así obtener una comprensión más clara de algunas narraciones.

### Peculiaridades del lenguaje

El evangelio de Marcos no se distingue por la pulcritud estilística. El lenguaje es popular, ajeno a los modelos literarios clásicos. Pero resulta directo y vivo. La construcción favorita de Marcos es la parataxis, es decir, la sucesión de frases o cláusulas unidas por la conjunción «y» *(kai).*

Característica suya es también la frecuente traducción de palabras y expresiones semíticas (3:17; 5:41; 7:34, etc.) y la explicación de determinadas costumbres judías (7:3; 14:12; 15:42), lo que confirma la suposición de que este Evangelio tenía como destinatario alguna comunidad cristiana no judía, bien que deja entrever la tradición cristiana original con su colorido hebraico.

# LUCAS

El tercer evangelista, autor también del libro de los Hechos, nos ha legado una obra de inestimable valor. Contiene material muy importante que no encontramos ni en Mateo ni en Marcos y nos presenta un maravilloso cuadro de Cristo, cautivador por su humana belleza y por la gracia divina que irradia.

Como algunos autores han sugerido, este evangelio y los Hechos debieran considerarse como dos partes de una misma obra que narra los orígenes y el desarrollo del cristianismo en el primer siglo. Ambas partes evidencian que el autor es persona de mente ordenada, con dotes de auténtico historiador y de teólogo profundo. Sus contactos con los líderes de la primitiva Iglesia y sus investigaciones le proporcionan material abundante que, junto con los documentos escritos ya existentes, le permitiría hacer una selección de narraciones y discursos de Jesús adecuados al propósito de su obra. La perspectiva global nos muestra tanto la grandiosidad como el poder de las «nuevas de gran gozo» dadas por el ángel con motivo del nacimiento de Jesús (2:10). El Evangelio, con su dinámica divina, pese a toda la oposición humana y diabólica, avanza y triunfa; primeramente en Jerusalén (evangelio); después, en Roma (Hechos). Así, entre judíos y gentiles, en el mundo entero se ponía de manifiesto la fuerza de la «buena voluntad (de Dios) para con los hombres» (2:14).

## Estructura

Lucas mantiene en lo esencial el esquema sinóptico. A la parte introductoria (prólogo, nacimiento e infancia de Jesús, datos sobre el ministerio de Juan el Bautista, bautismo de Jesús, genealogía y tentaciones —caps. 1:1 — 4:13), sigue el cuerpo del evangelio, en el que se distinguen cuatro secciones:

1) Actividad de Jesús en Galilea (4:14 — 9:50).
2) Ministerio de Jesús durante su viaje a Jerusalén (9:51 — 18:30).
3) Actividad en Judea y Jerusalén (18:31 — 21:38).
4) Pasión, muerte, resurrección y ascensión de Jesús (22-24).

Es de destacar lo extenso de los relatos concernientes al nacimiento de Jesús, mucho más amplios que el de Mateo, y lo inédito de la concepción y nacimiento de Juan el Bautista. A través de estas narraciones iniciales quiso probablemente Lucas poner de relieve la intervención poderosa de Dios en el curso de la historia, la clave de cuya explicación final radica en la soberanía divina orientada hacia la salvación de los hombres.

Igualmente notable es la cantidad de material incluido en la segunda sección que no encontramos en los restantes sinópticos. Y no menos destacable es la calidad de dicho material, en el que aparecen algunas de las más grandes enseñanzas de Jesús: el espíritu de tolerancia (9:51-56), el valor de la comunión con Cristo (10:38-42), la osadía en la oración (11:5-9), la bienaventuranza de quienes oyen y obedecen la Palabra de Dios (11:27, 28), la necesidad universal de arrepentimiento (13:1-9), el deber del siervo (17:7-10), la realidad presente del Reino (17:20, 21). Las referencias aumentan y se enriquecen si incluimos las parábolas exclusivas de Lucas, bellísimas y profundamente aleccionadoras (el buen samaritano, el rico insensato, el hijo pródigo, el rico y Lázaro, el juez injusto y el fariseo y el publicano).

En cuanto a esta sección, conviene recordar que probablemente no todo el material debe situarse cronológicamente en el tiempo que duró el viaje a Jerusalén. Es posible que algunas partes correspondan a otros momentos del ministerio de Jesús. Pero dado que tal sección es la dedicada a recoger las grandes enseñanzas de Cristo, es comprensible que el evangelista incluyera en ella cuanto, por la naturaleza de su contenido, se ajustara a su finalidad. Este detalle debe ser tenido en cuenta por el intérprete en el momento de analizar el contexto de un pasaje, a fin de no relacionar automáticamente, en todos los casos, el texto con el viaje. Lo contrario podría introducir elementos erróneos en el proceso de interpretación.

### Propósito

Aparece explícitamente en el prólogo (1:1-4). Sin embargo, la idea de compilar un relato ordenado no necesariamente ha de significar orden rigurosamente cronológico, como se advierte en la organización del material, sino más bien una coherencia en la colocación de las partes dentro de un plan general que cronológicamente se ajusta al curso de los hechos.

Por otro lado, tampoco parece que el objetivo del evangelista fuese simplemente «compilar» y ordenar datos históricos como lo haría un cronista. Lucas, como hemos indicado, no era sólo historiador; tenía mente de teólogo. Por tal motivo, no se propone escribir historia, sino poner al descubierto el significado de la historia.

Como en Marcos, el progreso narrativo es un avance constante hacia la cruz. Lucas hace más patente, e incluso más dramático, este hecho mediante el bloque narrativo del viaje de Galilea a Jerusalén. Son tan patéticas como iluminadoras las palabras de 9:51 con que se inicia la sección: «Aconteció, cuando se cumplió el tiempo en que había de ser recibido arriba, que Él afirmó su rostro para ir a Jerusalén.» La pasión y la muerte de Cristo estaban en el centro del plan redentor de Dios. Así se pondría de manifiesto después de la resurrección, como lo atestiguaron los discípulos de Emaús (24:26).

Al propósito fundamental expuesto, podría añadirse otro de carácter práctico. El evangelio de Lucas estaba destinado a ser, a semejanza del de Mateo, un medio de instrucción cristiana. Así se indica en el prólogo: «Para que te percates bien de la solidez de las enseñanzas en las que fuiste instruido» (1:4). Estas palabras van dirigidas al destinatario, Teófilo, persona de elevado rango social que se había convertido al Evangelio y había empezado a recibir formación catequética. Pero con toda seguridad Lucas mismo pensaba en el uso de su evangelio para la instrucción de muchos otros nuevos conversos.

### Características

1. *Fondo universalista.* En varios pasajes se evidencia la visión amplia que el autor tenía del alcance del Evangelio. Traspasando los límites del judaísmo, muestra la gracia de Dios hacia todos sin discriminación de ningún tipo. El cántico de los ángeles anuncia la buena voluntad de Dios para con los hombres en general, no solamente para el pueblo de Israel (2:14); Simeón exalta a Cristo como «luz para revelación a los gentiles» (2:32); la cita de Isaías aplicada a Juan el Bautista se prolonga hasta «verá toda carne la salvación de Dios» (3:6); la genealogía de 3:23-38 se remonta no hasta Abraham, como la de Mateo, sino hasta Adán, cabeza de toda la humanidad; los samaritanos aparecen en un plano muy superior a aquel a que habían sido relegados por los judíos (9:54; 10:33; 17:16); se registran dos episodios del Antiguo Testamento que ilustran facetas muy positivas de personas no israelitas: la viuda de Sarepta y Nahamán (4:25-27); la gran comisión —aquí coincide con Mateo— ha de llevar la Iglesia «a todas las naciones» (24:47).

2. *Prominencia de la misericordia de Jesús.* Con mayor énfasis que Mateo o Marcos, destaca la bondadosa actitud de Cristo hacia cuantos le rodeaban, en particular hacia los más afligidos y necesitados.

Hay en la narración relativa al ministerio de Jesús en Nazaret un detalle altamente significativo. La cita de Is. 61:1, 2 acaba con las palabras «a proclamar el año favorable del Señor», omitiendo las que siguen en el texto del profeta: «y el día de la venganza de nuestro Dios». Lucas, quizá bajo la influencia de Pablo, siente la preocupación de ensalzar por todos los medios la gracia de Dios manifestada en Jesucristo.

La benevolencia y suavidad de carácter van unidas en Jesús a un aprecio profundo de la persona humana, de cada individuo, cualquiera que sea su condición. D. Guthrie hace la observación de que, mientras que las parábolas de Mateo giran en torno al Reino, la mayor parte de las referidas únicamente por Lucas se centran en personas.[7]

Particular simpatía merecen para Jesús los marginados sociales, a quienes acoge cuando se acercan a Él atraídos por su gracia. Ejemplos de ello los encontramos en la prostituta arrepentida (7:36 y ss.), en el publicano Zaqueo (19:8 y ss.) y en el ladrón convertido (23:39 y ss.), a los que pueden añadirse como ilustraciones las parábolas del hijo pródigo (15:11 y ss.) y del fariseo y el publicano (19:1 y ss.).

Las mujeres, frecuente objeto de menosprecio en la sociedad del primer siglo, son igualmente enaltecidas por Jesús. Considérese el relieve dado a Elisabet y María en los capítulos 1 y 2, la especial mención de las mujeres que servían con sus bienes al Maestro (8:1-3), de María y Marta (10:38-42), de las mujeres que lloraban junto a la «vía dolorosa» al paso de Jesús (23:27-29) o de las que fueron a ungir el cuerpo muerto del Señor y se convirtieron en testigos de su resurrección (24:1-12). Con razón Dante dio a Lucas el título de *scriba mansuetudinis Christi*.

Los rasgos de bondad en el carácter de Jesús tan magistralmente descritos por Lucas no eclipsan, sin embargo, el sentido de la justicia y del juicio que completaban la perfección moral de su vida. Prueba de ello la tenemos en la serie de «ayes» que siguen a las bienaventuranzas (6:24-26).

3. *Énfasis en el gozo.* La salvación que Cristo ha traído al mundo es motivo de alegría. Así lo expresó anticipadamente María en el *Magnificat* (1:46 y ss.). El mensaje del ángel al anunciar el nacimiento de Jesús es una noticia «de gran gozo» (2:10). Los discípulos son instados a alegrarse aun en medio de la persecución (6:23). Y las palabras y prodigios del Señor o las experiencias de los discípulos asociados con Él en la evangelización son asimismo motivo de júbilo y alabanza (10:17; 17:15; 18:43; 24:53). La conversión del pecador origina regocijo y fiesta, como se ve en las tres parábolas del capítulo 15 y en la experiencia de Zaqueo (19:1-10). El evangelio concluye con una nota radiantemente jubilosa (24:52-53).

4. *Prominencia dada a la obra del Espíritu Santo.* Las alusiones al Espíritu de Dios, más frecuentes que en los otros sinópticos, hacen referencia a la relación del Espíritu con Cristo por un lado y a su obra en los discípulos por otro. El Espíritu es el agente divi-

7. *Op. cit.*, p. 85.

no en la concepción de Jesús (1:35); es quien conduce a Jesús al desierto, donde había de ser expuesto a la tentación (4:1); le capacita para realizar su ministerio (4:14) y para gozarse en la comunión con el Padre (10:21-22). A su vez, el Espíritu Santo es el don de Dios a quienes se lo piden (11:13); guía a los discípulos cuando han de testificar en circunstancias difíciles (12:12) y los reviste de poder para el cumplimiento de su obra misionera (24:49).

5. *Realce de la oración.* Lucas nos ha dejado constancia de la vida de oración de Jesús. Hace nueve alusiones a la misma, siete de las cuales no aparecen en los otros evangelios (3:21; 5:15, 16; 6:12; 9:18-22; 9:29; 10:17-21; 11:1; 22:39-46 y 23:34, 46). Se advierte a través de estos textos la importancia que para Cristo tenía la plegaria en los momentos más trascendentales de su vida.

Lucas, además del ejemplo de Jesús en la práctica de la oración, nos ha dejado sus exhortaciones para que sus discípulos hiciesen uso del mismo recurso espiritual (11:5-13; 18:1-8; 22:40).

**Observaciones lingüísticas**

La introducción (1-4) sigue un patrón clásico, acorde con la práctica de la época. Pero ese clasicismo se pierde inmediatamente después del primer párrafo. En su conjunto, el griego de Lucas, pese a ser el *koiné,* mantiene una cierta calidad literaria, aunque se detectan en su obra no pocos semitismos, especialmente en las narraciones de los dos primeros capítulos. Este hecho probablemente se debe al uso que de la Septuaginta pudiera hacer el evangelista.


## JUAN

Al comparar el evangelio de Juan con los sinópticos, se observan, inevitablemente, semejanzas; pero llaman más la atención las diferencias. Éstas se echan de ver tanto en el contenido como en el enfoque del material. Se omiten muchos de los relatos y gran parte de los discursos de Jesús contenidos en los restantes evangelios. Por ejemplo, los episodios relativos al nacimiento, el bautismo, la tentación o la transfiguración. De modo expreso tampoco se menciona la institución de la eucaristía. No hay en él modalidad alguna del sermón del monte, de la instrucción misionera dada a los discípulos, de la exposición escatológica o de las parábolas consignadas por los evangelistas. En cambio, se introducen nuevas narraciones, así como discursos, declaraciones y diálogos de Jesús inéditos, todos ellos de importancia extraordinaria. Los sinópticos se ocupan principalmente del ministerio de Jesús en Galilea, mientras que Juan da prioridad a sus actividades en Judea, especialmente en Jerusalén. Se observan asimismo diferencias cronológicas. Según las narraciones de los primeros, podríamos pensar que el ministerio de Jesús sólo había durado un año, pues se menciona una sola pascua, la correspondiente a la semana de la pasión; pero Juan nos habla de tres pascuas, lo que hace pensar en una duración superior a los tres años. En los sinópticos se nos presenta a Jesús hablando a las gentes en el lenguaje popular de la vida cotidiana; en Juan los discursos, por lo general largos, son más teológicos. Se comprende que, pese a su exceso de simplificación, Clemente de Alejandría diera al evangelio de Juan el nombre de «evangelio pneumático» o espiritual, en contraste con los sinópticos, considerados por él, como «somáticos» o corporales.

### Fondo del pensamiento de Juan

Esta cuestión tiene gran importancia hermenéutica, pues el punto de vista que se adopte influirá en el modo de interpretar determinados pasajes. El pensamiento, y por ende el lenguaje, de Juan ¿reflejan un fondo helenístico o un fondo judaico?

Durante largo tiempo se creyó que en este evangelio predomina la influencia de un judaísmo helenizado, de la filosofía griega, de la mitología y de los cultos mistéricos. Pero después, a la luz de nuevos descubrimientos, tiende a generalizarse el convencimiento de que los estratos de tradición que subyacen en el evangelio de Juan, al igual que en los sinópticos, son esencialmente arameos. Resulta lógico que así sea, si admitimos que la paternidad literaria de este evangelio debe atribuirse a Juan el apóstol —y no hay evidencias serias para negarlo.

El fondo judaico tiene su base en el Antiguo Testamento, del que se toman algunas de las metáforas más expresivas (palabra, luz, pastor, rebaño, pan, agua, etc.). Ello se hace patente en el conocimiento que el autor tiene de las creencias y costumbres judías —a las que a menudo se refiere directa o indirectamente (2:6; 7:37; 8:12; 18:28; 19:31)—, de la geografía de Palestina, de la ciudad de Jerusalén y sus lugares más notables. Muestra asimismo puntos de afinidad con el pensamiento judío contemporáneo y algunos paralelos con la literatura del Qumrán, particularmente en la dualidad antitética luz-tinieblas. Tal elemento dualista en una comunidad judía pone de manifiesto que algunos de los conceptos y expresiones que habían sido considerados como exclusivos del gnosticismo ya eran conocidos en círculos judíos precristianos, lo cual descarta la hipótesis de que el evangelio de Juan recoge «las reflexiones de un filósofo alejandrino». Sin embargo, la importancia de esos paralelos no debe ser exagerada. Es difícil determinar hasta qué punto el pensamiento de la comunidad esenia llegó a trascender los límites de su solitaria residencia. Por otro lado, en cualquier comparación, la indicación de puntos de semejanza entre el pensamiento qumranita y el de los evangelistas debe ser debidamente contrastada con las diferencias.

Pero, reconocido el componente judaico del fondo de Juan, no debe negarse la posibilidad de que en él haya también algún elemento helénico. Por supuesto, no queremos significar que el pensamiento de Juan tuviese su origen, aunque sólo fuese parcialmente, en la filosofía griega y que el escritor atribuyera a Jesús ideas o palabras que sólo eran fruto de una mera reflexión metafísica o la adaptación de mitos tales como el gnóstico relativo a la encarnación redentora de la divinidad, según la sugerencia de Bultmann. El evangelio de Juan, como los sinópticos, gira en torno a lo que Jesús hizo (20:30) y dijo; pero si fue escrito con una finalidad misionera, como veremos, nada extraño sería que Juan tuviese en cuenta el pensamiento helénico de su tiempo y que incluso en su lenguaje algunas expresiones se ajustaran a uno de los principios elementales de la comunicación: quien habla o escribe debe situarse en el mundo de quien escucha o lee. Lo cierto es que este evangelio resultaría comprensible y atractivo tanto para el pueblo judío como para el mundo grecorromano.

Se ha objetado que no es probable que Juan tuviera conocimiento de la cultura griega; pero esta suposición carece de fundamento sólido (pese a Hch. 4:13), pues la influencia helénica se extendió ampliamente en Palestina y, por otro lado, la posición económicosocial de Zebedeo pudo facilitar que sus hijos llegaran a tener una educación superior a la de los restantes apóstoles. Su formación, además, pudo ser fácilmente ampliada mediante las experiencias misioneras del autor si, como se cree, llegó a desarrollar un amplio ministerio fuera de Palestina.

### Estructura

Los esquemas que se han elaborado varían, pero suele haber coincidencia en el bosquejo de las partes principales, las cuales aparecen diferenciadas y podrían dividirse del siguiente modo:

1) Prólogo (1:1-18).
2) Ministerio público, que se inicia en relación con Juan el Bautista (1:19 — 12:50).
3) Ministerio de instrucción y aliento entre los discípulos (13-17).
4) Pasión muerte y resurrección de Jesús (18-21).

En la parte correspondiente al ministerio público, cabe destacar las denominadas siete señales, es decir, los siete episodios que ensalzan la dignidad de Jesús. En conjunto constituyen un testimonio irrefutable de la divinidad de Cristo. Además, según C. H. Dodd, esos episodios están destinados a ilustrar la frase «llega la hora, y ésta es». Cada uno de ellos pone de relieve la relación existente entre la acción de la Palabra (Cristo) en el mundo y la explicación que de ella se da. Y todos muestran alguna faceta de la vida nueva que Jesús vino a traer.

La unidad de la estructura es reforzada por la unidad y continuidad de los temas principales (palabra, testimonio, luz, vida, verdad, fe, gloria, juicio, etc.) que aparecen a lo largo de todo el libro y se combinan con miras a lograr la finalidad del mismo.

## Propósito

Es explícitamente señalado por el propio autor: «estas [señales] se han escrito para que creáis que Jesús es el Cristo, el Hijo de Dios, y para que creyendo tengáis vida en su nombre» (20:31). El objeto es, pues, netamente evangelístico. Juan enfatiza uno de los aspectos de los milagros de Jesús: su carácter de señales. Constituían un testimonio de la mesianidad y de la autoridad divina de Cristo, testimonio que a su fuerza demostrativa une un llamamiento a la fe.

Algunos críticos opinan que el propósito expuesto no fue el único, y se han atribuido al autor fines muy diversos; algunos, plausibles; otros, inaceptables. Puede considerarse como posible que Juan tuviese en mente hechos y circunstancias que influyeran en su obra para alcanzar finalidades secundarias, entre ellas las siguientes:

a) *Refutar los errores del docetismo*, una de las formas del gnosticismo incipiente. Para los docetas, dado que todo lo material —incluido el cuerpo humano— es intrínsecamente malo, era imposible que Cristo se hubiese hecho realmente «carne», es decir, que hubiese asumido íntegramente la naturaleza. humana. Pero esto es precisamente lo que Juan afirma con énfasis singular (1:14) y corrobora dando especial relieve a los rasgos humanos de Jesús (2:1 y ss; 4:6; 11:33; 19:28).

b) *Combatir el anticristianismo judío.* Aunque también los sinópticos nos informan de las controversias de Jesús con sus opositores, mayormente con los escribas y los fariseos, el elemento polémico adquiere en Juan un mayor dramatismo. Además en Juan no es solamente un grupo de la sociedad judía el denunciado por su incredulidad, sino el pueblo en su conjunto (1:11). Los «judíos», no los fariseos o los saduceos, son los que generalmente aparecen en los pasajes polémicos. Teniendo en cuenta que la hostilidad judía contra el cristianismo se mantuvo a lo largo del primer siglo, cabe dentro de lo posible que Juan aprovechara la oportunidad que le brindaba la escritura de su evangelio para hacer patente la ceguera y el endurecimiento espiritual de la mayor parte de su pueblo.

c) *Corregir un posible sectarismo creado en torno a la figura de Juan el Bautista.* De Hch. 19:1-7 se deduce que el movimiento iniciado por el Bautista no se extinguió con la muerte de éste o poco tiempo después, sino que prosiguió con una cierta independencia de la Iglesia cristiana, pero incidiendo más o menos en el testimonio de ésta. Hay quien supone que algunos ensalzaban a Juan el Bautista a alturas que sólo correspondían a Cristo. Si esto fuera cierto —de momento no pasa de ser mera hipótesis— se comprendería el modo reiterativo como el evangelista reduce la persona y la obra del precursor a sus justos límites (1:15, 19-27, 29-34; 3:25-30).

d) *Suplementar los sinópticos.* Según esta teoría, Juan conocía los evangelios de Mateo, Marcos y Lucas y advirtió omisiones que consideró importantes. Ello le movió a escribir el suyo, independientemente de los anteriores, con objeto de suplir lo que faltaba, armonizar o concretar algunos detalles y completar así la enseñanza apostólica con miras a hacer más efectiva la labor catequética.

Cualquiera que sea la parte de verdad que en estas teorías pueda haber, ninguna de ellas puede ocultar el lugar principal en el objeto de Juan, el cual, como hemos visto, nos es dado clara y explícitamente por el propio autor. Y si tal objeto es bien comprendido, como colige B. F. Westcott, «se hace innecesario discutir los diferentes propósitos especiales... La narración no es en su designio expreso ni polémica, ni suplementaria, ni didáctica, ni armonizadora; y, sin embargo, es todo esto, porque es la madura expresión de la experiencia apostólica perfeccionada por la enseñanza del Espíritu Santo en la propia vida del escritor y en la vida de la Iglesia».[8]

### Características

1. *Uso reiterativo de conceptos fundamentales.* Tales conceptos constituyen el armazón de este evangelio. Algunos aparecen ya en el prólogo y volvemos a encontrarlos después una y otra vez,

8. *The Gospel according to St. John.*, Eerdmans, 1950, p. XLI.

ilustrados mediante los actos de Jesús y explicados por medio de sus palabras. Predominan los temas expresados con términos como luz, vida, verdad, amor, cada uno de los cuales debe ser estudiado cuidadosamente y teniendo en cuenta que todos ellos están en estrecha conexión con la fe. Paradójicamente, la palabra *pistis* (fe) no aparece ni una sola vez, pero el verbo *pisteuō* (creer) lo hallamos noventa y nueve veces.

2. *Riqueza simbólica.* Se observa no sólo en el uso de metáforas de hondo significado (palabra, cordero, pan, agua, pastor, vid, etc.), sino en la actividad de Jesús. Ya hemos indicado que los milagros, además de ser «señales» que autentificaban la dignidad y las pretensiones divinas de Jesús, constituían ilustraciones de su poder redentor, de su capacidad para restaurar al hombre a la vida en su sentido más pleno. Convendrá tener esto presente al interpretar los milagros de Jesús.

En cuanto a la interpretación de las metáforas joaninas, no debe olvidarse el contexto ideológico y de costumbres judías en días de Jesús. Este dato en no pocos casos nos llevará a discernir claramente el sentido de la figura empleada por Jesús. Por ejemplo, el pan como símbolo de la virtud vivificadora de Cristo. Otras veces nos colocará ante diversos significados posibles, como sucede cuando Jesús usa la metáfora del agua. Puede referirse a la purificación espiritual, inseparable del nacimiento del Espíritu —expresada por medio del bautismo— (3:5), a la satisfacción perenne que Cristo proporciona a quien en Él cree (4:14; 7:37), a la abundante vida interior producida por el Espíritu Santo (7:37-39) o a la purificación de la vida (13:5 y ss.). En cada caso el sentido es determinado por el contexto del pasaje, por textos paralelos y por el fondo teológico.

3. *Relieve doctrinal.* No puede decirse que los sinópticos carezcan de elementos doctrinales importantes. Pero Juan los supera en la sistematización teológica del material. El prólogo mismo nos da una idea del conjunto de este evangelio, a lo largo del cual se hacen evidentes las más agudas percepciones relativas a la persona de Jesús y su obra, a su relación con el Padre y con el Espíritu Santo en una perspectiva trinitaria, a su función determinante del destino de los hombres, a la Iglesia como pueblo de Dios, a la escatología, a la fe. Tan importante es esta característica que nos obliga a considerarla más extensamente a continuación.

### Contenido teológico

1. *Cristología.* Juan presenta a Jesús como revelador del Padre y redentor de los hombres, poniendo al descubierto la grandiosidad divina y humana del Salvador.

399

Jesucristo es el *Logos*, la Palabra. Este es el título que se le da en el prólogo, pórtico majestuoso y síntesis del cuarto evangelio. En cuanto al significado de este término, conviene recordar su posible ambivalencia. Como indicamos anteriormente, lo más probable es que el evangelista tuviera en mente el *dabar* (palabra) del Antiguo Testamento, sin excluir la posibilidad de que pensara también en el sentido que los griegos daban al *logos*.

Para los judíos el *dabar* tenía una especial sustantividad. No era simplemente un medio de comunicación, sino en cierto modo la extensión de la personalidad. Por esta razón, a la palabra se le atribuía una entidad que casi rayaba en la existencia propia. Sobre esta base, no era difícil interpretar a Cristo, *dabar* de Dios, como persona divina, no sólo como portavoz de Dios. Por otro lado, el *dabar* veterotestamentario se caracteriza por su acción creadora (Gn. 1; Pr. 8:22 y ss.). A este respecto, el uso que Juan hace del *logos* es totalmente apropiado, pues «todas las cosas por Él fueron hechas» (1:3). Por su parte, los filósofos griegos, en particular los estoicos, usaron el término para expresar el poder divino que da al universo unidad y coherencia, idea que tampoco resulta ajena al pensamiento cristiano (comp. Col. 1:16, 17; He. 1:2, 3).

Pero lo singular en Juan es que el Logos «se hizo carne» (1:14). La palabra divina, preexistente, apareció entre los hombres asumiendo plenamente la naturaleza humana. Con una sola frase, sobria, concisa, pero profunda, Juan enuncia la maravilla de la encarnación. Y la frase siguiente no es menos densa en contenido teológico. El Logos encarnado «habitó (literalmente "puso su tienda de campaña" — *eskēnōsen*) entre nosotros». De este modo venía a ser el glorioso antitipo del tabernáculo mosaico, el lugar de encuentro de Dios con los hombres.

Una de las funciones primordiales del Logos, por supuesto, es *revelar* a Dios. Anteriormente la revelación había tenido lugar de diversos modos, todos ellos parciales e imperfectos. Aun las teofanías del Antiguo Testamento tenían este carácter. Los elementos de la revelación anteriores a Cristo habían proporcionado cierto conocimiento de Dios, pero no una visión clara de Él. Esta visión sólo se realizaría mediante Cristo. «A Dios nadie le ha visto jamás; el unigénito Hijo que está en el seno del Padre, él le ha dado a conocer» (1:18), y de un modo tan pleno que el que ha visto a Cristo ha visto al Padre (14:9). En efecto, el carácter, las palabras y los actos de Jesús muestran a los hombres la naturaleza de Dios en toda la magnificencia de sus atributos. En Cristo, Dios no sólo deja de ser el *Deus absconditus* o imperfectamente revelado; se muestra abiertamente. Eliminados todos los velos, aparece en la majestad de su justicia así como en lo inefable de su amor. Su personalidad se descubre en su esencia trinitaria, como veremos, y se hace mucho más evidente su propósito de incorporar a los hombres a la comunión con Él por la mediación del Hijo. Pero esto nos lleva a otro punto fundamental de la cristología de Juan. El Hijo no es únicamente el revelador de Dios; es también el *Redentor*. Es el Cordero de Dios que quita el pecado del mundo (1:29), el antitipo de la serpiente de metal levantada por Moisés en el desierto (3:14, 15), el agua y el pan de vida (4:14; 6:33-35), la luz del mundo (8:12), el pastor que da su vida por las ovejas (10:11, 17), el que muere por el pueblo para evitar que toda la nación perezca (11:50), el grano de trigo sepultado para que de su muerte brote abundante salvación (12:24).

En el evangelio de Juan se resalta la naturaleza divina de Jesús (1:1; 5:18; 10:30; 17:11, 22). Podría tal vez añadirse 1:18, que en importantes manuscritos —incluidos el Sinaítico y el Vaticano— presentan la variante «unigénito Dios» *(monogenes theos)* en vez de «unigénito Hijo» *(monogenes huios)*. Es de destacar la preferencia de Juan por el título de Hijo o Hijo de Dios; pero del significado de dicho título nos ocuparemos al estudiar lo que los evangelios enseñan sobre la persona de Jesús.

Particular mención merece aquí el *«egō eimi»* (yo soy) con que empiezan muchas de las declaraciones de Jesús: «Yo soy (el Mesías), el que te está hablando» (4:26), «Yo soy el pan de vida» (6:35), «Yo soy la luz del mundo» (8:12), «Yo soy el buen pastor» (10:11), etc. La importancia de este «Yo soy» se hace más patente cuando aparece con un matiz definitorio de la personalidad de Jesús paralelo al «Yo soy» de Éx. 3:14, expresivo del nombre de Yahvéh. Sin ese paralelismo, apenas tendrían sentido las frases «si no creyereis que yo soy» (8:28), «entonces conoceréis que yo soy» (8:28), «antes que Abraham naciese (literalmente "llegase a ser"), yo soy» (8:57). De este modo, tan original como impresionante, Juan apunta a la divinidad de Jesús.

Pero el evangelista evita una imagen exclusivamente divina. La divinidad del Verbo encarnado es inseparable de su *humanidad*. El cuarto evangelio, con gran realismo, pone ante nuestros ojos un Cristo interesado en unas bodas (2:1 y ss.), fatigado (4:6), sediento (4:7; 19:28), emocionado y llorando ante el dolor humano (11:33, 35). Con estas llamativas pinceladas, mediante las cuales adquiere mayor relieve el «hombre» Jesús, podía refutarse cualquier posible inclinación a los errores del docetismo. Pero, sobre todo, se destacan la gloria y la gracia inherentes al hecho de la encarnación, por la cual podía abrirse el camino para que el hombre tuviera acceso a Dios (14:6).

2. *Teología trinitaria.* De modo inequívoco presenta Juan al Hijo en igualdad con el Padre (5:26; 10:30), aunque sometido a Él como su enviado (5:30 y ss.; 6:29, 57; 7:29; 8:42; 10:36; 11:42, etc.).

Asimismo da al Espíritu Santo un relieve y un lugar en la comunión trinitaria de Dios que no encontramos en los sinópticos. Cuando el Hijo, concluida su obra en la tierra, retorna al Padre, envía a sus discípulos el *paráklētos*. Este es uno de los grandes temas del discurso de despedida de Jesús en el aposento alto. El Espíritu procede del Padre, pero es enviado por Cristo (15:26; 16:7) como su perfecto vicario (14:16, 26). Y aunque Juan no señala explícitamente la divinidad del Espíritu Santo, ésta se desprende de su procedencia del Padre así como de su relación con el Hijo (16:13-15, en especial el v. 14) y de su capacidad para sustituirle plenamente en la relación con los discípulos.

La enseñanza de Juan sobre el Espíritu Santo se completa con los textos relativos al nuevo nacimiento (3:5-8), a su acción vivificante en los creyentes en Cristo (7:37) y a su ministerio en el mundo (16:8-11).

3. *Importancia de la fe.* Ya hemos señalado la frecuencia con que Juan usa el verbo «creer» y el lugar preferente que ocupa en el propósito de su evangelio (20:31). El objeto de la fe es Cristo mismo (1:50; 2:11; 3:15 y ss.; 4:39 y ss.; 6:35, 40, 47; 7:38; 9:35-38; 11:25; 14:1, entre otros) y se llega a ella por el conocimiento y la aceptación del testimonio de Jesús (1:10, 48; 7:17; 8:28, 32; 10:14, 15, 38; 14:7, 9; 17:3). La fe, según Juan, presupone la comprensión y la adhesión mental a la verdad, personificada en Cristo. Pero no se limita a la esfera intelectual; implica una entrega a Él sin reservas, lo que generalmente exige una ruptura con el «mundo» y, como consecuencia, reporta tribulación (9:22, 24 y ss.; 16:20 y ss.). Ese «mundo» —otra palabra clave en el cuarto evangelio— es la esfera de la incredulidad (1:10), de la oscuridad moral (3:19), del odio a Cristo y a los cristianos (7:7; 15:18 y ss.; 17:14), de la insensibilidad espiritual (14:17), del dominio satánico (14:30), de la inhumanidad (16:20). En ese mundo hostil los discípulos han de vivir la experiencia de la fe, compartiendo el vituperio de Jesús, pero también su triunfo (16:33).

En estrecha relación con la fe, se presenta la gran característica de los seguidores de Cristo: el *amor*. Amor a su Maestro y Señor (14:21 y ss.) y amor a los hermanos (13:34; 15:12, 17). Pero la operatividad de la fe que obra por el amor no debía quedar restringida al ámbito de la Iglesia. Como Cristo había sido enviado por el Padre al mundo (3:16, 17), así los discípulos son enviados con el mismo destino (17:18, 21, 23; 20:21). ¿Podrían ellos cumplir su misión sin el amor de Dios manifestado en Cristo? Juan no pasa por alto la terrible realidad del pecado ni la justa denuncia y condenación del mundo (3:18 y ss.; 12:48; 16:8-11); pero, al escribir su evangelio, un pensamiento parece dominar su mente: «Dios es amor.»

4. *Visión escatológica.* Este punto es de gran importancia en el terreno de la exégesis. Según algunos comentaristas (C. H. Dodd), Juan nos presenta en su evangelio una «escatología realizada». Nada hay en él del discurso apocalíptico de Jesús recogido por los sinópticos. Ello, según Dodd, se debe a que la idea de un regreso inminente de Cristo se había desvanecido en la Iglesia. Como consecuencia, Juan presenta una concepción escatológica que corresponde no a una esperanza futura, sino a una realidad presente.[9]

Tal conclusión, sin embargo, no hace justicia a la totalidad de la enseñanza del evangelio de Juan. Es cierto que algunos aspectos de la perspectiva escatológica ya son una realidad ahora. El creyente en Cristo *ya* tiene la vida eterna (5:24), pues «llega la hora, y *ahora* es, cuando los muertos —se refiere a los muertos espirituales— oirán la voz del Hijo de Dios y los que le oigan vivirán» (5:25). También ha empezado *ya* el juicio del mundo (3:18; 16:11). Pero es igualmente cierto que Juan expone con la misma claridad los elementos escatológicos que han de tener su cumplimiento en el futuro: el día final (6:39, 40), el juicio en ese último día (12:48), la resurrección en su doble vertiente, para vida o para condenación (5:28, 29), y el reencuentro de Jesús con los suyos en su segunda venida (14:3; 21:23). Una exégesis adecuada debe tener presentes ambas facetas de la escatología joanina.

**Lenguaje y estilo**

El evangelio de Juan está escrito en un lenguaje sencillo. Abunda la repetición de palabras y frases en el desarrollo de las ideas básicas (luz, vida, verdad, testimonio, fe, juicio) que constituyen los elementos principales de su estructura. Según los cánones de la literatura clásica, distaría mucho de ser una obra maestra. A pesar de ello, el estilo, reiterativo, no resulta monótono. Por el contrario, da una impresión de enriquecimiento, y tanto en las narraciones como en los discursos o en las conversaciones de Jesús ni por un momento pierde el lenguaje su característica vivacidad. Probablemente ello se debe a lo dramático de los episodios y a lo trascendental de los temas expuestos.

La construcción de las frases suele reducirse a los elementos gramaticales más simples y las oraciones no son subordinadas, sino coordinadas. Además, se evitan las expresiones idiomáticas, y en la narración las declaraciones de los protagonistas se hacen en forma directa (2:3 y ss.; 4:27 y ss.; 5:10 y ss.; 6:14; etc.); aun las opiniones y las palabras de terceras personas se expresan del mismo modo (1:19 y ss.; 7:40 y ss.).

9. *The Apostolic Preaching and its Developments,* 1944, pp. 65 y ss.

Peculiaridad especial de Juan es la presentación de un hecho o de una verdad mediante dos frases, una positiva y otra negativa. Por ejemplo, «todas las cosas por Él fueron hechas, y sin Él nada fue hecho» (1:3). Otros ejemplos los hallamos en 1:20; 2:24; 3:16. Otras veces el hecho es presentado con dos frases del mismo sentido, positivo o negativo (10:5; 18:20).

Evidentemente el estilo simple, directo y claro de Juan facilita la labor del intérprete en el análisis lingüístico del texto. Pero no puede decirse que en su evangelio no surgen problemas exegéticos. La profundidad teológica de su contenido siempre ha puesto —y seguirá poniendo— a prueba la capacidad hermenéutica de los mejores expositores.

# CUESTIONARIO

1. Explique la naturaleza de los evangelios y las diferencias que presentan entre sí.

2. ¿Qué peculiaridades distinguen al evangelio de Mateo?

3. Dando atención preferente —no exclusiva— al contexto global de Mateo, interprétese la oración del Padrenuestro (Mt. 6:9-13).

4. Exponga y comente la teoría del «secreto mesiánico» de Marcos.

5. ¿Cuál es, a su juicio, la característica más destacada del evangelio de Lucas?

6. Interprete Lc. 19:1-10. A una exégesis minuciosa, añádase una exposición breve de las grandes doctrinas soteriológicas que el texto contiene.

7. Comente las diversas teorías sobre las fuentes del pensamiento teológico de Juan.

8. Interprete Jn. 11:1-14; 5:19-29 y 16:7-11.

# XXI

# LA PERSONA DE JESUCRISTO

La correcta interpretación de los evangelios exige una clara comprensión de su figura central. Si nuestra concepción de la persona de Jesús es equivocada, lo será también la mayor parte de nuestra labor exegética relativa a sus enseñanzas y a su obra. Por ello, aunque no podamos extendernos en un minucioso estudio de la cristología de los evangelios, examinaremos la persona de Jesús a la luz de los principales nombres o títulos con que es presentado sobre la base del Antiguo Testamento, el pensamiento judío en los días de Cristo y de la interpretación que a cada uno se da en los propios evangelios.

### Mesías

El término (del hebreo *mashiaj* = ungido) no aparece en los sinópticos y sólo lo hallamos dos veces en el evangelio de Juan (1:41; 4:25). Pero sí encontramos a menudo el equivalente griego *Christos*. Ya en Mt. 1:16 se hace notar que éste era el título más usual atribuido a Jesús cuando este evangelio fue escrito. Paradójicamente, el propio Jesús nunca lo usó para designarse a sí mismo. Más bien mostró grandes reservas en cuanto a su aceptación y procuró evitarlo, aunque tampoco lo rechazó abiertamente. Este hecho es suficiente para hacernos pensar que la palabra «Mesías» o Cristo era susceptible de interpretaciones erróneas. ¿Cómo podían entenderlo los contemporáneos de Jesús? ¿Y cómo debía interpretarse para que el título expresara la realidad de su auténtico significado?

Los judíos del primer siglo tenían dos medios de orientación: el Antiguo Testamento y los escritos llamados pseudoepigráficos.

En el Antiguo Testamento, el vocablo *mashiaj* se aplicaba primordialmente al rey de Israel (1 S. 10:1; 12:3, 5; 16:6; 24:6; etc.; Sal. 2:2; 18:50; 20:6; etc.), aunque también se practicó la unción con el sumo sacerdote y sus hijos (Éx. 29:7; Lv. 8:12; 10:7; Nm. 35:25). En algún caso —el de Eliseo, por ejemplo— la unción fue signo de iniciación en el ministerio profético (1 R. 19:16). En todos los casos simbolizaba la dedicación de la persona ungida para la realización de los propósitos de Dios en relación con su pueblo. Por tal motivo, incluso el persa Ciro recibe la denominación de «ungido» de Dios (Is. 45:1). Con todo, la aplicación predominante recayó sobre la figura del rey israelita.

En algunos de los textos del Antiguo Testamento resulta difícil no ver en el rey una alusión profética a otro monarca futuro, al Ungido o Mesías por antonomasia, bajo cuyo dominio el Reino de Dios hallaría su plena manifestación (Sal. 2:2). Apenas hay textos veterotestamentarios que de manera expresa aludan al Mesías que había de venir usando el término *mashiaj*. Se utilizan otros títulos (rey, pastor, etc.). Pero la «esperanza mesiánica» fue tomando cuerpo en Israel, especialmente a raíz del fracaso de la monarquía. El final de la historia del pueblo no podía ser ni la ruina, ni el cautiverio, ni la sumisión humillante a potencias extranjeras. Al pueblo de Dios había de aguardarle un futuro mejor en el que todas las frustraciones hallaran su fin mediante una restauración gloriosa.

Esta esperanza adquirió tintes muy vivos en el periodo intertestamentario. Pese a que la palabra «Mesías» sigue usándose de modo restringido, en la literatura judía de esa época va perfilándose con rasgos cada vez más definidos la figura de uno que había de venir para ensalzar al pueblo de Israel. En los *Salmos de Salomón*, el rey, hijo de David, —aquí sí se le da el título de «ungido del Señor» (17:6)— limpia Jerusalén de paganos y destruye a los impíos (17:21-25) a fin de establecer el reinado de un pueblo santo del que los extranjeros quedan excluidos (17:26-29). Justo, poderoso, sabio y sin pecado, depende sólo de Dios. Con su dominio se inicia una era de bendición (17:32 y ss.; 18:6-9) que no tendrá fin. La perspectiva mesiánica, como puede verse, es eminentemente política y terrenal, bien que no falta en ella el elemento religioso.

En las *Similitudes de Enoc*, dos veces (48:10; 52:4) se da el nombre de Mesías al Hijo del Hombre, ser preexistente, celestial, que permanece en la presencia de Dios hasta que llega el momento en que su reino ha de ser establecido sobre la tierra.

Asimismo, en dos libros apocalípticos del primer siglo (*4 Esdras* y *Apocalipsis de Baruc*), el Mesías ocupa un lugar especial. Es el «Hijo» de Dios «revelado» y reina temporalmente (400 años según Enoc). Predominan las ideas de juicio y destrucción de los malvados, así como las de liberación misericordiosa a favor del «resto» del pueblo escogido en un reino de paz. Estos dos libros fueron probablemente escritos con posterioridad a los evangelios, pero no mucho después, y sin duda recogen las opiniones en boga en los días de Jesús.

Si completamos estos datos con la información que nos suministran los propios evangelios, parece claro que los judíos —y también los samaritanos— esperaban un Mesías (Lc. 3:15; Jn. 1:20, 41; 4:29; 7:31), descendiente de David (Mt. 21:9; 22:42) que había de nacer en Belén (Mt. 2:4, 5; Jn. 7:41, 42) —si bien algunos opinaban que nadie conocería su procedencia (Jn. 7:26-27)— y que, una vez aparecido, permanecería para siempre (Jn. 12:34).

Que el Mesías esperado era una figura regia, de fuerte influencia política, se desprende no sólo de la turbación de Herodes ante el anuncio de los magos (Mt. 2:1-3), sino del temor mostrado por los líderes político-religiosos de Jerusalén de que el movimiento iniciado por Jesús fuese interpretado por los romanos como una acción política de carácter subversivo que inevitablemente había de provocar una horrible represión (Jn. 11:47, 48). De hecho, en algún momento, las multitudes entusiasmadas no escaparon al impulso de intentar proclamarlo rey (Jn. 6:15), seguramente convencidos de que había llegado la hora en que iban a cumplirse sus esperanzas de liberación del yugo romano con el establecimiento del Reino de Dios.

Pero tales esperanzas no correspondían a la misión del verdadero Mesías ni se ajustaban a la naturaleza del Reino. Por eso Jesús apagó aquellos ardores del pueblo mostrándoles el carácter espiritual de su obra, lo que hizo que muchos se apartaran de Él (Jn. 6:63-66). Debía quedar bien claro que su Reino no es de este mundo ni está configurado por los patrones políticos del mundo (Jn. 18:36). Y por la misma razón Jesús mostró la máxima prudencia cuando se le atribuía el título de «Cristo».

Ante la confesión de Pedro (Mr. 8:27-29), reconoce —según Mt. 16:17— la validez de la misma; pero ordena a sus discípulos que se abstengan de hacerla pública (Mr. 8:30). Y para que las esperanzas populares relativas al Mesías se desvanecieran de la mente de los discípulos, les habla de los sufrimientos que le esperaban (Mr. 8:31). Él era el Mesías, sí; pero no el caudillo político instaurador de un reino terrenal. Era el Mesías-Siervo, cuya muerte constituiría la base de la relación entre Dios y los hombres en la esfera del Reino. Sólo cuando Jesús llega a la hora de la crisis final, cuando ya no había posibilidad de que las gentes vieran en Él al Mesías-Rey erróneamente anhelado, contestó afirmativamente a la pregunta relativa a su mesianidad. «¿Eres tú el

Cristo, el Hijo del Bendito?», inquiere el sumo sacerdote. Y Jesús responde: «Lo soy» (literalmente, «Yo soy» —*ego eimi*). Pero aun en esta circunstancia matiza su declaración. No era el rey soñado por los judíos, sino el Hijo del hombre; no el rey terreno, de talante político semejante al de cualquier monarca humano, sino el rey escatológico (Mr. 14:61, 62).

Obviamente la plena comprensión del término «Mesías» exige la de otro no menos importante, con el cual —como se ve en algunos de los textos mencionados— se halla estrechamente relacionado:

### Hijo del hombre

Resulta curioso que este título no es usado por la Iglesia primitiva. No aparece en ninguna de las cartas apostólicas, y en el libro de los Hechos lo hallamos una sola vez en labios de Esteban (7:56). En cambio, es el preferido por Jesús. Este contraste nos permite deducir con certeza que no nos hallamos ante un concepto teológico elaborado por la comunidad cristiana de la época apostólica, sino ante una expresión que, sin la menor duda, puede incluirse entre las *ipsissima verba* de Jesús.

Desde el punto de vista lingüístico, el «Hijo del hombre» *(ho huios anthropou)* corresponde al hebreo *ben'adam* y a su equivalente arameo *bar nascha*. El término *bar* solía usarse en la lengua aramea en sentido figurado para expresar la naturaleza o el carácter de una persona. Así, por ejemplo, los mentirosos eran llamados «hijos de mentira», y los ricos, «hijos de riqueza». «Hijo del hombre» equivaldría, pues, a hombre, bien en su sentido genérico, bien refiriéndose a un hombre determinado.

En la mayoría de los textos del Antiguo Testamento en que aparece el *ben'adam* significa el hombre en general (Sal. 8:4; 11:4; 12:1; etc.; Ec. 1:13; 2:3, 8; 3:10; etc.). La expresión es usada especialmente cuando se quiere contrastar la insignificancia y la miseria moral del hombre con la grandeza y la perfección de Dios (Nm. 23:19; Sal. 8:4; 144:3; Is. 51:12, 13).

Posiblemente a causa de esta identificación del «Hijo del hombre» con la humanidad, se ha interpretado el título, aplicado a Jesús, simplemente como expresión de su naturaleza humana. Así lo entendieron los Padres de la Iglesia, quienes vieron en el *huios anthropou* de los evangelios al Hijo de Dios encarnado, al Dios-hombre. Pero esta interpretación resulta, como mínimo insuficiente. Como en tantos otros casos, el estudio lingüístico debe complementarse con el de las connotaciones bíblico-teológicas del término.

Se admite generalmente que en los días de Jesús «el hombre» o «el Hijo del hombre» se usaba para designar un salvador escatológico que debía aparecer al final de los tiempos. Y se reconoce que tal designación tiene su base en Dan. 7:13.

Este texto en sí plantea dificultades exegéticas. ¿Quién es ese ser semejante a «hijo de hombre» que llega hasta el «Anciano de días»? El contexto hace pensar en una colectividad. Si las cuatro bestias de la visión descritas en los versículos precedentes representan cuatro imperios, cabe, por analogía, pensar que la nueva figura («como hijo de hombre») simboliza un nuevo reino, el reino eterno de los santos del Altísimo (Dn. 7:18, 22, 25, 27). Sin embargo, la interpretación de un «hijo del hombre» colectivo no excluye la aplicación a una persona individual. Frecuentemente existe una correlación estrecha, casi una identificación, entre reino y rey (vv. 23, 24). Cullmann sugiere que originalmente el «hombre» ha simbolizado (de la misma manera que los animales) al *representante* del pueblo de los santos. «En el judaísmo se pasa fácilmente del uno al otro. Conocemos ya la importancia de la idea de sustitución: el sustituto, el representante, puede ser identificado con la colectividad que representa.»[1]

En el sentido individual es interpretado el «hijo del hombre» de Daniel en la literatura judía posterior (4 Esdras y Enoc etiópico), a la par que se hace resaltar su trascendencia y su preexistencia. En el libro de Enoc (similitudes) el «hijo del hombre» aparece en los capítulos finales (46-48; 62-71) con marcada semejanza respecto al de Daniel. Es aquel que arrancará de sus tronos a los reyes que han perseguido al pueblo de Dios, será báculo para los justos y luz para los gentiles. Los poderosos sufrirán dolores de parto «cuando vean al Hijo del hombre sentado en el trono de su gloria» (62:2, 5; comp. Mt. 25:31). Oculto desde el principio, ha sido preservado por el Altísimo y revelado a sus escogidos, y a Él se le otorga la autoridad para juzgar (comp. Jn. 5:27).

Observamos, pues, que, paralelamente a las esperanzas populares relativas a un mesías político, había en días de Jesús otra expectación mesiánica inspirada en el «hijo del hombre» de Daniel, en la que se contempla la aparición escatológica de un ser celestial, preexistente, que lleva a cabo la salvación del pueblo de Dios y el juicio de sus adversarios.

¿Hasta qué punto se identificó Jesús con tal perspectiva? Ya hemos notado algunos puntos de semejanza entre textos de Enoc y textos de los evangelios; pero ¿cuál era realmente el sentido que Jesús daba al título «Hijo del hombre» que tan decididamente se apropió?

Una comparación de los textos de los evangelios nos permite distinguir dos facetas: la del Hijo del hombre durante su estancia en la tierra y la del Hijo del hombre apocalíptico. La primera

---

1. *Cristología del NT*, p. 164.

muestra especialmente los aspectos humanos de Jesús (Mt. 8:20 y Lc. 9:58; Mt. 11:19 y Lc. 7:34) y su identificación con el Siervo, el *ebed Yahvéh*, que ha de sufrir y morir (Mt. 8:31; Mr. 9:12, 31; 10:33; 14:41 y paralelos) para redimir a los hombres (Mt. 20:28; Mc. 10:45). La segunda hace resplandecer la gloria y majestad de Jesús en su parusía y en la consumación de su Reino (Mt. 13:41; 19:28; 24:30; 25:31; Mr. 8:38; 14:26, 62; Lc. 12:40; 17:24, 26, 30; 18:8 y paralelos).

De esta comparación se deduce que Jesús, al asumir el título de Hijo del hombre no sólo se remitía a Dn. 7:13; como afirma G. E. Ladd, lo reinterpretaba radicalmente. «El Hijo del hombre no es solamente un ser celestial preexistente; aparece en debilidad y humildad para cumplir un destino de padecimiento y de muerte. En otras palabras, Jesús vertió el contenido del Siervo doliente en el concepto de Hijo del hombre.»[2]

Es comprensible la predilección de Jesús por este título. Ningún otro podía expresar de modo más completo los diferentes aspectos de su persona y de su misión. Además, interpretado a la luz de todas las declaraciones en que lo usó, era el menos expuesto a tergiversaciones políticas. Hace resplandecer su gloria mesiánica y su culminación escatológica en un trono universal y eterno; pero el acceso a ese trono sólo es posible a través de una vía dolorosa, al final de la cual se alza una cruz.

### Hijo de Dios

Jesús, aunque no usó este título de modo preferente, lo asumió sin reticencias y se valió de él para dar a conocer elementos esenciales de su persona. ¿Qué significa tal denominación?

Del mismo modo que el título «Hijo del hombre» ha sido interpretado como expresión de la humanidad de Jesucristo, el de «Hijo de Dios» ha sido considerado como indicativo de su divinidad. Pero ya vimos que esa interpretación del primero es demasiado simple. De modo análogo, aun conservando una parte importante de su significado, reduciríamos la riqueza del segundo si solamente nos sugiriera la naturaleza divina de Cristo. Por otro lado, también en este caso es aconsejable tomar en consideración los diferentes sentidos que la expresión podía tener cuando los evangelios fueron escritos.

En el mundo grecorromano el título era de uso bastante extendido. A raíz de su muerte, Julio César fue declarado divino, y Octavio, sobre la base de su adopción, vino a ser llamado *divi filius*, hijo de lo divino, designación que pasó a los emperadores siguientes.

2.  *A Theology of the NT*, p. 157.

El *divi filius* latino correspondía en cierto modo al griego *huios theou* —a menudo simplificado con el término *theios* o simplemente *theos* (dios)—, si bien entre los griegos tenía una aplicación más dilatada. Era dado no sólo a reyes sino a hombres de características que sobresalían por encima de lo común y en los cuales actuaban —según se creía— fuerzas divinas; por ejemplo, poetas, videntes, jefes militares, taumaturgos, etc. En algunos casos se les denominaba *theioi andres*, hombres divinos. Según Cullmann «en la época del Nuevo Testamento era dable encontrar por doquier hombres que, en virtud de sus fuerzas sobrenaturales, se apodaban a sí mismos "hijos de Dios". Por la obra de Orígenes contra Celso (7, 9) sabemos que en Siria y en Palestina se podían hallar gentes que decían de sí mismas: "Yo soy Dios, o hijo de Dios, o espíritu de Dios; yo os salvo"».[3]

Pero una vez más, si queremos tener una idea correcta de lo que «Hijo de Dios» podía significar, hemos de acudir al pensamiento y al lenguaje judío. Esta fuente de información tiene su origen en el Antiguo Testamento. En él hallamos la expresión, en singular o plural, con significados diversos. Aparecen como «hijos de Dios» los ángeles (Job. 38:7; según algunos exegetas podría también citarse el discutido pasaje de Gn. 6:2), el pueblo de Israel (Éx. 4:22 y ss.; Is. 1:2; 30:1; Jer. 3:22; Os. 11:1) y el rey (2 S. 7:14; Sal. 2; 89:26 y ss.). Estos últimos textos fueron probablemente el punto de partida para la identificación del Mesías con el «hijo de Dios», aunque tal identificación no aparezca de modo claro en el Antiguo Testamento.

Si acudimos a la literatura pseudoepigráfica, las referencias escasean y arrojan poca luz sobre la aplicación de «Hijo de Dios» al rey mesiánico, por lo que algunos han llegado a pensar que el hecho de que en el Nuevo Testamento le sea concedido a Jesús constituye una novedad total. Sin duda, esta idea es exagerada. Hay base en el Antiguo Testamento para relacionar «Mesías» e «Hijo de Dios»; pero debemos reconocer que no es una base demasiado visible. La naturaleza de esa relación únicamente aparece de modo diáfano en los evangelios, donde encontramos los datos suficientes para comprender el título que nos ocupa.

El primer hecho que salta a la vista es que, contrariamente a la opinión de Bultmann —quien atribuye el término «Hijo» sólo a Jesús resucitado—, Jesús tuvo conciencia clara de su filiación divina durante su ministerio. Tanto el testimonio de los sinópticos como el de Juan —éste de modo más explícito— no dejan lugar a dudas. Aunque Jesús no se refirió con frecuencia a sí mismo como a Hijo de Dios, lo hizo en más de una ocasión. Por otro lado, Dios, hombres y demonios declararon que lo era, y Jesús nunca

3. *Op. cit.*, p. 312.

rechazó esas declaraciones (Mt. 3:17; 11:27; 14:33; 16:16; 17:5; 21:37 y ss.; 26:63 y ss.; 27:54 y paralelos; Jn. 1:49; 3:16, 18, 35, 36; 5:19 y ss.; 6:40; 8:36; 9:35; 10:36; 11:4, 27; 14:13; 17:1). Pero —volvemos a la pregunta— ¿cómo debía entenderse la denominación «Hijo de Dios»?

Una cosa es evidente: Jesús se consideraba a sí mismo Hijo de Dios en un sentido único. Su filiación nada tenía que ver con la que se puede conceder a los seres humanos (Jn. 1:12). En este terreno, Jesús nunca se puso al mismo nivel que sus discípulos. Jamás dijo: «nuestro Padre», sino «mi Padre» o simplemente «el Padre», pero dejando entrever un plano de relación al que sólo Él tenía acceso. De modo inequívoco expresó la infinita diferencia existente entre Él y los hombres en lo que a vinculación con Dios se refiere. Cuando después de su resurrección se aparece a María Magdalena, le encarga un mensaje especial para sus «hermanos»: «Subo a mi Padre y a vuestro Padre, a mi Dios y a vuestro Dios» (Jn. 20:17). Carece, por tanto, de fundamento la interpretación sostenida por algunos según la cual Jesús se había considerado como hijo de Dios en el sentido amplio y general en que todos nosotros podemos serlo.

Determinados pasajes de los evangelios pueden constituir la clave interpretativa. Veamos algunos de los más importantes:

*Mr. 1:1* y paralelos. La declaración celestial («Tú eres mi Hijo amado») ha sido interpretada como indicativa del amor del Padre hacia Cristo. También se ha visto en ella apoyo para la teoría adopcionista, según la cual, Jesús, originalmente un mero hombre, después de haber sido probado, recibió en su bautismo poderes sobrenaturales por medio del Espíritu. En aquel momento era formalmente investido como Mesías, y consecuentemente declarado Hijo de Dios.

Pero el texto no parece apuntar en esa dirección. En sus palabras hay una clara referencia a Is. 42:1 («He aquí mi siervo... mi escogido, en quien mi alma tiene contentamiento»), no a Sal. 2:7 («Mi hijo eres tú; yo te he engendrado hoy»), como a veces se ha supuesto. «Lo que se quiere significar es el decreto electivo de Dios, es decir, la elección del Hijo, lo cual incluye su misión y su designación para el oficio regio del Mesías.»[4] Ello implica que Jesús no es *declarado* Hijo de Dios en función de su cualidad mesiánica, sino que es escogido como Mesías porque *es* Hijo de Dios.

Otra observación importante, si seguimos relacionando el texto con Is. 42:1, es la identificación del Hijo de Dios con el Siervo, lo que indica un cierto paralelismo respecto al Hijo del hombre. Recuérdese lo expuesto al estudiar este título. De ello se deduce

4. J. Schrenk *TDNT*, II, p. 740.

que la grandeza de Hijo radica especialmente en su perfecta sumisión y obediencia al Padre, pese a que tal sumisión había de llevarle a la cruz.

Que este aspecto de la filiación divina estaba presente en la conciencia de Jesús parece evidenciarse en la triple tentación que siguió a su bautismo. El diablo parte del reconocimiento de esa conciencia filial («si eres hijo de Dios...») para desviar a Cristo de su obra induciéndole a convertirse en un taumaturgo y en rey universal sin tener que pasar por el sufrimiento. Pero Jesús rechaza sus propuestas. Su misión en el mundo no era buscar su propia gloria o bienestar, sino cumplir la voluntad del Padre.

*Mt. 11:25-27.* Sin entrar en un análisis exhaustivo de este pasaje o de sus implicaciones teológicas, conviene destacar el lugar único de Jesús en el ministerio de revelar a Dios ante los hombres. Él es el gran mediador de la revelación. «Nadie conoce al Padre, sino el Hijo y aquel a quien el Hijo lo quiera revelar.» Su perfecta capacidad reveladora se basa precisamente en su condición de Hijo. En tiempos pasados Dios había hablado fragmentaria e imperfectamente por medio de los profetas. Ahora hablaba a través del Hijo (He. 1:1-3). La superioridad de la acción reveladora del Hijo radica en el cabal conocimiento que el Hijo tiene del Padre. Y tal conocimiento es resultado de su relación única con Él.

Las grandes afirmaciones de Jesús contenidas en este pasaje no constituyen una proposición dogmática de su divinidad, pero se aproximan a ello, dado el plano de igualdad en que aparecen Padre e Hijo.

*Mr. 14:61, 62.* No es fácil decidir el sentido que el sumo sacerdote daba a sus palabras cuando preguntó a Jesús: «¿Eres tú el Cristo, el Hijo del Bendito?» ¿Usaba los dos títulos como sinónimos? Probablemente no, pues el segundo no solía usarse para designar al Mesías. De cualquier modo, Jesús responde afirmativa y explicativamente. Es el Hijo de Dios y el Hijo del hombre, a quien verían «sentado a la diestra del Poder y viniendo en las nubes del cielo». Se arroga la prerrogativa del juicio final, propia únicamente de Dios. Sólo esta interpretación podía constituir para los judíos una blasfemia que debía castigarse con la muerte.

*Textos de Juan.* Son tan numerosos que no es posible examinarlos aquí detalladamente. Pero nos referiremos a aquellos que más luz arrojan sobre el significado del título «Hijo de Dios».

Ya en su prólogo Juan alude a la filiación divina de Cristo (1:14). El término «unigénito» expresa la unicidad en relación con el Padre.

A lo largo de todo el Evangelio, sobresalen diversas facetas de esa relación, así como de la identificación y cooperación entre el Padre y el Hijo. «El Padre ama al Hijo y le muestra todo lo que Él hace» (5:20). No sólo se lo muestra todo, sino que «todas las cosas las ha entregado en sus manos» (3:35). Las obras de Jesús son las obras de Dios (5:19; comp. 10:32 y 14:10). «Como el Padre levanta a los muertos y les da vida, así también el Hijo da vida a los que quiere» (5:21). Todo juicio correspondiente al Padre ha sido dado al Hijo (5:22), como le ha sido otorgado el poder de la resurrección escatológica (5:28, 29).

Hasta tal punto llega la conciencia de identificación que Jesús tiene respecto a Dios que llega a declarar: «Yo y el Padre somos una sola cosa» (10:30) y «el que me ha visto a mí ha visto al Padre» (14:9). No es de extrañar que los judíos que le escuchaban pensasen que estaba equiparándose a Dios (5:18). Esta apreciación no era resultado de ninguna distorsión hermenéutica. Era la conclusión más razonable. Juan sintetiza la cuestión cuando, sin lugar a ambigüedades, afirma: «Y el Verbo era Dios» (1:1).

Sin embargo, la identificación entre el Hijo y el Padre no excluye su diferenciación y la posición en que el Hijo se coloca como enviado del Padre. Sometido plenamente a Él, hace y dice lo que el Padre quiere. En el plano de su misión en la tierra, Jesús había de decir: «el Padre es mayor que yo» (14:28).

De los textos examinados —y de otros que hemos omitido—, la teología bíblica deduce atinadamente que el título «Hijo de Dios» no sólo expresa la naturaleza divina de la persona de Jesucristo, sino también las características esenciales del Verbo encarnado para revelar a Dios y redimir a los hombres.

Por otro lado, la crítica exenta de prejuicios reconoce que estas verdades no brotaron de la fe de los primeros cristianos, sino de lo más profundo de la propia conciencia de Jesús. Todavía nos parece válido el agudo juicio de James Stalker: «El halo que rodea la cabeza del Hijo de Dios no es una invención del cristianismo primitivo o de concilios eclesiásticos..., sino que se debe a la conciencia y al testimonio de Jesús mismo; y tanto por el carácter del que fue "manso y humilde de corazón" como por la convicción que acerca de su poder para salvar ha producido la experiencia de siglos en la mente del cristianismo, se exige el reconocimiento de que no es una exhalación que procede de abajo, sino una emanación del trono eterno.»[5]

5. *Hastings' Dictionary of Christ and the Gospels*, art. «Son of God.»

# CUESTIONARIO

1. ¿Qué elementos o datos deben tomarse en consideración para interpretar los diferentes títulos de Jesús?

2. A la luz de lo expuesto en el libro, ¿cómo debe interpretarse Mt. 16:16?

3. ¿Qué aspectos de la persona y de la obra de Jesucristo entraña el título «Hijo del Hombre»?

4. ¿En qué sentido debe interpretarse el título «Hijo de Dios»?

5. Tomando en consideración cuanto los evangelios nos dicen sobre Jesús, haga una exposición descriptiva de su persona y del carácter de su ministerio en la tierra.

# XXII

# LOS MILAGROS

Las obras milagrosas de Jesucristo son inseparables de su persona y de sus enseñanzas, pues hacen patente lo justo de los títulos con que aparece en los evangelios y, por consiguiente, la autoridad que le asistía en su ministerio docente. Pretender una disociación entre las obras y la doctrina de Jesús es violentar el testimonio apostólico, en el que lo uno y lo otro constituyen un todo tan compacto como coherente.

## El problema hermenéutico

El concepto de milagro en muchos casos ha originado dificultades de interpretación. No hubo problemas en la aceptación de la veracidad de los evangelios respecto a las narraciones relativas a hechos milagrosos durante muchos siglos. Tanto los judíos como los paganos del mundo greco-romano los admitían con toda naturalidad. Aunque podía discutirse su causa (Mt. 12:22-24; Jn. 3:2), no se negaba el hecho prodigioso en sí. Pero los descubrimientos científicos de Galileo y Newton en el siglo XVII y el auge del racionalismo condujeron a la negación del milagro, entendiendo que éste constituye una violación de las leyes naturales, lo que —según los filósofos racionalistas— resulta inadmisible en un universo sometido a ellas inexorablemente.

El impacto de las nuevas ideas planteó a la teología cristiana un gran problema hermenéutico al que se hizo frente de diversos modos. Mientras algunos rechazaban de plano toda posibilidad de lo milagroso y otros seguían manteniendo la tesis contraria, no faltaron quienes buscaron vías intermedias de interpretación. Schleiermacher, por ejemplo, aceptó el orden newtoniano del mundo y sostuvo que los milagros no afectan ni al dominio de la física ni al de la psicología. El milagro, a su modo de ver, era el nombre religioso que se da a un hecho natural; cuanto más religiosa es una persona, tanto más ve milagros en todas partes. Pero esta explicación priva al milagro del carácter distintivo con que aparece en la Escritura.

Para algunos intérpretes, los milagros de Jesús, en especial las curaciones, no fueron otra cosa que el resultado de un gran poder de sugestión. Los relatos que no admiten esta explicación han de ser considerados como meras leyendas, pura invención o bien mezcla de elementos fantásticos con hechos que en sí habían tenido de sobrenaturales. Huelga decir que tal interpretación no tiene más fundamento que el prejuicio pseudocientífico o metafísico.

A medida que ha ido avanzando el siglo XX, el dogmatismo científico y las corrientes filosóficas inspiradas en él se han debilitado. La ciencia reconoce sus limitaciones, sus yerros o defectos en un pasado no muy lejano —aun en campos como las matemáticas o la física— y la necesidad de una máxima prudencia en sus conclusiones, que no pocas veces deben considerarse provisionales y siempre circunscritas a la esfera de la experimentación. Hoy ningún científico serio negará la posibilidad de realidades que están más allá de su capacidad de verificación.

Pero el problema en torno a los milagros se debe principalmente a que se ha examinado partiendo de presupuestos científico-filosóficos, no del concepto bíblico. Y es sólo a la luz de la Biblia misma que hemos de llevar a cabo nuestra interpretación si queremos conocer tanto la naturaleza como el significado del hecho milagroso.

## Sentido bíblico del milagro

En el Antiguo Testamento hallamos un concepto de lo milagroso mucho más amplio que el moderno. En él se incluía no sólo lo que acontecía fuera del orden natural, sino todo cuanto de un modo extraordinario mostraba la intervención de Dios, fuese en la esfera de la creación o en los acontecimientos de la historia (Sal. 136:4 y ss.). Todo ello era *geburah* (el equivalente al griego *dynamis*), manifestación de poder (Dt. 2:24; Sal. 20:7; 106:2); *guedola*, hecho grande o maravilloso (2 R. 8:4; Job 5:9; Sal. 71:19; 136:4); *nora*, suceso tremendo (Éx. 34:10; 2 S. 7:23); *mofeth*, prodigio (Éx. 7:9; Dt. 4:34; 29:3; Sal. 78:43; 105:5) u *oth*, señal (Éx. 7:3; Dt. 4:34; 11:3).

Aun fenómenos tan naturales como la lluvia y el trueno, en determinadas circunstancias, podían incluirse entre los milagros (Job 5:9 y ss.; 37:5; Sal. 136:4). Pero Dios podía también realizar los portentos más inusitados, los más «sobrenaturales». Para el israelita no existía la distinción entre naturaleza y sobrenaturaleza. La acción de Yahvéh es la de un Dios cuyo poder no tiene límites y cuya libertad soberana es absoluta. Pero siempre lo milagroso, en su sentido más amplio, tiene una finalidad: mostrar la grandeza de Dios y acreditar la veracidad de su palabra, aunque el milagro en sí no es credencial suficiente si no está en consonancia con la revelación divina precedente (Dt. 13).

En el Nuevo Testamento se mantiene el mismo concepto de milagro con análogos matices. Los términos más frecuentes para designarlo son: *teras*, prodigio o portento (Mt. 24:24; Jn. 4:48; Hch. 2:22), *dynamis*, obra reveladora de gran poder (Mt. 7:22; 11:20, 21, 23; 13:54, 58; Mr. 6:2, 5, 14; 9:39; Lc. 10:13; 19:37) y *sēmeion*, señal (Mt. 12:38, 39; 16:1 ss. y paralelos; Jn. 2:11, 18, 23; 3:2; 4:48; etc.). Cada una de estas palabras tiene un matiz especial. *Teras* indica la finalidad del milagro: llamar la atención, producir una reacción de asombro y temor reverente (Mr. 2:12; 4:41; 5:42; 6:51; 7:37). *Dynamis* destaca la potencia mediante la cual se ejecuta el acto milagroso. *Sēmeion* pone de relieve el carácter acreditativo del prodigio, así como su naturaleza ilustrativa. Los milagros de Jesús no sólo prueban la legitimidad de sus pretensiones inauditas (Mt. 11:2-6; Jn. 2:11; 3:2; 5:36; 10:25, 38; 14:10, 11); también iluminan aspectos esenciales de su obra redentora. La curación del ciego de nacimiento es la mejor aclaración de la acción iluminadora de Cristo; la multiplicación de los panes, de su acción vivificadora como «pan de vida»; el restablecimiento del paralítico, del poder restaurador del Señor; la purificación del leproso, de la acción que libra al hombre de su contaminación moral.

En todos los hechos milagrosos registrados en los evangelios se observa que la nota predominante no es la del portento *(teras)* o la del poder *(dynamis)* en sí, lo cual habría reducido la figura de Jesús a la de un mero taumaturgo. Esto es lo que pretendía Satanás (Mt. 4:6) y lo que habría entusiasmado a las multitudes. Pero a ello se opone Jesús rotundamente (Mt. 16:4). Los milagros del Hijo de Dios no tenían por objeto satisfacer el afán de espectacularidad de las gentes, promover una reacción general de admiración hacia Él y así crearse una aureola de popularidad. Los milagros de Jesús eran demostración de que las fuerzas salvadoras del Reino estaban ya en acción (Mt. 12:28). Revelan el dominio pleno de Jesucristo sobre todos los seres y poderes del universo, visibles e invisibles, físicos y espirituales. A la voz de Jesús, obedecen los elementos de la naturaleza y se rinden los demonios, las enfermedades y la muerte. De modo claro se advierte que el propósito final del milagro no es maravillar a los hombres, sino enfrentarlos con las realidades del Reino y moverlos a una decisión de fe. En el milagro no sólo aparece el dedo de Dios que obra, sino el dedo que apunta hacia Dios con todo lo que Él ofrece y todo lo que exige.

## Peculiaridades de los milagros de Jesús

Son importantes, pues además de mostrar el verdadero carácter de los prodigios obrados por el Señor, facilitan su credibilidad.

1. *Ausencia de artes mágicas.* Nada hay en las intervenciones de Jesús semejante a las prácticas de los taumaturgos de cualquier tiempo; nada de los conjuros o imprecaciones de magos y hechiceros; nada de actos rituales sin sentido. Jesús realiza sus obras maravillosas por su poder divino. Generalmente basta su palabra para que el milagro se produzca. Cuando en determinados casos acompaña a sus palabras alguna acción, ésta varía y parece destinada a facilitar la fe a quien ha de ser objeto del milagro; por ejemplo, la curación del leproso (Mt. 8:2, 3), la de los dos ciegos (Mt. 9:29) o la del sordomudo (Mr. 7:31-37).

2. *Ausencia de acciones punitivas.* Es hondamente significativa la respuesta de Jesús a los discípulos que le instaban a que hiciera descender fuego del cielo para destruir a unos samaritanos: «El Hijo del hombre no ha venido para destruir las almas de los hombres, sino para salvarlas» (Lc. 9:56). El único milagro de juicio efectuado por Jesús tuvo como objeto una higuera estéril (Mt. 21:18-22) con una finalidad eminentemente didáctica.

3. *Ausencia de intervenciones en beneficio propio.* Pese a que en más de una ocasión fue retado a ello, Jesús siempre rehusó la utilización de su poder para librarse del sufrimiento y de la muerte (Lc. 4:1-4; 23:35, 37) o para exhibir su grandeza (Mt. 4:5, 7; Mr. 8:11, 12). Incluso cuando obraba en beneficio de otros, encargaba encarecidamente silencio respecto a las maravillas que habían visto.

4. *Dignidad y congruencia con el carácter de Jesús.* No hallamos en los evangelios ningún relato de milagros fantásticos o ridículos como algunos de los que se encuentran en los evangelios apócrifos. Las narraciones de los sinópticos o de Juan se distinguen por una exquisita sobriedad. En todas ellas el milagro, que se produce espontáneamente, está por completo en armonía con la persona de Jesús y con la naturaleza de su ministerio redentor.

5. *Manifestación de la compasión divina.* Todos los milagros de Cristo son prodigios de gracia. Fluyen de su corazón misericordioso que se conmueve ante el sufrimiento, la miseria moral y la muerte de los seres humanos. Son la expresión del amor de Dios hacia una raza desgraciada, inmersa en el pecado y sus nefastas consecuencias. En los milagros de Jesús, tan patente como el poder de Dios es su conmiseración.

6. *Carácter significativo.* Como ya vimos, el milagro evangélico es una señal con valor ilustrativo, un signo de realidades espirituales correspondientes al plano más elevado de la salvación. Las curaciones físicas sólo son una parte de la acción restauradora de Cristo. Al paralítico no se le dice únicamente: «Levántate y anda»; antes, se le asegura que sus pecados son perdonados. La abundancia de los panes multiplicados ha de llevar a quienes se han saciado con ellos a buscar «la comida que permanece para vida eterna» (Jn. 6:27). La curación de los endemoniados es indicativa del triunfo de Jesús sobre Satanás (Mt. 12:29; Lc. 10:17, 18) y sobre todas las fuerzas del mal que atormentan a los hombres. Todo da a entender que ha comenzado la plenitud del tiempo de la salvación.

Sin embargo, las realizaciones en el plano espiritual todavía no son completas. El creyente, que se sabe perdonado, aún no está libre del poder del pecado o de las asechanzas del diablo. Pero lo estará cuando el Reino de Dios llegue a su consumación. Por ello el milagro es también signo escatológico; dirige nuestra mirada hacia el día en que la redención será perfecta. Y ello nos ayuda a entender mejor el proceso salvador en el tiempo presente. Como el ciego de Betsaida, a quien Jesús devolvió la vista progresivamente (Mr. 8:22-25), el creyente tiene ahora experiencias inacabadas, más o menos «borrosas», pero al final su visión y disfrute de la salvación serán perfectos. Ahora, aunque no faltan señales evidentes de los poderes presentes del Reino, todavía hay situaciones que originan tensión y perplejidad. Recuérdese la hora de vacilación de Juan el Bautista (Mt. 11:1-6; Lc. 7:18-23). Pero del mismo modo que los milagros de Jesús siempre fueron totales y perfectos, así lo será su obra de salvación. Al fondo del cuadro escatológico se ve a Satanás definitivamente vencido y anulado (Ap. 20:1-10) y a los redimidos en perfecta comunión con Dios, libres de todo sufrimiento, triunfantes sobre la muerte (Ap. 21:4), transformados a semejanza de Cristo por el poder de su resurrección (1 Co. 15:22 y ss.; Fil. 2:21).

### Credibilidad del milagro

Si el intérprete se mantiene en el plano del propio testimonio de la Escritura, desaparece el problema relativo a la posibilidad o imposibilidad del milagro. Admitida la existencia de un Dios que crea, sostiene y rige el universo con poder sin límites, no puede rehusarse la consecuencia lógica: «Para Dios todo es posible» (Mt. 19:26), incluso el milagro.

Por otro lado, la Escritura no sólo nos presenta a un Dios todopoderoso, sino también a un Dios soberano, libre para actuar como juzgue oportuno. Sin duda, Dios ha sometido su creación a unas leyes físicas; pero Él puede obrar por encima —no necesariamente en contra— de ellas. Esta posibilidad es la mejor refutación a la tesis de Benedicto Spinoza y David Hume de que el milagro viola las leyes naturales. Agustín de Hipona ya salió en su día al paso de esta objeción y acertadamente señaló[1] que los milagros no vulneran el orden de la naturaleza, pues ésta no es otra cosa que una manifestación —puede haber otras— de la voluntad de Dios; así que ningún portento es contrario a lo natural si ocurre conforme al deseo divino. Además —hacía notar Agustín—, no parece que el carácter de la naturaleza y de sus leyes sea tan rígido e inalterable como algunos pretenden. Hay fenómenos que no se ajustan al orden natural conocido. En esta apreciación científicos serios de nuestro tiempo coinciden con el gran pensador cristiano del siglo IV.

En opinión de algunos, el milagro, más que una violación de leyes naturales, es la incorporación de fuerzas desconocidas. Es difícil negar tal posibilidad. Por el contrario, es plausible y explicaría satisfactoriamente algunos milagros de la Biblia. Pero sería erróneo enfatizar el carácter natural de tales fuerzas. Dios puede usar las ya existentes, aunque desconocidas, pero puede igualmente originar energías nuevas, independientes de cualquier orden natural establecido. La explicación del milagro en cada caso probablemente siempre quedará fuera del alcance de nuestro conocimiento. Pero una cosa esencial queda clara: el concepto bíblico de intervención extraordinaria de Dios.

En cuanto a las dificultades que ciertas personas parecen tener para aceptar lo milagroso, debe observarse y recalcar que todo el edificio de la fe cristiana descansa sobre hechos básicos sobrenaturales: la creación, la revelación, la encarnación y la resurrección de Jesucristo. Si aceptamos estos hechos, lógicamente no debe haber problema para admitir cualquier otro de los milagros narrados en los evangelios. Si los rechazamos, ¿qué nos queda de la esencia del cristianismo?

En el fondo, el problema no es filosófico, sino histórico. Se trata de la veracidad de los evangelistas, de la autenticidad de sus relatos. Y como vimos en el capítulo XIX al ocuparnos de la relación entre Evangelio e historia, sólo la imposición de prejuicios

---

1. *La Ciudad de Dios*, XX, 1, 8.

puede desvirtuar una de las características de los evangelios enfatizada por los propios autores: la fidedignidad histórica de su testimonio. Cualquier exegeta que no esté radicalmente condicionado por presupuestos metafísicos habrá de interpretar los textos relativos a los milagros en su sentido literal.

## La expulsión de demonios

La posesión demoníaca y las narraciones de liberación de este mal contenidas en los evangelios han tenido una interpretación diversa. Algunos ven en la posesión una simple enfermedad mental. Creen que los casos registrados en la Biblia pueden explicarse como manifestaciones de psicosis maníaco-depresiva, epilepsia o histeria y que los relatos evangélicos de exorcismo, aun aceptando su veracidad, hallan su explicación en el hecho —supuesto— de que Jesús acomodaba su acción a las creencias de su tiempo para facilitar la fe de los enfermos. Esta interpretación, además de arbitraria, atenta contra la dignidad de Jesús y pone en entredicho su veracidad. Ninguna forma de mentira piadosa es imaginable en Aquel que fue la verdad personificada. Además, los relatos, por su modo de describir el fenómeno, no dejan lugar a dudas en cuanto a la verdad objetiva del mismo. Los síntomas de éste podían coincidir con los de una enfermedad psicógena. Podía incluso darse el caso de que la posesión originara la enfermedad (tal pudo ser el caso registrado en Mt. 17:14-18); pero detrás de lo sintomático, como causa inicial, había la posibilidad de una acción demoníaca. Tal posibilidad no puede ser descartada apriorísticamente, pues escapa a la investigación científica. Por otro lado los evangelistas hacen distinción clara entre enfermedad —epilepsia, por ejemplo— (Mt. 17:15) y posesión (Mr. 1:32; 3:10 y ss; Mt: 4:24; 8:16; Lc. 4:40, 41; 6:17, 18; 7:21).

En los evangelios la expulsión de espíritus malignos no es algo accidental ni periférico. Ocupa en el ministerio de Jesús un lugar importante y hondamente significativo. La práctica no tiene nada en común con las formas de exorcismo más o menos comunes a judíos y paganos, con sus conjuros, encantamientos o artes mágicas diversas. En las intervenciones de Jesús no hay nada de todo esto. Basta su palabra, henchida de autoridad, para que los demonios salgan y los posesos sean restaurados a la normalidad.

En tales actos se pone de manifiesto la realidad de todo un mundo de seres maléficos, invisibles, pero presentes y activos en el seno de la humanidad. Son seres que reconocen a Cristo como «el Santo de Dios» (Mr. 1:24) y han de rendirse a su soberanía. Pero, además, la expulsión de demonios era signo y evidencia de que el Reino de los cielos había empezado a manifestarse con el poder del Espíritu de Dios, muy superior a Satanás y sus huestes

(Mt. 12:28). La derrota total de éstos era ya una realidad (Lc. 10:17, 18). Todavía seguiría el diablo actuando como poderoso príncipe de este mundo, pero con una potencia no sólo condenada a su total destrucción futura, sino limitada por el poder de Cristo desde el momento mismo en que se inició el nuevo *ésjaton*. Ya ahora, como decía Lutero, *Satana maior Christus*, mayor que Satanás es Cristo.

Así quedaba asegurada la posibilidad de que los hombres fuesen liberados de toda forma de dominio del mal. Sólo una interpretación que encaje con esta perspectiva hará justicia al testimonio de los evangelistas y reflejará lo más profundo de la enseñanza bíblica sobre el hombre y el drama de su existencia. «Lo demoníaco es absolutamente esencial para entender el modo como Jesús interpretó el cuadro del pecado y de la necesidad que el hombre tiene del Reino de Dios. El hombre está sometido a un poder personal más fuerte que él. En el centro mismo de la misión de nuestro Señor está la necesidad de rescatar a los hombres de la sumisión al reino satánico y convertirlos a la esfera del Reino de Dios. Todo lo que sea menos que esto implica una reinterpretación esencial de algunos de los hechos básicos del Evangelio.»[2] Y no menos cierto es lo declarado por W. Manson: «Cuando miramos a la historia, lo que a menudo vemos no es lo impersonal y lo carente de significado, sino lo irracional y *lo demente*... Ciertamente cuando Jesús contemplaba a los hombres no los veía siempre como unidades morales racionales o espíritus autónomos completos en sí mismos; veía sus almas como un campo de batalla, como arena o teatro donde se libra un conflicto trágico entre poderes cósmicos opuestos: el del Santo Espíritu de Dios y el de Satán.»[3]

En realidad las narraciones de los evangelistas sobre la posesión y la expulsión de demonios no sólo describen episodios de la acción milagrosa de Jesús; abren nuestros ojos a los más radiantes horizontes de la salvación. Cualquier interpretación que reduzca la posesión demoníaca a mero trastorno mental y la expulsión a simple curación pierde los elementos relevantes de lo acontecido y empequeñece la magnitud de la obra de Aquel que vino al mundo para destruir las obras del diablo (1 Jn. 3:8).

2. McCasland, ref. de G. E. Ladd, *A Theology of the NT.*, p. 53.
3. Ref. de G. E. Ladd, *op. cit.*, p. 53.

# CUESTIONARIO

1. Haga una exposición detallada del concepto bíblico del milagro.

2. Explique la causa básica de la negación de todo hecho sobrenatural por parte de quienes rechazan la posibilidad de los milagros bíblicos.

3. En relación con la posesión demoníaca, exponga:

   a) Su verdadera naturaleza a la luz de lo atestiguado por los evangelistas.

   b) Su posible relación con enfermedades mentales.

4. Seleccione tres milagros de Jesús, en cada uno de los cuales se destaque uno de los aspectos de la acción milagrosa (prodigio, poder, señal).

5. Analice esos milagros y exponga la finalidad de cada uno y las lecciones espirituales que —con fundamento en el propio texto bíblico— se desprenden de ellos. (¡Cuidado con la alegorización!)

# XXIII
# LAS ENSEÑANZAS DE JESÚS

Gran parte de los evangelios está destinada a recoger y exponer las enseñanzas de Jesús. Ello es comprensible, dado que el magisterio fue una de las principales actividades en el ministerio del Señor.

En algunos aspectos su enseñanza tenía puntos en común con la de los rabinos judíos; pero su contenido básico se distingue por su originalidad. Sin repudiar la ley ni ningún otro de los escritos del Antiguo Testamento, sino partiendo de ellos, ahondó en su significado y completó su contenido de modo tan singular que los líderes religiosos de su tiempo llegaron a escandalizarse. Realmente hablaba como nunca antes había hablado maestro alguno. Haciendo uso de los más variados métodos, instruyó a sus oyentes sobre las cuestiones más trascendentes.

Precisamente en la trascendencia de lo enseñado por Jesús, aunque también en la forma de su lenguaje, radica la dificultad con que a menudo tropezamos para interpretar sus palabras. De ahí la conveniencia de discernir los puntos esenciales y la conexión que puedan tener entre sí. Especialmente útil puede sernos una enseñanza clave —si la hay— que ilumine y dé coherencia a las demás. ¿Existe tal enseñanza?

Opinan algunos que el tema central que domina el magisterio de Jesús es su propia persona, la proclamación de sí mismo como Hijo de Dios y Salvador del mundo. Pero, si nos atenemos al testimonio de los evangelistas, el elemento predominante en los mensajes de Jesús es, directa o indirectamente, el anuncio del Reino de Dios con todas sus derivaciones. La expresión «Reino de Dios» o «Reino de los cielos» en labios de Jesús aparece innumerables veces en los sinópticos (en Juan el concepto del Reino es generalmente sustituido por el de «vida» o «vida eterna»). Su propia persona, bajo cualquiera de sus títulos, es vista en relación con el Reino. Por tal motivo, es a la luz de ese tema central que consideraremos las enseñanzas de Jesús a fin de llegar a una más clara comprensión de las mismas.

### Características del Reino de Dios

El concepto del Reino de Dios en los evangelistas no es totalmente nuevo. Tiene sus raíces en el Antiguo Testamento, donde Yahvéh es presentado como *melek* (rey). Es rey de la creación (Sal. 24:1; 93:1; 95:3 y ss.); su dominio se extiende a toda la tierra (Sal. 47:2; 97:1, 5), sobre todas las naciones (2 R. 19:15; Sal. 47:3; 99:2; 103:19; 145:11-13; Jer. 10:7). La idea que predomina no es la de un reino como esfera (pueblo o país), geográficamente localizada, en la que su señorío es reconocido y acatado, sino la de autoridad, de soberanía universal. Pero el Antiguo Testamento no ignora el problema que representa la rebeldía humana frente a la soberanía divina. ¿Qué clase de reinado es el de Dios en un mundo que le desobedece constantemente? La respuesta empieza ha ser dada en los libros de los profetas, algunos de cuyos textos presentan el reinado divino en una perspectiva escatológica (Is. 24:23; Abd. 21; Zac. 14:9) y mesiánica (Is. 9:6, 7; 11:1 y ss.; Dn. 7:13 y ss.).

Los evangelios nos indican que con el advenimiento del «Hijo del Hombre» el Reino de Dios se inserta en la historia. El anuncio de este magno suceso es la «buena nueva». Las promesas de intervención de Dios para iniciar una nueva era han empezado a cumplirse. Ha sonado la hora de la salvación. El maligno va a ser atado y su casa va a ser saqueada (Mt. 12:28, 29). Ahora los hombres podrán gozar de la más completa liberación (Mt. 11:4, 5) y de una auténtica felicidad (Mt. 5:3; Lc. 6:20).

Pero los datos que sobre el Reino de Dios hallamos en las enseñanzas de Jesús dan al tema una gran amplitud y una complejidad no exenta de dificultades exegéticas. Algunos aspectos del Reino son claros; otros lo son menos. Nos detendremos brevemente a analizar los más importantes.

1. *El Reino es el reinado de Dios.* No es una nueva configuración político-social lograda por evolución —o revolución— humana. No es ni siquiera el resultado de un progreso moral, como sugería Ritschl. No es una nueva concepción religiosa basada en la paternidad de Dios, la fraternidad humana y la ética del amor, como daba a entender Harnack. El Reino es, por encima de todo, irrupción de Dios en la historia para inaugurar la etapa decisiva

en el proceso de la nueva creación. El Reino viene de arriba; es trascendente, sobrenatural. Tanto su autoridad como su acción son independientes de las actitudes humanas. No surge *de* los hombres; viene *a* los hombres (Mt. 12:28).

Pero precisamente porque es el Reino de *Dios*, toda su estructura revela el carácter de Dios, en especial su misericordia. Ciertamente la función regia es inseparable de la justicia y de las acciones judiciales, tanto históricas como escatológicas. Pero está presidida por el amor. El Dios del Reino es un Dios que busca al perdido, se interesa por el marginado, levanta al caído, sana al enfermo y resucita al que ha muerto. Es el Señor que prepara un gran banquete e invita a todos a participar en él. Es el Padre amante cuyos brazos están abiertos a cuantos se le acercan confesando su necesidad de gracia y de perdón. Todos los atributos divinos, toda la gloria de la redención, resplandecen en el Reino inaugurado por Jesús.

2.   *El Reino de Cristo.*   Los evangelistas ponen en labios de Jesús declaraciones en las que se refiere al Reino de Dios como a su propio Reino (Mt. 13:41; 16:28; Lc. 22:30; Jn. 18:36). Aun si se concediera que estos textos son lenguaje de la Iglesia y no *ipsissima vox* (la voz misma) de Jesús y que el concepto del Reino de Cristo es ajeno al estrato más antiguo de la tradición, como asegura —sin suficientes pruebas— J. Jeremías,[1] no podría negarse que expresan una realidad incontrovertible. Jesús no anuncia el Reino de Dios como si fuese un profeta más, semejante a los del Antiguo Testamento, o continuador de la línea profética de Juan el Bautista. El Reino de Dios no es sólo proclamado por Jesús. Viene con Él; es inseparable de Él; se manifiesta eficazmente en sus obras prodigiosas. Y en Él alcanzará su plenitud escatológica. Sólo a través de Él pueden los hombres entrar en el Reino. La relación de Cristo con el Reino de Dios es mucho más que la de un anunciador. Es la propia del Rey, tal como lo entendió y declaró la primitiva Iglesia cristiana (Ef. 5:5; Col. 1:13; 2 Ti. 4:1,18; 2 P. 1:11; Ap. 1:9; 11:15; 17:14; 19:16). K. Frör enfatiza con gran acierto la identificación del Reino con Jesús cuando escribe: «Él mismo es el Reino que viene; en Él se hace presente y en Él tiene su consumación. La cristología explícita de la Iglesia es en cierto modo construida en torno al unívoco testimonio de que la relación de Jesús en lo tocante al Reino de Dios no es la misma que la de los profetas respecto a su mensaje o la de un maestro respecto a su enseñanza. En su persona, el reinado de Dios se manifiesta

1.  *Die Gleichnisse Jesu*, Göttingen, 1962, p. 80.

como presente y a la vez como futuro, pues Él es el que ha venido y el que ha de venir.»[2]

3. *El Reino como realidad presente y futura.* El modo y el momento en que, según los evangelios, adviene el Reino de Dios han sido objeto de apasionado estudio y han dado origen a las más variadas interpretaciones.

A fines del siglo pasado, Johannes Weiss afirmaba que el concepto de Jesús acerca del Reino estaba inspirado en la apocalíptica judía y veía en él un acontecimiento totalmente futuro que presupone el final catastrófico de este mundo. Alberto Schweitzer, inspirándose en esta concepción, consideró la vida de Jesús como determinada por la misma perspectiva escatológica del Reino, el cual había de manifestarse de modo inmediato. Pero el Reino no llegó, por lo que Jesús trató de provocar su advenimiento mediante su muerte. Así, con su llamada «escatología consistente», Schweitzer dio a la vida de Jesús una interpretación tan original como carente de objetividad.

Posteriormente, otros especialistas han reconocido la importancia del elemento escatológico; pero no lo han considerado como único o exclusivo. Bultmann, por ejemplo, que admite la creencia en la inminente aparición del Reino como la interpretación histórica correcta del mensaje de Jesús, enfatiza el sentido existencial que debe dársele subrayando la proximidad y las demandas de Dios.

Mención especial merece C. H. Dodd y su «escatología realizada». En opinión de este erudito, la *basileia* (reino) pertenece por completo a la esfera espiritual y constituye una realidad presente. Aunque sea presentado con lenguaje apocalíptico, es un orden trascendente que irrumpe de modo pleno en la historia en la persona y obra de Jesús. Por consiguiente, todos los anuncios escatológicos ya se han cumplido. La esperanza se ha convertido en experiencia. Esta interpretación constituye la base de la famosa obra de Dodd sobre las parábolas. Sin embargo, en una obra posterior *(The Founder of Christianity)* admite que el Reino todavía espera su consumación más allá de la historia.[3]

Últimamente se han buscado posiciones menos parciales, desde las cuales se contemplan tanto los aspectos presentes del Reino como los futuros. Destaca en esta nueva tendencia Joachim Jeremías, quien en lugar de la «escatología realizada» de Dodd sugiere una «escatología en proceso de realización». Con Jesús llega el Reino; pero Jesús mismo, que es consciente de esta realidad, mira

2. *Biblische Hermeneutik*, p. 294.
3. p. 115.

a la consumación escatológica del Reino en su resurrección y parusía.

En armonía con esta línea, el católico Hans Küng expresa la opinión de que «ni la escatología consecuente (A. Schweitzer), que sólo mira al futuro sin preocuparse por el presente, ni la escatología realizada (C. H. Dodd), que prescinde de lo que está por venir, nos presentan al Jesús *total*. El anuncio de Jesús no es una forma de apocalíptica judía tardía que *solamente* se preocupa de las cosas venideras y nada exige para el presente. Pero mucho menos es una interpretación del presente y de la existencia, sin nada que ver con la apocalíptica y un determinado futuro absoluto».[4]

En el campo evangélico conservador, algunos líderes del dispensacionalismo hacen una distinción enfática entre el Reino de Dios y el Reino de los cielos. G. E. Ladd, en un esbozo que nos parece objetivo, señala que la interpretación dispensacionalista se lleva a cabo partiendo de la premisa de que todas las profecías del Antiguo Testamento deben cumplirse literalmente. El Reino de los cielos es «el gobierno del cielo (Dios) en la tierra y se refiere primordialmente al Reino teocrático terrenal prometido al Israel del Antiguo Testamento. El Evangelio de Mateo es el único que presenta el aspecto judío del Reino. Cuando Jesús anunció que el Reino de los cielos estaba cerca hacía referencia al mencionado reino teocrático. Sin embargo, Israel rechazó la oferta del mismo y Jesús introdujo en su predicación un nuevo mensaje, ofreciendo descanso y servicio a todos cuantos creyeran en Él y dando origen a una nueva familia espiritual que atravesaría todas las barreras raciales. El misterio del Reino de los cielos en Mateo 13 es la esfera de la profesión cristiana —la cristiandad—, que es la forma que toma el gobierno de Dios sobre la tierra en el periodo comprendido entre la primera y la segunda venida de Cristo... El Reino de los cielos, rechazado por Israel, tendrá su realización en el retorno de Cristo, cuando Israel se convertirá y las promesas veterotestamentarias de restauración del trono de David se cumplirán literalmente. El postulado básico de esta teología es que hay dos pueblos de Dios —Israel y la Iglesia— con dos destinos bajo dos programas divinos».[5]

Si queremos abrirnos paso a través de esta maraña de opiniones, hemos de admitir la dualidad de aspectos del Reino que encontramos en las palabras de Jesús. Resulta claro que, en un sentido, con la venida de Cristo el Reino de Dios es ya una *realidad presente*. Jesús veía en su ministerio el cumplimiento de las profecías del Antiguo Testamento que predecían el tiempo mesiánico de la salvación (Is. 61:1, 2 y Lc. 4:21; Is. 35:5, 6 y Mt. 11:2-6). Su

4. *Ser cristiano*, Ed. Cristiandad, p. 278.
5. *A Theology of the NT*, p. 60.

expulsión de demonios es evidencia de que «el Reino de Dios ha llegado a vosotros» (Mt. 12:28). El dominio de Satanás sobre los hombres sufre el golpe de un Reino infinitamente más poderoso. La soberanía de Dios va a prevalecer. El mismo diablo va a ser atado, aunque de momento, como alguien ha sugerido, la cuerda sea bastante larga. Los beneficios del Reino de Dios —a los que nos referiremos más adelante— van a estar ya ahora al alcance de cuantos se sometan al Rey. No va a ser necesario esperar un futuro escatológico para gozar de ellos. «Preguntado por los fariseos cuándo había de venir el Reino de Dios, Jesús les respondió: El Reino de Dios está en medio de vosotros» (Lc. 17:20-21).

Por otro lado, la venida del Reino es presentada por Jesús como una *realidad futura*. Que en cierto sentido el Reino aún ha de venir se desprende de varias declaraciones de Jesús. En la oración del Padrenuestro se enseña a los discípulos a pedir: «Venga tu Reino» (Mt. 6:10). Se indica de modo claro en la parábola de las minas (Lc. 19:11 y ss; comp. Mt. 25:1 y ss., en especial el v. 34). En la misma dirección apuntan las enseñanzas relativas a la parusía y las señales que la precederán (Lc. 21:31). Un sentido equivalente al del Reino escatológico tienen las referencias a la «era venidera» (Mr. 10:30; Lc. 18:30; 20:35).

Pero ¿en qué consistirá la manifestación futura del Reino de Dios? Por fuerza nuestra respuesta ha de ser sumamente resumida.

El Reino culmina en el futuro con la segunda venida de Cristo para concluir su obra redentora (Mt. 16:27; 24:30 y ss.; 26:64 y paralelos) en la reunión con Él de sus redimidos (Mt. 25:34) para gozar de perfecta comunión con Dios en el festín mesiánico (Lc. 13:28, 29), y en la separación de quienes, por su actitud, se han excluido del Reino (Lc. 13:24, 27; Mt. 25:10, 41-45). Asimismo tiene lugar la confinación del diablo y sus ángeles en el «fuego eterno» (Mt. 25:41). De este modo, finalmente llega a su consumación el Reino, que con la primera venida de Cristo tuvo los inicios de su manifestación.

Conviene tener en cuenta la sobriedad con que Jesús se refiere a los aspectos escatológicos del Reino. Su propósito no es satisfacer la curiosidad humana, sino mantener despierto el sentido de responsabilidad y la esperanza de sus seguidores. Ninguna alusión clara hay por su parte a un futuro reino teocrático de Israel. Más bien Jesús soslayó la pregunta que al respecto le hicieron sus discípulos (Hch. 1:6-8). Si queremos completar la composición de un cuadro escatológico, habremos de recurrir a otros textos del Nuevo Testamento, sin menospreciar los del Antiguo. Aun así, siempre tropezaremos con dificultades si nos empeñamos en elaborar esquemas detallados de lo que ha de acontecer en relación con la segunda venida de Cristo. Resultará problemático espiritualizar todas las profecías del Antiguo Testamento que apuntan a un reinado mesiánico terrenal en el que un Israel plenamente restaurado cumple el propósito y la vocación de Dios. Pero no será menos arduo demostrar con suficiente claridad y base bíblica la validez de algunas de las interpretaciones dispensacionalistas antes mencionadas.[6] Algunos autores han visto una solución al problema en un esquema premilenial no dispensacionalista.

Entrar en detalles y argumentos en favor o en contra de cualquiera de las posiciones apuntadas se sale del propósito de esta obra; pero estimamos oportuno aconsejar una prudente reserva en cuanto a la adopción de posturas excesivamente rígidas en el campo de la escatología. Decididamente hacemos nuestro lo escrito por Herman Ridderbos: «Cuando tratamos de dar una vista general de los datos contenidos en el Evangelio referentes a la perspectiva futura en la enseñanza y profecías de Jesús respecto al Reino de los cielos, nos sorprende la variedad de aspectos, el carácter fragmentario de las indicaciones y las diferencias en los puntos de vista desde los cuales el futuro puede ser contemplado; y nos percatamos plenamente de lo difícil que resulta unir estos datos para formar un todo significativo. No existe enseñanza de una escatología en el sentido de una doctrina completa y sistemática de las "últimas cosas". El futuro es introducido más bien con el propósito de amonestar y alentar a los creyentes, así como para enseñarles e instruirlos.»[7]

### Las bendiciones del Reino

Las palabras de Jesús no dejan lugar a dudas en cuanto al carácter soteriológico del Reino de Dios. Como hemos advertido, no faltan en su enseñanza serias notas admonitorias. Las nubes del juicio no desaparecen del horizonte abierto por la buena nueva. Pero su mensaje está dominado por notas jubilosas. El Reino llega con aires de fiesta. En torno a Jesús, que lo proclama y lo hace realidad, no hay lugar para el luto, sino para la alegría (Mt. 9:14; Jn. 3:29). En efecto, motivos para el gozo no faltan. El Reino de Dios, ya ahora, conlleva las mayores bendiciones, mucho más deseables que las más preciadas riquezas, como nos recuerdan las parábolas del tesoro escondido y de la perla de gran precio (Mt. 13:44, 46).

1. *El perdón de los pecados.* Muy pronto, en su ministerio, puso Jesús de manifiesto lo justificado de su nombre (Mt. 1:21).

6. Puede hallarse una exposición detallada de las mismas en la obra de J. D. Pentecost, *Eventos del Porvenir*, caps. 26 y 27.
7. *The Coming of the Kingdom*, The Presb. and Ref. Publishing Co., 1962, p. 156.

Por encima de cualquier otro aspecto de su obra salvadora, sobresale el de la remisión de pecados. Cuando el paralítico fue presentado ante Jesús, la primera palabra salida de labios del Salvador
no fue un mandato restaurador de la salud física, sino un anuncio
de perdón (Mt. 9:2 y paralelos). A la mujer que acudió a los pies
de Jesús en casa de Simón le fue concedida la misma bendición
(Lc. 7:36-50). El acercamiento de Jesús a «publicanos y pecadores» en numerosas ocasiones sólo se explica si se reconoce el deseo
divino de resolver el problema del pecado para abrir las puertas
del Reino aun a los más marginados moralmente.

Que el pecado es un problema serio que debe ser urgentemente
resuelto es evidente en las enseñanzas de Jesús. Generalmente es
presentado como una deuda que ha de ser cancelada. En la oración del Padrenuestro los discípulos han de pedir: «Perdónanos
nuestras deudas» (Mt. 6:12). La metáfora aparece también en la
parábola de los dos deudores (Mr. 18:23-35), en la ilustración usada por Jesús en casa de Simón (Lc. 7:41, 42) y en cierto modo
en la parábola del mayordomo infiel (Lc. 16:1 y ss.). Si la deuda no se cancela, el juicio condenatorio es la única perspectiva
(Mt. 18:34).

Las graves consecuencias del pecado no perdonado son destacadas reiteradamente por Jesús en tono solemne. Se resumen en
una sola frase: «Si no os arrepentís, todos pereceréis igualmente» (Lc. 13:3, 5). El verbo *(apollymi)* en este texto —y en otros
(Mt. 10:6, 28; 21:41; 22:7; Mr. 1:24; 2:22; 4:38; Lc. 15:17; 17:27;
Jn. 3:15, 16; 10:10; etc.)— tiene un sentido trágico en cualquiera
de sus acepciones: perderse, arruinarse, ser ejecutado, ser destruido. Por eso el hombre tiene que hacer frente a esa realidad dispuesto a tomar las más drásticas decisiones (Mt. 18:9; Mr. 9:42
y ss.).

Pero el problema del pecado no se resuelve por el esfuerzo del
hombre, sino por la gracia de Dios, de la que Cristo es mediador.
El hombre por sí mismo siempre será el árbol malo que da malos
frutos (Mt. 7:27), pese a determinados rasgos de bondad que en él
pueden apreciarse (Mt. 7:11). «Lo que es nacido de la carne, carne
es» (Jn. 3:6). Por sus propios méritos, ningún hombre podrá pagar
la deuda que tiene contraída con el divino acreedor.

Esta es la gran lección que Jesús quiso enseñar a sus contemporáneos, en contraste con el pensamiento rabínico de la época.
Prevalecía entre los judíos la idea de mérito, sobre cuya base podía esperarse una recompensa divina. Cumpliendo las demandas
de la *torah*, el hombre podía alcanzar cuantitativamente la aprobación de Dios, a pesar de algunos defectos e imperfecciones. «Lo
importante en el cumplimiento de la ley es que el *número* de in-
fracciones de la ley sea inferior al *número* de cumplimientos de la
ley. En otras palabras, la columna de los créditos en la cuenta del

hombre con Dios debe ser superior a la de los débitos.»[8] Así se establecía un sistema de auto-redención, a la par que se dividía a los hombres en dos grupos: los «justos» y los «pecadores».

A aquellos «justos» Jesús no tenía nada que ofrecer. Él no había venido a llamar a aquel tipo de personas, sino a los pecadores conscientes de su culpabilidad y capaces de arrepentimiento (Mt. 9:13; Mr. 2:17; Lc. 5:32). Por supuesto, él descartaba la existencia de alguien que por su propia justicia mereciera el favor de Dios. Sabía que todos los seres humanos son pecadores necesitados de perdón y de renovación interior. Fue al piadoso Nicodemo a quien dijo: «El que no nace de nuevo no puede ver el Reino de Dios» (Jn. 3:3, 5). Y al joven rico, impulsado por su perfeccionismo, le declaró: «Nadie es bueno sino sólo Dios» (Mr. 10:18 y paralelos).

Esta visión de la naturaleza pecaminosa del hombre se hace patente en el sermón del monte, donde Jesús descubre las raíces más profundas de la violencia, la voluptuosidad, el engaño, la injusticia y el odio (Mt. 5:21 y ss.). En buena conciencia, nadie podría decir que tales raíces no se hallan en su interior. Por eso, desde el principio del ministerio de Jesús, en su predicación no faltó la llamada al arrepentimiento, cuya necesidad era común a todos, sin excepción (recuérdese Lc. 13:3, 5).

Pero la instrucción de Jesús no tenía como objeto primordial refutar errores, sino hacer nacer la esperanza en quienes eran conscientes de sus pecados y los confesaban. Para ellos el Reino de Dios llegaba con el don gratuito del perdón. A todos ellos se les podía aplicar la declaración de Jesús en el hogar de Zaqueo: «La salvación ha llegado hoy a esta casa» (Lc. 19:9).

2. *La filiación divina.* Otra de las grandes bendiciones inherentes a la entrada de los hombres en el Reino de Dios es el privilegio de ser hechos hijos de Dios. En ninguna ocasión enseñó Jesús la paternidad universal de Dios en el sentido en que muchos la entienden hoy, pero expresó sin lugar a dudas la especial relación Padre-hijos entre Dios y los seguidores de Jesús. En sentido estricto, sólo los discípulos pueden decir: «Padre nuestro.» Fue hablando con ellos que Jesús repitió una y otra vez: «vuestro Padre», «vuestro Padre celestial» o «vuestro Padre que está en los cielos» (Mt. 5:16, 45, 48; 6:1 y ss.; 6:9, 14, 15, 26, 32, etc.). Y de modo expreso se refirió a los discípulos como hijos de Dios; unas veces apuntando al futuro (Mt. 5:9; Lc. 20:36); otras, señalando una relación presente (Mt. 5:45; 15:11 y ss.). Con el perdón de los pecados se inicia una relación nueva entre el perdonado y Dios.

Ya en el Antiguo Testamento encontramos referencias a Dios

8. H. Ridderbos, *op. cit.*, p. 218.

como Padre del Pueblo de Israel (Éx. 4:22; Dt. 14:1; Is. 1:2; 63:8 y ss.; Jer. 3:19, 31; Os. 11:3; Mal. 2:10, entre otros); pero tal paternidad tenía un carácter colectivo. Sin embargo, en las oraciones del judaísmo tardío aparece el uso individual invocando a Dios como Padre. No sería, pues, del todo correcto insistir en que la novedad en la enseñanza de Jesús es la individualización en el uso del término «Padre» para dirigirse a Dios. La novedad consiste en la vinculación de la relación paterno-filial con la aceptación del Reino como don de Dios (Lc. 12:32). En torno a Jesús se forma una comunidad de fe, un pueblo de creyentes que ha empezado a beneficiarse de la salvación en el ámbito del Reino. En esta situación, la relación entre Dios y los miembros de esa comunidad es íntima, generadora de confianza filial y de anhelos de obediencia en comunión estrecha con su Señor, el Hijo de Dios. De ahí que para ellos en un sentido supremo, Dios sea su «Padre que está en los cielos». Ahora, como afirma J. Jeremías, «tan sólo el que pertenece al Reino, puede llamar *Abba* a Dios, *ya desde ahora* tiene a Dios como Padre, y *ya desde ahora* está en la condición de hijo».[9]

De todo ello se derivan consecuencias inspiradoras. Si Dios es el Padre, no faltará su amor hacia sus hijos (Jn. 16:27); ni su consolación (Mt. 5:4), ni su ternura y provisión (Mt. 7:9-11; Lc. 11:11-13). La providencia divina estará ordenada a favor de los hijos conforme a la bondad y la soberanía de propósitos paternales (Mt. 6:25-34). A los que buscan «el Reino de Dios y su justicia» todas las cosas necesarias para la vida cotidiana les serán añadidas (Mt. 6:33). Aun los aspectos más triviales de su existencia están bajo el control amoroso de Dios (Mt. 10:29-31).

En cuanto al futuro escatológico, su salvación está asegurada. Ya ahora los «tesoros» de la comunidad creyente están en los cielos, a salvo de todo deterioro o pérdida (Mt. 6:19-20; Lc. 12:33; 18:22). Años más tarde Pedro escribiría de la «herencia incorruptible, incontaminada e inmarcesible reservada en los cielos» para los creyentes en Jesús (1 P. 1:4, 5). Y llegará el día cuando los herederos del Reino (Mr. 25:34) disfrutarán de la plenitud de esa riqueza en un perfecto goce de la vida de resurrección iniciada con la parusía de Cristo. Características de esta vida las hallamos en frases como «verán a Dios» (Mt. 5:8), «serán saciados» (Mt. 5:6), «los justos resplandecerán como el sol» (Mt. 13:43) o «entrar en el gozo del Señor» (Mt. 25:14-30); todo ello en una esfera y forma de existencia imperecederas. La vida de los ciudadanos del Reino es vida eterna.

9. *Teología del NT*, I, pp. 213, 214.

## La entrada en el Reino

Como ya hemos indicado, el acceso al Reino de Dios con todas sus bendiciones es un don de Dios, no un logro humano. Esta gran verdad fue enfatizada por Jesús de modo que no hubiese lugar a dudas. El Reino de Dios es de los que no tienen nada de que gloriarse. De los «pobres en espíritu» (Mt. 5:3), de los niños (Mt. 19:14). A estos son reveladas las «cosas» del Reino, mientras que son ocultadas a los «sabios y a los entendidos» (Mt. 11:25). Y quien no se vuelve como un niño no puede entrar en el Reino de los cielos (Mt. 18:3).

El controvertido texto de Mateo 12:12 puede indicar la valentía necesaria para aceptar el Reino, pues en un mundo hostil a la autoridad de Dios cualquier identificación con su reinado exige el coraje propio de un conquistador esforzado. Pero interpretarlo en el sentido de que la posesión del Reino es resultado del valor o de cualquier otra virtud humana contradiría abiertamente el conjunto de la enseñanza bíblica. En este error cayeron los zelotes judíos, quienes pensaban que el Reino esperado debía ser establecido por la fuerza de las armas. Quizás el Señor se refería a ellos en su afirmación del texto que estamos considerando. Así parecen entenderlo Juan Mateos y Luis Alonso Schöckel cuando en su versión de la Nueva Biblia Española traducen: «Se usa la violencia contra el Reino de Dios y gente violenta quiere arrebatarlo.»

En realidad no son los hombres los que alcanzan el Reino de Dios, sino que el Reino alcanza a los hombres; ellos no son los conquistadores, sino los conquistados. La acción poderosa, que prevalece sobre toda oposición humana o demoníaca, es la de Dios. Sin embargo, ante ella los hombres pueden adoptar dos actitudes: la de aceptar, para su salvación, y la de rechazar, para su perdición. El protagonismo del hombre en relación con el Reino es comparable al de los convidados al gran banquete de la parábola de las bodas (Mt. 22:1 y ss.). El rechazamiento es el resultado de la incredulidad (Jn. 3:36; 6:36), del orgullo (Jn. 9:34 y contexto), de una falsa esperanza religiosa (Jn. 8:33 y ss.). La aceptación implica el arrepentimiento *(metanoia)* y la fe *(pistis)*, elementos básicos para la experiencia del *nuevo nacimiento* indispensable para ver y entrar en el Reino de Dios ( Jn. 3:3, 5).

La *metanoia* equivale a un cambio radical en el modo de entender y ver todas las cosas. Implica un cambio en los conceptos acerca de Dios, del hombre, del pecado, de la rectitud moral, del sentido de la vida, del orden de valores. Ese cambio hace evidente el estado de bancarrota espiritual en que el hombre se encuentra. Éste, ante el Rey de los cielos y tierra, ante el Señor justo y soberano, sólo puede abrir sus labios apropiándose la oración del publicano: «Dios, sé propicio a mí, pecador» (Lc. 18:13).

Inseparable del arrepentimiento aparece *la fe* (Mr. 1:15). Creer el Evangelio es recibir el mensaje de Dios. Ello implica adhesión a la verdad de Dios, en especial a la verdad encarnada, Cristo (Mr. 9:42; Jn. 1:12; 3:15, 16, etc.). Implica asimismo confianza en las promesas de salvación hechas por Dios a través de su Hijo (Jn. 4:50-53; 5:24; 6:35; 7:38, 39, etc.) y entrega a Él para seguirle y servirle abnegadamente (Mt. 10:38, 39; 16:24, 25).

Si hubiéramos de expresar el significado de la fe con una sola frase, diríamos que es la respuesta positiva al llamamiento de la buena nueva del Reino. Por ella, el creyente accede a una esfera de *seguridad gozosa*. En días del Antiguo Testamento, el significado de la raíz subyacente a la acción de creer *(ha'amin)* era «firme, constante, fiable»; en algunos casos expresaba el acto de llevar a un niño envuelto en los pliegues del vestido, entre los que se hallaba bien protegido. Propiamente creer equivalía a saberse seguro bajo la gracia y la protección de Yahvéh. El mismo concepto se mantiene en el Nuevo Testamento, a la par que se le añaden nuevos elementos de seguridad mediante las promesas de Jesús. Con él debe desaparecer todo temor. Ante cualquier circunstancia turbadora, él dice: «Yo soy, no tengáis miedo» (Mt. 14:27) o «no temas, cree solamente» (Mr. 5:36). Para quien cree en Cristo no deben ser motivo de miedo ni los enemigos humanos, ni los demonios, ni el pecado, ni la tribulación, ni la muerte. Todo está bajo el dominio del Salvador en el cielo y en la tierra (Mt. 28:18).

Pero la fe no es sólo causa de gozosa seguridad. Lo es también de *compromiso responsable*. Decir sí a Jesucristo es unirse a Él e identificarse tanto con su duro ministerio de siervo como con las glorias de su Reino (Lc. 22:28-30) y todo ello en conformidad con los principios morales que rigen en los dominios de Dios. Esto nos lleva a otro punto importante, el de los requerimientos éticos del señorío divino. A él volveremos en breve. Sin embargo, antes debemos destacar la base sobre la cual se ha construido la vía de acceso al Reino de Dios:

*La muerte redentora de Cristo.* Muy pronto fue consciente Jesús de que su vida, a medida que transcurría el tiempo, iba acercándose a una hora trágica, su «hora» (Jn. 7:30; 8:20; 12:23, 27; 13:1; etc.). Pero este final no estaba predeterminado por la fatalidad ni por la mera malevolencia de sus adversarios. Era el destino prefijado en el programa divino (Jn. 10:18) para su estancia en la tierra. Y Jesús acepta ese destino; se entrega a él voluntariamente (Jn. 10:17, 18).

Que el acontecimiento de una muerte cruenta adquirió gran relieve en la mente de Jesús se deduce de la frecuencia de sus vaticinios al respecto (Mr. 8:31 y ss.; 9:12, 30, 31; 10:32-34, 38 y paralelos). ¿Qué sentido tenía este hecho? ¿Atestiguaba simplemente la natural preocupación de un hombre que conoce su trágico fin? No sería lícito, ni teológicamente sano, pensar que Jesús era ajeno a cualquier tipo de experiencia humana, con excepción del pecado. En un momento dado, confesó: «Mi alma está muy triste hasta la muerte» (Mr. 14:34). Sin embargo, no parece que fuese la idea de su propio sufrimiento lo que daba prominencia a su anticipación de la cruz. Lo que la hacía relevante era su significado. De la muerte de Cristo dependía la redención de los hombres, la expiación de sus pecados y su reconciliación con Dios; en una palabra, su admisión en el Reino.

No son muchos los textos de los evangelios en los que hallamos alusiones claras de Jesús al carácter de su muerte; pero los que encontramos son tan diáfanos como significativos. «El Hijo del hombre no vino a ser servido, sino a servir y dar su vida en rescate por muchos» (Mr. 10:45). Como buen pastor, da su vida para salvar la de las ovejas (Jn. 10:11, 15). Cuando en la cena pascual establece el memorial eucarístico, al entregar a los discípulos la copa, declara: «Esta copa es el nuevo pacto en mi sangre que por vosotros se derrama» (Lc. 22:20); y ello en una perspectiva escatológica del Reino de Dios (Lc. 22:16, 18).

El primero de los textos que acabamos de mencionar (Mr. 10:45) es tal vez el que mejor resume el significado de la muerte de Cristo. La idea de rescate se había desarrollado en el pensamiento judío a partir del Antiguo Testamento. Textos como Éxodo 30:11, 16; Job 33:24 y su contexto, Proverbios 21:18, etc. habían contribuido a que en el periodo de la literatura apócrifa de los judíos apareciese arraigado el concepto expiatorio y vicario de algunos sufrimientos, como se desprende de la oración del sacerdote Eleazar que se encuentra en el cuarto libro de los Macabeos: «Ten misericordia de tu pueblo; séate suficiente el castigo que sufrimos por ellos. Haz que mi sangre sea ofrenda purificatoria por ellos y toma mi vida en sustitución de su vida.»[10] Una línea análoga había seguido el testimonio del menor de los siete hermanos macabeos antes de su muerte: «Yo, como mis hermanos, entrego mi cuerpo y mi vida por las leyes de mis padres, invocando a Dios para que pronto se muestre propicio con nuestra nación» (2 Mac. 7:37).

Por supuesto, esta idea es totalmente ajena a la revelación bíblica, pues la muerte de ningún ser humano puede expiar los pecados de otros hombres; pero nos ayuda a entender el pasaje de Marcos. Lo que el martirio cruento de ningún santo puede lograr es realizado por Jesucristo.

Sin duda, tras el texto se advierte todo el fondo del evangelio de Marcos con la figura del Hijo del hombre en su plena identifi-

10.   Cit. por J. Jeremías, *Abba, El mensaje central del NT*, Ed. Sígueme, p. 143.

cación con el Siervo de Dios, el *ebed Yahvéh* del Antiguo Testamento (comp. Lc. 22:27). El autotestimonio de Jesús, al afirmar que viene a servir y dar su vida en rescate por muchos, constituye la síntesis más maravillosa del capítulo 53 de Isaías (en especial de los vs. 10-12).

Expiado el pecado humano por la inmolación de Jesucristo en la cruz, se ofrece a los pecadores la liberación de su culpa; el camino de acceso al Reino de Dios queda abierto. Algo de esto intuyó, sin duda, uno de los malhechores crucificados junto a Jesús (Lc. 23:39-43).

## Las exigencias morales del Reino

La acción redentora de Cristo no se limita a la liberación de la culpa. Incluye también la emancipación de la esclavitud del pecado. Al perdón ha de seguir la restauración y la dignidad moral correspondientes al hijo arrepentido que vuelve al Padre. No es posible iniciar una nueva relación con Dios y mantener el viejo estilo de vida. Ni resulta factible ser ciudadanos del Reino de Dios sin ajustar la conducta a los principios éticos del Reino.

Ya en el Antiguo Testamento vemos las implicaciones morales de la redención. Israel, libre de la opresión, sale de Egipto hacia una nueva tierra; pero entre Egipto y Canaán los israelitas han de acampar junto al Sinaí para oír los preceptos de Dios. El decálogo, resumen de la ley, habría de regir su comportamiento moral. La obediencia a las normas divinas era el imperativo que se derivaba de la libertad recibida. El pueblo redimido tiene que ser un «pueblo santo para Yahvéh» (Éx. 19:6; Lv. 19:2; Dt. 7:6; 14:2).

En la nueva era, iniciada por Cristo, subsiste el mismo principio. Los redimidos por la fe en el Salvador han de vivir de modo acorde con su nueva posición espiritual. Si invocan a Dios como Padre, han de ser imitadores suyos (Mt. 5:48). Si han aceptado el Reino, han de acatar los mandatos del Rey —y su ejemplo—, aunque ello incluya los mayores sacrificios (Mt. 16:24, 25).

Son numerosas las enseñanzas de Jesús al respecto. En las más diversas ocasiones instruyó a sus discípulos en lo tocante al carácter y la conducta que había de distinguirlos como sal de la tierra y luz del mundo (Mt. 5:13-16). Una y otra vez se repiten sus lecciones sobre la sinceridad, la rectitud, la humildad, la mansedumbre, la tolerancia, la fortaleza de espíritu, la abnegación, la magnanimidad, el amor. Pero donde hallamos una exposición más completa de estas enseñanzas es en el texto que, con mayor o menor razón, ha sido denominado «Carta Magna del Reino»:

# El sermón del monte

El pasaje en que se encuentra es Mt. 5-7, aunque un resumen del mismo aparece también en Lc. 6:20-49. El texto ha sido objeto de apasionados estudios exegéticos, de los que han surgido variadas interpretaciones. Mencionamos las más destacadas.

1. *Interpretación ético-social.* Algunos han visto en el sermón un programa legislativo destinado a la transformación radical de la sociedad humana. Su normativa es de alcance universal, no limitada a los creyentes en Jesucristo.

Esta interpretación, en diversos momentos históricos, ha sido la base de movimientos tendentes a amplias reformas sociales —con la aspiración de llegar a un socialismo religioso— o a la adopción de posturas radicalmente negativas respecto a la propiedad privada, el juramento, la guerra o el servicio militar. A nivel individual, el pensamiento y la vida de Tolstoi a partir de su «conversión» ilustrarían el sentido de esa línea interpretativa.

2. *Interpretación legalista.* La ética del sermón del monte poco o nada difiere en el fondo de la ética del Antiguo Testamento. Esencialmente es obediencia a unas normas legales. Lo único que hace Jesús es introducir elementos más exigentes y corregir ciertos puntos de la ley veterotestamentaria o del legalismo rabínico de sus contemporáneos. Pero, guste o no, el sermón del monte es ley perfeccionista, no Evangelio; además, ley que cuantitativamente queda por debajo de las prescripciones legales de los judíos. De manera un tanto irreflexiva, Wellhausen llegó a afirmar: «el Talmud trae todo lo que dice el sermón de la montaña... y mucho más».[11]

3. *Ética de crisis o de ínterin.* Fue propugnada por J. Weiss y A. Schweitzer, quienes veían en las enseñanzas del sermón de Jesús un llamamiento a la renuncia y entrega totales en una vida heroica propia del momento en que creían vivir, cuando el advenimiento del Reino de Dios era inminente. La ética del sermón del monte no era para tiempos o circunstancias normales; se limitaba a la grave hora en que el juicio escatológico se hallaba a las puertas. Sus normas, por consiguiente, eran normas «de excepción», aplicadas a una situación que no volvería a repetirse, por lo que su cumplimiento hoy ha perdido su carácter de obligatoriedad.

4. *Ética neo-humanista o de la interioridad.* El énfasis de esta interpretación no recae sobre la proyección política o social del

11. Cit. por J. Jeremías, *Abba*, p. 239.

sermón, sino más bien sobre la disposición interna del individuo. Los preceptos de Jesús se convierten en norma potenciadora de la vida religioso-moral y en perfeccionamiento de la vida interior (J. Müller). Contrariamente a lo supuesto por Weiss y Schweitzer, las demandas del sermón del monte son sacadas de su contexto histórico y transformadas en un ideal intemporal al alcance de todos. F. C. Baur se refirió a ese ideal como el meollo del sermón, el cual despierta en el hombre «la energía de la libertad y autonomía moral».[12]

5. *Interpretación basada en la impracticabilidad.* Resalta la elevación grandiosa de los mandamientos de Jesús y la imposibilidad de que el hombre, ni siquiera el creyente más piadoso, llegue a cumplirlos cabalmente. ¿Quién puede librarse de la ira, de la mirada impura o del mal uso de la lengua? ¿Quién es capaz de alcanzar las cumbres de un amor que abraza al enemigo, bendice a los que le maldicen y ora por los que le persiguen? Nadie, absolutamente nadie.

Si esto es así, ¿qué finalidad puede tener la exposición de este programa ético? Siguiendo la enseñanza de Lutero sobre el contraste entre ley y Evangelio, algunos exegetas han creído que el propósito del sermón es hacer patente la impotencia moral del hombre natural, con el resultado de la *destructio veteris hominis* (destrucción del hombre viejo). Ese propósito sería posteriormente recogido y expuesto vigorosamente por Pablo en sus consideraciones acerca de la ley (Ro. 3:9-20; 7:5 y ss.; Gá. 2:19-24).

Según esta interpretación, el sermón del monte, al igual que la antigua ley mosaica, más que Evangelio sería *praeparatio evangelica*, un medio para que el hombre descubra su ruina espiritual y, aceptando la oferta del Evangelio, se eche en los brazos de la gracia redentora de Dios. Ello haría de Jesús, en esta ocasión, un nuevo Moisés, pero con mayores exigencias, un *mosissimus Moses* (Lutero) o, en expresión de J. Jeremías «un Moisés al cuadrado, un verdadero super-Moisés».[13]

6. *Ética expresiva de la voluntad de Dios.* No pocos especialistas —Martín Dibelius entre ellos— han interpretado el sermón del monte como expresión de la voluntad de Dios respecto a la conducta humana. Sus principios y normas no están condicionados por circunstancias de ningún tipo. Corresponden al carácter mismo de Dios y tienen vigencias para los hombres de todos los tiempos. El hecho de que los hombres no lleguen a cumplirlos ahora de modo perfecto no anula su validez. Y, por supuesto, la

12. K. Frör, *op. cit.*, p. 317.
13. *Op. cit.*, p. 241.

pura voluntad divina que se nos presenta en la ética del sermón tendrá total cumplimiento en el Reino escatológico de Dios.

7. *Interpretación dispensacionalista.* Aunque últimamente ha sido ligeramente modificada por algunos de sus defensores, éstos, en líneas generales, sostienen que el sermón del monte no es expresión del Evangelio y que sus preceptos, aunque tienen indirectamente una aplicación moral al cristiano, en su sentido literal y primario corresponden a la ética del futuro reino milenial. «No nos enseña cómo ser aceptables ante Dios, sino que revela a los que agradarán a Dios en el Reino» (C. Feinberg). «Como norma de vida, se dirige a los judíos anteriores a la cruz y al judío en el reino venidero, por lo que ahora carece de vigencia» (L. S. Chafer).[14]

No disponemos de espacio para analizar a fondo cada una de las interpretaciones que acabamos de mencionar, pero unas breves observaciones pueden ayudar al estudiante a descubrir los puntos insostenibles de algunas de ellas y a alcanzar una comprensión correcta del sermón del monte.

La teoría ético-social, pese a la belleza de su idealismo, adolece de un grave defecto: olvida la naturaleza pecaminosa del hombre, inalterable por sus propios medios o esfuerzos, y su incapacidad para vivir conforme a los elevados principios morales del Reino de Dios. Todos los intentos de transformar la sociedad y convertir en realidad cualquier «utopía», siempre han fracasado, aun partiendo de la ética cristiana. Por otro lado, es obvio que la enseñanza impartida por Jesús no iba destinada a la sociedad en general con miras a modificar sus estructuras, sino a sus discípulos (Mt. 5:1; Lc. 6:20 y ss.), a los ciudadanos del Reino.

En la interpretación legalista puede haber un aspecto de verdad. No hay razones para aseverar que el sermón del monte no tiene carácter de ley, de normativa determinante de la conducta. Todavía en la introducción del mismo, Jesús declara: «No he venido para abrogar la ley» (Mt. 5:17-19). Pero nada hay en el resto del sermón que dé pie para pensar que Jesús compartía el legalismo prevaleciente entre los judíos, el convencimiento de que, cumpliendo sus preceptos, los hombres merecerían el Reino de Dios. En ese sentido el sermón está muy lejos de ser legalista; por el contrario, constituye la más enérgica denuncia de la religiosidad farisaica, inspirada en la idea del mérito adquirido por la observancia de las mil y una prescripciones legales que los rabinos habían impuesto.

En cuanto a la interpretación de la ética de crisis, puede admitirse que en el conjunto de las enseñanzas de Jesús se contem-

---

14. Citados por G. E. Ladd, *A Theology of the NT*, p. 123.

pla el comportamiento de los discípulos influenciado, en parte al menos, por la perspectiva escatológica del Reino. La obediencia, la fidelidad, la perseverancia son las propias de siervos que esperan a su Señor ausente, quien, a su regreso, les pedirá cuentas (Mt. 24:45 y ss.; 25:14-30; Lc. 19:12 y ss.). Pero nada hallamos que nos permita atribuir a los mandatos de Jesús un carácter excepcional en una situación dominada por la visión de la catástrofe inminente que ha de traer el Reino. «En el sermón no encontramos ninguna alusión a las tensiones propias del postrero y máximo esfuerzo. No es una ética para el último momento de tiempo, ni tampoco el efluvio de un ambiente de derrumbamiento cósmico.»[15] Cualquier lector exento de prejuicios entenderá que los preceptos de Jesús son de aplicación permanente para sus discípulos en todos y cada uno de los momentos históricos.

El aspecto de perennidad de la ética del sermón, así como lo aceptable de su interioridad, parece acreditar la cuarta interpretación. Pero ésta tiene en común con las anteriores el sentido de ley que da a los preceptos de Jesús. Si tal sentido es aceptado, resulta inevitable la cuestión de la cumplimentabilidad, abiertamente planteada en la quinta interpretación. Pero ¿existe en el texto la menor indicación de que la finalidad del sermón es meramente propedéutica con miras a convencer al hombre de su fracaso moral? Esto puede ser un resultado accesorio, pero no el fin principal. Todas las demandas que en él se expresan se hacen de modo directo, inmediato. Desde el principio hasta el fin es un llamamiento serio a una obediencia que, pese a las dificultades para lograrla, ha de caracterizar al discípulo de Jesús. Si tenemos en cuenta este dato, la interpretación del sermón como expresión de la pura voluntad de Dios (Dibelius) parece contener elementos muy aceptables que deben ser tomados en consideración.

En la interpretación dispensacionalista, como en la de ética de crisis, resulta muy difícil hallar suficiente apoyo sólido tanto en el contenido del sermón como en la enseñanza global del Nuevo Testamento.

Como tantas veces ha sucedido en la práctica de la exégesis bíblica, la interpretación del sermón del monte ha resultado viciada porque se ha partido de presupuestos teológicos o de esquemas analíticos previos en vez de mantener una constante comparación de las ideas del intérprete con la enseñanza del Nuevo Testamento en su conjunto y con la contextura de sus partes principales. Ello nos obliga a estudiar objetivamente tanto el texto del sermón como sus conexiones con las enseñanzas de Jesús sobre el Reino, centro de su doctrina.

El texto en sí presenta dificultades lingüísticas. No faltan en él

15. J. Jeremías, *op cit.*, p. 243.

metáforas abundantes y expresiones hiperbólicas, así como diversidad de mandatos aparentemente contradictorios entre sí. Recuérdese, por ejemplo, la prohibición de juzgar (7:1) y la necesidad de juzgar (7:6, 15-20). Algunas frases pueden indicar principios orientativos respecto a actitudes más que normas que hayan de cumplirse literalmente. Jesús mismo no dio pruebas de haber interpretado en sentido literal sus propias palabras relativas a la bofetada en la mejilla derecha (5:39) si observamos su actuación en el palacio del sumo sacerdote (Jn. 18:22, 23); o las referentes a la prohibición de jurar (5:33-37), acción que él no rehusó ante el Sanedrín (Mt. 26:63-64). Estas dificultades y otras análogas habrán de resolverse siguiendo los principios de interpretación expuestos en la parte de hermenéutica general.

Pero tanto o más importante que el examen del texto en sí es el de su contextura en el cuerpo de enseñanzas de Jesús sobre el Reino. Por algo el sermón empieza con las bienaventuranzas, la primera de las cuales radica precisamente en la posesión del Reino de los cielos (5:3). Otras alusiones, directas o indirectas, al Reino las hallamos en el resto de las bienaventuranzas y a lo largo de todo el discurso (5:19, 20; 6:10, 33; 7:21).

La primera bienaventuranza, a la que acabamos de referirnos, es una clave para la comprensión de todo lo que sigue. El sermón comienza con un anuncio del Reino de Dios como don a los «pobres de espíritu», a los que nada poseen ni pretenden ante Dios. Viene a confirmar este texto lo que dijimos sobre la gracia de Dios como fuente de la salvación. Son dádivas gratuitas e inmerecidas las que el Reino conlleva. El pórtico del sermón del monte es puro Evangelio, no ley.

Pero, como vimos, la entrada en el Reino no significa únicamente el disfrute de sus bendiciones; incluye la aceptación de sus normas. La conducta de sus súbditos ha de ajustarse a principios de una justicia muy superior a la de escribas y fariseos (5:20). La ética de los discípulos de Jesús no será esencialmente distinta —y menos aún contraria— a «la ley y los profetas» (5:17-19). Pero tendrá un alcance más profundo. La nueva normativa se extenderá más allá de los actos consumados; llegará a los planos del habla, de las emociones, de los deseos, de las miradas. Y todos los niveles de conducta serán regidos por un amor sin límites ni exclusiones, inspirado en el amor del Padre Celestial (5:43 y ss.). Las prácticas religiosas habrán de despojarse de la ostentación y la superficialidad para ganar en hondura interior y autenticidad (6:1-18). La vida no podrá estar escindida, dividida entre lo sagrado y lo profano, entre los intereses espirituales y los terrenos; habrá de constituir una unidad al servicio del Reino y su justicia en confiada dependencia de la providencia paternal de Dios (6:19-34). Las relaciones con el prójimo habrán de estar presididas por la prudencia, la sinceridad y el discernimiento (7:1-6). A la oración deberá unirse la práctica de la regla de oro, quintaesencia de la ley y de los profetas: «Haced con los demás todo cuanto querríais que ellos hicieran con vosotros» (7:7-12). La vida de discipulado habrá de vivirse con suprema seriedad; equivocar el camino es dirigirse a la perdición (7:13, 14); dejarse engañar por los falsos profetas es como exponerse a ser devorados por lobos rapaces (7:15-20). La piedra de toque de la autenticidad cristiana no será la mera profesión de fe o la invocación superficial del nombre de Cristo, sino la obediencia (7:21-23). En último término, la salvación depende de oír las palabras de Jesús y ponerlas en práctica (7:24-29). La conclusión no puede ser más clara; ni más solemne.

Visto el sermón del monte en su totalidad, es obvio que el Señor está dando a sus discípulos unas pautas de comportamiento. Pero no las da en un contexto de legalismo, sino de gracia. El Reino de Dios ha llegado. Cristo cumple toda justicia. Y en justicia Dios obra la salvación que ahora se ofrece ampliamente a los hombres. Es a la luz de estas realidades que hemos de examinar las demandas éticas del Evangelio. Si algo se pide al discípulo de Jesús es porque antes ha recibido, y mucho. Lo que ya ha acontecido es la base de lo que el cristiano ha de ser y hacer. K. Frör desarrolla esta idea de modo lúcido y penetrante: «Sólo de este indicativo dominante surge el imperativo poderoso: ¡Da al prójimo lo que tú has recibido del Padre! (Padre tuyo y suyo). ¡Trata al hermano como el Padre te trata a ti...! ¡Despójate de las ligaduras de las que Cristo te ha liberado! (congoja, Mammón, temor, odio, dudas en la oración, hipocresía). ¡Ama a tus enemigos como Dios te ama y atrae a ti, su enemigo!»[16]

Ciertamente el cristiano no alcanzará la perfección en el cumplimiento de lo mandado por su Señor; pero andará en el camino de la obediencia movido por el amor de Cristo (Jn. 14:15, 23, 24; 15:9, 10). No será la obediencia del esclavo, sino la del amigo (Jn. 15:13-15). En esta amistad y en su filiación divina el creyente, auxiliado por el Espíritu Santo, hallará el estímulo adecuado para avanzar en el camino de la justicia del Reino. Las demandas de éste llegan a él no mediante leyes grabadas en piedra, sino a través de actos divinos de misericordia, mediante el ministerio del *Paráklētos*, que le guía a toda verdad (Jn. 16:13) y le auxilia para vivir en conformidad con ella. Esta experiencia llevaría a Pablo a escribir una de las páginas más inspiradoras de sus cartas (Ro. 8:1 y ss.).

Podríamos resumir cuanto acabamos de exponer con la acertada declaración de que «en el Evangelio toda la teología es gracia; y la ética, gratitud». Así de simple. Tal simplicidad, sin em-

16. *Op. cit.*, p. 320.

bargo, no pretende ocultar ni la complejidad ni los defectos de la respuesta cristiana a las exigencias morales del Evangelio. No volveremos ahora sobre la cuestión de la practicabilidad o impracticabilidad del sermón del monte. Pero hemos de hacer una observación. Existe un cierto paralelismo —no una analogía— entre el Reino de Dios y los súbditos del Reino en el tiempo presente. El Reino ya es una realidad actual; pero envuelto en circunstancias que limitan su plena manifestación. Es, pese a todo, un Reino dinámico, en avance constante hacia su gloriosa consumación. También el seguidor de Jesucristo, que pertenece *ya* al Reino, está *ya* respondiendo positivamente a las demandas del Reino, a pesar de que la imperfección de su fe y de su amor, la debilidad de su voluntad y la fuerza de sus viejas tendencias hagan que ahora *todavía no* llegue a vivir de modo perfecto conforme a la justicia del Reino. Pero también su experiencia es dinámica, orientada hacia la meta final, en la que hallará la perfección de la resurrección acorde con la del Reino en su consumación. Además, la imperfección presente no anula la autenticidad de la sumisión del cristiano a la ética del Reino. A este respecto sí damos la razón a Bultmann: «El hombre nuevo del sermón del monte no es simplemente un sueño del futuro ni una mera promesa divina... El nuevo hombre del sermón del monte... es una realidad presente.»[16] Y con S. M. Gilmour podríamos concluir que el sermón es «la ética del orden trascendental que irrumpió en la historia en Jesucristo y se ha establecido en la historia en la Iglesia, pero cuya plena realización está más allá de la historia cuando Dios será "todo en todos"».[17]

16. Cit. por H. Ridderbos, *op. cit.*, p. 248.
17. Cit. Por R. H. Mounce en *NBD*, art. «Sermon on the Mount», p. 164.

# CUESTIONARIO

1. *Razone la aceptación del concepto del Reino como clave de la enseñanzas de Jesús.*

2. *Exponga las diferentes interpretaciones del Reino en lo que concierne a sus aspectos presente y futuro y asimismo lo que considera interpretación correcta a la luz de los evangelios en su globalidad.*

3. *Explique la coherencia existente entre las bendiciones del Reino de Dios y el camino de acceso al mismo.*

4. *Haga una síntesis del modo como debe interpretarse el sermón del monte en su conjunto, con especial mención del carácter de sus enseñanzas para la Iglesia cristiana. En este trabajo, de modo muy resumido, deben mencionarse las diversas teorías interpretativas sobre el mencionado sermón y hacer un breve juicio crítico de las mismas.*

5. *Explique el sentido que debe darse a las palabras de Jesús en los siguientes textos:*

   *Mt. 5:8; 5:17; 5:22; 5:33-37; 5:28; 6:22, 23; 7:1, 2; 7:6.*

# XXIV

# LAS PARÁBOLAS

En las enseñanzas de Jesús las parábolas ocupan un lugar prominente. Dado lo especial de su naturaleza, finalidad y contenido, omitimos su estudio al tratar del lenguaje figurado en la primera parte de esta obra, reservándole este espacio para concluir nuestro trabajo sobre los evangelios.

La parábola es la narración, más o menos extensa, de un suceso imaginario del que, por comparación, se deduce una lección moral o religiosa. Etimológicamente, el nombre *parabolē* corresponde al verbo *paraballō*, que literalmente significa poner al lado, comparar. En efecto, la parábola se caracteriza porque implica la comparación de objetos, situaciones o hechos bien conocidos —tomados de la naturaleza o de la experiencia— con objetos o hechos análogos de tipo moral desconocidos. De aquéllos (la imagen) se deducen éstos (la realidad que se pretende enseñar). Imagen y realidad se encuentran en el *tertium comparationis* o punto de comparación, común a ambas. Por ejemplo, en las parábolas del tesoro escondido y de la perla, el *tertium comparationis* podría ser la siguiente proposición: «La máxima ganancia merece el máximo sacrificio.» En la de los dos deudores: «Ser objeto de misericordia obliga a ser misericordioso», etc.

El uso de las parábolas era común tanto entre los griegos como entre los judíos. Sin duda, unos y otros habían descubierto su efectividad, no sólo como recurso retórico, sino como valioso auxiliar didáctico. Las parábolas, según C. H. Dodd, «son la expresión natural de una mentalidad que ve la verdad en imágenes concretas en vez de concebirla por medio de abstracciones».[1] La

---

1. *Las parábolas del Reino*, Ed. Cristiandad, 1974, p. 25.

utilización de este modo facilita la comprensión de una verdad espiritual, a la par que contribuye a fijarla en la memoria, pues no es una verdad que se recibe directamente sino que se descubre mediante el proceso mental comparativo por parte del oyente. Jesús, el gran Maestro, no podía ser indiferente a este elemento pedagógico. Prácticamente todas sus grandes enseñanzas las presentó valiéndose de él. El término *parabolē* lo encontramos cuarenta y ocho veces en los sinópticos en relación con enseñanzas de Jesús. Y aún podríamos señalar un buen número de textos parabólicos en los que no aparece la palabra de modo expreso.

Al examinar tal profusión, tropezamos con una dificultad: la de precisar el material que debe incluirse entre las parábolas. Algunos autores no dudan en insertar pasajes que otros consideran simples metáforas o analogías. Ello se debe, en parte, a que los propios evangelistas tienen un concepto muy amplio de la parábola, tan amplio como el *mashal* hebreo, que abarcaba todas las figuras de lenguaje usadas para la comparación. Así en los sinópticos encontramos, bajo el título de *parabolē*, el proverbio (Lc. 4:23), la paradoja (Mr. 7:15-17), la metáfora (Mr. 13:28), la combinación de metáforas (Mt. 15:13-15; Lc. 5:36-39), las expresiones figuradas en sentido general (Mt. 13:34b). No es fácil trazar la línea de demarcación entre la parábola pura en forma de narración y otras composiciones comparativas, por lo que cabe una legítima libertad en la fijación de los límites. Por otro lado, la cuestión no tiene excesiva importancia, pues no afecta a las tareas de interpretación.

### Propósito de las parábolas

Este punto sí plantea problemas. ¿Qué finalidad guiaba a Jesús en el uso de este tipo de ilustraciones? ¿Tenían éstas una intención positiva o negativa? ¿Eran un vehículo de revelación o un medio de ocultación? ¿Aclaraban o velaban las enseñanzas que Jesús quería comunicar?

La dificultad surge de los textos básicos de Mt. 13:10-17; Mr. 4:10-12 y Lc. 8:8-10. A primera vista parece prevalecer un aspecto diametralmente opuesto al propósito normal de una parábola, que es el de ilustrar y facilitar la comprensión de una verdad que de otro modo podría resultar poco inteligible. Muchos de los oyentes de Jesús, a través de las parábolas, «viendo no ven y oyendo no oyen ni entienden», de acuerdo con la profecía de Is. 6:9, 10. En realidad, lograr este resultado no era la única —ni la principal— finalidad de las parábolas. De serlo, tropezaríamos con una contradicción insalvable entre tal objeto y el carácter salvífico de toda la obra de Cristo, incluido su ministerio. Uno de los motivos de asombro de las multitudes que le oían eran precisamente «las palabras de gracia que salían de su boca» (Lc. 4:22). La explicación radica en el doble efecto que las parábolas producían entre los oyentes de Jesús, de los cuales unos eran discípulos y otros no. A los primeros dijo el Señor: «A vosotros os ha sido dado conocer los misterios del Reino de los cielos.» En ellos las parábolas tenían un resultado iluminador. Por medio de ellas se les daba más instrucción, «porque a cualquiera que tiene se le dará y tendrá abundancia». Pero simultáneamente las parábolas eran lenguaje cifrado para quienes adoptaban una actitud de incredulidad ante Jesús. Así, pues, la parábola revelaba y velaba a un tiempo; aclaraba y ocultaba. Que tuviese un efecto u otro dependía de la disposición espiritual de los oyentes. En cierto modo, cualquiera de los dos resultados era lógico. No es imprescindible ver en el caso de los judíos impenitentes un elemento de juicio, siguiendo la «tesis de la justicia», según la cual, las parábolas serían un castigo a las malas disposiciones de la turba (D. Buzy). No obstante, tampoco debería descartarse de modo absoluto el aspecto judicial. Algunas parábolas (los obreros de la viña, Mt. 20:1 y ss.; los dos hijos, Mt. 21:28 y ss.; los viñadores homicidas, Mt. 21:33; las bodas reales, Mt. 22:1 y ss.) lo sugieren.

Resultados aparte, las parábolas siempre son una apelación seria a enfrentarse con las realidades del Reino, una llamada a la reflexión y a la decisión: «Quien tiene oídos para oír, que oiga.»

**Temática y clasificación**

El contenido de las parábolas referidas por Jesús corresponden a los grandes temas de su predicación relativos a Dios, a su soberanía, al hombre, al sentido de su vida, a su responsabilidad y destino, a la oración, al servicio cristiano, etc., todo ello en el marco de un tema central: el Reino de Dios. En muchas de las parábolas la alusión al Reino es clara. En algunas la relación no es explícita, pero su mensaje forma parte del conjunto de enseñanzas que, como vimos, gira esencialmente en torno al Reino. La trabazón entre parábolas en general y Reino de Dios aparece clara en los paralelos fundamentales de Mt. 13:10, 11 y Mr. 4:10, 11. En la destacada parábola del sembrador la semilla es «el mensaje del Reino» (Mt. 13:19).

Los diferentes aspectos o fases del Reino de Dios pueden servirnos de base para una clasificación del material parabólico.

1. *El Reino que ha llegado.* Ya notamos que ciertas declaraciones de Jesús eran una afirmación inequívoca de que con Él había llegado el tiempo del cumplimiento. El Reino no sólo estaba cerca; había hecho ya su aparición. El *ésjaton*, la etapa final de la

historia de la salvación, había comenzado, pese a la distancia cronológica de la consumación final. Consecuentemente, Jesús presenta el Reino en varias de sus parábolas como una realidad presente. La está enfatizando cuando declara: «El Reino de los cielos es —no "será"— semejante a...», eso aun en los casos en que la parábola apunta a acontecimientos escatológicos.

En el grupo de parábolas que se refieren a la llegada del Reino de Dios como un hecho acaecido podemos incluir la del sembrador (Mt. 13:3 y ss. y paralelos), la primera parte de las del trigo y la cizaña (Mt. 13:24), de la semilla de mostaza y de la levadura (Mt. 13:31-33), de los obreros de la viña (Mt. 20:1 y ss.), de los viñadores malvados (Mt. 21:33 y ss.) y del festín de bodas (Mt. 22:1 y ss.). En algunas de éstas hay una parte que señala aspectos futuros de la acción de Dios y del destino de los hombres; pero la parte inicial describe la situación de la nueva era inaugurada con la proclamación del Evangelio.

A este grupo podrían añadirse buen número de parábolas que destacan facetas diversas de la dispensación evangélica: el amor de Dios, su provisión salvífica a favor de los hombres, la necesidad de que éstos se arrepientan, el deber de la gratitud y del perdón, de la confianza y la perseverancia en la oración, la fidelidad en el servicio, etc. Entre otras cabe mencionar el maravilloso tríptico de la oveja extraviada, la dracma perdida y el hijo pródigo (Lc. 15), las parábolas del fariseo y el publicano (Lc. 18:9 y ss.), de los dos hijos (Mt. 21:28 y ss.), de los dos deudores (Mt. 18:23 y ss.; comp. Lc. 7:41 y ss.), del juez injusto (Lc. 18:1 y ss.), de los talentos (Mt. 25:14 y ss.), etc.

2. *El Reino que progresa.* En torno a él podemos agrupar las parábolas llamadas de crecimiento, en las que se destaca el aspecto dinámico del Reino de Dios en su proceso histórico. En ese proceso no todo es positivo y alentador. Junto a los evidentes logros aparecen males innegables. La buena semilla llevará fruto, pero una parte se malogrará (Mt. 13:3 y ss.). En el campo crecerá el trigo, pero, inseparable de él, también la cizaña (Mt. 13:24 y ss.). La red será echada al mar y recogerá peces buenos y malos (Mt. 13:47 y ss.). Pese a esa diversidad de resultados, el Reino, indestructible, avanza y crece hacia la plenitud de su consumación. Tal es la enseñanza de las parábolas del grano que se desarrolla (Mr. 4:26 y ss.), de la semilla de mostaza y de la levadura (Mt. 13:31 y ss.).

3. *El Reino en su manifestación futura.* Aquí podemos incluir algunas de las parábolas que ya hemos mencionado, pues su parte final es descriptiva del «tiempo de la siega», del «fin del

mundo» (Mt. 13:30, 39, 49), cuando serán excluidos los elementos malignos que ahora pugnan contra el señorío de Dios.

Hallan asimismo lugar en este grupo las parábolas indicadoras de la crisis escatológica, con las perspectivas de juicio que, paralelamente a la de los beneficios salvíficos, abre la parusía de Cristo. Destacan las parábolas de las diez vírgenes y de los talentos (Mt. 25), del siervo vigilante (Lc. 12:36 y ss.), del mayordomo infiel (Mt. 12:45 y ss.) y de las minas (Lc. 19:11 y ss.).

## Interpretación

Por su misma naturaleza, las parábolas se prestan a ser interpretadas siguiendo el método alegórico, con todos los inconvenientes que éste lleva aparejados.

La historia de la interpretación bíblica, desde los primeros siglos hasta nuestros días, nos muestra la facilidad con que muchos expositores han alegorizado los textos parabólicos, dando a cada persona, a cada objeto y a cada acción un significado particular. Un buen ejemplo nos lo ofrece Agustín de Hipona en su explicación de la parábola del buen samaritano, según la cual, el hombre que iba de Jerusalén a Jericó representa a Adán. Jerusalén es la ciudad de la paz celestial, cuya dicha perdió Adán al pecar; Jericó simboliza la luna, y ésta, a su vez, significa la mortalidad del hombre, pues la luna nace, crece, mengua y muere. Los ladrones son el diablo y sus ángeles; los golpes, la incitación a pecar; el despojamiento, la pérdida de la inmortalidad; la condición del herido («medio muerto»), el deplorable estado moral del hombre caído; el sacerdote y el levita, el sacerdocio y el ministerio del Antiguo Testamento, incapaces de salvar; el samaritano, el Señor; etcétera.[2]

Este modo de interpretar nos introduce en un bosque de detalles cuajados de «lecciones» espirituales, las que el intérprete ha creído descubrir; pero no se llega a encontrar el significado original de la parábola, que es lo que importa. Siempre debe tenerse presente que, por lo general, con cada una se pretende enseñar una lección básica. La tarea del intérprete es extraer correctamente esa lección, sin distraerse —o extraviarse— en un intento de «enriquecer» su exposición con múltiples analogías ajenas al propósito de la narración.

En toda parábola debe distinguirse entre el continente y el contenido, entre la imagen y la realidad que la imagen representa; entre los detalles del relato y las enseñanzas que éste entraña. Y es el contenido, la realidad, la enseñanza, lo que se debe buscar.

2. *Quaestiones Evangeliorum*, III, 19; cit. por C. H. Dodd, *Las Parábolas del Reino*, pp. 21, 22.

Así lo entendieron ya, frente a los entusiastas de la alegorización, Juan Crisóstomo, Teofilacto y el propio Orígenes, tan dado a alegorizar. Con gran acierto escribía Teofilacto: «No nos incumbe ocuparnos excesivamente en consideraciones minuciosas sobre todas las partes de las parábolas; haciendo uso de las que resulten adecuadas al punto principal que se presenta ante nosotros, debe prescindirse del resto que coexiste con la parábola, pero no contribuye en nada a dicho punto.»[3]

Entre los especialistas de tiempos modernos destaca Adolf Jülicher, quien hacia finales del siglo pasado escribió una famosa obra sobre las parábolas *(Die Gleichnisreden Jesu)*, en la que radicalizaba la reacción contra toda forma de alegorización. En su opinión, toda parábola encierra una lección moral única y debe desterrarse la práctica de espiritualizar los diferentes elementos del relato. Pese a lo que de correcto pudiera haber en esta posición, Jülicher cayó en el extremo de negar la validez de la interpretación dada por Jesús mismo a algunas de sus parábolas (el sembrador, el trigo y la cizaña, la red) atribuyéndola a una alegorización llevada a efecto posteriormente por la comunidad apostólica. Aunque este punto de vista es sostenido por prestigiosos autores de nuestros días (C. H. Dodd y J. Jeremías), no pasa de mera conjetura. En realidad, no sólo socava la fidedignidad del testimonio de los evangelistas, sino que hace violencia al contenido mismo de las palabras, en perfecta consonancia con el pensamiento de Jesús y más acorde en su estilo con el contexto palestino original que con el posterior de las comunidades cristianas.[4] Otro defecto de la obra de Jülicher es la superficialidad de su explicación ética de las parábolas, cuyas enseñanzas quedaban reducidas a generalidades de tipo moral, inspiradas más en la teología liberal de su tiempo que en una rigurosa investigación exegética.

Una corrección de este defecto se intentó con las perspectivas abiertas por la «escatología consistente», a la que ya nos hemos referido, según la cual sólo una interpretación de las parábolas iluminada por la venida escatológica del Reino es aceptable. El mensaje de las parábolas no es un compendio ilustrado de moral permanente; es un anuncio de la crisis que llama a la decisión radical.

Por otro lado, la obra de J. H. Dodd tiene una orientación semejante, aunque partiendo de sus propios presupuestos de una «escatología realizada», Schweitzer ve en las parábolas el modo como el Reino *vendrá*; Dodd, el modo como ha *venido*. Una visión más ajustada a los datos bíblicos incluiría, sin duda, tanto el as-

---

3. Cit. por R. C. Trench, *Notes on the Parables of our Lord*, p. 32.
4. Comp. F. Hanck en el art. *Parabolē*, TDNT, V. p. 754.

pecto presente del Reino como el futuro.[5] En cualquier caso la corrección efectuada por estas nuevas orientaciones resulta saludable, pues las parábolas, inseparables de las enseñanzas de Jesús sobre el Reino, contienen —como pudimos observar al ocuparnos del tema— un mensaje mucho más intenso, más profundo, más comprometedor que las generalidades de simples corolarios éticos.

## Normas interpretativas

Lo expuesto constituye la base sobre la cual debe realizarse la exégesis de las parábolas; pero puede completarse con algunas reglas igualmente fundamentales:

1. *Determinar la verdad central.* En opinión de Ramm, ésta es la regla áurea de la interpretación de textos parabólicos. Nunca debe prescindirse de ella, a pesar de lo sugestivas que puedan resultar las vías de la alegorización.

El intérprete ha de preguntarse en todos los casos: ¿Qué quiso enseñar Jesús? La respuesta será simple. No hay ningún ejemplo claro en que el Señor, con una misma parábola, quisiera enseñar varias lecciones.

No obstante, iríamos a extremos injustificados si en todos los casos negáramos significado especial a algunos de los elementos de determinadas parábolas. Jesús mismo reconoció valor simbólico en la figura del sembrador, en la semilla, en las diferentes clases de tierra, en las aves, en los pedregales y los espinos (Mt. 13:18-23). Sería, asimismo, difícil asegurar que al referir la parábola de los viñadores homicidas Jesús no veía a los profetas en los siervos maltratados, a sí mismo en el hijo asesinado, y a los gentiles llamados a participar en el Reino en los «otros labradores» a los que sería arrendada la viña. Podríamos añadir otros ejemplos.

Pero esto no anula la regla señalada. Tanto en la parábola del sembrador como en la de los labradores malvados había un propósito concreto; en la primera, mostrar el arraigo y desarrollo del Reino por la acción de la Palabra pese a todos los obstáculos; en la segunda, hacer patente la soberanía de Dios en su Reino frente a la rebeldía del pueblo judío. Cualquier lección que pueda derivarse de la enseñanza central ha de considerarse accesoria.

Para precisar la verdad central es necesario tomar en consideración los siguientes factores:

5. Comp. H. Ridderbos, *The Coming of the Kingdom*, p. 123.

a) *Contenido esencial.* Ha de analizarse la parábola observando los protagonistas, su carácter, el progreso de la acción, su punto culminante, así como las palabras que se repiten o que presentan un especial relieve. Hágase la prueba con la parábola del hijo pródigo (Lc. 15:11 y ss.) y se verá hasta qué punto avanzado se consigue llegar mediante el mencionado análisis.

b) *Ocasión.* La situación particular que motiva la parábola siempre es iluminadora. De ahí lo útil de algunas preguntas: ¿Cuándo fue referida? ¿En qué circunstancias? ¿Fue dirigida a alguien en especial? ¿A quién? ¿En qué actitud espiritual se encontraban los oyentes? En la mayoría de los casos hallamos datos orientativos. Tal sucede en las parábolas de los dos deudores (Mt. 18:21 y ss.), los dos hijos (Mt. 21:23-32), la oveja y la dracma perdidas y el hijo pródigo (Lc. 15), la viuda y el juez injusto (Lc. 18:1 y ss.), etc.

c) *Fondo cultural y existencial.* Las parábolas se basan en elementos tomados de la naturaleza y de la actividad humana; pero a menudo tales elementos tenían un carácter simbólico. Por ejemplo, en la simbología hebrea, la siega era figura del fin del mundo; la de las bodas y el vino, del tiempo de salvación; la higuera, del pueblo de Dios, etc. Si nosotros queremos captar objetivamente el significado de una parábola, hemos de situarnos en el plano cultural de quienes la escucharon de labios de Jesús. Muy sugestivas al respecto son algunas de las notas de J. Jeremías en su estudio sobre las parábolas; por ejemplo, las relativas a la del hijo pródigo. Tras exponer con detalle las formas legales judías de transmisión de bienes de padres a hijos, resalta lo que el hijo menor realmente quiere: ser —ilegalmente— indemnizado y organizarse una vida independiente.[6] Las observaciones que sobre costumbres judías siguen en el resto del comentario no son menos esclarecedoras.

Asimismo, inseparablemente del aspecto cultural debe tomarse en cuenta la situación existencial de los primeros oyentes y de la decisión con que la proclamación del Reino de Dios los enfrentaba. C. H. Dodd presta gran atención a este aspecto de la interpretación y son realmente valiosas sus observaciones sobre el pensamiento o las costumbres de los judíos en relación con las parábolas que analiza en el capítulo IV, titulado «La situación en la vida». Entresacamos lo que escribe sobre la del tesoro oculto y la de la perla preciosa (Mt. 13:44-46): «Por lo que se refiere a su interpretación, el único problema real reside en si el *tertium comparationis* es el inmenso valor de la cosa hallada o el sacrificio con

---

6. *Interpretación de las Parábolas*, Ed. Verbo Divino, p. 115.

que se adquiere. Este problema se resuelve, a mi juicio, con las siguientes consideraciones. En primer lugar, dado que los oyentes de Jesús concebían el Reino de Dios como el gran objeto de esperanza y de plegaria, no necesitaban ser convencidos de su valor. En segundo lugar, estas parábolas como la mayoría de las parábolas de Jesús, presentan un ejemplo de conducta humana e invitan a dar un juicio sobre ella. ¿Fue necio el campesino al empobrecerse para comprar el campo? ¿Cometió el mercader una temeridad imperdonable al vender toda su hacienda para comprar una sola perla? A primera vista, sí. Pero el financiero que triunfa es el que sabe cuándo conviene endeudarse. Lo importante es estar completamente seguro del valor de lo que se compra. ¿Y cuál es la "situación en la vida"?... Hemos de imaginar una situación en la que destaque la idea de grandes sacrificios con vistas a un fin valioso... Estáis de acuerdo en que el Reino de Dios es el bien supremo; en vuestra mano está poseerlo aquí y ahora si, como el que halló el tesoro y como el mercader de perlas, os olvidáis de vuestras preocupaciones: "¡Seguidme!"»[7]

d) *Posible paralelismo con otros textos.* Algunas parábolas tienen marcada semejanza con otras o son referidas con alguna variante por dos o más evangelistas. En ambos casos la comparación es útil, bien para confirmar bien para enriquecer su significado. La parábola de la oveja perdida en Lc. 15, por ejemplo, se complementa admirablemente con la de la dracma perdida, y de la comparación emergen con mayor relieve, si cabe, las tres ideas dominantes: estado de perdición, búsqueda diligente y recuperación gozosa de lo perdido. En conjunto, ambas exaltan la acción redentora de Dios en favor de los pecadores. Y si cotejamos las dos parábolas mencionadas con Mt. 18:11-13, advertimos que el énfasis recae sobre la superioridad del gozo en el caso de la oveja perdida que es hallada; el pastor «se regocija más por ella que por las noventa y nueve que no se habían descarriado».

El paralelismo puede extenderse provechosamente a otros textos, especialmente a parábolas o metáforas del Antiguo Testamento. La parábola de los labradores malvados nos hace pensar en el cantar de la viña de Is. 5. No sólo los puntos de semejanza son notables; en el pasaje de Isaías encontramos la clave de la interpretación: «Ciertamente la viña de Yahvéh de los ejércitos es la casa de Israel; y los hombres de Judá planta deliciosa suya. Esperaba justicia, y he aquí violencia; rectitud, y he aquí alaridos.» No era difícil para los sacerdotes y los fariseos entender lo que Jesús quería significar (Mt. 21:45).

7. *Op. cit.*, pp. 111, 112.

e) *Observaciones hechas por Jesús mismo.* En no pocas parábolas, antes o después del relato, hallamos alguna frase de Jesús que determina la verdad central. Las palabras del Señor sobre el deber de perdonar «hasta setenta veces siete» (Mt. 18:21-22) nos dan claramente la clave para fijar la enseñanza capital de la parábola de los dos deudores. La alusión a los publicanos y las rameras que van al Reino de Dios delante de los sacerdotes y líderes de Jerusalén (Mt. 21:31) concreta la lección de la parábola de los dos hijos que la precede: la puerta de entrada en el Reino no es una falsa profesión de fe, una adhesión mental a la palabra de Dios, sino el arrepentimiento, la *metanoia*, la conversión. La verdad medular de la parábola del banquete de bodas se desprende de la declaración de Jesús al final de la misma: «Porque muchos son llamados y pocos escogidos» (Mt. 22:1-14). Lo que se pretende enseñar es la respuesta indigna de los «muchos» al generoso convite de la salvación hecho por Dios. La recomendación de «orar siempre y no desmayar» (Lc. 18:1) nos muestra la necesidad de la perseverancia en la oración y la confianza en la perfección de Dios como la verdad esencial contenida en la parábola del juez injusto (Lc. 18:2-8).

En algunos casos, las observaciones de Jesús las hallamos antes y después del cuerpo de la parábola, lo que duplica la ayuda exegética. Véase como ejemplo la parábola de la oveja perdida en Mt. 18:12, 13. Las declaraciones que la enmarcan no pueden ser más iluminadoras: «El Hijo del Hombre ha venido a buscar y salvar lo que se había perdido» y «así no es la voluntad de vuestro Padre que está en los cielos que se pierda uno de estos pequeños» (vv. 11 y 14).

Dicho cuanto antecede, hemos de admitir la dificultad con que se tropieza a veces para señalar la verdad central de una parábola. Tal sucede con la del mayordomo infiel (Lc. 16:1-15), sin duda la más difícil de interpretar. Una vez considerados todos los datos que suelen ayudarnos en la exégesis, no resulta demasiado claro su propósito. Las propias palabras de Jesús no son del todo esclarecedoras. ¿Qué es lo que el Maestro quiere grabar en la mente de sus discípulos? ¿La necesidad de ordenar la vida en la tierra con miras al destino eterno (v. 9), la responsabilidad del cristiano como administrador de los «negocios» de Dios (v. 10) o el imperativo de una entrega a Dios y los intereses de su Reino sin dicotomías de ningún género (v. 13)? Como ha afirmado C. H. Dodd, «casi podemos ver aquí unas notas para tres sermones distintos sobre la misma parábola».[8]

No obstante, la reflexión en torno a todos los datos puede darnos la luz que necesitamos. Cuando uno de ellos parece poco útil,

8. *Op. cit.*, p. 37.

otro puede proporcionarnos la orientación correcta. En la mencionada parábola del mayordomo infiel, Dodd ve la clave de la situación originaria del siguiente modo: «El relato habla de un hombre situado ante una crisis que puede llevarle a la ruina. Comprendiendo la gravedad de su situación, se pone a reflexionar y descubre un medio drástico para salir del apuro. Los oyentes son invitados a admitir que ese hombre, a pesar de ser un canalla, tuvo el mérito de afrontar la crisis con realismo y espíritu práctico. Entonces pensaría que, según Jesús afirmaba constantemente, ellos mismos se hallaban ante una crisis decisiva. Seguramente Jesús les habría dicho en conclusión que era de sentido común reflexionar en serio y actuar con audacia para afrontar la crisis. Ésta es, a mi juicio, la aplicación más probable de la parábola y entonces es bastante adecuado el ulterior comentario del evangelista: "Los hijos de este mundo son más prudentes que los hijos de luz."»[9]

2. *Comparar la verdad contenida en la parábola con la enseñanza global del Nuevo Testamento.* Una interpretación que discrepe del tenor general de la Escritura o de cualquiera de sus doctrinas fundamentales debe ser rechazada.

Este principio básico de la hermenéutica general merece la máxima atención en la interpretación del tipo de textos que nos ocupa. Descuidar su aplicación es exponernos a errores. Si de la parábola del hijo pródigo, por ejemplo, dedujéramos como verdad central que lo único necesario para la salvación del hombre perdido es la confianza en el amor perdonador de Dios, sin necesidad de expiación, incurriríamos en contradicción respecto a uno de los postulados básicos de la teología bíblica (véase una síntesis tajante de ese postulado en He. 9:22, entre muchos otros textos que podríamos citar).

Como norma general puede decirse que, aunque algunas parábolas pueden enseñar o ilustrar una doctrina, ninguna debería ser usada para probarla o apoyarla. El desprecio de esta norma ha llevado a lo largo de la historia a afirmaciones gratuitas, carentes de soporte genuinamente bíblico. Ya Ireneo y Tertuliano tuvieron que prevenir contra los abusos de los gnósticos, quienes torcían el sentido de las parábolas acomodándolo a sus particulares puntos heréticos. Posteriormente los cátaros, con sus principios dualistas, hicieron de las parábolas objeto de forzadas manipulaciones exegéticas. No veían en ellas nada relativo al pecado y a la redención; en cambio encontraban abundante material que usaron para apoyar sus especulaciones relativas a la creación, el origen del mal y la caída de los ángeles. Como muestra de su «exégesis», podemos citar su interpretación de la parábola del

---

9. *Op. cit.*, pp. 37, 38.

mayordomo infiel, en la que veían una descripción de la caída de Satanás.[10]

El católico Bellarmino, teólogo prominente del siglo XVI, se valió de la parábola del buen samaritano en su intento de probar que el hombre (Adán) primeramente fue despojado de su justicia original y después sufrió las heridas del pecado.[11]

En tiempos más recientes las parábolas han sido también utilizadas, quizá con excesiva parcialidad, en los debates sobre el milenio. «En general, los amilenaristas y posmilenaristas han interpretado ciertas parábolas con optimismo, mientras que los premilenaristas y los dispensacionalistas han interpretado las mismas parábolas de modo pesimista. Por ejemplo, el crecimiento de la semilla de mostaza hasta convertirse en árbol y la acción de la levadura que leuda toda la masa han sido tomados por los primeros como una enseñanza del desarrollo poderoso y expansión del cristianismo; para los otros enseñan la corrupción de la iglesia profesante.»[12] De hecho, hay parábolas que dan pie al optimismo (la del grano que germina y crece) y las hay que equilibran ese optimismo con realidades de signo pesimista (la del trigo y la cizaña).

En todos los casos, cualquier aspecto del Reino o cualquier doctrina que parezcan hallarse contenidos en la parábola como enseñanza sustancial, antes de su reconocimiento como tal, hemos de analizarlo comparándolo con los textos fundamentales de la Escritura. Y en ningún caso ha de permitirse que los presupuestos teológicos impidan distinguir lo que sin ellos probablemente se vería de modo más claro y natural. Sólo así los mensajes de las parábolas llegarán a nosotros con el encanto de su auténtico significado y con la plenitud de su fuerza original.

10. Neander, *Kirch. Geschichte*, V. p. 1.082.
11. *De Grat. Prim. Hom.*, citado por R. C. Trench, *op. cit.*, p. 40.
12. B. Ramm, *PBI*, pp. 285, 286.

# CUESTIONARIO

1. *Indique la naturaleza y el propósito de las parábolas referidas por Jesús según los datos que hallamos en los evangelios.*

2. *Señale los principios básicos que deben observarse en la interpretación de toda parábola.*

3. *Interprete, con indicación expresa de la lección correspondiente, las siguientes parábolas:*

   *El trigo y la cizaña (Mt. 13:24-30).*
   *La levadura (Mt. 13:33).*
   *El crecimiento de la semilla (Mr. 4:26-29).*
   *El hijo pródigo (Lc. 15:11 y ss.).*
   *El rico y Lázaro (Lc. 16:19y ss.).*

# XXV

# HECHOS DE LOS APÓSTOLES

La interpretación de este libro del Nuevo Testamento puede parecer relativamente fácil. Su lenguaje, en términos generales, es literal, exento de la diversidad literaria de los evangelios, de las honduras teológicas de las epístolas o de la simbología del Apocalipsis. Sin embargo, esa facilidad es sólo aparente. Pronto el intérprete se percata de que ha de enfrentarse con importantes problemas hermenéuticos.

Los textos narrativos del libro son muy claros en su significado, pero no lo son tanto en su significación; no dejan lugar a dudas en cuanto a los hechos relatados, pero plantean interrogantes respecto a lo que tales hechos han de significar posteriormente en la Iglesia. Las experiencias de las primitivas comunidades cristianas ¿deben continuar reproduciéndose idénticamente en las de siglos subsiguientes? El bautismo del Espíritu Santo el día de Pentecostés ¿ha de repetirse en la experiencia individual del creyente y de la Iglesia? En caso positivo ¿ha de tener las mismas manifestaciones externas? ¿Cabe esperar los mismos dones carismáticos? La comunidad de bienes en la Iglesia de Jerusalén ¿marca una pauta de comportamiento para todas las iglesias locales? La fe y el culto cristianos ¿son compatibles con las creencias y prácticas religiosas de los judíos? Aun los apóstoles dan la impresión de que aceptaban esa compatibilidad (Hch. 2:46; 3:1; 21:18-26). Si esto es así, ¿tiene algún carácter determinante en la relación de las iglesias de hoy con su entorno socio-religioso? Prescripciones como la de Hch. 15:29 (prohibición de comer sangre o carne de animales no degollados) ¿eran circunstanciales y, por consiguiente, temporales o son obligatorias para todos los tiempos? En resumen, lo narrado en los Hechos ¿tiene un carácter meramente informativo o posee asimismo valor normativo?

Podríamos añadir otros ejemplos de cuestiones hermenéuticas con las que el intérprete topa en los Hechos. Pero creemos que lo expuesto evidencia la necesidad de ahondar en el estudio de este libro si pretendemos una exégesis correcta de sus textos. Por tal motivo consideraremos algunos puntos básicos con miras a facilitar la tarea de su interpretación.

**Datos introductorios**

El libro de los Hechos se distingue por su singularidad. El canon del Nuevo Testamento contiene cuatro evangelios y veintiuna cartas o epístolas; pero sólo una obra en la que se narren los inicios históricos y el desarrollo de la Iglesia con sus tremendas implicaciones sociológicas y religiosas. Constituye un nexo único entre los evangelios y los restantes escritos novotestamentarios, un puente entre los días del ministerio terrenal de Jesús y la época de la Iglesia a partir de Pentecostés; entre las enseñanzas del Maestro y la fe, el culto y el testimonio de las primeras comunidades cristianas. En frase de Harnack, Hechos es «el libro pivote del Nuevo Testamento». Por tal motivo sus páginas nos ayudan a entender algunas de las epístolas de Pablo e iluminan el fondo histórico de las restantes.

Cada día es mayor la unanimidad en cuanto al reconocimiento de Lucas como su *autor*. Se admite que, como hicimos notar, el libro es la segunda parte de una sola obra. La primera, originalmente, fue el evangelio de Lucas. Ambas circularon juntas hasta que a fines del primer siglo los cuatro evangelios fueron reunidos en un conjunto denominado «el Evangelio». Así la obra de Lucas quedó dividida y la segunda parte se conservaría independiente de la anterior, interpuesta entre la colección de los cuatro evangelios y la de las epístolas paulinas, a la que se dio el título de «El Apóstol». Esto no es una mera conjetura. Tiene base sólida en las propias palabras del escritor que sirven de introducción a cada una de las partes mencionadas (Lc. 1:1-4 y Hch. 1:1). En el primer «tratado» —como lo denomina el propio autor— se exponen «todas las cosas que Jesús comenzó a hacer y enseñar» durante su ministerio público. En el segundo (Hechos), narra lo que Jesús, aunque físicamente ausente, sigue haciendo y enseñando mediante el Espíritu Santo a través del ministerio apostólico.

El título dado al libro, «Hechos» *(praxeis)*, es indicativo de cierta relación con un género literario bien conocido en tiempos apostólicos. Tanto el término griego como el latino *facta* se usaban para designar composiciones destinadas a referir los hechos más sobresalientes de una persona distinguida, sin llegar a ser biografías. En los Hechos de Lucas, la figura de Pedro primeramente y la de Pablo después constituyen los ejes de las narraciones y es evidente la analogía con otros *praxeis* de la literatura antigua. Pero Lucas no se sujeta a un patrón determinado; desborda todos los moldes. En realidad, pese al relieve con que Pedro y Pablo aparecen en el libro, el protagonismo principal no es el de los apóstoles, sino el de la Iglesia cristiana en su conjunto; y, detrás y por encima de ella, el del Espíritu Santo.

La *veracidad histórica* de las narraciones hoy apenas se discute, pese a los ataques de la crítica que Hechos ha sufrido. Ya es cuestión del pasado la teoría de la escuela de Tubinga, según la cual el libro es «un romance polémico tardío cuyo único valor era arrojar luz sobre el periodo en que se produjo».[1] Aun autores tan críticos como Adolf Jülicher han tenido que admitir la existencia de un «núcleo genuino» en las narraciones lucanas.

La escrupulosidad de Lucas tanto en la investigación como en el relato de los acontecimientos es evidente. Sus referencias a personajes históricos de aquella época, la exactitud de los títulos dados a los diferentes gobernantes u oficiales romanos (procónsul, principales, magistrados —*strategoi*—, jefes civiles —*politarjies*—, etc.), así como la profusión de minuciosos detalles propios de una narración hecha por testigo ocular, no dejan lugar a dudas en cuanto a la fidedignidad histórica del libro. No es de extrañar que William M. Ramsay, pese a la influencia inicial de la escuela de Tubinga, después de haber investigado a fondo, no titubeara en «colocar —usando sus propias palaras— al autor de Hechos entre los historiadores de primera fila»,[2] o que Harnack, con todo su radicalismo, se viera obligado a reconocer que el libro, «juzgado desde casi todos los puntos de vista posibles de la crítica histórica, es una obra sólida, respetable y en muchos aspectos extraordinaria».[3]

Por lo que respecta al *propósito* de Hechos, la hipótesis según la cual el libro expone una toma de posición por parte de Lucas en una situación de conflicto teológico entre Pedro y Pablo carece de fundamento serio. Asimismo la idea de que fue escrito con una finalidad político-apologética, aunque más plausible, no parece reflejar la intención básica del escritor. Es verdad que son muchos los acontecimientos seleccionados que muestran la aceptabilidad del cristianismo desde el punto de vista político-religioso, lo que entraña la refutación de muchas acusaciones de los judíos contra los cristianos. Pero la verdadera preocupación de Lucas, al parecer, iba mucho más allá.

Algunos han visto una finalidad eminentemente evangelística. Otros han atribuido a Lucas simplemente el deseo de confirmar la

1. Chase, *The Credibility of Acts*; cit. por A. T. Robertson en *ISBE*, I, p. 44.
2. *St. Paul the Traveller*, Hodder and Stougton, 1903, p. 4.
3. *The Acts of the Apostles*, p. 298.

fe de Teófilo, destinatario de la obra, quien posiblemente se veía asediado por insinuaciones de que el Evangelio era una sarta de «fábulas ingeniosamente inventadas» (2 P. 1:16; véase Lc. 1:1-4). Y no han faltado quienes han descubierto la intención de combatir herejías, especialmente algunas de tipo gnóstico.

Es posible que hubiese algo de todo lo apuntado en la mente del autor. Sin embargo, una lectura imparcial nos hace pensar que la principal finalidad de la obra fue narrar los orígenes y el desarrollo de la Iglesia cristiana por el valor intrínseco de los hechos mismos. Su contenido, como sucede en los restantes textos narrativos de la Biblia, está saturado de un pensamiento profundo en el que se emparejan historia y teología. Lucas no se limita a exponer unos hechos; los maneja con un propósito y los interpreta. En el libro se omite mucho material. No se narran las actividades de todos los apóstoles ni se cuenta todo lo realizado por Pedro o Pablo, sus dos figuras centrales. El final más bien parece brusco. Nos deja con la curiosidad de saber lo que siguió al encarcelamiento de Pablo en Roma. Pero el escritor selecciona magistralmente los personajes, los grandes acontecimientos, las grandes crisis, los comienzos de nuevas etapas en la historia de la Iglesia naciente, los pasos más significativos en el avance del Evangelio. Visto en su conjunto, el libro aparece como explicación y cumplimiento de su texto clave: «Recibiréis poder cuando haya venido sobre vosotros el Espíritu Santo y me seréis testigos en Jerusalén, en Judea, en Samaria y hasta lo último de la tierra» (1:8). Por eso empieza con el periodo de espera de los discípulos y con el gran acontecimiento de Pentecostés; prosigue la narración con la expansión del Evangelio por tierras samaritanas; después el testimonio cristiano trasciende los límites de Palestina para extenderse por el imperio, y concluye con un cuadro de la comunidad cristiana en Roma y la predicación allí del apóstol de los gentiles. A pesar de toda la hostilidad, el Evangelio se había abierto paso hasta arraigar en la metrópoli imperial. En palabras de W. Barclay, «el propósito de Lucas fue exponer la casi milagrosa expansión del Evangelio, y soltó la pluma al haber mostrado que el cristianismo se había establecido en la capital del mundo.» [4]

### Claves para la interpretación

La narración contiene hechos sumamente significativos en los que encontramos claves fundamentales para la comprensión del libro. He aquí los más notables.

4. *The Acts of the Apostles*, The Westminster Press, 1955, p. XVIII.

1. *El entroncamiento de la Iglesia cristiana con la comunidad judía*. La relación cristianismo-judaísmo fue problemática desde el principio. Muchos judíos convertidos al Evangelio veían en su nueva fe una mera ampliación de la que ya poseían anteriormente. Su concepto del cristianismo era el de un judaísmo enriquecido que en modo alguno conllevaba una ruptura con sus creencias y prácticas tradicionales.

Por otro lado, pronto surgieron quienes interpretaban el cristianismo como un movimiento completamente original. Era el nuevo vino que no podía ser puesto en odres viejos. Este punto de vista fue asumido por Marción, quien —como vimos— protestaba abiertamente contra cualquier vinculación del Evangelio con el judaísmo o el Antiguo Testamento. Jesucristo había fundado una religión absolutamente nueva y Pablo era el único apóstol que la preservaba fielmente en su pureza primigenia.

La dialéctica de esta cuestión aparece indisimuladamente en Hechos. Las dos tesis se enfrentan. Pero Lucas, con gran maestría, pone de relieve la síntesis. La Iglesia tiene su origen en Jesús, el Mesías anunciado en el Antiguo Testamento y esperado por los judíos (2:22 y ss.; 3:12 y ss.; 8:30 y ss.; 9:22 y ss.; 10:34 y ss.; 13:16 y ss.; etc.). La prodigiosa venida del Espíritu Santo era el cumplimiento de una profecía de Joel (Hch. 2:16 y ss.). La primera iglesia local, la de Jerusalén, se formó con judíos convertidos a Cristo. Sus líderes, encabezados por los apóstoles, seguían manteniendo la vinculación de su mensaje y de su propia piedad con las Escrituras veterotestamentarias (2:16 y ss.; 4:25, 26; 7:42, 43, 48-50; 8:32-35; 13:40; 15:15-18; 28:25-27). No podía ser de otro modo si había de salvarse la unidad de la revelación divina en su evolución progresiva y si había de tener sentido la historia de la salvación. No podía arrumbarse, y menos enterrarse, el pasado. El Evangelio sería el alumbramiento del «misterio» que la anterior revelación llevaba en sus entrañas.

Pero por otro lado se imponía el reconocimiento de que en Cristo había empezado una etapa nueva en la historia de la salvación, que había llegado el tiempo de los «últimos días» *(ésjatōn hemerōn* — He. 1:1) y que mucho de lo que anteriormente había sido sombra y símbolo, ahora, presente la realidad, tenía que desaparecer. Lo que había tenido carácter provisional había de ceder su lugar a lo definitivo. El pueblo de Dios sería la comunidad de la fe, no los descendientes carnales de los patriarcas, y a esa comunidad podrían incorporarse, por su adhesión a Cristo, hombres y mujeres de todos los pueblos sin necesidad de someterse al legalismo judaico. Así se reconoció en el concilio de Jerusalén (cap. 15). De hecho el concepto mismo de piedad sería sometido a una profunda renovación. La calidad del fervor religioso no dependería de la escrupulosidad con que se cumplieran las prescripciones tradicionales, sino de la intensidad con que se viviría la dinámica de la fe bajo el impulso del Espíritu Santo.

Así surge la Iglesia cristiana. Hondamente enraizada en el Antiguo Testamento y entroncada en Israel. Pero al mismo tiempo como una realidad nueva que supera su origen histórico para dar cima al cumplimiento del plan de Dios.

2. *El ministerio del Espíritu Santo.* Cualquier lector advierte de inmediato el lugar predominante que el Espíritu Santo ocupa en Hechos. Su venida, anunciada por Jesús antes de la ascensión (1:4, 5), se realiza con manifestaciones sobrenaturales el día de Pentecostés (cap. 2). A partir de ese momento, la presencia y la acción del Espíritu son constantes. Él inspira la predicación (2:14 y ss.), vigoriza el testimonio (4:8 y ss.; 5:32), infunde valor a los fieles (4:31), capacita para el servicio (6:3); abre la puerta del Evangelio a samaritanos (8:15 y ss.) y gentiles (10:44 y ss.), dispone de los discípulos y los guía para promover la evangelización (8:29; 13:2, 4; 16:6, 7), es el presidente invisible de la asamblea deliberativa de Jerusalén (15:28), designa los pastores de las iglesias (20:28), concede revelaciones proféticas (21:4, 11), etc. Indudablemente tuvo un gran acierto A. T. Pierson cuando dio a su obra sobre este libro de Lucas el título de «Hechos del Espíritu Santo».

Es precisamente en torno al material relativo al Espíritu Santo donde han surgido dificultades hermenéuticas. Los problemas se han agudizado a raíz del auge de los movimientos carismáticos, pues los datos suministrados por el autor sagrado se han convertido en argumentos para apoyar conclusiones teológicas relativas al bautismo y los dones del Espíritu. Sin embargo, debe extremarse el cuidado en no hacer normativo lo que en Hechos probablemente es sólo informativo.

Esencial es, asimismo, tener presente el carácter único de algunos de los eventos relatados. Veamos algunos ejemplos:

La experiencia de Pentecostés, cuando el Espíritu Santo descendió sobre la totalidad de los discípulos con las singulares señales de «lenguas como de fuego» posadas sobre cada uno de los reunidos y un fenómeno de glosolalia excepcional que permitía referir claramente las maravillas de Dios en los diversos idiomas de las gentes procedentes de muchos países y congregadas en Jerusalén con motivo de la fiesta. A diferencia de las lenguas habladas posteriormente en iglesias como la de Corinto, las del día de Pentecostés no necesitaban ser interpretadas, pues «cada uno les oía hablar en su propia lengua» (2:6).

La imposición de manos de los apóstoles que precedió al descenso del Espíritu Santo sobre los conversos de Samaria (8:14 y ss.). Este acto tenía, sin duda, un significado especialísimo: no que la venida del Espíritu estuviera supeditada a unas prácticas de carácter sacramental, sino que la Iglesia cristiana, que había de formarse con personas de todos los pueblos, estaba llamada a ser una. No habría una iglesia de judíos, otra de samaritanos y otra de gentiles, sino una iglesia única. Superando viejas divisiones y recelos mutuos, samaritanos y judíos —posteriormente también los gentiles— tenían que sentirse hermanos. Además, la Iglesia había de ser apostólica. Eso explicaría que el «Pentecostés» samaritano del capítulo 8 no tuviera lugar hasta que Pedro y Juan, enviados desde Jerusalén, hubieron orado por ellos con imposición de manos.

Las experiencias que acompañaron a la conversión de Cornelio. Los puntos de semejanza entre lo ocurrido el día de Pentecostés y lo acaecido en casa de Cornelio deben considerarse teniendo en cuenta que también este suceso tenía un carácter único. Era el «Pentecostés» de los gentiles.

Conviene también observar que no hay uniformidad en los fenómenos que acompañan a la venida del Espíritu Santo en las diferentes ocasiones. La imposición de manos de los apóstoles se menciona en el caso de Samaria (8:14-17) y de los discípulos de Éfeso (19:6), pero no en el de Cornelio (10:44, 45). Se hablaron lenguas en casa de éste (10:46) y también se manifestó este don en los efesios mencionados, quienes además profetizaron (19:6), pero no se nos dice que aconteciera lo mismo entre los samaritanos.

Obviamente cualquier conclusión doctrinal sobre el Espíritu Santo y sus carismas deberá tener su base en el conjunto de las enseñanzas novotestamentarias al respecto, no sobre unos hechos históricos que tuvieron mucho de único e irrepetible y que, en sus detalles, presentan notable diversidad. Como afirma Donald Guthrie, «el libro de los Hechos no nos proporciona una reflexión sobre la teología del Espíritu. Está interesado totalmente en su actividad».[5]

La gran lección de Hechos sobre el Espíritu Santo es que a Él debe atribuirse, como continuador del ministerio de Cristo, el nacimiento, el desarrollo, la vitalidad y el testimonio eficaz de la Iglesia. En la medida en que ésta vive bajo el influjo del Espíritu, se edifica, se consolida, se expande.

3. *Universalidad de la Iglesia.* Pese a los pasajes proféticos del Antiguo Testamento que preanunciaban una incorporación de gentes de toda la tierra a la salvación del pueblo de Dios y pese a la gran comisión dada por Jesús a sus discípulos (Mt. 28:19, 20), la primitiva Iglesia tuvo que afrontar serios problemas hasta que se hizo patente la universalidad del Evangelio. Los prejuicios is-

5. *NT Theology*, p. 548.

raelitas hacían muy difícil desvincular lo cristiano de lo judío. La interpretación del Antiguo Testamento y las tradiciones en boga levantaban grandes barreras a la difusión del Evangelio entre los gentiles. Un arraigado sentimiento de menosprecio y animosidad contra los no judíos, amén de ciertas prescripciones ceremoniales, hacían prácticamente imposible la relación con los pueblos de la gentilidad. Basta recordar que aun el propio apóstol Pedro tuvo que ser preparado mediante una visión (Hch. 10:9 y ss.) antes de ir a evangelizar a Cornelio, y él mismo atestiguó «cuán abominable es para un varón judío juntarse o acercarse a un extranjero» (10:28). La visión le ayudó a entender que ningún hombre queda exluido de la gracia del Evangelio por meras razones étnicas.

Es precisamente lo acontecido en casa de Cornelio lo que revela el carácter universal que había de distinguir a la Iglesia y la total emancipación a que ésta había de llegar en relación con el judaísmo. Había sido muy significativa la implantación del Evangelio en Samaria, como lo fue la conversión del eunuco etíope (8:4-40). Pero ahora, en Cesarea, el modo como se produjo la conversión de Cornelio y los suyos, así como la manifestación del Espíritu Santo (10:44-46), constituía una experiencia insólita, de alcance incalculable. Cornelio era un hombre «piadoso y temeroso de Dios» (10:2), atraído seguramente como muchos otros gentiles por el monoteísmo israelita, por su moral y por el culto de la sinagoga. Pero no parece que Cornelio hubiese llegado a identificarse con el judaísmo hasta el punto de aceptar la circuncisión. No era, por tanto, un «prosélito». A pesar de ello, fue favorecido por Dios de modo singularísimo. Una visión paralela a la que tuvo Pedro le predispone para escuchar la predicación del apóstol. Mientras éste aún estaba hablando, «el Espíritu Santo cayó sobre todos los que oían el mensaje, y todos los creyentes que eran de la circuncisión y habían venido con Pedro se quedaron atónitos de que el don del Espíritu Santo se hubiera derramado también sobre los gentiles» (10:44, 45). Que Dios obrase con éstos como lo había hecho con los judíos convertidos el día de Pentecostés significaba que en Cesarea acababa de iniciarse una auténtica «revolución» religiosa promovida por Dios mismo. Fue necesaria una minuciosa explicación de Pedro para que «los que eran de la circuncisión» y disputaban con él (11:1-12) llegasen a entender que «también a los gentiles les ha dado Dios arrepentimiento para vida» (11:18).

Cornelio y su familia fueron solamente las primicias de la gran cosecha espiritual que seguiría. Antioquía de Siria, Chipre, Asia Menor, Grecia y finalmente Roma serían escenarios de grandes triunfos del Evangelio. Por doquier se formaron comunidades cristianas, destinadas a marcar profundamente el curso de la historia. Desbordados los diques de un judaísmo nacionalista, el cristianismo se extendió de modo incontenible. Las fuerzas del Reino de Dios, al que alude Lucas en el prólogo de Hechos (1:3), evidentemente estaban en acción.

La trascendencia del evento registrado en Hch. 10 debiera permanecer en el pensamiento de la Iglesia de todos los tiempos. Una y otra vez, en diferentes contextos históricos, el pueblo cristiano ha de reinterpretar en la práctica el hecho de que «en verdad Dios no hace acepción de personas» (10:34) y que la salvación no depende del cumplimiento de ningún rito ni de la vinculación a ninguna forma institucionalizada de religión, sino de la respuesta afirmativa de la fe al Dios que nos interpela y nos llama por su Palabra.

4. *Dinámica de la Iglesia.* Punto esencial para la comprensión de Hechos es el estudio del movimiento cristiano en relación con las fuerzas que lo produjeron e impulsaron.

Ya nos hemos referido al Espíritu Santo, clave del crecimiento y expansión de la Iglesia. Cualquier otro factor está ligado y supeditado a él. Pero en conexión con la «presencia y presidencia del Espíritu Santo» —feliz expresión de A. T. Pierson— cabe destacar otras fuerzas:

a) *La predicación apostólica.* En el capítulo 2 ocupa lugar sobresaliente el discurso de Pedro con sus maravillosos resultados. Siguen otros mensajes del mismo apóstol y de Juan, el discurso de Esteban ante el Sanedrín (cap. 7), el de Pedro ante Cornelio (10) y los de Pablo (13:16 y ss.; 14:15 y ss.; 17:22 y ss.; 20:18 y ss.; 22:1 y ss.; 24:10 y ss.). Frecuentemente se hace mención de la actividad oral de los apóstoles, ora evangelizando a los inconversos ora exhortando a los creyentes. Y, sin duda, esta forma de ministerio, en su doble vertiente —interior y exterior—, contribuyó de modo decisivo a la consolidación y desarrollo de la Iglesia.

Normalmente la predicación es bíblica y cristocéntrica. Se apoya en las Escrituras del Antiguo Testamento para probar la mesianidad de Jesús, proclamar enfáticamente su resurrección y exaltarlo como Señor y Salvador. Al final, contiene una invitación al arrepentimiento, a la adhesión de la fe en Jesucristo testimoniada mediante el bautismo (analícese 2:14-40 y compárese con 3:12 y ss.; 4:8-12; 10:34 y ss.; 13:16 y ss.). Conviene tomar nota de esos elementos de la predicación apostólica, porque son indicativos del contenido esencial de la predicación en cualquier acción evangelizadora.

Asimismo es de observar el acierto con que el mensaje se adapta al auditorio. Las exposiciones del Evangelio ante oyentes judíos tienen un enfoque ajustado al Antiguo Testamento; las presentadas ante personas no familiarizadas con la cultura hebrea tienen una conexión distinta, más o menos adaptada a la mentalidad religiosa o filosófica de quienes escuchan. Éjemplo de ello son los discursos de Pablo en Listra (14:15-17) o en Atenas (17:22-31). Sin embargo, también en ellos se mantiene la centralidad de Jesucristo y la llamada al arrepentimiento. Si éstos no aparecen alguna vez de modo expreso, ello puede ser debido a que Lucas sólo recoge lo más destacable de cada predicación o a que el orador apostólico no pudo acabar su mensaje, como sucedió en Listra (14:18 y ss.) y posiblemente en el areópago de Atenas (17:32, 33).

En Hechos la predicación no es sólo la proclamación del Evangelio a personas inconversas lo que se destaca. A la evangelización se une la enseñanza y la exhortación. La primera de las características de la primitiva iglesia de Jerusalén es la perseverancia de sus miembros en la doctrina de los apóstoles (2:42). Sin embargo, no encontramos en el libro demasiado material didáctico acerca de las grandes doctrinas cristianas. Éstas, partiendo de la enseñanza de Jesús (Mt. 28:20), serían desarrolladas y cumplidamente expuestas en las epístolas. Es a la luz de éstas y de los Evangelios que hemos de interpretar cualquier texto de Hechos que directa o indirectamente tenga relación con cuestiones teológicas tales como las relativas al Espíritu Santo, la Iglesia, el bautismo o la Cena del Señor, la escatología, etc.

Dato básico a tomar en consideración es la autoridad de la enseñanza apostólica. En ausencia del Maestro, la labor didáctica sería llevada a cabo por el Espíritu Santo mediante los apóstoles (Jn. 14:26; 16:13). Esa autoridad fue inestimable para el desarrollo de la fe, para la refutación de errores y para la resolución de problemas. Recuérdese el papel decisivo de Pedro y Pablo en el concilio de Jerusalén (cap. 15), en la formación y educación cristiana de nuevas iglesias o en la designación de ancianos que las dirigiesen (8:14; 14:23; comp. epístolas pastorales, en particular 1 Ti. 3; Tit. 1:5 y ss.). Con razón podía hablarse del «fundamento de los apóstoles» (Ef. 2:20), cuya enseñanza sería la única referencia legítima para determinar la ortodoxia cristiana (Gá. 1:8, 9; 1 Ti. 1:3, 10; 2 Ti. 1:13, 14; 3:14; Tit. 1:9; 2 P. 1:12 y ss., en contraste con las herejías de los falsos profetas denunciados en el capítulo siguiente).

La autoridad de los apóstoles sería única e instransferible. La de sus coadjutores y la de quienes les seguirían históricamente no tendría más fuerza que la derivada de su fidelidad al testimonio apostólico preservado en los escritos del Nuevo Testamento. En el libro de los Hechos hallamos colaboradores de los apóstoles, pero no sucesores.[6]

6. Para un estudio más extenso de esta cuestión, véase J. Grau, *El fundamento apostólico*, Ed. Evangélicas Europeas, 1966.

b) *La comunión fraternal.* Éste es otro de los rasgos distintivos de la Iglesia naciente. Los discípulos no sólo se dedicaban asiduamente a recibir la enseñanza apostólica. Con la misma perseverancia practicaban la comunión *(koinonia).* La primera congregación cristiana aparece a nuestros ojos no como una institución, ni como una simple escuela religiosa. Es una comunidad de creyentes espiritualmente aglutinados por una misma fe, una misma esperanza y un mismo amor. El mismo Señor los preside. El Espíritu Santo los llena y los guía. El testimonio del Cristo resucitado es su ocupación común. Viven enfervorizados «con alegría y sencillez de corazón, alabando a Dios» (2:46, 47).

La comunión no se mantuvo únicamente en el terreno espiritual. Pronto se convirtió en una comunidad de bienes (2:44-46; 4:32-37). Jamás antes o después ha conocido la historia una experiencia de tan hondo alcance social. Particularidad de esta convivencia comunitaria fue que, a diferencia de determinadas asociaciones como las de los esenios que se aislaban del resto de la sociedad para asentarse en establecimientos propios, los miembros de la iglesia de Jerusalén proseguían normalmente su vida entre sus conciudadanos sin abandonar sus responsabilidades cívicas. Pero en medio del pueblo constituían otro pueblo especial fuertemente cohesionado por su nueva fe. Su experiencia espiritual actuaba de fuerza centrípeta que, en torno a su centro, Cristo, les mantenía estrechamente unidos entre sí. Eran como una gran familia. «Estar juntos» era su mayor anhelo. Juntos acudían diariamente al templo y juntos —probablemente «por familias»— (traducción de «por las casas» sugerida por F. F. Bruce)[7] participaban de una comida en común en la que incorporaban el «partimiento del pan» (2:46).

Que la experiencia comunitaria de la primera iglesia cristiana no tuvo carácter normativo se desprende de la ausencia de datos confirmantes en tiempos posteriores. Cuando la «iglesia madre» se vio más adelante en apuros económicos, la solución no vino de una ampliación del sistema comunal a las restantes iglesias locales, sino de ofrendas enviadas a Jerusalén desde diversos lugares (11:27-30; Ro. 16:1-4; 2 Co. 8:1-4; 9:1 y ss.). No obstante, la manifestación práctica de la *koinonia* en los primeros días apostólicos patentizaría la fuerza del amor de Cristo en sus seguidores, con su consiguiente influencia sobre los restantes judíos de Jerusalén, a cuya simpatía los discípulos se hicieron acreedores (2:47; 5:13). Y pondría de manifiesto que la comunión cristiana, resultado del amor, es una de las principales fuerzas motrices de la Iglesia en todos los tiempos. El éxito del cristianismo quedó asegura-

7. *The Book of Acts*, p. 81.

do cuando los paganos, señalando a los cristianos, hubieron de exclamar: «¡Mirad cómo se aman!»

c) *El culto.* La fe siempre halla su medio más directo de expresión en el culto. Así sucedió desde el primer momento de la Iglesia (2:46, 47). Por ser judíos, los primeros cristianos, al menos durante algún tiempo, siguieron participando en las prácticas religiosas de su pueblo. Ello explica su diaria presencia en el templo. Pero las dimensiones de su fe exigían cauces nuevos para su actividad cúltica. Ésta no podía quedar reducida a los moldes judaicos. Precisaba de mayor espontaneidad e intimidad. De ahí la celebración de actos de culto en grupos reducidos «por las casas». Sobre todo, habían de cumplir la ordenanza eucarística instituida por el Señor. El «partimiento del pan» se convirtió en el centro de la adoración y del testimonio (1 Co. 11:23, 26), si bien, como hemos visto, a menudo era acompañado de un ágape fraternal. Es posible que la fracción del pan se celebrase con regularidad cada «primer día de la semana» (20:7), pero los datos no son ni abundantes ni decisivos. Y aun cuando tal frecuencia fuese una práctica generalizada, ésta probablemente tendría más de costumbre que de norma. Mucho más importante que la frecuencia del acto era su significado. Esta parte del culto elevaba a la congregación en alas del recuerdo y de la gratitud a una esfera de comunión íntima con el Cristo resucitado, a una contemplación de la parusía, a una proclamación solemne de la muerte del Señor (1 Co. 11:26), a la par que testificaba de la comunión de los creyentes entre sí en la unidad eclesial (1 Co. 10:16, 17).

Tampoco podría considerarse preceptiva la comida que al principio solía acompañar al partimiento del pan. Ante las irregularidades nada edificantes que se produjeron en Corinto, Pablo sentó las bases (1 Co. 11:34; véase antes vs. 21, 22) para poner fin a los ágapes si éstos habían de menoscabar la dignidad de la cena del Señor o desfigurar su significado.

Por ser también ordenanza de Cristo, el bautismo ocupa un lugar prominente en la Iglesia de los Hechos. Tenía sus antecedentes en el bautismo de Juan, y paralelos en análogas prácticas rituales establecidas por los rabinos judíos. Pero en la Iglesia cristiana el bautismo tenía un significado muy especial. No era simplemente un rito de iniciación, sino un signo de identificación con el Señor (de ahí que se efectuara «en nombre de Jesús» 2:38), de participación espiritual tanto en su muerte como en su resurrección. Era símbolo del principio de una vida nueva (Ro. 6:3, 4). Contrariamente a lo que algunos suponen, nada hallamos en los Hechos que nos haga pensar en un valor sacramental del bautismo. Pese a ello, la riqueza de su significado, unida al mandamiento de Jesús (Mt. 28:19), lo convirtió de modo incuestionable en práctica de primer orden (2:38, 41; 8:12; 8:36-38; 9:18; 10:47; 16:15, 33; 18:8; 19:5).

d) *La oración.* Puede considerarse como parte integrante del culto. Pero en la Iglesia apostólica tiene unas características propias, por lo que se destaca con una referencia particular en Hch. 2:42. La oración es mucho más que una práctica piadosa para ser observada en determinados momentos (3:1). Es una expansión espontánea de la fe, una expresión de gratitud, de alabanza, de comunión con Dios, o un clamor en petición de auxilio. La oración en la iglesia de los Hechos brota ardorosa en todo momento y circunstancia (4:24 y ss.; 6:6; 7:59, 60; 9:40; 12:5, 12; 13:3; 14:23; 16:25; 20:36; 21:5). En ella la comunidad cristiana encuentra una fuente inagotable de poder tanto para el mantenimiento de su vitalidad espiritual como para anunciar denodadamente el Evangelio.

e) *Los ministerios especiales.* Con un sentido admirable de equilibrio Lucas nos presenta en su libro dos aspectos básicos de la vida eclesial: por un lado, la fraternidad de la comunidad cristiana, en cuyo seno todos los miembros participaban del llamado sacerdocio universal de los creyentes; por otro, la existencia de ministerios especiales destinados a instruir y robustecer a la Iglesia para el cumplimiento de su misión.

Durante los días que precedieron a Pentecostés, y particularmente en aquel día, los apóstoles y los demás hermanos «estaban todos unánimes juntos» (2:1). El Espíritu Santo descendió sobre todos y cada uno de ellos. Como diría Pablo, todos fueron «bautizados en un cuerpo por un mismo Espíritu» (1 Co. 12:13). Y todos, de algún modo, se verían favorecidos con sus dones, de acuerdo con la profecía de Joel, a fin de que pudieran participar activamente en la vida congregacional (2:44-47; 4:23-31). Toda «la multitud de los discípulos» tuvo parte en la designación de siete hermanos para la diaconía en favor de las viudas (6:1-3). Todos los esparcidos a causa de la persecución iban por todas partes anunciando la buena nueva de la Palabra (8:4). «Toda la iglesia» estaba presente (15:22) cuando se celebró el concilio de Jerusalén. En los Hechos la Iglesia no aparece dividida en dos grupos, el de los actores y el de los espectadores, como sucedería después. En ella todos sus miembros eran protagonistas.

Pero esta realidad, de fuerza arrolladora, no excluía la presencia de hombres —y mujeres— especialmente dotados para determinadas formas de ministerio necesarias para el buen funcionamiento espiritual de la Iglesia. Pablo explicaría magistralmente este hecho en su carta a los Efesios (Ef. 4:11-16). Lucas nos presenta a los apóstoles en medio de los restantes discípulos (1:13, 14), pero con prerrogativas especiales indiscutidas. Hasta tal punto se reconoce la singularidad de su oficio que unánimemente se aprueba la proposición de Pedro de sustituir al traidor Judas por otro discípulo en el grupo apostólico.

Junto a la función apostólica hallamos otras formas de ministerio: la de los ancianos o presbíteros (11:30; 14:23; 15:2, 22; 16:4; 20:17), encargados de la enseñanza y buen gobierno de la iglesia local; la de los profetas (11:27; 13:1; 15:32; 21:10), transmisores de mensajes especiales de Dios en el periodo apostólico, y la propia de los evangelistas (21:8; comp. 8:5 y ss.).

La coordinación de estos ministerios bajo la dirección del Espíritu Santo hacía eficaces las tareas de instrucción, gobierno, culto y disciplina y evangelización, con resultados asombrosos.

En lo que concierne a las formas de organización de las iglesias locales, los apóstoles siguieron en parte las pautas de la sinagoga y quizás, en cierta medida, los usos asociativos del mundo helénico. Tales formas pueden ser orientativas para la Iglesia de cualquier época; pero no parece que en la mente de los apóstoles hubiese la idea de establecer patrones excesivamente rígidos e inalterables.

Un hecho que puede resultar esclarecedor es que algunos de los ministerios y la organización van surgiendo a medida que aparecen las necesidades. Lo observamos en la nominación de los siete «diáconos» en Jerusalén (6:1 y ss.). Y, aunque de modo menos claro, también en la designación de ancianos. Éstos no aparecen de inmediato, sino al cabo de un tiempo, cuando la multiplicación del número de creyentes y la posible ausencia de algunos apóstoles haría aconsejable tal ministerio en la Iglesia de Jerusalén. Su primera mención no la encontramos hasta 11:30. Pablo, al parecer, no consideró oportuna la designación de ancianos en el momento de establecer las iglesias fruto de su primer viaje misionero, pero sí a su regreso del mismo (14:21-23). La organización y algunas formas de servicio no tenían razón de ser *per se*, sino en función de una carencia.

### Pautas exegéticas

A todo lo expuesto, debemos añadir algunas normas específicas que faciliten la interpretación de Hechos:

1. Ante cualquier pasaje narrativo ha de preguntarse el intérprete si encierra un propósito especial, en cuyo caso debe determinarse cuál es. Ese propósito debe presidir el proceso interpretativo, sin permitir que elementos accesorios adquieran una preponderancia que no les corresponde. El relato del capítulo 10 tiene una finalidad clarísima: mostrar la universalidad del plan

salvador de Dios. Ver en él primordialmente lecciones sobre la conversión o sobre el bautismo del Espíritu Santo sería una desviación exegética. Estas lecciones pueden ser incidentales, pero no constituyen el meollo de la narración.

2. La atribución de carácter normativo a un hecho determinado debe basarse en otros textos del Nuevo Testamento que la justifiquen. Que los líderes de la iglesia de Antioquía se hallasen en un periodo de ayuno cuando el Espíritu Santo les habló para que encomendaran a Bernabé y Saulo el ministerio misional no significa que el ayuno sea siempre condición necesaria para que el Espíritu Santo hable u obre. En cambio, los requisitos señalados para la elección de los siete diáconos (6:3) sí tienen carácter general y deben ser observados en todos los casos, como se enseña en las cartas pastorales de Pablo.

3. Sin el debido apoyo del resto del Nuevo Testamento, no debe generalizarse ninguna experiencia personal o práctica eclesiástica y propugnar su repetición como si fuese exigible a todo cristiano o a toda iglesia local. Ello sería una ligereza poco recomendable. Esta observación debe tenerse especialmente en cuenta al considerar las experiencias relacionadas con la venida del Espíritu Santo y la manifestación de sus dones. También puede tener aplicación a cuestiones como la administración del bautismo inmediatamente después de la conversión —sin un tiempo intermedio de catequesis[8]—, la vida en comunidad o la celebración semanal de la Cena del Señor. Sin embargo, quizá conviene una aclaración: un hecho puede no ser normativo y, no obstante, ser recomendable en tiempos muy posteriores a los de la Iglesia primitiva.

---

8. Razones de elemental prudencia, ratificadas por años de experiencia, muy pronto llevaron a las iglesias a introducir el catecumenado, durante el cual los conversos eran instruidos en las doctrinas fundamentales de la fe y probados antes de su bautismo.

# CUESTIONARIO

1. *Exponga las principales dificultades con que tropieza el intérprete en el libro de los Hechos.*

2. *Señale tres pasajes que, a su juicio, son informativos y tres normativos. Razone la respuesta.*

3. *Haga una exposición del modo como Lucas enfoca a través de sus narraciones el problema de la relación entre judaísmo y cristianismo.*

4. *Analice los textos relativos a Pentecostés (cap. 2), evangelización de Samaria (8:4-25) y conversión de Cornelio (10:44-48) e indique —con el apoyo del resto del NT— las enseñanzas de carácter perenne que contienen.*
   *Señale, asimismo, los hechos o detalles que pueden considerarse ocasionales.*

5. *Haga un trabajo semejante al anterior con 13:1-3.*

6. *Los datos que hallamos en los Hechos ¿nos permiten establecer una doctrina sobre el gobierno de la iglesia? Si es así, expóngala.*

# XXVI

# EPÍSTOLAS

Veintiuna en número, ocupan más de la tercera parte del Nuevo Testamento. Constituyen un género literario especial bien conocido y usado en los tiempos antiguos y son de valor inestimable para darnos a conocer la interpretación apostólica del Evangelio.

Algunos autores han tratado de aplicar a estos escritos la diferencia entre carta y epístola, usando el primer término para las comunicaciones de carácter más personal y el segundo para las escritas con miras a su publicación. Pero esta distinción apenas tiene valor en las que han llegado a nosotros en el canon del Nuevo Testamento. Aunque probablemente alguna de las cartas de Pablo (concretamente las pastorales y la dirigida a Filemón), así como la segunda y tercera de Juan, tuvieron originalmente un propósito privado en cuanto a su destino, la Iglesia supo aprovechar su riqueza espiritual incorporándolas al acervo común del testimonio apostólico y dándoles una mayor circulación. Con rango canónico, esas cartas se han convertido en epístolas. Por otro lado, aun en epístolas de gran densidad doctrinal tales como Gálatas o 1 y 2 Corintios, el texto abunda en referencias personales que mantienen el calor de intimidad y espontaneidad propia de las cartas.

En cualquier caso, tanto el contenido como la forma hacen de ese material del Nuevo Testamento algo en cierto modo nuevo, diferente y superior a la literatura epistolar de filósofos griegos como Isócrates y Platón.

Las epístolas novotestamentarias no son un simple medio para comunicar ideas abstractas sobre religión o moral. En ellas palpita el espíritu de quienes han experimentado el impacto de Jesucristo. Los escritores no se expresan sólo como anunciadores de una nueva verdad, sino como portadores de una vida nueva. Su mensaje va dirigido a hombres y mujeres interpelados por la Palabra de Dios, llamados a reconocer el señorío de Jesucristo y los principios de su Reino. La comunicación apostólica no se efectúa a nivel meramente ideológico. Toma en consideración el contexto existencial de quienes han de recibirla, con todos sus logros espirituales, pero también con todos sus problemas, errores y pecados. Por eso las epístolas no son tratados doctrinales independientes de toda situación humana. En su mayor parte son una exposición de verdades, reflexiones, consejos o mandamientos que responden a cuestiones planteadas en la experiencia de las primeras comunidades cristianas o en el ministerio de alguno de sus líderes. Esa es la razón por la que lo doctrinal aparece inseparablemente unido a lo ético, la teología a la parénesis. En esto se observa cierto paralelismo con los oráculos de los profetas del Antiguo Testamento. Y todo ello hace que las epístolas, como señalara Schaff, sean «de más valor real para la Iglesia que todos los sistemas teológicos desde Orígenes hasta Schleiermacher».[1]

Es precisamente la imbricación de lo doctrinal en lo práctico, sin exposiciones teológicas completas y sistemáticas —ni siquiera Romanos escapa del todo a esta característica— lo que a menudo enfrenta al intérprete con complejidades de difícil explicación. Ya de por sí la profundidad de los temas tratados (cuestiones cristológicas, antropológicas, soteriológicas, eclesiales, sociales, escatológicas, etc.) y la terminología con que son expuestos plantean problemas de exégesis. Pero éstos pueden agrandarse cuando se entrelazan con un contexto cultural, con situaciones particulares de los destinatarios o con la enseñanza apostólica no preservada en las propias epístolas (vgr. 2 Ts. 2:5, 6).

En algún momento el intérprete puede encontrarse con aparentes contradicciones. Pablo, por ejemplo, que tanto énfasis hace en la incapacidad moral del hombre, no soslaya la responsabilidad que éste tiene ante Dios a causa de la revelación natural y de la conciencia (Ro. 1:19 y ss.; 2:14, 15). Sus páginas brillantes acerca de la eterna seguridad en Cristo de todos los redimidos (Ro. 8:28, 39) contrastan —bien que no desvirtúan— con serias admoniciones ante el peligro de caídas y apostasías (Ro. 11:20, 21; 1 Co. 9:27; 10:11, 12; Gá. 1:6 y ss.; 5:7; Col. 2:4, 8). Su apasionada defensa de la libertad cristiana (carta a los Gálatas) se empareja con exhortaciones vehementes a vivir sometidos a las exigencias de la justicia de Dios (Ro. 6:16-22).

No es Pablo el único escritor del Nuevo Testamento que nos enfrenta con antítesis notables. Juan, en su primera carta, asevera rotundamente: «Si decimos que no tenemos pecado, nos engañamos a nosotros mismos y la verdad no está en nosotros» (1:8);

1.  *ISBE*, II, p. 966.

pero asimismo, y con no menor contundencia, declara: «Todo aquel que es nacido de Dios no comete pecado» (3:9). Por otro lado, la radicalidad, el carácter absoluto, polarizador, de muchas afirmaciones de esta epístola plantean igualmente problemas de interpretación.

Si comparamos los escritos de Pablo —en particular Gálatas y Romanos— con la epístola de Santiago, llama la atención la disparidad de juicios sobre la fe y el lugar de ésta en la salvación. Según Pablo, «concluimos que el hombre es justificado por fe sin las obras de la ley» (Ro. 3:28); pero Santiago afirma: «Veis, pues, que el hombre es justificado por las obras y no solamente por la fe» (Stg. 2:24). Curiosamente ambos usan en apoyo de sus respectivas tesis el ejemplo de Abraham (Ro. 4:1-5; Stg. 2:21-23).

Para la interpretación de las epístolas expondremos más adelante algunas reglas generales; pero éstas deben ser precedidas de un estudio de las características esenciales de estos escritos, así como de las líneas maestras del pensamiento de sus autores. A tal fin, seguimos la tradicional clasificación de las epístolas en dos grupos: las paulinas y las generales.

## EPÍSTOLAS PAULINAS

### Pablo, el autor

El carácter y la formación de una persona son factores de primer orden cuando se pretende interpretar su obra, particularmente sus escritos. El caso de Pablo no es una excepción. Hombre apasionado, sincero, dotado de gran inteligencia y de sensibilidad exquisita, vino a ser instrumento escogido para dar a la Iglesia la más sólida interpretación del Evangelio que se ha conocido. La riqueza de su personalidad, al igual que la de su pensamiento, se debe a las grandes fuerzas culturales y espirituales que convergieron en él: judaísmo, helenismo y cristianismo.

Discípulo de Gamaliel, era buen conocedor del Antiguo Testamento, así como de las enseñanzas rabínicas de su tiempo. Tanto sus argumentos como su metodología exegética mantienen a veces las formas características de los maestros judíos (vgr., Gá. 3:16; 4:21-31), si bien el volumen ingente y el ímpetu de su pensamiento desbordan todos los convencionalismos para expresarse con formas nuevas, como correspondía a la novedad y a la grandiosidad del Evangelio.

También pudo beneficiarse el Saulo nacido en Tarso de la cultura griega. Puede citar a autores clásicos (Hch. 17:28; 1 Co. 15:33; Tit. 1:12). Sin duda, estaba familiarizado con las ideas populares basadas en el estoicismo e incluso con el estilo de esta escuela filosófica, como parece desprenderse del paralelismo entre la forma de argumentar del apóstol y la «diatriba» cínico-estoica, en la que el razonamiento se apoya en una serie de breves preguntas y respuestas (comp. Ro. 3:1-9, 27-31; 8:31-35). También la acumulación retórica (2 Co. 6:4-10) o el empleo de frases largas desplegadas a modo de abanico expositivo (Ef. 1:3-14; Col. 1:13-22) ofrecen puntos de semejanza con el estilo de los autores griegos.

Es, no obstante, muy discutible la suposición de que Pablo estaba fuertemente influenciado tanto por la *gnosis* griega con su dualismo espíritu *(pneuma)* y alma *(psije)* como por los cultos mistéricos con su dios que muere y resucita y con sus ritos sacramentales que aseguraban la unión mística con la divinidad. El hecho de que el apóstol usara palabras como *mysterion, teleios* (perfecto) o *penumatikos* (espiritual), tan propios de las religiones mistéricas, no implica dependencia en cuanto a conceptos, pues Pablo empleó estos términos con un significado muy distinto. Cualquiera que fuese el contacto de Saulo con el pensamiento filosófico-religioso del mundo helénico, su estructura ideológica se apoyó siempre, antes de su conversión, en las concepciones hebreas de Dios, del hombre y del universo, como correspondía a un buen judío, y por ende fariseo (Hch. 22:3; 23:6; 26:5; Fil. 3:5). El pensamiento radicalmente judío de Saulo sólo fue modificado —profundamente modificado— por su experiencia cristiana.

Convertido en el camino de Damasco, Pablo es llamado al apostolado, ministerio al que dedica su vida de modo total. No va a ser simplemente un predicador; va a ser el testigo del Resucitado que se le ha aparecido. Su experiencia es sacudida con la misma fuerza que su teología. Para él verdad y vida serán prácticamente una misma cosa. Y ambas tendrán un mismo punto de referencia: Cristo.

En cuanto al modo como Pablo conoció a Jesucristo, destacan tres elementos: *a)* su contacto personal con el Señor, tanto en la conversión como posteriormente a través de revelaciones diversas (Gá. 1:12, 16; 2 Co. 12:1, 7); *b)* el testimonio del Antiguo Testamento, a cuyos textos acude una y otra vez; *c)* la tradición apostólica transmitida por los doce y sus colaboradores (1 Co. 11:23; 15:1-3).

Tal tradición, como vimos en el capítulo XIX, existía en la Iglesia primitiva y a ella parece referirse Pablo en los textos en que usa términos como *paradidomi* (transmitir), *paralambanō* (recibir) o *paradosis* (tradición), palabras que se aplicaban a las tradiciones orales de los judíos y a su comunicación. La aparente contradicción entre la aceptación de la tradición apostólica por parte de Pablo y sus declaraciones de independencia respecto al origen de su conocimiento del Evangelio (Gá. 1:12, 16) puede resolverse si admitimos la posibilidad de que en 1 Co. 15:3 Pablo «se refiere solamente a hechos de la vida de Jesucristo, sobre los cuales le habían informado otros cristianos, mientras que el significado de estos hechos, es decir, su verdadera interpretación, le fue dado no a través de hombres, sino por revelación directa del Señor exaltado».[2]

A partir de este conocimiento el pensamiento de Pablo se formó y maduró en un dilatado proceso de reflexión guiado por el Espíritu Santo (1 Co. 2:6 y ss; Ef. 3:5). Ello daba a su magisterio plena autoridad. Aun en los casos en que hace distinción entre las enseñanzas del Señor y sus propias opiniones, sus palabras llevan el sello del Espíritu de Dios (1 Co. 7:25, 40).

Resultado de su maduración teológica fue la solidez de sus conceptos, su visión clara de la persona y la obra de Cristo, la coherencia de su instrucción práctica para la edificación de la Iglesia. Es verdad que sus cartas, como ya hemos indicado al referirnos a las epístolas en general, no son tratados de teología sistemática; son más bien un conjunto de exposiciones sobre muy variados temas sugeridos por las especiales circunstancias en que se encontraban los destinatarios. Lo que de la teología de Pablo sabemos no se debe a una obra bien pensada y ordenadamente escrita; lo debemos más bien, como alguien ha señalado sugestivamente, a «accidentes de la historia». Ello da origen a algunas dificultades de interpretación; pero, por otro lado, las circunstancias históricas a menudo iluminan lo que Pablo escribió. Y, debidamente analizado el *corpus paulinus*, no resulta excesivamente difícil precisar las líneas maestras de su esquema doctrinal.

### Centro del pensamiento de Pablo

Vimos al estudiar la interpretación del Antiguo Testamento que el descubrimiento de un hecho o una verdad central allana el camino a la comprensión de los restantes hechos y verdades. Este principio es de aplicación a las epístolas paulinas.

Pero ¿qué concepto tomaremos como clave de la teología de Pablo? Algunos especialistas, bajo la influencia de la Reforma, no han vacilado en dar a la justificación por la fe el lugar central, aunque esta opinión cuenta hoy con menos adeptos. De hecho, son muchos los pasajes de las epístolas paulinas en las que no hay la menor referencia a tal doctrina. Otros han visto en la experiencia mística de la unión con Cristo el punto capital, del que se debe partir para alcanzar una comprensión adecuada del pensamiento de Pablo. En nuestra opinión, es más plausible reconocer la persona y la obra redentora de Cristo como centro unificador del

---

2. G. E. Ladd, A. *Theology of the NT*, p. 392.

pensamiento de Pablo, lo que encaja con el esquema global de la revelación y su tema fundamental: la historia de la salvación.

Para Pablo, el judío convertido, resultaba clarísimo que Jesús era el Mesías anunciado por los profetas. Con Él se iniciaba la economía de la plenitud de los tiempos (oikonomia tou plerōmatos tōn kairōn) (Ef. 1:10). Para el creyente «el fin de los siglos» era ya una realidad (1 Co. 10:11). Ésta era la buena noticia que proclamaba el cumplimiento en Cristo de las antiguas Escrituras (Ro. 1:1-4). Había sonado la hora de la inauguración del Reino.

Es cierto que en las epístolas no es tan frecuente la expresión «Reino de Dios» como en los evangelios; pero la realidad del Reino sí está presente y bien centrada en Jesucristo. Por otro lado, no rehúye la palabra basileia (reino), sino que la emplea siempre que lo estima necesario (Ro. 14:17; 1 Co. 4:20; 6:9, 10; 15:24, 50; Gá. 5:21; Ef. 5:5; Col. 1:13; 4:11; 1 Ts. 2:12; 2 Ts. 1:5; 2 Ti. 4:1, 18). Una de las descripciones más sucintas y a la vez más expresivas de la salvación es la que encontramos en Col. 1:13, 14: el Padre «nos ha librado de la potestad de las tinieblas y trasladado al Reino de su amado Hijo, en quien tenemos redención por su sangre, la remisión de pecados».

En el texto mencionado se destaca el título dado a Jesús, «Hijo de Dios», el que preferentemente usa Pablo para hacer resaltar su grandeza divina. Las alusiones a la naturaleza humana del Señor, especialmente su descendencia de David, no faltan (Ro. 1:3; comp. Hch. 13:23; Ro. 9:5); establecen una conexión necesaria con el pasado de la historia de la salvación. Pero la persona de Cristo trasciende la historia. No sólo es «declarado Hijo» por la resurrección de entre los muertos. Su relación con el Padre antecede a todos los tiempos. El Salvador es el Cristo preexistente en forma de Dios (en morfe theou) que legítimamente podía considerarse «igual a Dios» (isa theo) (Fil. 2:6). Pero su obra redentora sólo podía llevarse a cabo mediante la humillación inherente a su encarnación y consumada en su muerte (Fil. 2:7, 8).

Sin lugar a dudas, la línea soteriológica del pensamiento de Pablo aparece con su máxima nitidez en los ocho primeros capítulos de la carta a los Romanos bien que en otras de sus epístolas también hallamos textos iluminadores. Tal línea es propiamente teológica, más que antropológica. Su punto de partida es la justicia de Dios y la ira de Dios contra toda impiedad e injusticia de los hombres (1:17, 18). Pero desde esta perspectiva, Pablo elabora una impresionante antropología, en la que subraya la pecaminosidad del hombre, su ceguera espiritual, su envanecimiento, su locura idolátrica, su corrupción moral, sus pasiones desordenadas, su conducta atestada de maldad (1:18 y ss.). De esta condición pecaminosa no escapa nadie. «Todos (gentiles y judíos) pecaron y están destituidos de la gloria de Dios» (3:23). Y ninguna «justicia» humana, ningún mérito supuestamente obtenido por la obediencia a la ley de Dios, puede neutralizar el juicio condenatorio sobre el pecado. Por ese camino absolutamente nadie se justificará delante de Dios (3:20).

La «justificación» sólo puede venir de Dios mismo. Se lleva a efecto mediante la obra de Cristo en la cruz (3:24-26) y el hombre se beneficia de ella mediante la fe (3:26-5:1). Por la fe en Cristo, el pecador es declarado justo. El *dikaiousthai* (es justificado) de 3:28 expresa la función pasiva del hombre. La acción corresponde a Dios totalmente. De ahí que quede excluida por completo la *kaujesis* o jactancia humana (3:27). Ni siquiera en la fe hay mérito. Esta es simplemente la mano del menesteroso que se extiende para recibir el don de Dios. Es el asentimiento gozoso a la gran obra de la cruz, donde Cristo murió en propiciación por nuestros pecados (3:25). Sobre el crucificado recayó el juicio que merecía el pecador para que éste pudiese ser absuelto por la justicia divina. «Al que no conoció pecado le hizo pecado por nosotros para que nosotros fuésemos hechos justicia de Dios en Él» (2 Co. 5:21).

Ahora, por la fe, el creyente se une a Cristo e identificado con su muerte queda libre del juicio condenatorio de Dios para disfrutar «la abundancia de la gracia y del don de la justicia» (Ro. 5:17). La triste herencia recibida del primer Adán ha sido trocada por la herencia gloriosa que halla en el segundo Adán: Jesucristo (5:12 y ss.). El dominio del pecado para muerte ha dado lugar al reinado de la gracia por medio de la justicia para vida eterna (5:21). Ese reinado empieza a manifestarse ya aquí. La gracia y el don de la salvación no deben ser incentivo para proseguir en el pecado, sino todo lo contrario (6:1-2). Nuestra identificación con la muerte de Cristo implica nuestra muerte al pecado, y nuestra identificación con su resurrección lleva aparejada una nueva manera de vivir (6:3 y ss.). Ello, pese a nuestra debilidad natural (7:14-24), es posible en virtud de la acción del Espíritu Santo (8:1-17). Esta nueva vida aún es imperfecta. Todavía vivimos en tensión y lucha. El «tiempo presente» aún es tiempo de aflicción, bien que ésta «no es de comparar con la gloria venidera que en nosotros ha de ser manifiesta» (8:18).

Aunque ahora el gemido del creyente se une al concierto de gemidos de la creación entera, sobresale la nota de esperanza inspirada en la liberación cósmica que acompañará a la «revelación de los hijos de Dios» (8:19-27). Todo se desarrolla —y seguirá desarrollándose— conforme al propósito divino, que culminará en la glorificación de los redimidos (8:28-30). Ni las mayores dificultades ni las fuerzas más poderosas de oposición «nos podrán separar del amor de Dios que es en Cristo Jesús» (8:31-39).

La síntesis que de la teología de Pablo acabamos de hacer adolece del defecto de todas las síntesis: omite elementos importantes y prescinde de detalles o matices significativos. Por tal motivo, aconsejamos al estudiante una ampliación y profundización en el análisis del pensamiento de Pablo mediante la lectura de obras especializadas.

Independientemente de esta consulta, es esencial alcanzar una clara comprensión de los términos de mayor densidad teológica que con frecuencia usa Pablo. Más de uno de ellos tiene significados diversos en textos diferentes, por lo que la adopción indiscriminada de cualquiera de sus acepciones nos expondrá a errores.[3] He aquí algunas de las palabras o expresiones que el intérprete ha de examinar con particular atención:

En el plano antropológico: cuerpo *(soma)*, alma *(psyje)*, espíritu *(pneuma)*, conciencia *(syneidēsis)*, mente, entendimiento o voluntad *(nous)*, corazón *(kardía)*, carne *(sarx)*, hombre viejo *(palaios ánthrōpos)*, hombre nuevo *(kainos ánthrōpos)*, vida *(zōe)*, muerte *(thánatos)*, etc.

En el plano soteriológico: propiciación *(hilasmos, hilastērion)*, redención *(apolytrosis)* o rescate *(antilytron)*, reconciliación *(katallage)*, ley *(nomos)*, justificación *(dikaiosis* y *dikaiosyne)*, fe *(pistis)*, «en lugares celestiales» *(en tois epouraniois)*, etc.

Sobre cada una de estas palabras y cualquiera otra de semejante importancia, puede hallarse valiosa información en diccionarios teológicos o en acreditadas obras de teología del Nuevo Testamento.

En torno al bloque doctrinal que antes hemos expuesto sucintamente, y en estrecha relación con sus puntos principales, se sitúan todos los restantes temas tratados por Pablo. El carácter completivo de éstos no significa que carezcan de importancia. Algunos son la prueba fehaciente de que ha tenido lugar la experiencia de la salvación o la manifestación visible de la realidad del Reino. Por su entidad, consideraremos brevemente tres de ellos: la nueva vida en Cristo, la Iglesia y los eventos escatológicos.

## La vida práctica del cristiano

En algunas de sus epístolas (Romanos y Efesios, por ejemplo), Pablo dedica la primera parte a la exposición doctrinal; la segunda, a cuestiones de conducta. En otras, lo doctrinal y lo práctico se entrelazan. Pero siempre es evidente la preocupación del apóstol por la proyección ética del Evangelio. Lo que Dios ha hecho en Cristo a favor del creyente ha de tener una manifestación visible en la transformación de su vida. «Si alguno está en Cristo, es una nueva creación; las cosas viejas pasaron y todas son hechas nuevas» (2 Co. 5:17). Si la era escatológica, es decir, los «tiempos del

---

3. Recuérdese lo indicado en p. 136 y ss.

fin», ha irrumpido con Cristo en la historia, también debe irrumpir en la vida del cristiano. La nueva creación no será completa y perfecta hasta la segunda venida de Cristo, pero ha de empezar a evidenciarse ya ahora.

Pablo hace hincapié en la relación lógica —a pesar de la paradoja que encierra— entre el «indicativo» y el «imperativo» de la salvación. En el indicativo se incluye lo que Dios ha hecho y es ya una realidad. Él nos ha justificado y nos ha santificado. En Cristo nos ve como muertos, libres de toda exigencia de la ley, de toda culpa; y como resucitados, moradores «en lugares celestiales», siervos de la justicia. Pero todo eso, que a través del prisma divino se ve como hechos consumados, debe tener su paralelo práctico en el comportamiento del creyente. Por eso, al indicativo «nuestro viejo hombre fue crucificado juntamente con Él (Cristo)», Pablo añade el imperativo: «Despojaos del viejo hombre» (Ef. 4:22).

El secreto para hacer efectiva la nueva creación radica en el Espíritu Santo. El creyente que está «en Cristo», vive «en el Espíritu» y el Espíritu vive en él (Ro. 8:9). Por su santa influencia, el redimido ya no debe vivir según la carne *(kata sarka)*, sino conforme al Espíritu *(kata pneuma)* (Ro. 8:4-9). El mismo que un día le iluminó (1 Co. 2:6-13), le capacitó para tener acceso directo al Padre (Ef. 3:16, 17) y para comprender la grandiosidad del amor de Dios (Ef. 3:16-19), le ayuda en la oración (Ro. 8:26; Ef. 6:18), le infunde esperanza (Ro. 15:13; Gá. 5:5), es el que le hará fructificar en «amor, gozo, paz, paciencia, benignidad, bondad, fidelidad, mansedumbre, dominio propio» (Gá. 5:22, 23).

Sobre esta base apoya Pablo sus exhortaciones. Éstas no constituyen un sistema de ética propiamente dicho, como sus exposiciones doctrinales no son —lo reiteramos— un manual de teología sistemática; pero poseen una fuerza singular. Unas veces las hace en forma de ruego; otras, como mandatos. No raramente recurre a los más sagrados motivos: «Os exhorto por las misericordias de Dios» (Ro. 12:1), «os exhorto, hermanos, por el nombre de nuestro Señor Jesucristo» (1 Co. 1:10), «os ruego por la mansedumbre y clemencia de Cristo» (2 Co. 10:1), etc. Y, por regla general, en sus demandas hay una apelación a la razón y al buen sentido cristiano (Ef. 5:12, 18; 1 Ts. 4:12; Fil. 4:8, 9; etc.).

La expresión más clara de la conducta cristiana es la imitación de Cristo (1 Co. 11:1; 1 Ts. 1:6), aunque implique sacrificio (Fil. 2:5-8). Y como corona de las virtudes del creyente ha de sobresalir el amor, quintaesencia de la ética del Reino. El amor práctico es el cumplimiento de la ley de Cristo (Gá. 6:2). Las hermosas manifestaciones del fruto del Espíritu no son sino una extensión del amor (Gá. 5:22, 23). Entre todos los dones del Espíritu, ninguno tan grande como el amor (1 Co. 13). Con razón se le da el título de «vínculo de la perfección» o, como traduce la RSV, lazo «que lo ata todo en perfecta armonía» (Col. 3:14). Uno de los problemas que mayor inquietud causaron en la iglesia primitiva fue el uso de la libertad cristiana frente a hermanos débiles que tenían escrúpulos de conciencia respecto a la comida de carne sacrificada a ídolos. La solución, más que en el conocimiento, estuvo en el amor (1 Co. 8 y paralelos). «Servíos por amor los unos a los otros» (Gá. 5:13) era —y es— un lema tan bello como útil.

La conducta santa del cristiano, así dinamizada por la caridad, mostrará la realidad del «hombre nuevo» en todas las esferas de la existencia: en la iglesia (Ro. 12:3 y ss.), en la familia (Ef. 5:22 y ss; Col. 3:18 y ss.), en el ámbito laboral (Ef. 6:5-9; Col. 3:22-4:1; 1 Ti. 6:1; Tit. 2:9), en el político (Ro. 13:1-7; Tit. 3:1) y en la sociedad en general (Ro. 12:14 y ss.).

## La Iglesia

La experiencia de la salvación tiene un carácter individual; pero se distingue asimismo por una dimensión social, corporativa. El primer aspecto se enfatiza en textos como Gá. 2:19, 20; el segundo, en otros muchos en que el hecho de estar «en Cristo» implica la participación en una nueva comunidad (Ef. 2:18-22), la incorporación a su Iglesia (Ro. 12:4 y ss.; 1 Co. 12:12 y ss.).

El tema ocupa un lugar importante en las epístolas de Pablo. La variedad de sus aspectos hace que el apóstol se valga de palabras diferentes, además de usar el vocablo *ekklesía*. De hecho, este término no aparece en los pasajes clásicos (Ro. 12:4 y ss. y 1 Co. 12:12 y ss.). En su lugar hallamos la metáfora «cuerpo de Cristo», que es, sin duda la más expresiva. Otras figuras usadas por Pablo son la del templo (Ef. 2:20-22) y la de la esposa (Ef. 5:25-32).

En cuanto al significado del término *ekklesía*, no podemos limitarnos al estrictamente etimológico (asamblea o reunión pública) ni a hacer excesivo énfasis en la connotación del llamamiento que puede descubrirse en el verbo *ek-kaleo* (llamar de), bien que la Iglesia es el conjunto de personas que han respondido a la vocación de Dios. Parece que lo más juicioso es tomar en consideración el sentido que la palabra tenía para los judíos. En la Septuaginta se usa *ekklesía* para traducir el hebreo *qahal*, que designaba a Israel como congregación o pueblo de Dios. Para Pablo, la Iglesia es el nuevo pueblo de Dios, al que pertenecen todos los que están en Cristo Jesús, sean judíos o gentiles (Gá. 6:15, 16; Ef. 2:13-15). Sus miembros no lo son en virtud de descendencia física o de ritos como la circuncisión, sino de la fe en Jesucristo (Fil. 3:3).

Esta concepción del *laos theou* inevitablemente había de suscitar una pregunta, trascendental para los judíos: «¿Acaso ha desechado Dios a su pueblo?» (Ro. 11:1). Pablo da una amplia respuesta en los capítulos 9-11 de su carta a los Romanos, resumida en la metáfora del olivo (11:16-24). La incredulidad de Israel provocó el desgajamiento de gran parte de sus «ramas», en cuyo lugar fueron injertados los gentiles convertidos a Cristo. Pero algún día las ramas naturales serán de nuevo repuestas en el árbol. Reconocerán y aceptarán al que un día crucificaron «y así todo Israel será salvo» (11:26). La salvación tanto de judíos como de no judíos tiene el mismo autor: Cristo; y la misma base: la fe en Él. Uno de los detalles que conviene observar en la teología de Pablo es la unicidad del pueblo de Dios. No hay dos olivos, sino uno solo. No hay dos pueblos (Israel y la Iglesia), sino uno. Esta idea está bien clara en la mente de Pablo. En Cristo se forma «un solo cuerpo» y «un solo y nuevo hombre» (Ef. 2:15, 16). A la idea de unicidad se añade la de novedad. Es la proyección eclesial de la nueva creación: «las cosas viejas pasaron y todas son hechas nuevas» (2 Co. 5:17).

Volviendo a la Iglesia como cuerpo de Cristo, es de notar la riqueza extraordinaria de la metáfora. Parece que a medida que Pablo fue meditando en ella adquirió mayor contenido, como puede verse en sus epístolas llamadas de la cautividad, en particular Efesios y Colosenses. Nunca llegó el apóstol a identificar a Cristo con la Iglesia, a la cabeza con el cuerpo, como han tendido a hacer peligrosamente algunos teólogos católicos. Pero sí señaló la relación de dependencia vital de la Iglesia respecto a su Señor. De Él recibe el alimento (Col. 2:19) y en Él y hacia Él crece (Ef. 4:15). Hay mucho de admonitorio en esa relación entre la Cabeza y el cuerpo, pero también mucho de consolador. La Cabeza es el Cristo glorificado, sentado a la diestra de Dios, «por encima de todo principado, autoridad, poder y señorío», con «todas las cosas sometidas bajo sus pies», el que «todo lo llena en todo». Y el cuerpo se beneficia hinchiéndose de tan maravillosa plenitud (Ef. 1:20-23).

También la figura del cuerpo es sugestiva de la unidad de la Iglesia. Pablo recalca este aspecto con todas sus implicaciones prácticas en las iglesias locales (Ef. 4:4-16; 1 Co. 10:17). Pero además de la unidad, el cuerpo ilustra la diversidad. La Iglesia es una, pero con gran variedad entre sus miembros y entre los dones que éstos reciben y las funciones que se les asignan (Ro. 12:4-8 1 Co. 12:12 y ss.; Ef. 4:16). Esto nos lleva a una de las cuestiones que inquietaron a algunas comunidades cristianas del primer siglo (la de Corinto especialmente) y que hoy vuelve a ser objeto de estudio y controversia: la cuestión de los *jarísmata* o dones del Espíritu.

Los *jarísmata* tienen su origen en la *jaris* (gracia) de Dios (Ro. 12:6) y se caracterizan por su variedad. No sólo son dones los de naturaleza extática (profecía, glosolalia, etc.); también lo es la dedicación al servicio de los hermanos con espíritu de amor

(Ro. 12:6 y ss.). Y lo son asimismo la sabiduría y el conocimiento (1 Co. 12:8, 9) o la fe especialmente desarrollada (v. 9; comp. 13:2). Se observa, pues, que en las primitivas comunidades cristianas había dones extraordinarios y dones ordinarios o naturales potenciados por el Espíritu. Todos eran importantes y necesarios para la edificación de la Iglesia.

Como dones extraordinarios figuran en primer lugar los apóstoles y los profetas (1 Co. 12:28; 2:20; Ef. 3:5; 4:11), cuyas enseñanzas fueron guiadas por el Espíritu Santo mediante «revelación» (Ef. 3:3, 5) de modo que constituyeran el fundamento de la Iglesia (Ef. 2:20). El especial ministerio de los profetas es comprensible si tenemos en cuenta la amplísima difusión del Evangelio, la multiplicación de iglesias locales y lo limitado del número de los apóstoles. Todo da a entender que los profetas fueron usados por el Espíritu Santo para completar la obra apostólica de cimentar la Iglesia con la Palabra de Dios. Pero una vez el testimonio y la instrucción de los apóstoles quedaron salvaguardados en los escritos del Nuevo Testamento, cesó la necesidad de «revelaciones». Los apóstoles fueron únicos en su forma de ministerio; no tuvieron sucesores que gozaran de las mismas prerrogativas. Y probablemente lo mismo puede decirse de los profetas, generalmente emparejados con los apóstoles en las cartas de Pablo.

También eran «dones» concedidos por el Señor a su Iglesia los evangelistas y los pastores y maestros (Ef. 4:11). De ellos no se esperaba la posesión de carismas extraordinarios, aunque podían tenerlos. Lo único que se les exigía era un carácter y una conducta acordes con el Evangelio, como se observa en las epístolas pastorales (véase especialmente 1 Ti. 3 y Tit. 1:5 y ss.).

Entre los carismas extáticos, uno de los más espectaculares y codiciados —al menos en alguna de las iglesias— era el don de lenguas (1 Co. 14:1-28). Por su misma naturaleza, esta experiencia se prestaba a confusión y abuso. Sin una mente «espiritual» (controlada por el Espíritu), podía degenerar hasta el punto de que en poco o nada se diferenciase de fenómenos bien conocidos en círculos religiosos paganos. Pablo hace énfasis en el escaso valor de este don, reducido a la edificación individual (1 Co. 14:4) y carente de beneficio espiritual para el resto de la congregación (v. 6 y ss.). El principio que debía regir la práctica de la glosolalia, al igual que la del resto de los dones, lo expresaba Pablo diáfanamente: «Hágase todo para edificación» (v. 26).

Una de las cuestiones que mantiene divididos a los intérpretes es si los dones extraordinarios tenían carácter temporal o si habían de perdurar. En las controversias que en torno a ella se han originado, a menudo ha habido más calor que luz. Lo peor es que frecuentemente se ha perdido de vista un hecho fundamental: si los dones realmente proceden del Espíritu, no pueden aparecer separados del fruto del Espíritu, que primordialmente es «amor, gozo, paz...» (Gá. 5:22), y cuyo resultado es la edificación, no la confusión o la división de las iglesias. Quizá convendrá recordar una vez más que en el centro de su exposición sobre la Iglesia y los dones, Pablo traza el «camino por excelencia» (1 Co. 12:31) y canta su incomparable loa al amor (cap. 13).

Por lo que respecta a la organización y al gobierno de las iglesias locales, Pablo no es demasiado explícito. Como señalamos en el capítulo sobre los Hechos, probablemente siguió la pauta de la sinagoga, al menos en sus líneas generales, sin ignorar los patrones organizativos del mundo helénico. En el tiempo en que escribió las cartas de la cautividad y las pastorales, parece que ya era normal la existencia de ancianos u obispos y diáconos (Fil. 1:1; Ti. 3). Pero carecemos de más detalles.

Las ordenanzas del Señor (bautismo y santa cena) aparecen plenamente establecidas en las comunidades cristianas con una riqueza de significado incuestionable, pero sin visos de sacramentalismo. Desde el principio hasta el fin, en el pensamiento de Pablo la fe prima sobre cualquier práctica ritual. Nada hay en sus escritos que pueda sugerir la transmisión de beneficios espirituales mediante el «sacramento» independientemente de la fe.

### Eventos escatológicos

Las concepciones escatológicas de Pablo tienen su base en la encarnación de Cristo y en la obra de salvación que ya se ha llevado a efecto. Para él ya habían llegado los tiempos del fin; pero no todo se había realizado completamente. Tenían que cumplirse aún grandes acontecimientos futuros que el apóstol presenta con gran sobriedad, pero con claridad suficiente para inflamar de gozo la esperanza del creyente. Como sucede en otras partes de la Escritura, no se ve en sus descripciones un cuadro completo en el que todas las partes aparezcan bien delimitadas y claramente situadas. Más bien se nos ofrecen unas cuantas pinceladas en contextos diferentes, lo que dificulta la plena sistematización teológica. No obstante, y pese a dificultades de diverso tipo, aparecen con el relieve propio de su importancia los puntos considerados como cumbres de la escatología bíblica:

1. *El estado intermedio.* A pesar de que Pablo no parece influenciado por el dualismo platónico y su marcada dicotomía entre cuerpo y alma, está convencido de la supervivencia del creyente en presencia de Cristo después de la muerte física (2 Co. 5:1-10; Fil. 1:21-23).

El pasaje de 2 Co. 5 plantea dificultades. Parece claro que el edificio *(oikodomē)* que espera el creyente —cuya casa *(oikia)* terrena, el cuerpo, ha sido destruido por la muerte —es un nuevo cuerpo, el cuerpo de la resurrección. Pero no es tan claro que entre en posesión del mismo antes de que la resurrección tenga lugar en la parusía de Cristo. Como sugiere G. E. Ladd, es posible que «el presente "tenemos" sea simplemente el modo como Pablo expresa su absoluta certeza de que vamos a tenerlo. No hay necesidad de enfatizar el tiempo».[4]

2. *Apostasía y «hombre de pecado».* La enseñanza de Pablo sobre este punto sólo aparece explícitamente en 2 Ts. 2:3-12, pero tiene paralelos esclarecedores en otros textos bíblicos, tanto del Antiguo Testamento (Dn. 7:8 y ss., 21 y ss.) como del Nuevo (Ap. 13). Lamentablemente la información suministrada por el apóstol en 2 Ts. 2 es complementaria de la que había dado antes oralmente (v. 5) y resultan de muy difícil comprensión algunos de sus datos, tales como «lo que detiene» *(to katejōn)* la aparición manifiesta del «inicuo» (v. 7). A esta frase se han dado múltiples interpretaciones y su sujeto ha sido identificado con el Espíritu Santo, con el césar, con el imperio romano, con la expansión misionera, etc.; pero su carácter críptico subsiste.

Lo que sí parece evidente es que el Anticristo, al que Pablo se refiere, es una persona en cuya obra satánica culmina un largo proceso histórico de impía oposición a Cristo (v. 7; comp. 1 Jn. 2:18). La acción de tan nefasta figura será secundada por una sociedad que habrá decidido lanzarse a una abierta rebeldía, a una auténtica revuelta (ese era el sentido político de la palabra *apostasia* entre los griegos) contra Dios. El conflicto alcanza su punto final cuando el Señor, en su parusía, destruye al Anticristo (v. 8).

3. *El retorno de Jesucristo.* Se alude a este magno acontecimiento como «el día de Cristo», «el día del Señor» o simplemente «aquel día». No parece que haya base suficiente para hacer distinción entre estos «días» como si se refiriesen a capítulos escatológicos diferentes, según sostienen algunas escuelas teológicas, ni para llegar a conclusiones análogas basándose en los diferentes términos usados por Pablo: *parousía* (presencia, llegada; aplicada especialmente a la visita de reyes o personajes egregios), *apokalypsis* (revelación) y *epifanía* (aparición). Estas palabras probablemente denotan más aspectos diversos del mismo hecho que etapas distintas de la segunda venida del Señor.

Para Pablo lo importante es que en la venida de Cristo tanto los creyentes que hayan muerto como los que vivan, resucitados o transformados, irán al encuentro de Cristo: «Y así estaremos siempre con el Señor» (1 Ts. 4:16, 17).

4. *A Theology of the NT*, p. 553.

4. *La resurrección.* La salvación cristiana alcanza a la totalidad del ser humano, incluido su cuerpo (Ro. 8:23). Por eso la resurrección es la consumación de la salvación del creyente (Ef. 1:14; 1 Ts. 4:14 y ss.). Lo portentoso de este evento llevó ya en días apostólicos a su espiritualización o a su negación, lo que dio lugar a la magnífica exposición de 1 Co. 15. En ella sobresale la relación entre el cuerpo que muere y el que resucita (ilustración del grano de semilla) y, sobre todo, la naturaleza del nuevo cuerpo, *sōma pneumatikos* (cuerpo espiritual).

5. *El juicio.* Afectará a los impenitentes, en quienes se manifestará la retribución divina en forma de condenación (Ro. 2:5, 16; 13:2; 1 Co. 11:32; 2 Ts. 1:6-9; 2:12; 2 Ti. 4:1, etc.). Pero también los creyentes habrán de comparecer ante el tribunal de Cristo (2 Co. 5:10). Para ellos el juicio no será determinativo de salvación o condenación, pues han sido justificados en Cristo; pero su vida será sometida a prueba. Del resultado de la misma dependerá que sean salvos «como a través del fuego» o que disfruten de una recompensa (1 Co. 3:12-15).

6. *La consumación del Reino.* Reiteradamente hemos subrayado que el Reino de Dios, según la enseñanza del NT, es ya una realidad presente que ha de tener su plena manifestación en el futuro. Al Cristo resucitado y ascendido a la diestra del Padre le ha sido dada «toda potestad en el cielo y en la tierra» (Mt. 28:18). Ya ahora es Señor «por encima de todo principado, autoridad, poder y señorío» (Ef. 1:21, 29). Pero, por otro lado, el príncipe de este mundo aún actúa «en los hijos de desobediencia» (Ef. 2:2). Todavía no ha llegado el día en que «en el nombre de Jesús se doble toda rodilla... y toda lengua confiese que Jesucristo es Señor» (Fil. 2:10, 11).

En la mente de Pablo hay una visión clara del proceso del Reino, la cual resuelve la paradoja. Él ve la historia como una inmensa elipse cuyos dos focos son Adán y Cristo. El primero personifica el imperio del fracaso moral y de la muerte; el segundo es el restaurador de la vida por su triunfo sobre el mal y sobre la muerte misma. En la historia de la humanidad todo cambia a partir de la resurrección de Cristo. Con este acontecimiento se inició la gran victoria que será completada al final del proceso histórico del Reino.

El texto que más claramente nos muestra el pensamiento del apóstol es 1 Co. 15:21-28. La experiencia cristiana del Reino es una experiencia de «vivificación» o resurrección («en Cristo todos serán vivificados», v. 22). La resurrección, a nivel espiritual, ya se ha efectuado (Ef. 2:1, 4-6; Col. 2:13). Pero tal experiencia sería incompleta sin la resurrección física. Ésta también nos está asegurada. La resurrección a una vida gloriosa es patrimonio de Cristo y de sus redimidos. «Pero cada uno en su debido orden: Cristo, las primicias —Él ya resucitó como "primogénito" de entre los muertos (Col. 1:18)—; después los que son de Cristo, en su venida. Después el fin, cuando entregue el Reino al Dios y Padre, cuando haya suprimido todo principado, toda autoridad y potencia. Porque es menester que Él reine hasta que haya puesto a todos sus enemigos por estrado de sus pies.»

Pablo no indica aquí explícitamente un orden de acontecimientos ni detalla lo que ocurre en los intervalos que separan a unos de otros. Pero así como media un largo periodo desde la resurrección de Cristo hasta la de «los que son de Cristo», en su parusía, no se excluye la posibilidad de *otro* espacio de tiempo más o menos largo entre este evento y «el fin», cuando Cristo entregará el Reino al Padre. Algunos exegetas dan por cierta la existencia de ese periodo, que identifican con el milenio. Sin embargo, el propio apóstol se abstiene de entrar en pormenores, por lo que cualquier aseveración del intérprete que se atenga a lo escrito por Pablo habrá de mantenerse en el terreno de las conjeturas.

«El fin» *(to telos)* (1 Co. 15:24) no tiene solamente una connotación cronológica. Entraña también la idea de realización plena de un propósito. En el texto que consideramos, el propósito no es otro que la manifestación de la absoluta soberanía de Dios: «para que Dios sea todo en todos» (v. 28). En aquel día habrá quedado completamente dominada toda rebelión; se habrán acabado todas las discordancias morales, todas las ruinas causadas por el pecado. Se habrá llevado a efecto una reconciliación de alcance cósmico (Col. 1:20), una restauración y unión de todas las cosas bajo Cristo como cabeza *(anakefalaisosthai ta panta en tō Christō)* (Ef. 1:10), una liberación de la creación entera del yugo de la frustración (Ro. 8:19-21). Es verdad que esta perspectiva radiante no debe interpretarse en el sentido en que algunos lo han hecho, como si el vastísimo alcance de la salvación se extendiese finalmente a todos los seres humanos, incluidos los impíos que han persistido en su oposición a Dios. Los textos que hablan del futuro sombrío de los rebeldes (Ro. 2:5, 8; 1 Co. 1:18; 2 Co. 2:15; 1 Ts. 1:10; 2 Ts. 1:9; 2:10-12; etc.) no dejan lugar a falsas esperanzas. Pero en la perspectiva paulina del fin la gloria de la gracia de Dios ilumina esplendorosamente la consumación del Reino al principio de lo que podríamos denominar era eterna de la historia de la salvación.

## EPÍSTOLA A LOS HEBREOS

Aunque tradicionalmente se incluye entre las paulinas, no se tiene ninguna seguridad en lo que respecta al autor de la misma.

Pese a algunos puntos de afinidad con el pensamiento de Pablo, tanto el contenido como el estilo hacen pensar en otro escritor. Pero, independientemente de este dato, la epístola a los Hebreos constituye una homilía riquísima en doctrina y exhortación.

Es dirigida a cristianos expuestos a caer en la apostasía. Las causas de este peligro eran, al parecer, dos: un sentimiento nostálgico respecto al culto judío y la persecución de que los destinatarios eran objeto (10:32 y ss.). Consecuentemente, la finalidad de la carta es asimismo doble. Por un lado, demostrar la superioridad del cristianismo en relación con el judaísmo; por otro, confirmar la fe y levantar el ánimo de creyentes desalentados (hay en el texto catorce pasajes sobre el cansancio espiritual).

Punto clave de la epístola es la grandeza suprema de Cristo en todos los órdenes. En Él alcanza la revelación su punto culminante. Antes de Cristo, de manera fragmentaria y de muchos modos *(polymerōs kai politropōs)* había hablado Dios por medio de los profetas. Ahora, «en los últimos días» *(en ésjatōn tōn hemerōn)*, Dios nos habla a través de su Hijo (1:1). Con Él se cierra definitivamente la revelación, y su palabra (el Evangelio) sitúa a quien lo conoce ante la máxima responsabilidad (2:2, 3).

Pero Cristo no es sólo el supremo Revelador de Dios. Es también el Creador (1:2). Y —lo más importante— el Redentor (1:3). En grandeza excede su persona a todos los ángeles, a Moisés, a Josué, a los sumos sacerdotes. Es «el Hijo», el «heredero de todas las cosas», el «resplandor de la gloria de Dios e impronta de su esencia» (1:3). Todas estas expresiones, admirable síntesis cristológica, realzan la figura de Jesús porque ponen de relieve su naturaleza divina.

Esa magnificencia es completada con la inherente a la humanidad de Cristo. La epístola a los Hebreos hace resaltar el aspecto humano del Salvador más que cualquier otro libro del Nuevo Testamento. Pero la humanización del Hijo no empaña su gloria; todo lo contrario. Pese a las limitaciones de la encarnación, Aquel que fue «hecho un poco menor que los ángeles» aparece a nuestros ojos «coronado de gloria y de honra» (2:9). Es la gloria del que se somete por amor al padecimiento de la muerte «en provecho de todos» (2:9). Por su encarnación y sus sufrimientos, Cristo viene a ser el mediador experimentado, compasivo, eficaz, el destructor del poder de Satanás, el liberador del hombre de todas las esclavitudes, incluida la de la muerte (2:14-18; 4:15).

Sobre la base del ministerio de Cristo en la tierra descansa la validez de su mediación. Él es el sumo sacerdote por excelencia y al mismo tiempo la víctima para el sacrificio que ha de expiar los pecados. Su inmolación tiene lugar una sola vez *(efápax)*, pues en la ofrenda consumada en la cruz hay virtud suficiente para hacer «perfectos para siempre a los santificados» (10:14). En Cristo y en su muerte aparece toda la realidad redentora de la que el sacerdocio y los sacrificios israelitas eran sombras (10:1). Llegada esa realidad, las señales indicadoras pueden —deben— desaparecer. Todo es hecho nuevo, incluso el pacto de Dios con su pueblo. Lo anterior, envejecido ya, ha de ser desechado (8:13; 9:8; 10:9). Los destinatarios de la epístola no tenían por qué caer en ningún tipo de nostalgia. En la gloriosa novedad sacada a luz por el Evangelio, todo es mejor: mejor esperanza (7:19), mejor pacto (7:22), mejores promesas (8:6); mejores sacrificios (9:23), una mejor posesión (10:34).

Sólo la comprensión de estas verdades podía librar de caída a quienes se inclinaban hacia las antiguas formas del culto israelita que tanto apelaban a los sentidos. La adoración y todos los demás aspectos de la vida cristiana no debían nutrirse de lo sensorial, sino de la fe. De ahí que el tema de la fe ocupe un lugar sobresaliente en la epístola, con unos matices peculiares.

El autor de Hebreos presenta la fe con una cierta originalidad en relación con el concepto de Pablo. En esta epístola, la fe es la capacidad espiritual para percibir lo invisible (11:1, 6), que coincide con lo eterno, en contraste con lo visible y efímero de este mundo. El cuadro que a la fe se ofrece no puede ser más maravilloso (12:22-24); ni más estable. Cuando se haya efectuado la remoción de las cosas movibles quedarán «las inconmovibles» del Reino de Dios (12:26-28) al que los cristianos son llamados.

Esa fe debe actuar a modo de dínamo espiritual en la vida del creyente. Ha de impulsarle hacia adelante en su peregrinación a la ciudad celestial en una vida acorde con la santidad cristiana (12:14-17; 13:1 y ss.). En su marcha es sucesor de los héroes de la fe de tiempos pasados (cap. 11); pero cuenta con un privilegio superior. Cristo no es sólo el objeto, sino también el «pionero» de la fe (así puede traducirse —y traducen algunas versiones— el término *arjēron* de 12:2; en la versión Reina-Valera y otras, «autor»), el que va delante de los creyentes para guiarles y esforzarles en presencia de todos los obstáculos que se oponen a su progreso.

El reverso de la fe, en Hebreos, es la apostasía. El tema, tratado con un enfoque pastoral, conlleva dificultades teológico-exegéticas. Dos son las palabras que usa el escritor: el verbo *afistēmi* (apartarse de) en 3:12 y *parapiptō* (literalmente caer a un lado) en 6:6. ¿Es posible que el creyente llegue a esta experiencia? En los dos textos mencionados el contexto hace evidente que se trata de una apostasía deliberada, voluntaria, a la que se llega menospreciando todas las pruebas de la verdad del Evangelio y todas las manifestaciones de la gracia de Dios. Tal decisión es un ultraje a lo más sagrado (10:26-29). Pero lo que la hace realmente irremediable es que aleja al apóstata de Cristo, único camino de salvación. El autor no entra en las implicaciones teológicas relativas a la posibilidad o imposibilidad de perder la salvación. En cualquier caso lo solemne de las advertencias no debiera debilitarse con explicaciones ajenas al pensamiento original de quien las escribió. Sin embargo, también debe observarse la nota de optimismo y confianza que predomina en las conclusiones (6:6, 10; 10:39). Al cumplimiento de la esperanza del autor está encaminada la epístola.

## EPÍSTOLAS GENERALES

Reciben este nombre las no incluidas en el conjunto paulino por no tener destinatarios (personas o iglesias) concretos. Los destinatarios son los cristianos en general. Por esta misma razón se les ha dado también el nombre de «católicas» o universales. 2 y 3 Juan se insertan en este grupo por ser consideradas apéndices de la primera epístola joanina.

### Santiago

El autor es generalmente identificado con Jacobo, hermano del Señor. Su honda raigambre judía trasluce tanto a través de su pensamiento como de su estilo. Aunque escribe en un griego de elevada calidad literaria, se hace evidente el fondo de una cultura hebraica. Se observa clara afinidad con la literatura sapiencial del canon veterotestamentario, aunque las referencias a otras partes del Antiguo Testamento muestran que éste, en su conjunto, ocupaba un lugar de autoridad en la mente de Santiago. En cuanto a la forma estilística, llaman la atención sus numerosos giros semíticos, el paralelismo y las frases sentenciosas, con gran profusión de metáforas, todo lo cual obliga al intérprete a desplegar su habilidad exegética.

El contenido de la epístola tiene un carácter esencialmente moral. Las grandes enseñanzas éticas del Antiguo Testamento son ampliadas con referencias claras a palabras de Jesús. Las exhortaciones se suceden de modo más bien discontinuo, pero todas ellas giran en torno a dos puntos centrales: la necesidad de la obediencia a la Palabra de Dios (1:22-25) y el imperativo social de la verdadera religión (1:26, 27). De esos dos presupuestos arranca cuanto se dice sobre la paciencia en la prueba, la fe, la resistencia ante la tentación, la no acepción de personas, el uso de la lengua, la sabiduría, las relaciones humanas, las guerras y los pleitos, la concupiscencia, el juicio del hermano, la jactancia existencial, las miserias de las riquezas, etc.

Es verdad que Santiago apenas toca con profundidad los grandes temas doctrinales del Evangelio. Pero su epístola tampoco es un simple compendio de moral cristiana. En todas sus exhortaciones subyace el elemento cristológico. Jesucristo es el Señor (1:1), el «glorioso Señor» (2:1), títulos que atestiguan su resurrección y exaltación, su divinidad. Y en la motivación para una vida cristiana santa sobresale el pensamiento de la parusía (5:7-9).

Un problema exegético de particular relieve es el desarrollo de la tesis de Santiago sobre la justificación (2:14-26). Comparado este texto con otros de Pablo, la contradicción verbal es innegable. Ello ha llevado a algunos intérpretes a ver en él una refutación por parte de Santiago de la enseñanza paulina acerca de la justificación por la fe sin obras, expuesta en Romanos y Gálatas. Pero, como bien comenta G. E. Ladd, «aunque las palabras son semejantes, los conceptos son muy diferentes. Es probable que Santiago esté refutando perversiones de la enseñanza de Pablo, tanto si las epístolas paulinas eran conocidas como si no. De hecho, Pablo y Santiago tienen ideas diferentes de la fe y las obras. Por la fe Pablo entiende la aceptación del Evangelio y la entrega a Aquel que en el Evangelio es proclamado. Para Santiago la fe es algo distinto. "Creéis que Dios es uno; bien hacéis. Aun los demonios creen, y tiemblan" (2:19). Santiago usa el concepto de fe de acuerdo con la acepción rabínica de *'emuna*, que significa la afirmación del monoteísmo. La fe para Pablo es confianza personal, cordial; para Santiago es creencia ortodoxa».[5] Que en el fondo ambos coincidían se desprende del énfasis que Pablo hizo siempre en los imperativos de la fe, la cual «obra por el amor» (Gá. 5:6).

## 1 Pedro

Como escribiera Lutero, «éste es uno de los libros más nobles del Nuevo Testamento».[6] Tiene por objeto confirmar la fe de los creyentes en medio de aflicciones diversas mediante exhortaciones bien enraizadas en hechos fundamentales del Evangelio, tales como la resurrección de Cristo, su muerte redentora, su ejemplo y su segunda venida.

Está estructurada en dos partes. En la primera, (1:3 — 2:10) después de la introducción, sobresalen los privilegios cristianos: renacimiento para una esperanza viva y una herencia incorruptible (1:3, 4), cuidado divino (1:5), gozo inefable y glorioso (1:6-8), redención (1:18-20), purificación (1:22), incorporación al «templo» de Dios y a un sacerdocio santo (2:5), pertenencia a un linaje escogido, al pueblo de Dios (2:9, 10). En la segunda (2:11 — 5:11), ocupan lugar prioritario los deberes en todos los ámbitos de la existencia: civil, familiar y eclesial.

5. *Op. cit.*, p. 592.
6. Coment. a 5:12.

A lo largo de la epístola, a pesar de que no abunden las alusiones explícitas, se advierte la tensión existente en la relación Iglesia-mundo. El mundo es la esfera en que se desenvuelve la vida del cristiano, pero es una esfera hostil. En ella el pueblo de Dios es afligido (1:6), calumniado (2:12; 3:16), vejado (2:19), atacado (3:15), vituperado (4:14). La manera de vivir del mundo, transmitida por herencia natural, es vana (1:18); se caracteriza por concupiscencias degradantes (4:2, 3). Por eso, el cristiano ha de vivir en el mundo como extranjero y peregrino, absteniéndose de la contaminación moral de su entorno (2:11). Ello da lugar al conflicto, pero éste no es sino una reproducción, en cierto modo, de la experiencia de Cristo (2:21 y ss.; 4:13). Además, el sufrimiento que conlleva es evidencia de la transformación operada por una fe genuina; los padecimientos por causa de Cristo prueban que el creyente ha roto con el pecado y que su vida está orientada conforme a la voluntad de Dios (4:1).

A la oposición del mundo se suma la del diablo con toda su malignidad (5:8, 9). Pero por encima de todas las adversidades está «el Dios de toda gracia», poderoso para perfeccionar y fortalecer a sus santos (5:10) llamados a su gloria eterna por medio de Aquel que padeció, murió y resucitó: Jesucristo (5:10), fundamento de nuestra esperanza (1:3).

En esta carta se encuentra uno de los mayores escollos exegéticos: el pasaje de 3:19-22. Tres son las principales interpretaciones que al mismo se han dado:

*a)* Cristo, después de su muerte, fue en espíritu al hades, donde predicó el Evangelio a los muertos que habían vivido antes de Cristo (o sólo a los contemporáneos de Noé). Fue la interpretación más común entre los antiguos Padres de la Iglesia.

*b)* Sostenida por Agustín y los reformadores, afirma que el texto se refiere a un ministerio especial de predicación de Cristo en su preexistencia, es decir, en su estado anterior a la encarnación, por medio de Noé, a los hombres de su tiempo.

*c)* La tercera opinión, la más generalizada en nuestros días, es que Cristo, en el intervalo que medió entre su expiración y su resurrección, proclamó la gran victoria de la cruz en el mundo de los espíritus desobedientes, probablemente ángeles (comp. 2 P. 2:4, 5; Jud. 6 y Gn. 6:1-4), como parece desprenderse del contexto del versículo 22. La oscuridad del pasaje no ha sido aún desvanecida; pero en contraste con sus puntos nebulosos destaca radiante su contenido esencial: el triunfo de Cristo en su muerte y en su «vivificación» en espíritu (v. 18), en su resurrección (v. 21) y en su ascensión (v. 22).

## 2 Pedro

Fue escrita con el sentido de responsabilidad de quien se sabe próximo al fin de su vida en la tierra (1:14) y deja una grey expuesta a graves peligros.

Si la primera epístola de Pedro tenía como finalidad alentar a los cristianos para que perseverasen en su fe a pesar del sufrimiento, la segunda tiene como propósito sostenerles frente al error y la impiedad.

La Iglesia se veía amenazada por la influencia de falsos maestros (cap. 2) imbuidos de un gnosticismo incipiente de carácter antinomiano, raíz de prácticas licenciosas (2:10-15). El énfasis de los herejes en el conocimiento *(gnosis)* lleva al apóstol a usar este término repetidas veces con objeto de clarificar su sentido cristiano. La verdadera *gnosis* no es una serie de ideas acerca de Dios, ni una experiencia de unión mística con Él, como pretendían los gnósticos; teología y misticismo que conducían a una libertad espiritual (2:19) entendida como licencia para cometer toda clase de inmoralidades. El conocimiento evangélico es «conocimiento de Dios y de nuestro señor Jesús» (1:2) y da como resultado el alejamiento de la corrupción del mundo y la práctica de las virtudes cristianas (1:3-11).

La base sólida para «el crecimiento en la gracia y el conocimiento de nuestro Señor Jesucristo» (3:18) es doble. Por un lado, el testimonio apostólico (1:16-18). Por otro, el de la «palabra profética» (19-21). El primero es totalmente fidedigno, pues es dado por testigos oculares. El segundo lleva el sello de la voluntad de Dios y la inspiración de su Espíritu; además, su cumplimiento en Cristo aumenta su solidez, lo hace «más seguro» (v. 19). Curiosamente, Escritura y tradición apostólica se funden en esta epístola, ya que los escritos de Pablo son colocados en pie de igualdad con «las demás Escrituras» (3:15, 16).

Una parte importante de la epístola tiene como tema la segunda venida de Cristo. Refutando el escepticismo y la ironía de los falsos maestros (3:4), Pedro se extiende en una exposición escatológica, en la que destaca el juicio de Dios sobre los impíos y la gran transformación cósmica que dará lugar a «cielos nuevos y tierra nueva, en los cuales habita la justicia» (3:7-14). Esta gloriosa perspectiva es un acicate más para procurar la santificación con diligencia (3:14-18; comp. 1:5).

## Judas

Su contenido presenta gran similitud con 2 P. En su fondo histórico se descubre el mismo peligro de gnosticismo libertino.

El conjunto de la epístola es un llamamiento vibrante a luchar contra el error y en favor de «la fe que ha sido transmitida a los santos de una vez por todas» (v. 3). La fe aquí es el cuerpo de doctrina apostólica, que no puede ser ni mutilado ni complementado con otras enseñanzas.

La difusión del error podía tener consecuencias graves, pues sus promotores pervertían la gracia de Dios convirtiéndola en trampolín para lanzarse a la disolución, lo que prácticamente equivalía a la negación de la soberanía de Dios y del señorío de Jesucristo (v. 4). El juicio divino sobre esos hombres impíos es inevitable (vv. 14, 15).

La cita del libro apócrifo de Enoc (en estos dos últimos versículos) puede suscitar preguntas. ¿Consideraba Judas el apocalipsis de Enoc como canónico? ¿Creía que las palabras habían sido realmente pronunciadas por el Enoc antediluviano, «séptimo desde Adán»? No hay necesidad de contestar afirmativamente. Judas no se refiere al texto de Enoc como si fuese parte de la Escritura. Simplemente está utilizando el pasaje de una obra bien conocida en sus días, cuyo pensamiento coincide con la enseñanza de los libros del canon. Probablemente el versículo 9 también es una referencia a otro apócrifo: la Asunción de Moisés. De hecho, este uso de textos no canónicos no es único. Pablo se sirve de un *midrash* rabínico en 1 Co. 10:4; cita a un poeta pagano en su discurso en el areópago de Atenas (Hch. 17:28); a Menandro, dramaturgo ateniense, en 1 Co. 15:33; y da los nombres de Jannes y Jambres en 2 Ti. 3:8, probablemente obtenidos de fuentes literarias no canónicas. Pero en ningún caso los pasajes citados se colocan al nivel de la Escritura. Simplemente son un medio cultural por el cual la enseñanza de la Escritura puede hacerse más comprensible y despertar mayor interés entre aquellos a quienes iba dirigida.

La epístola concluye (vv. 20-25) con sabrosas exhortaciones y con una doxología alentadora.

# 1 Juan

Es uno de los escritos más impresionantes del conjunto epistolar. Indudablemente fue motivado por la nociva influencia que en la Iglesia ejercían doctrinas erróneas. Pero el autor se eleva por encima de lo polémico para conducir a los creyentes a alturas de gozo completo en comunión con el Padre y con el Hijo (1:3, 4) y para confirmarles en la certidumbre de que son poseedores de la vida eterna (5:13). Nos hallamos, pues, ante una obra de carácter eminentemente pastoral.

Su interpretación resulta imposible si se ignoran las corrientes de pensamiento que, evidentemente, se estaban introduciendo entre los cristianos.

Todo da a entender que la herejía —o herejías— combatida

por Juan estaba inspirada en el gnosticismo, particularmente en su forma doceta. Partiendo del principio de que toda la materia es intrínsecamente mala, era inadmisible una encarnación auténtica del Hijo de Dios. El cuerpo de Cristo no era real: era sólo una apariencia (es precisamente del verbo *dokeō*, aparentar, que se derivaron «doceta» y «docetismo»). Y si esta herejía seguía, como parece, la línea de Cerinto, gnóstico residente en Éfeso en días del apóstol Juan, se establecía una diferencia entre Cristo y el Jesús humano. Cristo, «el Espíritu», descendió sobre Jesús en el bautismo, pero le abandonó antes de la cruz. Salta a la vista que esta doctrina era una negación radical de los fundamentos cristológicos del Evangelio, a la par que anulaba la eficacia redentora de la muerte de Jesucristo. De ahí que Juan insista ardorosamente en algunas de sus aseveraciones: «¿Quién es el mentiroso sino el que niega que Jesús es el Cristo?» (2:22), «Todo espíritu que no confiesa que Jesucristo ha venido en carne no procede de Dios; y éste es el espíritu del anticristo» (4:3). El Evangelio no es ni más ni menos que el testimonio de que el divino Logos de vida «se hizo carne», de modo que pudo ser oído, visto y palpado en toda su realidad humana (1-3). En cuanto a la idea de que Cristo se había unido a Jesús en el bautismo y se había separado de Él antes de su crucifixión la refutación del apóstol es clara: «Este es Jesucristo, que vino mediante agua y sangre; no mediante agua solamente, sino mediante agua y sangre» (5:6). Cabe subrayar que Juan aquí cuida bien su lenguaje; no usa el nombre de Jesús o el de Cristo, sino el de Jesucristo, como exponente de la unidad indivisible de su persona y, por consiguiente, del hecho de que pasó tanto por la experiencia del bautismo como por la de la muerte.

Como todos los gnósticos, aquellos a los que Juan se opone dan importancia capital a la *gnosis*, al conocimiento verdadero de Dios que sólo los iniciados obtenían por una iluminación especial del Espíritu (posible alusión en 2:20, 27). Una vez alcanzado este conocimiento que conllevaba la unión mística con la divinidad, se llegaba a un plano de perfección exento de pecado. Ésta era una de las líneas del gnosticismo, en contraposición a otra que, como vimos en nuestras observaciones sobre la segunda carta de Pedro, tendía al libertinaje y que también, según parece, se manifestaba entre algunos de los heresiarcas combatidos por Juan. Ambos errores son rebatidos en la epístola.

El verdadero conocimiento de Dios se basa en su revelación histórica en Jesucristo (1-3), en el testimonio apostólico (2:7, 24; 3:11) y en la acción iluminadora del Espíritu Santo (2:20, 27), sin que entre los tres, que constituyen un todo indivisible, pueda haber discordancias. El texto de 2:20 no significa que el Espíritu Santo revele al creyente la verdad de modo directo, con independencia de medios. El tenor general de la enseñanza bíblica nos lleva a pensar más bien que el Espíritu Santo ilumina la mente del cristiano para que pueda entender la verdad del Evangelio comunicada a través del mensaje apostólico, hoy contenida en el Nuevo Testamento.

Pero conocer a Dios no significa haber llegado a la impecabilidad. «Si decimos que no tenemos pecado, nos engañamos a nosotros mismos y la verdad no está en nosotros» (1:8).

Probablemente algunas de las expresiones usadas por Juan son tomadas de la jerga gnóstica («andar o estar en la luz», «permanecer en Dios», «amar a Dios»); pero el apóstol las utiliza llenándolas de contenido netamente cristiano.

La tendencia permisiva de algunos también se advierte a lo largo de la carta. Y Juan repudia enérgicamente su antinomianismo. La piedra de toque decisiva para demostrar la autenticidad del cristianismo es la obediencia a la Palabra de Dios, la imitación de Jesucristo (2:3-6), lo cual implica una total ruptura con la práctica habitual del pecado (3:4-9).

Manifestación primordial de la ética a la que todo cristiano está obligado debe ser el amor. Poco entendían de esta virtud los gnósticos, engreídos con su pretendido conocimiento superior que les llevaba a mirar desdeñosamente a los no iniciados. Pero es el amor y no el conocimiento lo que verdaderamente autentifica la fe cristiana. Innumerables frases corroboran este aserto en tres pasajes: 2:9; 3:10 y ss.; 4:7 y ss. En el centro sobresale la fuente del amor: Dios mismo (4:7, 8, 16) así como la forma admirable en que la *agapē* divina se ha manifestado (4:9, 10, 14). La conclusión que de ello se deriva es insoslayable: «Si Dios nos ha amado así, también nosotros debemos amarnos unos a otros» (4:11). Además, a semejanza del de Dios, el amor fraternal no debe quedar reducido a mero sentimiento. Ha de mostrarse de manera práctica, abnegada (3:16, 18). El amor que de veras merece tal nombre se encarna en la vida diaria. En palabras de P. Bonnard, es «una existencia histórica, dolorosa y fraternal, como lo fue la vida de Jesús».[7]

Con razón Robert Law tituló 1 Juan «Las pruebas de la vida» *(The Tests of Life)*. El apóstol viene a decirnos en síntesis que hay tres pruebas cardinales por las que podemos saber si tenemos o no vida eterna: la prueba teológica (si creemos o no que Jesús es el Cristo, el Hijo de Dios encarnado), la moral (si practicamos la justicia obedeciendo los mandamientos de Dios) y la social (si nos amamos unos a otros).

Se observa, no obstante, que el amor cristiano es inseparable de la verdad *(alētheia)*. Ésta es otra de las palabras más significativas de la epístola. La generosidad del amor ha de compaginarse

7. *La Première Epitre de Jean*, Delachaux et Niestlé, 1961, p. 7.

con la fidelidad a la verdad revelada por Dios y a los principios de justicia en ella contenidos. Esta combinación excluye toda forma de sincretismo o de ecumenismo a cualquier precio.

Pese a las repetidas referencias a conceptos erróneos que el apóstol corrige, la carta abunda en notas positivas y se cierra con una serie de declaraciones acerca de lo que «sabemos» (5:13-20), las cuales son coronadas con la más gloriosa de ellas: «Sabemos que el Hijo de Dios ha venido... nos ha dado entendimiento para conocer al que es verdadero; y estamos en el verdadero, en su Hijo Jesucristo. Éste es el verdadero Dios y la vida eterna» (v. 20).

Los grandes temas de la carta aparecen generalmente expuestos en términos antitéticos: luz, tinieblas; vida, muerte; verdad, mentira; amor, aborrecimiento; el Padre, el mundo; Dios, el maligno; Cristo, anticristo. Ello hace que los conceptos se expresen de forma tajante, absoluta, sin términos medios. Las matizaciones no cuadran con el estilo sentencioso de la epístola, aunque se derivan sin demasiado esfuerzo del estudio comparativo de sus diversas proposiciones.

La estructura ha sido objeto de estimaciones varias. En opinión de algunos comentaristas es inútil buscar un bosquejo coherente. El texto parece presidido más por la reiteración que por una exposición ordenada y progresiva de ideas. En ese aspecto, se asemeja a grandes secciones de la literatura sapiencial del Antiguo Testamento. Sin embargo no parece del todo justa tal apreciación. Las ideas capitales (fe, justicia, amor) son tratadas en tres ciclos sucesivos: *a*) 1:5 — 2:28; *b*) 2:29 — 4:6; *c*) 4:7 — 5:21; pero cada vez con algún énfasis nuevo, con un valor acumulativo. Hay en ellas, como alguien ha sugerido, un desarrollo y un progreso en espiral. Y pese a la simplicidad del estilo, se hace patente la profundidad del pensamiento de Juan en torno a las cuestiones que trata. La Iglesia de todos los tiempos, siempre expuesta al error teológico y a las desviaciones éticas, ha estado en deuda —y sigue estándolo— con el apóstol del amor y de la verdad.

## 2 y 3 Juan

La segunda carta, a pesar de su brevedad, tiene muchos puntos de semejanza con la primera. Con la misma intensidad enfatiza la importancia de la obediencia, el amor y la perseverancia en la doctrina de Cristo, antídoto insustituible contra las falsedades de «mitos engañadores» (v. 7).

Existe diversidad de interpretaciones en lo que respecta al destinatario. La «señora elegida» *(eklekte kyria)* del versículo 1 ¿es una mujer o una iglesia? Clemente de Alejandría creyó que la carta fue dirigida a una dama llamada Eclecta. Algunos comentaristas han personalizado el segundo término y la han denominado «señora Kyria». Pero otros —Jerónimo entre ellos— han manifestado el convencimiento de que la expresión se usa simbólicamente para designar una iglesia local. Hay argumentos en favor de ambas interpretaciones y la cuestión continúa aún abierta. Ello, sin embargo, no afecta al contenido que, como hemos señalado, viene a confirmar las enseñanzas fundamentales de la primera epístola.

3 Juan es dirigida a Gayo, cristiano distinguido por su hospitalidad, con un doble propósito: denunciar los abusos de Diótrefes (9, 10) y recomendar a Demetrio (11, 12), probable miembro de un grupo itinerante de misioneros que se proponía visitar la iglesia. La recomendación del apóstol tiene por objeto evitar la repetición de lo que había sucedido antes con otros, arbitrariamente rechazados por el autócrata Diótrefes (v. 10; comp. 5-8). El problema no es tanto teológico o moral como eclesial. La solución, una vez más, está en la autoridad de la palabra apostólica (12c).

## Orientaciones para la interpretación

Las epístolas no constituyen un género tan especial que haga necesarias unas normas particulares para su interpretación. Normalmente bastará la aplicación de los principios y reglas estudiados en la parte correspondiente a la hermenéutica general. Sin embargo, algunas de las pautas dadas deben aplicarse con el máximo rigor y a ellas debe unirse un estudio concienzudo de los elementos básicos de cada epístola, tanto en el orden conceptual como en el lingüístico. Muy resumidamente sugerimos a continuación algunos pasos encaminados a hacer más fructífera la exégesis de cualquier texto epistolar.

1. *Ahondar en el conocimiento del fondo histórico.* Es necesario llegar a tener un cuadro claro de las circunstancias en que la carta fue escrita; tomar en consideración quién la escribió y a quién iba destinada; qué necesidades tenía el destinatario, qué problemas, y cuáles eran sus causas.

En el caso de que el escritor esté refutando un error, conviene precisar la identificación de éste, su origen (judaico, helénico, etc.), sus peculiaridades y el modo como influía o podía influir en la comunidad cristiana.

2. *Determinar con la máxima claridad el propósito de la carta y su pensamiento central.* Ambos son de importancia decisiva. A pesar de que en algunas cartas —especialmente del grupo paulino— hay frecuentes digresiones, en todas existe una línea de pensamiento básico que rige las diferentes partes del escrito. Difí-

cilmente se encontrará un texto cuyo significado no esté en armonía con tal línea.

Para lograr esta finalidad es aconsejable leer la totalidad de la epístola sin interrupción; si conviene, más de una vez. Sólo después de esta lectura está indicado valerse de otros medios de estudio.

3. *Descubrir en cada pasaje lo que el autor quería decir al destinatario original.* A causa de los siglos que nos separan de los apóstoles con facilidad podemos caer en el error de interpretar las epístolas según criterios inspirados en el pensamiento de nuestros días. Es un error que debe ser evitado. Como afirma Gordon Fee, «ha de ser una máxima de la hermenéutica que aquello que el autor no pudo haberse propuesto decir y que los receptores no habrían podido entender no puede ser el significado de un pasaje».[8]

4. *Distinguir lo cultural de lo transcultural,* es decir, lo que era propio solamente del primer siglo de lo que es propio de todos los tiempos; lo que corresponde a usos y costumbres de un pueblo en un momento dado de lo que obedece a principios y normas vigentes universal y perennemente. Cuestiones como el silencio de la mujer en la congregación o el uso del velo se interpretarán de modo diferente según se vea en las indicaciones de Pablo una norma dictada por factores culturales de la época o un precepto enraizado en razones más hondas.

Para discernir lo cultural y lo transcultural, el intérprete habrá de esforzarse por orillar sus propios prejuicios y comparar con la máxima objetividad el texto con el contexto histórico y con las enseñanzas de la Escritura cuyo carácter normativo perpetuo es indiscutible.

5. *Extremar el rigor hermenéutico en la interpretación de pasajes doctrinales.* Éstos deben compararse sucesivamente con otros paralelos en la misma epístola, si los hay, en otros escritos del mismo autor, en las restantes epístolas y en el Nuevo Testamento en su totalidad.

Particular atención debe prestarse al hecho, ya considerado, de que algunos términos de gran densidad teológica pueden tener significados dispares. La falta de la oportuna diferenciación podría conducir a interpretaciones equivocadas. Recuérdese, por ejemplo, el uso diverso que Pablo hace de palabras como «carne»,

8. «The Genre of NT Literature», *Interpreting the Word of God,* Schultz and Inch, p. 109.

«ley», etc., e imaginémonos el resultado de tomar al azar uno cualquiera de sus posibles significados.

La aplicación de las reglas precedentes no eliminará todas las dificultades exegéticas, pero sí buena parte de ellas. Y el resultado de la interpretación nos acercará al pensamiento y al mensaje de los escritores.

# CUESTIONARIO

1. *Exponga las principales características de las epístolas y las dificultades más frecuentes con que se tropieza en su interpretación.*

2. *Indique los factores culturales que más influyeron en el pensamiento de Pablo y hasta qué punto contribuyeron a configurar su teología.*

3. *Explique el significado de la «fe» en la epístola a los Romanos, en Santiago y en Hebreos.*

4. *Exponga el concepto de Pablo sobre el «pueblo de Dios».*

5. *Haga una exposición de la perspectiva escatológica en los escritos paulinos.*

6. *Explique el concepto de Juan sobre el pecado en la experiencia del creyente a la luz de su primera carta.*

7. *Interprete detalladamente los siguientes textos:*

   *Ro. 8:1-4; 1 Co. 11:2-16; 1 Co. 15:20-28; Gá. 2:20; Ef. 3:8-11; Fil. 3:9-14; Col. 1:15-20; He. 10:26-31. 1 P. 4:1; 1 Jn. 3:4-10.*

# XXVII

# EL APOCALIPSIS

No es puro azar que este libro aparezca al final del Nuevo Testamento. Por su contenido es un digno remate de las Sagradas Escrituras. Tratemos de poner en su lugar cualquier otro libro del canon novotestamentario e inevitablemente la Biblia nos deja la sensación de mensaje inacabado. Pero el Apocalipsis nos eleva a alturas desde las cuales nos es dado contemplar en todo su alcance la majestuosidad de la historia de la salvación. En sus páginas se recoge mucho del Antiguo Testamento, particularmente de los profetas; se escucha el eco ampliado del discurso escatológico de Jesús y se confirman muchas de las enseñanzas que encontramos en las epístolas. Todo su material se combina para ofrecernos una visión global de los avatares del Reino de Dios hasta su manifestación en la gloria de su plenitud final. Así la revelación bíblica se cierra con el gran triunfo de Dios sobre el imperio del mal. El drama que un día empezó en un paraíso (Gn. 3) tiene su fin en otro paraíso, donde reaparece «el árbol de la vida», sin cabida ya para ningún tipo de maldición (Ap. 22:2, 3). Las ruinas de la antigua creación dan lugar a la gloria de «un cielo nuevo y una tierra nueva» (21:1), en cuyo marco los redimidos servirán a Dios «y reinarán por los siglos de los siglos» (22:3-5).

Pero el gran mensaje del último libro de la Escritura llega a nosotros envuelto en un lenguaje cuajado de dificultades, las propias del género apocalíptico. En él se dan cita las figuras y los símbolos más diversos: ángeles, candeleros, estrellas, tronos, piedras preciosas, misteriosos seres vivientes, sellos, trompetas, caballos, montañas ardientes, bestias, colinas, nombres de ciudades, números, etc. Y todo ese material carece, generalmente, de aclaraciones. Con excepción de algunos pasajes (1:20; 7:13; 17:7 y ss.), las visiones de Juan no van seguidas de su interpretación. La superabundancia de elementos simbólicos y la poquedad de elucidaciones en el texto han sido la causa de las grandes divergencias de los comentaristas en sus exposiciones. Si desde el primer momento somos conscientes de las dificultades exegéticas del Apocalipsis, nos sentiremos reconocidos a cuantos de modo serio han tratado de profundizar en el significado de las visiones que contiene. Y respetaremos sus opiniones, aunque no estemos de acuerdo con todas ellas. Al mismo tiempo repudiaremos la veleidad con que algunos escritores, con muy poco rigor exegético, han usado el Apocalipsis para satisfacer sus ansias de volar en alas de la imaginación y han jugado a identificar los pasajes del libro con hechos futuros de una historia del mundo redactada de antemano bajo la influencia de prejuicios más que de los textos mismos. Lógicamente, muchas de las interpretaciones nacidas de esta práctica han resultado fallidas. Como escribe G. R. Beaslay-Murray, «quienquiera que sostiene que el Apocalipsis fue escrito para satisfacer la curiosidad no ha ponderado realmente el libro. Y quien busca compilar de él una historia escrita por anticipado se verá decepcionado o engañado... Las visiones de Juan sobre el fin son las de un pintor impresionista más que los cuadros de un fotógrafo. En su mayor parte escapan a la precisión en la aplicación. Pero comunican lo suficiente... acerca del Reino de Dios para animar a los hombres a la fe y a la adoración de Dios».[1]

Con objeto de alcanzar un conocimiento del libro y de sus perspectivas hermenéuticas, es recomendable el estudio de introducciones y comentarios sólidos escritos desde diferentes ángulos por autores prestigiosos de diversas escuelas. En último término, deberá ser el propio estudiante quien adopte su posición frente a cada una de ellas. Pero, con toda seguridad, de la comparación juiciosa de comentarios heterogéneos obtendrá valiosos elementos de juicio y espiritualmente saldrá enriquecido.

Por nuestra parte, nos limitaremos a destacar aquello que más puede ayudar a conseguir una interpretación objetiva y equilibrada.

### Contenido y estructura

El Apocalipsis, aunque de modo apenas perceptible, es una carta dirigida por Juan a siete iglesias de Asia Menor. El encabezamiento lo hallamos en 1:4, y el final o despedida en 22:21. El resto del libro constituye el cuerpo de la carta con el testimonio de cuanto el autor vio y oyó en la «revelación» (gr. *apokalypsis*; de ahí el nombre del libro) de Jesucristo (1:1).

1. *The Book of Revelation*, Oliphants, 1974, p. 23.

A la introducción (1:1-3) y al saludo, en el que se entrelaza una inspirada doxología (1:4-8), sigue la primera visión del autor, la del Cristo glorificado en la plenitud de su soberanía (1:9-20). A continuación aparece Cristo, con títulos diversos, como Señor de la Iglesia (cartas a las siete iglesias — caps. 2 y 3). A partir del capítulo 4, Cristo es visto como Señor del universo y de la historia. Se suceden visiones de conflicto y de juicio, de fe y adoración, de un pueblo de Dios perseguido y vejado por fuerzas hostiles de volumen cósmico. La lucha se agudiza. Los más grandes poderes humanos y satánicos se alían contra Cristo y sus redimidos. Pero la victoria final es de Dios. En la conclusión, el campo de batalla se convierte en un cuadro de armonía, de paz, de justicia, de bendición. En el epílogo vuelve a oírse la nota de invitación de la buena nueva (22:17), y al «ven» divino se unen el anuncio del gran Testigo de la revelación y la respuesta de los salvados: «Ciertamente vengo en breve. — Amén; sí, ven, Señor Jesús» (22:20).

En cuanto a la estructura, no resulta sencillo elaborar un esquema indiscutible, lo que explica la gran variedad de bosquejos que se han propuesto. Algunos autores adoptan una estructura literaria a partir de la expresión «en el Espíritu» (1:10; 4:1; 17:3; 21:10). Otros dividen el cuerpo del libro en «escenas». El bosquejo más generalizado es el basado en agrupaciones séptuples: las siete cartas (2 y 3), los siete sellos (5:1 — 8:1), las siete trompetas (8:2 — 11:19) y las siete copas (15:1 — 16:21), seguidas de las visiones finales: caída de Babilonia (17:1 — 19:10), triunfo de Cristo y milenio (19:11 — 20:6), último combate escatológico (20:7-10), juicio universal (20:11-15), cielo nuevo y tierra nueva con la Jerusalén celestial como centro (21 y 22). Pero hay pasajes que no encajan fácilmente en este esquema, a menos que sean considerados como nexos o complementos el capítulo 4 y los paréntesis que encontramos entre el sexto y el séptimo sello y entre la sexta y la séptima trompeta, así como los capítulos 12-14.

Lo verdaderamente importante no es la estructura literaria sino la descriptiva. ¿Cuáles son los grandes eventos que el autor describe? ¿Aparecen los hechos en una secuencia cronológica ininterrumpida o nos encontramos ante una sucesión de series de imágenes y episodios, diferentes en apariencia, que esencialmente se refieren a las mismas realidades? En opinión de acreditados especialistas, la segunda posibilidad parece la más plausible. Según E. Harrisson, «los sellos, trompetas y copas, que entre sí abarcan la gran porción central del Apocalipsis, no siguen una secuencia cronológica. Más bien, a cada serie se la concibe como si se moviese hasta llegar al fin de la tribulación, la que a su vez da lugar a la segunda venida y a lo que le sigue (comp. 10:7)... En varios lugares se anuncia el fin como si fuese ya un hecho consumado, pero nada sucede y el drama continúa (11:15; 12:10;

comp. 7:14-17)».[2] Del mismo parecer es Donald Guthrie.[3] y Beaslay-Murray se pregunta: «Los capítulos 6-19 ¿han de ser vistos como una narración continua de hechos que conducen a la parusía? ¿O hemos de considerar las tres series de juicios mesiánicos, expuestos bajo el simbolismo de sellos, trompetas y copas de ira, como paralelos?» A renglón seguido expresa su convicción de que sólo la segunda interpretación concuerda con la evidencia.[4]

Realmente hay motivos para pensar que los numerosos elementos de la Revelación joanina se combinan de diferentes modos para ofrecernos, como en un caleidoscopio, una visión más completa y enriquecida de los grandes acontecimientos escatológicos. Desde el punto de vista cronológico, más bien parece observarse avances y retrocesos. Pero la reiteración de los grandes episodios en formas diversas entraña una fuerza acumulativa que da al mensaje de conjunto un valor insuperable. «A veces (el autor) se extiende rápidamente al estado eterno para alentar a los redimidos con una visión de la gloria que les espera. Otras veces vuelve al pasado para interpretar el origen de la hostilidad experimentada por la Iglesia en el tiempo presente. No está atado ni por el tiempo ni por el espacio y se mueve con libertad soberana para garantizar la destrucción final de todo mal y la vindicación de los que siguen al Cordero. El Apocalipsis es un gran lienzo en el que el vidente pinta sin restricciones el triunfo último de Dios sobre el mal.»[5]

### Conexiones conceptuales y literarias

Independientemente de cuanto pueda haber de original en la «revelación» de Juan, se observa a simple vista la estrecha relación que, como vimos, tiene con otras partes de la Escritura. El fondo teológico, las perspectivas escatológicas y una gran parte de sus numerosos símbolos atestiguan un claro parentesco espiritual y literario con otros textos.

### 1. *El Apocalipsis y el Antiguo Testamento*

No puede decirse que el libro contenga muchas referencias explícitas a textos del Antiguo Testamento, pero son numerosas las citas indirectas del mismo y el uso de sus elementos simbólicos es frecuentísimo. Es obvio, además, que la mente del autor está impregnada de los escritos proféticos del canon hebreo. No solamen

2. *Introducción al NT*, p. 456.
3. *NT Introduction*, Tyndale, III, p. 289.
4. *Op. cit.*, p. 30.
5. Robert H. Mounce, *The Book of Revelation*, The New International Coment of the NT, Eerdmans, 1977, p. 46.

te se advierte su familiaridad con los libros de tipo apocalíptico como Daniel, Ezequiel y Zacarías, sino que resulta patente la influencia que en su pensamiento ejercían Isaías, Jeremías y Joel. Juan tiene el convencimiento de que se encuentra en la línea de sucesión de los profetas (comp. 22:9). Por tal razón, mientras que una sola vez se refiere a su libro como «apocalipsis» (1:1), seis veces lo equipara con la «profecía» (1:3; 19:10; 22:7, 10, 18, 19).

Este hecho reviste particular importancia desde el punto de vista hermenéutico, pues si el Apocalipsis es aceptado como profecía, ha de interpretarse teniendo presentes las características de la literatura profética del Antiguo Testamento. Especial atención debe darse a la finalidad de los mensajes de los profetas, que, como se recordará, no era tanto vaticinar acontecimientos futuros como proclamar la Palabra de Dios dirigida a unas personas concretas en un lugar y en un tiempo determinados. El meollo de la predicación profética no estaba en el futuro, sino en el presente, con sus inquietudes, sus problemas y sus necesidades. Cualquier interpretación de su mensaje que se desentienda del contexto existencial de los destinatarios originales estará siempre expuesta a la arbitrariedad. Y el principio es válido para la interpretación del Apocalipsis.

Por otro lado, teniendo en cuenta la unidad de las diferentes partes de la Escritura, resulta imperativo ahondar en los paralelos que de textos del Apocalipsis puedan hallarse en el Antiguo Testamento. Tales paralelos en muchos casos facilitarán la comprensión del pasaje objeto de estudio.

## 2. Relación con otros textos apocalípticos del Nuevo Testamento

El material del Apocalipsis no constituye una novedad entre los escritos novotestamentarios. Tanto en los evangelios como en las epístolas hallamos pasajes con notables puntos de coincidencia, tanto en lo que respecta al contenido como en lo que se refiere a la forma.

En los evangelios, ocupa lugar prominente el discurso escatológico de Jesús (Mt. 24; Mr. 13 y Lc. 21), con predicciones relativas a la destrucción de Jerusalén y a la parusía. Esta dualidad temática y la ausencia de una clara delimitación de sus partes dificultan la exégesis. A pesar de ello, el discurso constituye un elemento primordial en el estudio de la escatología bíblica. Es, por consiguiente, un punto de referencia indispensable en la interpretación del Apocalipsis. Las alusiones a grandes calamidades (guerras, hambres, epidemias, terremotos — Mt. 24:6-8), a la abominación de la desolación descrita en el libro de Daniel (Mt. 24:15), a la «gran tribulación» (v. 21), a los falsos cristos y falsos profetas, hacedores de prodigios (v. 24), a fenómenos cósmicos (v. 29) y al ministerio de los ángeles en relación con la aparición de Cristo (v. 31) tienen un desarrollo amplio en el libro de Juan.

En las epístolas son especialmente valiosos los pasajes de 1 Ts. 4:15-17; 2 Ts. 2:1-12; 1 Co. 15:20-28; 2 Co. 5:1-10 y 2 P. 3:10-13. Como podrá observarse, hay en estos textos una mayor sobriedad en el uso del simbolismo apocalíptico, por lo que su lenguaje es relativamente claro. Ello permite que su descripción de eventos escatológicos de primer orden, como son la segunda venida de Cristo, la resurrección, la aparición del Anticristo, el triunfo definitivo del Reino de Dios y la transformación del actual cosmos en una nueva creación enmarque y oriente la interpretación de las visiones de Juan.

### 3. La revelación de Juan y la apocalíptica judía

Se ha dado el nombre de apocalíptica a la literatura judía que, con características peculiares, análogas a las del libro canónico de Daniel, proliferó durante tres siglos a partir del II a. de C.

Su nombre se deriva precisamente de la primera palabra del libro de Juan (apocalypsis), por lo que, como es lógico, no se aplicó originalmente a ninguna de las obras escritas en tiempos anteriores (aunque la palabra aparece como título en los libros 2 y 3 de Baruc, se trata de una edición posterior). Sin embargo, el calificativo «apocalípticos» se ha aplicado de modo general tanto a los escritos de este tipo que siguieron a la obra de Juan como a los que la precedieron.

No es fácil definir este género literario; y tampoco lo es determinar los libros que han de incluirse en el mismo. No obstante, los generalmente aceptados como pertenecientes al grupo son: los libros de Enoc, el de los Jubileos, los Oráculos Sibilinos, los Testamentos de los Doce Patriarcas, los Salmos de Salomón, la Asunción de Moisés, la Ascensión de Isaías, 2 Esdras y 2 Baruc, amén de algunos otros de menor importancia.

Los orígenes de esta literatura no hay que buscarlos, como algunos pretenden, en influencias iranias o helénicas, sino en la tradición profética. A juicio de H. H. Rowley, «que la apocalíptica es hija de la profecía, aunque diferente de ella, apenas puede ser discutido».[6]

Recientemente algunos autores, entre ellos von Rad, han visto en la apocalíptica un desarrollo de la literatura sapiencial, y no han faltado quienes la consideran producto de un sincretismo que

---

6. *The Relevance of Apocalyptic*. 1963, p. 15.

aglutinaba ideas religiosas orientales con el pensamiento griego.[7] Pero un estudio que vaya más allá de unas cuantas ideas o de determinadas imágenes y que penetre en el fondo de la apolalíptica pone al descubierto sus raíces, hondamente adheridas al pensamiento profético del Antiguo Testamento con su concepto de la soberanía de Dios como punto central.

Es evidente, no obstante, que en la apocalíptica se produce un cambio de perspectiva en lo que concierne a la intervención divina en el curso de la historia, y es precisamente ese cambio lo que configura básicamente el pensamiento de sus autores. Para comprenderlo hemos de situarnos en el momento histórico en que se gestó. La comunidad posexílica se enfrentaba con un gran problema: las promesas de una restauración gloriosa no parecían haber tenido el cumplimiento esperado en el regreso de Babilonia y en el devenir histórico posterior. La realidad era demasiado pobre para pensar que correspondía a los días esplendorosos que los profetas habían anunciado. Y esa realidad se hizo aún más sombría en el periodo intertestamentario, especialmente en tiempos de los seléucidas, cuando a la subyugación a que fue sometido el pueblo judío se sumó la persecución de Antioco Epifanes con su brutalidad sacrílega. La victoria macabea aseguró a los judíos libertad religiosa, pero poca cosa más; distaba mucho de significar el principio del Reino de Dios. Posteriormente, el gobierno de los asmoneos, mundanas marionetas en manos de los romanos, en nada contribuiría a mejorar la situación. ¿Podía decirse que con el retorno de Babilonia se había iniciado la era en que Israel sería nuevamente exaltado a posiciones de prosperidad, poderío y honor? Las circunstancias ¿no eran un mentís rotundo a tal suposición? ¿No hacían pensar más bien en que Dios se había desentendido de la suerte de su pueblo? Los judíos de aquella época se enfrentaban con una teodicea incomprensible. Era por demás difícil interpretar las promesas proféticas siguiendo la línea de una «escatología realizada».

La solución al problema la hallan los autores de la apocalíptica intertestamentaria en una nueva concepción del fenómeno histórico. Su presente lo veían a través de un prisma totalmente negativo. «Empezaron con una observación empírica de la ausencia relativa de Dios de la historia desde la caída de Jerusalén. No les parecía que hubiese actuado en favor de su pueblo durante este periodo. Por consiguiente, el punto de vista apocalíptico común... era que el exilio no había cesado nunca realmente.»[8] A la inacción de Dios se añadía su silencio. Era creencia común en

7. H. D. Betz y M. Hengel, cit. por S. H. Travis, *Christian hope and the future of man*, IVP, 1980, p. 30.
8. R. J. Bauckham, «The rise of apocalyptic», *Themelios*, vol. 3, n.º 2, p. 20.

aquella época que la profecía había cesado poco después del regreso de la cautividad babilónica (1 Mac. 4:46; 9:27; 14:41). Pero tenía que haber solución al problema, una explicación de los sufrimientos del pueblo de Yahvéh y de la demora en el establecimiento del Reino.

La solución es ofrecida en el mensaje apocalíptico con su escatología trascendente. La salvación no ha de esperarse en el marco de la evolución histórica. Será el resultado de una intervención directa, trascendente, de Dios. El presente no tiene remedio desde el punto de vista humano. Y carece de valor, pues está próxima la nueva era, la «nueva creación», en la que el triunfo de Dios y de su pueblo se hará patente sobre la totalidad de sus enemigos. De este modo, el pensamiento apocalíptico, a pesar de los excesos en que incurrieron algunos de sus representantes, reinterpretaba el antiguo mensaje profético y reavivaba la fe de los judíos piadosos superando con la intensidad de su componente escatológico todas las decepciones y todos los misterios de la experiencia histórica.

Las esperanzas suscitadas por la apocalíptica entre los judíos sufrieron los efectos de nuevos desengaños a raíz de la destrucción de Jerusalén el año 70 d. de C. En los libros escritos durante el periodo que siguió a esa fecha (Ap. de Abraham, 2 Baruc y 4 Esdras), se acentúa el pesimismo en la evaluación de la historia y, consecuentemente, también el dualismo entre la edad presente y la futura, totalmente separadas entre sí.

En la Iglesia cristiana, por el contrario, las expectativas hallaron aclaración y nuevo impulso con la escatología del Evangelio. Las perspectivas de la consumación futura del Reino de Dios adquirían tintes de certidumbre porque el tiempo de la salvación ya había empezado en Cristo. Pese a las contingencias históricas y a las limitaciones de la experiencia presente, el Reino de Dios ya es una realidad. Las promesas proféticas han entrado en la primera fase de su cumplimiento. Si no puede hablarse de una «escatología realizada» en su sentido pleno, sí puede hablarse de una «escatología inaugurada».

### Características doctrinales de la apocalíptica

Podríamos resumir el fondo distintivo de la teología apocalíptica destacando los siguientes aspectos:

a) *Pesimismo respecto al curso de la historia.* Era convicción de los autores apocalípticos que durante la era presente el mundo no es gobernado por Dios, sino que está dejado al control de poderes demoníacos (1 Enoc 89:61). Nada cabía esperar de las iniciativas humanas dada la malignidad irremediable del hombre y la sociedad. La salvación sólo podía esperarse de Dios con la llegada de la era futura (4 Esd. 4:26-32; 7:50; 8:1-3).

No debe pensarse, sin embargo, que el pesimismo apocalíptico era desesperanza total. Sólo concernía a lo que de sí podía dar el curso de la historia. En cuanto al futuro escatológico, se mantenía un claro optimismo.

b) *Dualismo temporal.* Era resultado del pesimismo. Tan intrínsecamente malo era el mundo y tan irreformable que no podía ser visto como una esfera en la que Dios actúa. Dios estaba ausente y seguiría estándolo hasta el día en que advendría el orden nuevo del Reino de Dios. Hay, pues, según el pensamiento apocalíptico, sólo dos edades: la presente, mala, condenada a la catástrofe, y la venidera (2 Esd. 7:50), cuando se realizarán gloriosamente los propósitos de Dios, sin que entre la una y la otra haya la menor relación de continuidad (2 Baruc 31:5).

c) *Concepción determinista de la historia* (2 Esd. 4:36 y ss.; 6:1-6; comp. Dn. 11:36). Ésta era dividida en diversos periodos desde la creación, todos ellos predeterminados por Dios y revelados a sus siervos (los autores apocalípticos). En cierto modo, había afinidad con el pensamiento profético, que enfatizaba la unidad de la historia; pero tanto las divisiones que de la misma hacía como sus interpretaciones resultan artificiales. En alguno de los libros se divide la historia en 85 jubileos (Asunción de Moisés); en otros, en 10 «semanas» (Ap. de las Semanas en 1 Enoc), en 7 partes (Testamento de Abraham) o en 12 partes (Ap. de Abraham), etc. Sin embargo, prácticamente todos coinciden en la computación de los tiempos para llegar a la conclusión de que estaban viviendo en los últimos días de esta era, a las puertas mismas de la edad futura.

Este concepto determinista de la historia debe ser interpretado a la luz del pesimismo histórico de la apocalíptica. Los periodos de la era presente han de sucederse inexorablemente conforme a lo predeterminado; pero nada tienen que ver con el Reino. A veces Dios mismo es presentado como en espera de que transcurran los tiempos por Él decretados en vez de actuar directamente en ayuda de los justos (4 Esd. 4:36, 37). En este punto, evidentemente, se alejaban ostensiblemente de la perspectiva profética, en la que Dios no deja ni por un momento su control y dirección del devenir histórico, que siempre es historia de salvación, pese a la negrura del mal que envuelve la historia humana en general.

d) *Prioridad de la escatología.* El mundo venidero constituye el principal tema de la apocalíptica. En él se centran todas las esperanzas. Y es contemplado con dimensiones trascendentales y cósmicas. A veces, no se enfatiza la idea de un reino terrenal, sino la de un reino sobrenatural en un cielo nuevo y una tierra nueva (1 Enoc 37-71); en otros textos se hace referencia a un reino espiritual en el cielo (2 Enoc) o a un reinado temporal en la tierra seguido de un estado eterno en los cielos (2 Esd. y 2 Baruc).

Sorprendentemente, apenas hay alusiones —al menos de cierto relieve— al Mesías. En algunos libros no se menciona en absoluto. En los salmos de Salomón es presentado siguiendo la figura del descendiente de David. En uno de los escritos (Testamentos de los Doce Patriarcas) se contempla el advenimiento de dos Mesías, uno con funciones sacerdotales y otro como rey, lo que coincide con las esperanzas de la comunidad qumranita. Quizá las referencias más notables son las que asocian al Mesías con un «Hijo del hombre» (2 Esd.), ser celestial preexistente que se pone al frente de los elegidos llamados a participar del Reino de Dios (1 Enoc 37-71).

Las creencias relativas a la resurrección y el juicio final no llegaron a alcanzar homogeneidad en el judaísmo precristiano; pero constituyeron elementos que vigorizaron la esperanza apocalíptica. El significado de la vida humana no puede explicarse satisfactoriamente a la luz de la experiencia en el curso de la historia; pero sí ante la perspectiva del destino final de los hombres decidido por el justo veredicto de Dios.

e) *Pasividad ética.* La preocupación predominante es confortar a los judíos que sufren, especialmente a los *hasidim* o piadosos. Lo que estos necesitaban no era corrección, sino aliento. Y el aliento nace de la convicción de que es inminente la llegada del fin. Lo importante era inflamar la esperanza escatológica. El presente, incluidas sus responsabilidades morales, pasaba a un plano tan secundario que apenas merecía que se le dedicase atención. Por esta razón, la ausencia de exhortaciones es casi general en la apocalíptica, con excepción del Testamento de los Doce Patriarcas y Enoc, los menos apocalípticos de la colección.

## Características literarias

En cuanto a la forma, el género apocalíptico también se distinguía por unos rasgos comunes:

a) *Seudonimia.* No ha llegado a explicarse satisfactoriamente las causas por las que los escritores redactaron sus obras en nombre de alguno de los grandes hombres de la historia bíblica del pasado (Adán, Moisés, Enoc, Esdras, etc.). ¿Se trataba de una medida de prudencia en los tiempos de persecución? Este motivo únicamente habría sido válido en determinados momentos históricos, no a lo largo de todo el periodo. ¿Constituía un recurso mediante el cual lo escrito adquiría una autoridad que de otro modo no habría tenido? Si era así, ¿se practicaba un fraude piadoso generalizado? ¿O estaban convencidos los autores de que transmitían revelaciones concedidas por Dios a los prohombres del pasado, que, por razones desconocidas, habían permanecido ocultas o selladas hasta el tiempo del fin (4 Esd. 12:35-38; comp. Dn. 12:9) y que ahora les eran comunicadas a ellos para que las dieran a conocer al pueblo? D. S. Russell ha sugerido que los escritores «tenían un profundo sentido de identificación con aquellos en cuyo nombre escribían y estaban convencidos de que expresaban lo que el vidente de la antigüedad habría dicho si hubiese vivido en el tiempo de ellos».[9] Cualquier respuesta a la pregunta relativa a la seudonimia apocalíptica permanece hasta el presente en el terreno de las conjeturas.

b) *Información visionaria.* Lo que los escritores describen lo atribuyen a revelaciones que Dios les ha concedido por medio de visiones en momentos de éxtasis o en sueños. Raras veces se refieren a fenómenos de audición. En algunos casos, la visión se produce en forma de traslación que le permite al vidente recorrer el cielo y el infierno.

La más de las veces, la visión es interpretada por mediación angélica o por Dios mismo.

c) *Lenguaje simbólico.* En parte, el lenguaje de la apocalíptica se deriva de los libros proféticos del AT. De ellos toma buen número de metáforas y figuras diversas adaptándolas a su propio estilo. Pero se distingue por la exuberancia de figuras. Sobresalen las de animales, de ángeles y de estrellas para representar a reinos, hombres y ángeles caídos respectivamente. El simbolismo numérico es asimismo abundante. Y no faltan elementos simbólicos realmente grotescos.

d) *Narración profética de la historia.* El autor escribe como si estuviese situado en un momento del pasado remoto, desde el cual anuncia todo lo que va a suceder en el curso de los siglos. Lo que narra «proféticamente» no es otra cosa que los hechos ya acontecidos, y los relatos alcanzan hasta el tiempo del escritor, que es, como señalamos, el tiempo del fin. Curiosa, pero lógicamente, a partir del presente del autor las predicciones sobre el futuro se hacen imprecisas.

9. *Encycl. Britannica,* II, Art. «Apocalyptic Literature», p. 113.

## Comparación del Apocalipsis y la apocalíptica judía

Saltan a la vista los puntos de similitud entre el libro de Juan y los escritos extracanónicos del mismo género. La visión como instrumento principal de la revelación, la superabundancia de elementos simbólicos, la extensión y el relieve dados al final de esta era, así como los cuadros catastróficos que lo describen, la magnificencia del triunfo final de Dios y la gloria de la edad futura pueden, hasta cierto punto, justificar la inclusión de la Revelación de Juan entre las obras de género apocalíptico.

Sin embargo, los puntos de desemejanza son tantos y tan profundos que hacen del Apocalipsis joanino una obra singular, única. Contrariamente a lo que sucede en las obras extracanónicas, el autor da su nombre de modo claro (1:4, 9; 22:8). No hay en el libro ni anonimato ni seudonimia. Además, Juan no sólo se identifica abiertamente, sino que hace patente su función profética en el testimonio que transmite (1:3; 22:7, 10, 18, 19). Su autoridad emana de la objetividad de la revelación que Dios le ha concedido de modo directo.

Otra diferencia es que, mientras la apocalíptica rezuma pesimismo respecto al presente, Juan enfatiza la presencia del Señor y su acción soberana tanto en lo que concierne a la vida de su Iglesia como en lo relativo a los eventos de la historia universal. Dios ocupa su trono en el cielo, pero no está ausente de la tierra. Aun reconociendo los males de la edad presente, ve en ésta preciosas oportunidades de testimonio, de servicio doloroso, pero marcado con el signo de la victoria. La historia del mundo que precede al fin no es un simple compás de espera, oscuro y sin esperanza. En su curso está presente la acción redentora de Dios. El dualismo de la apocalíptica judía es del todo inexistente en el Apocalipsis del Nuevo Testamento en el cual reaparece el pensamiento de los antiguos profetas clásicos con su interpretación unitaria de la historia, la única acorde con la enseñanza de la Escritura.

Tampoco comparte Juan la indiferencia de la apocalíptica respecto a la ética. El relieve dado a los episodios escatológicos del fin no oscurece, como veremos, la responsabilidad moral del pueblo de Dios aquí y ahora. El presente no es algo que hay que «pasar» en espera paciente, pero pasiva, del advenimiento glorioso del Reino. Se debe aprovechar activamente. Todo cuanto impida la acción eficaz debe ser eliminado o corregido. Esa es la finalidad de las cartas a las siete iglesias (2-3) y de otros pasajes admonitorios (22:11-14, 18, 19).

Otra disparidad se observa en la ausencia de traslaciones del vidente. Juan no es llevado de acá para allá recorriendo los diversos ámbitos del universo. La única posible traslación es la descrita en 4:1, 2, con una visión del «salón del trono» (4:1, 2), a partir de la cual se desarrollan las visiones siguientes.

En la apocalíptica a menudo la variedad de escenarios va unida a una temática heterogénea, poco coherente, con no pocos pasajes didácticos sobre cuestiones de escasa importancia desde el punto de vista espiritual, como las relativas a matemáticas, meteorología y astronomía (1 Enoc 45-47; 72-82). Juan, en cambio, centra y concentra su escrito en el trono de Dios y en su acción soberana. En torno a ese punto giran todas las partes del libro en un conjunto que se distingue precisamente por su unidad y su sostenida sublimidad.

**Fondo histórico y propósito**

Ningún estudio exegético serio del Apocalipsis es posible sin tomar en consideración las circunstancias en que fue escrito. Éstas ofrecían un paralelo con las que habían originado la apocalíptica judía, pues en ambos casos los destinatarios respiraban una atmósfera de persecución.

Desde el principio la Iglesia había sufrido la oposición de los judíos; pero no había tenido grandes problemas con las autoridades romanas, como se advierte en el libro de los Hechos. Así, pese a la animosidad de la diáspora judía, el cristianismo fue extendiéndose por todo el imperio romano. Esta situación duró varias décadas, hasta que un factor político-religioso la modificó gravemente. Ese factor fue el culto al César.

La pretensión de honores divinos por parte del emperador, como vimos en el capítulo XXI, no era una novedad cuando Juan escribió su libro. Julio César ya la había tenido y Calígula había pedido que su estatua fuese objeto de veneración universal. Es verdad que algunos emperadores no se tomaron demasiado en serio su «divinidad»; pero tampoco hicieron nada por impedirla, ya que el culto a la persona del *imperator* reforzaba su influencia política. Con el tiempo, la práctica no sólo se generalizó, sino que fue regulada legalmente. En días de Domiciano, cuando a juicio de la mayoría de especialistas fue escrito el Apocalipsis, se impuso con fuerza, especialmente en las provincias de Asia Menor.

Por obvias razones políticas, este culto no podía ser dejado a la libre devoción de los ciudadanos, como lo eran otras formas cúlticas en el politeísmo grecorromano. Excluía necesariamente la tolerancia. Era compatible con otras creencias religiosas; pero a su práctica estaban obligados todos los habitantes del imperio; y a él se sometieron éstos mayoritariamente. Acostumbrados a un culto plural, en el que varias divinidades compartían su adoración, no tenían inconveniente en extender su devoción a una más: la del emperador. Lo hicieron con una mezcla de servilismo y gratitud, saludando a la figura imperial como «salvador», «soberano» *(autokrator)* y «señor» *(kyrios, dominus)* de los hombres. Seguramente pocos tendrían reparo en aceptar la presunción de Domiciano al arrogarse el título de *dominus et deus* (señor y dios).

Fácil es imaginar el problema que esta situación planteaba a los cristianos, quienes únicamente podían reconocer a un solo Dios y Señor. Era un problema de lealtades. Y la fidelidad a Cristo no permitía componendas sincretistas como las que, al parecer, sugerían los nicolaítas mencionados en 2:6, 15. No cabía argüir que el culto al César no obligaba a aceptar un credo diferente del cristiano, por lo que era permisible participar en las ceremonias religiosas oficiales. Esta argucia hacía posible que el cristiano continuase sus actividades comerciales, políticas y sociales en la comunidad civil sin conflictos a causa de su fe; pero en realidad era una defección. Era imposible compaginar lo que de veras significaban *Kyrios Iesous* (Señor Jesús) y *Kyrios Kaisar* (Señor César). Inevitablemente había llegado la hora del enfrentamiento entre la Iglesia y el Estado. La tormenta todavía no se había desencadenado con toda su violencia, pero ya se anunciaba de modo que no dejaba lugar a falsas ilusiones. La muerte de Antipas (2:13) y el destierro a Patmos del propio Juan (1:9) permitían presagiar lo que se avecinaba (2:10).

Contemplando una situación tan dramática, resultaría absurdo pensar que el Apocalipsis es un simple tratado de escatología. Es, como hicimos notar, una carta, una carta con sello de urgencia. Su propósito era ayudar del modo más efectivo posible a las comunidades cristianas que se hallaban ya abocadas a una persecución cruenta. Por eso, como bien hiciera notar James Moffat, «el Apocalipsis es un llamamiento a las armas, bien que las armas son sólo la paciencia y la lealtad a las convicciones».[10]

Robustecer esa paciencia y esa lealtad es el propósito del Apocalipsis. En la medida de lo necesario, la Iglesia es reprendida y llamada al arrepentimiento. Pero el libro es esencialmente un mensaje alentador. El conjunto de las visiones hace resaltar de modo impresionante la verdad medular: Jesucristo es el verdadero Señor. Lo es no sólo de la Iglesia, sino del universo y de la historia. Su pueblo, mientras esté en el mundo, tendrá aflicción; pero Él ya ha vencido al mundo (Jn. 16:33) y seguirá venciéndolo. Todos los poderes hostiles, humanos y demoníacos, serán finalmente del todo sometidos al Rey de Reyes. El último triunfo corresponde no a Roma, sino al Reino de Dios. No importa que en el conflicto muchos cristianos sufran el martirio. Lo importante es que sean «fieles hasta la muerte»; así serán tenidos por dignos

---

10. *Expositor's Greek Testament*, vol. V, p. 313.

del Reino (comp. 2 Ts. 1:5) y recibirán «la corona de la vida». (Ap. 2:10).

Por supuesto, la profecía de Juan, inseparablemente insertada en el contexto histórico de la Iglesia de su tiempo y destinada a ella, tiene un mensaje para la Iglesia de todos los tiempos hasta que Cristo vuelva. Lo tendrá especialmente en las épocas de persecución y, sobre todo, en la «tribulación final». Siempre, en medio de la oscuridad, resplandecerá la gloria del Señor que viene «pronto» en suprema majestad.

## Escuelas de interpretación

Los problemas exegéticos del Apocalipsis exceden ampliamente a los que puede ofrecer cualquier otro libro de la Biblia. A la dificultad propia de un lenguaje saturado de símbolos, se suma la de armonizar el propósito original del libro con su descripción de la parusía de Cristo y los grandes eventos relacionados con ella.

El Apocalipsis, a semejanza de la predicación de los profetas del Antiguo Testamento, no es un texto sobre futurología. Es un mensaje dirigido a unos destinatarios inmersos en la tribulación. Por consiguiente, su contenido forzosamente había de estar relacionado con sus circunstancias y su necesidad. Las visiones de las que Juan da testimonio sólo tendrían valor para ellos si se cumplían —o empezaban a cumplirse— en sus días, no al cabo de miles de años. Pero transcurrió el tiempo; pasó la hora de la crisis; cesaron las persecuciones; y la historia proseguía su curso sin especiales convulsiones escatológicas. Poco o nada se veía que pudiera interpretarse fácilmente como signo de un inminente retorno de Cristo. Si había de mantenerse la veracidad del testimonio de Juan, el problema hermenéutico era evidente. ¿Se habían cumplido ya de algún modo las predicciones de todo aquello que debía suceder «en breve» (1:1)? ¿Estaban en vías de cumplimiento? ¿O habían de tener su realización en el futuro todavía distante? Lo que aparece como predicción ¿no sería simple exposición pictórica de verdades espirituales perennes?

Las distintas respuestas a estos interrogantes son exponente de lo espinoso que resulta el camino de la interpretación. Las opiniones de algunas grandes figuras de la Iglesia cristiana nos darán una idea de la enorme diversidad en los modos de explicar el libro.

Ya en los primeros siglos descubrimos las más variadas tendencias. Justino, Ireneo e Hipólito fueron milenaristas, es decir, creyeron en un milenio sobre la tierra que ha de preceder a la resurrección, al juicio y a la creación de cielos nuevos y tierra nueva. En la iglesia de Alejandría prevaleció la espiritualización de las visiones, muy acorde con la escuela de interpretación alegórica. Este método tuvo uno de sus principales defensores en Ticonio, quien ignoró totalmente el fondo histórico del primer siglo. Siguiendo la misma línea, Agustín hizo una exégesis mística, que fue normativa a lo largo de diez siglos. Primasio, obispo norteafricano del siglo VI, puso especial empeño en destacar las verdades abstractas y universales representadas en el texto de modo particular.

Mención especial, por su influencia posterior, merece Joaquín de Floris en el siglo XII. Contrario a la creencia —nacida de la interpretación alegórica— de que el milenio había empezado con el primer advenimiento de Cristo, Joaquín sostuvo que el milenio correspondía al futuro. Aunque se mantuvo leal a la Iglesia Católica, veía la edad venidera como una manifestación de perfecto monasticismo en que la Iglesia, purificada de su corrupción, sería restaurada a su pureza primigenia. Sus seguidores no titubearon en identificar al papa con la bestia y a la Roma papal con la ramera que cabalga sobre la bestia escarlata. Esta interpretación fue asumida más tarde en días de la Reforma y estuvo en auge entre las iglesias protestantes durante largo tiempo.

Iniciador de una nueva línea interpretativa fue Nicolás de Lira, teólogo francés del siglo XIV. Prescindiendo de la teoría del paralelismo de las secciones correspondientes a los sellos, las trompetas y las copas —que había sostenido Victorino a fines del siglo III—, estuvo convencido de que cada visión representaba un acontecimiento histórico y que todas estaban ordenadas cronológicamente de modo continuo para describir la historia desde los días apostólicos hasta la consumación.

En el siglo XVII, el jesuita español Ribera sugirió que el Apocalipsis sólo anuncia acontecimientos relativos a un futuro próximo y a otro lejano, el que precede inmediatamente al fin, sin que prevea ninguno correspondiente a un periodo intermedio. Aunque con cierta razón Ribera ha sido tildado de futurista, debe también reconocerse que prestó atención a la base histórica del libro.

Otro jesuita español de la misma época, Alcázar, es considerado como el primer «preterista». En su interpretación, los capítulos 4-19 describen lo acaecido en días del autor del Apocalipsis y en los siglos que siguieron inmediatamente. Los capítulos 4-11 se refieren al conflicto de la Iglesia con el judaísmo; 12-19, al enfrentamiento con el paganismo, mientras que 20-22 describen el triunfo que empezó con Constantino.

El énfasis en el fondo histórico del libro y la necesidad de una interpretación acorde con la que los destinatarios originales habían de darle caracteriza a la mayoría de exegetas de nuestros días.

El pequeño esbozo histórico que acabamos de presentar nos permite apreciar que los diferentes modos de entender el libro en tiempos pasados subsisten hoy, de forma más sistematizada, en cuatro «escuelas»:

## 1. Preterista

Se denomina también histórico-contemporánea. Su punto de vista es que prácticamente todo el material del Apocalipsis gira exclusivamente en torno a la situación en que se hallaba la Iglesia a fines del primer siglo. Las figuras y los acontecimientos son contemporáneos del autor o muy próximos a su tiempo. La fidelidad a su Señor lleva al pueblo cristiano al enfrentamiento con un poder político hostil. La bestia es uno de los emperadores romanos; y el falso profeta, la administración religiosa que ha encumbrado al emperador hasta el punto de atribuirle rango divino. La Iglesia ha de sufrir pacientemente. Pero muy pronto se manifestarán los juicios de Dios contra Roma, juicios que culminarán con la aparición de Cristo y el establecimiento de su Reino.

La virtud de esta interpretación es que hace honor al carácter profético del libro. Su mensaje es considerado como una respuesta a las cuestiones que más preocupaban a las comunidades cristianas a las que iba dirigido. Su punto débil es la afirmación de que las profecías se cumplieron ya totalmente en el pasado. Algunos fijan la consumación de los anuncios apocalípticos en la caída de Roma el año 476. Pero es evidente que buena parte de las predicciones no llegaron a realizarse ni en las postrimerías del imperio romano ni en ningún otro periodo posterior. Nos parece atinada la observación de R. H. Mounce: «El mayor problema respecto a la posición preterista es que la victoria decisiva descrita en los últimos capítulos del Apocalipsis nunca ha tenido cumplimiento. Es difícil creer que Juan contemplaba algo que no fuese el completo derrocamiento de Satanás, la final destrucción del mal y el Reino eterno de Dios.»[11]

Por otro lado, una interpretación rigurosamente preterista, que habría sido de gran valor para los primeros lectores, apenas sería significativa para los de épocas subsiguientes cuando la Iglesia ha vivido en circunstancias de libertad y paz.

## 2. Historicista

Entiende que las visiones narran pictóricamente el curso de la historia de la Iglesia desde los días apostólicos hasta la segunda venida de Cristo. Los diferentes sellos, trompetas y copas prefiguran determinados acontecimientos históricos (la aparición del Is-

11. *Op. cit.*, pp. 41, 42.

lam, el auge del papado, la Reforma, la revolución francesa, las guerras mundiales, etc.) y sus figuras más prominentes. Característica de esta escuela es el desacuerdo que se observa entre sus seguidores en el momento de precisar qué realidad histórica corresponde a cada una de las visiones. Según Ladd, el punto más importante en esta interpretación es la identificación de la bestia y del falso profeta en sus aspectos políticos y religiosos.[12] Pero aún aquí no hay unanimidad. Las discrepancias de los expositores —resultado de la subjetividad con que tratan el libro—, lo inacabado de la historia y lo insuficiente —por no decir discutible— del cumplimiento que se atribuye a las predicciones hacen que los resultados de la interpretación aparezcan como poco fiables o, en el mejor de los casos, como incompletos. Una cosa es ver en ciertos hechos y personajes históricos ilustraciones del cumplimiento y otra es el cumplimiento mismo. Que algunas figuras de la historia hayan presentado rasgos del Anticristo, por ejemplo, no es suficiente para identificarlas con el «falso profeta», el «inicuo» a quien el Señor destruirá con la manifestación de su parusía (Ap. 13:11-18; 19:11-20; comp. 2 Ts. 2:8).

Una objeción de cierto peso hecha a la escuela historicista es que parece «dudoso que el Espíritu de Dios considerase útil o necesario dar a la Iglesia apostólica una descripción tan minuciosa de eventos que estaban más allá de su propio tiempo y que sólo remotamente incidían en la consumación de los tiempos».[13]

### 3. Futurista

También esta escuela presenta disparidad de opiniones. Para muchos, a partir del capítulo 4, todo el contenido del libro se refiere al tiempo del fin, a los episodios históricos que preceden inmediatamente a la venida de Cristo. Las cartas a las iglesias podrían representar las épocas sucesivas de la historia de la Iglesia cristiana en la tierra, que se cierra con su arrebatamiento y traslación al cielo (simbolizada por la experiencia del vidente en 4:1).

Esta posición es sostenida tenazmente por el sistema dispensacionalista, con un énfasis especial en la diferencia entre el programa que Dios tiene para la Iglesia y el que tiene para Israel. Según el esquema profético de esta escuela, tanto los sellos como las trompetas y las copas describen aspectos de la gran tribulación, de la que la Iglesia no participará, ya que habrá sido arrebatada previamente por el Señor. Precisamente los veinticuatro ancianos del capítulo 4 simbolizan a la Iglesia después del arrebatamiento. A lo largo de los capítulos siguientes, siempre que se habla del

12. *Op. cit.*, p. 622.
13. E. Harrison, *Intr. al NT*, p. 460.

pueblo de Dios debe entenderse el pueblo de Israel. Es Israel el que pasa por las dramáticas experiencias de la tribulación desencadenada por la bestia, el imperio romano restaurado.[14]

A este modo de entender el esquema del Apocalipsis, se opone el reparo de que, con excepción de los tres capítulos iniciales, «priva al libro de toda significación para los primitivos cristianos y, en realidad, para todas las generaciones subsiguientes con excepción de la última. Para todas las generaciones intermedias es meramente una previsión de lo que sucederá en los últimos días. Hasta que esos días lleguen, significa poco, salvo que Dios tiene un propósito final».[15]

Pero no todos los futuristas sostienen puntos de vista idénticos. Algunos estiman que Ap. 4:1 no representa otra cosa que un cambio de perspectiva. Lo que va a suceder será visto no desde la tierra, sino desde la altura del trono de Dios en el cielo. Los sellos son indicativos de eventos que tienen lugar a lo largo de toda la historia, al final de los cuales tiene efecto la consumación. Sin embargo, es este periodo final el que constituye el foco central del libro y la mayor parte de su contenido.

## 4. *Idealista*

Los intérpretes de este grupo atribuyen al Apocalipsis un carácter intemporal. Las visiones no expresan acontecimientos históricos concretos, sino principios y verdades indicativos del modo de actuar de Dios en el escenario histórico. El libro es, en opinión de T. S. Kepler, «una filosofía de la historia en la que las fuerzas de Cristo están continuamente oponiéndose a las fuerzas demoníacas del mal y conquistándolas».[16]

Esta interpretación convierte la obra de Juan en un simple poema teológico, carente de elementos realmente predictivos que hubieran de tener un cumplimiento histórico específico ni en el futuro próximo al autor ni en el más lejano.

Sus defensores han creído que sólo de este modo pueden resolverse los problemas exegéticos a que las visiones dan lugar. Pero, en realidad, más que aportar una solución, lo que hacen es soslayar los elementos objetivos de la escatología bíblica, en especial la predicción de determinados hechos, ignorando multitud de pasajes del Antiguo y del Nuevo Testamento con los que el Apocalipsis guarda estrecha relación.

Un análisis crítico de cada una de las modalidades de interpretación expuestas pone de manifiesto lo insuficiente de cualquiera

14. Para una exposición detallada de la interpretación dispensacionalista véase J. D. Pentecost, *Eventos del Porvenir*, especialmente caps. X y ss.
15. Leon Morris, *Revelation*, Tyndale Press, 1973, p. 18.
16. «Revelation, Book of», *Hastings Dict. of the Bible*, rev., p. 850.

de ellas. Pero, por otro lado, ninguna debe ser completamente descartada. Probablemente lo más sabio es aprovechar y combinar adecuadamente sus elementos esenciales.

No parece hermenéuticamente sano desentenderse de la perspectiva enfatizada por los preteristas. Podemos no compartir su opinión de que las visiones del Apocalipsis se cumplieron totalmente en el pasado; pero sería arriesgado y poco acorde con la naturaleza de la profecía pensar que, con excepción de los tres primeros capítulos, el libro no contiene ninguna referencia a la situación de la Iglesia en el primer siglo con los serios conflictos en que se veía envuelta. Rechazar, por ejemplo, la posibilidad de que las dos bestias del capítulo 13 tengan algo que ver con el antiguo imperio romano en su doble aspecto político y religioso y con la dura prueba que había de significar para los cristianos la imposición del culto al César podría ser más resultado de un esquema interpretativo preconcebido que de una exégesis imparcial guiada por los principios de la interpretación gramático-*histórica*.

Con los historicistas podemos estar de acuerdo en el fondo —si no en la forma y los detalles— de su planteamiento. Los principios subyacentes a las visiones, es decir, la filosofía bíblica de la historia con su realce de la acción soberana de Dios a lo largo de los tiempos se hacen patentes en las grandes crisis históricas que ha conocido la humanidad. Ello nos conduce a coincidir también, parcialmente, con los idealistas, aceptando las grandes verdades del Apocalipsis que se han hecho evidentes en el conflicto ininterrumpido del Reino de Cristo con sus adversarios.

Y, por supuesto, si hemos de ser objetivos en la exégesis del libro, no podemos negar el amplio espacio que los eventos del fin tienen en él. Por lo menos en un punto hemos de concordar con los futuristas: el clímax del Apocalipsis es eminentemente escatológico.

Resumiendo, diríamos que la clave para una recta interpretación es el discernimiento de sus dos polos: el histórico y el escatológico. ¿Por qué no creer que muchas de las visiones describían de modo simbólico acontecimientos históricamente próximos al escritor, quizás inminentes, y que al mismo tiempo apuntaban a un cumplimiento más distante en los tiempos inmediatamente anteriores a la parusía? Como vimos al estudiar la interpretación de los textos proféticos del Antiguo Testamento, no son pocas las predicciones que tienen un cumplimiento doble (o múltiple): uno casi inmediato o próximo y otro en un futuro más lejano. Las predicciones relativas a Emanuel, al «día de Yahvéh» o a la restauración de Israel son ejemplos fehacientes de ello.

Volviendo a la Revelación de Juan, hacemos nuestra la conclusión de G. E. Ladd de que «el método correcto de interpretar el Apocalipsis es como una integración de los métodos preterista y futurista. La bestia es tanto Roma como el Anticristo escatológico, y —debemos agregar— cualquier poder demoníaco al que la Iglesia deba hacer frente a lo largo de toda su historia. La gran tribulación es un hecho escatológico, pero incluye toda tribulación que la Iglesia puede experimentar a manos del mundo, sea la Roma del siglo I, sean los poderes del mal posteriores».[17]

Por este camino podemos avanzar hacia posiciones exegéticas sólidas. Sin embargo, siempre deberá mantenerse la humildad que tantas veces a lo largo de esta obra hemos preconizado y evitar el dogmatismo o, en palabras de Michael Wilcock, «el uso exasperante de los adverbios "claramente" y "obviamente" en afirmaciones que para quienes sostienen otros puntos de vista no son ni claras ni obvias en absoluto».[18]

## La cuestión del milenio

Éste es probablemente el punto de la escatología bíblica debatido con mayor acaloramiento. El texto básico de la doctrina es Ap. 20:1-6, de donde se ha derivado el uso de la palabra «milenio» (del latín *mille* —mil— y *annu* —año). En el resto del Nuevo Testamento no hay ninguna referencia explícita y clara a un reinado de Cristo en la tierra durante un periodo milenario anterior a la era de la eternidad. Sólo 1 Co. 15:24-28 puede sugerirlo. Los demás pasajes escatológicos, tanto en los evangelios como en las epístolas, arrojan luz sobre otras cuestiones, pero no sobre ésta.

Para algunos comentaristas la fuente básica de información sobre el milenio se encuentra en los libros proféticos del Antiguo Testamento, en los que reiteradamente se predice un tiempo de paz, prosperidad y justicia junto con un Israel restaurado bajo el reinado del Mesías. Para otros, la esperanza de un reino preliminar o intermedio tiene su fundamento en ideas de la apocalíptica tardía del judaísmo, bastante difundidas a fines del primer siglo a pesar de la gran diversidad de opiniones en cuanto a la duración de dicho reino.[19]

Hasta qué punto los primeros seguidores de Jesús compartían esta esperanza es difícil de precisar, aunque probablemente no eran del todo ajenos a ella (comp. Hch. 1:6). Tampoco es fácil determinar el pensamiento de Jesús al respecto. En su respuesta a la pregunta concreta sobre la restauración del reino a Israel ni ratificó ni rectificó las opiniones de sus discípulos; simplemente

17. *El Apocalipsis de Juan*, Caribe, 1978, pp. 16, 17.
18. *I saw Heaven opened*, IVP, 1981, p. 24.
19. Según Akiba, cuarenta años; R. Jehuda calcula cuatro mil; R. José el Galileo, sesenta; R. Eleazar B. Azarías, setenta; R. Eliezer B. José el Galileo, mil. Este último cálculo tuvo apoyo en la interpretación de la historia como un paralelo de la semana de la creación. Del mismo modo que a los seis días de la acción creadora de Dios siguió el día de descanso, así a los seis «días» de la historia humana seguirá el «sábado» del reinado mesiánico, al que sucederá un octavo día sin fin es decir, la era del Reino eterno (G. R. Beaslay-Murray, *op. cit.*, pp. 288, 289).

dirigió su atención a otra cuestión más urgente: la venida del Espíritu Santo y la evangelización del mundo. Como tuvimos ocasión de ver, en la enseñanza de Jesús sobre el Reino aparece con toda claridad tanto el aspecto presente del mismo como su manifestación futura. Al referirse a ésta, mencionó sin ambigüedades la parusía, la resurrección, el juicio y el destino eterno de los hombres. Y nada hay ni en las parábolas ni en su discurso escatológico que apunte a un reino milenario.

Sin embargo, en opinión de muchos la ausencia de referencias explícitas al milenio en el Nuevo Testamento, aparte del mencionado pasaje de Apocalipsis, no es argumento decisivo para negarlo, sobre todo si se tiene en cuenta que existen textos bíblicos suficientes para apoyar las afirmaciones (independientemente de las interpretaciones) que en Ap. 20:1-6 se hacen.

El problema, generalmente, no estriba en aceptar o rechazar la idea de un milenio, sino en el modo de interpretarlo. Es en torno a esta cuestión que la disparidad de opiniones se ha hecho más evidente. Y, como tantas veces ha sucedido, las posiciones a menudo han sido tomadas no por razones puramente exegéticas, sino dogmáticas, eclesiásticas e incluso político-sociales.

Se admite que en los primeros siglos del cristianismo predominó la creencia en un reino milenario de Cristo, aunque, como decía Justino Mártir, no *ubique et ab omnibus* (compartida en todas partes y por todos). Se adhirieron a ella Papías, Ireneo, Tertuliano e Hipólito. Pero los errores de Cerinto y de los montanistas, así como el extremismo entusiasta de algunos fieles, provocaron una reacción de recelo o abiertamente negativa en cuanto al milenarismo. Hipólito refiere el caso de obispos en Siria y en el Ponto que llevaron a sus congregaciones al desierto para esperar la venida del Señor. En el siglo IV, con la nueva situación religiosa creada por Constantino, empezó a creerse que el milenio ya había empezado. Siguiendo la tendencia a alegorizar o espiritualizar las predicciones escatológicas, Agustín afirmó que el milenio había tenido su comienzo con el primer advenimiento de Cristo y que corresponde a la era de la Iglesia cristiana (*De Civitate Dei*, XX, 6-7). Esta opinión se generalizó durante la Edad Media. No obstante, la esperanza de un milenio literal subsistió entre algunos grupos. En el siglo XVI, los reformadores mantuvieron la posición agustiniana, aunque no se descarta la posibilidad de que ello se debiera en gran parte a una reacción contra los anabaptistas y a las convulsiones sociales producidas por movimientos más o menos «quiliastas« (milenaristas). En siglos posteriores, ha resurgido con fuerza la interpretación literal, hasta el punto de convertirse en punto fundamental de las declaraciones de muchas iglesias y grupos evangélicos.

En nuestros días las posiciones se han concretado en tres: la premilenarista, la posmilenarista y la amilenarista.

Según la *interpretación premilenarista*, la segunda venida de Cristo será precedida de las señales mencionadas en los pasajes escatológicos del Nuevo Testamento, incluidas la gran apostasía y la aparición del Anticristo. El Señor, en su advenimiento, establecerá sobre la tierra un reinado de paz (milenio), durante el cual la influencia de Satanás será anulada. Entre los hechos notables de este periodo se destacan la conversión de Israel y la transformación de los elementos hostiles de la naturaleza en factores de prosperidad. Transcurrido el milenio, sobreviene la última gran rebelión, a la que se pone fin con el triunfo definitivo de Dios que inaugura el estado eterno.

Una forma muy difundida de premilenarismo es la *dispensacionalista*, según la cual el reinado milenario concierne exclusivamente al Israel histórico, no a la Iglesia, y ve en él el cumplimiento literal de las promesas hechas en el Antiguo Testamento a los israelitas. El literalismo total, con todas sus dificultades, se mantiene incluso en la interpretación de las profecías de Ezequiel relativas a la reconstrucción del templo y a la reanudación de los sacrificios (Ez. 40-48).

El *posmilenarismo* sostiene que Cristo volverá después del milenio y que éste será el resultado de la acción de la Iglesia en el mundo. Loraine Boettner, uno de sus defensores, lo define como «el punto de vista respecto a las últimas cosas de que el Reino de Dios se extiende ahora por la predicación del Evangelio y la acción del Espíritu Santo en los corazones de los individuos, que el mundo finalmente ha de ser cristianizado y que el regreso de Cristo ha de acaecer al final de un largo período de justicia y paz comúnmente denominado el milenio... Debe añadirse que según los principios posmilenaristas, la segunda venida de Cristo será seguida inmediatamente de la resurrección general, el juicio general y la introducción del cielo y el infierno en su plenitud».[20]

El *amilenarismo* niega que haya de establecerse un reinado terrenal de Cristo antes o después de su segunda venida. El periodo de mil años es simbólico y se refiere a la historia de la Iglesia en la era presente, es decir al tiempo comprendido entre la primera venida de Cristo y su advenimiento en Gloria. De ahí que alguno de sus expositores —A. A. Hoekema— exprese su interpretación como «milenarismo realizado» en vez de usar el término «amilenarismo».[21]

20. *The Meaning of the Millenium*, Ed. R. G. Clouse, IVP, 1977, p. 117.
21. *The Meaning of the Millenium*, p. 155.

En la exégesis de Ap. 20:2, la atadura de Satanás es identificada con las acciones descritas en Mt. 12:29 y Lc. 10:18.

Cualquiera de las tres posiciones tiene puntos expuestos a objeciones serias que no siempre son refutadas satisfactoriamente. El esquema escatológico del dispensacionalismo, a juicio de no pocos exegetas evangélicos, es una sistematización extrema de la profecía en la que la imaginación alcanza conclusiones no siempre en consonancia con el conjunto de la enseñanza bíblica o suficientemente apoyadas en ella (dualidad perenne del pueblo de Dios: Iglesia e Israel, con propósitos y destinos diferentes; arrebatamiento de la Iglesia antes de la tribulación; interpretación de los capítulos 6-21 como referidos exclusivamente a Israel, no a la Iglesia; concepto del Reino como oferta a los judíos en días de Cristo, oferta que, a causa del rechazamiento por parte del pueblo, se pospone hasta el final de los tiempos; etc.).

El posmilenarismo resulta difícil de defender a la luz de la evolución histórica. Las perspectivas en lo que llevamos de siglo hacen pensar más en lo que ya ha empezado a llamarse «era poscristiana» que en una cristianización del mundo.

El amilenarismo es impugnado con la alegación de que vulnera el principio de interpretación gramático-histórica al aplicar a la Iglesia numerosos textos que, tomados en su sentido literal, se refieren claramente a Israel. Resulta asimismo difícil para muchos admitir que Satanás ya está sometido a la atadura mencionada en Ap. 20:2 desde el primer advenimiento de Cristo. Más bien parece que, como «príncipe de este mundo», su acción es hoy más intensa y libre que nunca.

No son éstas, por supuesto, las únicas objeciones que se hacen a los diferentes sistemas interpretativos, pero dan una idea del peso que en su conjunto pueden tener.

Es posible que, en medio de este laberinto, el estudiante se sienta perplejo y casi desesperanzado en cuanto a la posibilidad de llegar a conclusiones concretas exegéticamente válidas. Sin embargo, un análisis comparativo de las diferentes interpretaciones y —lo que es aún más importante— un estudio paciente, global, de la Escritura le ayudará a avanzar en la comprensión de la escatología bíblica, al menos de sus puntos fundamentales. Y si llega al convencimiento de que aún le quedan puntos oscuros sobre los cuales no se atreve a emitir una opinión definitiva, estará coincidiendo con el más grande expositor de la fe cristiana en la confesión de que ahora sólo conocemos parcial y borrosamente; todavía está en el futuro el día en que conoceremos tan cabalmente como somos conocidos (1 Co. 13:9-12).

## El mensaje teológico subyacente

Cualesquiera que sean las dificultades en la interpretación del Apocalipsis, hay un elemento claro que puede orientar decisivamente la exégesis. Ese elemento es el fondo teológico con su mensaje perenne. Sucintamente entresacamos sus puntos esenciales:

1. *La soberanía de Dios.* A lo largo de todo el libro, Dios es el *pantokrator*, el Todopoderoso. Este título lo encontramos nueve veces (en el resto del Nuevo Testamento, con excepción de 2 Co. 6:18, no se halla ni una sola vez). En los evangelios, en los Hechos y en las epístolas predomina el uso del nombre de Dios en su sentido más general, y cuando se particulariza alguno de sus aspectos, sobre todo en relación con su pueblo, es generalmente mencionado como Padre. Pero en el Apocalipsis la característica más sobresaliente es la de su dominio supremo sobre todo y sobre todos. Ni reyes, ni emperadores, ni poderes demoníacos o de cualquier otra clase pueden prevalecer contra Él. Pese a todas las potencias hostiles, la historia de la salvación prosigue su curso en avance continuo hacia la consumación triunfal. Cuando se llegue al final, el dragón, la bestia y el faso profeta —y todo cuanto con ellos pudiera ser representado— sucumbirán definitivamente; su derrota está sellada para siempre jamás (20:10). Desaparecidos todos los obstáculos, Dios morará con los hombres y ellos serán su pueblo (21:3). En el marco de la nueva creación, una nueva sociedad, una humanidad redimida, sirve y adora al «Señor Dios Todopoderoso» (21:22).

La soberanía de Dios, a la luz del actual estado del mundo, no parece demasiado evidente. Vistas las cosas *prima facie*, superficialmente, podría pensarse o que Dios de veras está ausente o que es impotente para vencer a Satanás, o simplemente que no existe. Como ha afirmado W. Pannenberg, «sólo la plena manifestación del Reino de Dios en el futuro... puede decidir finalmente sobre la realidad de Dios».[22] Pero la escatología bíblica —y el Apocalipsis en particular— proclama esa manifestación categóricamente, con lo que da coherencia y fuerza a las creencias cristianas.

2. *El Cristo divino, ejecutor de la obra de Dios.* Si Dios es el soberano, Cristo es el agente que lleva a efecto la voluntad de Dios en su triple obra de revelación, redención y juicio.

El libro, desde el principio, nos muestra la dignidad incomparable de Jesucristo basada en su persona y en su ministerio. Aunque Jesús es presentado en subordinación a Dios el Padre, se le designa con títulos que denotan divinidad: Alfa y Omega (1:8; 2:8;

22. Ref. de S. H. Travis, *op. cit.*, p. 14.

22:13), Hijo de Dios (2:18), Rey de reyes y Señor de señores (19:16). Y se le presenta estrechamente unido a Dios compartiendo el trono celestial y recibiendo «la alabanza, el honor, la gloria y el dominio por los siglos de los siglos» (5:13).

A la grandiosidad de la persona de Jesús se une la de su obra. Él es quien lleva a cabo la acción reveladora de Dios; es el «Verbo de Dios» (19:13). El contenido mismo del Apocalipsis es la «revelación de Jesucristo, que Dios le dio» (1:1). No es demasiado seria la cuestión de si Jesucristo es el objeto o el sujeto de esta revelación. Es ambas cosas, la esencia de la revelación y el mediador de la misma.

Es, asimismo, el «Cordero» de Dios inmolado para la expiación del pecado y la salvación de sus redimidos (1:5; 5:8-10; 7:14). Pero el Cordero es también el «León» (5:5). El Siervo sufriente, después de su muerte y resurrección, es el Señor (1:17, 18), con plena autoridad para tomar el «libro» y abrir todos sus sellos (5:1-7). El que triunfó sobre el pecado y sobre la muerte está al lado de su pueblo en el transcurso de los tiempos para sostenerlo en su testimonio hasta el día de la victoria final. Sobre la base de la cruz se ha levantado el trono.

El Cristo redentor desata los sellos de los juicios divinos. El que fue suprema expresión del amor de Dios lo es también de su justicia. La misericordia no es incompatible con la santa «ira» de Dios contra el pecado y con sus intervenciones retributivas contra aquellos que, en alianza con las fuerzas satánicas que actúan en el mundo, se han empeñado en vivir en rebeldía contra Él. Del mismo modo que Jesús fue mediador de la gracia lo es del juicio (comp. Jn. 5:22).

Sin embargo, la nota final no es la de la trompeta que anuncia las postreras calamidades, sino la de aquella que sirve de preludio al himno apoteósico de la consumación: «Los reinos del mundo han venido a ser de nuestro Señor y de su Cristo; y Él reinará por los siglos de los siglos» (11:15). En la plenitud de ese reinado ya no habrá lugar para el juicio, pues no habrá pecado, sino sólo justicia y paz. Concluida la historia temporal de la salvación, ésta se manifestará gloriosamente en el marco de la eternidad.

3. *El carácter cristológico de la escatología.* Los eventos del fin tienen como centro y sujeto la persona de Cristo. Lo que más sobresale no es el Reino en sí con la plenitud de sus bendiciones, sino la persona del Rey. Es muy atinada la observación de Hanns Lilje: «El vidente no pregunta qué viene, sino que da testimonio de Aquel que viene.» [23] Y si la persona de Cristo es inseparable de su obra, ello significa que los acontecimientos futuros no pueden

---

23. *Das letzte Buch der Bibel*, Furche Verlag, 1961, p. 37.

aislarse del pasado, de los grandes hechos de la encarnación, la muerte y la resurrección de Jesús; ni tampoco de la acción de Cristo durante el periodo que media desde su ascensión hasta su segunda venida. «El proceso de la redención y el establecimiento de la soberanía de Dios es un todo indivisible, de modo que la intervención divina desde la encarnación hasta la parusía es presentada como un solo acto.» [24]

Este hecho robustece la esperanza cristiana. La certidumbre del triunfo final tiene su fundamento en la victoria de Jesús sobre el sepulcro el día de Pascua. Además, la relación de unidad entre escatología y cristología a lo largo de todo el proceso histórico constituye una clave de gran valor hermenéutico. Cualquier interpretación futurista que rompa esa unidad debe ser examinada con cautela.

4. *El sentido dinámico de la historia.* Desde tiempos remotos el hombre ha sentido preocupación por el futuro de la humanidad; pero sus concepciones de la historia han variado ostensiblemente. Desde el antiguo mazdeísmo persa que contemplaba el triunfo de la luz sobre las tinieblas en su último conficto al final de los tiempos, pasando por el fatalismo de los griegos y su visión cíclica del devenir histórico y por la escatología marxista, hasta las previsiones de los pensadores más recientes, la filosofía de la historia ha oscilado entre el optimismo y el pesimismo, entre la convicción de que el mundo avanza hacia épocas paradisíacas y el temor de que corre hacia una catástrofe irreversible.

El Apocalipsis, dando cima a la escatología bíblica, nos ofrece una visión realista. Nos muestra la incapacidad humana para dirigir constructivamente la historia. El hombre, en su actitud anti-Dios, en coalición con poderes malignos, no puede crear una sociedad realmente nueva. Hasta el final, de un forma u otra, prevalecerán la injusticia, la tiranía y la impiedad. La historia, humanamente determinada, si ha de cambiar para bien, tiene que acabar. Son muy ciertas las palabras de Berdiaev: «La historia tiene un sentido positivo sólo en el caso de que tenga un final.» [25] Pero ese final no es la ruina definitiva. Señala el principio de una nueva era. Agotadas en el fracaso todas las tentativas humanas, adviene un nuevo orden, trascendente, instaurado por Cristo. Fracasada la *civitas homini*, desciende del cielo la verdadera *civitas Dei* (21:2). En medio de cambios y convulsiones aparentemente sin sentido, hacia esa meta avanza la historia bajo el supremo control de Dios.

24. G. R. Beaslay-Murray, *op. cit.*, p. 25
25. Ref. de H. Lilje, *op. cit.*, p. 32.

5. *La relación Iglesia-Sociedad.* El Apocalipsis completa la enseñanza novotestamentaria sobre esta delicada cuestión. Los apóstoles, recogiendo e interpretando las instrucciones de Jesús, habían recalcado las responsabilidades cívicas del cristiano inherentes a su vocación. Ser luz y sal en el mundo implica presencia de la Iglesia en la sociedad, pero esa presencia sólo es efectiva cuando el creyente anuncia el Evangelio y vive conforme a los principios del Reino que el Evangelio proclama. Entre tales principios está el apoyo a la justicia, así como la no resistencia, la sumisión, la paz y el amor hacia todos (Mt. 5:6, 20, 38-48). De ahí las exhortaciones de Pablo y Pedro a respetar la autoridad civil (Ro. 13:1-6; Ti. 3:1; 1 P. 2:13, 14), aunque se sobreentendía que se trataba de autoridad ejercida con un mínimo de justicia (Ro. 13:3, 4; 1 P. 2:14).

Pero ¿qué hacer cuando el poder del Estado se corrompe hasta el extremo de convertirse en instrumento de iniquidad impía? Este era el problema de la Iglesia del Apocalipsis. ¿Debían los cristianos seguir acatando órdenes contrarias a su conciencia? Evidentemente, no. Seguía en vigor el principio expresado por Pedro: «Hay que obedecer a Dios antes que a los hombres» (Hch. 5:29), aunque cumplirlo equivaliera a desatar la persecución, el martirio, la muerte. El reverso de Romanos 13 —y su contrapeso— es Apocalipsis 13.

Pero el conflicto entre la Iglesia y el Estado ¿había de llevar a los cristianos al aislamiento total? Es verdad que el Apocalipsis presenta un cuadro de ruptura de relaciones exigida por las circunstancias; pero nada hay en él que justifique la inhibición del cristiano en lo que respecta a sus deberes. Aun bajo la amenaza de la bestia que sube del abismo, los dos «testigos» cumplen su misión en la ciudad (11:3 y ss.). Si aplicamos la misión al testimonio cristiano, deberemos recalcar que éste nunca puede limitarse a la predicación del Evangelio del Reino; incluye una conducta que refleje la realidad del Reino en la Iglesia.

La importancia de este punto no se puede soslayar. Si la visión del Reino es totalmente futurista, fácilmente el creyente se sentirá impelido a desentenderse de su responsabilidad actual como parte de la sociedad; será indiferente hacia su cultura y poco sensible a sus problemas a nivel humano. Tal actitud se reafirma cuando se enfatiza desmesuradamente el carácter irremediable de la situación en que el mundo se encuentra, lo que engendra un pesimismo poco estimulante, más acorde con la apocalíptica judía que con el Apocalipsis cristiano.

Si, por el contrario, los acontecimientos del fin son vistos como la consumación del Reino que ya ahora está presente en pugna contra las fuerzas del mal, el discípulo de Cristo hallará en la escatología un acicate tanto para su piedad personal como para la aceptación del reto social. Ante la perspectiva del futuro, no sólo procurará comportarse santa y piadosamente en su relación con Dios (2 P. 3:11) y será anunciador incansable de la buena nueva; simultáneamente sus ojos, su corazón y sus manos estarán abiertos a las necesidades de una humanidad tan angustiada como caída. Sólo así se es auténticamente discípulo del Cristo único. El Señor y Rey que la Iglesia espera es el mismo que un día sintió conmoverse sus entrañas ante las multitudes necesitadas, ante los enfermos, ante los leprosos, ante los marginados, ante los endemoniados, y actuó dando pan, sanidad, restauración, liberación. Hasta que Él regrese, la Iglesia tiene la responsabilidad de proseguir esa misión.

Las mismas bendiciones escatológicas parecen entrañar un desafío a la acción humanitaria del creyente en el seno de la comunidad civil aquí y ahora. Como se sugiere en el Informe sobre Evangelismo y Responsabilidad Social de Grand Rapids[26] «si (los redimidos) en el cielo no tendrán hambre ni sed (Ap. 7:16), ¿no deberíamos alimentar a los hambrientos hoy?».[27]

Son dignas de reflexión las palabras que cierran el capítulo 6 del mencionado Informe: «Con gran firmeza rechazamos lo que se ha llamado "parálisis escatológica". Por el contrario, antes de que el Señor venga, y en preparación para su venida, estamos decididos a actuar. Esto es vivir con "sentido de anticipación", experimentar el poder, disfrutar de la comunidad y manifestar la justicia del Reino *ahora*, antes de que se consume en gloria.»[28]

En consonancia con la escatología bíblica, y dando cima a ella, el Apocalipsis contiene el mensaje más idóneo para mantener a la Iglesia «gozosa en la esperanza y sufrida en la tribulación» (Ro. 12:12), pero también para incitarla fuertemente a la acción.

26.   Publicado por el Comité de Lausana y la Asociación Evangélica Mundial (WEF) como resultado de la Consulta que tuvo lugar en Grand Rapids, Michigan, del 19 al 25 de junio de 1982.
27.   *Evangelism and Social Responsibility*, Paternoster, p. 40.
28.   *Op. cit.*, p. 42.

# CUESTIONARIO

1. *Exponga razonadamente su opinión sobre la estructura del Apocalipsis. Especial atención debe darse a la sucesión de sellos, trompetas y copas (¿tienen carácter cronológico o paralelo?).*

2. *Resuma las características de la apocalíptica judía y señale los puntos de semejanza y las diferencias al comparar con ella la «Revelación» de Juan.*

3. *Más detalladamente haga notar la diferencia entre ambos en su concepto de la historia.*

4. *A la luz del fondo histórico, indique cómo —a su juicio— interpretarían el Apocalipsis las siete iglesias de Asia Menor.*

5. *Teniendo en cuenta las posiciones de las diferentes escuelas interpretativas, ¿cuál sería, en resumen, su propia interpretación del conjunto del libro?*

6. *¿Cómo interpreta el milenio? ¿Por qué?*

7. *Haga una exposición exegética razonada de los siguientes pasajes: Caps. 4; 13; 21:1-8.*

# XXVIII

# EXÉGESIS Y ACTUALIZACIÓN

A lo largo de esta obra hemos enfatizado insistentemente el principio de que una interpretación correcta de los textos bíblicos sólo es posible cuando se practica una exégesis concienzuda de los mismos a fin de determinar lo que el autor quiso significar. Esperamos que los capítulos precedentes hayan sido de ayuda para que el estudiante alcance ese objetivo. Si ha realizado ejercicios prácticos de exégesis a la luz de la semántica, de la gramática, de los contextos, de pasajes paralelos, del fondo histórico y de los sustratos teológicos, habrá podido penetrar en el pensamiento del escritor y captar el sentido de sus palabras. Pero ¿se ha alcanzado con ello la verdadera meta de la interpretación?

La respuesta a esta pregunta nos obliga a volver sobre lo indicado en las consideraciones fundamentales expuestas en el capítulo I. La dimensión hermenéutica de la Biblia va más allá de su ámbito original. El mensaje de los autores sagrados iba dirigido directamente a sus contemporáneos, pero entrañaba la palabra de Dios. Y esta palabra, en la esencia de su contenido, tiene como destinatarios a los hombres de todos los tiempos. Por eso —reiteramos— no es suficiente que el intérprete se pregunte: «¿Qué dijo el autor a sus coetáneos?» Debe añadir: «¿Qué nos dice a nosotros hoy?» En la contestación debe resonar de nuevo la palabra divina con toda su fuerza iluminadora y renovadora. Todo lo que no sea esto se reduce a ejercicio académico estéril. No importa la pulcritud con que se haya realizado. Será un fracaso, por cuanto no responde a su propósito final. Y defraudará a cuantos esperan de la exposición bíblica mucho más que un producto lingüístico-histórico-crítico-teológico. Las palabras de Luis Alonso Schökel son tan reveladoras como admonitorias: «Los hombres nos piden pan y les ofrecemos un puñado de hipótesis sobre un versículo del capítulo 6 de San Juan; nos interrogan acerca de Dios y les ofrecemos tres teorías sobre el género literario de un salmo; tienen sed de justicia y ponemos ante ellos una disquisición etimológica sobre la raíz *sedaqa...*» [1] ¡Todo un reto!

La interpretación bíblica sólo cumple su finalidad última cuando la exégesis es completada con la «actualización» del texto, es decir, con su aplicación al lector de cualquier época en su propio contexto cultural y existencial; cuando, además de descubrir el significado de un pasaje se determina su significación, su sentido para personas que viven en lugares, momentos y circunstancias diferentes de los del escritor. Sólo entonces la exégesis se convierte en exposición de la Palabra de interés y provecho para quien la escucha.

Esta necesidad ha pasado inadvertida en algunos sectores evangélicos, donde se piensa que, una vez se ha determinado el significado de un texto, éste habla por sí mismo. Pero son tantos los casos en que tal cosa no sucede que inevitablemente debe tomarse en serio la tarea de conectar el contexto del autor con el del lector. Así lo reconoce un número creciente de expositores bíblicos.

## Imperativo de la actualización

Ya entre los judíos a partir del siglo II d. de C. se sintió la necesidad de aclarar los textos del Antiguo Testamento de modo que tuviesen una aplicación adecuada al contexto histórico de cada época. De esa necesidad surgió la *midrash* (investigación) o explicación rabínica de la Escritura, cuyo propósito era hacer el texto sagrado «inteligible, coherente, aceptable, relevante para un auditorio posterior, con la convicción de que es la Palabra inspirada de Dios y de que puede esperarse que sea significativa para todas las generaciones».[2]

La labor actualizadora se hace tanto más necesaria cuanto más nos alejamos, en el tiempo, de los autores bíblicos. Renunciar a ello equivaldría a dejar grandes porciones de la Biblia sin aplicación práctica o expuestas a caprichosas aplicaciones tipológicas, paradigmáticas, nacidas de la imaginación del intérprete, no de las entrañas del texto. Si a ello se uniera la indiferencia respecto al pensamiento, a las preguntas y a los problemas de nuestro tiempo, el resultado de la interpretación sería un fiasco. Aunque no se hubiera errado en la exégesis, ésta ofrecería un mensaje sin

1. *Esegesi ed ermeneutica. Atti della XXI Settimana Biblica*, Brescia, Paideia, 1972, p. 147.
2. J. Goldingay, *Approaches to Old Testament Interpretation*, p. 146.

mordiente, incapaz de grabar en los oyentes la Palabra de Dios. Piénsese, por ejemplo, en la significación que pueden tener para el hombre de nuestro tiempo muchas narraciones de los libros históricos del Antiguo Testamento, o las prescripciones cúlticas y legales que hallamos en el Pentateuco, sin una adecuada «traducción» (del latín *traduco*, hacer pasar de un lugar a otro) del pensamiento que subyace en ese material para hacerlo llegar hasta nosotros con toda su efectividad. Derivar lecciones piadosas desvinculadas de las realidades presentes puede ser de interés para el creyente, pero no para quienes viven inmersos en una sociedad industrializada, pasmada por los logros de la tecnología, a la par que zarandeada por tremebundas convulsiones socio-políticas y éconómicas y aterrorizada por la sombra siniestra que proyectan los arsenales nucleares. En cambio, una exposición de la filosofía bíblica de la historia que informa las narraciones veterotestamentarias o de los principios de justicia que inspiraron la legislación mosaica, pese a algunas de sus formas concretas determinadas por factores sociológicos de la época, pueden decir mucho a cualquier hombre de nuestros días.

La actualización de los textos bíblicos es, además de un deber, un beneficio para el propio intérprete. Lo es asimismo para la comunidad creyente, tanto en la reafirmación de su fe como en su testimonio. Por tal razón, debiera ponerse de manifiesto especialmente en la predicación. Es deplorable el desprestigio en que el púlpito ha caído en muchos países. No es éste el lugar para analizar las causas de ese fenómeno; pero a fuer de sinceros hemos de reconocer que la predicación evangélica se ha venido debilitando hasta el punto de que se pone en entredicho su funcionalidad. En gran parte ello se ha debido a la incapacidad de muchos predicadores para ahondar exegéticamente en el texto hasta llegar al meollo de su contenido y después comunicarlo significativamente de modo que salga al encuentro del oyente en el mundo de éste y ahí le interpele, le convenza y le mueva a una decisión.

Las consecuencias son deplorables tanto si se desconoce el auténtico significado del texto bíblico como si se ignora el contexto del oyente. Por eso es imprescindible una buena exégesis textual; pero al mismo tiempo, como agudamente escribe J. Bright, «el predicador debe hacer una buena exégesis de su congregación. Ha de preguntarse cómo recibirán el texto —si con comprensión o con incomprensión, creyendo o interrogando, con entusiasmo o con aburrimiento— y tratar de actuar en consecuencia. Si no logra esto, estará continuamente contestando preguntas que ninguno de los presentes se ha hecho, convirtiendo así el sermón en una conversación teológica consigo mismo».[3] A todo expositor bíblico

---

3. *The Authority of the OT*, p. 181.

debiera poder dársele el doble título que mereció Juan Crisóstomo: «hombre de la Palabra y hombre del mundo».

El proceso de actualización, cuando se trata de instrucciones morales, exhortaciones, promesas, etc., puede ser relativamente fácil. No siempre se abre un abismo profundo entre el pasado y el presente, entre el contexto del autor y nuestra situación. En otros casos la tarea no es tan sencilla. Pero en ninguno es insalvable la sima; siempre es factible levantar un puente. Por grandes que sean los cambios culturales operados en el transcurso de los siglos, el hombre de hoy, en el plano moral, sigue caracterizándose por los mismos defectos, los mismos problemas, las mismas inquietudes de tiempos antiguos. Como afirma D. E. Nineham, «después de todo, compartimos la humanidad básica de los hombres y las mujeres de la Biblia».[4] La preocupación por la sobrenatural, por la naturaleza y destino del hombre, por el modo de regir su conducta, por los misterios del sufrimiento y de la muerte, por los sentimientos de culpa o de temor, etc., aunque se manifieste de modo diferente, es en el fondo igual hoy que hace dos mil años.

Esa identidad profunda del hombre de antaño con el de tiempos posteriores constituye el fundamento sobre el cual puede construirse el puente que ha de unir el mundo del autor con el del moderno lector de la Biblia, salvando así la distancia existente entre las formas bíblicas de presentar el mensaje y la mentalidad de nuestros contemporáneos. Pese a todas las diferencias formales, existen elementos importantísimos de continuidad entre el pasado y el presente. El intérprete debe discernirlos, pues en torno a ellos se desarrollan los grandes temas de la Biblia. Sólo de este modo será posible después, sin desfigurar o adulterar lo esencial de los textos, expresar en categorías de pensamiento actuales lo que los escritores bíblicos expresaron en las categorías de su tiempo.

## Sistemas inadecuados de actualización

Varios han sido los caminos seguidos para obtener del texto bíblico un mensaje vivo, actual, que cale con efectividad en el lector u oyente. Pero no todos son legítimos; ni producen todos el resultado apetecido. Consideremos algunos de los más generalizados.

4. *The Church's Use of the Bible, Past and Present*, S.P.C.K., London, 1963, p. 166.

## 1. *Lectura devocional de la Biblia*

Admitimos lo equívoco del término «devocional», pues tiene connotaciones diversas. Su significado es netamente positivo y laudable si lo aplicamos a una lectura de las Escrituras en la que se busca una experiencia de encuentro espiritual y de diálogo con Dios. Tal práctica no sólo es legítima; es recomendable, pues el creyente no puede satisfacer sus ansias de comunión viva con Dios mediante un mero estudio «científico» de la Biblia. Pero ese acceso devocional a la Escritura es perfectamente compatible con el respeto al significado del texto, al cual supedita todo cuanto la lectura pudiera sugerir.

Son muchos, no obstante, los creyentes que se acercan al texto bíblico con una total indiferencia respecto a lo que el autor sagrado quiso comunicar a sus lectores. Lógicamente lo que a menudo reciben del pasaje leído poco o nada tiene que ver con el sentido original del mismo. Tal lectura está presidida más por el sentimiento que por el entendimiento y fácilmente puede inducir a conclusiones excesivamente osadas. Es frecuente oír a creyentes que usan frases como «Dios me ha dicho...», refiriéndose a la impresión que la lectura de una porción bíblica les ha producido. Y tan convencidos están de que esa impresión es realmente «palabra de Dios» que prácticamente la colocan en el mismo plano que las revelaciones proféticas de la Escritura. Huelga comentar los peligros que de tal práctica pueden derivarse.

Lo arriesgado de este tipo de lectura de la Biblia raya en la temeridad cuando, en situaciones de perplejidad o de prueba, el creyente pide a Dios un texto que le hable de manera clara y le muestre la decisión que debe tomar. No nos atreveremos a negar que en algunos casos Dios, misericordiosamente, puede contestar esa oración. Pero han sido muchas las experiencias en que el texto buscado en una Biblia abierta al azar o no dice nada, o aumenta la perplejidad, o da respuestas inadmisibles. Se ha hecho famosa la anécdota del cristiano que, en una hora de gran turbación, siguiendo ese método, fijó sus ojos en las palabras de Mt. 27:5: «Fue y se ahorcó.» En un segundo intento, le salió el texto de Lc. 10:37: «Ve y haz tú lo mismo.» No se dice la decisión que tomó después de estas lecturas.

El tipo de lectura devocional expuesto no es exclusivo de personas individuales. Caracteriza también a algunos grupos que, pese a denominarse de estudio bíblico, se preocupan más de la comunicación a nivel sentimental que del estudio objetivo de la Escritura, más de los beneficios de una terapia de grupo que del conocimiento de las enseñanzas bíblicas. Independientemente de los aspectos positivos que desde el punto de vista psicológico puedan tener esas sesiones en torno a la Biblia, evidentemente no es ése el medio más conveniente para traer a nosotros el mensaje original del escritor sagrado.

## 2. Método filosófico

Su práctica ha significado un distanciamiento de la hermenéutica tradicional. Sus antecedentes se remontan al periodo de la Ilustración. La opinión de Spinoza de que los textos bíblicos habían dejado de ser comprensibles despertó el anhelo de nuevas formas de interpretación acordes con el espíritu crítico y con las ciencias empíricas.

Las ideas de Spinoza no fueron posteriormente aceptadas de modo unánime. Schleiermacher prefirió una actualización desligada de la crítica, una interpretación «psicológica» más afin con sus concepciones románticas. Sin embargo, a partir de aquel momento se iría acentuando la tendencia a enfatizar el papel del intérprete y su contexto, y ello hasta el punto de que éstos llegan a primar sobre el pensamiento del autor. A ello han contribuido decisivamente Dilthey, Heidegger y Bultmann, así como la influencia del análisis estructural, que relega a un segundo plano al autor para dar al texto con sus «códigos», su atención exclusiva. Paul Ricoeur afirma que el texto, «al quedar escrito, adquiere autonomía respecto al autor. A partir de ese momento, ya no es posible que el intérprete vuelva al autor o avance hacia el lector u oyente sin un análisis cuidadoso del objetivo real del texto que aparece ante él "prendido" en determinadas estructuras lingüísticas».[5]

Gadamer, una de las figuras más representativas de la hermenéutica filosófica en nuestros días, aprueba la máxima de Schleiermacher relativa al arte de la interpretación: «el objeto es entender a un escritor mejor de lo que él se entendió a sí mismo», pues el intérprete puede ser consciente de muchas cosas de las que el escritor fue inconsciente.

El pensamiento de Gadamer es bien resumido por W. C. Kaiser: «A su modo de ver, no sólo es imposible reconocer el significado de un autor, sino que también lo es la asociación de lo que el texto ahora significa con lo que una vez significó para su autor. En lugar de eso, el significado de un texto se halla en el asunto en la cosa significada, la cual es independiente tanto del autor como del lector, aunque también de algún modo es compartido por ambos. Así el significado de un texto *siempre* va más allá de lo que su autor se propuso, y el verdadero sentido es un proceso inacabable que una fila infinita de intérpretes jamás llega a

5. Cit. por Peter Stuhlmacher, *Vom Verstehen des Neuen Testaments*, eine Hermeneutik, 1979, p. 201.

aprehender o agotar... No hay nada ni nadie que pueda validar la interpretación en este triste estado de cosas: ni el autor, ni sus palabras en el sentido en que él las usó, ¡ni siquiera lo que el texto significó en el pasado!»[6]

Lo exagerado de esta conclusión es tan evidente que apenas necesita refutación. Es admisible que cualquier escrito puede sugerir en el lector más de lo que había en la mente del autor. Puede asimismo aceptarse que una sola palabra, una frase, un párrafo o la estructura lingüística pueden abrir avenidas de pensamiento más amplias que las contenidas en su sentido original. También es verdad que en algunos pasajes bíblicos —más que en otros textos literarios— hay indicios claros de que lo escrito por el autor entrañaba bastante más de lo que éste podía comprender, aunque tal hecho únicamente tiene lugar en mensajes proféticos con proyección de futuro comunicados al profeta por inspiración divina. Es lo que sucede con todos los textos mesiánicos o relativos a la época del Evangelio. Difícilmente podían los escritores del Antiguo Testamento tener una visión clara de las realidades nuevas que la venida de Cristo haría surgir (comp. 1 P. 1:11, 12; 2 P. 1:21). Pero con excepción de tal tipo de pasajes, afirmar en términos generales que el intérprete puede llegar a conocer mejor que el propio autor lo que éste escribió es ir más allá de lo que el sentido común y la experiencia permiten. Ningún sentido, por significativo que parezca, es válido si se aparta del significado que hubo en la mente del autor y —en la mayoría de los casos— en la de sus primeros lectores. Una cosa es interpretar proposiciones desligadas de todo contexto o reflexionar filosóficamente sobre la temática de un escrito y otra descubrir lo que un autor determinado quiso decir a personas determinadas en un momento dado. Esto último es lo que la exégesis bíblica ha de buscar con objeto de proveer una base sólida para la interpretación.

### 3. *Interpretación carismática*

Se ha practicado por diferentes razones, pero en todos los casos ha mantenido como característica la dependencia exclusiva del Espíritu Santo para la comprensión y aplicación de la Escritura, independientemente de cualquier análisis exegético del texto o con escasa dependencia del mismo. De ahí que se le haya dado también el nombre de «interpretación pneumática».

Así como la aridez dogmática del protestantismo subsiguiente a la Reforma provocó la aparición del pietismo en el siglo XVII, el predominio del método histórico-crítico en el campo de la hermenéutica durante los siglos posteriores originó la reacción teológica

---

6. *Towards an Exegetical Theology*, p. 30.

que ha ensalzado la interpretación carismática. La insatisfacción respecto a la exégesis histórico-crítica es comprensible. Para muchos la voz de Dios que debía oírse a través de la Escritura se perdía en un laberinto de detalles lingüísticos, históricos, psicológicos y religiosos y sólo podía ser oída de nuevo por la acción del Espíritu Santo, pues «nadie conoce las cosas de Dios, sino el Espíritu de Dios» (1 Co. 2:11). No existe ningún medio intelectual que haga posible el acceso del hombre a la Palabra de Dios. A ella nos lleva no la hermenéutica, sino el Espíritu.

Con la fuerza propia de su enorme capacidad teológica, Karl Barth asumió —al menos parcialmente— este criterio. Arguyendo sobre la base de textos como 1 Co. 2:6-16 y 2 Co. 3:14-18, llega a la conclusión de que el contenido de la Biblia sólo puede conocerse «espiritualmente, es decir, sobre la base de la obra... del Espíritu».[7] Y tajantemente asevera: «No es posible que entendamos la Palabra de Dios... si no es por un acto de Dios.»[8]

Podría parecer a primera vista que Barth desligaba la comprensión de la Palabra de Dios del proceso ordinario del entendimiento humano. Pero no es éste el caso. Él sólo trataba de liberar la Biblia de la «esclavitud egipcia» a que estaba sometida bajo el dominio de «una teología tras otra».[9] Como señala en el prefacio a la segunda edición de su comentario sobre la Epístola a los Romanos, lo que él pretendía no era combatir métodos hermenéuticos (en especial el histórico-crítico), sino señalar los defectos de otros comentarios recientes, los cuales «se limitan a una explicación del texto que yo no puedo considerar como a tal, sino como el primer paso a un comentario». Tales obras quedaban reducidas a una reconstrucción del texto, a una versión de las palabras y las frases griegas a sus equivalentes en alemán y a aclaraciones derivadas de la arqueología y de la filología; pero ahí acababan. Su carácter era preliminar y no permitía descubrir el significado real de la epístola.[10] La exposición de ese significado era lo que Barth intentó hacer con su famoso comentario. Pero en ningún momento subestimó la importancia de un trabajo exegético serio. Según Berkouwer, «Barth señala el hecho de que las palabras escritas no pueden ser aisladas, sino que requieren nuestra atención a lo que es expresado. El punto de partida es —y continuará siendo— el texto mismo y no hay camino alguno para escapar del texto al Espíritu y de los métodos literario-históricos al método pneumático».[11]

7. *Church Dogmatics*, I/2, Clark, 1956, pp. 516, 521.
8. *Op. cit.*, pp. 527, 528.
9. «Rudolf Bultmann. An attempt to understand him», H. W. Bartsch, *Kerygma and Myth*, II, p. 127.
10. *Römerbrief*, Theologischer Verlag Zürich, 1978, p. X.
11. *Holy Scripture*, p. 114.

Contra una posición radicalmente pneumática se han alzado recientemente voces prestigiosas en el mundo teológico, coincidiendo en que la acción del Espíritu Santo en la interpretación de la Escritura en modo alguno excluye el uso de las facultades mentales, que también son «don» de Dios.[12] Por nuestra parte, remitimos al lector a lo expuesto en el capítulo I sobre la necesidad de la hermenéutica.

La cuestión de la interpretación pneumática ha adquirido especial relieve bajo el influjo de los movimientos carismáticos, en muchos de cuyos círculos se considera la acción iluminadora del Espíritu Santo suficiente para comprender la Biblia y recibir el mensaje de Dios sin necesidad de ningún trabajo exegético. Aun el creyente más sencillo es favorecido con esa facultad. Además, la Iglesia se ve enriquecida con el ministerio de personas a quienes el Espíritu ha dado el don de la profecía. A través de ellos, Dios habla a su pueblo.

No está en nuestro ánimo emitir un juicio sobre el fenómeno carismático, en el que, sin duda, puede haber auténticas manifestaciones del Espíritu de Dios. Pero desde el punto de vista hermenéutico debe hacerse notar lo inadecuado de las ideas que muchos tienen respecto a la relación entre Espíritu Santo, Escritura y entendimiento. Pierden de vista los textos bíblicos en los que el crecimiento en la experiencia cristiana está presidido más por la mente *(nous)* que por las emociones (Ro. 12:2; 14:5; 1 Co. 2:16; 14:15, 19; Ef. 4:23), y por la meditación de la Palabra más que por supuestas revelaciones directas de Dios.

La interpretación pneumática —comenta Berkouwer— «contiene un concepto falso del hecho de que el mensaje de salvación no viene del Espíritu a nosotros en un lenguaje misterioso, críptivo e ininteligible. Por el contrario el mensaje de la salvación viene en lenguaje humano significativo».[13] Y ese lenguaje debe ser examinado a la luz de los principios fundamentales de la hermenéutica. Renunciar a este camino para seguir el atajo carismático es exponerse a fáciles extravíos. Cuando un creyente deja de sentir la necesidad de leer y estudiar diligentemente la Biblia, porque piensa que Dios le habla directamente, o cuando un predicador comunica en su mensaje lo que —según cree— Dios le ha declarado, sin atenerse a una fiel exposición de la Escritura, se están abriendo de par en par las puertas no sólo al subjetivismo, sino a cualquier tipo de error, pues de hecho se anula la autoridad de la Biblia, único depósito fiable de la Palabra de Dios.

Es verdad que el mensaje bíblico debe llegar a nosotros como palabra viva; pero ello no se consigue sacrificando el verdadero

---

12. A. C. Thiselton, *The Two Horizons*, pp. 90, 91.
13. *Op. cit.*, p. 112.

sentido del texto bíblico en aras de una equivocada confianza en la acción del Espíritu Santo, sino interpretándolo convenientemente de modo que se produzca una auténtica trabazón entre su significado original y su aplicación hoy.

Secundamos lo escrito por Thiselton: «Puede decirse que el Espíritu Santo actúa *a través* del entendimiento humano y normalmente —quizá nunca— no mediante procesos que eludan las consideraciones tratadas por la hermenéutica. Realmente, desde el punto de vista de la teología cristiana, cuanto mayor es la preocupación que el intérprete del Nuevo Testamento tiene por la doctrina de Dios y del Espíritu Santo, tanto más preocupado debiera sentirse por acercarse seria y responsablemente a las cuestiones hermenéuticas.» [14]

## 4. *Actualización socio-política*

En las últimas décadas los grandes problemas sociales con que se enfrenta la humanidad han incidido fuertemente en la teología y han dado lugar a nuevos intentos de reinterpretación del mensaje bíblico. Los problemas de la injusticia, la desigualdad, la opresión, la pobreza han originado reflexiones apasionadas sobre la capacidad del Evangelio para resolverlos. Ello, frecuentemente, se ha hecho a la luz de ideologías humanistas. Especial atención se ha dado al marxismo, del que se han tomado sus elementos socio-analíticos, y se ha procurado combinar los postulados fundamentales de este sistema con el cristianismo. Así han surgido movimientos como «Cristianos por el Socialismo» y corrientes teológicas englobadas bajo el denominador común de «Teología de la Liberación».

Tuvo su origen esta teología en Iberoamérica hace algo más de veinte años, a raíz de la consulta de ISAL (Iglesia y Sociedad en la América Latina) celebrada en Huampani (Perú) en julio de 1961 con el objeto de descubrir «el significado que los cambios sociales tienen desde el punto de vista cristiano y nuestra común responsabilidad ante ellos».[15] Este movimiento, surgido dentro del protestantismo latinoamericano, halló calurosa aceptación entre teólogos católicos y pronto se convirtió en una fuerza ideológica importante. Hoy los nombres de Rubén Alves y José Míguez Bonino (protestantes) y los de Hugo Assmann, Juan Luis Segundo y Gustavo Gutiérrez (católicos) son bien conocidos y su pensamiento pesa tanto en el campo de la teología como en el de la hermenéutica.

Cualquier análisis de la teología de la liberación debe tener su

14. *The Two Horizons*, p. 92.
15. *Encuentro y desafío*, Montevideo, ISAL, 1961, p. 12.

punto de partida en una de sus premisas básicas: la teología debe asentarse sobre el análisis de las realidades socio-políticas. Ello revela de inmediato una toma de posición previa a la exégesis bíblica. No se empieza con el texto de la Escritura, sino con el contexto del hombre de hoy, con la situación de flagrante injusticia que distingue a la sociedad. La preocupación inicial no es el mensaje de la revelación divina sino la problemática temporal de individuos y pueblos. La teología de la liberación busca «situarse como un momento del proceso a través del cual el mundo es transformado: abriéndose —en la protesta ante la dignidad humana pisoteada, en la lucha contra el despojo de la inmensa mayoría de los hombres, en el amor que libera, en la construcción de una nueva sociedad, justa y fraternal— al don del Reino de Dios».[16]

Hay que reconocer que esta proclamación ha sido un aldabonazo saludable en la conciencia de la cristiandad. La Iglesia no puede desentenderse de su responsabilidad profética. Tanto en su propio desarrollo interno como en su testimonio ha de tener ojos abiertos y corazón sensible a los males que atormentan a millones de seres humanos; y ha de vivir como vanguardia del Reino de Dios, proclamando y promoviendo la justicia, la paz, la concordia, el amor. Pero, por otro lado, la teología de la liberación no puede ser considerada como vía válida de actualización del mensaje bíblico. Va al texto de la Escritura demasiado cargada de presupuestos ideológicos, excesivamente condicionada por su contexto humano. Y en la Escritura busca no las enseñanzas que ésta objetivamente contiene, sino el apoyo que necesita para las conclusiones a que previamente ha llegado. La Biblia no es objeto de estudio exegético; es más bien un testimonio de paradigma histórico. Tal es la razón por la que se da relieve extraordinario al éxodo israelita. Para G. Gutiérrez, la liberación de Israel y su salida de Egipto «es un acto político. Es la ruptura con una situación de despojo y de miseria y el inicio de la construcción de una sociedad justa y fraterna. Es la supresión del desorden y la creación de un orden nuevo».[17] Pero ¿responde esta interpretación romántica a la realidad histórica? Por importante que fuese la emancipación israelita desde el punto de vista social y político, ¿no es mucho mayor el realce que el autor de la narración da a la soberanía de Dios y a su fidelidad al pacto establecido con su pueblo?

La perspectiva soteriológica en la teología de la liberación destaca la salvación como experiencia que redime al hombre de toda forma de opresión temporal. La emancipación de la esclavitud moral causada por el pecado también adquiere un carácter sociopolítico. Aunque se hace alguna mención de la «ruptura de amis-

16.  G. Gutiérrez, *Teología de la Liberación*, Ed. Sígueme, 1977, p. 41.
17.  *Op. cit.*, p. 204.

tad con Dios», el énfasis recae en la ruptura producida en las relaciones de los hombres entre sí por situaciones de injusticia. El pecado es primordialmente un hecho social. «Se da en estructuras opresoras, en la explotación del hombre por el hombre, en la dominación y esclavitud de pueblos razas y clases sociales.» [18]

Otros puntos de la teología bíblica son afectados por el pensamiento de los teólogos de la liberación. La cristología es dominada por la antropología, lo que da lugar a una aplicación de textos bíblicos que los distorsiona. Uno de sus postulados es que Cristo se halla en todo ser humano, especialmente entre los pobres, por lo que «en el encuentro con los hombres se da nuestro encuentro con el Señor, sobre todo en el encuentro con aquellos a quienes la opresión, el despojo y la alienación han desfigurado el rostro humano y no tienen ni apariencia ni presencia y son "desecho de hombres" (Is. 53:1, 3)».[19]

El relieve dado a la antropología ensombrece en la teología de la liberación el concepto bíblico de Iglesia. La diferencia entre Iglesia y mundo prácticamente desaparece. La única distinción radica en que el creyente es conocedor de lo que el no creyente ignora: el propósito divino respecto a la liberación de toda la humanidad. Y la Iglesia sólo cumple su misión adecuadamente cuando la asume como función politizadora.

Incuestionablemente es mucho lo que la Biblia enseña sobre la proyección social del Reino de Dios ya ahora; y muchos son los pasajes que pueden ser legítimamente actualizados en situaciones como las denunciadas por los teólogos de la liberación. Pero la integridad hermenéutica obliga a no caer en el error de ellos: el menosprecio de la exégesis y la falta de ajuste de la teología política al marco teológico determinado para las enseñanzas fundamentales de la Escritura.

### Principios básicos para una actualización correcta

No existen normas fijas para hacer llegar la interpretación a su meta final de modo que transmita el mensaje de un texto bíblico con la necesaria actualidad. Cada pasaje tiene sus peculiaridades e incide de manera distinta en la situación del lector; cada uno, por tanto, puede exigir un tratamiento diferente. La exhortación de Pablo a Timoteo sobre el deber de trazar bien la Palabra de verdad (2 Ti. 2:15) es muy sugerente al respecto. El verbo «trazar» (orthotomeō) significa de modo literal cortar rectamente y se usaba para expresar la acción de abrir un camino recto. Al igual que Timoteo, el intérprete ha de abrir camino derecho, sin

18. G. Gutiérrez, op. cit., pp. 236, 237.
19. G. Gutiérrez, op. cit., pp. 264, 265.

desviaciones, para que la Palabra llegue a otros. El modo de realizar su trabajo no está determinado por instrucciones precisas; depende de muy diversos factores: longitud del camino, configuración y dureza del terreno, obstáculos a salvar, etc. Pero existen unos principios de «ingeniería» hermenéutica que han de aplicarse si la obra ha de tener una solidez digna de confianza. He aquí los más importantes:

1. *La significación actual de un texto no puede divorciarse de su significado original.* No puede depender exclusivamente del libre arbitrio del intérprete hasta el extremo de que lo que del texto se saca nada tenga que ver con el pensamiento del autor. Sería, por ejemplo, una actualización incorrecta derivar de Jer. 14:1-6 una disertación sobre ecología, o de Ez. 3:22-24 una justificación del monasticismo.

Es fundamental la regla expresada por J. D. Smart: «Toda interpretación debe tener como primer paso la escucha del texto con el matiz de significado que corresponda exactamente al que tuvo cuando fue hablado o escrito.»[20] El significado original ha de preservarse fielmente en el proceso de adaptación a la situación del hombre moderno. Únicamente a partir de tal significado y sin perderlo de vista puede avanzarse en la tarea de aproximar el mensaje de antaño al mundo de nuestros días.

Tiene mucho de aceptable el símil que se ha establecido entre la actualización y la encarnación, pues en ambos casos se crea un nexo de unión entre dos extremos que conservan su entidad propia. Haciendo uso de la metáfora del puente, escribe J. Stott: «Dios condescendió a nuestra humanidad, aunque sin abandonar su divinidad. Nuestros puentes deben asimismo estar firmemente apoyados sobre ambos lados de la sima, negándose tanto a comprometer el contenido divino del mensaje como a ignorar el contexto humano en que ha de ser expresado. Hemos de zambullirnos sin temor en ambos mundos, el antiguo y el moderno, el bíblico y el contemporáneo, y escuchar atentamente a ambos. Sólo entonces entenderemos lo que cada uno dice y de este modo discerniremos el mensaje del Espíritu a la presente generación.»[21]

2. *Debe descubrirse el elemento común al contexto original del autor y al del lector.* En muchos casos el contenido del texto puede ser aceptado en su sentido inmediato, pues su actualidad es perenne; trasciende todos los cambios culturales. En esta clase de textos podemos incluir muchos de los que expresan verdades doctrinales, normas morales o exhortaciones. Pasajes como

20. *The Interpretation of Scripture*, p. 33.
21. *I Believe in Preaching*, Hodder and Stoughton, 1982, p. 145.

Éx. 20:1-17; Jn. 1:1-18; 16:8-11; Ro. 5:1-11; 1 Co. 10:7-10; Ef. 2:8-10; 1 Ts. 5:12-22, entre muchos más que podríamos citar, hablan a los hombres de todos los tiempos de modo directo. No precisan ser actualizados.

Pero no escasean los pasajes en que una aplicación literal estaría fuera de lugar. Tomemos como ejemplo Jn. 13:14, 15. ¿Significan las palabras de Jesús que el lavamiento de pies habría de seguir practicándose siempre en la Iglesia como si se tratase de una ordenanza comparable al bautismo y a la cena del Señor? Si no, ¿cómo deben interpretarse? ¿Era puramente circunstancial el mandato de Jesús o había en él algo que ha de perdurar y que nosotros debemos apropiarnos hoy? Proveer agua para lavar los pies de los visitantes era una costumbre entre los judíos amantes de la hospitalidad y la cortesía, aunque no todos la practicaban (Lc. 7:44). Pero el lavatorio era tarea humillante propia de esclavos. Parece que el evangelista Juan quiso destacar esta idea, a juzgar por los detalles de los versículos 4 y 5. Jesús se ciñó la toalla de modo análogo a como los esclavos se ceñían el delantal blanco (*egkomboma*). Con este acto, ¿no se presentaba a sí mismo como el gran Siervo? En él se encarnaba el Ebed Yahvéh de Isaías. Sólo por su humillación, que culminaría en la cruz, sería posible la expiación del pecado y la redención de los hombres (Is. 53; Fil. 2:6-8). Y siervos habrían de ser sus discípulos; siervos de Dios y los unos de los otros, en actitud de humildad y de amor abnegado. Posiblemente éste era el pensamiento que había en la mente de Pedro cuando escribía: «Todos, sumisos unos a otros, revestíos (o «ceñíos», *egkombōsasthe*) de humildad (1 P. 5:5). Lo significativo no era el acto en sí de lavar los pies, sino el espíritu que lo inspiró; y ese espíritu sí debe seguir determinando las actitudes de servicio cristiano en todos los tiempos.

La aplicación del principio que acabamos de exponer a menudo exige la de otro estrechamente relacionado con él:

3. *Es necesario hacer la debida distinción entre lo cultural y lo perennemente normativo.* Interpretar 1 Ti. 5:23, por ejemplo, como una prescripción médica válida hoy para el tratamiento de enfermedades gástricas sería sacar del texto más de lo que seguramente Pablo mismo pensaba. Es cierto que todavía hoy es recomendable el uso moderado de vino en las comidas, frecuentemente ricas en grasas, en los países mediterráneos; pero a nadie se le ocurrirá usarlo terapéuticamente cuando cualquier médico puede recetar medicamentos más eficaces. Si en las palabras de Pablo hubiéramos de buscar un significado con valor para nosotros, habríamos de fijar nuestra atención en la profunda simpatía humana del apóstol, a quien la elevación espiritual no le impedía preocuparse de las necesidades físicas de su amado colaborador.

La adecuada ponderación de los usos y costumbres de la sociedad en que vivió el autor nos ayudará a discernir lo que en el texto hay de circunstancial —por consiguiente, temporal— y si detrás de las observaciones o normas derivadas del contexto social hay también principios más hondos y duraderos. La cuestión del velo con que la mujer cristiana había de cubrirse en el culto (1 Co.11:5 y ss.) ha sido objeto de discusión y en torno a ella se han adoptado posturas extremas que no corresponden a una exégesis objetiva. Es innegable que los detalles, o el uso mismo del velo en sí, reflejan una costumbre de una época. Actuar en contra de tal costumbre exponía a las mujeres cristianas de Corinto al desprestigio; la Iglesia entera, al admitir en su culto a mujeres sin velo, podía ser objeto de escarnio por parte de una sociedad en la que sólo las mujeres de mala fama aparecían en reuniones públicas sin cubrirse. Pero en la instrucción dada por el apóstol ¿no hay más que el tratamiento de un problema local y temporal? Sería difícil negar que, manifestaciones externas aparte, está señalando una santa jerarquía en las relaciones mujer-hombre-Dios, que nada tiene de humillante para nadie y que se mantiene en un plano de dignidad, de complementariedad y de responsabilidad (vs. 11, 12). Hoy muchas cosas han cambiado. Ninguna mujer cristiana llama a su marido «señor», pese a la recomendación de Pedro (1 P. 3:3), porque las formas de tratamiento patriarcales han pasado a la historia. Pero sería interpretar erróneamente los pasajes del Nuevo Testamento alusivos a cuestiones que inciden en el feminismo si se viese en ellos tan sólo una normativa limitada a un lugar y momento dados sin trascendencia para otros contextos sociales. En el pasaje que nos ocupa hay un marco circunstancial; pero también un fondo de orientación divina para la armoniosa relación entre los dos sexos, para el ordenamiento del culto y para el testimonio frente a la sociedad.

La necesidad de discernir los elementos culturales o sociales se hace aún más evidente cuando interpretamos textos del Antiguo Testamento, pues la distancia cronológica que nos separa es mayor y mayores son lógicamente las diferencias de costumbres e incluso de lenguaje. ¿Quién se atrevería hoy a galantear a una mujer con frases tomadas del Cantar de los Cantares, tales como «a yegua de los carros de Faraón te comparo, amiga mía» (1:9) o «tu cuello, como la torre de David... mil escudos están colgados de ella»? (4:4). Obviamente el uso o aplicación de tales textos exigiría una actualización sustituyendo las metáforas originales por otras más acordes con la mentalidad y las expresiones poéticas de nuestro tiempo.

4. *Determínese el pensamiento central del mensaje.* No es suficiente ahondar en el significado de palabras aisladas o de algu-

nas frases sobresalientes. Hay que descubrir la línea de pensamiento del autor. La actualización siempre debe ser fiel a esa línea.

5. *Tómense en consideracin todas las partes del texto.* Es frecuente, sobre todo en la predicación, la actualización de un pasaje bíblico sin atender a todos sus puntos esenciales. De él se entresaca solamente lo susceptible de aplicación a la situación del predicador y sus oyentes; pero el paralelo que se establece no guarda la debida relación de correspondencia con el texto.

Puede servirnos de ilustración la vocación de Isaías (cap. 6 de su libro). Incontables sermones han sido predicados sobre las palabras del profeta: «Heme aquí, envíame a mí» (v. 8). La mayoría de ellos han tenido un enfoque misionero; han constituido un reto a los oyentes para que se conviertan en anunciadores del Evangelio. Pero no era precisamente una «buena nueva» (evangelio) lo que Isaías fue llamado a proclamar, sino un mensaje de juicio (vs. 9, 10). ¿No sería, pues, más correcto usar el pasaje con mayor objetividad, enfatizando la responsabilidad del mensajero cristiano en la denuncia de la rebeldía de los hombres, de sus idolatrías, de su inmoralidad? Cierto es que en el fondo siempre late la misericordia divina y la perspectiva de salvación (v. 13b). Pero nunca hay salvación sin reconocimiento del pecado. Pablo, en su carta a los Romanos, actualizó magistralmente el mensaje de Isaías al describir con toda crudeza las manifestaciones del pecado entre sus contemporáneos antes de exponer la gran doctrina de la justificación.

6. *Debe descubrirse y respetarse el fondo teológico.* A tal efecto, habría de tenerse en cuenta todo lo expuesto en el capítulo XIII. Aquí nos limitaremos a subrayar que cada autor y cada libro de la Biblia suele enfatizar algún punto doctrinal. Veamos algunos ejemplos: el Génesis subraya la soberanía de Dios en el origen de todas las cosas; el Éxodo, la soberanía de Dios en la redención; Jueces, la pecaminosidad del hombre en su estado natural; Reyes, la fuerza de la ley moral de la siembra y la cosecha; Jeremías, el justo juicio de Dios; Oseas el inmenso amor divino; los evangelios, el cumplimiento de las promesas en el marco del Reino de Dios; Gálatas, la salvación por gracia; Efesios, la salvación en su perspectiva eterna; etc.

Sólo discerniendo la vena teológica del libro estaremos en condiciones de interpretarlo atinadamente. Si tomamos como ejemplo a Amós, ¿actualizaremos su mensaje presentando al profeta como un revolucionario o como simple reformador político que pugnó con todas sus fuerzas por cambiar las estructuras sociales de su tiempo? Realmente es mucho y bueno lo que desde el punto de vista político-social Amós predicó. Pero sus mensajes no tenían una inspiración humanista, sino profundamente religiosa. No era él un teólogo político con la aspiración de crear una «ciudad secular» justa. Era el portavoz de Dios, por lo que no se limitaba a denunciar las atrocidades inhumanas de diversos pueblos, Israel incluido. Al condenar a éste descubre el fondo de su maldad: el pueblo, altamente favorecido por Dios, se había rebelado contra su palabra (2:9-12; 3:1, 2). La necesidad más urgente no era la reforma social, sino la conversión a Dios, la reanudación de relaciones acordes con el pacto (3:3). Por eso, como centro y clave del libro, se encuentra el llamamiento vehemente de Dios: «Buscadme y viviréis» (5:3). Sin esta clave, ninguna actualización del libro de Amós hará justicia al meollo de su contenido.

Pero las facetas teológicas de cada libro no deben ser examinadas aisladamente. Forman parte de un todo y cada parte ha de ser examinada en su relación con el conjunto. Temas como la soberanía divina, la elección, el pacto, la justificación, la fe, el pueblo de Dios, las normas éticas o las prescripciones reguladoras del culto han de ser vistas en la totalidad de sus dimensiones bíblicas.

En la exégesis de un pasaje determinado, no puede atribuirse a éste un significado ajeno al pensamiento del autor. Pero en su actualización necesariamente tendremos que prestar atención a la evolución de los conceptos, de las interpretaciones y de las actitudes que en torno a su contenido hallamos en otras partes de la Escritura correspondientes a otros contextos históricos. El mandamiento «no matarás» parece suficientemente explícito en el decálogo (Éx. 20:13); pero en los evangelios es objeto de una profunda reinterpretación por parte de Jesús (Mt. 5:21-22). Las realidades del nuevo pacto anunciadas por Jeremías (Jer. 31:27 y ss.) sólo adquieren la plenitud de su significación a la luz del Nuevo Testamento (Mt. 26:27, 28; 1 Co. 11:25; 2 Co. 3:6 y ss.). La naturaleza del culto sólo la comprenderemos si pasamos de la normativa mosaica contenida en el Pentateuco a los mensajes correctores de los profetas (Is. 1:20, 44; Jer. 7:22, 23; Os. 6:6; Mi. 6:6-8), a las palabras de Jesús (Jn. 4:23, 24) y a la actividad cúltica de la Iglesia apostólica. Ese tránsito de unos textos a otros, correspondientes a épocas sucesivas es de gran ayuda para entender lo que de accesorio y temporal había en un texto y lo que contenía de esencial y permanente. Y eso, lógicamente, facilita nuestra tarea de actualización.

La omisión del elemento teológico en la aplicación de los textos fácilmente conduce a la interpretación tipológica o paradigmática. Se deducen lecciones espirituales o morales, pero de escasa profundidad exegética. Pensemos por un momento en el uso que se ha hecho de las parábolas, en los cientos o miles de sermones que se han predicado siguiendo métodos alegóricos o moralizantes y presentando como conclusiones la necesidad de la fe en el poder de la Palabra de Dios (parábola del sembrador), de la prudencia (mayordomo infiel), de la perseverancia (juez injusto), de la confianza en el amor perdonador de Dios (hijo pródigo), de la fidelidad en el servicio (los talentos), etc. Pero las parábolas —como pudimos ver— sólo adquieren reciedumbre en su significación cuando se leen a la luz de su núcleo teológico: la irrupción del Reino de Dios y las vicisitudes de su expansión en el mundo hasta la parusía de Cristo.

Cuando el componente teológico es tomado en consideración, aun de textos que aparentemente poco o nada tienen que decirnos a nosotros hoy se desprenden enseñanzas valiosas. ¿Qué puede haber de actual para el hombre occidental del siglo XX en 1 Co. 8? Nada si nos limitamos al problema en sí de la carne sacrificada a los ídolos, pues hoy es desconocido. ¿Nos hallamos, pues, ante un pasaje meramente narrativo sin aplicación práctica posible? La respuesta será negativa si atendemos a lo que había en el fondo del pensamiento de Pablo cuando dio sus instrucciones sobre esta cuestión. Lo que le preocupaba no era la legitimidad o ilegitimidad de comer aquella carne, sino el sentido de la responsabilidad del creyente ante sus hermanos, el uso de la libertad cristiana con respeto y amor hacia los demás, todo a la luz de la cruz de Cristo y de nuestra relación con Él. Esto sí es actual; en todos los tiempos.

Si hubiéramos de resumir este principio, diríamos con J. Bright que la interpretación actualizadora se basa en «una exégesis que no se contenta meramente con extraer del texto el significado verbal preciso, sino que prosigue para poner al descubierto la teología que informa el texto. Es una exégesis que busca descubrir no meramente lo que la antigua ley requería, sino también la teología expresada en la ley; no meramente qué abusos atacó Amós, sino la teología que le movió a atacarlos; no meramente qué directrices dio Pablo a esta o aquella iglesia, sino la teología que le impulsó a dárselas... Hacer esto no es ninguna violación de los sanos principios exegéticos. Es, más bien, completar la tarea exegética... La palabra de la Biblia es una palabra antigua dirigida a una situación antigua completamente diferente de la nuestra. Su mensaje a aquella antigua situación, en su significado verbal, puede tener poco que decirnos a nosotros. Pero la teología de la palabra bíblica tiene capacidad para dirigirse a todas las situaciones, ya que los cristianos estamos bajo la misma teología, y debido a que las situaciones humanas a que se dirigió son en un sentido real "típicas" de nuestra propia situación humana. Es, por tanto, precisamente a través de su teología que la palabra bíblica al *allí y entonces* de una época antigua nos habla a nosotros en el *aquí y ahora*».[22]

22. Op. cit., pp. 170, 173.

## La respuesta a la Palabra

La actualización del mensaje bíblico sólo es efectiva cuando produce una respuesta positiva, tanto en el expositor como en aquellos a quienes se predica. De lo contrario, la exégesis, la teología y la predicación resultan vanas.

En la propia Biblia hay numerosos ejemplos de proclamación baldía. Y de conocimiento infructuoso. Los judíos en tiempos de Jeremías disfrutaban de los beneficios de un triple ministerio religioso: el de los sacerdotes, que les instruían en el conocimiento de la ley; el de los profetas, que les transmitían los mensajes de Dios, y el de los sabios, que les orientaban en todo lo concerniente a la problemática existencial. Pese a todo ello, erraron a causa de su engreimiento y de su actitud rebelde contra Dios (Jer. 8:5-9). Los contemporáneos de Jesús disponían de la totalidad del Antiguo Testamento y los rabinos podían interpretar con acierto muchos de sus textos (comp. Mt. 2:4-6); pero los prejuicios cegaron su mente y les impidieron comprender el testimonio que las Escrituras daban acerca del Cristo (Jn. 5:39). Se daba la paradoja de que eran grandes conocedores de los libros sagrados y grandes ignorantes de su auténtico significado (Mt. 22:29). También en la Iglesia cristiana se han dado situaciones semejantes de conocimiento intelectual de la Biblia sin la correspondiente comprensión de su mensaje y de sus exigencias, sin la respuesta de la fe y la obediencia.

Sólo en la medida en que nos abrimos interiormente a la Palabra de Dios y nos dejamos interpelar por ella captamos la profundidad del significado de la Escritura y su eficacia. A esta apertura es llamado el intérprete. La experiencia de la acción de la Palabra en su propia vida debe unirse a su estudio exegético de los textos bíblicos a fin de que su labor como transmisor del mensaje divino sea eficaz. El evangelista Felipe fue un intérprete excelente (Hch. 8:26 y ss.) porque además de su comprensión evangélica de Isaías estaba lleno del Espíritu Santo y de la enorme fuerza espiritual del Evangelio.

Es verdad que si faltan intérpretes-predicadores fieles, Dios obrará por otros medios. El fracaso de sus siervos en el desempeño de su misión no anula la vitalidad de la Palabra ni su energía para llevar a efecto los propósitos de Dios (Is. 55:11). La simple lectura del «libro de la ley de Yahvéh», sin mediación de profeta alguno, bastó para revolucionar la vida de Josías y su reinado (2 Cr. 34:8 y ss.). Y Dios seguirá hablando sin someterse a servidumbres hermenéuticas cuando ello sea necesario en situaciones de excepción. Pero, por otro lado, no podemos olvidar lo que tanto hemos recalcado. El mensaje de Dios llega a nosotros en lenguaje humano, con las dificultades propias de todo lenguaje, aumentadas por haber sido escrita la Biblia en un contexto cultural muy distante y diferente del nuestro. De ahí que la tarea del intérprete sea un privilegio incomparable y que implique una responsabilidad sin paralelo. Esa tarea exige una dedicación intelectual y espiritual sin reservas, con aplicación esmerada al estudio de la Escritura y con una asimilación personal de su mensaje. J. A. Bengel escribió en su prefacio al Nuevo Testamento de 1734:

*Te totum applica ad textum;*
*rem tota applica ad te.*

«Aplícate todo tú al texto; todo su material aplícatelo a ti.»

El cumplimiento de esta exhortación siempre ha entrañado una bendición para el propio intérprete, para la Iglesia, para el mundo. Ha puesto de manifiesto que «la Palabra de Dios vive y permanece para siempre» (1 P. 1:23).

# CUESTIONARIO

1. *Exponga el concepto de «actualización» de un texto bíblico y su necesidad.*

2. *Indique dos sistemas erróneos de actualización y señale sus defectos.*

3. *Exponga críticamente el sistema filosófico de actualización.*

4. *Comente desde el punto de vista hermenéutico la «teología de la liberación».*

5. *Haga una exposición actualizada de los siguientes textos:*

   *Dt. 23:2, 3; 1 R. 18:20-40; Is. 5:1-7; Ez. 3:1-11; Mt. 9:9-13; Hch. 15:28-29; 2 Co. 6:14-18; Col. 2:16-19; 2 Ti. 4:9-18; Ap. 12.*

# APÉNDICE

# EJEMPLO PRÁCTICO DE INTERPRETACIÓN
## Fil. 2:5-11

Es éste uno de los textos más bellos, profundos y estimulantes de la Escritura; pero también uno de los que presentan mayores dificultades exegéticas, las cuales han de examinarse cuidadosamente con objeto de evitar conclusiones erróneas.

En nuestro análisis del pasaje, encaminado a determinar su significado, aplicaremos los principios y normas expuestas en la primera parte de nuestra obra. Provistos del original griego y de diversas versiones de reconocida calidad, llevaremos a cabo nuestro trabajo mediante el estudio de las palabras y frases a la luz del fondo histórico, del contexto, de la semántica, de pasajes paralelos y de los postulados teológicos fundamentales que hallamos en el Nuevo Testamento.

### Fondo histórico

Sobresale en él la vinculación existente entre el apóstol Pablo y la iglesia de Filipos, por él fundada. Desde el principio las relaciones habían sido de profundo afecto mutuo. Pablo amaba a los filipenses convertidos al Evangelio como a verdaderos hijos espirituales, y éstos correspondían con un amor generoso, como se puso de manifiesto en las ofrendas enviadas al apóstol en diversas ocasiones (4:10-18). Precisamente una de las finalidades de la carta era expresar el agradecimiento del apóstol por la última de tales ofrendas.

La epístola, en términos generales, rezuma alegría, confianza, paz. La iglesia de Filipos era una de las pocas que causaban a Pablo escasas preocupaciones; por el contrario, le proporcionaba grandes satisfacciones (véase 1:3-8). No hay en la carta indicios de problemas teológicos, de herejías o de prácticas incompatibles con la ética cristiana, como sucedía en otros lugares (especialmente en Corinto). No parece que sus duras palabras en 3:2 hiciesen alusión a nadie dentro de la iglesia. Los «malos obreros» estaban fuera, aunque siempre existía el riesgo de que se introdujeran.

Hay sólo un aspecto en la vida eclesial de los filipenses que ensombrece su ejemplar testimonio cristiano: la rivalidad existente entre algunos de sus miembros, particularmente entre dos mujeres: Evodia y Síntique (4:2). Nada da a entender que las fricciones hubiesen alcanzado el grado escandaloso a que se llegó en Corinto (1 Co. 1:10-12). Del tono mesurado de Pablo deducimos que no eran graves, pero ponían en peligro la edificación y el progreso de la iglesia. Parece, además, que la falta de unanimidad tenía una manifestación más amplia que la que pudiera observarse en la relación de las mujeres mencionadas. Ello explicaría las exhortaciones de 1:27, 2:2-4, 14 y 4:5. Las ansias egoístas de superioridad, tan frecuentes entre los humanos, el afán desmesurado de ensalzamiento, podían fácilmente crear situaciones graves a la comunidad cristiana. Y Pablo, con exquisita delicadeza, con lenguaje enternecedor (2:1), insta a los filipenses a la unanimidad, al amor, a la humildad, a la generosidad (2:2-4). Esta exhortación nos sitúa ya en otro de los elementos exegéticos que debemos considerar.

### El contexto

En el pasaje que estamos considerando, el examen del·contexto anterior es obligado, ya que a él nos remite necesariamente la conjunción «pues» *(gar)* al principio del versículo 5. El llamamiento a poseer el modo de pensar *(froneisthō)* de Cristo es la culminación de las exhortaciones precedentes.

Si hubiéramos de fijar el comienzo de este contexto, nos remontaríamos a 1:27. El gran anhelo del apóstol es poder oír de los filipenses que están «firmes en un mismo espíritu, combatiendo unánimes por la fe del Evangelio». El testimonio cristiano lleva aparejado un «conflicto» (1:30) constante y duro, no exento de padecimientos (1:29). La lucha se libra victoriosamente cuando los contendientes cristianos hacen frente a las fuerzas adversarias con unanimidad, literalmente «en un espíritu y con un alma» *(en eni pneúmati, mia psyjē)*, «combatiendo juntos» *(synathlountes)*. Todo cuanto cause división —egoísmo, disensión, antagonismo, vanagloria,— debilita la capacidad de la iglesia para salir triunfante del combate, por lo que debe ser eliminado.

Con paternal ternura y habilidad pastoral, en 2:1 Pablo apela a la sensibilidad de los filipenses. Pone como fundamento de su exhortación una serie de factores que sin duda, eran reconocidos y aceptados por ellos: la autoridad del nombre de Cristo para respaldar la palabra exhortatoria del apóstol *(paráklēsis en Christō)*, la acción del amor estimulante, *(paramythion agapēs)*, la comunión producida por el Espíritu Santo *(koinōnía pneúmatos)*, un entrañable afecto compasivo *(splanjna kai oiktirmoi)*. Si todo esto era una realidad en los creyentes de Filipos, la consecuencia sería el predominio de actitudes nobles que resolverían cualquier problema de comunión fraternal.

En 2:2 Pablo añade otra razón para que su exhortación fuese aceptada: el amor que los filipenses le profesaban, sobre el cual basa su ruego: «llenadme de alegría» *(plērōsate mou tēn jarán)*. En primer lugar por amor a Cristo, pero también por amor al apóstol, cumplirían lo que se les pide en 2:2-4. De este modo sería dominado todo afán de distinción, todo deseo de ocupar los primeros lugares, todo espíritu partidista carente de scrúpulos. Todas estas acepciones tiene el término *eritheia*[1] (2:3), tradu-cido por «contienda» en la versión RV («rivalidad» en la de 1977). Igual-mente será controlada la tendencia a la vanagloria y el egocengrismo, tan fuertes por naturaleza en el ser humano. Y en lugar de estas mani-festaciones del yo carnal prevalecerán la unanimidad, el amor, la unidad de sentimientos, la comunión espiritual, la abnegación, la preocupación por los demás en sus intereses, problemas y necesidades. El idal del com-portamiento cristiano se sintetiza en el amor, por el que no se busca tan-to la defensa de los propios intereses o derechos como el bien de las per-sonas amadas, aunque ello a menudo implique renuncia, sacrificio, cruz.

Pablo ilustra este ideal con el ejemplo maravilloso de Cristo (2:5 y ss.). Lo que Él hizo en un plano incomparable debe marcar la pauta de nuestras relaciones humanas en todos los planos, particularmente en el eclesial.

Casi sin percatarnos de ello, el contexto nos ha introducido en el tex-to. En éste veremos cómo Pablo se remonta en alas de una impresionante exposición cristológica, muy por encima de los hechos y las ideas de aquél, pero sin perderlos de vista. La compacidad teológica del pasaje no impide su aplicación práctica; por el contrario, la refuerza, como ve-remos.

## Análisis del texto

El versículo 5 constituye un nexo entre el contexto anterior y lo que el apóstol dirá a continuación. «Haya en vosotros la mente —el modo de pensar, de sentir, de reaccionar— que hubo en Cristo Jesús.» E inmedia-tamente después Pablo nos transporta a las alturas gloriosas del Cristo preexistente para conducirnos después con Él a las profundidades de la humillación que por vía de la encarnación culminó en el dolor y el opro-bio de la cruz.

Es creencia bastante generalizada que el pasaje en estudio es un him-no de la Iglesia primitiva. Si su autor fue el propio apóstol Pablo o si éste lo incorporó —con gran acierto— al texto de su epístola es cuestión de es-casa importancia y en nada afecta al valor de su contenido.

Desde la primera frase del versículo 6 hallamos una serie de palabras o expresiones que exigen detenido estudio a causa de su densidad concep-tual, de los escollos exegéticos que presentan —lo que ha dado lugar a las más variadas interpretaciones— y de las conclusiones doctrinales que de ellas se derivan. Considerémoslas siguiendo las oportunas normas herme-néuticas.

## «EN FORMA DE DIOS» *(en morfe theou)* (v. 6)

En esta expresión referida a la existencia de Cristo antes de su encar-nación, ¿qué significa el término «forma» *(morfe)*?

Algunos comentaristas, como J. B. Lightfoot, han dado especial valor al uso de la palabra en la filosofía griega para llegar a la conclusión de que, más que la apariencia externa de una persona o cosa, expresa su na-turaleza o esencia, y que en el caso de Cristo *«morfe* debe aplicarse a los

---

1. *Greek English Lexicon*, Grimm-Thayer.

atributos de la divinidad».[2] Hasta qué punto el pensamiento de Pablo estaba influenciado por la filosofía helénica es difícil de precisar. Además el significado del término había variado entre los diferentes escritores y no era del todo concreto. Pero si comparamos la expresión «en forma de Dios» con Col. 1:15, donde Cristo es presentado como «imagen de Dios» (*eikōn tou theou*), o con Jn. 1:11; 2 Co. 4:4; He. 1:3 y Jn. 17:5, la única conclusión exegética válida es el reconocimiento de que el Cristo preexistente poseía la plenitud de atributos, majestad y gloria propios de Dios; es decir, su naturaleza era divina, y, por consiguiente, su honor y autoridad eran supremos.

## «NO ESTIMÓ EL SER IGUAL A DIOS COSA A QUE AFERRARSE» (RV) *(ouj harpagmón hēgēsato to einai isa theō)* (v. 6b)

Aquí la dificultad principal radica en la palabra *harpagmós*. Como sustantivo es un caso de *hapax legomena*, pues no aparece en ningún otro texto del Nuevo Testamento. Relativamente frecuente es el verbo, *harpazō*, generalmente con el significado de tomar o arrebatar por la fuerza (Mt. 11:12, Jn. 6:15; 10:12; Hch. 23:10; Jud. 23, entre otros). Ésa era la idea que —con un sentido de ilegitimidad— primaba en la versión RV anterior a la de 1960 al traducir: «no tuvo por usurpación ser igual a Dios». Pero según algunos helenistas, también puede significar: «asir y retener codiciosamente una presa». Éste es el sentido que, además de la versión RV actual, dan la BJ («no retuvo ávidamente el ser igual a Dios») y la NBE («no se aferró a su categoría de Dios»).

Desde el punto de vista puramente lingüístico, parece que el primer significado es el único aceptable; pero el segundo está más en consonancia con el sentido general del pasaje. No existe, sin embargo, a nuestro juicio incompatibilidad entre ambos. Los dos expresan profundas verdades bíblicas. El ser en forma de Dios, igual a Dios, no fue jamás en el caso de Cristo una pretensión desmesurada que le tentara a arrebatar ilegítimamente, «prometeicamente», tal dignidad. La naturaleza divina de Cristo preencarnado y la gloria inherente a la misma no habían sido una adquisición comparable a la que quiso lograr Adán cediendo a la insinuación satánica («... seréis como Dios» — Gn. 3:5). Le pertenecían por esencia. Pero es igualmente cierto que Cristo no consideró irrenunciables todas las prerrogativas que su divinidad le conducía; no se aferró a ellas, sino que «se despojó a sí mismo» para salvar al hombre. Siendo rico, se hizo pobre para que nosotros con su pobreza fuésemos enriquecidos (2 Co. 8:9). Este hecho es el que se expone en las palabras siguientes.

## «SE DESPOJÓ A SÍ MISMO» *(eauton ekénōsen)* (v. 7)

Esta afirmación ha sido traducida por «se anonadó» (antigua RV y NEB), «renunció a sí mismo» (ZB) o, más literalmente, «se vació a sí mismo» (RSV). Pero ¿de qué se vació o despojó? ¿A qué renunció?

La pregunta ha originado una serie de especulaciones teológicas, entre las que sobresale la teoría de la *kenosis*. Sus defensores más radicales opinan que el Logos, al encarnarse, literalmente se despojó de sus atribu-

---

2. J. B. Lightfoot, *St. Paul's Epistle to the Philippians, p. 132.*

tos divinos y se redujo en todos los órdenes a las dimensiones de la humanidad, por lo que carecía de atributos tales como la omnipresencia, la omnipotencia y la omnisciencia. Pero ¿puede deducirse legítimamente esta conclusión del *ekénosen* del texto?

No faltan en el Nuevo Testamento pasajes indicativos de que Jesús retuvo en la tierra sus atributos divinos (Mt. 11:27; Jn. 2:25; 3:13), así como su igualdad en relación con el Padre (Jn. 5:19-27; 10:30; 14:9). Si algunos textos aluden a limitaciones en el conocimiento de Jesús (Mr. 13:32, por ejemplo), no debemos perder de vista la realidad humana de su persona. En la relación existente entre su divinidad y su humanidad siempre habrá mucho de misterioso. No obstante, si nos ceñimos a las enseñanzas novotestamentarias en su conjunto, es difícil hallar base para afirmar que el Cristo encarnado es un Cristo despojado de su deidad, la cual recupera después de su resurrección y ascensión. En este caso, su vida en poco se habría diferenciado de la de cualquier profeta. El hecho de que su naturaleza divina aparezca más o menos velada durante su ministerio no implica que hubiese sido total o parcialmente desposeído de ella.

Podría decirse que Cristo, en la tierra, prescindió normalmente del uso de sus divinos atributos. Y nunca los usó en beneficio propio. Podría también añadirse, y con razón, que se despojó de la gloria que en su estado anterior había tenido el Padre (Jn. 17:5), «de su rango», como traduce la NBE. Pero lo cierto es que nada de todo esto aparece claramente en la expresión de Pablo. No se especifica de qué se despojó el Verbo hecho carne. Lo que el apóstol hace es enfatizar el asombroso contraste entre el Cristo preexistente y el Cristo encarnado, entre Aquel que era «en forma de Dios» y Aquel que asumía «forma de siervo» aceptando plenamente la condición y las limitaciones de tal estado, como se ve en la frase siguiente.

## «TOMANDO FORMA DE SIERVO» *(morfen doulou labōn)* (v. 7)

Tal acto implica la encarnación. El Verbo eterno de Dios se apropió la naturaleza humana de modo pleno, con todas sus características —excepto el pecado—. La «forma» en este caso, como en la expresión «forma de Dios», no se refiere a simple apariencia, como enseñaban los docetas, sino a un aspecto de la esencia misma del Dios-hombre. Si la *morfe theou* equivale a la absoluta identificación del Cristo preexistente con Dios, la *morfe doulou* expresa su identificación total con el hombre.

Esa realidad no sufre mengua porque Pablo añade «hecho semejante a los hombres» *(en homoiōmati anthrōpōn genómenos)*, pues el término *homoiōma* no sólo significa semejanza, sino —y en primer lugar— figura, imagen, representación (Grimm-Thayer). El Cristo encarnado venía a ser el nuevo representante de la humanidad, el segundo Adán (Ro. 5:12-21; 1 Co. 15:21-23), la imagen perfecta del verdadero hombre, imagen de Dios.

Es obvio que ya el hecho en sí de la encarnación significa una humillación incomparable. Pero en el caso de Jesús la humillación alcanza el más bajo de los fondos. El Cristo humanado podía haber aparecido en forma regia, con la autoridad y el honor de un rey. Lejos de esto, optó por la forma de siervo. De este modo se cumplían en Él las profecías relativas al *ebed-Yahveh* (siervo de Yahvéh) del libro de Isaías. Tal cumplimiento constituía la realización del propósito de la encarnación, pues «el Hijo del hombre no vino para ser servido, sino para servir y dar su vida en rescate por muchos» (Mr. 10:45).

En este modo de presentarse Jesús muchos de sus contemporáneos veían únicamente la apariencia externa. Hallaban en Él un hombre sin atractivo (comp. Is. 53:2-3). Quizá por ese motivo Pablo prosigue su exposición con una frase significativa:

«Y HALLADO EN SU PORTE EXTERIOR COMO HOMBRE,
SE HUMILLÓ A SÍ MISMO» (RV 77) (v. 8)

Esta traducción es más fiel al original griego que la de RV 60 «estando en la condición de hombre, se humilló...».

No parece justificada la omisión de la palabra *heuretheis* («habiendo sido hallado»), pues hace pensar en la apreciación humana —del todo superficial— de la persona de Jesús.

También debe prestarse atención al término *sjema* (forma, figura). Es sinónimo de *morfe*; pero se usa más para significar, al igual que su equivalente latino *habitus*, unas veces el vestido, otras una actitud o forma de comportamiento, o bien una circunstancia externa, apariencia —en contraste con la realidad.[3] El *sjema* puede variar; no es consustancial con la persona o cosa en que se manifiesta. Así el *sjema ōs ánthrōpos* de Jesús, su figura tal como aparecía a los ojos humanos en su estado de humilde «esclavo», se caracterizaba por la transitoriedad. Y transitoria fue la humillación de Cristo. A su debido tiempo sería trocada por la más gloriosa exaltación. Pero la figura de hombre desestimado por su aspecto visible era inseparable del Siervo en tanto no hubiera consumado la obra objeto de su encarnación. Esta idea nos lleva a avanzar en el texto:

«HECHO OBEDIENTE HASTA LA MUERTE, Y MUERTE DE CRUZ»
(v. 8b)

La obediencia sin reservas es la característica de un verdadero siervo. Distinguió a Cristo durante toda su vida en la tierra. Él no vino para hacer su propia voluntad, sino la del Padre (Jn. 5: 30; 6:38). Y fue su actitud sumisa a los propósitos del Dios lo que le llevó a la muerte en unas condiciones que hacían de ésta la expresión más degradante de la humillación. Fue «muerte de cruz» *(thánatos staurou)*, la más cruel y denigrante para los romanos, testimonio de maldición para los judíos (Dt. 21:23).

En este hecho radica la tenaz resistencia tanto de judíos como de gentiles al mensaje de Cristo crucificado (1 Co. 1:18-23). Pero fue precisamente aquella muerte en el fondo más sombrío de la humillación lo que aseguró la radiante provisión de vida para el hombre, muerto en sus delitos y pecados (Ef. 2:1, 4-7).

Cumplida la obra que constituía el fundamento de la redención humana, ya no había razón para que Cristo se mantuviera en su estado de humillación. Lo que seguiría a la cruz y el sepulcro lo expone el apóstol con acento triunfal:

3. J. B. Lightfoot, *op. cit.*, p. 127.

## «POR LO CUAL DIOS TAMBIÉN LE EXALTÓ HASTA LO SUMO» (v. 9)

De este modo se hacía realidad lo que Jesús mismo había declarado: «El que se humilla será enaltecido» (Lc. 14:11; 18:14).

El primer hombre, Adán, quiso ensalzarse a sí mismo hasta el punto de querer igualarse a Dios y se hundió en la degradación del pecado y en la perdición. Cristo, negándose a sí mismo y venciendo todas las tentaciones de Satanás, se humilló a sí mismo. En vez de caminos fáciles para alcanzar los reinos de este mundo y su gloria, escogió el camino del Calvario para asegurar el establecimiento del Reino de Dios. Pero una vez consumada su obediencia en el patíbulo ignominioso del Gólgota, después que su cuerpo exánime reposara en la tumba «tres días y tres noches», Dios inicia la reivindicación y la exaltación de su Hijo resucitándole de entre los muertos y otorgándole la suprema dignidad. No sólo es restaurado a la gloria que había tenido antes de la encarnación, sino que, en virtud de ésta, el Dios-Hombre, en la plenitud de su divinidad y en la perfección de una humanidad inmaculada, es elevado a la más alta cumbre del honor.

## «UN NOMBRE QUE ES SOBRE TODO NOMBRE» (v. 9b)

«Un título que sobrepasa todo título», traduce la NBE.

Los mejores manuscritos anteponen el artículo «el» a «nombre» (to ónoma), lo que aumenta el grado de eminencia. No es un nombre entre otros, sino el nombre por excelencia.

Prestigiosos comentaristas han opinado que el nombre otorgado a Cristo es «el mismo que llevó en su humillación, pero que ahora es el más elevado y glorioso... el nombre de JESÚS» (H. Alford). Pero a la luz del versículo 11 parece más acertado pensar en el título de Kyrios, SEÑOR (comp. Hch. 2:36 y Ef. 1:19-23). Quizá, como sugiere H. A. A. Kennedy,[4] el apóstol tiene en mente el uso judío de ha-shem, «el Nombre», en sustitución reverente de Yahveh, traducido en la Septuaginta por Kyrios. Esta suprema distinción correspondía al Cristo preencarnado por su naturaleza divina. Pero ahora, después de su humillación, en su función de Siervo Redentor, es conferida a Cristo la dignidad de un señorío universal que se basa tanto en la magnificencia de su persona como en los méritos de su obra.

Lógicamente, este nombre de Cristo está por encima de cualquier otro nombre, sea de hombres, de ángeles o arcángeles, o de todos los principados y potestades (Ef. 1:20, 21; He. 1:3, 4).

## «PARA QUE EN EL NOMBRE DE JESÚS SE DOBLE TODA RODILLA... Y TODA LENGUA CONFIESE QUE JESUCRISTO ES SEÑOR» (vv. 10, 11)

Estas palabras reproducen el texto de Is. 45:23, con lo que se confirma la dignidad divina de Cristo. Lo que el profeta declara acerca de Yahvéh el apóstol lo aplica a Jesucristo.

El reconocimiento de la supremacía de Cristo y el homenaje debido a

---

4. *The Expositor's Greek Testament*, in. loc.

su nombre tendrán un día una manifestación cósmica. Ante Él se doblará «toda rodilla». En la expresión «de los que están en el cielo, en la tierra y debajo de la tierra» no es necesario ver ángeles, hombres y demonios, como algunos han sugerido. Es una forma de indicar el alcance ilimitado en todo el universo del acatamiento debido al Cristo supremamente exaltado, lo que hará que «toda lengua confiese» su señorío.

## «PARA GLORIA DE DIOS PADRE»

Todo el propósito de la obra redentora llevada a cabo por Cristo tiene por objeto la gloria de Dios Padre (Jn. 13:31; 17:4; Ef. 1:6; 14:13). En la economía divina de la Trinidad ha correspondido al Hijo la ejecución de los propósitos de Dios, y en lo que concierne a la obra de nuestra salvación la dependencia del Hijo se hace más patente por cuanto Cristo asume en su naturaleza humana la servidumbre. Como hemos visto, el Siervo es elevado a la posición del supremo Señor, y como tal actuará hasta que haya realizado totalmente los planes de Dios en el tiempo y en el espacio. Pero cuando tal realización se haya consumado, cuando «todas las cosas le estén sometidas» entonces Él mismo "se someterá" al que le sometió todas las cosas, para que Dios sea todo en todos» (1 Co. 15:28).

### Mensaje actualizado del texto

Mediante el análisis precedente hemos llegado a determinar el significado de cada una de las frases del pasaje que estamos considerando, lo que nos permite apreciar las dimensiones excelsas de la persona y la obra de Cristo, antes y después de su encarnación. Pero no hemos llegado al final de nuestra labor interpretativa. Como hemos visto en el último capítulo, de la exégesis debe salir un mensaje provechoso con implicaciones prácticas. El análisis debe ser seguido de una síntesis que recoja y aplique adecuadamente el pensamiento del escritor, tanto en lo que pudiera tener de inmediato y particular para los primeros destinatarios —en este caso la iglesia de Filipos— como en lo que tiene de permanente y universal.

En el ejemplo que nos ocupa, la distancia en el tiempo de casi veinte siglos que nos separa de los primeros lectores de la carta apenas ha marcado diferencias entre ellos y nosotros. Cualquier iglesia local puede verse en la necesidad de afrontar problemas análogos a los que se manifestaron entre los filipenses. Pero, independientemente de lo circunstancial en el plano de la aplicación, el pasaje contiene enseñanzas hondamente significativas para los creyentes y para las iglesias de todos los tiempos.

### 1. El secreto de la armonía cristiana

Al examinar el contexto hemos señalado las raíces de los problemas más frecuentes en las relaciones humanas —aun entre cristianos. Esas raíces son la ambición y la vanagloria (v. 3). Lo paradójico es que a menudo sustentan y alimentan mucho que es tenido por dedicación y servicio cristianos. En el fondo, se busca más el propio ensalzamiento que la gloria de Dios. Y siempre el egocentrismo, además de ofender a Dios, deteriora la comunión fraternal.

El remedio contra tan grave mal no está en los recursos de nuestra propia voluntad o de nuestra conciencia —a menudo engañada por racionalizaciones sutiles—, sino en nuestra identificación con Cristo.

La solución de los problemas de relación sólo se alcanza cuando en nosotros hay «el sentir —la mente, el *frónēma*— que hubo en Cristo Jesús»; cuando, renunciando a intereses personales, buscamos el bien de los demás movidos por el ejemplo de Aquel que, existiendo «en forma de Dios», tomó «forma de siervo» y «se humilló hasta la muerte», «muerte de cruz». Por algo dijo Jesús: «Si alguno quiere venir en pos de mí, niéguese a sí mismo, tome su cruz y sígame» (Mt. 16:24).

## 2. El modelo de servicio eficaz

La gran obra que Cristo había de realizar en el mundo sólo pudo llevarse a efecto mediante la encarnación. Era imposible redimir a los hombres a distancia, desde las alturas celestiales de la majestad divina. Fue necesario el descenso, el acercamiento, la identificación, la solidaridad, el compartir con los hombres no sólo su naturaleza sino también sus sufrimientos e incluso su culpa —a pesar de que en Cristo jamás hubo pecado.

He aquí una de las grandes lecciones que la Iglesia debe aprender y retener en todos los tiempos. Frecuentemente tratamos de cumplir la misión de proclamar el Evangelio y de ser luz del mundo y sal de la tierra sin salir de nuestros ghetos eclesiales, sin establecer verdadero contacto humano con los que están a nuestro alrededor. Testificamos con un espíritu «desencarnado». Nos cuesta dejar las alturas de nuetra posición de hijos de Dios en «lugares celestiales» para situarnos en el plano de una humanidad caída —olvidando lo mucho que de humano y de caído queda aún en nosotros. Miramos a nuestros semejantes inconversos desde arriba, con un sentimiento no demasiado cristiano de superioridad. No es de extrañar que nuestros intentos de comunicar el Evangelio a fin de salvar a los que están «abajo» las más de las veces resulten fallidos.

Cristo no sólo se encarnó. Hecho ya hombre, se humilló convirtiéndose en magno esclavo. Siervo de Dios, dio su vida para el bien de los hombres. El éxito de su obra no se debió a su propia exaltación —que no la hubo— sino a su total sumisión a la voluntad del Padre, a su obediencia constante, sin claudicaciones hasta la muerte.

Este ejemplo nos es presentado por Jesús mismo en forma de imperativo para nosotros (Lc. 22:24-27; Jn. 13:14-16). Sólo en la medida en que somos siervos de Dios obedientes, no pequeños señores, estamos capacitados para cumplir la misión que nos ha sido confiada.

## 3. El señorío supremo de Jesucristo

La confesión que un día brotará de «toda lengua», «JESUCRISTO ES SEÑOR», constituía la forma más primitiva de credo y testimonio de la iglesia cristiana (comp. Hch. 2:36; 1 Co. 12:3). Para ésta Jesucristo no era únicamente el Señor escatológico. Su señorío era ya una realidad, aunque no consumada, pues ya había sido exaltado Cristo a la diestra de Dios «sobre todo principado, autoridad, poder y señorío y sobre todo nombre que se nombra, no sólo en este siglo, sino también en el venidero (Ef. 1:20, 21).

Hay en este hecho una copiosa fuente de aliento. Cristo no es únicamente Cabeza de la Iglesia; es también soberano sobre toda la creación. Ya le ha sido dada «toda autoridad en el cielo y en la tierra» (Mt. 28:28). No sólo es Salvador y Señor de su pueblo; es asimismo —como hemos reiterado más de una vez— Señor de la historia. Ello no sólo garantiza la edificación de la Iglesia y su triunfo sobre las fuerzas de la muerte (Mt. 16:18); asegura la evolución de los acontecimientos históricos, con todas sus tremebundas convulsiones, bajo el control y voluntad supremas de quien «en medio del trono» toma el libro de los destinos humanos y abre sus sellos (Ap. 5:6-9). Bien podemos sentirnos confortados y con plena confianza, henchidos de regocijo, tributar a Cristo «la alabanza, la honra, la gloria y el poder por los siglos de los siglos» (Ap. 5:13).

Sin embargo, cada vez que repetimos la gran afirmación de la Iglesia apostólica («Jesucristo es Señor») deberíamos reflexionar seriamente y preguntarnos si tiene confirmación en nuestra vida. ¿En qué grado y hasta qué punto es auténtica nuestra confesión del imperio de Cristo? ¿Es Él realmente Señor nuestro, tanto a nivel individual como en el plano eclesial? ¿Es su Palabra determinante, decisiva, en todo lo que concierne a nuestra fe y conducta? ¿Está nuestra lealtad a Él por encima de toda otra lealtad? ¿Buscamos su gloria más que nuestra vanagloria? ¿Nos afanamos por los intereses de su Reino más que por los nuestros propios? Como bien hace notar H. A. A. Kennedy, «el término "Señor" ha venido a convertirse en una de las palabras más carentes de vida en el vocabulario cristiano. Penetrar en su significado y darle efecto práctico sería recrear, en gran medida, la atmósfera de la era apostólica».[5]

De la autenticidad de nuestra confesión de Cristo como Señor depende el veredicto final sobre nuestra fe y nuestro testimonio (Mt. 7:21-23).

Sólo «doblando nuestra rodilla» al nombre de Jesús, con todo lo que ello implica, se hará realidad la autoridad de Cristo en nuestra vida. Sólo así Él sera exaltado para la gloria de Dios Padre.

A esa experiencia debe llevarnos la interpretación del pasaje bíblico que hemos estudiado.

5. *Op. cit.*, p. 439.

# BIBLIOGRAFÍA BÁSICA[1]

## OBRAS GENERALES SOBRE HERMENÉUTICA

L. Berkhof, *Principios de Interpretación Bíblica*, CLIE.
H. E. Dana, *Escudriñando las Escrituras*, Casa Bautista de Publicaciones.
T. E. Fountain, *Claves de Interpretación Bíblica*, P. de la Fuente.
J. R. W. Stott, *Cómo comprender la Biblia*, Ed. Certeza.
E. Trenchard, *Normas de interpretación bíblica*, Literatura Bíblica.

Varios, *La Interpretación de la Biblia*, Herder.
A. B. Mickelsen, *Interpreting the Bible*, Eerdmans.
B. Ramm, *Protestant Biblical Interpretation*, Baker.
B. Ramm y otros, *Hermeneutics*, Baker.
Schultz — Inch, *Interpreting the Word of God*, Moody.
M. S. Terry, *Biblical Hermeneutics*, Zordervan.
A. C. Thiselton, *The Two Horizons*, Paternoster.
F. W. Farrar, *History of Interpretation*, Macmillan.

K. Frör, *Biblische Hermeneutik*, Chr. Kaiser.
G. Maier, *Wie legen wir die Schrift aus?*, Brunnen.

## ESTUDIO GENERAL DE LA BIBLIA

G. T. Manley, *Nuevo auxiliar bíblico*, Caribe.
H. H. Halley, *Compendio manual de la Biblia*, Moody.

## ANTIGUO TESTAMENTO

R. Brown, *El mensaje del Antiguo Testamento*, Certeza.
S. J. Schultz, *Habla el Antiguo Testamento*, Portavoz.

[1] Esta sección podría ampliarse casi ilimitadamente, por lo que seleccionamos sólo algunas de las obras que consideramos fundamentales o especialmente útiles, bien para completar lo estudiado, bien para facilitar la práctica de la exégesis. Aparecen en primer lugar las publicadas en español.
Quien desee una bibliografía más abundante puede consultar los autores y títulos citados en las notas que han aparecido a lo largo de esta obra.

E. J. Young, *Introducción al Antiguo Testamento*, TELL.
J. Bright, *La Historia de Israel*, Desclée de Brouwer.
W. Eichrodt, *Teología del Antiguo Testamento*, Cristiandad.

R. K. Harrison, *Introduction to the Old Testament*, SCM.
J. Goldingay, *Approaches to OT Interpretation*, IVP.
W. Dyrness, *Themes in Old Testament Theology*, IVP.

## NUEVO TESTAMENTO

F. F. Bruce, *El mensaje del Nuevo Testamento*, Certeza.
O. Cullman, *El Nuevo Testamento*, Taurus.
E. Harrison, *Introducción al Nuevo Testamento*, Subcomisión Lit. Cristiana de la I. C. Reformada.
S. Neill, *La interpretación del Nuevo Testamento*, Ed. 62.
J. Leipoldt y W. Grundmann, *El mundo del Nuevo Testamento*, Cristiandad.

A. Edersheim, *The Life ant Times of Jesus the Messiah*, Eerdmans.
D. Guthrie, *New Testament Introduction*, Tyndale.
D. Guthrie, *New Testament Theology*, IVP.
Ed. I. H. Marshall, *New Testament Interpretation*, Paternoster.

C. Haacker, *Neutestamentliche Wissenschaft*, R. Brockhaus.

## DICCIONARIOS Y ENCICLOPEDIAS

W. M. Nelson, *Diccionario ilustrado de la Biblia*, Caribe.
W. W. Rand, *Diccionario de la Santa Biblia*, Caribe.
S. Vila-D. Santamaría, *Diccionario bíblico ilustrado*, CLIE.
*Enciclopedia del mundo bíblico*, Plaza y Janés.
S. Ausejo, *Diccionario de la Biblia*, Herder.

J. D. Douglas, *The New Bible Dictionary*, IVF.
J. Hastings, *Dictionary of Christ and the Gospels*, T. & T. Clark.
J. Hastings, *Dictionary of the Apostolic Church*, T. & T. Clark.
*The Interpreter's Dictionary of the Bible*, Abingdon.
*The International Standard Bible Encyclopaedia*, Eerdmans.

## DICCIONARIOS BÍBLICO-TEOLÓGICOS

R. Rahner, *Diccionario teológico*, Herder.
G. J. Botterweck y otros, *Diccionario teológico del Antiguo Testamento*, Cristiandad.
L. Coenen y otros, *Diccionario teológico del Nuevo Testamento*, Sígueme.
G. Barbaglio-S. Dianich, *Nuevo diccionario de teología*, Cristiandad.

J. Léon-Dufour, *Vocabulario de Teología Bíblica*, Herder.
G. Kittel, *Theological Dictionary of the New Testament*, Eerdmans.
Colin Brown, *Dictionary of New Testament Theology*, Paternoster.

## CONCORDANCIAS

W. H. Sloan, *Concordancia española de las Sagradas Escrituras*, Sdad. Americana de Tratados.
C. P. Denyer, *Concordancia de las Sagradas Escrituras* (RV 1960), Caribe.
S. O. Shelby, *Concordancia Manual de las Sagradas Escrituras*, Casa Unida de Publicaciones.
H. M. Petter, *Concordancia greco-española del Nuevo Testamento*, CLIE.
J. F. Mckibben, *Léxico griego-español del Nuevo Testamento*, CBP.

W. Wilson, *Old Testament Word Studies*, Kregel.
Grimm-Thayer, *Greek-English Lexicon of the New Testament*, T. T. Clark.

## OBRAS AUXILIARES

F. J. Pop, *Palabras bíblicas y sus significados*, Escaton.
W. Barclay, *Palabras griegas del Nuevo Testamento*, CBP.
V. Fontoinont, *Vocabulario griego comentado y basado en textos*, Sal Terrae.
Filson y Wright, *Atlas Histórico Westminster de la Biblia*, Caribe.
F. Wight, *Usos y costumbres de las tierras bíblicas*, Caribe.
H. Muirhead, *La Arqueología y la Biblia*, CBP.
A. Rendle Short, *Biblia y Arqueología*, Certeza.
G. E. Wright, *Arqueología Bíblica*, Cristiandad.

H. G. May, *Oxford Bible Atlas*, Oxford University Press.

## TEXTOS ORIGINALES

*El Nuevo Testamento interlineal*, CLIE (en preparación).

*Biblia Hebraica Stuttgartensia*, Deutsche Bibelstiftung.
*He Kainē Diathēkē* (texto griego del NT de E. Nestle), The Brithish and Foreign Bible Society.
*The New Testament Greek and English* (texto preparado por las Sociedades Bíblicas Unidas), American Bible Society.

## COMENTARIOS

D. Guthrie y otros (ed.), *Nuevo comentario bíblico*, CBP.
E. F. Harrison, *El comentario bíblico Moody*, Moody.

Varios, *Comentario bíblico Portavoz*. Publicaciones Portavoz Evangélico. Serie de comentarios breves sobre diferentes libros del Antiguo y del Nuevo Testamento.

G. Erdman, *Comentario sobre los libros del Nuevo Testamento* (16 vols.), TELL.

J. Hendrickson, *Comentario sobre los libros del Nuevo Testamento*, TELL, (serie incompleta, pero valiosa).

E. Trenchard, serie *Cursos de Estudio Bíblico*, Literatura Bíblica. Comprende inestimables comentarios sobre Libros Proféticos e Isaías, Libros de Sabiduría y de Job, Marcos, Hechos, Romanos, 1.ª Corintios, Gálatas, Efesios (E. T. y P. Wickham) y Hebreos.

J. Wiseman, *Tyndale Commentaries*, Tyndale Press. La serie incluye la mayor parte de los libros de la Biblia (AT y NT). Varios se han traducido al castellano y han sido publicados por la editorial Certeza. Especialmente recomendables por su valor exegético.

Keil and Delitzsch, *Old Testament Commentaries*, Associated Publishers and Authors.

Varios, *Wuppertaler Studienbibel*, R. Brockhaus.

# ÍNDICES

# ÍNDICE DE MATERIAS

# ÍNDICE ONOMÁSTICO